Die Auswirkungen des unionsrechtlichen Altersdiskriminierungsverbots auf das deutsche Beamtenrecht

Beiträge zum nationalen und internationalen öffentlichen Recht

Herausgegeben von Prof. Dr. Burkhard Schöbener

Band 22

Zu Qualitätssicherung und Peer Review der vorliegenden Publikation

Die Qualität der in dieser Reihe erscheinenden Arbeiten wird vor der Publikation durch den Herausgeber der Reihe geprüft.

Notes on the quality assurance and peer review of this publication

Prior to publication, the quality of the work published in this series is reviewed by the editor of the series.

Ralf Reuter

Die Auswirkungen des unionsrechtlichen Altersdiskriminierungsverbots auf das deutsche Beamtenrecht

PL ACADEMIC RESEARCH

Bibliografische Information der Deutschen Nationalbibliothek
Die Deutsche Nationalbibliothek verzeichnet diese Publikation in der DeutschenNationalbibliografie; detaillierte bibliografische Daten sind im Internet über http://dnb.d-nb.de abrufbar.

Zugl.: Köln, Univ., Diss., 2014

D 38
ISSN 1613-8406
ISBN 978-3-631-65622-8 (Print)
E-ISBN 978-3-653-04866-7 (E-Book)
DOI 10.3726/978-3-653-04866-7

PL Academic Research ist ein Imprint der Peter Lang GmbH.

Peter Lang – Frankfurt am Main · Bern · Bruxelles · New York · Oxford · Warszawa · Wien

Die Publikation wurde begutachtet.

www.peterlang.com

Vorwort

Im Wintersemester 2013 / 2014 wurde die vorliegende Arbeit vom Dekan der Rechtswissenschaftlichen Fakultät der Universität zu Köln als Dissertation angenommen. Sie befindet sich auf dem Stand von August 2014.

Mein besonderer Dank gilt Herrn Prof. Dr. Burkhard Schöbener. Für sein persönliches Engagement, seine wichtigen Anregungen sowie für seine jederzeitige Unterstützung bin ich ihm sehr verbunden. Die berufsbegleitende Anfertigung dieser Arbeit war für mich eine Herausforderung, die ich insbesondere aufgrund der freundlichen und verständnisvollen Betreuung durch meinen Doktorvater stets in guter Erinnerung behalten werde.

Ferner bedanke ich mich recht herzlich bei Herrn Prof. Dr. Michael Sachs für die Erstellung des Zweitgutachtens sowie für wertvolle Anmerkungen und Hinweise.

Die Arbeit widme ich meinen Eltern, die mich in meinem Promotionsvorhaben bestärkt und mich stets gefördert und unterstützt haben.

Düsseldorf, August 2014 | Ralf Reuter

Inhaltsverzeichnis

Abkürzungsverzeichnis

Abkürzungen für Zeitschriften und Entscheidungssammlungen

AöR	Archiv des öffentlichen Rechts
AuR	Arbeit und Recht
BAGE	Sammlung der Entscheidungen des BAG
BayVBl.	Bayerische Verwaltungsblätter
BB	Betriebs-Berater
BVerfGE	Sammlung der Entscheidungen des BVerfG
BVerwGE	Sammlung der Entscheidungen des BVerwG
DB	Der Betrieb
DöD	Der öffentliche Dienst
DÖV	Die öffentliche Verwaltung
DStR	Deutsches Steuerrecht
DVBl.	Deutsche Verwaltungsblätter
EuR	Europarecht
EuZW	Europäische Zeitschrift für Wirtschaftsrecht
EZAR	Entscheidungssammlung zum Ausländer- und Asylrecht
FAZ.NET	Frankfurter Allgemeine Zeitung – Online-Ausgabe
JA	Juristische Arbeitsblätter
JR	Juristische Rundschau
Jura	Juristische Ausbildung
JuS	Juristische Schulung
JZ	Juristenzeitung
KommJur	Zeitschrift Kommunaljurist
LKV	Landes- und Kommunalverwaltung
NJW	Neue Juristische Wochenschrift
NordÖR	Zeitschrift für Öffentliches Recht in Norddeutschland
NVwZ	Neue Zeitschrift für Verwaltungsrecht
NVwZ-RR	Neue Zeitschrift für Verwaltungsrecht – Rechtsprechungs-Report
NWVBl.	Nordrhein-Westfälische Verwaltungsblätter
NZA	Neue Zeitschrift für Arbeitsrecht

PersV	Die Personalvertretung
RdA	Recht der Arbeit
RGZ	Entscheidung des Reichsgerichts in Zivilsachen
RiA	Recht im Amt
VBlBW	Verwaltungsblätter Baden-Württemberg
ZBR	Zeitschrift für Beamtenrecht
ZESAR	Zeitschrift für Europäisches Sozial- und Arbeitsrecht
ZEuP	Zeitschrift für Europäisches Privatrecht
ZEuS	Zeitschrift für Europarechtliche Studien
ZfA	Zeitschrift für Arbeitsrecht
ZTR	Zeitschrift für Tarif-, Arbeits- und Sozialrecht

Allgemeine Wortabkürzungen

A.A.	Andere Auffassung / Andere Ansicht
A.-Drs.	Ausschuss-Drucksache
a.F.	alte Fassung
ABl.	Amtsblatt der Europäischen Gemeinschaft
Abs.	Absatz
Abschn.	Abschnitt
AEUV	Vertrag über die Arbeitsweise der Europäischen Union
AFG	Gesetz über die Leistungen und Aufgaben zur Beschäftigungssicherung und zur Förderung des Wirtschaftswachstums
AG	Aktiengesellschaft
AGG	Allgemeines Gleichbehandlungsgesetz
AltTZG	Gesetz zur Förderung eines gleitenden Ü-bergangs älterer Arbeitnehmer in den Ruhestand
Art.	Artikel
Aufl.	Auflage
AZV	Verordnung über die Arbeitszeit der Beamtinnen und Beamten des Bundes
BAG	Bundesarbeitsgericht
BayBG	Bayerisches Beamtengesetz
BayVGH	Bayerischer Verfassungsgerichtshof
BBesG	Bundesbesoldungsgesetz
BBG	Bundesbeamtengesetz

BBVAnpG	Gesetz über die Anpassung von Dienst- und Versorgungsbezügen in Bund und Ländern
Bd.	Band
BeamtStG	Gesetz zur Regelung des Statusrechts der Beamtinnen und Beamten in den Ländern
BeamtVG	Gesetz über die Versorgung der Beamten und Richter des Bundes
BEEG	Gesetz zum Elterngeld und zur Elternzeit
BetrVG	Betriebsverfassungsgesetz
BGB	Bürgerliches Gesetzbuch
BGBl.	Bundesgesetzblatt
BHO	Bundeshaushaltsordnung
BLV	Verordnung über die Laufbahnen der Bundesbeamtinnen und Bundesbeamten
BMF	Bundesministerium der Finanzen
BMFSFJ	Bundesministerium für Familie, Senioren, Frauen und Jugend
BMI	Bundesministerium des Inneren
BPersVG	Bundespersonalvertretungsgesetz
BR-Drs.	Bundesrats-Drucksache
Brem	Bremen / bremisch
BRRG	Rahmengesetz zur Vereinheitlichung des Beamtenrechts
BT-Drs.	Bundestags-Drucksache
BVerfG	Bundesverfassungsgericht
BVerwG	Bundesverwaltungsgericht
bzw.	beziehungsweise
CEDAW	Convention on the Elimination of All Forms of Discrimination Against Women (Übereinkommen zur Beseitigung jeder Form von Diskriminierung der Frau)
ChGR	Charta der Grundrechte der Europäischen Union
d.	der/des
d.h.	das heißt
DDR	Deutsche Demokratische Republik
ders.	derselbe
dies.	dieselbe

DNeuG	Gesetz zur Neuordnung und Modernisierung des Bundesdienstrechts
e.V.	eingetragener Verein
EG	Europäische Gemeinschaft(en)
EGV	Vertrag zur Gründung der Europäischen Gemeinschaft
Einl.	Einleitung
EL	Ergänzungslieferung
EMRK	Europäische Konvention zum Schutze der Menschenrechte und Grundfreiheiten
endg.	endgültig
EU	Europäische Union
EuGH	Gerichtshof der Europäischen Union
EUrlV	Verordnung über den Erholungsurlaub der Beamtinnen, Beamten, und Richterinnen und Richter des Bundes
EUV	Vertrag über die Europäische Union
EWG	Europäische Wirtschaftsgemeinschaft
f.	folgende
ff.	fortfolgende
Fn.	Fußnote
FS	Festschrift / Festgabe
GBl.	Gesetzesblatt
gem.	gemäß
GG	Grundgesetz
ggf.	gegebenenfalls
GKöD	Gesamtkommentar Öffentliches Dienstrecht
GMBl.	Gemeinsames Ministerialblatt
GS	Gedenkschrift / Gedächtnisschrift
GV / GVBl. / GVOBl.	Gesetz- und Verordnungsblatt
Hmb	Hamburg / hamburgisch
Hrsg.	Herausgeber
i.V.m.	in Verbindung mit
IAO	Internationale Arbeitsorganisation
IPBPR	Internationaler Pakt über bürgerliche und politische Recht
IPWSKR	Internationaler Pakt über wirtschaftliche, soziale und kulturelle Rechte

KOM	Kommissionsdokument
LBG	Landesbeamtengesetz
LHO	Landeshaushaltsordnung
lit.	littera / Buchstabe
LlbG Bayern	Gesetz über die Leistungslaufbahnen und die Fachlaufbahnen der bayerischen Beamten und Beamtinnen
LSA	Land Sachsen-Anhalt
LVO	Landeslaufbahnverordnung
Kap.	Kapitel
m.w.N.	mit weiteren Nachweisen
MBl.	Ministerialblatt
MEMO	Memorandum
MinBlFin	Ministerialblatt des Bundesministers der Finanzen
M-V	Mecklenburg-Vorpommern
Nds	Niedersachsen / niedersächsisch
Nr.	Nummer
NRW	Nordrhein-Westfalen
OECD	Organisation for Economic Co-operation and Development (Organisation für wirtschaftliche Zusammenarbeit und Entwicklung)
OVG	Oberverwaltungsgericht
Pkt.	Punkt
Preußische GS	Preußische Gesetzessammlung
RdErl.	Runderlass
RdSchr.	Rundschreiben
RG	Reichsgericht
RGB	Gesetz betreffend die Rechtsverhältnisse der Reichsbeamten
RGBl.	Reichsgesetzblatt
RL	Richtlinie
Rn.	Randnummer
Rs.	Rechtssache
S.	Seite
Sächs	Sächsisch
Schl.H.	Schleswig-Holstein
Slg.	Sammlung
sog.	sogenannte

StAnz.	Staatsanzeiger
TVöD	Tarifvertrag für den öffentlichen Dienst
u.a.	unter anderem
U.S.	United States [of America] (Vereinigte Staaten [von Amerika])
v.	von/vom
VerfGH	Verfassungsgerichtshof
Vf.	Verfahren
VG	Verwaltungsgericht
VGH	Verwaltungsgerichtshof
vgl.	vergleiche
VO	Verordnung
Vorb.	Vorbemerkung
VV	Verwaltungsvorschrift
WRV	Verfassung des Deutschen Reiches (Weimarer Reichsverfassung)
WSI	Wirtschafts- und Sozialwissenschaftliches Institut
z.B.	zum Beispiel

Darüber hinaus wird auf *Kirchner*, Hildebrand / *Pannier*, Dietrich, Abkürzungsverzeichnis der Rechtssprache, 7. Aufl., Berlin, 2013, Bezug genommen.

Einleitung

In der Soziologie, der Sozial- und Rechtswissenschaft sowie der Politik werden die verschiedenen Erscheinungsformen der Diskriminierung als bedeutsames, verbreitetes Phänomen und schwerwiegendes gesellschaftliches Problem bewertet.[1] Diskriminierungen tangieren die Betroffenen sowohl in ihrer Menschenwürde als auch in ihrem Anspruch auf freie Persönlichkeitsentwicklung sowie rechtliche und tatsächliche Gleichbehandlung.[2]

Die effektive Bekämpfung von Diskriminierungen erfolgt durch die konsequente Beseitigung bestehender sowie die Verhinderung künftiger, ungerechtfertigter Ungleichbehandlungen.[3] Unterstützt wird die Bewältigung dieser vorrangig gesellschaftlichen Aufgabe durch die Etablierung rechtlicher Instrumentarien. Diskriminierungen ereignen sich oftmals im Erwerbs- bzw. Arbeitsleben. Angesichts dessen setzen rechtliche Maßnahmen zur Beseitigung bzw. Vermeidung ungerechtfertigter Benachteiligungen insbesondere in diesem Bereich an.[4]

Im Folgenden wird zunächst in die Grundthematik eingeführt (A.), anschließend werden die inhaltliche Ausrichtung der Ausarbeitung sowie der Gang der Untersuchung erläutert (B.). Im Hinblick auf das zu untersuchende Diskriminierungsmerkmal Alter werden tatsachenbasierte Grundlagen der Arbeit dargestellt (C.) und wird auf die unterbliebene Aufnahme des Kriteriums Alter in den Katalog verpönter Auslesekriterien des Beamtenrechts hingewiesen (D.). Schließlich werden die bisherige Diskussion zum analysierten Themenbereich vor einem freiheitsrechtlichen Hintergrund aufgezeigt (E.) und das Beamtenverhältnis in den Kontext des europäischen Gleichbehandlungsrechts eingeordnet (F.).

---

1 *Scherr*, Diskriminierung, systemtheoretisch betrachtet, abrufbar unter www.sozialarbeit.ch/dokument, S. 1.

2 *Blanke/Graue*, in Däubler/Bertzbach, AGG, Einl., Rn. 219. Siehe auch *Mahlmann*, in Rudolf/Mahlmann, Gleichbehandlungsrecht, § 1, Rn. 8.

3 *Zuleeg*, in von der Groeben/Schwarze, EU-/EG-Vertrag, 6. Aufl., Art. 13 EGV, Rn. 1. Diese Konzeption verfolgen auch die im Folgenden zu analysierenden Antidiskriminierungsrichtlinien der Europäischen Union. Siehe hierzu ferner *Stork*, Das Anti-Diskriminierungsrecht der Europäischen Union und seine Umsetzung in das deutsche Zivilrecht, S. 78.

4 *Korthaus*, Das neue Antidiskriminierungsrecht, S. 2 m.w.N. Vgl. *Thüsing*, Arbeitsrechtlicher Diskriminierungsschutz, Rn. 6 ff.

A. Einführung in die Thematik

Nachstehend wird der Begriff der Diskriminierung, der diese Ausarbeitung durchzieht, näher erläutert. Daran anschließend werden die mit dem Schutz vor Diskriminierungen verfolgten Zielsetzungen der Europäischen Union beleuchtet. Schließlich wird der Einfluss des Europarechts auf das deutsche öffentliche Dienstrecht beschrieben.

I. Etymologischer Ursprung des Begriffs der Diskriminierung und seine Bedeutung im allgemeinen Sprachgebrauch

Seinen etymologischen Ursprung leitet die Bezeichnung der Diskriminierung vom lateinischen Terminus „discriminare" ab und weist den objektiven Gehalt „abtrennen" bzw. „unterscheiden" auf.[5] Im allgemeinen Sprachgebrauch kommt dem Begriff jedoch die Bedeutung einer ungerechten, herabwürdigenden Benachteiligung zu.[6] Die so verstandene Diskriminierung ist eine alltäglich zu beobachtende soziale Erscheinung mit tief greifenden gesellschaftlichen Auswirkungen.[7]

II. Diskriminierungsschutz in der Europäischen Union

Im Recht der Europäischen Union kommt dem Schutz vor Diskriminierungen eine zentrale Bedeutung zu. Die Entwicklung der Europäischen Union bzw. der Europäischen Integration geht mit der des Antidiskriminierungsrechts einher.[8] Demzufolge gehören Vorgaben zum Gleichbehandlungsrecht[9] zum Kernbestandteil der

---

5 *Kluge*, Etymologisches Wörterbuch der deutschen Sprache, 23. Auflage, 1995.

6 *Duden*, Das Synonymwörterbuch, 5. Aufl., Begriff „Diskriminierung"; *Brockhaus*, Enzyklopädie, 21. Aufl., Band I, Begriff „Diskriminierung". Betrachte hierzu ferner *Barsan*, Die zivilrechtlichen Aspekte des Diskriminierungsverbots, S. 21; *Korthaus*, Das neue Antidiskriminierungsrecht, S. 1; *Scholz*, Das Verbot der Altersdiskriminierung bei der Begründung und Beendigung von Arbeitsverhältnissen, S. 39 ff.; *Zuleeg*, in von der Groeben/Schwarze, EU-/EG-Vertrag, 6. Aufl., Art. 13 EGV, Rn. 1.

7 Einer Untersuchung der Europäischen Kommission zufolge gibt ein Großteil der Europäer – angesprochen auf den Grad der wahrgenommenen Diskriminierung – an, dass Diskriminierung aufgrund verschiedener Merkmale im eigenen Land verbreitet ist, Diskriminierung in der Europäischen Union, Eurobarometer 296, 2008, abrufbar unter www.europa.eu, S. 85.

8 *Mahlmann*, Stellungnahme für die Anhörung im Ausschuss für Familie, Senioren, Frauen und Jugend des Deutschen Bundestages, A.-Drs. 15(12)440-F, S. 1.

9 Das Gleichbehandlungsrecht verfolgt die Intention, die Gleichheit und Freiheit der Menschen anzuerkennen und zu bewahren sowie ihre Würde zu schützen, *Mahlmann*, in Rudolf/Mahlmann, Gleichbehandlungsrecht, § 1, Rn. 17.

europäischen Rechtsordnung.[10] Im Schrifttum wird zutreffend herausgestellt, dass das Rechtsinstitut des Diskriminierungsverbots in der Geschichte der Europäischen Union einen beispiellosen Siegeszug erfahren habe.[11] Bereits der Vertrag zur Gründung der Europäischen Wirtschaftsgemeinschaft vom 25.3.1957[12] enthielt einen arbeitsrechtlichen Lohngleichbehandlungsgrundsatz.[13] Die Europäische Union befasste sich insbesondere seit Beginn der 1990er Jahre intensiv mit der Diskriminierungsproblematik und erliess im Folgenden zahlreiche Rechtsakte, die sich auf die Bekämpfung von Benachteiligungen aufgrund diverser verpönter Diskriminierungsmerkmale beziehen.[14]

Die Entwicklung des Antidiskriminierungsrechts der Europäischen Union vollzieht sich sowohl im Primär- und Sekundarrecht als auch in der Rechtsprechung des EuGH.[15] Im Rahmen der Ausarbeitung wird aufgezeigt, dass insbesondere der Judikatur des EuGH eine wesentliche Bedeutung in Bezug auf die Fortentwicklung und Konturierung des europäischen Gleichbehandlungsrechts zukommt.

Die Maßnahmen der Europäischen Union zur Statuierung antidiskriminierungsrechtlicher Vorgaben intendierten zunächst vorrangig die wirtschaftlich motivierte Vermeidung von Wettbewerbsverzerrungen sowie die Schaffung eines gemeinsamen Marktes.[16] Sämtliche Formen ungerechtfertigter Ungleichbehandlungen stellten demgemäß ein Hindernis in Bezug auf die Verwirklichung des

---

10 *Riesenhuber*, in ders., Das Allgemeine Gleichbehandlungsgesetz – Grundsatz- und Praxisfragen, S. 5 f.

11 *Blanke/Graue*, in Däubler/Bertzbach, AGG, Einl., Rn. 218, unter Bezugnahme auf *Schmidt*, in FS Wissmann, S. 80.

12 Vertrag zur Gründung der Europäischen Wirtschaftsgemeinschaft vom 25.3.1957, nicht im Amtsblatt veröffentlicht (im Folgenden: EWG-Vertrag).

13 Art. 48 Abs. 2 EWG-Vertrag (Art. 45 Abs. 2 AEUV) schreibt die Abschaffung jeder auf der Staatsangehörigkeit beruhenden unterschiedlichen Behandlung der Arbeitnehmer der Mitgliedstaaten in Bezug auf Beschäftigung, Entlohnung und sonstige Arbeitsbedingungen vor.

14 Siehe hierzu die Mitteilung der Kommission von 25.11.1999 über Maßnahmen zur Bekämpfung von Diskriminierungen, KOM (1999) 564 endg., Anhang II, S. 17 ff. Eingehend hierzu *Korthaus*, Das neue Antidiskriminierungsrecht, S. 7 ff.; *Lüderitz*, Altersdiskriminierung durch Altergrenzen, S. 44.

15 *Barsan*, Die zivilrechtlichen Aspekte des Diskriminierungsverbots, S. 29.

16 *von Hoff*, Das Verbot der Altersdiskriminierung aus Sicht der Rechtsvergleichung und der ökonomischen Analyse des Rechts, S. 46 f.; *Lingscheid*, Antidiskriminierung im Arbeitsrecht, S. 5.

europäischen Binnenmarktes dar.[17] Der gesellschaftlich-soziale Zweck des Schutzes vor Diskriminierungen gewann jedoch zunehmend an Bedeutung.[18]

III. Einfluss des Europarechts auf das öffentliche Dienstrecht

Das Recht der Europäischen Union beeinflusst das öffentliche Dienstrecht[19] im Allgemeinen und das Beamtenrecht im Besonderen in vielfältiger Weise.[20] Beispielhaft für europarechtlich initiierte Modifizierungen des Beamtenrechts seien der partielle Verzicht auf den Staatsangehörigkeitsvorbehalt für die Begründung eines Beamtenverhältnisses sowie die Anpassungen hinsichtlich der Zulassungsvoraussetzungen zu den Beamtenlaufbahnen genannt.[21]

Dabei waren die aufgezeigten Auswirkungen des Europarechts auf das öffentliche Dienstrecht aufgrund des Regelungsgehalts der Vorbehaltsklausel des Art. 45 Abs. 4 AEUV (ex-Art. 39 Abs. 4 EGV) nicht zwangsläufig zu erwarten.[22] Die Vorschrift ordnet an, dass die Garantie der Freizügigkeit der Arbeitnehmer für die Beschäftigung in der öffentlichen Verwaltung keine Geltung entfaltet.

---

17 *Mahlmann*, Stellungnahme für die Anhörung im Ausschuss für Familie, Senioren, Frauen und Jugend des Deutschen Bundestages, A.-Drs. 15(12)440-F, S. 1. Vgl. ferner Kommission, KOM (1994) 333, endg., Weißbuch: Europäische Sozialpolitik, ein zukunftsweisender Weg für die Union. Vorrangiger Zweck des mit der europäischen Integration verbundenen, europäischen Antidiskriminierungsrechts war die ökonomische Entfaltung der Marktteilnehmer unabhängig von der Nationalität. Hierzu *Riesenhuber*, in ders., Das Allgemeine Gleichbehandlungsgesetz – Grundsatz- und Praxisfragen, S. 6; *Di Fabio*, RdA 2012, 262, 262 f.

18 Siehe in Bezug auf die Politik der Europäischen Union zur Gleichbehandlung von Frauen und Männern KOM (2003) 657 endg., Vorschlag zur Richtlinie zur Verwirklichung des Grundsatzes der Gleichbehandlung von Frauen und Männern beim Zugang zu und bei der Versorgung mit Gütern und Dienstleistungen, S. 2. Vgl. ferner *Hahn*, Auswirkungen der europäischen Regelungen zur Altersdiskriminierung im deutschen Arbeitsrecht, S. 58; *von Hoff*, Das Verbot der Altersdiskriminierung aus Sicht der Rechtsvergleichung und der ökonomischen Analyse des Rechts, S. 46 f.

19 Der Begriff des öffentlichen Dienstes umfasst die Dienstverhältnisse der beim Staat bzw. der mittelbaren Staatsverwaltung abhängig Beschäftigten, *Maunz*, in Maunz/Dürig, GG, Art. 33, Grundwerk, 53. Aufl. 2009, Rn. 44.

20 *Alber*, ZBR 2002, 225, 244. Siehe ferner *Masing*, in Dreier, GG, Art. 33, Rn. 20. Zur Europäisierung des Beamtenrechts *Battis*, BBG, 4. Aufl., Einl., Rn. 31 m.w.N.; *Wolff*, ZBR 2014, 1, 1 ff.

21 *Hillgruber*, ZBR 1997, 1, 4, 6.

22 *Hillgruber*, ZBR 1997, 1, 1.

Mit der Aufnahme dieser Regelung verfolgten die Mitgliedstaaten seinerzeit die Zielsetzung, die „nationale Integrität ihres öffentlichen Dienstes“[23] zu bewahren.[24]

Am 17.12.1980 entschied der EuGH jedoch, dass lediglich diejenigen öffentlichen Verwaltungsstellen vom Anwendungsbereich der unionsrechtlichen Freizügigkeitsgarantie ausgenommen sind, die direkt oder indirekt an der Wahrnehmung hoheitlicher Befugnisse sowie der Erfüllung von Aufgaben beteiligt sind, die auf die Wahrung allgemeiner Interessen des Staates oder sonstiger öffentlicher Körperschaften gerichtet sind.[25]

B. Inhaltliche Ausrichtung der Ausarbeitung und Gang der Untersuchung

Die normative Ausgestaltung des Beamtenverhältnisses als öffentlich-rechtliches Dienst- und Treueverhältnis im Sinne des Art. 33 Abs. 4 GG wird wesentlich bestimmt durch altersorientierte Regelungen. Die Regelungsinstrumente der Altersgrenze und der Altersstaffelung sind von zentraler Bedeutung für die Reglementierung der Zugangsvoraussetzungen zu einem Beamtenverhältnis sowie für die konkrete Konzeption des Rechtsverhältnisses des Beamten[26] zu seinem Dienstherrn. Die Grundstrukturen des Beamtenrechts basieren auf hergebrachten Grundsätzen des Berufsbeamtentums, deren Rechtstraditionen teilweise über die Zeit der Weimarer Reichsverfassung hinaus zurückreichen. Diese beamtenverfassungsrechtlichen Strukturprinzipien statuieren einen rechtlichen Rahmen für die konkrete Ausformung des Beamtenrechts.

Altersabhängige Vorschriften des Beamtenrechts unterliegen den Vorgaben des unionsrechtlichen Altersdiskriminierungsverbots. Dieses Diskriminierungsverbot zeitigt nach seiner Umsetzung in nationales Recht weitreichende Auswirkungen

23 So das Vorbringen im Rahmen des Verfahrens EuGH, Rs. 149/79 (*Kommission/Belgien*), Slg. 1980, S. 3881, 3893.

24 Betrachte ferner *Hillgruber*, ZBR 1997, 1, 2.

25 EuGH, Rs. 149/79, (*Kommission/Belgien*), Slg. 1980, S. 3881, 3900, Rn. 10 f.

26 Für die Ausarbeitung wird der statusrechtliche Beamtenbegriff zugrunde gelegt. Danach ist Beamter, wer in das öffentlich-rechtliche Dienstverhältnis unter Aushändigung einer formgerechten Urkunde berufen wurde, *Wichmann*, in Wichmann/Langer, Öffentliches Dienstrecht, 3. Abschn., Rn. 45. Zugunsten der besseren Lesbarkeit wird sprachlich auf eine geschlechtsspezifische Differenzierung verzichtet. Entsprechende Begriffe gelten im Sinne der Gleichbehandlung für beide Geschlechter.

insbesondere auf das deutsche Arbeitrecht.[27] Die Pflicht zur Berücksichtigung eines explizit formulierten, allgemeinen Verbots der Altersdiskriminierung stellt jedoch auch für diverse weitere nationale Rechtsbereiche eine bedeutsame Neuerung dar.[28]

Die Frage der Konformität altersdifferenzierender Vorschriften des Beamtenrechts mit unionsrechtlichen Maßgaben zum Verbot der Diskriminierung aufgrund des Alters wird im Schrifttum kontrovers beantwortet. Ein Großteil der Literatur nimmt für das Beamtenrecht einen erheblichen normativen Änderungs- bzw. Anpassungsbedarf an.[29] Die kürzlich umgesetzte Novellierung des Urlaubsrechts der Bundesbeamten aus gleichbehandlungsrechtlichen Erwägungen scheint diese Rechtsauffassung des Schrifttums zu stützen. Ausdruck der besonderen Relevanz europarechtlicher Vorschriften zum Altersdiskriminierungsverbot für das Recht der Beamten ist ferner die Vielzahl verwaltungsgerichtlicher Verfahren, die altersorientierte Regelungen zum Gegenstand haben.

---

27 Eingehend hierzu *Hahn*, Auswirkungen der europäischen Regelungen zur Altersdiskriminierung im deutschen Arbeitsrecht; *Lingscheid*, Antidiskriminierung im Arbeitsrecht; *Over*, Das Verbot der Altersdiskriminierung im Arbeitsrecht nach dem Allgemeinen Gleichbehandlungsgesetz; *Stork*, Das Anti-Diskriminierungsrecht der Europäischen Union und seine Umsetzung in das deutsche Zivilrecht; *Schmidt/Senne*, RdA 2002, 80, 80 ff.; *Tempelmann/Stenslik*, DStR 2011, 577, 577; *Junker*, NZA 2011, 950, 956; *Brors*, RdA 2012, 346, 346 f.

28 Siehe *Schmidt/Senne*, RdA 2002, 80, 80. *Battis/Deutelmoser*, RdA 1994, 264, 264, beklagten vor Erlass der unionsrechtlichen Altersdiskriminierungsregeln, dass eine generelle Diskussion über den Kontext von Alter und Recht nicht stattfinde. Betrachte ferner *Wolff*, ZBR 2014, 1, 4.

29 An dieser Stelle seien erwähnt *Baßlsperger*, ZBR 2008, 339 ff.; *Kämmerer*, ZBR 2008, 325 ff.; *Lüderitz*, Altersdiskriminierung durch Altersgrenzen; *Rothermund/Temming*, Diskriminierung aufgrund des Alters, Expertise im Auftrag der Antidiskriminierungsstelle des Bundes, abrufbar unter www.antidiskriminierungsstelle.de; *Mahlmann*, ZBR 2007, 325, 330. Siehe ebenfalls *von Hoff*, Das Verbot der Altersdiskriminierung aus Sicht der Rechtsvergleichung und der ökonomischen Analyse des Rechts; *Hahn*, Auswirkungen der europäischen Regelungen zur Altersdiskriminierung im deutschen Arbeitsrecht; *Over*, Das Verbot der Altersdiskriminierung im Arbeitsrecht nach dem Allgemeinen Gleichbehandlungsgesetz. Eine ausführliche Befassung mit den im Schrifttum vertretenen Auffassungen hinsichtlich der Vereinbarkeit beamtenrechtlicher Altersdifferenzierungen mit unionsrechtlichen Vorgaben zum Verbot der Altersdiskriminierung erfolgt in den einzelnen Prüfungsabschnitten.

Im Rahmen dieser Ausarbeitung werden exemplarisch altersabhängige Vorschriften des Beamtenrechts[30] auf ihre Konformität mit unionsrechtlichen Vorgaben zum Verbot der Altersdiskriminierung exploriert. Analysiert wird, ob diese beamtenrechtlichen Regelungen von dem normativen Gestaltungsspielraum, den das Europarecht den Mitgliedstaaten im Hinblick auf die Umsetzung des Altersdiskriminierungsverbots eröffnet, gedeckt sind. Diesen auf das europarechtliche Altersdiskriminierungsverbot bezogenen Überprüfungen werden Analysen dieser beamtenrechtlichen Vorschriften am verfassungsrechtlichen Maßstab vorgeschaltet. Diese Prüfungen werden aufzeigen, ob diese altersdifferenzierenden Regelungen grundgesetzlichen Anforderungen im Hinblick auf das Verbot der ungerechtfertigten Ungleichbehandlung aufgrund des Alters entsprechen. Im Rahmen dessen kommt den Vorgaben des Beamtenverfassungsrechts eine besondere Bedeutung zu. Die Beantwortung der Frage, ob die jeweilige beamtenrechtliche Vorschrift mit verfassungsrechtlichen Maßgaben vereinbar ist, stellt eine notwendige Voraussetzung für ihre abschließende Bewertbarkeit am unionsrechtlichen Kanon dar.[31]

Unionsrechtlicher Prüfungsmaßstab ist die auf der Grundlage des Art. 19 Abs. 1 AEUV (ex-Art. 13 Abs. 1 EGV)[32] erlassene Richtlinie 2000/78/EG des Rates vom 27.11.2000 zur Festlegung eines allgemeinen Rahmens für die Verwirklichung der Gleichbehandlung in Beschäftigung und Beruf[33]. Diese Richtlinie sowie die Richtlinie 2000/43/EG des Rates vom 29.6.2000 zur Anwendung des Gleichbehandlungsgrundsatzes ohne Unterschied der Rasse oder der ethnischen Herkunft[34], die Richtlinie 2002/73/EG des Europäischen Parlaments und des Rates vom 23.9.2002 zur Änderung der Richtlinie 76/207/EWG des Rates zur Verwirklichung des Grundsatzes der Gleichbehandlung von Männern und

---

30 Wenngleich in den einzelnen Abschnitten der Untersuchung auch landesgesetzliche Vorschriften betrachtet werden, ist Gegenstand der verfassungsrechtlichen bzw. der europarechtlichen Prüfung aus Gründen der Übersichtlichkeit einzig die Regelung für die Bundesbeamten.

31 Vgl. auch *Polloczek*, Altersdiskriminierung im Licht des Europarechts, S. 110.

32 Art. 19 AEUV (ex-Art. 13 EGV) bildet die Ermächtigungsgrundlage für umfassende Maßnahmen zur Bekämpfung von Diskriminierungen.

33 Richtlinie 2000/78/EG des Rates vom 27.11.200 zur Festlegung eines allgemeinen Rahmens für die Verwirklichung der Gleichbehandlung in Beschäftigung und Beruf, ABl. Nr. L 303 vom 2.12.2000, S. 16 (im Folgenden: RL 2000/78/EG).

34 Richtlinie 2000/43/EG des Rates vom 29.6.2000 zur Anwendung des Gleichbehandlungsgrundsatzes ohne Unterschied der Rasse oder der ethnischen Herkunft, ABl. Nr. L 180 vom 19.7.2000. S. 22 (im Folgenden: RL 2000/43/EG).

Frauen hinsichtlich des Zugangs zur Beschäftigung, zur Berufsbildung und zum beruflichen Aufstieg sowie in Bezug auf die Arbeitsbedingungen[35] und die Richtlinie 2004/113/EG des Rates vom 13.12.2004 zur Verwirklichung des Grundsatzes der Gleichbehandlung von Männern und Frauen beim Zugang zu und bei der Versorgung mit Gütern und Dienstleistungen[36] wurden im Zuge des Gesetzes zur Umsetzung europäischer Antidiskriminierungsrichtlinien vom 14.8.2006[37] durch das Allgemeine Gleichbehandlungsgesetz[38] in deutsches Recht umgesetzt.

Um eine generalisierende Aussage im Hinblick auf die Vereinbarkeit altersorientierter Regelungen des Beamtenrechts mit unionsrechtlichen Altersdiskriminierungsvorgaben treffen zu können, werden den Prüfungen auch bereits überholte Vorschriften zugrunde gelegt, die im Besonderen den Verdacht begründen, altersdiskriminierende Wirkung entfaltet zu haben. Im Zuge dessen soll insbesondere geprüft werden, ob dem Gesetzgeber eine etwaige Wiederaufnahme diese Regelungen aus gleichbehandlungsrechtlichen Gründen verwehrt ist.

Im Rahmen eines Exkurses wird beispielhaft analysiert, inwiefern eine beamtenrechtliche Altersgrenzenregelung zudem eine Signifikanz im Hinblick auf das Verbot der ungerechtfertigten Ungleichbehandlung aufgrund des Geschlechts aufweist. Den verpönten Kriterien des Alters und des Geschlechts kommt nicht nur eine im Vergleich zu den übrigen Diskriminierungsmerkmalen herausgehobene praktische Relevanz zu. Sie sind darüber hinaus auch für die Ausgestaltung der Rechtsverhältnisse der Beamten insgesamt von herausgehobener Bedeutung.[39]

---

35 Richtlinie 2002/73/EG des Europäischen Parlaments und des Rates vom 23.9.2002, ABl. Nr. L 269/15, zur Änderung der Richtlinie 76/207/EWG des Rates vom 9.2.1976 zur Verwirklichung des Grundsatzes der Gleichbehandlung von Männern und Frauen hinsichtlich des Zugangs zur Beschäftigung, zur Berufsbildung und zum beruflichen Aufstieg sowie in Bezug auf die Arbeitsbedingungen, ABl. Nr. L 39 vom 14.2.1976, S. 40 (im Folgenden: RL 2002/73/EG).

36 Richtlinie 2004/113/EG des Rates vom 13.12.2004 zur Verwirklichung des Grundsatzes der Gleichbehandlung von Männern und Frauen beim Zugang zu oder bei der Versorgung mit Gütern und Dienstleistungen, ABl. EG Nr. L 373 vom 21.12.2004, S. 37 (im Folgenden: RL 2004/113/EG).

37 Gesetz zur Umsetzung europäischer Antidiskriminierungsrichtlinien vom 14.8.2006, BGBl. I S. 1897 (im Folgenden: Umsetzungsgesetz).

38 Allgemeines Gleichbehandlungsgesetz vom 14.8.2006, BGBl. I S. 1897, zuletzt geändert durch Gesetz vom 3.4.2013, BGBl. I S. 610 (im Folgenden: AGG).

39 Vgl. *Mahlmann*, ZBR 2007, 325, 330.

C. Tatsachenbasierte Grundlagen der Untersuchung

Der Einfluss der europarechtlichen Vorgaben zum Verbot der ungerechtfertigten Ungleichbehandlung aufgrund des Alters auf das deutsche Beamtenrecht ist im Kontext der Bevölkerungsentwicklung sowie des bereits eingetretenen demographischen Wandels[40] in Deutschland zu betrachten. Kennzeichnend für die demographische Entwicklung der letzten dreißig Jahre in Deutschland ist zum einen ein Rückgang der Geburtenzahlen und zum anderen die Erhöhung der durchschnittlichen Lebenserwartung.[41] Ferner ist im Rahmen dieser Ausarbeitung und explizit bei der verfassungs- und unionsrechtlichen Bewertung personalwirtschaftlicher Steuerungsinstrumente des Beamtenrechts die derzeitige Personalsituation im öffentlichen Dienst zu berücksichtigen. Darüber hinaus nehmen rechtliche Analysen zur Vereinbarkeit altersorientierter Regelungen mit den Vorgaben zum Altersdiskriminierungsverbot bisweilen auf Resultate gerontologischer Untersuchungen hinsichtlich der Leistungsfähigkeit älterer Beschäftigter Bezug. Diese werden deshalb im Folgenden ebenfalls erläutert.

I. Die alternde Gesellschaft – Veränderung des Altersaufbaus der Bevölkerung

Die Zahl der in Deutschland geborenen Kinder bezogen auf das jeweilige Jahr nimmt bereits seit Anfang der 1970er Jahre um etwa ein Drittel je Generation ab.[42] Seit der Wiedervereinigung ist die Anzahl der Neugeborenen pro Jahr in Deutschland um 17 Prozent[43] von 830.000 im Jahr 1991 auf rund 686.000 im

---

40 Als „demographischer Wandel“ wird eine Bevölkerungsentwicklung bezeichnet, die das Altern der Gesamtbevölkerung mit der Zukunftsaussicht der Schrumpfung der Bevölkerungszahl bedeutet, vgl. Untersuchung „Deutschland im Demografischen Wandel“ des *Rostocker Zentrums zur Erforschung des Demografischen Wandels* aus dem Jahr 2007, abrufbar unter www.zdwa.de, S. 4. In der Fachliteratur zu diesem Themenbereich werden die Schreibweisen „demographisch“ und „demografisch“ verwendet.

41 Schlussbericht der *Enquête-Kommission des Deutschen Bundestages*, Demographischer Wandel – Herausforderungen unserer älter werdenden Gesellschaft an den Einzelnen und die Politik, BT-Drs. 14/8800, S. 15.

42 Untersuchung des *Berlin-Instituts für Bevölkerung und Entwicklung* aus dem Jahr 2005, Deutschland 2020, Die demografische Zukunft der Nation, abrufbar unter www.berlin-institut.org, S. 4.

43 Im Rahmen dieser Arbeit werden Prozentangaben – unter Umständen nach vorheriger Anwendung gängiger Rundungsregeln – als „ganze Zahlen“ dargestellt.

Jahr 2005 gesunken.[44] Die statistischen Ämter des Bundes und der Länder prognostizieren, dass sich die Zahl der Geburten um weitere 17 Prozent bis zum Jahr 2030 auf 566.000 Neugeborene reduzieren wird.[45] Derzeit bringen Frauen in Deutschland im Durchschnitt 1,34 Kinder zur Welt.[46] Der 11. koordinierten Bevölkerungsvorausberechnung zufolge wird sich diese Zahl voraussichtlich bis zum Jahr 2025 auf 1,4 Kinder pro Frau erhöhen und diese Größenordnung konstant beibehalten.[47] Um eine stabile Bevölkerungsentwicklung bei gleich bleibender Lebenserwartung zu gewährleisten, wäre jedoch erforderlich, dass jede Frau durchschnittlich 2,1 Kinder zur Welt bringt.[48]

Die aufgezeigte Entwicklung in Bezug auf die jährlichen Geburtenzahlen geht mit einem Anstieg der durchschnittlichen Lebenserwartung der Bevölkerung in Deutschland einher. Die durchschnittliche Lebenserwartung der Menschen in Deutschland ist allein im vergangenen Jahrhundert um 31 Jahre gestiegen.[49] Die derzeitige Lebenserwartung Neugeborener in Deutschland liegt bei Jungen bei 75,9 und bei Mädchen bei 81,5 Jahren.[50] Ausweislich aktueller Prognosen wird die durchschnittliche Lebenserwartung zum Zeitpunkt der Geburt im Jahr 2050 bei Männern auf 83,5 Jahre und bei Frauen auf 88,0 Jahre ansteigen.[51]

Folge dieser Entwicklungen ist, dass der Anteil älterer Menschen an der Gesamtbevölkerung in Deutschland bis zum Ende der 2030er Jahre stetig

---

44 *Statistische Ämter des Bundes und der Länder*, Demografischer Wandel in Deutschland, Bevölkerungs- und Haushaltsentwicklung im Bund und in den Ländern, 2007, abrufbar unter www.destatis.de, S. 10.

45 *Statistische Ämter des Bundes und der Länder*, Demografischer Wandel in Deutschland, Bevölkerungs- und Haushaltsentwicklung im Bund und in den Ländern, 2007, S. 10.

46 *Statistische Ämter des Bundes und der Länder*, Demografischer Wandel in Deutschland, Bevölkerungs- und Haushaltsentwicklung im Bund und in den Ländern, 2007, S. 10.

47 *Statistische Ämter des Bundes und der Länder*, Demografischer Wandel in Deutschland, Bevölkerungs- und Haushaltsentwicklung im Bund und in den Ländern, 2007, S. 11.

48 *Berlin-Institut für Bevölkerung und Entwicklung*, Deutschland 2020, Die demografische Zukunft der Nation, 2005, S. 6.

49 *Berlin-Institut für Bevölkerung und Entwicklung*, Deutschland 2020, Die demografische Zukunft der Nation, 2005, S. 4.

50 Annahme des *Statistischen Bundesamtes*, Bevölkerung Deutschlands bis 2050, 2006, abrufbar unter www.destatis.de, S. 40 (Presseexemplar), unter Bezugnahme auf das Jahr 2003.

51 *Statistisches Bundesamt*, Bevölkerung Deutschlands bis 2050, 2006, abrufbar unter www.destatis.de, S. 41 (Presseexemplar).

zunimmt.[52] Infolge der gestiegenen durchschnittlichen Lebenserwartung wird das Schrumpfen der Bevölkerung gewissermaßen in die Zukunft verschoben.

Im Rahmen dieser Ausarbeitung sowie der Analyse altersorientierter Regelungen ist die Entwicklung der Bevölkerung im Erwerbsalter von besonderem Interesse. Das durchschnittliche Lebensalter dieser Gruppe wird kontinuierlich ansteigen. Zudem wird sich die Anzahl der Personen im erwerbsfähigen Alter langfristig reduzieren. Während im Jahr 2015 noch rund 50 Millionen Menschen im Erwerbsalter in Deutschland leben werden, wird sich die Anzahl dieser Altersgruppe voraussichtlich im Jahr 2030 auf 42 bis 44 Millionen und im Jahr 2050 auf 35 bis 39 Millionen reduziert haben.[53] Aktuellen Annahmen zufolge wird die Zahl der über 65-jährigen von 16 Millionen Menschen im Jahr 2005 auf 23 Millionen im Jahr 2050 ansteigen.[54]

II. Personalsituation im öffentlichen Dienst

Untersuchungen zeigen auf, dass sich in den vergangenen Jahrzehnten im Personalbereich des öffentlichen Dienstes eine unausgewogene Altersstruktur herausgebildet hat. Einer Erhebung des Deutschen Städte- und Gemeindebunds aus dem Jahr 2008 zufolge sind 75 Prozent der Bediensteten der öffentlichen Verwaltung älter als 35 Jahre.[55] Nach einer Untersuchung der OECD wird bis zum Jahr 2020 ein Anteil von rund 25 Prozent der Beamten und Beschäftigten im öffentlichen Dienst aus Altersgründen aus dem aktiven Dienst ausscheiden.[56]

---

52 *Statistisches Bundesamt*, Bevölkerung Deutschlands bis 2050, 2006, abrufbar unter www.destatis.de, S. 20, 22 (Presseexemplar).

53 *Statistisches Bundesamt*, Bevölkerung Deutschlands bis 2050, 2006, abrufbar unter www.destatis.de, S. 6 (Presseexemplar).

54 *Statistisches Bundesamt*, Bevölkerung Deutschlands bis 2050, 2006, abrufbar unter www.destatis.de, S. 22 f. (Presseexemplar). Vgl. in diesem Kontext auch die Mitteilung der *Bertelsmann Stiftung* vom 26.10.2011 zur Bevölkerungsprognose, abrufbar unter www.bertelsmann-stiftung.de.

55 *Mohn*, Demographiesensible Personalentwicklung in Kommunen, Deutscher Städte- und Gemeindebund aus 2008, abrufbar unter www.dstgb.de, S. 1. Hierzu ebenfalls *Weimar/Schwarting*, ZTR 2009, 110, 110, wonach die Altersschichtung des Verwaltungspersonals deutscher Kommunen durch die Altersgruppe der 35- bis 55-Jährigen gekennzeichnet ist.

56 *OECD*, Regierung und Verwaltung auf einen Blick 2009, Deutsche Zusammenfassung, abrufbar unter www.oecd.org, S. 4 f. Der *Deutsche Beamtenbund* kündigt hinsichtlich der Situation des öffentlichen Dienstes in Deutschland für das Jahr 2020 ebenfalls eine „Pensionierungswelle" an, vgl. DöD 2006, 236, 236.

Maßgeblich bestimmt wird die derzeitige Personalsituation im Beamtentum von den Folgewirkungen der Einstellungspraxis seit Beginn der 1960er Jahre. Im Zeitraum von 1960 bis 1999 hat sich die Anzahl der Beamten in den Gebietskörperschaften[57] von 634.000 auf 1,3 Millionen erhöht.[58] Dies entspricht einem Personalzuwachs von 111 Prozent.[59] Der beschriebene, unregelmäßige Personalaufbau der Vergangenheit zeitigt signifikante Folgewirkungen auf die derzeitige Altersschichtung in den Beamtenlaufbahnen.[60] Exemplarisch dargestellt werden die Folgen dieses Einstellungsverhaltens in der öffentlichen Verwaltung nachfolgend anhand einer dezidierten Betrachtung der Personalsituation in Bezug auf die Beamten der Bundesverwaltung.

War die Gruppe der unter 35-jährigen Bundesbeamten im Jahr 1994 mit einem Anteil von 31 Prozent vertreten, sank dieser bis zum Jahr 2006 auf lediglich noch 20 Prozent.[61] Der Anteil der 35- bis 50-Jährigen erhöhte sich im gleichen Zeitraum von 40 auf 53 Prozent.[62] Im Jahr 1994 waren 29 Prozent der Bundesbeamten zwischen 50 und 60 Jahren alt, im Jahr 2006 waren es hingegen lediglich noch 24 Prozent.[63] Demgegenüber erhöhte sich die Zahl der über 60-jährigen Beamten in der Bundesverwaltung von 1994 bis 2006 um 4 Prozent.[64]

Die Folgen des eingetretenen demographischen Wandels sowie die prognostizierten Auswirkungen der derzeitigen Altersschichtung in der öffentlichen Verwaltung sind bei Entscheidungen über den Einsatz personalwirtschaftlicher

57 Bund, Länder und Gemeinden.

58 Unterrichtung über den Zweiten Versorgungsbericht der Bundesregierung, BT-Drs. 14/7220, S. 16.

59 Unterrichtung über den Zweiten Versorgungsbericht der Bundesregierung, BT-Drs. 14/7220, S. 16. Der überwiegende Anteil dieses Personalanstiegs entfällt auf die Länder und ist auf eine Zunahme der Aufgaben des öffentlichen Dienstes in den 1960er- und 1970er-Jahre zurückzuführen.

60 Unterrichtung über den Zweiten Versorgungsbericht der Bundesregierung, BT-Drs. 14/7220, S. 18.

61 Unterrichtung über den Vierten Versorgungsbericht der Bundesregierung, BT-Drs. 16/12660, S. 60.

62 Unterrichtung über den Vierten Versorgungsbericht der Bundesregierung, BT-Drs. 16/12660, S. 60.

63 Unterrichtung über den Vierten Versorgungsbericht der Bundesregierung, BT-Drs. 16/12660, S. 60.

64 Unterrichtung über den Vierten Versorgungsbericht der Bundesregierung, BT-Drs. 16/12660, S. 60.

Steuerungsmaßnahmen im Bereich des öffentlichen Dienstes zu berücksichtigen.[65] Neben den zuvor erläuterten Aspekten wirken sich darüber hinaus weitere Einflussfaktoren auf die Aufgabenwahrnehmung der öffentlichen Verwaltung aus. Bereits in der jüngeren Vergangenheit waren zahlreiche Kommunen aufgrund einer defizitären Haushaltslage gezwungen, kommunale Aufgaben auszugliedern und den Personalumfang zu reduzieren.[66] Infolge der dargestellten demographischen Entwicklung wird künftig jedoch der Aufgabendruck auf den öffentlichen Sektor insgesamt insofern zunehmen, als öffentliche Dienstleistungen den veränderten Gegebenheiten anzupassen sind. Das wird wiederum die Anforderungen an das Personalmanagement im Bereich des öffentlichen Dienstes erhöhen.[67]

III. Erkenntnisse der gerontologischen Untersuchungen zur Leistungsfähigkeit älterer Beschäftigter

In der gerontologischen Forschung wurde bis zu den 1950er Jahren unterstellt, dass mit der altersbedingten Abnahme der körperlichen Leistungsfähigkeit ein Rückgang der psychischen, kognitiven Funktionsfähigkeit einhergehe.[68] Diesem sog. Defizit-Modell lagen Querschnittsuntersuchungen zugrunde, die mit Personen verschiedenen Alters über einen längeren Zeitraum durchgeführt wurden.[69] In Entsprechung der altersbiologischen Erkenntnisse wurde angenommen, dass auch die geistige Leistungsfähigkeit mit fortgeschrittenem Alter abnimmt.[70]

Im Rahmen jüngerer Untersuchungen der gerontologischen Forschung, bei denen vielschichtige Längsschnittanalysen vorgenommen wurden, konnten jedoch differenziertere Erkenntnisse hinsichtlich der geistigen Leistungsfähigkeit älterer Menschen gewonnen werden.[71] Die differentielle Altersforschung gelangt zu dem Ergebnis, dass einer Abnahme der sog. fluiden Intelligenz, d.h.

---

65 So auch *Walsleben/Klein*, Der Städtetag 2/2011, 24, 26, bezogen auf die Situation der Kommunen.

66 *Collisi*, DöD 2006, 271, 272.

67 *OECD*, Regierung und Verwaltung auf einen Blick 2009, Deutsche Zusammenfassung, abrufbar unter www.oecd.org, S. 1.

68 *Behrend*, in Wahl/Tesch-Römer, Angewandte Gerontologie in Schlüsselbegriffen, Teil II, S. 402, 402; Eine Übersicht gewährt *Lehr*, Psychologie des Alterns, S. 47 ff. m.w.N. Siehe auch *Lüderitz*, Altersdiskriminierung durch Altersgrenzen, S. 28 ff.

69 Vgl. *Lehr*, Psychologie des Alterns, S. 76.

70 *Lehr*, Psychologie des Alterns, S. 47 ff.

71 *Behrend*, in Wahl/Tesch-Römer, Angewandte Gerontologie in Schlüsselbegriffen, Teil II, S. 402, 402 f.; *Lehr*, Psychologie des Alterns, 78, 80.

der Wahrnehmungsgeschwindigkeit, des Arbeitsgedächtnisses und der Kombinationsfähigkeit, ein Zugewinn an sog. kristalliner Intelligenz, d.h. des Erfahrungswissens und der erlernten Fähigkeiten, gegenüber stehen kann.[72] Darüber hinaus wurde im Rahmen dieser Untersuchungen eine erhebliche interindividuelle Variabilität der intellektuellen Leistungsfähigkeit der Menschen im hohen Erwerbsalter konstatiert.[73]

Im Übrigen ist bei älteren Beschäftigten im Vergleich zu ihren jüngeren Kollegen ein Motivwandel in Bezug auf die Ausübung der Erwerbstätigkeit insofern festzustellen, als etwa dem beruflichen Fortkommen eine eher nachrangige Bedeutung beigemessen wird.[74] Ein generelles Absinken der Leistungsmotivation ist hingegen nicht feststellbar.[75]

D. Unterbliebene Aufnahme des Kriteriums Alter in den Katalog der ausdrücklich verpönten Diskriminierungsmerkmale im Beamtenrecht

Art. 3 Umsetzungsgesetz enthält Anpassungen einzelner Gesetze an gleichbehandlungsrechtliche Vorgaben des Unionsrechts. Art. 3 Abs. 5 Umsetzungsgesetz modifizierte die Regelung des seinerzeitigen § 8 Abs. 1 BBG[76] und erweitert den Katalog verpönter Auslesekriterien bei der Auswahl der Stellenbewerber. Demnach hat die Auslese von Anwärtern[77] nach Eignung, Befähigung und fachlicher Leistung ohne Rücksicht auf Geschlecht, Abstammung, Rasse oder ethnische Herkunft, Behinderung, Religion oder Weltanschauung, politische Anschauung, Herkunft, Beziehungen oder sexuelle Identität zu erfolgen. Im Vergleich zur vorherigen Formulierung dieser Regelung wurden die verpönten Merkmale ethnische Herkunft, Behinderung, Weltanschauung und sexuelle

---

72 *Benz*, Personalmanagement in Zeiten des Demographischen Wandels, S. 88 f. Siehe ferner *Thomae*, in Späth/Lehr, Altern als Chance und Herausforderung, Bd. 1, S. 9, 14; *Lehr*, Psychologie des Alterns, S. 78, 80; *Winkels*, Herausforderungen und Chancen für Personalentwicklung und Betriebliche Weiterbildung, 67 f. Ebenfalls *Baltes*, Psychologische Rundschau 1990, 1, 5.

73 *Lehr*, Psychologie des Alterns, S. 78, 80.

74 *Weimer/Schwarting*, ZTR 2009, 110, 113 f.

75 *Weimer/Schwarting*, ZTR 2009, 110, 113.

76 § 8 BBG in der Fassung der Bekanntmachung vom 31.3.1999, BGBl. I S. 675, zuletzt geändert durch Gesetz vom 19.2.2006, BGBl. I S. 334.

77 Der Begriff „Anwärter“ wird im Rahmen dieser Arbeit mit seinem Bedeutungsgehalt als Kandidat bzw. Bewerber gemäß *Duden*, Deutsches Universalwörterbuch, 6. Aufl., Begriff „Anwärter“, verwendet.

Identität eingefügt. Eine Aufnahme des Merkmals Alter in den Katalog unzulässiger Auswahlkriterien unterblieb jedoch, wenngleich auch insofern eine unionsrechtliche Verpflichtung zur Umsetzung europarechtlicher Antidiskriminierungsvorgaben besteht.[78]

Aus diesem Umstand wird im Schrifttum gefolgert, dass der deutsche Gesetzgeber die Gefahr von Diskriminierungen aufgrund des Alters eher im privatrechtlichen Bereich und weniger in dem des öffentlichen Dienstes sieht.[79] Die unterbliebene Aufnahme des Kriteriums Alter in den Kanon verpönter Diskriminierungsmerkmale sei als Indiz dafür zu werten, dass dem Problem der Altersdiskriminierung im Beamtenrecht lediglich eine geringe Bedeutung beigemessen werde.[80] Im Rahmen dieser Abhandlung wird untersucht, ob diese Auffassung hinsichtlich der Vereinbarkeit altersorientierter Regelungen des Beamtenrechts mit unionsrechtlichen Vorgaben zum Altersdiskriminierungsverbot zutreffend ist.

Ergänzend sei darauf hingewiesen, dass die bundesbeamtengesetzliche Vorschrift zu den zulässigen Auswahlkriterien richtlinienkonform in Verbindung mit den §§ 1, 2 AGG in der Weise ausgelegt wird, dass auch das Kriterium Alter zu den unzulässigen Auslesemerkmalen zählt. [81]

E. Überblick über die bisherige Diskussion vor einem freiheitsrechtlichen Hintergrund

Ungerechtfertigte Ungleichbehandlungen können auch vor einem freiheitsrechtlichen Hintergrund beurteilt werden.[82] Beispielhaft angeführt sei das Differenzierungsmerkmal Religion, das auch unter dem verfassungsrechtlichen

78 Vgl. Art. 1 der RL 2000/78/EG.

79 *Kämmerer*, ZBR 2008, 325, 328.

80 *Kämmerer*, ZBR 2008, 325, 328. Die unterbliebene Aufnahme des Kriteriums Alter in den Katalog der verpönten Auslesekriterien wird im Entwurf des Umsetzungsgesetzes nicht begründet, BR-Drs. 329/06, S. 28. In diesem Zusammenhang ist jedoch auffallend, dass in die Änderungen des § 75 Abs. 1 BetrVG und § 67 Abs. 1 S. 1 BPersVG durch Art. 3 Abs. 3 und 4 Umsetzungsgesetz das Merkmal Alter eingeflossen ist, siehe hierzu BR-Drs. 329/06, S. 28. Betrachte ferner *Mahlmann*, in Däubler/Bertzbach, AGG, § 24, Rn. 6 f.

81 *Laskowski*, in Rust/Falke, AGG, § 24, Rn. 9 f.

82 *Schmidt/Senne*, RdA 2002, 80, 80, in Bezug auf die Altersdiskriminierung. So ebenfalls *Preis*, NZA 2006, 401, 403 f., im Hinblick auf die Rechtsprechung des BVerfG zu Altersgrenzenregelungen. Siehe in diesem Zusammenhang auch *Lehner*, JuS 2013, 410, 413 f.

Schutz des Art. 4 Abs. 1 und 2 GG steht. Auch die Beurteilung von Fragen zur Ungleichbehandlung aufgrund des Alters erfolgte vor Umsetzung der unionsrechtlichen Antidiskriminierungsvorgaben in nationales Recht überwiegend auf freiheitsrechtlicher Grundlage.[83] Im Rahmen dieser Ausarbeitung wird hingegen ausschließlich eine gleichbehandlungsrechtliche Beurteilung der angeführten Ungleichbehandlungen vorgenommen.

F. Einordnung des Beamtenverhältnisses in den Kontext des europäischen Gleichbehandlungsrechts

Die europarechtlichen Antidiskriminierungsrichtlinien differenzieren nicht zwischen öffentlich-rechtlichen Bediensteten und sonstigen Arbeitnehmern. Die Richtlinien beanspruchen vielmehr ausdrücklich auch für Personen in öffentlichen Bereichen, einschließlich öffentlicher Stellen, Geltung.[84] Mithin werden im Rahmen der gleichbehandlungsrechtlichen Vorgaben des Unionsrechts selbst Beamte als Arbeitnehmer eingestuft.[85]

Der deutsche Gesetzgeber war aus diesem Grund bei der Umsetzung der Antidiskriminierungsrichtlinien gehalten, den persönlichen Anwendungsbereich der Benachteiligungsverbote auch auf öffentlich-rechtliche Dienstverhältnisse zu erstrecken.[86] Das AGG enthält im 5. Abschnitt mit § 24 AGG eine Sonderregelung für öffentlich-rechtliche Dienstverhältnisse.[87] Diese Regelung ist als Reverenz vor dem deutschen Recht zu werten, das traditionell zwischen Arbeitsverhältnissen und öffentlich-rechtlichen Beschäftigungsverhältnissen differenziert.[88]

83 *Däubler*, in Däubler/Bertzbach, AGG, Einl., Rn. 57, unter Bezugnahme auf BAG, DB 2003, 394 ff.

84 Vgl. Art. 3 Abs. 1 RL 2000/43/EG, 2000/78/EG und 2002/73/EG.

85 *Wank*, NZA Sonderbeilage zu Heft 22/2004, S. 16, 17; *Wolff*, ZBR 2014, 1, 2; *Gutmann*, VBlBW 2006, 339, 339, in Bezug auf die RL 2000/78/EG.

86 Entwurf des Umsetzungsgesetzes BT-Drs. 16/1780, S. 49.

87 Nach § 24 AGG gelten die Vorschriften des Gesetzes unter Berücksichtigung ihrer besonderen Rechtsstellung für Beamte, Richter, Zivildienstleistende und anerkannte Kriegsdienstverweigerer entsprechend. Durch die Sonderbestimmung im AGG wird den Besonderheiten der angeführten Rechtsverhältnisse Rechnung getragen, *Mahlmann*, in Däubler/Bertzbach, AGG, § 24, Rn. 1.

88 *Bauschke*, Allgemeines Gleichbehandlungsgesetz im öffentlichen Dienst, § 24, Rn. 1; *Mahlmann*, in Däubler/Bertzbach, AGG, § 24, Rn. 1.

Da die europarechtlichen Richtlinien diese Unterscheidung zwischen privatrechtlichen und öffentlich-rechtlichen Dienstverhältnissen nicht vornehmen, kann die besondere Rechtsstellung der genannten Bediensteten bei richtlinienkonformer Umsetzung jedoch nur in dem Maße berücksichtigt werden, als infolge dessen nicht gegen Maßgaben der Antidiskriminierungsrichtlinien verstoßen wird.[89]

89 *Laskowski*, in Rust/Falke, AGG, § 24, Rn. 2.

1. Teil Überkommene Mindestaltersgrenze für die Ernennung zum Beamten auf Lebenszeit

Das Beamtenrecht sah bis zur kürzlich umgesetzten Beamtenrechtsreform die Vollendung eines Mindestalters von 27 Jahren als persönliche Voraussetzung für die Ernennung zum Beamten auf Lebenszeit vor. Im Folgenden wird untersucht, ob die Entscheidung des Gesetzgebers, auf diese persönliche Ernennungsvoraussetzung zu verzichten, aus verfassungsrechtlichen bzw. europarechtlichen Gründen geboten war oder ob eine derartige Regelung wieder in beamtenrechtliche Kodifikationen aufgenommen werden könnte.

A. Mindestaltersgrenzen für die Ernennung zum Beamten auf Lebenszeit im BBG und BRRG sowie in den Beamtengesetzen der Länder vor Umsetzung der Änderungen durch das BeamtStG und das DNeuG

Nachstehend werden die überkommenen beamtenrechtlichen Mindestaltersgrenzenregelungen des Bundes und der Länder vor der Durchführung der Beamtenrechtsmodernisierung erläutert. Anschließend werden die Kerngehalte der Reform des Beamtenrechts aufgezeigt. Darüber hinaus wird im Hinblick auf die verfassungsrechtliche und europarechtliche Bewertung der in Rede stehenden Altersgrenzenregelung die mit ihr verfolgte Zielsetzung dargestellt.

I. Die bundesgesetzlichen Regelungen zur Mindestaltersgrenze

§ 6 Abs. 1 BRRG in der Fassung vom 31.3.1999[90] normierte die persönlichen Voraussetzungen für die Berufung in das Beamtenverhältnis auf Lebenszeit. Danach war die Ernennung zum Lebenszeitbeamten zulässig, wenn der Beamte sich in einer Probezeit bewährt und das 27. Lebensjahr vollendet hatte. § 9 Abs. 1

---

90 Rahmengesetz zur Vereinheitlichung des Beamtenrechts in der Fassung der Bekanntmachung vom 31.3.1999, BGBl. I S. 654, zuletzt geändert durch Gesetz vom 5.12.2006, BGBl. I S. 2748 (im Folgenden: BRRG 1999). Mit Ausnahme des Kapitels II und der Vorschrift des § 135 wurde diese Kodifikation durch § 63 Abs. 1 S. 2 des Gesetzes zur Regelung des Statusrechts der Beamtinnen und Beamten in den Ländern vom 17.6.2008, BGBl. I S. 1010, außer Kraft gesetzt.

Nr. 2 BBG in der Fassung der Bekanntmachung vom 31.3.1999[91] erhob ebenfalls die Vollendung des 27. Lebensjahres zur persönlichen Voraussetzung des Anwärters für die Ernennung zum Bundesbeamten auf Lebenszeit.

Regelungen, die die Vollendung eines bestimmten Lebensjahres als Voraussetzung für die Ernennung zum Beamten auf Lebenszeit benennen, weisen im Beamtenrecht eine Tradition auf.[92] Bereits das Deutsche Beamtengesetz vom 26.1.1937[93] normierte eine vergleichbare Altersgrenze. Dieses Gesetz statuierte jedoch differenzierte Mindestaltersgrenzen für Frauen und Männer.[94] Während männlichen Beamten eine Verbeamtung auf Lebenszeit nach Vollendung des 27. Lebensjahres möglich war, konnten weibliche Beamte erst nach dem vollendeten 35. Lebensjahr auf Lebenszeit ernannt werden.[95] Demgegenüber normierte das Bundesbeamtengesetz vom 14.7.1953[96] eine für Frauen und Männer einheitlich geltende Mindestaltersgrenze in Bezug auf die Ernennung zum Beamten auf Lebenszeit von 27 Jahren.[97]

---

91 Bundesbeamtengesetz vom 14.7.1953, BGBl. I S. 551, in der Fassung vom 31.3.1999, BGBl. I S. 675, zuletzt geändert durch Gesetz vom 5.12.2006, BGBl. I S. 2748 (im Folgenden: BBG 1999).

92 Siehe hierzu *Zängl*, in Franke/Weiß, GKöD, Bd. I, K § 9, EL 12/05, Rn. 1.

93 Deutsches Beamtengesetz vom 26.1.1937, RGBl. I S. 39.

94 § 28 Abs. 2 Nr. 1 Deutsches Beamtengesetz vom 26.1.1937, RGBl. I S. 39.

95 § 28 Abs. 2 Deutsches Beamtengesetz vom 26.1.1937, RGBl. I S. 39: „Die Urkunde darf nur erhalten, wer
1. das siebenundzwanzigste Lebensjahr vollendet hat – bei weiblichen Beamten tritt an die Stelle des siebenundzwanzigsten das fünfunddreißigste Lebensjahr –,
2. den für das Amt vorgeschriebenen und üblichen Vorbereitungs- oder Probedienst abgeleistet und die vorgeschriebenen oder üblichen Prüfungen bestanden hat oder das ihm übertragene Amt fünf Jahre lang geführt hat und
3. in eine Planstelle, die besetzt werden darf, eingewiesen ist oder wird. Die Einweisung in die Planstelle bedarf der Schriftform."

96 Bundesbeamtengesetz vom 14.7.1953, BGBl. I S. 551.

97 § 9 Nr. 2 Bundesbeamtengesetz vom 14.7.1953, BGBl. I S. 551. Der Gesetzentwurf enthielt keine Begründung für die Normierung einer einheitlichen Altersgrenze, vgl. BT-Drs. 1/2846, S. 38. Die Novellierung dieser persönlichen Ernennungsvoraussetzung ist jedoch im Kontext weiterer normativer Maßnahmen zugunsten von Frauen im Rahmen dieses Gesetzes zu sehen, siehe hierzu BT-Drs. 1/2846, S. 36. Diese Regelung wurde auch bei der Neufassung des BBG durch das Gesetz vom 31.3.1995 beibehalten.

II. Ausgestaltung landesbeamtengesetzlicher Vorschriften

Die Beamtengesetze der Länder enthielten bis zur Anpassung der entsprechenden Vorschriften an die bundesrechtlichen Vorgaben im Rahmen der Beamtenrechtsmodernisierung ebenfalls Mindestaltersgrenzen als persönliche Voraussetzung für die Ernennung zum Beamten auf Lebenszeit. Dementsprechend konnte zum Landesbeamten auf Lebenszeit lediglich ernannt werden, wer das 27. Lebensjahr vollendet hatte.[98]

---

98 § 8 Abs. 1 Nr. 2 Landesbeamtengesetz Baden-Württemberg in der Fassung vom 21.10.1996, GBl. S. 286, zuletzt geändert durch Gesetz vom 20.4.1998, GBl. S. 249; Art. 11 Abs. 1 Nr. 2 Bayerisches Beamtengesetz in der Fassung der Bekanntmachung vom 27.8.1998, GVBl. S. 702, zuletzt geändert durch Gesetz vom 8.12.2006, GVBl. S. 987; § 10 Abs. 1 Nr. 2 Landesbeamtengesetz Berlin in der Fassung vom 19.5.2003, GVBl. S. 203, zuletzt geändert durch Gesetz vom 17.4.2008, GVBl. S. 94; § 11 Abs. 1 Nr. 2 Beamtengesetz für das Land Brandenburg in der Fassung der Bekanntmachung vom 8.10.1999, GVBl. I S. 446, zuletzt geändert durch Gesetz vom 19.12.2008 GVBl. I S. 363, 366; § 10 Abs. 1 Nr. 2 Bremisches Beamtengesetz vom 15.9.1995, Brem. GBl. S. 387, zuletzt geändert durch Gesetz vom 24.3.2009, Brem. GBl. S. 90; § 9 Abs. 1 Nr. 2 Hamburgisches Beamtengesetz in der Fassung vom 29.11.1977, HmbGVBl. S. 367, zuletzt geändert durch Gesetz vom 6.2.2008, HmbGVBl. S. 63; § 10 Abs. 1 Nr. 1 Hessisches Beamtengesetz in der Fassung vom 11.1.1989, GVBl. I S. 26, zuletzt geändert durch Gesetz vom 5.7.2007, GVBl. I. S. 378, 379; § 10 Abs. 1 Nr. 2 Beamtengesetz für das Land Mecklenburg-Vorpommern in der Fassung der Bekanntmachung vom 12.7.1998, GVOBl. M-V S. 708, 910, zuletzt geändert durch Gesetz vom 20.7.2006, GVOBl. M-V S. 576, 578; § 11 Abs. 2 Niedersächsisches Beamtengesetz in der Fassung der Bekanntmachung vom 19.2.2001, Nds. GVBl. S. 33, zuletzt geändert durch Gesetz vom 15.12.2008, Nds. GVBl. S. 408; § 9 Abs. 1 Nr. 2 Beamtengesetz für das Land Nordrhein-Westfalen in der Fassung der Bekanntmachung vom 1.5.1981, GV. NRW S. 234, zuletzt geändert durch Gesetz vom 18.11.2008, GV. NRW S. 706; § 11 Abs. 1 Nr. 2 Landesbeamtengesetz Rheinland-Pfalz in der Fassung der Bekanntmachung vom 14.7.1970, GVBl. S. 241, zuletzt geändert durch Gesetz vom 21.12.2007, GVBl. 2008, S. 1, 2; § 13 Nr. 2 Saarländisches Beamtengesetz in der Fassung der Bekanntmachung vom 27.12.1996, Amtsbl. S. 301, zuletzt geändert durch Gesetz vom 4.7.2007, Amtsbl. S. 1450; § 8 Abs. 1 Nr. 2 Beamtengesetz für den Freistaat Sachsen in der Fassung der Bekanntmachung vom 14.6.1999, SächsGVBl. S. 370, zuletzt geändert durch Gesetz vom 29.1.2008, SächsGVBl. S. 138, 148; § 9 Abs. 1 Nr. 2 Beamtengesetz Sachsen-Anhalt in der Fassung der Bekanntmachung vom 9.2.1998, GVBl. LSA S. 50, zuletzt geändert durch Gesetz vom 12.8.2008, GVBl. LSA S. 290; § 11 Abs. 1 Nr. 2 Beamtengesetz für das Land Schleswig-Holstein in der Fassung vom 3.8.2005, GVOBl. Schl.-H. S. 283, zuletzt geändert durch Gesetz vom 15.6.2008, GVOBl. Schl.-H. S. 292; § 10 Abs. 1 Nr. 2 Thüringer Beamtengesetz in der Fassung der Bekanntmachung vom 8.9.1999, GVBl. S. 525, zuletzt geändert durch Gesetz vom 24.6.2008, GVBl. S. 134, 172.

Die Beamtengesetze der Länder wurden jedoch zwischenzeitlich an die bundesrechtlichen Maßgaben in Bezug auf die Ernennung zum Beamten auf Lebenszeit angeglichen. Infolge dessen wird nunmehr auch in den Landesbeamtengesetzen auf die Normierung einer Mindestaltersgrenze verzichtet.

B. Neuerungen durch das BeamtStG und das DNeuG

Nachstehend wird die Motivation des Gesetzgebers in Bezug auf den normativen Verzicht auf die Mindestaltersgrenze für die Ernennung zum Beamten auf Lebenszeit erläutert. Da diese Altersgrenzenregelung im Rahmen der Umsetzung der Reform des Beamtenrechts entfiel, werden in diesem Kontext zunächst die Grundzüge dieser Beamtenrechtsmodernisierung beschrieben.

I. Föderalismusreform und die Neuverteilung der Gesetzgebungskompetenzen im Bereich des Beamtenrechts

Das Gesetz zur Änderung des Grundgesetzes vom 28.8.2006[99] initiierte einen Modernisierungsprozess und ist als erste Stufe einer weit reichenden Föderalismusreform zu qualifizieren.[100] Diese sog. „Föderalismusreform I" verfolgt die übergeordnete Intention, die bundesstaatliche Ordnung zu modernisieren, die Eigenständigkeit des Bundes und der Länder zu stärken sowie effizienzhinderliche, föderale Beziehungen zu entflechten.[101] Demzufolge wurden mit Inkrafttreten des in Rede stehenden Gesetzes zum 1.9.2006 die Gesetzgebungszuständigkeiten zwischen dem Bund und den Ländern mit dem Ziel neu gegliedert, diesen – signifikanter als zuvor – eigene Rechtssetzungskompetenzen zuzuweisen.[102]

---

99 Gesetz zur Änderung des Grundgesetzes vom 28.8.2006, BGBl. I S. 2034.

100 Instruktiv diesbezüglich *Auerbach*, ZBR 2009, 217, 217; *Battis*, NVwZ 2009, 409, 409; *Peters*, RiA 2008, 97, 97.

101 Gesetzesbegründung BT-Drs. 16/813, S. 1 ff.; *Lemhöfer*, RiA 2007, 49, 49. Ausführlich hierzu ebenfalls *Kluth*, Föderalismusreformgesetz, Vorwort, S. 5 ff, *Hofmann*, DÖV 2008, 833 ff.; *Auerbach*, ZBR 2009, 217, 217. Gegenstand der „Föderalismusreform II" ist die Modernisierung der Finanzbeziehungen zwischen Bund und Ländern sowie die Reform der verfassungsrechtlichen Regelungen zur Begrenzung der staatlichen Kreditaufnahme des Bundes und der Länder, www.bundesfinanzministerium.de.

102 Gesetzesbegründung BT-Drs. 16/813, S. 1. Konkret wurden im Rahmen der „Föderalismusreform I" durch das Gesetz zur Änderung des Grundgesetzes vom 28.8.2006, BGBl. I S. 2034, die Art. 22, 23, 33, 52, 72, 73, 74, 74 lit. a), 75, 84, 85, 87 lit. c), 91 lit. a), 91 lit. b), 93, 98, 104 lit. a), 104 lit. b), 105, 107, 109, 125 lit. a), 125 lit. b), 125 lit. c), 143 lit. c) GG geändert. Siehe hierzu ferner *Peters*, RiA 2008, 97, 97.

Eine wesentliche strukturelle Änderung der Gesetzgebungszuständigkeiten infolge der „Föderalismusreform I" betraf die Abschaffung der Rahmengesetzgebungskompetenzen. Von dieser Neuordnung der Gesetzgebungsbefugnisse war unter anderem das Recht der Beamten betroffen.[103] Im Rahmen dieser Reform wurden bislang dem Bund zugewiesene Gesetzgebungskompetenzen im Bereich des Beamtenrechts zum Zwecke der Stärkung der Personalverantwortung auf die Länder übertragen.[104] Bis zur Umsetzung der „Föderalismusreform I" hatte der Bund nach der bisherigen Fassung des Art. 75 Abs. 1 Nr. 1 GG[105] die Rahmengesetzgebungskompetenz für die Regelung der Rechtsverhältnisse der Beamten der Länder, Gemeinden sowie anderer Körperschaften des öffentlichen Rechts.[106] Infolge der beschriebenen Neuverteilung der Gesetzgebungsbefugnisse verfügt der Bund nunmehr gemäß Art. 74 Abs. 1 Nr. 27 GG im Hinblick auf die Statusrechte und -pflichten der Beamten der Länder, Gemeinden und anderer Körperschaften des öffentlichen Rechts sowie der Richter – mit Ausnahme der Regelungsbereiche bezüglich der Laufbahnen, der Besoldung und der Versorgung – über die konkurrierende Gesetzgebungskompetenz.[107] Den Ländern steht infolge dessen nunmehr die Kompetenz zur rechtlichen Ausformung der finanz- und personalwirtschaftlich bedeutsamen Regelungsbereiche des Laufbahn-, Besoldungs- und Versorgungsrechts zu.[108]

---

103 Eingehend hierzu *Bochmann*, ZBR 2007, 1, 3.

104 *Auerbach/Pietsch*, Kommentar zum Beamtenstatusgesetz, Einl., S. 14; *Pechstein*, ZBR 2008, 73, 73; *Grunewald/Lösch*, RiA 2008, 201, 201; *Lemhöfer*, RiA 2007, 49, 49; *Peters*, RiA 2008, 97, 97. Nach *Auerbach/Pietsch*, Kommentar zum Beamtenstatusgesetz, Einl., S. 14, ist die Neuordnung der Gesetzgebungsbefugnisse im Bereich des Dienstrechts eher verfassungspolitisch motiviert, denn aus verfassungsrechtlichen Gründen geboten.

105 Grundgesetz für die Bundesrepublik Deutschland vom 23.5.1949, BGBl. S. 1, zuletzt geändert durch Gesetz vom 26.7.2002, BGBl. I S. 2863.

106 Betrachte diesbezüglich *Peters*, RiA 2008, 97, 97; *Auerbach*, ZBR 2009, 217, 217. Die Länder waren bisher infolge der Rahmenkompetenz des Bundes verpflichtet, ihre Landesbeamtengesetze an den normativen Vorgaben des BRRG auszurichten, *Grunewald/Lösch*, RiA 2008, 201, 201.

107 Siehe *Bochmann*, ZBR 2007, 1, 3. Während der Bund gegenüber dem Gesetzgeber auf Landesebene bislang lediglich ausfüllungsbedürftige Maßgaben aufstellen konnte, wird er nunmehr in die Lage versetzt, unmittelbar für die Landesbeamten Geltung erzeugende Regelungen zu treffen, *Lemhöfer*, RiA 2007, 49, 49. Die Vorschriften des BRRG gelten, soweit sie nicht die Laufbahnregelungen betreffen, für die Landesbeamten nach Art. 125 lit. b) Abs. 1 GG in der jetzigen Fassung als Bundesrecht fort.

108 BT-Drs. 16/813, S. 8. Ausführlich hierzu *Auerbach*, ZBR 2009, 217, 217; *Degenhart*, NVwZ 2006, 1209, 1214; *Lorse*, DÖV 2010, 829, 829; *Battis/Grigoleit*, ZBR 2008,

Der verfassungsändernde Gesetzgeber verfolgt mit der Neuverteilung der Gesetzgebungskompetenzen im Wesentlichen das grundlegende Ziel, die Handlungsmöglichkeiten des Bundes und der Länder zu vergrößern, die konkreten Gestaltungsbefugnisse der Dienstherren zu erweitern und infolge dessen die Zweckmäßigkeit und Effizienz der öffentlichen Verwaltungen zu erhöhen.[109] Im Kontext zur Neukonzeption der Gesetzgebungszuständigkeiten im Beamtenrecht ist zudem die bisherige Regelungsdichte bundesgesetzlicher Vorschriften in Relation zur Anzahl der beim Bund und den Ländern bediensteten Beamten zu betrachten. Im Jahr 2005 waren beim Bund lediglich 130.547 Beamte und Richter bedienstet, während sich die Zahl der Beamten und Richter der Länder hingegen auf 1.261.652 Bedienstete belief.[110]

Ein für das Beamtenrecht ebenfalls bedeutsamer Regelungsaspekt der „Föderalismusreform I" ist die Modifizierung des Art. 33 Abs. 5 GG. Die Vorschrift formulierte in der Fassung vor der Grundgesetzänderung den Auftrag an den Gesetzgeber, das Recht des öffentlichen Dienstes unter Berücksichtigung hergebrachter Grundsätze des Berufsbeamtentums[111] zu *regeln*. Die geänderte Regelung beauftragt den Gesetzgeber nunmehr zudem, das öffentliche Dienstrecht unter Berücksichtigung der hergebrachten Grundsätze des Berufsbeamtentums *fortzuentwickeln*.

1, 3. Von Seiten des Schrifttums wird jedoch Kritik an der Konzeption sowie der Zielsetzung der „Föderalismusreform I" bezogen auf das Beamtenrecht geäußert. Die scheinbar eindeutige Zuständigkeitsverteilung zwischen dem Bund und den Ländern hinsichtlich der Statusrechte und -pflichten erweise sich bei genauerer Analyse insofern als problembehaftet, als zwischen den Regelungsbereichen eine enge Wechselwirkung bestehe, *Hoffmann*, NJW-Editorial 16/2008.

109 Pointiert hierzu *Auerbach/Pietsch*, Kommentar zum Beamtenstatusgesetz, Einl., S. 13, unter Bezugnahme auf die Gesetzesbegründung, BT-Drs. 16/813, S. 1, 7 f. Ferner *Pechstein*, ZBR 2008, 73, 73; *Auerbach*, ZBR 2009, 217, 217.

110 *Statistisches Bundesamt*, Finanzen und Steuern, Fachserie 14/Reihe 6, Beschäftigte des öffentlichen Dienstes am 30.6.2005 nach Dienstverhältnis und Beschäftigungsbereichen, abrufbar unter www.destatis.de, S. 23.

111 Hergebrachte Grundsätze des Berufsbeamtentums konzentrieren sich nach ständiger Rechtsprechung des BVerfG auf jene Kernbereiche beamtenrechtlicher Grundsatzregelungen, die während eines längeren, Tradition bildenden Zeitraums, mindestens unter der Reichsverfassung von Weimar, als verbindlich anerkannt und gewahrt worden sind, vgl. BVerfGE 8, 332, 342 f.; BVerfGE 15, 167, 195 f.; BVerfGE 38, 1, 12; BVerfGE 83, 89, 98.

II. Reform des Beamtenrechts

Die Novellierung der Gesetzgebungszuständigkeiten im Rahmen der „Föderalismusreform I" ebnete den Weg für eine Modifizierung der konkreten beamtenrechtlichen Strukturen zwischen dem Bund und den Ländern.[112] Der Bundesgesetzgeber nutzte die somit eröffneten Gestaltungsspielräume durch den Erlass des Gesetzes zur Regelung des Statusrechts der Beamtinnen und Beamten in den Ländern vom 17.6.2008[113] sowie durch die Verabschiedung des Gesetzes zur Neuordnung und Modernisierung des Bundesdienstrechts vom 5.2.2009.[114,115] Das DNeuG ist zudem als bedeutsamer Bestandteil der im Jahr 2006 eingeleiteten Modernisierung der Bundesverwaltung zu werten.[116]

1. Intention des BeamtStG

Der Bund hat nach dem Inkrafttreten der „Föderalismusreform I" mit dem Erlass des BeamtStG von der ihm eingeräumten konkurrierenden Gesetzgebungskompetenz für den Bereich der Statusrechte und -pflichten der Beamten der Länder, Gemeinden und anderer Körperschaften des öffentlichen Rechts gemäß Art. 74 Abs. 1 Nr. 27 GG Gebrauch gemacht.[117] Dieses Gesetz verfolgt die Zielsetzung, die Kerngehalte der Statusrechte der Beamten in den Ländern, Gemeinden und Gemeindeverbänden sowie der sonstigen Körperschaften, Anstalten und Stiftungen des öffentlichen Rechts zum Zwecke der Generierung der erforderlichen Einheitlichkeit des Beamtenrechts zu normieren.[118] Auf diese Weise gewährleistet

---

112 *Peters*, RiA 2008, 97, 97.

113 Gesetz zur Regelung des Statusrechts der Beamtinnen und Beamten in den Ländern vom 17.6.2008, BGBl. I S. 1010 (im Folgenden: BeamtStG).

114 Gesetz zur Neuordnung und Modernisierung des Bundesdienstrechts vom 5.2.2009, BGBl. I S. 160 (im Folgenden: DNeuG).

115 *Battis*, NVwZ 2009, 409, 409; *Lemhöfer*, RiA 2007, 49, 49; *Auerbach*, ZBR 2009, 217, 217; *Peters*, RiA 2008, 97, 97.

116 Betrachte hierzu BT-Drs. 16/7076, S. 1. Siehe zudem *Bundesministerium des Inneren*, Zukunftsorientierte Verwaltung durch Innovation, 2006, abrufbar unter www.verwaltung-innovativ.de.

117 Eingehend hierzu *Auerbach/Pietsch*, Kommentar zum Beamtenstatusgesetz, Einl., S. 13; *Reich*, Kommentar zum Beamtenstatusgesetz, Einführung, Rn. 2.

118 Gesetzesbegründung, BT-Drs. 16/4027, S. 1. Vgl. auch *Auerbach/Pietsch*, Kommentar zum Beamtenstatusgesetz, Einl., S. 26. Durch das BeamtStG sollen die Voraussetzungen für eine zeitgemäße und ganzheitliche Personalverwaltung im öffentlichen Dienst geschaffen werden, vgl. Gesetzesbegründung BT-Drs. 16/4027, S. 1; *Lorse*, DÖV 2010, 829, 830.

der Gesetzgeber insbesondere die Mobilität der Landesbeamten beim Wechsel des Dienstherrn.[119]

Das BeamtStG erläutert die Begriffe „Status“ und „Statusrecht“ nicht. Nach zutreffender Ansicht im Schrifttum wird der Status des Beamten durch Vorschriften bestimmt, die seine Funktion als Amtsträger im behördlichen Aufbau der Anstellungskörperschaft reglementieren und diese zugleich gegenüber seiner gesellschaftlichen Stellung abgrenzen.[120]

Die wesentlichen Regelungsgehalte des BeamtStG erstrecken sich auf Vorgaben zur Dienstherrenfähigkeit, zur Ausgestaltung der Beamtenverhältnisse, zum länderübergreifenden Wechsel der Beamten bzw. zum Wechsel in die Bundesverwaltung, zur Umbildung von Körperschaften sowie zur Zuweisung einer Tätigkeit bei anderen Einrichtungen. Im Unterschied zum BRRG erfordert das BeamtStG keine Transformation in Landesrecht, es vermittelt vielmehr unmittelbare Rechtswirkung für die Landesbeamten.[121]

Im Rahmen der Bewertung des BeamtStG ist zu konstatieren, dass sich der Gesetzgeber lediglich auf die Normierung der unabdingbaren Kernelemente der Statusrechte und -pflichten der Beamten der Länder, Gemeinden und Gemeindeverbände sowie sonstiger öffentlicher Körperschaften, Anstalten und Stiftungen des öffentlichen Rechts beschränkt hat.[122] Den Ländern verbleibt angesichts dessen ein weiter normativer Gestaltungsspielraum.[123] Dies entspricht durchaus der mit der „Föderalismusreform I“ verfolgten übergeordneten Intention.

2. *Zielsetzungen des DNeuG*

Mit dem DNeuG vom 5.2.2009 hat der Bundesgesetzgeber ebenfalls die mit der „Föderalismusreform I“ in Art. 74 Abs. 1 Nr. 27 GG statuierte Novellierung der Gesetzgebungsbefugnisse genutzt und strebt mit dieser Maßnahme eine

---

119 Gesetzesbegründung BT-Drs. 16/4027, S. 1.

120 *Battis/Grigoleit*, ZBR 2008, 1, 2; *Bochmann*, ZBR 2007, 1, 4.

121 *Auerbach*, ZBR 2009, 217, 218; *Peters*, RiA 2008, 97, 97.

122 *Lemhöfer*, RiA 2007, 49, 50; *Battis/Grigoleit*, ZBR 2008, 1, 6. Dies ist bei der – im Rahmen dieser Ausarbeitung interessierenden – Regelung des § 25 BeamtStG offensichtlich. Danach treten Beamte auf Lebenszeit nach Erreichen der Altersgrenze in den Ruhestand. Der Gesetzgeber hat jedoch auf die Festsetzung einer bundesweit geltenden, allgemeinen Altersgrenze verzichtet. Die Normierung einer allgemeinen Altersgrenze hätte jedoch durchaus statusprägenden Charakter, siehe *Battis/Grigoleit*, ZBR 2008, 1, 5.

123 *Auerbach/Pietsch*, Kommentar zum Beamtenstatusgesetz, Einleitung, S. 26; *Auerbach*, ZBR 2009, 217, 218.

zukunftsorientierte Neuordnung des öffentlichen Dienstrechts an.[124] Dieses Artikelgesetz modifiziert diverse bundesbeamtenrechtliche Gesetze bzw. konzipiert diese neu. Im Rahmen dessen wird das BBG durch Art. 1 DNeuG vollständig neu gefasst. Das BBesG erfährt durch Art. 2 bzw. Art. 2a DNeuG ebenso wesentliche Änderungen, wie das BeamtVG durch Art. 4 bzw. Art. 4a DNeuG.

Das DNeuG verfolgt die grundlegende Zielsetzung, das – verfassungsrechtlich in Art. 33 Abs. 2 GG verankerte – Leistungsprinzip intensiver im unterverfassungsrechtlichen Beamtenrecht zu implementieren.[125] Zum Ausdruck kommt diese gesetzgeberische Absicht insbesondere in der durch Art. 1 DNeuG novellierten Kodifikation des BBG bzw. in der Modernisierung des Laufbahnrechts.[126] Beispielhaft für die deutliche Betonung des Leistungsgrundsatzes durch die Neuerungen des DNeuG sei die Verlängerung der regelmäßigen Probezeit auf drei Jahre nach § 11 Abs. 1 S. 3 BBG sowie § 28 Abs. 1 BLV genannt.[127] Erwähnenswert ist ferner die erweiterte generelle Verpflichtung zur Ausschreibung von Stellen im öffentlichen Dienst gemäß § 8 Abs. 1 S. 1 BBG und § 4 Abs. 1 S. 1 BLV.[128] Darüber hinaus erstrebt der Gesetzgeber durch die inhaltliche Ausrichtung des DNeuG eine Steigerung der Attraktivität und insgesamt eine Erhöhung der Wettbewerbsfähigkeit des Berufsbeamtentums.[129]

Von besonderer Bedeutung für die konkrete Ausgestaltung der Rechtsverhältnisse der Bundesbeamten sind die Änderungen des BBG im Hinblick auf das Laufbahnrecht sowie die Anpassung der BLV.[130] Wenngleich der Gesetzgeber

---

124 BT-Drs. 16/7076, S. 1. Hierzu ferner *Battis*, NVwZ 2009, 409, 409.

125 BT-Drs. 16/7076, S. 1. Vgl. auch *Battis*, NVwZ 2009, 409, 410; *Drescher*, RiA 2007, 261, 262; *Peters*, RiA 2008, 97, 102 f.

126 *Battis*, NVwZ 2009, 409, 410. Infolge der Novellierung des Dienstrechts durch das DNeuG wurde auch eine Angleichung des Laufbahnrechts notwendig. Diese Anpassung erfolgte mit dem Inkrafttreten der BLV im Einklang mit dem DNeuG, vgl. *Wagner/Leppek*, Beamtenrecht, Rn. 11a.

127 *Battis*, NVwZ 2009, 409, 410. Bereits während der Probezeit müssen die Beamtenanwärter die Anforderungen der Laufbahnen nach Eignung, Befähigung und fachlicher Leistung erfüllen. Das Verfahren der bloßen Bewährungsfeststellung wurde abgelöst. Vgl. hierzu auch *Wolff*, ZBR 2009, 73, 77, der bezweifelt, dass die Verlängerung der Probezeit die Verwirklichung des Leistungsprinzips im öffentlichen Dienst signifikant fördert.

128 *Battis*, NVwZ 2009, 409, 410.

129 *Wolff*, ZBR 2009, 73, 77.

130 *Peters*, RiA 2008, 97, 99; *Battis*, NVwZ 2009, 409, 410.

mit der Konzeption des DNeuG das Laufbahnprinzip und das Laufbahngruppenprinzip beibehalten hat,[131] nimmt dieses Gesetz dennoch signifikante Veränderungen im Laufbahnrecht der Bundesbeamten vor. In diesem Kontext sei insbesondere auf die Reduzierung der Anzahl der Laufbahnen hingewiesen.[132] Zudem werden die Bildungsvoraussetzungen für den Zugang zum gehobenen sowie zum höheren Dienst modifiziert.[133] Die vorstehend beschriebenen Veränderungen laufbahnrechtlicher Regelungen dienen der Flexibilitätssteigerung der Personalwirtschaft im öffentlichen Dienst.[134]

Darüber hinaus zeitigt das DNeuG tief greifende Auswirkungen auf das Besoldungsrecht der Bundesbeamten. Das BBesG wird durch das DNeuG insofern überarbeitet, als das bisherige, auf Dienstaltersstufen beruhende System zur Bemessung des Grundgehalts aufgegeben wird.[135] Nach der Novellierung des Besoldungsrechts der Beamten des Bundes infolge des DNeuG bemisst sich der Stufenaufstieg nunmehr an Erfahrungszeiten.[136]

Im Ergebnis ist festzustellen, dass der Bundesgesetzgeber durch das DNeuG diverse Teilbereiche des Beamtenrechts novelliert bzw. modifiziert. Nicht zu verkennen ist jedoch ebenfalls, dass der Gesetzgeber im Rahmen dieser umfassenden Reform des Beamtenrechts wesentliche beamtenrechtliche Grundstrukturen beibehält und mithin ihre Bedeutung für ein effizientes Berufsbeamtentum unterstreicht.[137]

III. Voraussetzungen für die Ernennung zum Beamten auf Lebenszeit nach § 10 BeamtStG und § 11 BBG

§ 10 S. 1 BeamtStG benennt die Voraussetzungen für die Ernennung zum Beamten auf Lebenszeit für die Beamten der Länder, der Gemeinden und Gemeindeverbände sowie der unter der Aufsicht der Länder stehenden Körperschaften,

---

131 Befürwortend *Pechstein,* Stellungnahme für den Innenausschuss, BT-Drs. 16 (4) 375 C, S. 3.

132 Siehe hierzu auch BT-Drs. 16/7076, S. 103. Ebenfalls *Drescher*, RiA 2007, 261, 262.

133 Betrachte § 17 Abs. 4, 5 BBG. Kritisch hierzu *Wolff*, ZBR 2009, 73, 75.

134 *Battis*, NVwZ 2009, 409, 410; *Drescher,* RiA 2007, 261, 262; *Peters*, RiA 2008, 97, 104; *Wolff*, ZBR 2009, 73, 78. Der Begründung des DNeuG zufolge gab es nach der bisherigen Rechtslage auf Bundesebene ca. 125 Laufbahnen, BT-Drs. 16/7076, S. 103.

135 Eingehend hierzu *Battis*, NVwZ 2009, 409, 410.

136 Auf diesen Aspekt des novellierten Besoldungsrechts der Bundesbeamten wird im Rahmen dieser Ausarbeitung vertiefend eingegangen.

137 *Battis*, NVwZ 2009, 409, 412; *Wolff*, ZBR 2009, 73, 78 f.

Anstalten und Stiftungen des öffentlichen Rechts. Die Ernennung zum Lebenszeitbeamten ist danach zulässig, wenn der Beamte sich in einer Probezeit von mindestens sechs Monaten und höchstens fünf Jahren bewährt hat. Die Probezeit ist in einem Beamtenverhältnis auf Probe im Sinne des § 4 Abs. 3 lit. a) BeamtStG zu leisten. Nach § 10 S. 2 BeamtStG können von der Mindestprobezeit durch Landesrecht Ausnahmen bestimmt werden.

§ 11 Abs. 1 BBG gibt die Voraussetzungen für die Ernennung zum Bundesbeamten auf Lebenszeit vor. Die Vorschrift verzichtet ebenfalls auf die Normierung einer Mindestaltersgrenze. Nach § 11 Abs. 1 S. 1 Nr. 1 BBG darf zum Lebenszeitbeamten ernannt werden, wer die in § 7 BBG aufgeführten Voraussetzungen für die Berufung in ein Beamtenverhältnis erfüllt. In ein Beamtenverhältnis darf gemäß § 7 Abs. 1 BBG berufen werden, wer Deutscher im Sinne des Art. 116 GG, Staatsangehöriger eines anderen Mitgliedstaates der Europäischen Union, Angehöriger eines anderen Vertragsstaates des Abkommens über den Europäischen Wirtschaftsraum oder Staatsangehöriger eines Drittstaates mit einem vertraglichen Anspruch auf Anerkennung der Berufsqualifikationen ist (Nr. 1), die Gewähr dafür bietet, jederzeit für die freiheitliche demokratische Grundordnung einzutreten (Nr. 2) und die für die entsprechende Laufbahn vorgeschriebene Vorbildung besitzt oder die erforderliche Befähigung durch Lebens- und Berufserfahrung erworben hat (Nr. 3). Nach § 11 Abs. 1 S. 1 Nr. 2 BBG muss sich der zu Ernennende zudem in einer Probezeit in vollem Umfang bewährt haben. Ausweislich des § 11 Abs. 1 S. 2 BBG gilt für die Feststellung der Bewährung ein strenger Maßstab. Auf diese Weise sollen im Vergleich zur bisherigen Rechtslage zusätzliche qualitative Anforderungen an den Anwärter erhoben werden.[138] Die Probezeit beträgt gemäß § 11 Abs. 1 S. 3 BBG drei Jahre.

IV. Gründe für den normativen Verzicht auf die Mindestaltersgrenze

Die Gesetzesbegründung zum BeamtStG enthält keine Ausführungen zu den Beweggründen des Gesetzgebers, auf die Reglementierung einer Mindestaltersgrenze für die Ernennung zum Beamten auf Lebenszeit in § 10 BeamtStG zu verzichten.[139] Die Gesetzesbegründung zum DNeuG verweist in Bezug auf die Neuregelung des § 11 BBG lediglich auf das Ziel, im Hinblick auf die Festlegung

---

138 Erforderlich ist eine anforderungsgerechte Leistungserbringung des zu Ernennenden in der Probezeit. Eine lediglich eingeschränkte Leistungserbringung ist nicht hinreichend, vgl. BT-Drs. 16/7076, S. 102.

139 Vgl. BT-Drs. 16/4027, S. 23. Vgl. auch *Lemhöfer*, RiA 2007, 49, 50.

von Voraussetzungen für die Ernennung zum Bundesbeamten auf Lebenszeit eine Übereinstimmung mit den Regelungen des BeamtStG herstellen zu wollen.[140] Als Kompensation für das Absehen des Gesetzgebers von der Normierung einer derartigen Mindestaltersgrenze wird das Erfordernis der vollumfänglichen Bewährung im Rahmen der Probezeit gemäß § 11 Abs. 1 S. 3 BBG angeführt.[141]

Der Verzicht des Gesetzgebers auf die Reglementierung der in Rede stehenden Mindestaltersgrenze für die Ernennung zum Beamten auf Lebenszeit ist vor dem Hintergrund der mit dem BeamtStG und dem DNeuG insgesamt verfolgten Intentionen zu betrachten. In Bezug auf das BeamtStG ist die Zielsetzung des Gesetzgebers zu konstatieren, lediglich den gesetzlichen Rahmen für die Gewährleistung eines einheitlichen, modernen Personalmanagements im öffentlichen Dienst vorzugeben.[142] Zu diesem Zweck hat der Gesetzgeber ein Regelwerk verabschiedet, das in vielen Regelungsbereichen lediglich gesetzliche Mindestvorgaben aufstellt und den Ländern normative Gestaltungsfreiräume eröffnet.[143] Diese Gestaltungsmöglichkeiten bestehen insbesondere im Hinblick auf Maßnahmen zur Personalentwicklung bzw. Personallenkung.

Die unterlassene Regelung einer Mindestaltersgrenze für die Ernennung zum Beamten auf Lebenszeit im novellierten BBG erklärt sich vorrangig mit der Erwägung des Gesetzgebers, durch das DNeuG die Wettbewerbsfähigkeit und Leistungsfähigkeit des Berufsbeamtentums zu erhöhen. Vor diesem Hintergrund trägt der Verzicht auf die Altersgrenzenregelung als Ernennungsvoraussetzung zum einen dem Ziel der Flexibilisierung des Beamtenrechts Rechnung. Zum anderen wird auf diese Weise die Durchlässigkeit und Attraktivität des öffentlichen Dienstes für qualifizierte Nachwuchskräfte erhöht. Die angeführte Verlängerung der Probezeit unter Zugrundelegung gesteigerter Anforderungen an die Bewährung des Anwärters ist in diesem Zusammenhang als Regulativ in Bezug auf die beschriebene Öffnung des Beamtenrechts sowie als Akzentuierung der Bedeutung des verfassungsrechtlich verankerten Leistungsprinzips zu werten.[144]

---

140 Vgl. BT-Drs. 16/7076, S. 102.

141 Vgl. BT-Drs. 16/7076, S. 102, BR-Drs. 720/07, S. 187.

142 Vgl. BT-Drs. 16/4027, S. 1.

143 *Auerbach*, ZBR 2009, 217, 218; *Lemhöfer*, RiA 2007, 49, 50; *Battis/Grigoleit*, ZBR 2008, 1, 6.

144 Siehe *Battis*, NVwZ 2009, 409, 411. Danach besteht der gesetzgeberische Grund für den Verzicht auf die Mindestaltersgrenze für die Ernennung zum Beamten auf Lebenszeit in der beabsichtigten Stärkung des Leistungsprinzips.

C. Verfassungsrechtliche Beurteilung der Mindestaltersgrenze für die Ernennung zum Beamten auf Lebenszeit

Als Grundlage und Vergleichsmaßstab für die anschließende Überprüfung der überkommenen Mindestaltersgrenze für die Ernennung zum Beamten auf Lebenszeit am Maßstab europarechtlicher Antidiskriminierungsvorgaben wird die Altersgrenzenregelung gemäß § 9 Abs. 1 Nr. 2 BBG 1999 zuvor auf ihre Konformität mit den verfassungsrechtlichen Vorgaben zum Verbot der ungerechtfertigten Ungleichbehandlung aufgrund des Alters analysiert.

I. Kriterium des Alters als personenbezogenes Differenzierungsmerkmal

Der Begriff des Alters ist relationaler Art,[145] ihm kommen in der deutschen Sprache zwei Bedeutungen zu. Zum einen bezeichnet er den Lebenszeitraum, der seit der Geburt des Menschen verstrichen ist.[146] Dieser Wortsinn wird im Folgenden als *chronologisches Alter* benannt. Zum anderen wird unter dem Begriff des Alters der letzte Lebensabschnitt in der Entwicklung des Menschen verstanden und nachstehend als *relatives Alter* bezeichnet.[147] Im Hinblick auf die Beschreibung des *relativen Alters* sind die Definitionsansätze in der gerontologischen Wissenschaft nicht eindeutig. Die Individualität des Alterns[148] lässt sich nicht vollständig in Theorien und Modellen abbilden, die den Verlauf dieses Lebensabschnitts in simplen „wenn-dann-Beziehungen" darstellen.[149] Angesichts dessen erklärt es sich, dass es keine allgemeingültige gerontologische Definition des Alterns gibt, sondern dass – abhängig von theoretischen und statistischen Grundannahmen – eine Reihe von Erklärungsmodellen parallel angewendet werden.[150]

---

145 *Wank*, NZA 2004, Sonderbeilage zu Heft 22, S. 16, 20.

146 *Brockhaus*, Enzyklopädie, 21. Aufl., Band I, Begriff „Alter".

147 *Brockhaus*, Enzyklopädie, 21. Aufl., Band I, Begriff „Alter". Demgegenüber wird etwa in der französischen Sprache zwischen den Begriffen „âge" und „vieillesse" unterschieden, im Englischen wird zwischen den Bezeichnungen „age" und „old age" differenziert.

148 Der Begriff des *Alters* gibt ein Stadium wieder, während die Bezeichnung *Altern* eine Entwicklung umschreibt, die seit der Geburt des Menschen voranschreitet, *Zahn*, in Schmidt/Thews, Physiologie des Menschen, S. 837.

149 *Lehr*, Psychologie des Alterns, S. 334.

150 *Martin/Kliegel*, Psychologische Grundlagen der Gerontologie, S. 31 ff.

II. Vereinbarkeit der Mindestaltersgrenze mit den Vorgaben des Art. 33 Abs. 2 GG

Von herausgehobener Bedeutung für die Ausgestaltung des Beamtenrechts ist die Vorschrift des Art. 33 GG.[151] Sie begründet einerseits bürgerliche sowie staatsbürgerliche Rechte und normiert andererseits zentrale Vorgaben für den öffentlichen Dienst und speziell das Berufsbeamtentum.[152] Wenngleich im Schrifttum die inhaltliche Heterogenität des Art. 33 GG bzw. die rechtssystematische Stellung der Vorschrift im Grundgesetz kritisiert wird,[153] ist sie dennoch von grundlegender Bedeutung für die Ausgestaltung des Beamtenrechts. Sie begründet in den ersten drei Absätzen nicht nur ein grundrechtsgleiches Recht auf gleichen Zugang zu einem öffentlichen Amt,[154] sondern normiert ferner ein Diskriminierungsverbot sowie zwei besondere Gleichheitssätze.[155]

Beamtenrechtliche Ernennungen unterliegen grundsätzlich dem verfassungsrechtlich garantierten Prinzip der Bestenauslese.[156] Dementsprechend ist die Mindestaltersgrenze für die Ernennung zum Beamten auf Lebenszeit gemäß § 9 Abs. 1 Nr. 2 BBG 1999 am Maßstab des Art. 33 Abs. 2 GG zu überprüfen.[157]

---

151 *Wichmann*, in Wichmann/Langer, Öffentliches Dienstrecht, 2. Abschn., Rn. 16.

152 *Wichmann*, in Wichmann/Langer, Öffentliches Dienstrecht, 2. Abschn., Rn. 11; *Pieper*, in Schmidt-Bleibtreu/Hofmann/Hopfauf, GG, Art. 33, Rn. 3, 16 ff.; *Jarass*, in Jarass/Pieroth, GG, Art. 33, Rn. 1 f.

153 Vgl. *Stern*, Das Staatsrecht der Bundesrepublik Deutschland, Bd. I, § 11, III 4, S. 342; *Battis* in Sachs, GG, Art. 33, Rn. 7, m.w.N.

154 Der Begriff des öffentlichen Amtes im Sinne des Art. 33 GG ist weit zu verstehen und erfasst sämtliche Tätigkeitsfelder im öffentlichen Dienst, vgl. *Battis*, in Sachs, GG, Art. 33, Rn. 24.

155 *Jarass*, in Jarass/Pieroth, GG, Art. 33, Rn. 1, 7, 25; *Pieper*, in Schmidt-Bleibtreu/Hofmann/Hopfauf, GG, Art. 33, Rn. 1.

156 *Eckstein*, ZBR 2009, 86, 86; *Wichmann*, in Wichmann/Langer, Öffentliches Dienstrecht, 2. Abschn., Rn. 17.

157 Vgl. *Buß/Schulte zu Sodingen*, DVBl 1998, 1315, 1317, in Bezug auf laufbahnrechtliche Altersgrenzen.

1. *Grundsatz der Bestenauslese im Sinne des Art. 33 Abs. 2 GG als Maßgabe des Beamtenrechts*

Das Leistungsprinzip ist verfassungsrechtlich sowohl als hergebrachter Grundsatz des Berufsbeamtentums[158] als auch in Art. 33 Abs. 2 GG manifestiert.[159] Gemäß Art. 33 Abs. 2 GG hat jeder Deutsche nach seiner Eignung, Befähigung und fachlichen Leistung gleichen Zugang zu jedem öffentlichen Amt.[160] Das in dieser Vorschrift statuierte Leistungsprinzip ist für das gesamte Staatswesen von herausragender Bedeutung.[161] Die Geltung des Leistungsgrundsatzes wird durch Art. 33 Abs. 2 GG unbeschränkt und vorbehaltlos gewährleistet.[162] Kerngehalt des Leistungsprinzips ist der Grundsatz der Bestenauslese.[163] Die Zugangsgleichheit gemäß der in Art. 33 Abs. 2 GG benannten Auswahlkriterien erfordert nicht ausschließlich die Reglementierung unverzichtbarer Mindestanforderungen, sondern verlangt vielmehr eine Bestenauslese, die unter Gewichtung sämtlicher gerechtfertigter Belange sowie unter Berücksichtigung der Aspekte des Einzelfalls vorzunehmen ist.[164] Im Hinblick auf die rechtliche Wirkung des Leistungsprinzips als hergebrachter Grundsatz des Berufsbeamtentums ist festzustellen, dass dieses vom Gesetzgeber zu beachten und nicht lediglich zu berücksichtigen ist.[165]

---

158 BVerfGE 64, 367, 379 f.; *Becker*, ZBR 1982, 258, 261; *Warbeck*, RiA 1990, 292, 299; *Meixner*, DöD 1981, 73, 73; *Summer*, ZBR 1992, 1, 2; *ders.*, PersV 2003, 14, 15.

159 BVerfGE 62, 374, 383; *Bochmann*, ZBR 2004, 405, 405; *Lindner*, ZBR 2006, 1, 7; *Panzer*, DÖV 2008, 707, 712. Eingehend *Zeh*, Berufsbeamtentum und Leistungsgesellschaft - leistungsbezogene Besoldung, S. 158 f.

160 Art. 33 Abs. 2 GG ist als „Deutschenrecht" konzipiert, dem Gesetzeber ist jedoch die Ausdehnung der Norm auf Ausländer nicht verwehrt, *Pieper*, in Schmidt-Bleibtreu/Hofmann/Hopfauf, GG, Art. 33, Rn. 15. Die Ausführungen in dieser Arbeit zum Regelungsgehalt des Art. 33 Abs. 2 GG beziehen sich auf die wortlautgemäße Anwendung der Norm auf „Deutsche" im Sinne des Grundgesetzes.

161 *Battis*, in Sachs, GG, Art. 33, Rn. 27 m.w.N. Eingehend zur Umsetzung des Leistungsprinzips in der Rechtswirklichkeit *Kunig*, in von Münch/Kunig, GG, Art. 33, Rn. 1.

162 BVerfG, NVwZ 1997, 54, 55.

163 BVerwGE 86, 244, 249; *Panzer*, DÖV 2008, 707, 712.

164 *Sachs*, in Stern, Das Staatsrecht der Bundesrepublik Deutschland, Bd. IV/2, §, 122 III 4, S. 1832.

165 BVerfGE 62, 374, 383; BVerfGE 71, 255, 268. Art. 33 Abs. 5 GG erweitert den Gehalt des in Art. 33 Abs. 2 GG verankerten Grundsatzes der Bestenauslese um einen die Statusrechte bewahrenden Aspekt, der wesentlich zur Gewährleistung der Unabhängigkeit des Beamten beitragen und damit die Funktionsfähigkeit des Berufsbeamtentums sichern soll, BVerfG, NVwZ 2008, 873, 876. Hierzu auch *Panzer*, DÖV 2008,

Art. 33 Abs. 2 GG dient zum einen dem Interesse der Allgemeinheit an einer optimalen Besetzung der Stellen im Staatsdienst.[166] Öffentliche Ämter sollen einzig nach Maßgabe des Prinzips der Bestenauslese im vorstehend beschriebenen Sinne vergeben werden.[167] Insofern trifft Art. 33 Abs. 2 GG eine objektive Wertentscheidung.[168] Im Übrigen ist der Dienstherr zudem aus fiskalischen Gründen gehalten, im Hinblick auf die Gewährleistung einer ökonomischen, sparsamen und effizienten öffentlichen Verwaltung ausnahmslos qualifizierte Personen auszuwählen.[169] Zum anderen trägt Art. 33 Abs. 2 GG den schützenswerten Interessen der Beamten an einer angemessenen beruflichen Entfaltung und Weiterentwicklung Rechnung.[170]

Die Merkmale der Eignung, Befähigung und fachlichen Leistung präzisieren den speziellen Gleichheitssatz für den Zugang zu einem öffentlichen Amt und gewährleisten sachorientierte Personalentscheidungen bzw. schließen die Zugrundelegung anderer, leistungsfremder Kriterien aus.[171] Sie sind Hauptkriterien sämtlicher Ausleseentscheidungen im öffentlichen Dienst.[172]

a. Verhältnis des Art. 33 Abs. 2 GG zu Art. 3 Abs. 1 GG

Das Grundgesetz bringt den Rechtsgedanken der Gleichheit im allgemeinen Gleichheitssatz des Art. 3 Abs. 1 GG sowie den besonderen Gleichheitssätzen

707, 712. Hergebrachte Grundsätze sind zu beachten, soweit sie grundlegenden und strukturprägenden Charakter haben sowie für die Institution des Berufsbeamtentums in der freiheitlichen rechts- und sozialstaatlichen Demokratie von herausragender Bedeutung sind, BVerfGE 8, 1, 16; BVerfGE 11, 203, 215; BVerfGE 64, 367, 379.

166 BVerwG, NVwZ 2005, 457, 457.

167 BVerwG, NVwZ 2005, 457, 457. Siehe auch *Wichmann*, in Wichmann/Langer, 2. Abschn., Rn. 17.

168 *Jarass*, in Jarass/Pieroth, GG, Art. 33, Rn. 7, m.w.N.

169 *Wichmann*, in Wichmann/Langer, 2. Abschn., Rn. 17.

170 BVerfG, NVwZ 2003, 200, 201; BVerwG, NVwZ 2005, 457, 457. Vgl. ferner *Wichmann*, in Wichmann/Langer, 2. Abschn., Rn. 17; *Bergmann*, in Hömig, GG, Art. 33, Rn. 3 m.w.N. Wenngleich Art. 12 Abs. 1 GG grundsätzlich auch die Berufsausübung im öffentlichen Dienst normativ erfasst, reglementiert Art. 33 Abs. 2 GG für die Berufsfreiheit im Staatsdienst maßgeblich die Reichweite der Berufswahlfreiheit, *Kunig*, in von Münch/Kunig, GG, Art. 33, Rn. 14 m.w.N.; ebenfalls Pieper, in Schmidt-Bleibtreu/Hofmann/Hopfauf, GG, Art. 33, Rn. 30 m.w.N.

171 *Kunig*, in von Münch/Kunig, GG, Art. 33, Rn. 26.

172 *Schöbener*, BayVBl. 2001, 321, 328. Sie sind unbestimmte Rechtsbegriffe, deren Bedeutungsgehalte sich teilweise überschneiden, *Kunig*, in von Münch/Kunig, GG, Art. 33, Rn. 26; *Bergmann*, in Hömig, GG, Art. 33, Rn. 4; *Stern*, Das Staatsrecht der Bundesrepublik Deutschland, Bd. I, § 11 III 4b, S. 345 f.

zum Ausdruck.[173] Art. 3 Abs. 1 GG gewährt dem Einzelnen ein subjektiv-öffentliches Recht auf Rechtsgleichheit.[174]

Nach der zur Zeit der Weimarer Reichsverfassung entwickelten und vom BVerfG übernommenen Willkürformel liegt eine Verletzung des Gleichheitssatzes nach Art. 3 Abs. 1 GG vor, wenn wesentlich Gleiches willkürlich ungleich oder wesentlich Ungleiches willkürlich gleich behandelt wird.[175] Nach der sog. „neuen Formel" des 1. Senats des BVerfG wird nunmehr zwischen personenbezogenen und sach- bzw. verhaltensbezogenen Merkmalen differenziert.[176] Der von der Rechtsprechung entwickelte Prüfungsmaßstab des Art. 3 Abs. 1 GG sieht – in Abhängigkeit des jeweiligen Gesamtzusammenhangs sowie der Besonderheit des betroffenen Merkmals – eine gleitende Abstufung hinsichtlich der Stringenz der Anforderungen vom bloßen Willkürverbot bis zu einem strikten Konnex an Verhältnismäßigkeitserfordernisse vor.[177] Vor diesem Hintergrund wird eine Verletzung des Gleichheitssatzes nach der Rechtsprechung des BVerfG angenommen, wenn – unter Zugrundelegung eines strengen Prüfungsmaßstabes[178] – zwischen den Vergleichsgruppen keine Unterschiede von solcher Art und solchem Gewicht bestehen, dass sie die Ungleichbehandlung rechtfertigen könnten.[179]

---

173 Ausführlich *Kannengießer*, in Schmidt-Bleibtreu/Hofmann/Hopfauf, GG, Art. 3, Rn. 7 ff.; *Jarass*, in Jarass/Pieroth, GG, Art. 3, Rn. 1 ff.; *Sodan*, in ders., GG, Art. 3, Rn. 1 f.; *Kischel*, in Epping/Hillgruber, Beck'scher Online-Kommentar, GG, Art. 3, 12. Edition, Oktober 2011, Rn. 1.

174 *Berger-Delhey*, ZTR 2001, 162, 163; *Kannengießer*, in Schmidt-Bleibtreu/Hofmann/Hopfauf, GG, Art. 3, Rn. 4, 14. Siehe zu den Gegenauffassungen *Sachs*, in Stern, Das Staatsrecht der Bundesrepublik Deutschland, Bd. IV/2, § 120 II 2, S. 1482 f. m.w.N.

175 BVerfGE 1, 14, 52; BVerfGE 4, 144, 155; BVerfGE 25, 101, 105; BVerfGE 27, 364, 371 f. Betrachte ebenfalls *Kannengießer*, in Schmidt-Bleibtreu/Hofmann/Hopfauf, GG, Art. 3, Rn. 17; *Kischel*, in Epping/Hillgruber, Beck'scher Online-Kommentar, GG, Art. 3, 12. Edition, Oktober 2011, Rn. 17.

176 Einen Überblick gewähren *Kannengießer*, in Schmidt-Bleibtreu/Hofmann/Hopfauf, GG, Art. 3, Rn. 17; *Jarass*, in Jarass/Pieroth, GG, Art. 3, Rn. 17.

177 BVerfGE 88, 87, 96; BVerfGE 89, 365, 375; BVerfGE 103, 310, 318, unter Bezugnahme auf BVerfGE 101, 54, 101; *Boysen*, in von Münch/Kunig, GG, Art. 3, Rn. 16. Siehe ebenfalls *Sachs*, in Stern, Das Staatsrecht der Bundesrepublik Deutschland, Bd. IV/2, § 120 II 6, S. 1537 f. m.w.N.

178 BVerfGE 88, 87, 96.

179 BVerfGE 82, 60, 86; BVerfGE 82, 126, 146; BVerfGE 84, 133, 157 f.; BVerfGE 91, 389, 401; BVerfGE 92, 26, 52; BVerfGE 95, 39, 45; BVerfGE 95, 267, 317; BVerfGE 102, 41, 54.

Das Recht auf gleichen Zugang zu einem öffentlichen Amt nach Art. 33 Abs. 2 GG ist eine Ausformung bzw. Konturierung des allgemeinen Gleichheitssatzes.[180] Der besondere Gleichheitssatz des Art. 33 Abs. 2 GG verhindert, dass die Vorgabe hinsichtlich des gleichen Ämterzugangs mit der beschriebenen, auf hoher Abstraktionsebene angesetzten Formel zur Anwendung des allgemeinen Gleichheitssatzes nach Art. 3 Abs. 1 GG bewertet werden muss.[181] Stattdessen benennt Art. 33 Abs. 2 GG konkrete Kriterien, statuiert mit dem Prinzip der Bestenauslese ein Differenzierungsgebot und reglementiert mithin einen Rahmen für Zulassungsentscheidungen im öffentlichen Dienst.[182] Dementsprechend wird Art. 3 Abs. 1 GG durch Art. 33 Abs. 2 GG im Rahmen der personellen Reichweite dieser Norm verdrängt.[183]

b. Urteil des BVerwG zur Mindestaltersgrenze

In einer maßgeblichen Entscheidung äußerte sich das BVerwG am 20.4.1983 zur Verfassungsmäßigkeit der Mindestaltersgrenze für die Ernennung zum Beamten auf Lebenszeit.[184] Gegenstand der gerichtlichen Überprüfung war eine landesgesetzliche Regelung hinsichtlich der persönlichen Voraussetzungen für eine Ernennung zum Beamten auf Lebenszeit. Das BVerwG befand, es sei verfassungsrechtlich nicht zu bemängeln, dass es einzig vom Lebensalter – konkret von der Vollendung des 27. Lebensjahres – abhänge, ob ein Beamter nach Abschluss der laufbahnrechtlichen Probezeit in das Beamtenverhältnis auf Lebenszeit übernommen werden könne oder weiterhin im Status des Beamten auf Probe verbleiben müsse.[185]

Das Gericht erklärte, die Frage hinsichtlich der Vereinbarkeit der Mindestaltersgrenze mit dem Gleichheitssatz des Art. 3 Abs. 1 GG bedürfe nicht der Beantwortung im dargelegten Sinne.[186] Die fragliche Vorschrift sei nicht willkürlich,

---

180 *Kunig*, in von Münch/Kunig, GG, Art. 33, Rn. 14; *Becker*, Öffentliche Verwaltung, § 44,1, S. 814. Siehe zudem *Pieper*, in Schmidt-Bleibtreu/Hofmann/Hopfauf, GG, Art. 33, Rn. 14 m.w.N.

181 *Kunig*, in von Münch/Kunig, GG, Art. 33, Rn. 14.

182 Der Umstand, dass Art. 33 Abs. 2 GG positiv formulierte Entscheidungskriterien benennt, stellt eine Besonderheit unter den Gleichheitssätzen dar, vgl. *Pieper*, in Schmidt-Bleibtreu/Hofmann/Hopfauf, GG, Art. 33, Rn. 13.

183 *Kunig*, in von Münch/Kunig, GG, Art. 33, Rn. 14. Siehe ferner *Jarass*, in Jarass/Pieroth, GG, Art. 33, Rn. 8: *Ipsen*, Staatsrecht II, Rn. 861; *Pieper*, in Schmidt-Bleibtreu/Hofmann/Hopfauf, GG, Art. 33, Rn. 14.

184 BVerwG, Buchholz 237.1, Art. 42 BayBG, Nr. 6.

185 BVerwG, Buchholz 237.1, Art. 42 BayBG, Nr. 6, S. 1.

186 BVerwG, Buchholz 237.1, Art. 42 BayBG, Nr. 6, S. 2.

sondern durch sachgerechte Erwägungen des Gesetzgebers legitimiert.[187] Die Ernennung zum Lebenszeitbeamten solle erst in einem Lebensalter erfolgen, in dem der Beamte erfahrungsgemäß seine Berufswahl endgültig getroffen habe und mit einem Berufswechsel regelmäßig nicht mehr gerechnet werden müsse.[188] Ferner solle nach Ansicht des Gerichts die Persönlichkeitsentwicklung des Anwärters „in ihren Grundzügen abgeschlossen und eine einigermaßen sichere Beurteilung seiner Persönlichkeit durch den Dienstherrn gewährleistet"[189] sein. Das Lebensalter zählt nach den Ausführungen des BVerwG zu den für eine sachgerechte Personalplanung maßgeblichen Kriterien.[190] Die Berücksichtigung dieses Kriteriums werde durch die Verfassung nicht ausgeschlossen und sei im Übrigen mit dem Leistungsgrundsatz vereinbar.[191]

In diesem Kontext ist bemerkenswert, dass das BVerwG die Mindestaltersgrenzenregelung explizit am Maßstab des Art. 3 Abs. 1 GG beurteilt. Wenngleich die Vorschrift des Art. 33 Abs. 2 GG in besagter Entscheidung keine Erwähnung findet, kommt die Wertung dieses besonderen Gleichheitssatzes dennoch in der Urteilsbegründung zum Ausdruck. Zum einen weist das BVerwG ausdrücklich auf die Vereinbarkeit der Mindestaltersgrenze mit diesem beamtenverfassungsrechtlichen Strukturprinzip hin. Zum anderen führt das Gericht die Mindestaltersgrenze als taugliches Instrument zur hinreichend verlässlichen Beurteilung der Persönlichkeit des zu Ernennenden an. Die Überprüfung der Persönlichkeit des zu Ernennenden ist ein wesentlicher Aspekt des Eignungsurteils im Sinne des Art. 33 Abs. 2 GG.[192]

2. *Alterserfordernis als zulässiges Kriterium im Sinne des Art. 33 Abs. 2 GG?*

Ausgehend von der zuvor beschriebenen Entscheidung des BVerwG wird nachstehend analysiert, ob das Lebensalter Rückschlüsse auf die nach Art. 33 Abs. 2 GG einzig maßgeblichen Kriterien der Befähigung, fachlichen Leistung und Eignung erlaubt.

---

187 BVerwG, Buchholz 237.1, Art. 42 BayBG, Nr. 6, S. 2.

188 BVerwG, Buchholz 237.1, Art. 42 BayBG, Nr. 6, S. 2.

189 BVerwG, Buchholz 237.1, Art. 42 BayBG, Nr. 6, S. 2.

190 BVerwG, Buchholz 237.1, Art. 42 BayBG, Nr. 6, S. 2.

191 BVerwG. Buchholz 237.1, Art. 42 BayBG, Nr. 6, S. 2. Siehe auch *Zängl*, in Franke/Weiß, GKöD, Bd. I, K § 9, EL 12/05, Rn. 5; *Püttner*, DVBl. 1997, 259, 259; *Battis*, BBG, 3. Aufl., § 9, Rn. 4; *Lüderitz*, Altersdiskriminierung durch Altersgrenzen, S. 133.

192 Zur Bewertung der Persönlichkeit im Rahmen der Überprüfung der Eignung BVerfGE 92, 140, 151, 155.

a. Auswahlkriterien im Rahmen der Bestenauslese nach Art. 33 Abs. 2 GG

Das Kriterium der Befähigung bezeichnet die für die auszuübende Tätigkeit förderlichen Fertigkeiten.[193] Diesem Merkmal werden vorrangig Kenntnisse und Kompetenzen zugeordnet, die im Rahmen der Berufsausbildung oder in sonstiger Weise erlangt werden.[194] Darüber hinaus schließt der Begriff der Befähigung auch Eigenschaften wie die Allgemeinbildung, eine für die wahrzunehmende Aufgabe dienliche Lebenserfahrung, Begabungen und Talente sowie die Vorbildung ein.[195]

Dagegen betrifft das Auslesekriterium der fachlichen Leistung die Bewährung in der beruflichen bzw. dienstlichen Praxis.[196] Es bezieht sich ausschließlich auf das fachbezogene Wissen, das Fachkönnen sowie insbesondere den Nachweis dieser Fähigkeiten durch bereits erbrachte Arbeitsresultate.[197]

Das Kriterium der Eignung im Sinne des Art. 33 Abs. 2 GG stellt schließlich auf anlagebedingte bzw. persönlichkeitsprägende Attribute, das psychische und physische Leistungsvermögen sowie emotionale und intellektuelle Persönlichkeitsvoraussetzungen des Anwärters ab, die für die Ausübung des jeweiligen öffentlichen Amtes erforderlich sind.[198] Es erfasst insbesondere die Persönlichkeit und Individualität sowie die charakterlichen Eigenschaften des Bewerbers, soweit sie für das zu vergebende Amt maßgeblich sind.[199] Bei der Festlegung

---

193 BVerfGE 110, 304, 322. Zusammenfassend *Battis*, in Sachs, GG, Art. 33, Rn. 30; *Jarass*, in Jarass/Pieroth, GG, Art. 33, Rn. 14; *Pieper*, in Schmidt-Bleibtreu/Hofmann/Hopfauf, GG, Art. 33, Rn. 42.

194 *Schöbener*, BayVBl. 2001, 321, 328; *Kunig*, in von Münch/Kunig, GG, Art. 33, Rn. 26 m.w.N.

195 BVerfGE 110, 304, 322. Eine Übersicht zu diesem Merkmal gewähren *Bergmann*, in Hömig, GG, Art. 33, Rn. 4; *Kunig*, in von Münch/Kunig, GG, Art. 33, Rn. 26; *Pieper*, in Schmidt-Bleibtreu/Hofmann/Hopfauf, GG, Art. 33, Rn. 42.

196 *Schöbener*, BayVBl. 2001, 321, 328; *Pieper*, in Schmidt-Bleibtreu/Hofmann/Hopfauf, GG, Art. 33, Rn. 43; *Kunig*, in von Münch/Kunig, GG, Art. 33, Rn. 26.

197 BVerfGE 110, 304, 322; BVerwG, NVwZ 2005, 457, 457; *Bergmann*, in Hömig, GG, Art. 33, Rn. 4. Siehe ebenfalls *Jarass*, in Jarass/Pieroth, GG, Art. 33, Rn. 14; *Kunig*, in von Münch/Kunig, GG, Art. 33, Rn. 26.

198 BVerfGE 92, 140, 151, 155; BVerfGE 96, 205, 211; BVerfGE 110, 304, 322. Betrachte auch *Pieper*, in Schmidt-Bleibtreu/Hofmann/Hopfauf, GG, Art. 33, Rn. 39. Der Begriff der Eignung bezieht sich mithin auf die ganze Person mit ihren körperlichen, seelischen und charakterlichen Eigenschaften, BVerfGE 92, 140, 151.

199 BVerfGE 92, 140, 151, 155; BVerwGE 11, 139, 141; *Schöbener*, BayVBl. 2001, 321, 328; *Kunig*, in von Münch/Kunig, GG, Art. 33, Rn. 26.

von Eignungsmerkmalen in Bezug auf das jeweilige Amt sowie bei der Konkretisierung der dienstlichen Pflichten ist dem Gesetzgeber ein weiter Gestaltungsspielraum zuzubilligen.[200] Aufgrund der Erkenntnisse aus der bisherigen Aufgabenwahrnehmung des zu Ernennenden wird seine Eignung für das zu besetzende Amt abgeschätzt.[201] Im Rahmen dieser Entscheidung trifft der Dienstherr zugleich eine prognostische Beurteilung in Bezug auf die Persönlichkeit sowie den Charakter des Bewerbers.[202]

b. Einschränkung des Leistungsgrundsatzes nach Art. 33 Abs. 2 GG durch Altersgrenzenregelungen

Vor dem Hintergrund der vorstehenden Ausführungen ist festzuhalten, dass bei Zugrundelegung des verfassungsrechtlich verankerten Leistungsprinzips das Lebensalter des Anwärters grundsätzlich nicht als zulässiges Auslesemerkmal zu qualifizieren ist. Die am Maßstab des Art. 33 Abs. 2 GG zu beurteilenden Auswahlentscheidungen können generell nur auf Erwägungen basieren, die sich unmittelbar auf die Eignung, die Befähigung sowie die fachliche Leistung des Anwärters beziehen.[203] Das Lebensalter ist jedoch nicht als leistungsorientiertes Kriterium im Rahmen der Auswahl von Bewerbern zu qualifizieren.[204] Das Lebensalter des Anwärters ist insbesondere nicht als Eignungskriterium im Sinne des Art. 33 Abs. 2 GG zu werten. Die Vollendung des 27. Lebensjahres stellt für sich genommen kein Attribut des zu Ernennenden dar, das diesen in fachlicher, körperlicher, psychischer oder charakterlicher Hinsicht für ein Beamtenverhältnis auf Lebenszeit qualifiziert. Angesichts dessen schränken beamtenrechtliche Altersgrenzenregelungen das Leistungsprinzip nach Art. 33 Abs. 2 GG ein.[205]

---

200 *Leibholz/Rink/Hesselberger*, GG, Art. 33, 49. EL, Oktober 2008, Rn. 36. Die Grenzen dieser Gestaltungsfreiheit bilden die Wertentscheidungen der Verfassung.

201 *Schöbener*, NWVBl. 2005, 41, 49.

202 *Badura*, in Maunz/Dürig, GG, Art. 33, 55. EL Mai 2009, Rn. 30. Siehe ebenfalls *Schöbener*, NWVBl. 2005, 41, 49.

203 BVerwGE 80, 123, 126; BVerwGE 118, 370, 376.

204 BVerwG, NVwZ 2005, 457, 457, zur Bewerberauswahl für eine Beförderungsstelle. Ebenso *Eckstein*, ZBR 2009, 86, 88.

205 BVerwGE 133, 143, 145. Das Gericht befasste sich mit der Höchstaltersgrenze für die Einstellung in eine Beamtenlaufbahn und äußerte sich in diesem Zusammenhang jedoch auch grundsätzlich zu Altersgrenzenregelungen. Siehe auch *Hense*, in Epping/Hillgruber, Beck'scher Online-Kommentar, GG, Art. 33, 13. Edition, Januar 2012, Rn. 14; *Leisner*, in Sodan, GG, Art. 33, Rn. 13 m.w.N.

Das Lebensalter ist einzig dann ein zulässiges Kriterium im Hinblick auf die Beurteilung der Eignung des Anwärters, wenn dieses für die Ausübung oder die Anforderungen des jeweiligen Amtes bedeutsam ist.[206] Dementsprechend kann das Alter im Rahmen der Eignungsentscheidung insbesondere dann Berücksichtigung finden, wenn Bewerber den Anforderungen des öffentlichen Amtes dann nicht mehr entsprechen, sobald sie ein bestimmtes Lebensalter überschritten haben.[207] Eine derartige Intention liegt der Mindestaltersgrenze für die Ernennung zum Beamten auf Lebenszeit jedoch nicht zugrunde.

3. *Rechtfertigung der Einschränkung des Leistungsgrundsatzes durch das Lebenszeitprinzip*

In der Mindestaltersgrenze für die Ernennung zum Beamten auf Lebenszeit kommt die Gewichtung des Gesetzgebers hinsichtlich der insoweit gegenläufigen beamtenverfassungsrechtlichen Strukturprinzipien des Leistungsgrundsatzes und des Lebenszeitprinzips zum Ausdruck. In der in Rede stehenden Altersgrenzenregelung befinden sich das Lebenszeitprinzip und der Leistungsgrundsatz in einem Verhältnis praktischer Konkordanz. In diesem Kontext ist zu beachten, dass die hergebrachten Grundsätze des Berufsbeamtentums nicht in einem ausdifferenzierten Rangverhältnis zueinander stehen.[208] Diese beamtenverfassungsrechtlichen Strukturprinzipien statuieren vielmehr in ihrer Gesamtheit den verfassungsrechtlichen Rahmen des Berufsbeamtentums.[209]

Der Gesetzgeber hat dem aus dem Lebenszeitprinzip folgenden Interesse des Dienstherrn an einer verlässlichen Beurteilung der persönlichen Eignung des Anwärters für ein lebenslanges Dienst- und Treueverhältnis zum Staat den Vorrang gegenüber einer frühzeitigen, nach dem Leistungsgrundsatz gebotenen Ernennung zum Beamten auf Lebenszeit eingeräumt.[210] Der beamtenverfassungsrechtliche Leistungsgrundsatz gemäß Art. 33 Abs. 2 GG kann durch Altersgrenzenregelungen eingeschränkt werden, da diese im Lebenszeitprinzip als

---

206 BVerwGE 133, 143, 145; *Hense*, in Epping/Hillgruber, Beck'scher Online-Kommentar, GG, Art. 33, 13. Edition, Januar 2012, Rn. 14.

207 BVerwGE 133, 143, 145.

208 BVerfGE 43, 154, 167 f. Siehe auch *Lecheler*, ZBR 1998, 331, 332; *Ziemske*, ZBR 2001, 1, 4.

209 *Lecheler*, ZBR 1998, 331, 332 f.

210 Nach *Dorf*, DÖV 2009, 14, 17, ist der deutschen Beamtentradition stets ein Zusammenwirken beamtenverfassungsrechtlicher Strukturgrundlagen zu Eigen gewesen.

Strukturgrundlage des Berufsbeamtentums angelegt sind.[211] Diese der Mindestaltersgrenze für die Ernennung zum Lebenszeitbeamten immanente Gewichtung beamtenverfassungsrechtlicher Strukturprinzipien ist insbesondere vor dem Hintergrund der herausragenden Bedeutung des Lebenszeitprinzips für die Funktionsfähigkeit des Berufsbeamtentums vertretbar und verstößt nicht gegen das Verhältnismäßigkeitsprinzip.

a. Lebenszeitprinzip als hergebrachter Grundsatz des Berufsbeamtentums

Das Prinzip der lebenszeitigen Übertragung eines öffentlichen Amtes ist dem Kernbestand verfassungsrechtlicher Strukturprinzipien des Beamtentums zuzuordnen.[212] Es sieht das Beamtenverhältnis auf Lebenszeit als Regeltypus vor.[213] Die Berufung in ein öffentliches Amt für die Dauer des Berufslebens sowie die auf die aktive Diensterbringung folgende Versorgung im Ruhestand gewähren dem Beamten eine existenzielle Sicherheit.[214] Die Lebenszeitstellung intendiert die Gewährleistung der unabhängigen und neutralen Aufgabenerfüllung des Beamten sowie die Steigerung seiner Leistungsfähigkeit und Leistungsbereitschaft.[215] In diesem Kontext ist zu konstatieren, dass die mit dem Lebenszeitprinzip angestrebte Unabhängigkeit der Amtsführung nicht als persönliches Privileg des Bediensteten zu qualifizieren ist, sondern einzig dem Gemeinwohl dient.[216]

Das Lebenszeitprinzip erfüllt jedoch nur dann die vorstehend beschriebene Intention, wenn es auf der anderen Seite mit einer der Existenzsicherung entsprechenden Verpflichtung und Verhaltenserwartung verbunden ist.[217] Die Ernennung zum Beamten auf Lebenszeit gewährt dem Bediensteten eine Rechtsstellung, die vom Dienstherrn einseitig lediglich im Wege eines Disziplinarverfahrens gelöst

---

211 Vgl. BVerwGE 133, 143, 145. Wenngleich Gegenstand des gerichtlichen Verfahrens eine Höchstaltersgrenzenregelung ist, äußert sich das Gericht in der zitierten Passage allgemein zur beamtenverfassungsrechtlichen Beurteilung von Altersgrenzen für die Einstellung und Übernahme in das Beamtenverhältnis.

212 BVerfGE 9, 268, 286. Das Lebenszeitprinzip fand bereits in Art. 129 Abs. 1 S. 1 WRV seine verfassungsrechtliche Verankerung. Es ist im Zusammenhang mit dem Prinzip der Ämterstabilität zu sehen.

213 BVerfGE 70, 251, 267.

214 *Wichmann*, in Wichmann/Langer, Öffentliches Dienstrecht, 4. Abschn., Rn. 62.

215 BVerfGE 9, 268, 286. Das Bewusstsein einer gesicherten Rechtsstellung soll dem Beamten die Möglichkeit eröffnen, seine Aufgaben nach Recht und Gesetz zu erfüllen.

216 BVerfG, NVwZ 2008, 873, 875.

217 *Summer*, ZBR 1992, 1, 3. Das Lebenszeitprinzip engt die personalwirtschaftliche Entscheidungsfreiheit des Dienstherrn in erheblichem Umfang ein.

werden kann.[218] In Anbetracht dessen hat der Dienstherr ein anzuerkennendes Interesse, diese Rechtsstellung erst dann zu verleihen, wenn er mit hinreichender Verlässlichkeit annehmen kann, dass der Anwärter die persönliche Eignung für die Ernennung zum Beamten auf Lebenszeit erfüllt.

b. Sachlicher Grund für die Festsetzung der Mindestaltersgrenze

Bei der Festsetzung einer Altersgrenze verfügt der Gesetzgeber über einen weiten Regelungsspielraum, der lediglich dann überschritten ist, wenn die zugrunde liegenden Erwägungen derart offenkundig unzutreffend sind, dass sie bei objektiver, vernünftiger Betrachtung nicht die Basis für eine Entscheidung bilden können.[219] Im Hinblick auf die Beurteilung der persönlichen Voraussetzungen für die Ernennung zum Beamten auf Lebenszeit legt der Gesetzgeber hinsichtlich der Eignung des Anwärters eine typisierte bzw. generalisierende Annahme der Persönlichkeitsentwicklung zugrunde.[220] Typisierungen und Generalisierungen müssen sich jedoch am typischen Sachverhalt orientieren, die überwiegende Zahl der Fallgestaltungen zutreffend rechtlich erfassen und auf sachlichen Gründen beruhen.[221] Entscheidend ist mithin, dass die festgesetzte Altersgrenze nicht jeglicher Sachgrundlage entbehrt bzw. nicht den allgemeinen Lebenserfahrungen so offensichtlich widerspricht, dass sie als willkürlich zu bezeichnen ist.[222]

Ausweislich der nachstehenden Ausführungen basiert die der Festsetzung der Mindestaltersgrenze zugrunde liegende, typisierende Annahme in Bezug auf die Persönlichkeitsentwicklung des Anwärters – entgegen einer vereinzelt in der Literatur vertretenen Ansicht[223] – auf sachlichen, wissenschaftlich anerkannten Erwägungen.

---

218 *Baßlsperger*, PersV 2008, 404, 408; *Summer*, ZBR 1992, 1, 3.

219 Vgl. BVerfGE 30, 292, 317; BVerfGE 37, 1, 20.

220 Eine Vielzahl beamtenrechtlicher Entscheidungen beruht auf Typisierungen und Generalisierungen, vgl. *Höfling/Stockter*, ZBR 2008, 17, 20 f. Im Rahmen dessen wird dem Grundsatz Rechnung getragen, dass der Gesetzgeber bei der Normgebung generell generalisieren muss, vgl. BVerfGE 11, 245, 254; *Kischel*, in Epping/Hillgruber, Beck'scher Online-Kommentar, GG, Art. 3, 12. Edition, Oktober 2011, Rn. 114.

221 BVerfGE 27, 142, 150; BVerfGE 44, 283, 288; BVerfGE 65, 325, 354; BVerfGE 75, 108, 162; *Kischel*, in Epping/Hillgruber, Beck'scher Online-Kommentar, GG, Art. 3, 12. Edition, Oktober 2011, Rn. 114; *Schmidt*, in Erfurter Kommentar zum Arbeitsrecht, 10. Aufl., 2010, Art. 3 GG, Rn. 45.

222 Vgl. *Buß/Schulte zu Sodingen*, DVBl. 1998, 1315, 1321.

223 *Buß/Schulte zu Sodingen*, DVBl. 1998, 1315, 1319, vertreten die Ansicht, die Erfüllung der anlage- und entwicklungsbedingten Voraussetzungen sei nicht vom Nicht-Erreichen einer bestimmten Altersgrenze abhängig.

aa. Modell der Persönlichkeitsentwicklung

Die Entwicklung der Persönlichkeit ist ein vielschichtiger, fortwährender Vorgang, der von Wechselwirkungen zwischen der Reifung des Menschen mit fortschreitendem Alter, der individuellen Veranlagung, äußeren Einflüssen sowie der persönlichen Selbststeuerung und Individuation[224] geprägt wird.[225] Obgleich die Persönlichkeitsentwicklung als lebenslanger Prozess zu verstehen ist, sind wissenschaftliche Modelle anerkannt, die den Lebenslauf eines Menschen in Phasen einteilen, in denen er regelmäßig bestimmten Anforderungen im Rahmen seiner persönlichen Entfaltung und Reifung gerecht werden muss.[226] Die Bewältigung dieser sog. Entwicklungsaufgaben führt zu einer Konstituierung der Persönlichkeit.[227]

Im Hinblick auf die Beurteilung der sachlichen Rechtfertigung der Festsetzung der Mindestaltersgrenze ist der Zeitraum vom Ende des zweiten bis zum Beginn des dritten Dezenniums von besonderem Interesse.[228] In dieser Phase hat der Mensch regelmäßig bereits bedeutsame, seine Identität und Persönlichkeit prägende Entwicklungsaufgaben bewältigen müssen.[229] Zu diesen signifikanten Entwicklungsaufgaben, die das Individuum in dieser Lebensphase regelmäßig gemeistert hat, zählen auch der erfolgreiche Abschluss der Berufsausbildung, der Berufseinstieg sowie der Aufbau einer beruflichen Karriere.[230]

---

224 Der Begriff der Individuation beschreibt den „Prozess der Selbstwerdung des Menschen, in dessen Verlauf sich das Bewusstsein der eigenen Individualität bzw. der Unterschiedenheit von anderen zunehmend verfestigt“, *Duden*, Das Fremdwörterbuch, 9. Aufl.

225 *Schenk-Danzinger*, Entwicklungspsychologie, Kap. 5, S. 42.

226 *Brandtstädter/Lindenberger*, Entwicklungspsychologie der Lebensspanne, Kap. 7, S. 552 f.; *Martin/Kliegel*, Psychologische Grundlagen der Gerontologie, S. 52 f.

227 *Baltes*, Psychologische Rundschau 1990,1, 5. Der Begriff der Entwicklungsaufgabe basiert auf der Annahme, dass in Entsprechung der inneren und äußeren Prozesse, die im Verlauf eines Lebens vollzogen werden, in jedem Alter bestimmte Aufgaben zu lösen sind.

228 Dieser Lebensabschnitt bildet den Übergang vom frühen Erwachsenenalter, das vom 18. bis 30. Lebensjahr reicht, zum mittleren Erwachsenenalter, das vom 30. bis 50. Lebensjahr dauert.

229 *Rothgang*, Entwicklungspsychologie, S. 101.

230 *Oerter/Montada*, Entwicklungspsychologie, Kap. 9, S. 346; *Rothgang*, Entwicklungspsychologie, S. 101. Dabei ist die Wahl der beruflichen Tätigkeit für die Entfaltung eines Menschen von großer Bedeutung, *Schenk-Danzinger*, Entwicklungspsychologie, Kap. 12, S. 297.

Angesichts dessen ist die beschriebene Annahme des Gesetzgebers, die Persönlichkeitsentwicklung sei im Alter von 27 Jahren in den Grundzügen abgeschlossen und die Berufswahl habe sich manifestiert, nicht zu beanstanden.[231]

bb. Typisierte Annahme der Persönlichkeitsentwicklung

Die Zugrundelegung dieser generalisierenden bzw. typisierenden Annahme hinsichtlich des Verlaufs der Persönlichkeitsentwicklung ist aus Gründen gebotener Verwaltungspraktikabilität erforderlich.[232] Eine individuelle Einschätzung des Stands der Persönlichkeitsentwicklung im Rahmen der Überprüfung der Eignungsvoraussetzungen wäre mit hohen prognostischen Unsicherheiten verbunden, würde einen erheblichen Verwaltungs- und Organisationsaufwand bedeuten, unter Umständen Rechtsstreitigkeiten in Bezug auf die Einzelfallentscheidungen auslösen und die innerorganisatorischen Verwaltungsabläufe beeinträchtigen. Die Mindestaltersgrenze erleichtert mithin dem Dienstherrn die Prognoseentscheidung im Rahmen der Eignungsbeurteilung und vermeidet Auseinandersetzungen, die die verwaltungsinternen Arbeitsprozesse negativ beeinflussen könnten.

Im Übrigen bestehen gegen etwaige, nach Beamtenlaufbahnen differenzierende Altersgrenzenregelungen für die Ernennung zum Lebenszeitbeamten sachbegründete Bedenken. Wenngleich die Beamten der verschiedenen Laufbahngruppen höchst unterschiedliche, regelmäßige Ausbildungsverläufe und -biographien aufweisen, ist einer für sämtliche Laufbahnen einheitlichen Regelung der Ernennungsvoraussetzungen der Vorzug vor laufbahndifferenzierten Altersgrenzen zu gewähren. Wie vorstehend beschrieben, bilden die Berufsausbildung sowie der Einstieg in das Erwerbsleben lediglich Aspekte der Gesamtheit der für die Persönlichkeitsentwicklung maßgebenden Einflussfaktoren.

c. Kein Verstoß gegen das Verhältnismäßigkeitsprinzip

Da der Leistungsgrundsatz – wie dargestellt – ein grundrechtsgleiches Recht auf gleichen Zugang zu einem öffentlichen Amt vermittelt, sind die aus der

---

231 Der weitere Verlauf der Persönlichkeitsentwicklung im mittleren bzw. höheren Alter ist maßgeblich von der individuellen Einstellung der Person bzw. externen Einflüssen abhängig, *Staudinger*, Dynamisches Personalmanagement als eine Antwort auf den demographischen Wandel, abrufbar unter www.demographie-netzwerk.de, S. 1, 5 f.

232 Die Erfordernisse einer effektiven Verwaltung können den Einsatz von Typisierungen rechtfertigen, BVerfGE 17, 337, 354; BVerfGE 44, 283, 288; BVerfGE 72, 302, 329.

beschriebenen Abwägung mit dem Lebenszeitprinzip als hergebrachtem Grundsatz des Berufsbeamtentums folgenden Einschränkungen dieses Prinzips am Verhältnismäßigkeitsgrundsatz zu messen. Obgleich Grundrechte nicht absolute Geltung erzeugen, dürfen ihre Beschränkungen jedoch den grundrechtlich vermittelten Schutz nicht konterkarieren und demzufolge nicht übermäßig sein.[233] Angesichts dessen erfüllt das verfassungsrechtlich verankerte[234] Verhältnismäßigkeitsprinzip die Aufgabe, im Konflikt zwischen Individualrechten und Kollektivinteressen die grundlegenden, schutzwürdigen Rechte des Einzelnen zu bewahren.[235] Die Vorgaben dieses Grundsatzes sind erfüllt, sofern die staatliche Maßnahme zur Erreichung des erstrebten Ziels geeignet sowie erforderlich ist und der mit ihr einhergehende Eingriff hinsichtlich seiner Intensität nicht außer Verhältnis zur Bedeutung der zugrunde liegenden Sache sowie den damit verbundenen Einbußen steht.[236]

Die Mindestaltersgrenze gemäß § 9 Abs. 1 Nr. 2 BBG 1999 erfüllt diese Anforderungen des Verhältnismäßigkeitsprinzips. Geeignet ist das staatliche Mittel im Sinne des Verhältnismäßigkeitsgrundsatzes, wenn es die Wahrscheinlichkeit erhöht, dass der angestrebte Erfolg zumindest teilweise eintritt.[237] Die Mindestaltersgrenze ist aufgrund der ihr immanenten automatischen Ausschlusswirkung geeignet, die vom Gesetzgeber intendierte Stärkung des Lebenszeitprinzips im Interesse der Auslese geeigneter Anwärter für die Verbeamtung auf Lebenszeit zu gewährleisten.

---

233 *Huter/Rux*, in Epping/Hillgruber, Beck'scher Online-Kommentar, GG, Art. 20, 12. Edition, Oktober 2011, Rn. 176. Eingehend *Hofmann*, in Schmidt-Bleibtreu/Hofmann/Hopfauf, GG, Art. 20, Rn. 73 ff.

234 Umstritten ist die Rechtsgrundlage des Verhältnismäßigkeitsgrundsatzes. Einen Überblick gewähren *Grzeszick*, in Maunz/Dürig, GG, Art. 20, 48. EL, November 2006, Rn. 108 f.; *Jarass*, in Jarass/Pieroth, GG, Art. 20, Rn. 80; *Leisner*, in Sodan, GG, Art. 20, Rn. 65. BVerfGE 19, 342, 348 f.; BVerfGE 23, 127, 133; BVerfGE 61, 126, 134; BVerfGE 69, 1, 35; BVerfGE 111, 54, 82, ordnen den Grundsatz dem Rechtsstaatsprinzip zu. Nach BVerfGE 76, 1, 50 ergibt er sich aus den Grundrechten.

235 *Huter/Rux*, in Epping/Hillgruber, Beck'scher Online-Kommentar, GG, Art. 20, 12. Edition, Oktober 2011, Rn. 177.

236 BVerfGE 16, 194, 202; BVerfGE 27, 344, 352 f.; BVerfGE 65, 1, 54; BVerfGE 67, 157, 173; BVerfGE 70, 278, 286. Siehe ebenfalls *Grzeszick*, in Maunz/Dürig, GG, Art. 20, 48. EL, November 2006, Rn. 110; *Huter/Rux*, in Epping/Hillgruber, Beck'scher Online-Kommentar, GG, Art. 20, 12. Edition, Oktober 2011, Rn. 179.

237 BVerfGE 30, 292, 316; BVerfGE 33, 171, 187; BVerfGE 67, 151, 173; BVerfGE 96, 10, 23. Hierzu auch *Jarass*, in Jarass/Pieroth, GG, Art. 20, Rn. 84; *Sachs*, in ders. GG, Art. 20, Rn. 150.

Die Altersgrenzenregelung ist ferner zur Zielerreichung erforderlich. Dieser Maßgabe des Grundsatzes der Verhältnismäßigkeit wird entsprochen, wenn der Staat zur Realisierung der angestrebten Intention die mildeste Maßnahme gleicher Wirksamkeit auswählt.[238] Ein personalwirtschaftliches Instrument, das die durch den Leistungsgrundsatz geschützte Rechtsposition des Anwärters weniger intensiv tangiert, dem Lebenszeitprinzip jedoch in gleicher Weise Geltung verschafft, ist nicht ersichtlich.

Die Mindestaltersgrenze für die Ernennung zum Beamten auf Lebenszeit ist zudem für die Anwärter auch angemessen bzw. zumutbar. Eine Maßnahme des Staats ist angemessen im Sinne des Übermaßverbots, wenn ihr Nutzen nicht außer Verhältnis zu den verursachten Beeinträchtigungen steht.[239] Die Benachteiligungen des Anwärters infolge der Einschränkung seines grundrechtsgleichen Anspruchs auf gleichen Zugang zu einem öffentlichen Amt durch das Lebenszeitprinzip stehen zu der vom Gesetzgeber angestrebten Stärkung dieses Strukturprinzips, das für die Ausgestaltung des Beamtenrechts von herausragender Bedeutung ist, nicht außer Verhältnis. Die damit verbundenen Auswirkungen in Form eines zeitlichen Aufschubs der Ernennung zum Beamten auf Lebenszeit sind für den Anwärter hinnehmbar.

III. Zwischenergebnis

Der Mindestaltersgrenze für die Ernennung zum Beamten auf Lebenszeit gemäß § 9 Abs. 1 Nr. 2 BBG 1999 stehen keine verfassungsrechtlichen Bedenken entgegen. Der Verzicht des Gesetzgebers auf die Normierung der Mindestaltersgrenze in der durch das DNeuG geänderten Fassung des BBG war mithin nicht aus verfassungsrechtlichen Gründen geboten.

D. Beurteilung der Mindestaltersgrenze für die Ernennung zum Lebenszeitbeamten am Maßstab des europarechtlichen Altersdiskriminierungsverbots

Vor dem Hintergrund des Ergebnisses der verfassungsrechtlichen Exploration wird die Mindestaltersgrenze für die Ernennung zum Beamten auf Lebenszeit gemäß § 9 Abs. 1 Nr. 2 BBG 1999 nachstehend an unionsrechtlichen Vorgaben

---

238 BVerfGE 100, 313, 375. Vgl. ferner *Jarass*, in Jarass/Pieroth, GG, Art. 20, Rn. 85; *Sachs*, in ders., GG, Art. 20, Rn. 152.

239 BVerfGE 50, 217, 227; BVerfGE 80, 103, 107; BVerfGE 99, 202, 212 f. Siehe ebenfalls *Jarass*, in Jarass/Pieroth, GG, Rn. 86; *Sachs*, in ders., GG, Art. 20, Rn. 154.

zum Verbot der Altersdiskriminierung überprüft. Den Maßstab für die europarechtlichen Analyse der Altersgrenzenregelung bildet die RL 2000/78/EG.

I. Erläuterung des unionsrechtlichen Verbots der Altersdiskriminierung

Im Folgenden werden der Begriff der Diskriminierung sowie die Besonderheiten des Diskriminierungsmerkmals Alter im europarechtlichen Kontext dargestellt.

1. Der europarechtliche Diskriminierungsbegriff

Aus gleichbehandlungsrechtlicher Perspektive bezeichnet der Terminus der Diskriminierung die Ungleichbehandlung vergleichbarer Tatbestände bzw. die Nichtbefolgung eines Gleichbehandlungsgebots.[240] Zentrale primärrechtliche Vorschriften des unionsrechtlichen Antidiskriminierungsrechts zur Bekämpfung von Ungleichbehandlungen in Beruf und Wirtschaft bilden Art. 19 AEUV (ex-Art. 13 EGV)[241], Art. 157 AEUV (ex-Art. 141 EGV)[242] sowie Art. 21 ChGR. Die Ausgestaltung und Konturierung des europäischen Diskriminierungsbegriffs gründet jedoch in erster Linie auf der Rechtsprechung des EuGH sowie auf sekundärrechtlichen Regelungen.[243]

---

240 *Kewenig*, Der Grundsatz der Nichtdiskriminierung im Völkerrecht der internationalen Handelsbeziehungen, Bd.1, S. 51; *Korthaus*, Das neue Antidiskriminierungsrecht, S. 14; *Strupp/Schlochauer*, Wörterbuch des Völkerrechts, Begriff der „Diskriminierung“, - Inhalt des Diskriminierungsverbots. Siehe hierzu ebenfalls *Bobke/Klein*, in FS Leinemann, 675, 678; *Meyer*, Das Diskriminierungsverbot des Gemeinschaftsrechts als Grundsatznorm und Gleichheitsrecht, S. 35. Zur Regelungstechnik im unionsrechtlichen Antidiskriminierungsrecht *Riesenhuber/Franck*, JZ 2004, 529, 530 f.

241 Dabei statuiert Art. 19 AEUV (ex-Art. 13 EGV) selbst kein Diskriminierungsverbot. Vgl. hierzu *Grabenwarter*, in Grabitz/Hilf/Nettesheim, Das Recht der Europäischen Union, EU-Arbeitsweisevertrag, 42. EL, September 2010, Rn. 6. Ausführlich zum Streit über den Geltungsbereich der Ermächtigungsnorm des Art. 19 AEUV (ex-Art. 13 EGV) *Triebel*, ZESAR 2005, 211, 213; *Korthaus*, Das neue Antidiskriminierungsrecht, S, 88 ff.

242 Siehe hierzu *Stork*, Das Anti-Diskriminierungsrecht der Europäischen Union und seine Umsetzung in das deutsche Zivilrecht, S. 82; *Barsan*, Die zivilrechtlichen Aspekte des Diskriminierungsverbots, S. 22 f. Der Grundsatz der Gleichbehandlung der Geschlechter ist als ein über die Bestimmung des Art. 157 AEUV (ex-Art. 141 EGV) hinausgehendes Unionsgrundrecht zu qualifizieren, *Streinz*, Europarecht, Rn. 1135.

243 *Stork*, Das Anti-Diskriminierungsrecht der Europäischen Union und seine Umsetzung in das deutsche Zivilrecht, S. 82; *Plötscher*, Der Begriff der Diskriminierung im Europäischen Gemeinschaftsrecht, S. 29 f.

Der Definition des EuGH zufolge liegt eine Diskriminierung vor, wenn unterschiedliche Regelungen auf gleiche Sachverhalte angewendet werden oder wenn dieselbe Regelung für differente Sachverhalte herangezogen wird.[244] Diese Begriffsbestimmung des EuGH muss jedoch in Bezug auf die in Art. 19 AEUV (ex-Art. 13 EGV) genannten Differenzierungsmerkmale insofern restringiert werden, als lediglich die Ungleichbehandlung gleicher Sachverhalte untersagt wird.[245]

Die Richtlinie des Rates 76/207/EWG vom 9.2.1976 zur Verwirklichung des Grundsatzes der Gleichbehandlung von Männern und Frauen hinsichtlich des Zugangs zur Beschäftigung, zur Berufsbildung und zum beruflichen Aufstieg sowie in Bezug auf die Arbeitsbedingungen[246] führt in Art. 2 Abs. 2 erstmals die Begriffspaare unmittelbare Diskriminierung sowie mittelbare Diskriminierung an und erläutert diese in Bezug auf Diskriminierungen aufgrund des Geschlechts.[247] Nach den Vorgaben der nachfolgend erlassenen europäischen Richtlinien zum Gleichbehandlungsrecht liegt eine unmittelbare Diskriminierung vor, wenn eine Person wegen eines in der Richtlinie genannten Merkmales in einer vergleichbaren Situation eine weniger günstige Behandlung erfährt als eine andere Person erfährt, erfahren hat oder erfahren würde.[248]

Eine mittelbare Diskriminierung ist demgegenüber anzunehmen, wenn dem Anschein nach neutrale Vorschriften, Kriterien oder Verfahren Personen mit einem in der Richtlinie angeführten Differenzierungsmerkmal gegenüber anderen Personen in besonderer Weise benachteiligen können, es sei denn, dies wird aufgrund einer Vorgabe der Richtlinie legitimiert, insbesondere durch ein

---

244 Z.B. EuGH, Rs. C-279/93 (*Schumacker*), Slg. 1995, I 225, Rn. 30. Ähnlich EuGH, Rs. C-411/96 (*Boyle*), Slg. 1998, I-S. 6401ff., 6455, Rn. 39; EuGH, Rs. C-394/96 (*Brown*), Slg. 1998, I-4185, 4234, Rn. 30; EuGH, Rs. C-100/95 (*Kording*), Slg. 1997, I-5289, 5297, Rn. 14. Umfassend hierzu *Plötscher*, Der Begriff der Diskriminierung im Europäischen Gemeinschaftsrecht, S. 32.

245 *Meyer*, Das Diskriminierungsverbot des Gemeinschaftsrechts als Grundsatznorm und Gleichheitsrecht, S. 35.

246 Richtlinie des Rates 76/207/EWG vom 9.2.1976 zur Verwirklichung des Grundsatzes der Gleichbehandlung von Männern und Frauen hinsichtlich des Zugangs zur Beschäftigung, zur Berufsbildung und zum beruflichen Aufstieg sowie in Bezug auf die Arbeitsbedingungen, ABl. Nr. L 39 vom 14.2.1976 S. 40 (im Folgenden: RL 76/207/EWG).

247 Eine allgemeine sekundärrechtliche Definition dieser Rechtsinstitute enthielt jedoch erst Art. 2 RL 2000/43/EG.

248 Vgl. Art. 2 Abs. 1 lit. a) RL 2006/54/EG; Art. 2 Abs. 2 lit. a) RL 2000/43/EG; Art. 2 Abs. 2 lit. a) RL 2000/78/EG.

rechtmäßiges Ziel sachlich gerechtfertigt und mit angemessenen und erforderlichen Mitteln verfolgt.[249]

2. *Europarechtliche Vorgaben zum Diskriminierungsmerkmal Alter*

Die nach dem Europarecht verpönten Diskriminierungsmerkmale unterteilen sich in disponible und indisponible Kriterien.[250] Zu den indisponiblen Merkmalen zählen die „Rasse“[251], das Geschlecht, das Alter sowie die ethnische und soziale Herkunft. Demgegenüber sind die sexuelle Orientierung, die Weltanschauung, die Religion sowie die politische Einstellung als disponible Merkmale zu qualifizieren.[252]

Der Richtliniengeber definiert das Diskriminierungsmerkmal Alter in der RL 2000/78/EG nicht. Wie bereits dargelegt, weist der Begriff Alter einen doppelten Sinngehalt auf und erfasst sowohl das *relative Alter* als auch das *chronologische Alter*. Angesichts dessen ist zunächst klärungsbedürftig, welcher Gehalt dem Diskriminierungsmerkmal Alter nach den Vorgaben des europäischen Antidiskriminierungsrechts und speziell der RL 2000/78/EG zukommt.[253]

Im Schrifttum wird die Auffassung vertreten, die Bezeichnung Alter sei im europarechtlichen Kontext ausschließlich im Sinne des *relativen Alters* zu verstehen,

---

249 Vgl. Art. 2 Abs. 1 lit. b) RL 2006/54/EG; Art. 2 Abs. 2 lit. b) RL 2000/43/EG; Art. 2 Abs. 2 lit. b) RL 2000/78/EG.

250 *Nussberger*, JZ 2002, 524, 524.

251 Der Begriff der „Rasse“ ist insofern problembehaftet, als biologisch betrachtet eine menschliche „Rasse“ nicht existiert. Angesichts dessen ist bereits der inhaltliche Ansatzpunkt dieses Differenzierungskriteriums verfehlt und die Verwendung des Begriff der „Rasse“ als Anknüpfungspunkt für das Benachteiligungsverbot fragwürdig, *Senne/Senne*, in FS Leinemann, S. 53, 54. Die Richtlinie 2000/43/EG führt im 6. Erwägungsgrund zum Begriff der „Rasse“ aus, dass die Europäische Union Theorien, mit denen der Versuch unternommen werde, die Existenz verschiedener menschlicher Rassen zu belegen, zurückweise. Die Verwendung des Begriffs „Rasse“ in der Richtlinie impliziere nicht die Akzeptanz solcher Theorien. Angesichts dessen weist *Schiek*, Europäisches Arbeitsrecht, Teil 2, B 2, Rn. 55, zutreffend darauf hin, dass somit vor ungerechtfertigten Ungleichbehandlungen aufgrund einer Fiktion geschützt werde.

252 *Nussberger*, JZ 2002, 524, 524. Darüber hinaus ist eine weitergehende Unterteilung in äußerlich wahrnehmbare (Geschlecht, u.U. Behinderung, „Rasse“) und nicht äußerlich wahrnehmbare Differenzierungsmerkmale (soziale Herkunft) möglich, vgl. *Schiek*, Differenzierte Gerechtigkeit, S. 26.

253 Die Festlegung dieser Auslegung ist von großer praktischer Relevanz. Würde lediglich auf das *relative Alter* abgestellt, wären Benachteiligungen Jüngerer gegenüber Älteren nicht untersagt.

weshalb einzig die Diskriminierung älterer Menschen im Vergleich zu jüngeren pönalisiert sei.[254] Dieses Verständnis des Begriffs der Altersdiskriminierung wird mit der sozialpolitischen Zielsetzung dieses Diskriminierungsverbots begründet, einen möglichst hohen Beschäftigungsanteil unter Menschen im erwerbsfähigen Lebensalter zu erreichen.[255]

Diese Rechtsauffassung kann jedoch nicht überzeugen. Weder der konkrete Richtlinientext sowie die Erwägungsgründe noch der entsprechende Vorschlag der Kommission zur RL 2000/78/EG vermögen die von der vorstehenden Literaturauffassung vertretene Einengung der Reichweite des Altersdiskriminierungsverbots zu rechtfertigen. Ein derartiger Rückschluss lässt sich insbesondere nicht aus der objektiv formulierten Definition des Diskriminierungsbegriffs in Art. 2 Abs. 2 lit. b) RL 2000/78/EG ziehen. Darüber hinaus begründet ferner der 8. Erwägungsgrund der Richtlinie eine derartige Annahme nicht. Dieser betont lediglich, dass die Erhöhung des Anteils älterer Beschäftigter an der Erwerbsbevölkerung eine beschäftigungspolitische Zielsetzung der Europäischen Union darstellt.[256] Darüber hinaus legt auch die Benennung dieses Ziels der europäischen Beschäftigungspolitik im Richtlinienvorschlag der Kommission[257] nicht nahe, dass das sekundärrechtliche Altersdiskriminierungsverbot einzig den Schutz vor unzulässigen Benachteiligungen zulasten Älterer intendiere. Die Vorschrift des Art. 6 Abs. 1 S. 2 lit. b) RL 2000/78/EG erlaubt vielmehr die Schlussfolgerung, dass das Verbot der Diskriminierung aus Gründen des Alters auch vor ungerechtfertigten Ungleichbehandlungen zuungunsten Jüngerer schützt. Dementsprechend ist mit der überwiegend im Schrifttum vertretenen Auffassung zu konstatieren, dass das Verbot der Altersdiskriminierung sowohl das *relative* als auch das *chronologische* Alter erfasst.[258] Im Übrigen ist eine Schwelle, von der an das im Sinne der RL 2000/78/EG schutzbedürftige Alter beginnt, im Unionsrecht nicht benannt.[259]

---

254 *Gertich*, Rasse und Alter als Diskriminierungsgrund, S. 61.

255 *Mohr*, Schutz vor Diskriminierungen im Europäischen Arbeitsrecht, S. 207 f.

256 Nach *Polloczek*, Altersdiskriminierung im Licht des Europarechts, S. 88, kann dem Erwägungsgrund jedoch auch ein anderer Bedeutungsgehalt entnommen werden.

257 KOM (1999) 565 endg., S. 3, 18.

258 So ebenfalls *Bauer*, NJW 2001, 2672, 2673; *Schmidt/Senne*, RdA 2002, 80, 82; *Wank*, Beilage zu NZA Heft 22/2004, S. 16, 20; *Weber*, AuR 2002, 401, 402; *Schiek*, Europäisches Arbeitsrecht, Teil 2, B 2, Rn. 58. Siehe auch *Kuras*, Sonderbeilage zu RdA 2003, S. 11, 21. Einen weitergehenden Überblick gewährt *Polloczek*, Altersdiskriminierung im Licht des Europarechts, S. 88.

259 *Däubler*, in Däubler/Bertzbach, AGG, § 1, Rn. 84, unter Bezugnahme auf *Linsenmaier*, RdA 2003, Sonderbeilage zu Heft 5, S. 22, 25.

II. Entscheidung des EuGH in der Rechtssache *Mangold*

Die Entscheidung des EuGH in der Rechtssache *Mangold*[260] vom 22.11.2005 ist für das Antidiskriminierungsrecht der Europäischen Union von herausgehobener Bedeutung. Das Gericht bezeichnet in seinem Urteil das Verbot der Diskriminierung aufgrund des Alters als einen allgemeinen Grundsatz des Unionsrechts. Diese Entscheidung ist judikativer Ausgangspunkt für weitere bedeutsame Entscheidungen des EuGH im Bereich des Gleichbehandlungsrechts.

Infolge der Anerkennung der Rechte, Freiheiten und Grundsätze der Charta der Grundrechte durch die Europäische Union gemäß Art. 6 Abs. 1 EUV in der Fassung des Lissabon-Vertrages[261] existiert nunmehr in Art. 21 Abs. 1 ChGR ein explizites primärrechtliches Verbot der Altersdiskriminierung.[262] Dies ließe jedoch den vom EuGH vertretenen rechtlichen Status dieses Diskriminierungsverbots als allgemeinen Grundsatz des Unionsrechts unberührt. Die Inkorporation eines allgemeinen Rechtsgrundsatzes in einen geschriebenen Gesetzestext ändert grundsätzlich nichts an seinem rechtlichen Charakter.[263]

Ausweislich des Art. 51 Abs. 1 ChGR erstreckt sich der Anwendungsbereich der Charta der Grundrechte der Europäischen Union lediglich auf Maßnahmen der Organe und Einrichtungen der Union und ihrer Mitgliedstaaten, *soweit diese das Unionsrecht durchführen*.[264] Demgegenüber binden die allgemeinen Grundsätze

---

260 EuGH, Rs. C-144/04 (*Mangold*), Slg. 2005, I-9981.

261 Eingehend hierzu *Schorkopf*, in Grabitz/Hilf/Nettesheim, Das Recht der Europäischen Union, Art. 6 EUV, 41. EL, Juli 2010, Rn. 20 ff.

262 Art. 21 Abs. 1 ChGR begründet ein Diskriminierungsverbot aufgrund des Alters. Nach Art. 6 Abs. 1 S. 2 EUV sind die Charta der Grundrechte und die Verträge rechtlich gleichrangig.

263 *Lecheler*, ZEuS 2003, 337, 345; *Linck*, in Schaub, Arbeitsrechts-Handbuch, § 4, Unionsrecht und Arbeitsrecht, Rn. 17 m.w.N. Siehe ebenfalls *Bleckmann*, NVwZ 1993, 824, 826.

264 Instruktiv hierzu *Geiger*, in Geiger/Khan/Kotzur, EUV/AEUV, Art. 6 EUV, Rn. 9. Der EuGH interpretiert das Kriterium der Durchführung von Unionsrecht sehr weit, zuletzt pointiert dargelegt in EuGH, Rs. C-617/10 (*Fransson*), NVwZ 2013, 561, 562, Rn. 19 ff., 21. Kritisch hierzu *Gooren*, NVwZ 2013, 564, 564; *Hoffmann/Kollmar*, DVBl. 2013, 717, 717 ff.; sowie *Winter*, NZA 2013, 473, 476 f. Demgegenüber nimmt das BVerfG eine restriktivere, wortgetreue Anwendung des Kriteriums vor, siehe beispielhaft BVerfG, NJW 2012, 1202, 1204. In der Entscheidung BVerfG, Urteil vom 24.4.2013, 1 BvR 1215/07, Rn. 88, 91 (Juris), trat das Gericht dementsprechend der vom EuGH in der *Fransson*-Entscheidung geäußerten Rechtsauffassung entgegen. Siehe hierzu *Thym*, NVwZ 2013, 889, 890. Eingehend zur abweichenden Rechtsprechung von EuGH und BVerfG in Bezug auf Art. 51 ChGR *Kingreen*, in

des Unionsrechts die Organe der Union sowie die Mitgliedstaaten *im Rahmen des Anwendungsbereichs des Unionsrechts.*[265]

Angesichts dessen besteht nach wie vor das Erfordernis, die Ausführungen des EuGH in der *Mangold*-Entscheidung hinsichtlich der unionsrechtlichen Einordnung des Verbots der Altersdiskriminierung zu bewerten.[266] Zu diesem Zweck werden im Folgenden zunächst die wesentlichen Passagen der Entscheidung in Bezug auf die zu untersuchende Kernaussage wiedergegeben. Anschließend wird die Reaktion des arbeitsrechtlichen Schrifttums erläutert, um schließlich die vom EuGH vorgenommene Herleitung zu analysieren.

1. *Kerngehalte der* Mangold-*Entscheidung*

Eine signifikante Aussage des EuGH in der *Mangold*-Entscheidung ist die Erkenntnis, dass es als unmittelbare Diskriminierung aufgrund des Alters zu qualifizieren ist, wenn eine gesetzliche Regelung Arbeitgebern die Möglichkeit eröffnet, unbeschränkt häufig befristete Arbeitsverträge mit Personen abzuschließen, die das 52. Lebensjahr vollendet haben.[267] Des Weiteren betont der EuGH, dass die Mitgliedstaaten innerhalb der Frist für die Umsetzung einer europäischen Richtlinie keine Maßnahmen durchführen dürfen, die geeignet sind, die Realisierung des Richtlinienziels zu gefährden.[268] Zentrale Aussage des *Mangold*-Urteils ist jedoch

---

Calliess/Ruffert, EUV/AEUV, 4. Aufl., Art. 51 ChGR, Rn. 8 ff. Betrachte zu den divergierenden Rechtsauffassungen hinsichtlich des Begriffs der Durchführung im Sinne des § 51 ChGR sowie der Bindungswirkung der allgemeinen Rechtsgrundsätze des Unionsrechts gegenüber den Mitgliedstaaten *Jarass*, NVwZ 2012, 457, 459. Siehe schließlich auch *Papier* in seinem Interview in der FAZ.NET vom 24.7.2007, abrufbar unter www.faz.net.de.

265 Siehe im Hinblick auf Grundrechte, die auf allgemeinen Rechtsgrundsätzen des Unionsrechts beruhen, EuGH, C-260/89 (*Tiléorasi*), Slg. 1991, I-2925, Rn. 42; EuGH, C-276/01 (*Steffensen*), Slg. 2003, I-3735, Rn. 70; EuGH, C-112/00 (*Schmidberger*), Slg. 2003, I-5659, Rn. 75; EuGH, C-349/07 (*Sopropé*), Slg. 2008, I-10369, Rn. 34. Vgl. *Bleckmann*, NVwZ 1993, 824, 826; *Haratsch/Koenig/Pechstein*, Europarecht, Rn. 328, 189a. Vgl. ferner *Rieble/Zedler*, ZfA 2006, 273, 280.

266 In diesem Zusammenhang sei erwähnt, dass der EuGH in jüngeren Entscheidungen das Verbot der Altersdiskriminierung als einen allgemeinen Grundsatz des Unionsrechts bezeichnet und zudem auf Art. 6 Abs. 1 EUV sowie Art. 21 Abs. 1 ChGR hinweist, EuGH, Rs. C-555/07 (*Kücükdeveci*), Slg. 2010, I-0000, Rn. 21 f.

267 EuGH, Rs. C-144/04 (*Mangold*), Slg. 2005, I-9981, Rn. 64 f. Betrachte hierzu ebenfalls *Repasi*, EuZW 2009, 756, 756.

268 EuGH, Rs. C-144/04 (*Mangold*), Slg. 2005, I-9981, Rn. 67. Siehe zu dieser Feststellung des Gerichts auch *Repasi*, EuZW 2009, 756, 756; *Preis*, NZA 2006, 401, 404.

die vom EuGH geäußerte Auffassung, das Verbot der Diskriminierung aufgrund des Alters stelle einen allgemeinen Grundsatz des Unionsrechts dar.[269]

Darüber hinaus ist der Entscheidung die für das Verbot der Altersdiskriminierung bedeutsame Feststellung des EuGH zu entnehmen, dass den Mitgliedstaaten bei der Wahl der Maßnahmen zur Erreichung ihrer Ziele im Bereich der Arbeits- und Sozialpolitik ein weiter Ermessensspielraum zusteht.[270] Diese Ansicht bestätigte der EuGH anschließend in seinem Urteil in der Rechtssache *Palacios de la Villa* und behielt sie auch in folgenden Entscheidungen bei.[271]

2. Altersdiskriminierungsverbot als allgemeiner Grundsatz des Unionsrechts?

a. Ausführungen des EuGH zum Verbot der Altersdiskriminierung

Der EuGH führt aus, der Grundsatz der Gleichbehandlung in Beschäftigung und Beruf sei nicht in der RL 2000/78/EG verankert, sondern habe – ausweislich der 1. und 4. Begründungserwägung der Richtlinie – seinen Ursprung in verschiedenen völkerrechtlichen Verträgen und den gemeinsamen Verfassungstraditionen der Mitgliedstaaten.[272] Das Verbot der Diskriminierung aufgrund des Alters sei somit als ein allgemeiner Grundsatz des Unionsrechts anzusehen.[273]

b. Reaktion im Schrifttum

Die letztgenannte Feststellung des EuGH in der *Mangold*-Entscheidung sowie die ihr zugrunde liegende Argumentation haben in der arbeitsrechtlichen Literatur überwiegend Kritik und Ablehnung erfahren.[274] Im Schrifttum

---

269 EuGH, Rs. C-144/04 (*Mangold*), Slg. 2005, I-9981, Rn. 75. Vgl. zu diesem Aspekt ferner *Repasi*, EuZW 2009, 756, 756; *Preis*, NZA 2006, 401, 404.

270 EuGH, Rs. C-144/04 (*Mangold*), Slg. 2005, I-9981, Rn. 63. Hierzu eingehend *Preis*, NZA 2006, 401, 403. Ähnlich *Linsenmaier*, RdA 2003, Sonderbeilage zu Heft 5, S. 22, 30.

271 EuGH, Rs. C-411/05 (*Palacios de la Villa*), Slg. 2007, I-8531, Rn. 64 f. Beispielweise EuGH Rs. C-388/07 (*Age Concern England*), Slg. 2009, I-1569, Rn. 41. Siehe auch *Temming*, NZA 2007,1193, 1196; *Waltermann*, ZESAR 2007, 361, 364.

272 EuGH, Rs. C-144/04 (*Mangold*), Slg. 2005, I-998-1, Rn. 74.

273 EuGH, Rs. C-144/04 (Mangold), Slg. 2005, I-998-1, Rn. 75. Dementsprechend könne die Wahrung des allgemeinen Grundsatzes der Gleichbehandlung, insbesondere im Hinblick auf das Alter, nicht vom Ablauf einer Umsetzungsfrist abhängen, EuGH, Rs. C-144/04 (*Mangold*), Slg. 2005, I-998-1, Rn. 76.

274 Siehe etwa *Reich* EuZW 2006, 20, 21; *ders.*, EuZW 2007, 198, 198; *Basedow*, ZEuP 2008, 230, 242; *Bauer/Arnold*, NZA 2006, 6, 8, 12; *Preis*, NZA 2006, 401, 404; *Annuß*, BB 2006, 325, 325; *Gas*, EuZW 2005, 737, 737; *Rüthers*, NJW 2006, 1640, 1642;

wird insbesondere beanstandet, der EuGH habe sich mit seinem allgemeinen Hinweis auf völkerrechtliche Verträge und die Verfassungstraditionen der Mitgliedstaaten einer dogmatisch nachvollziehbaren Herleitung des Altersdiskriminierungsverbots als allgemeinem Grundsatz des Unionsrechts enthalten.[275] Ein ausdrückliches Verbot der Altersdiskriminierung sei weder einer gemeinsamen Verfassungstradition der Mitgliedstaaten noch den einschlägigen völkerrechtlichen Verträgen zu entnehmen.[276]

c. Rechtliche Würdigung der Auffassung des EuGH

Nachstehend wird zunächst die Argumentation des EuGH in der *Mangold*-Entscheidung einer rechtlichen Prüfung unterzogen, um im Anschluss daran weitere denkbare Herleitungsmöglichkeiten eines Altersdiskriminierungsverbots als allgemeinen Grundsatz des Unionsrechts zu analysieren.

aa. Analyse der Begründung des EuGH

Die Verfassungsüberlieferungen der Mitgliedstaaten bilden – neben den Menschenrechtsverträgen – die Rechtserkenntnisquelle für die Ermittlung allgemeiner Grundsätze des Unionsrechts durch den EuGH im Wege der wertenden Rechtsvergleichung.[277] Dies ist nunmehr auch in Art. 6 Abs. 3 EUV normiert.

Die Verfassungen der Mitgliedstaaten der Europäischen Union weisen lediglich vereinzelt ein expressis verbis formuliertes Verbot der Diskriminierung aufgrund des Lebensalters auf.[278] Ein explizites allgemeines Verbot der Altersdiskriminierung ist einzig § 6 Abs. 2 der Verfassung Finnlands zu entnehmen.[279]

Thüsing, ZIP 2005, 2149, 2149; *Koenigs*, DB 2006, 49, 50. Generell zum Verfahren vor dem EuGH *Bauer*, NZA 2005, 800 ff.; *Waas*, EuZW 2005, 583 ff. Die Auffassung des EuGH unterstützen *Schieck*, AuR 2006, 145 ff.; *Körner*, NZA 2005, 1395 ff.; *Junker*, EuZW 2006, 524 ff.

275 *Richter/Bouchouaf*, NVwZ 2006, 538, 539; *Preis*, NZA 2006, 401, 404 f.

276 *Streinz/Herrmann*, RdA 2007, 165, 168; *Preis*, NZA 2006, 401, 405; *Richter/Bouchouaf*, NVwZ 2006, 538, 539; *Sprenger*, BB 2008, 2405, 2407.

277 *Streinz*, Europarecht, § 10 II, Rn. 740; *Temming*, Alterdiskriminierung im Arbeitsleben, S. 393. Die Kompetenz zur Formulierung allgemeiner Grundsätze des Unionsrechts durch den EuGH folgt aus Art. 19 EUV (ex-Art. 220 EGV, der durch den AEUV weggefallen und im Wesentlichen durch Art. 19 EUV ersetzt wird).

278 Vgl. *Europäische Kommission*, Überblick über die gesetzlichen Antidiskriminierungsbestimmungen der Mitgliedstaaten, S. 66 ff.

279 Vgl. § 6 Abs. 1 der Verfassung Finnlands vom 11.6.1999, Gesetz Nr. 731/1999, deutsche Übersetzung in *Kimmel/Kimmel*, Verfassungen der EU-Mitgliedstaaten, S. 139 ff., 140. Danach darf niemand ohne rechtfertigenden Grund wegen seines

Demgegenüber normiert Art. 59 Abs. 1 der Verfassung Portugals nur ein auf die Ausgestaltung der Arbeitsverhältnisse bezogenes Altersdiskriminierungsverbot.[280] Ferner beauftragt Art. 21 Abs. 3 der Verfassung der Griechischen Republik den Staat, besondere Maßnahmen zum Schutz zugunsten jugendlicher und älterer Menschen zu ergreifen.[281] Darüber hinaus ist zu bemerken, dass Art. 2 Abs. 5 S. 2 der Verfassung des Königreichs Schweden anführt, dass das Gemeinwesen unter anderem Diskriminierungen aufgrund des Alters entgegenzuwirken habe.[282] Eine gemeinsame Verfassungstradition der Mitgliedstaaten hinsichtlich

---

Geschlechts, seines Alters, seiner Herkunft, seiner Sprache, Religion, Überzeugung, Anschauungen, seines Gesundheitszustandes, seiner Behinderung oder aus irgend einer anderen Ursache, die in seiner Person liegt, bevorzugt oder benachteiligt werden. Siehe diesbezüglich ferner *Streinz/Herrman*, RdA 2007, 165, 168; *Polloczek*, Altersdiskriminierung im Licht des Europarechts, S. 173; *Lüderitz*, Altersdiskriminierung durch Altersgrenzen, S. 41; *Temming*, Altersdiskriminierung im Arbeitsleben, S. 394.

280 Vgl. Art. 59 Abs. 1 der Verfassung Portugals vom 2.4.1976, deutsche Übersetzung in *Kimmel/Kimmel*, Verfassungen der EU-Mitgliedstaaten, S. 593 ff., 612 f. Nach dieser Vorschrift haben alle Arbeiter ungeachtet ihres Alters und Geschlechts, ihrer Rasse, Staatsangehörigkeit, ihrer Herkunft, Religion oder Weltanschauung das Recht:
a) auf Bezahlung der Arbeit nach Quantität, Art und Qualität, wobei der Grundsatz gilt, dass für gleiche Arbeit gleicher Lohn zu zahlen ist, dergestalt, dass eine würdige Existenz gewährleistet wird;
b) auf die Ausgestaltung der Arbeit unter sozial würdigen Bedingungen, so dass eine Selbstverwirklichung und eine Verbindung von Berufungstätigkeit und Familienleben ermöglicht wird;
c) auf Arbeitsleistung unter Bedingungen der Hygiene, Sicherheit und Gesundheit;
d) auf Erholung und Freizeit, auf eine Höchstgrenze der täglichen Arbeitszeit, eine wöchentliche Erholungspause und regelmäßigen, bezahlten Urlaub;
e) auf materielle Unterstützung im Falle unfreiwilliger Arbeitslosigkeit;
f) auf Hilfeleistung und angemessene Entschädigung bei Arbeitsunfällen und berufsbedingter Krankheit. Siehe ebenfalls *Streinz/Herrmann*, RdA 2007, 165, 168.

281 Art. 21 Abs. 3 der Verfassung der Griechischen Republik vom 9.6.1975, deutsche Übersetzung nach *Kimmel/Kimmel*, Verfassungen der EU-Mitgliedstaaten, S. 197 ff., 207. Dieser Vorschrift zufolge sorgt der Staat für die Gesundheit der Bürger und trifft besondere Maßnahmen zum Schutze der Jugend, des Alters, der Versehrten und für die Pflege Unbemittelter. Siehe hierzu ebenfalls *Polloczek*, Altersdiskriminierung im Licht des Europarechts, S. 173; *Temming*, Altersdiskriminierung im Arbeitsleben, S. 394.

282 Art. 2 Abs. 4 S. 3 der Verfassung des Königreichs Schweden vom 1.1.1975, deutsche Übersetzung *Kimmel/Kimmel*, Verfassungen der EU-Mitgliedstaaten, S. 683 ff. Danach hat das Gemeinwesen der Diskriminierung der Menschen aufgrund von

eines Diskriminierungsverbots wird jedoch nur anzunehmen sein, wenn diese Restriktion von der Mehrzahl der Mitgliedstaaten als Verfassungsprinzip ausdrücklich anerkannt wird.[283] Obschon in diesem Kontext auch die inhaltlich nicht abschließenden Diskriminierungsverbote weiterer vierzehn Mitgliedstaaten[284] berücksichtigt werden müssen, kann dennoch nicht eine gemeinsame Verfassungstradition der Mitgliedstaaten hinsichtlich eines *expliziten* Verbots der Altersdiskriminierung konstatiert werden.[285]

Darüber hinaus leitet der EuGH in der *Mangold*-Entscheidung das Verbot der Altersdiskriminierung aus verschiedenen völkerrechtlichen Verträgen ab und verweist insoweit auf die 1. und 4. Begründungserwägung der RL 2000/78/EG. Wie im Folgenden dargelegt wird, folgt ein *ausdrückliches* Verbot der Altersdiskriminierung ferner nicht aus den angeführten völkerrechtlichen Verträgen.

Die EMRK enthält in Art. 14 lediglich ein akzessorisches Diskriminierungsverbot, das das Merkmal Alter allerdings nicht ausdrücklich als verpönt aufführt.[286] Art. 26 S. 2 IPBPR[287] benennt ein Benachteiligungsverbot aufgrund des Alters ebenfalls nicht.[288] Weder der IPWSKR[289] noch das IAO-Übereinkommen

---

Geschlecht, Hautfarbe, nationaler oder ethnischer Herkunft, sprachlicher oder religiöser Zugehörigkeit, Behinderung, sexueller Veranlagung, Alter oder anderer auf den einzelnen als Person bezogener Umstände entgegenzuwirken.

283 *Preis*, NZA 2006, 401, 406; *Jarass*, EU-Grundrechte, § 2, Rn. 28. Eine andere Auffassung vertritt *Polloczek*, Altersdiskriminierung im Licht des Europarechts, S. 173 f.

284 Ausführlich *Temming*, Altersdiskriminierung im Arbeitsleben, S. 394 m.w.N.

285 So im Ergebnis ebenfalls *Preis*, NZA 2006, 401, 406; *Streinz/Herrmann*, RdA 2007, 165, 168; *Streinz*, Europarecht, § 10, Rn. 738; *Thüsing*, ZIP 2005, 2149, 2150; *Basedow*, ZEuP 2008, 230, 242. Eine abweichende Auffassung vertreten *Polloczek*, Altersdiskriminierung im Licht des Arbeitsrechts, S. 175; *Richter/Bouchouaf*, NVwZ 2006, 538, 539 f.; *Temming*, Altersdiskriminierung im Arbeitsleben, S. 395.

286 Art. 14 EMRK enthält über die Formulierung „sonstiger Status" eine erweiterungsfähige Liste verpönter Differenzierungsmerkmale, vgl. *Rudolf*, in Rudolf/Mahlmann, Gleichbehandlungsrecht, Kap. 2, Rn. 18. Siehe hierzu ebenfalls *Schöbener/Stork*, ZEuS 2004, 43, 63; *Däubler*, in Däubler/Bertzbach, AGG, Einl., Rn. 182 ff. Im Übrigen führt auch Art. 1 des 12. Zusatzprotokolls zur EMRK das Merkmal Alter nicht ausdrücklich auf.

287 Art. 26 IPBPR begründet ein selbständiges Diskriminierungsverbot unabhängig von der Inanspruchnahme der übrigen Rechte, vgl. *Däubler*, in Däubler/Bertzbach, AGG, Einl., Rn. 163.

288 Bezug nehmend hierauf auch *Preis*, NZA 2006, 401, 406.

289 Ein eigenständiges Verbot der Diskriminierung statuiert der IPWSKR nicht. Allerdings reglementieren Art. 2 und 3 IPWSKR, dass im Hinblick auf die Realisierung der im Pakt angeführten Rechte niemand aufgrund bestimmter Merkmale

Nr. 111[290] geben das Kriterium Alter konkret als unzulässiges Differenzierungsmerkmal an. Schließlich findet das Merkmal Alter auch im CEDAW[291] sowie in der Allgemeinen Erklärung der Menschenrechte[292] keine Erwähnung.

Wenngleich die angeführten völkerrechtlichen Verträge – mit Ausnahme des IAO-Übereinkommens Nr. 111 – auch ein Diskriminierungsverbot aus anderen Gründen normieren, ist dennoch festzustellen, dass diese Verträge das Kriterium Alter ebenfalls nicht *ausdrücklich* als verpöntes Merkmal bezeichnen.[293]

Vor diesem Hintergrund kann der Herleitung des Verbots der Altersdiskriminierung als allgemeiner Grundsatz des Unionsrechts durch den EuGH in der *Mangold*-Entscheidung nicht gefolgt werden.

bb. Herleitung aus dem allgemeinen Gleichheitsgrundsatz des Unionsrechts?

Im Rahmen seiner Argumentation führt der EuGH in der *Mangold*-Entscheidung auch den allgemeinen Gleichheitsgrundsatz des Unionsrechts an.[294] Dieser Grundsatz bildet jedoch ebenfalls nicht die Grundlage für die Herleitung des Altersdiskriminierungsverbots als allgemeinen Grundsatz des Unionsrechts. Der allgemeine Gleichheitsgrundsatz des Unionsrechts ist Bestandteil des ungeschriebenen Primärrechts.[295] Dieser Grundsatz ist auf völkerrechtlicher Ebene verankert und Gegenstand der Mehrzahl der mitgliedstaatlichen Verfassungen.[296]

---

ausgeschlossen werden darf, *Däubler*, in Däubler/Bertzbach, AGG, Einl., Rn. 170. Das Merkmal Alter wird in dieser Aufzählung jedoch nicht genannt.

290 Art. 1 IAO-Übereinkommen definiert den Diskriminierungsbegriff im Sinne des Übereinkommens, benennt in diesem Kontext jedoch nicht das Kriterium Alter.

291 Art. 1 CEDAW erläutert die Zielsetzung des Übereinkommens, jeder Form der Diskriminierung der Frau entgegenzuwirken.

292 Das allgemeine Diskriminierungsverbot in Art. 2 der Allgemeinen Erklärung der Menschenrechte führt das Merkmal „Alter" nicht auf. Vgl. hierzu ebenfalls *Däubler*, in Däubler/Bertzbach, AGG, Einl., Rn. 144.

293 Ebenso *Basedow*, ZEuP 2008, 230, 242; *Preis*, NZA 2006, 401, 406. Siehe in diesem Kontext auch *Streinz/Herrmann*, RdA 2007, 165, 168; *Polloczek*, Altersdiskriminierung im Licht des Europarechts, S. 176 f.; *Richter/Bouchouaf*, NVwZ 2006, 538, 539; *Temming*, Altersdiskriminierung im Arbeitsleben, S. 395.

294 EuGH, Rs. C-144/04 (*Mangold*), Slg. 2005, I-998-1, Rn. 75 f.

295 EuGH, Rs. 1/72 (*Rita Frilli*), Slg. 1972, 457 ff., Rn. 19; EuGH, Rs. 124/76 und 20/77 (*Moulins et Huileries Pont-à-Mousson*), Slg. 1977, 1795 ff., Rn. 14, 17; EuGH, Rs. 322/81 (*Witte*), Slg. 1984, 3465 ff., Rn. 15.

296 EuGH, Rs. C-810/79 (*Überschär*), Slg. 1980, 2747, 2764, Rn. 16.

Unzweifelhaft wird das Verbot der Diskriminierung aufgrund des Alters auch vom allgemeinen Gleichheitssatz des Unionsrechts erfasst.[297] Allerdings wird man aus dem allgemeinen Gleichheitssatz des Unionsrechts keinen *expliziten* allgemeinen Grundsatz des Altersdiskriminierungsverbots entwickeln können.[298] Das Verbot der Diskriminierung aufgrund des Alters ist lediglich als ein Aspekt des allgemeinen Gleichheitssatzes des Unionsrechts zu verstehen.[299]

3. *Zwischenergebnis*

Die vom EuGH in der *Mangold*-Entscheidung geäußerte Auffassung, das Verbot der Diskriminierung aufgrund des Alters sei ein allgemeiner Grundsatz des Unionsrechts, wird nach den vorstehenden Ausführungen nicht geteilt.[300] Einen expliziten primärrechtlichen Schutz vor Diskriminierungen aufgrund des Alters vermittelt mithin lediglich Art. 21 Abs. 1 ChGR.

III. Intention der RL 2000/78/EG

Von zentraler Signifikanz für die unionsrechtlich initiierte Bekämpfung von Diskriminierungen aufgrund des Alters ist die RL 2000/78/EG. Am 27.11.2000 genehmigte der Rat der Europäischen Union die RL 2000/78/EG.[301] Normative

---

297 *Waltermann*, ZESAR 2007, 361, 362; *Repasi*, EuZW 2009, 756, 757. Siehe auch *Thüsing*, RdA 2008, 51, 52.

298 So auch Generalanwalt *Mazàk* in seinem Schlussantrag in der Rechtssache *Palacios de la Villa* vom 15.2.2007, C-411/05, Slg. 2007, I 8531, Rn. 94. Siehe ferner *Basedow*, ZEuP 2008, 230, 245.

299 Sinngemäß ebenfalls *Repasi*, EuZW 2009, 756, 757; *Waas*, EuZW 2007, 359, 361.

300 Das BVerfG hat sich in der Entscheidung vom 6.7.2010 mit dem *Mangold*-Urteil des EuGH befasst. Das BVerfG erkannte in der *Mangold*-Entscheidung – insbesondere im Hinblick auf die Herleitung des Altersdiskriminierungsverbots als allgemeinen Grundsatz des Unionsrechts – keinen hinreichend qualifizierten Verstoß gegen das Prinzip der begrenzten Einzelermächtigung. In diesem Zusammenhang hat sich das BVerfG jedoch einer rechtlichen Würdigung der Herleitung dieses allgemeinen Grundsatzes des Unionsrechts enthalten, BVerfG, Beschluss vom 6.7.2010, 2 BvR 2661/06, Rn. 68 ff. (Juris). Die Entscheidung ist hinsichtlich der Begründung mit 6:2 Stimmen und im Ergebnis mit 7:1 Stimmen ergangen. Der Richter am BVerfG *Landau* äußerte sich ablehnend zur Herleitung des besagten allgemeinen Grundsatzes des Unionsrechts durch den EuGH, siehe BVerfG, Beschluss vom 6.7.2010, 2 BvR 2661/06, Rn. 94, 109 (Juris).

301 ABl. 2000 Nr. L 303, S. 16–22. Die im Jahr 2000 verabschiedeten RL 2000/78/EG und 2000/43/EG werden auch als dritte Generation der europarechtlichen Diskriminierungsverbote bezeichnet, die sich im Vergleich zu den vorherigen

Grundlage für den Erlass dieser Richtlinie ist Art. 19 Abs. 1 AEUV (ex-Art. 13 Abs. 1 EGV). Sie ist – mit der RL 2000/43/EG – Bestandteil eines umfangreichen Maßnahmenprogramms der Europäischen Union und als Resultat intensiver Bemühungen um eine effektive Bekämpfung von Diskriminierungen auf europäischer Ebene zu bewerten.[302]

Ausweislich des Art. 1 RL 2000/78/EG verfolgt die Richtlinie das Ziel, einen allgemeinen Rahmen zur Bekämpfung von Diskriminierungen in Beschäftigung und Beruf, unter anderem wegen des Alters, zu gewährleisten.[303] Die Richtlinie etabliert allgemeine Vorgaben hinsichtlich der Umsetzung des Gleichbehandlungsgrundsatzes auf dem europäischen Arbeitsmarkt.[304] Der Anwendungsbereich der RL 2000/78/EG erstreckt sich hingegen nicht auf ungerechtfertigte Ungleichbehandlungen aufgrund des Geschlechts, die bereits Gegenstand früherer unionsrechtlicher Maßnahmen im Rahmen der europäischen Antidiskriminierungspolitik waren.[305]

Der Erwägungsgrund Nr. 9 unterstreicht die herausgehobene Relevanz des Berufs- und Erwerbslebens für die Gewährleistung gleicher Chancen in den Mitgliedstaaten sowie die Partizipation der Bürger am wirtschaftlichen, kulturellen und sozialen Leben. Die intendierte Konstituierung eines sozial-integrativen Arbeitsmarktes trägt gemäß den Erwägungsgründen Nr. 7 und 8 der von der Europäischen Union angestrebten Förderung der Koordination mitgliedstaatlicher Beschäftigungspolitiken Rechnung.[306]

Entwicklungsstufen insbesondere durch eine Erweiterung der verpönten Diskriminierungsmerkmale auszeichnet.

302 *Lenz*, in Lenz/Borchardt, EU-/EG-Vertrag, 4. Aufl., Art. 13 EGV, Rn. 6 ff.; *Hahn*, Auswirkungen der europäischen Regelungen zur Altersdiskriminierung im deutschen Arbeitsrecht, S. 58. Das Maßnahmenpaket der Europäischen Union bestand aus zwei Richtlinien und einem Aktionsprogramm, vgl. KOM (1999) 564–567 endg.

303 Die Konzeption der RL 2000/78/EG orientiert sich an Vorgaben aus dem U.S.-amerikanischen Rechtskreis. Dies ergibt sich insbesondere aus der englischsprachigen Fassung des Richtlinientextes, der partiell mit U.S.-amerikanischen Diskriminierungsverboten übereinstimmt, vgl. *Thüsing*, ZfA 2001, 397, 403; *Reichold/Hahn/Heinrich*, NZA 2005, 1270, 1272.

304 *Lenz*, in Lenz/Borchardt, EU-/EG-Vertrag, 4. Aufl., Art. 13 EGV, Rn. 8.

305 *Lenz*, in Lenz/Borchardt, EU-/EG-Vertrag, 4. Aufl., Art. 13 EGV, Rn. 8; *Lüderitz*, Altersdiskriminierung durch Altersgrenzen, S. 42.

306 Siehe hierzu auch *Korthaus*, Das neue Antidiskriminierungsrecht, S. 85.

Besondere Bedeutung kommt dem Schutz vor Diskriminierungen aufgrund des Lebensalters zu.[307] Nach Erwägungsgrund Nr. 11 sind unter anderem Diskriminierungen aus Gründen des Alters geeignet, die Verwirklichung politischer Ziele der Europäischen Union zu gefährden. Angesichts dessen ist das Altersdiskriminierungsverbot ausweislich des Erwägungsgrundes Nr. 25 als zentrales Instrument zur Realisierung der Zielsetzungen der Beschäftigungspolitischen Leitlinien der Europäischen Union sowie zur Generierung der Diversität im Bereich der Beschäftigung zu qualifizieren. Die der RL 2000/78/EG zugrunde liegenden Beschäftigungspolitischen Leitlinien der Europäischen Union vom 21.3.2000 sehen eine Erhöhung des Anteils älterer Arbeitnehmer an der erwerbstätigen Bevölkerung vor.[308] Vor dem Hintergrund der vorstehenden Ausführungen ist festzustellen, dass die Richtlinie neben der Verhinderung bzw. Vermeidung von Diskriminierungen zudem eine integrative, sozialpolitische Intention verfolgt.[309]

Bis zur Entwicklung der endgültigen Fassung des Richtlinientextes war aufgrund des Einstimmigkeitserfordernisses des Art. 19 Abs. 1 AEUV (ex-Art. 13 Abs. 1 EGV)[310] ein umfangreicher, diffiziler Abstimmungsprozess erforderlich.[311] Eine kontroverse Diskussion wurde insbesondere in Bezug auf die konkrete Ausformung und normative Reichweite des Verbots der Altersdiskriminierung in der RL 2000/78/EG geführt.[312]

---

307 Dies folgt aus der Kommissionsbegründung KOM (1999) 565 endg., S. 3 f.

308 Beschäftigungspolitische Leitlinien der Europäischen Union 2000, ABl. EG 2000 Nr. L 72, S. 17. Siehe auch RL 2000/78/EG, Erwägungsgrund Nr. 8.

309 *Mohr*, Schutz vor Diskriminierungen im Europäischen Arbeitsrecht, S. 190 f.; *Korthaus*, Das neue Antidiskriminierungsrecht, S. 85 f.

310 Siehe hierzu *Khan*, in Geiger/Khan/Kotzur, EUV/AEUV, Art. 19 AEUV, Rn. 10; *Epiney*, in Calliess/Ruffert, EUV/AEUV, 4. Aufl., Art. 19 AEUV, Rn. 9; *Hahn*, Auswirkungen der europäischen Regelungen zur Altersdiskriminierung im deutschen Arbeitsrecht, S. 59; *Lüderitz*, Altersdiskriminierung durch Altersgrenzen, S. 44.

311 Dies ergibt sich bereits aus der Gegenüberstellung des Richtlinienentwurfs KOM (1999) 565 endg. sowie des geänderten Entwurfsvorschlags KOM (2000) 652 endg. zum Text der RL 2000/78/EG. Siehe hierzu auch *Wiedemann/Thüsing*, NZA 2002, 1234, 1235; *Thüsing*, Arbeitsrechtlicher Diskriminierungsschutz, Rn. 419; *Hahn*, Auswirkungen der europäischen Regelungen zur Altersdiskriminierung im deutschen Arbeitsrecht, S. 118; *von Hoff*, Das Verbot der Altersdiskriminierung aus Sicht der Rechtsvergleichung und der ökonomischen Analyse des Rechts, S. 212 f.

312 Die Diskussion wird im Zusammenhang zur Erörterung des Art. 6 RL 2000/78/EG auszugsweise dargestellt.

IV. Eröffnung des Geltungsbereichs der RL 2000/78/EG

Die Mindestaltergrenze für die Ernennung zum Beamten auf Lebenszeit gemäß § 9 Abs. 1 Nr. 2 BBG 1999 ist in den Geltungsbereich der RL 2000/78/EG einbezogen. Normative Grundlage für die Bestimmung des von der Richtlinie geschützten Personenkreises ist Art. 3 Abs. 1 RL 2000/78/EG. Nach Art. 3 Abs. 1 RL 2000/78/EG werden von der Richtlinie sämtliche Erwerbstätige im privaten oder öffentlichen Bereich erfasst.[313] Der Geltungsbereich der RL 2000/78/EG erstreckt sich mithin auch auf Beamte.[314]

Im Hinblick auf den sachlichen Geltungsbereich der Richtlinie ist die Mindestaltersgrenze gemäß § 9 Abs. 1 Nr. 2 BBG 1999 als Zugangsbedingung im Sinne des Art. 3 Abs. 1 lit. a) RL 2000/78/EG zu werten. Sie definiert eine persönliche Voraussetzung für die Ernennung zum Beamten auf Lebenszeit. Art. 3 Abs. 1 lit. a) RL 2000/78/EG benennt mit den Bedingungen für den Zugang zur Erwerbstätigkeit den zeitlichen Anfangspunkt in Bezug auf die Geltung der Richtlinienvorgaben.[315] Vom Begriff der Bedingung im Sinne des Art. 3 lit. a) RL 2000/78/EG sind insbesondere auch Altersgrenzen erfasst.[316]

V. Mindestaltersgrenze als unmittelbare Diskriminierung aufgrund des Alters, Art. 2 Abs. 2 lit. a) RL 2000/78/EG

Die Mindestaltersgrenze für die Ernennung zum Beamten auf Lebenszeit gemäß § 9 Abs. 1 Nr. 2 BBG 1999 ist als unmittelbare Diskriminierung aufgrund des

---

313 In ständiger Rechtsprechung geht der EuGH davon aus, dass öffentlich-rechtliche Dienstverhältnisse vom Geltungsbereich sekundärrechtlicher Antidiskriminierungsmaßnahmen erfasst werden, vgl. EuGH, Rs. C-285/98 (*Kreil*), NJW 2000, 497, 498, Rn. 18 m.w.N. Desgleichen nimmt ferner das BVerwG an, dass öffentlich-rechtliche Dienstverhältnisse in den Geltungsbereich der RL 2000/78/EG einbezogen sind, vgl. BVerwGE 133, 143, 151. Siehe ferner BVerwG, NJW 2008, 868, 869. Generell hierzu *Wolff*, ZBR 2014, 1, 2.

314 BVerwG, NJW 2008, 868, 869. Ebenso *Sprenger*, Das arbeitsrechtliche Verbot der Altersdiskriminierung nach der Richtlinie 2000/78/EG, S. 54; *Schmidt/Senne*, RdA 2002, 80, 82; *König*, in FS Zuleeg, S. 341, 346; *Schlachter*, in GS Blomeyer, S. 355, 356; *Waltermann*, NZA 2005, 1265, 1266.

315 Ausführlich hierzu *Sprenger*, Das arbeitsrechtliche Verbot der Altersdiskriminierung nach der Richtlinie 2000/78/EG, S. 55; *Lingscheid*, Antidiskriminierung im Arbeitsrecht, S. 88 ff.; *Korthaus*, Das neue Antidiskriminierungsrecht, S. 113 ff.

316 *Lüderitz*, Altersdiskriminierung durch Altersgrenzen, S. 57.

Alters nach Art. 2 Abs. 2 lit. a) RL 2000/78/EG zu qualifizieren.[317] Sie eröffnet erst Bewerbern, die das 27. Lebensjahr vollendet haben, den Zugang zur Vergünstigung der Lebenszeitverbeamtung und schliesst gleichsam jüngere Bewerber hiervon aus.

In Anlehnung an die bereits dargelegte, generelle Definition einer unmittelbaren Diskriminierung ist eine unmittelbare Altersdiskriminierung gemäß Art. 2 Abs. 2 lit. a) RL 2000/78/EG in Verbindung mit Art. 1 RL 2000/78/EG anzunehmen, wenn eine Person aufgrund ihres Alters in einer vergleichbaren Situation eine weniger günstige Behandlung erfährt als eine andere Person erfährt, erfahren hat oder erfahren würde. Signifikant für eine unmittelbare Altersdiskriminierung ist die direkte Anknüpfung an das Lebensalter im Rahmen der Ungleichbehandlung.[318] Angesichts des Gepräges des Verbots der unmittelbaren Diskriminierung als Anknüpfungsverbot ist eine Benachteiligungsabsicht nicht erforderlich.[319]

VI. Rechtfertigung der Ungleichbehandlung aufgrund des Alters nach Art. 6 Abs. 1 S. 2 lit. b) RL 2000/78/EG

Vor der Bewertung der Mindestaltersgrenze für die Ernennung zum Beamten auf Lebenszeit am konkreten Rechtfertigungsmaßstab des Art. 6 Abs. 1 RL 2000/78/EG werden zunächst die Intention und die Entstehungsgeschichte dieser Vorschrift erläutert. Die nachfolgende Darstellung ergänzt die bisherigen Ausführungen zur europarechtlichen Einordnung des Altersdiskriminierungsverbots.

1. Intention und Entstehungsgeschichte des Art. 6 Abs. 1 RL 2000/78/EG

Die RL 2000/78/EG eröffnet in Art. 6 Abs. 1 speziell in Bezug auf das Merkmal Alter die Möglichkeit, unmittelbare Diskriminierungen zu rechtfertigen. Die Vorschrift kontrastiert im Hinblick auf die Altersdiskriminierung einen im Zusammenhang mit der Bekämpfung von Geschlechterdiskriminierungen im Europarecht entwickelten Grundsatz, wonach eine unmittelbare Diskriminierung

---

317 Vgl. zur entsprechenden Regelung des AGG *Brors*, in Däubler/Bertzbach, AGG, § 10, Rn. 71. Zum europarechtlichen Begriff der unmittelbaren Diskriminierung *Lingscheid*, Antidiskriminierung im Arbeitsrecht, S. 49 f.

318 *Schmidt*/Senne, RdA 2002, 80, 82. Hierzu ferner *Polloczek*, Altersdiskriminierung im Licht des Europarechts, S. 88.

319 *Lüderitz*, Altersdiskriminierung durch Altersgrenzen, S. 52; *Polloczek*, Altersdiskriminierung im Licht des Europarechts, S. 85 m.w.N.

nicht legitimiert werden kann.[320] Art. 6 Abs. 1 RL 2000/78/EG ermöglicht mithin den Mitgliedstaaten – neben Art. 4 RL 2000/78/EG – weitergehende Einschränkungen des Schutzes vor Altersdiskriminierung.[321]

Im Rahmen des Normgebungsverfahrens wurde die konkrete Ausgestaltung des Altersdiskriminierungsverbots in der Richtlinie kontrovers diskutiert. [322] Dies ist Ausdruck der unterschiedlichen mitgliedstaatlichen Ansichten hinsichtlich der normativen Reichweite eines Altersdiskriminierungsverbots sowie des notwendigen Regelungsbedarfs bezüglich eines explizit für das Diskriminierungsmerkmal Alter konzipierten Rechtfertigungsgrundes.[323] Während die Rechtfertigungsnorm bezüglich des Altersdiskriminierungsverbots im ursprünglichen Richtlinienentwurf lediglich Regelbeispiele anführte, reglementiert Art. 6 Abs. 1 S. 1 RL 2000/78/EG einen generell zu beachtenden Kontrollmaßstab in Bezug auf die Rechtfertigung von unmittelbaren Altersdiskriminierungen.[324] Die Vorschrift des Art. 6 RL 2000/78/EG ist als Zugeständnis an die Mitgliedstaaten zu werten, das es diesen im Hinblick auf die Umsetzung des Verbots der Altersdiskriminierung ermöglicht, vorfindliche nationale Besonderheiten zu berücksichtigen.[325]

---

320 Siehe EuGH, Rs. C-132/92 (*Birds Eye Walls Ltd./Friedel M. Roberts*), Slg. 1993, I-55599, Rn. 15. Eingehend *Schmidt/Senne*, RdA 2002, 80, 85 m.w.N.; *Schlachter*, in GS Blomeyer, S. 355, 366; *Hahn*, Auswirkungen der europäischen Regelungen zur Altersdiskriminierung im deutschen Arbeitsrecht, S. 122. Hierzu ebenfalls *Scholz*, Das Verbot der Altersdiskriminierung bei der Begründung und Beendigung von Arbeitsverhältnissen, S. 83; *Lingscheid*, Antidiskriminierung im Arbeitsrecht, S. 209.

321 *Schmidt/Senne*, RdA 2002, 80, 85; *Lüderitz*, Altersdiskriminierung durch Altersgrenzen, S. 87. Von dieser Regelungsbefugnis hat der deutsche Gesetzgeber durch die Regelung des § 10 AGG Gebrauch gemacht.

322 Vgl. den durch die Kommission geänderten Richtlinienvorschlag KOM (2000) 652 endg. als Abänderung von KOM (1999) 565 endg.

323 Hierzu *Thüsing*, ZfA 2001, 397, 408 f.; *Wiedemann/Thüsing*, NZA 2002, 1234, 1235, 1237; *Hahn*, Auswirkungen der europäischen Regelungen zur Altersdiskriminierung im deutschen Arbeitsrecht, S. 118; *von Hoff*, Das Verbot der Altersdiskriminierung aus Sicht der Rechtsvergleichung und der ökonomischen Analyse des Rechts, S. 212 f.

324 Dies ist der Synopse zu Art. 5 des Richtlinienentwurfs (später Art. 6 RL 2000/78/EG), ABl. EG 2001 Nr. C 62 E/152, 159, zu entnehmen. Hierzu ebenfalls *Thüsing*, Arbeitsrechtlicher Diskriminierungsschutz, Rn. 419; *Hahn*, Auswirkungen der europäischen Regelungen zur Altersdiskriminierung im deutschen Arbeitsrecht, S. 118.

325 *Hahn*, Auswirkungen der europäischen Regelungen zur Altersdiskriminierung im deutschen Arbeitsrecht, S. 118 f. So auch *von Hoff*, Das Verbot der Altersdiskriminierung aus Sicht der Rechtsvergleichung und der ökonomischen Analyse des Rechts, S. 212.

Die Systematik des Art. 6 Abs. 1 RL 2000/78/EG sieht zwei separate Regelungsabschnitte vor.[326] Wie im Folgenden erläutert wird, normiert Art. 6 Abs. 1 S. 1 RL 2000/78/EG allgemeine Anforderungen an die Rechtfertigung von Ungleichbehandlungen, die nicht vom Anwendungsbereich der Art. 4 Abs. 1 und Art. 6 Abs. 2 RL 2000/78/EG erfasst werden. Demgegenüber enthält Art. 6 Abs. 1 S. 2 RL 2000/78/EG einen Katalog von Regelbeispielen.[327]

2. Normative Voraussetzungen des Art. 6 Abs. 1 RL 2000/78/EG

Im Folgenden werden die tatbestandlichen Voraussetzungen des Art. 6 Abs. 1 S. 1 und 2 RL 2000/78/EG angeführt.

a. Generalklausel des Art. 6 Abs. 1 S. 1 RL 2000/78/EG

Art. 6 Abs. 1 S. 1 RL 2000/78/EG bestimmt als Voraussetzung für die Rechtfertigung einer Altersdiskriminierung, dass die Ungleichbehandlung wegen des Alters objektiv und angemessen ist, im Rahmen des nationalen Rechts durch ein legitimes Ziel gerechtfertigt ist und das Mittel zur Erreichung dieses Ziels angemessen und erforderlich ist.[328] Legitime Ziele sind nach Art. 6 Abs. 1 S. 1 RL 2000/78/EG insbesondere solche aus den Bereichen Beschäftigungspolitik, Arbeitsmarkt und berufliche Bildung.

Vor dem Hintergrund der vorstehenden Ausführungen sind unmittelbare Diskriminierungen durch Altersgrenzenregelungen nur dann mit den Vorgaben der Richtlinie vereinbar, wenn sie im Rahmen des nationalen Rechts durch ein legitimes Ziel gerechtfertigt sind und zur Erreichung dieses Ziels geeignet sowie im Hinblick auf die Bekämpfung ungerechtfertigter Ungleichbehandlungen

---

326 Weiterführend *Sprenger*, Das arbeitsrechtliche Verbot der Altersdiskriminierung nach der Richtlinie 2000/78/EG, S. 111.

327 Ausführlich hierzu *Sprenger*, Das arbeitsrechtliche Verbot der Altersdiskriminierung nach der Richtlinie 2000/78/EG, S. 111; *Korthaus*, Das neue Antidiskriminierungsrecht, S, 121; *Scholz*, Das Verbot der Altersdiskriminierung bei der Begründung und Beendigung von Arbeitsverhältnissen, S. 83 ff.; *Lüderitz*, Altersdiskriminierung durch Altersgrenzen, S. 87.

328 Dementsprechend reicht das Vorliegen eines sachlichen Grundes allein, wie es der arbeitrechtliche Gleichbehandlungsgrundsatz als Voraussetzung erfordert, für eine ausnahmsweise zulässige Altersdiskriminierung nicht aus, *Hahn*, Auswirkungen der europäischen Regelungen zur Altersdiskriminierung im deutschen Arbeitsrecht, S. 122. Demgegenüber sind nach *von Hoff*, Das Verbot der Altersdiskriminierung aus Sicht der Rechtsvergleichung und der ökonomischen Analyse des Rechts, S. 224, Gründe für einen strengeren Maßstab als einen sachlichen Grund sowie die Verhältnismäßigkeit der Mittel nicht ersichtlich.

aufgrund des Alters angemessen und erforderlich sind.[329] Die Auflistung der legitimen Ziele im Sinne der Vorschrift ist ausweislich der Formulierung „insbesondere" nicht abschließend.[330] Die offene Konzeption des Art. 6 Abs. 1 S. 1 RL 2000/78/EG eröffnet den Mitgliedstaaten mithin die Möglichkeit, Zielsetzungen zu verfolgen, die nicht direkt der staatlichen Arbeits- und Sozialpolitik zuzurechnen sind.[331] Dementsprechend können nach der Auffassung des EuGH im Rahmen der Definition legitimer Ziele auch politische, soziale, demographische bzw. haushaltsbezogene Erwägungen der Mitgliedstaaten Berücksichtigung finden.[332]

---

329 *Lüderitz*, Altersdiskriminierung durch Altersgrenzen, S. 88. Nach zutreffender Ansicht des überwiegenden Teils des Schrifttums kommt den Merkmalen der Objektivität und Angemessenheit der Ungleichbehandlung kein eigener Bedeutungsgehalt zu. Einen Überblick über die Literaturauffassungen zur entsprechenden Regelung des § 10 AGG bietet *von Hoff*, Das Verbot der Altersdiskriminierung aus Sicht der Rechtsvergleichung und der ökonomischen Analyse des Rechts, S. 217 f. Siehe ferner *Scholz*, Das Verbot der Altersdiskriminierung bei der Begründung und Beendigung von Arbeitsverhältnissen, S. 85 f.; *Roloff*, in Rolfs/Giesen/Kreikebohm/Udsching, Beck'scher Online-Kommentar Arbeitsrecht, § 10 AGG, 14. Edition, Dezember 2009, Rn. 2; *Schmidt/Senne*, RdA 2002, 80, 85; *Sprenger*, Das arbeitsrechtliche Verbot der Altersdiskriminierung nach der Richtlinie 2000/78/EG, S. 115. Die gegenteilige Auffassung vertritt *Brors*, in Däubler/Bertzbach, AGG, § 10, Rn. 31.

330 Siehe auch EuGH, Rs. C-388/07 (*Age Concern England*), Slg. 2009, I-0000, Rn. 43. Ausführlich hierzu *Schlachter*, in GS Blomeyer, S. 355, 368; *Zöllner*, in GS Blomeyer, S. 517, 529; *Schmidt/Senne*, RdA 2002, 80, 85 f.; *Over*, Das Verbot der Altersdiskriminierung im Arbeitsrecht nach dem Allgemeinen Gleichbehandlungsgesetz, S. 221. Hierzu ebenfalls *Lingscheid*, Antidiskriminierung im Arbeitsrecht, S. 209; *Hahn*, Auswirkungen der europäischen Regelungen zur Altersdiskriminierung im deutschen Arbeitsrecht, S. 122 f. Die beispielhafte Aufzählung der legitimen Ziele war im ursprünglichen Richtlinienentwurf KOM (1999) 565 endg., S. 22, nicht enthalten.

331 *Sprenger*, Das arbeitsrechtliche Verbot der Altersdiskriminierung nach der Richtlinie 2000/78/EG, S. 113. Dem Merkmal „im Rahmen des nationalen Rechts" kommt nach zustimmungswürdiger Ansicht im Schrifttum die Bedeutung zu, dass das Verbot der Altersdiskriminierung grundsätzlich den mitgliedstaatlichen Beschäftigungspolitiken nicht widerstreiten soll, *Sprenger*, Das arbeitsrechtliche Verbot der Altersdiskriminierung nach der Richtlinie 2000/78/EG, S. 116. Ausführlich hierzu *Thüsing*, ZfA 2001, 397, 409; *Lüderitz*, Altersdiskriminierung durch Altersgrenzen, S. 89 f.

332 EuGH, Rs. C-411/05 (*Palacios de la Villa*), Slg. 2007, I-8531, Rn. 68 f. Vgl. hierzu die Anmerkungen von *Summer*, ZBR 2007, 34 f. Nach EuGH, Rs. C-447/09 (*Prigge*), NJW 2011, 3209, 3213, Rn. 81, zählt die Flugsicherheit jedoch nicht zu den legitimen Zielen im Sinne des Art. 6 Abs. 1 S. 1 RL 2000/78/EG.

b. Art. 6 Abs. 1 S. 2 RL 2000/78/EG

Die Vorschrift des Art. 6 Abs. 1 S. 2 RL 2000/78/EG führt eine nicht abschließende Aufzählung von Rechtfertigungstatbeständen in Bezug auf unmittelbare Diskriminierungen aufgrund des Alters an.[333] Dieser Maßstab ist bei der unionsrechtlichen Beurteilung von Altersgrenzenregelungen vorrangig zugrunde zu legen.[334] Der Formulierung der Vorschrift zufolge *„können"* gerechtfertigte Ungleichbehandlungen *„insbesondere"* die in Art. 6 Abs. 1 S. 2 lit. a) – c) RL 2000/78/EG Genannten sein.[335] Somit rechtfertigen die angeführten Ziele nicht ohne Weiteres Ungleichbehandlungen aufgrund des Alters.[336] Im Einzelfall ist mithin die Legitimität der mit der Maßnahme verfolgten Zielsetzung zu prüfen.

Die Regelung trifft ferner keine Aussage über die Anforderungen an die Rechtfertigungsmöglichkeiten bzw. hinsichtlich der Rechtfertigungsschwelle.[337] Vielmehr wird der Anforderungsmaßstab an die Rechtfertigung der Ungleichbehandlung durch Art. 6 Abs. 1 S. 1 RL 2000/78/EG vorgegeben.[338] Demzufolge sind Altersgrenzen gemäß Art. 6 Abs. 1 S. 2 lit. a) – c) RL 2000/78/EG legitimiert, wenn sie einer explizit angeführten Intention dienen bzw. ein aus dem nationalen Recht folgendes, legitimes Ziel im Sinne des Art. 6 Abs. 1 S. 1 RL 2000/78/EG fördern.[339]

3. *Reaktion im Schrifttum auf die Ausgestaltung des sekundärrechtlichen Altersdiskriminierungsverbots*

Im Schrifttum wird die Konzeption der in Art. 6 RL 2000/78/EG statuierten Ausnahme vom Verbot der Altersdiskriminierung kritisch bewertet. Angesichts

---

333 Instruktiv *Scholz*, Das Verbot der Altersdiskriminierung bei der Begründung und Beendigung von Arbeitsverhältnissen, S. 89 f.

334 *Lüderitz*, Altersdiskriminierung durch Altersgrenzen, S. 90.

335 Wenngleich die Aufzählung aufgrund der dargestellten Formulierung nicht abschließend ist, wird ihr dennoch eine richtungsweisende Funktion zugeschrieben, *Löwisch*, DB 2006, 1729, 1730.

336 *Schmidt/Senne*, RdA 2002, 80, 85; *Scholz*, Das Verbot der Altersdiskriminierung bei der Begründung und Beendigung von Arbeitsverhältnissen, S. 90. Siehe ebenfalls *von Hoff*, Das Verbot der Altersdiskriminierung aus Sicht der Rechtsvergleichung und der ökonomischen Analyse des Rechts, S. 195; *Meyer*, Das Diskriminierungsverbot des Gemeinschaftsrechts als Grundsatznorm und Gleichheitsrecht, S. 123.

337 *Sprenger*, Das arbeitsrechtliche Verbot der Altersdiskriminierung nach der Richtlinie, 2000/78/EG, S. 119.

338 *Wiedemann/Thüsing*, NZA 2002, 1234, 1237; *Sprenger*, Das arbeitsrechtliche Verbot der Altersdiskriminierung nach der Richtlinie 2000/78/EG, S. 119. Betrachte des Weiteren *Mohr*, Schutz vor Diskriminierungen im Europäischen Arbeitsrecht, S. 276.

339 *Lüderitz*, Altersdiskriminierung durch Altersgrenzen, S. 90.

der vielfältigen Rechtfertigungsmöglichkeiten in Bezug auf Diskriminierungen aufgrund des Alters sei das Altersdiskriminierungsverbot lediglich ein „Diskriminierungsverbot 2. Klasse“[340] bzw. das „Stiefkind“[341] unionsrechtlicher Diskriminierungsverbote.

Die Ausgestaltung der Rechtfertigungsgründe zum Altersdiskriminierungsverbot erklärt sich jedoch vor dem Hintergrund der Besonderheiten des in Rede stehenden Diskriminierungsmerkmals.[342] Das Kriterium Alter ist – aus den bereits beschrieben Gründen – undifferenziert und weist dementsprechend – im Unterschied zu anderen verpönten Diskriminierungsmerkmalen – nicht per se eine eindeutig benachteiligte Gruppe aus.[343] Darüber hinaus haben sich in den Mitgliedstaaten über einen erheblichen Zeitraum rechtliche Strukturen entwickelt, die eine Anknüpfung an das Lebensalter des Normadressaten vorsehen.[344] Nach in der Rechtsprechung vertretener Auffassung kann das unionsrechtlich statuierte Altersdiskriminierungsverbot in der mitgliedstaatlichen Praxis nicht ohne weitgehende, tatsächliche Umstände berücksichtigende Ausnahmen umgesetzt werden.[345] Vor diesem Hintergrund ist die Normierung von

---

340 *Schmidt/Senne*, RdA 2002, 80, 89. Siehe außerdem *Temming*, Altersdiskriminierung im Arbeitsleben, S. 506 m.w.N.; *Meyer*, Das Diskriminierungsverbot des Gemeinschaftsrechts als Grundsatznorm und Gleichheitsrecht, S. 123.

341 *König*, in FS Zuleeg, S. 341, 351. Hierzu ebenfalls *Scholz*, Das Verbot der Altersdiskriminierung bei der Begründung und Beendigung von Arbeitsverhältnissen, S. 82.

342 *Schlachter*, in GS Blomeyer, S. 355, 366 f.

343 *Schlachter*, in GS Blomeyer, S. 355, 366 f. Vgl. auch *Thüsing*, Münchener Kommentar zum BGB, AGG, 5. Aufl., § 10, Rn. 2 ff.; *von Hoff*, Das Verbot der Altersdiskriminierung aus Sicht der Rechtsvergleichung und der ökonomischen Analyse, S. 213.

344 *Bertelsmann*, Loccumer Protokolle, 79/04, Die Umsetzung der EU-Gleichbehandlungsrichtlinien in Deutschland, S. 81, 84; *Brors*, RdA 2012, 346, 346. Kritisch hierzu *Lingscheid*, Antidiskriminierung im Arbeitsrecht, S. 209.

345 Siehe OVG NRW, Urteil vom 27.7.2010, 6 A 282/08, Rn. 57 (Juris), mit dem das Gericht explizit auf die Entscheidung OVG NRW, RiA 2007, 221, Bezug nimmt. Das BVerwG hatte die Entscheidung des OVG NRW aus dem Jahr 2007 durch das Urteil BVerwGE 133, 143, aufgehoben, da der Landesverordnungsgeber die Bestimmung von Ausnahmen von der Altersgrenzenregelung in das Ermessen der Verwaltung stellte. In Bezug auf die Ausführungen zu den Vorgaben zum Altersdiskriminierungsverbot sieht sich das OVG NRW jedoch durch die Entscheidung des BVerwG bestätigt, OVG NRW, Urteil vom 27.7.2010, 6 A 282/08, Rn. 57 (Juris). Das OVG NRW, RiA 2007, 221, 223, hatte sich seinerzeit eingehend zu den unionsrechtlichen Vorgaben zum Verbot der Altersdiskriminierung sowie der Umsetzung dieses Verbots in nationales Recht geäußert.

Ausnahmeregelungen zum Verbot der Diskriminierung aufgrund des Alters gerechtfertigt.[346]

4. Beurteilung der Mindestaltersgrenze für die Ernennung zum Beamten auf Lebenszeit am Maßstab des Art. 6 Abs. 1 S. 2 lit. b) RL 2000/78/EG

Nach Art. 6 Abs. 1 S. 2 lit. b) RL 2000/78/EG können gerechtfertigte Ungleichbehandlungen die Festlegung von Mindestanforderungen an das Alter für den Zugang zur Beschäftigung oder für bestimmte mit der Beschäftigung verbundene Vorteile erfassen. Angesichts dessen stellt die Mindestaltersgrenze für die Ernennung zum Beamten auf Lebenszeit gemäß § 9 Abs. 1 Nr. 2 BBG 1999 eine solche Mindestanforderung an das Alter für den Zugang zur Beschäftigung im Sinne der Richtlinie dar.[347] Ein Anwärter kann dieser Vorschrift zufolge lediglich zum Beamten auf Lebenszeit ernannt werden, wenn er das festgesetzte Lebensalter vollendet hat.

In diesem Kontext ist zu bemerken, dass Art. 6 Abs. 1 S. 2 lit. b) RL 2000/78/EG lediglich die in Betracht kommenden Maßnahmen benennt, jedoch nicht die damit verfolgten Zielsetzungen bezeichnet. Aus diesem Grund ist für die Rechtfertigung einer unmittelbaren Diskriminierung in dieser Konstellation maßgeblich, ob die Maßnahme ein legitimes Ziel im Sinne des Art. 6 Abs. 1 S. 1 RL 2000/78/EG erstrebt und zu dessen Erreichung geeignet, angemessen und erforderlich[348] ist.[349]

---

346 Siehe hierzu ferner *Reichold/Hahn/Heinrich*, NZA 2005, 1270, 1275; *König*, in FS Zuleeg, S. 341, 352; *Schlachter*, in GS Blomeyer, S. 355, 366. Im Übrigen sahen die Richtlinienvorschläge der Kommission noch eine allgemein gehaltene Rechtfertigungsklausel für Ungleichbehandlungen aufgrund des Merkmals Alter vor. Demnach war der Anwendungsbereich des Art. 6 Abs. 1 RL 2000/78/EG zunächst weder auf bestimmte Ziele, noch auf bestimmte Regelungsmechanismen beschränkt, vgl. die Synopse des Art. 5 Abs. 1 der Vorschläge in ABl. EG 2001 Nr. C 62 E/152, 159.

347 Vgl. *Brors*, in Däubler/Bertzbach, AGG, § 10, Rn. 69; *Roloff*, in Rolfs/Giesen/Kreikebohm/Udsching, Beck'scher Online-Kommentar Arbeitsrecht, § 10 AGG, 14. Edition, Dezember 2009, Rn. 15.

348 Im Folgenden orientiert sich die Prüfungsreihenfolge in Bezug auf die Voraussetzungen des Art. 6 Abs. 1 S. 1 RL 2000/78/EG an dem Wortlaut der Vorschrift.

349 *Linsenmaier*, RdA 2003, Sonderbeilage zu Heft 5, S. 22, 26.

a. Intention der Mindestaltersgrenze für die Ernennung zum Beamten auf Lebenszeit

Das mit der Mindestaltersgrenze angestrebte Ziel, vom Dienstherrn erst zu dem Zeitpunkt eine Beurteilung der Eignung des zu Ernennenden für ein lebenslanges Beamtenverhältnis zu fordern, zu dem dieser regelmäßig in seiner Persönlichkeitsentfaltung bzw. seiner Berufswahl hinreichend gefestigt ist und infolge dessen die Annahme einer dauerhaften Dienstausübung begründet erscheint, ist als legitim im Sinne des Art. 6 Abs. 1 S. 1 RL 2000/78/EG werten.[350]

Der Gesetzgeber gewichtet mit der in Rede stehenden Altersgrenze im Rahmen einer wertenden Entscheidung das Lebenszeitprinzip als hergebrachten Grundsatz des Berufsbeamtentums stärker als den verfassungsrechtlich ebenfalls verankerten Leistungsgrundsatz und verfolgt mit dieser Maßnahme das übergeordnete Ziel, eine kontinuierliche, loyale und unabhängige Aufgabenwahrnehmung durch die Beamten im Interesse einer funktionsfähigen öffentlichen Verwaltung sicherzustellen. Die Intention der Gewährleistung eines leistungsfähigen Berufsbeamtentums ist ein legitimes Ziel im Sinne des Art. 6 Abs. 1 S. 1 RL 2000/78/EG.[351] Der Gesetzgeber erstrebt mit § 9 Abs. 1 Nr. 2 BBG 1999 mithin eine nicht auf unsachlichen Erwägungen beruhende Zielsetzung aus dem Bereich der Beschäftigungspolitik bzw. des Arbeitsmarktes.[352]

Das Ziel, das Lebenszeitprinzip im Interesse eines funktionsfähigen Berufsbeamtentums bei der Ernennung zum Lebenszeitbeamten vorrangig zu berücksichtigen, liegt aufgrund der Bedeutung dieses beamtenverfassungsrechtlichen Strukturprinzips für die Leistungsfähigkeit der öffentlichen Verwaltung auch im wohlverstandenen Interesse der Allgemeinheit. In Anbetracht dessen bedarf der im Schrifttum geführte Meinungsstreit zur Frage, ob lediglich Allgemeininteressen legitime Ziele im Sinne des Art. 6 Abs. 1 S. 1 RL 2000/78EG darstellen oder ob auch Individualinteressen verfolgt werden können, nicht einer abschließenden

---

350 So ebenfalls *Baßlsperger*, ZBR 2008, 339, 348. Vgl. ferner *Lüderitz*, Altersdiskriminierung durch Altersgrenzen, S. 134.

351 Vgl. zur entsprechenden Regelung des AGG *Laskowski*, in Rust/Falke, AGG, § 24, Rn. 18 m.w.N.

352 So im Ergebnis auch *Baßlsperger*, PersV 2008, 404, 408; *Hahn*, Auswirkungen der europäischen Regelungen zur Altersdiskriminierung im deutschen Arbeitsrecht, S. 124 f.; *Lüderitz*, Altersdiskriminierung durch Altersgrenzen, S. 117 f.

Entscheidung.[353] In Übereinstimmung mit der Rechtsprechung des EuGH[354] ist es angesichts der ableitbaren Gesetzesintention zudem unerheblich, dass die in Rede stehende beamtenrechtliche Vorschrift die mit der Mindestaltersgrenze verfolgte Zielsetzung nicht explizit benennt.[355]

b. Anforderungen des Art. 6 Abs. 1 S. 1 RL 2000/78/EG an das Instrument der Mindestaltersgrenze

Gemäß Art. 6 Abs. 1 S. 1 RL 2000/78/EG muss das Mittel zur Erreichung des angestrebten Ziels auch angemessen und erforderlich sein. Nach der *Mangold*-Entscheidung des EuGH steht den Mitgliedstaaten ein weiter Ermessensspielraum hinsichtlich der Auswahl der Maßnahmen zur Realisierung ihrer Ziele im Bereich der Arbeits- und Sozialpolitik zu.[356]

Voraussetzung ist jedoch zunächst, dass die Maßnahme geeignet ist, die angestrebte Zielsetzung zu verwirklichen.[357] Ist das eingesetzte Instrument bereits

---

353 Vor dem Hintergrund, dass die in Art. 6 Abs. 1 RL 2000/78/EG benannten Ziele ausschließlich Interessen der Allgemeinheit verfolgen, wird in der Literatur die Ansicht vertreten, dass Individualinteressen nicht als legitime Ziele angeführt werden können, vgl. *Wiedemann/Thüsing*, NZA 2002, 1234,1237; *Thüsing*, ZfA 2001, 397, 409; *v. Roetteken*, ZTR 2008, 350, 352. Demgegenüber führt die gegenteilige Literaturansicht jedoch an, die Vorschrift des Art. 6 Abs. 1 RL 2000/78/EG gestehe dem nationalen Gesetzgeber den Freiraum zu, unter Beachtung des Verhältnismäßigkeitsgrundsatzes auch Individualinteressen als legitime Ziele zu berücksichtigen, vgl. *Waltermann*, NZA 2005, 1265, 1267; *Bauer/Göpfert/Krieger*, AGG, § 10, Rn. 20. Siehe ebenfalls *Linsenmaier*, RdA 2003, Sonderbeilage zu Heft 5, S. 22, 26.

354 Etwa EuGH, Rs C-411/05, (*Palacios de la Villa*), Slg. 2007, I-8531, Rn. 54 ff.; EuGH Rs. C-388/07, (*Age Concern England*), Slg. 2009, I-0000, Rn. 44.

355 Hinreichend ist, dass andere, aus dem Zusammenhang der Maßnahme herleitbare Hinweise die Ermittlung der verfolgten Zielsetzung ermöglichen, vgl. VGH Hessen, NVwZ 2010, 140, 142.

356 EuGH, Rs. C-144/04 (*Mangold*), Slg. 2005, I-998-1, Rn. 63, bestätigt in EuGH, Rs. C-411/05, (*Palacios de la Villa*), Slg. 2007, I-8531, Rn. 68. Der EuGH betont jedoch auch, dass der eingeräumte Wertungsspielraum nicht dazu genutzt werden dürfe, dass Altersdiskriminierungsverbot auszuhöhlen, EuGH, Rs. C-388/07 (*Age Concern England*), Slg. 2009, I-0000, Rn. 51.

357 *Lüderitz*, Altersdiskriminierung durch Altersgrenzen, S. 89. Zur entsprechenden Regelung des AGG *Brors*, in Däubler/Bertzbach, AGG, § 10, Rn. 35; *Bauer/Göpfert/Krieger*, AGG, § 10, Rn. 22.

zur Zielerreichung ungeeignet, kann es auch nicht angemessen im Sinne der Richtlinie sein.[358]

aa. Geeignetheit der Mindestaltersgrenze

Geeignet ist die eingesetzte Maßnahme, wenn durch sie die verfolgte Zielsetzung realisiert werden kann bzw. wenn sie die Zielerreichung fördert.[359] Sie muss unmittelbar und final auf die Verwirklichung der erstrebten Intention gerichtet sein.[360] Mithin ist die Eignung eines Instruments im Sinne der Richtlinie zu verneinen, sofern die der Zielerreichung hinderlichen Auswirkungen die zielkonformen Effekte übersteigen.[361]

In Anbetracht dessen wird im Schrifttum die Geeignetheit der Mindestaltersgrenze für die Ernennung zum Beamten auf Lebenszeit zur Erreichung des verfolgten Ziels kontrovers beurteilt.

(1.) Divergierende Rechtsansichten im Schrifttum

Eine im Schrifttum vertretene Ansicht bestreitet die Geeignetheit des Mittels der Mindestaltersgrenze zur Realisierung des angestrebten Ziels. Die Erwägungen, die für die Normierung einer Mindestaltersschwelle angeführt würden, hätten lediglich einen pauschalierenden Charakter, entsprechende Behauptungen seien weder erwiesen, noch zu generalisieren.[362] Die Entscheidung eines Arbeitnehmers, seinen Arbeitsplatz zu wechseln, sei verallgemeinernden Beurteilungen nicht zugänglich.[363] Vielmehr spielten bei derartigen Entschlüssen persönliche, individuelle Faktoren und weniger das Lebensalter eine entscheidende Rolle.[364]

Die gegenteilige Auffassung in der Literatur bejaht hingegen die Geeignetheit der Mindestaltersgrenze zur Erreichung der vom Gesetzgeber intendierten

---

358 *Wendeling-Schröder*, NZA 2007, 1399, 1401. Ferner *Schmidt*, in Schiek, AGG, § 10, Rn. 10.

359 *von Hoff*, Das Verbot der Altersdiskriminierung aus Sicht der Rechtsvergleichung und der ökonomischen Analyse des Rechts, S. 238 m.w.N.; *Brors*, in Däubler/Bertzbach, AGG, § 10, Rn. 35.

360 *Sprenger*, Das arbeitsrechtliche Verbot der Altersdiskriminierung nach der Richtlinie 2000/78/EG, S. 117 f.

361 *von Hoff*, Das Verbot der Altersdiskriminierung aus Sicht der Rechtsvergleichung und der ökonomischen Analyse des Rechts, S. 238 m.w.N.

362 *Bertelsmann*, in Rust/Falke, AGG, § 10, Rn. 134.

363 *Bertelsmann*, in Rust/Falke, AGG, § 10, Rn. 134; *Brors*, in Däubler/Bertzbach, AGG, § 10, Rn. 71.

364 *Brors*, in Däubler/Bertzbach, AGG, § 10, Rn. 71. Siehe ebenfalls *Bertelsmann*, in Rust/Falke, AGG, § 10, Rn. 134; *Meinel/Heyn/Herms*, AGG, § 10, Rn. 44.

Zielsetzung. Mit ansteigendem Lebensalter des Erwerbstätigen verringere sich die Wahrscheinlichkeit eines Berufswechsels.[365]

(2.) Eigene Position zur Geeignetheit der Mindestaltersgrenze

Die Mindestaltersgrenze ist geeignet, das vom Gesetzgeber verfolgte Ziel zu realisieren. Entgegen der erstgenannten Literaturansicht ist es nicht Ziel der Mindestaltersgrenze, sämtliche in der Zukunft liegende Beweggründe des Bewerbers für einen Berufswechsel normativ zu erfassen. Vielmehr verfolgt die Mindestaltersgrenze die rechtlich anzuerkennende Intention, lediglich den Anwärtern den Zugang zu einem lebenszeitigen Beamtenverhältnis zu eröffnen, die aufgrund ihrer Persönlichkeitsentwicklung zum Ernennungszeitpunkt im Rahmen eines Prognoseurteils die hinreichende Gewähr für eine lebenslange Amtsausübung und Diensterfüllung bieten.

Die vorstehenden Ausführungen zu den generalisierten Phasen der Persönlichkeitsentfaltung zeigen, dass die Persönlichkeit regelmäßig in einem bestimmten Lebensabschnitt des Menschen in den Grundzügen entwickelt ist.[366] Darüber hinaus ist die Annahme, dass in einem bestimmten Lebensabschnitt in der Regel die Berufswahl getroffen wird, entgegen der erstgenannten Literaturauffassung belegbar.[367] Durch die Mindestaltersgrenze hat der Dienstherr somit die Entscheidung über eine lebenslange Übertragung eines Amtes erst zu einem Zeitpunkt zu treffen, in dem der zu Ernennende die für die Beurteilung seiner Eignung relevanten Entwicklungsstufen regelmäßig bereits durchlaufen hat.

bb. Angemessenheit der Mindestaltersgrenze

Im Rahmen der Beurteilung der Angemessenheit einer diskriminierenden Maßnahme ist zu prüfen, ob die widerstreitenden Interessen in sachgerechter Weise ausgeglichen bzw. gewertet wurden.[368] Eine Maßnahme ist in diesem Sinne angemessen, wenn sie als Ergebnis einer abwägenden, den Gleichbehandlungsgrundsatz sowie das mit der Ungleichbehandlung verfolgte Ziel gewichtenden

---

365 *Lüderitz*, Altersdiskriminierung durch Altersgrenzen, S. 134. Kritisch bewertet wird hingegen die der Regelung zugrunde liegende Erwägung hinsichtlich der Persönlichkeitsentwicklung des zu Ernennenden.

366 Vgl. *Rothgang*, Entwicklungspsychologie, S. 101.

367 Vgl. *Oerter/Montada*, Entwicklungspsychologie, Kap. 9, S. 346; *Rothgang*, Entwicklungspsychologie, S. 100 f.; *Schenk-Danzinger*, Entwicklungspsychologie, Kap. 12, S. 297.

368 *Lüderitz*, Altersdiskriminierung durch Altersgrenzen, S. 90; *Wendeling-Schröder*, NZA 2007, 1399, 1401.

Betrachtung als sachgerecht zu qualifizieren ist.[369] Die im Rahmen dessen vorzunehmende Wertung und Priorisierung widerstreitender Interessen hat im Lichte des von der Europäischen Union verfolgten Ziels des Diskriminierungsschutzes zu erfolgen.[370] Ein angemessenes Mittel muss mithin nach eingehender Abwägung und Beurteilung der Vor- und Nachteile vom Betroffenen hinzunehmen sein.[371]

In Anbetracht dessen ist die Angemessenheit der Mindestaltersgrenze für die Ernennung zum Beamten auf Lebenszeit nicht zu bestreiten. Das Interesse des Anwärters an einer frühzeitigen Ernennung zum Beamten auf Lebenszeit überwiegt nicht das Interesse der Allgemeinheit an einer verlässlichen Beurteilung der persönlichen Eignung des zu Ernennenden. Gegen die Angemessenheit der Altersgrenzenregelung lässt sich nicht das Argument der gebotenen individuellen Entscheidung über die Eignung nach Ablauf der Probezeit einwenden.[372] Eine in jedem Einzelfall vorzunehmende Überprüfung der persönlichkeitsbedingten Eignung des Anwärters würde einen unverhältnismäßigen Verwaltungsaufwand bedeuten sowie zu einer Vielzahl von Dissonanzen bzw. rechtlichen Auseinandersetzungen führen, die wiederum den verwaltungsinternen Geschäftslauf beeinträchtigen und sich negativ auf die Arbeitsqualität auswirken würden.

Vor dem Hintergrund der Ausführungen zum regelmäßigen Verlauf der Persönlichkeitsentwicklung stellt auch die konkrete Festsetzung der Mindestaltersgrenze auf das 27. Lebensjahr keine unangemessene Benachteiligung dar.

cc. Erforderlichkeit der Mindestaltersgrenze

Eine Maßnahme ist zur Zielerreichung erforderlich im Sinne der Richtlinie, sofern sie als die dem Gleichbehandlungsgrundsatz weitestmöglich Rechnung

---

369 *Sprenger*, Das arbeitsrechtliche Verbot der Altersdiskriminierung nach der Richtlinie 2000/78/EG, S. 119.

370 *von Hoff*, Das Verbot der Altersdiskriminierung aus Sicht der Rechtsvergleichung und der ökonomischen Analyse des Rechts, S. 239. Art. 6 Abs. 1 RL 2000/78/EG ist eine Ausnahmeregelung, die dem Ziel der Beseitigung von Altersdiskriminierungen gemäß Art. 1 RL 2000/78/EG nicht entgegenstehen darf, *Lüderitz*, Altersdiskriminierung durch Altersgrenzen, S. 90.

371 Zur entsprechenden Regelung des AGG *Bauer/Göpfert/Krieger*, AGG, § 10, Rn. 22. Siehe ebenfalls *Roloff*, in Rolfs/Giesen/Kreikebohm/Udsching, Beck'scher Online-Kommentar Arbeitsrecht, § 10 AGG, 16. Edition, Juni 2010, Rn. 8; *Brors*, in Däubler/Bertzbach, AGG § 10, Rn. 35 f.

372 Zu individuellen Fähigkeitsprüfungen *Thüsing*, in Münchener Kommentar zum BGB, AGG, 5. Aufl., § 10, Rn. 5.

tragende Form der Ungleichbehandlung zu werten ist.[373] Für den Betroffenen darf es somit kein weniger einschneidendes Mittel geben, das hinsichtlich der Realisierung des Ziels in gleichem Maße geeignet ist.[374]

(1.) Die Erforderlichkeit ablehnende Auffassung im Schrifttum

Eine vereinzelt im Schrifttum vertretene Auffassung verneint die Erforderlichkeit der Mindestaltersgrenze. Die angestrebte verlässliche Beurteilung der Eignung des Anwärters für einen lebenslangen Dienst in einem Beamtenverhältnis könne die Normierung einer fixen Mindestaltersgrenze nicht rechtfertigen.[375] Dies gelte insbesondere, wenn von Gesetzes wegen zu diesem Zweck bereits die Absolvierung einer Probezeit vorgesehen ist.[376] Dementsprechend stelle die Beurteilung der persönlichen Eignung für ein lebenszeitiges Beamtenverhältnis im Rahmen der Probezeit das im Vergleich zur Mindestaltersgrenze mildere Mittel dar.[377]

(2.) Bewertung der Literaturansicht

Dieser Auffassung in der Literatur ist nicht zu folgen. Die Mindestaltersgrenze für die Ernennung zum Beamten auf Lebenszeit wird nicht durch die erfolgreich durchlaufene Probezeit obsolet. In diesem Zusammenhang ist zu berücksichtigen, dass Anwärter in Abhängigkeit zur beschrittenen Beamtenlaufbahn unter Umständen bereits in jungem Erwerbsalter die Probezeit abschließen. In diesem Lebensalter können die Persönlichkeitsentfaltung sowie der wahrscheinliche weitere Entwicklungsverlauf jedoch in der Regel nur eingeschränkt beurteilt werden. Zur Erreichung des angestrebten Ziels, die Ernennung zum Lebenszeitbeamten erst zu einem Zeitpunkt vorzunehmen, in dem die Persönlichkeit des zu Ernennenden mit hinreichender Bestimmtheit beurteilt werden kann, ist eine Mindestaltersgrenze unvermeidbar.

Im Übrigen ist zu konstatieren, dass die Mindestaltersgrenze die Anwärter nicht für die Zukunft von der Ernennung zum Lebenszeitbeamten ausschließt,

---

373 *Sprenger*, Das arbeitsrechtliche Verbot der Altersdiskriminierung nach der Richtlinie 2000/78/EG, S. 118.

374 *Lüderitz*, Altersdiskriminierung durch Altersgrenzen, S. 89; *Brors*, in Däubler/Bertzbach, AGG, § 10, Rn. 37. Vgl. auch *von Hoff*, Das Verbot der Altersdiskriminierung aus Sicht der Rechtsvergleichung und der ökonomischen Analyse des Rechts, S. 239; *Wendeling-Schröder*, NZA 2007, 1399, 1401.

375 *Kämmerer*, ZBR 2008, 325, 330.

376 *Kämmerer*, ZBR 2008, 325, 330.

377 Vgl. *Kämmerer*, ZBR 2008, 325, 330.

sondern diese lediglich zeitlich aufschiebt. Im Vergleich zu den – noch zu untersuchenden – Höchstaltersgrenzenregelungen statuiert die Mindestaltersgrenze somit für den Betroffenen weniger einschneidende Nachteile.[378]

VII. Zwischenergebnis

Der Mindestaltersgrenze für die Ernennung zum Beamten auf Lebenszeit gemäß § 9 Abs. 1 Nr. 2 BBG 1999 stehen die europarechtlichen Vorgaben zum Verbot der Altersdiskriminierung der RL 2000/78/EG nicht entgegen.

E. Fazit

Die seinerzeitige beamtenrechtliche Regelung der Mindestaltersgrenze für die Ernennung zum Beamten auf Lebenszeit ist als Ergebnis einer wertenden Gewichtung gegenläufiger hergebrachter Grundsätze des Berufsbeamtentums verfassungsrechtlich nicht zu beanstanden. Sie stellt ferner keine europarechtswidrige Diskriminierung aufgrund des Alters dar. Somit bestünden gegen eine Wiederaufnahme dieser Regelung weder verfassungsrechtliche noch europarechtliche[379] Bedenken.

Aufgrund der dargestellten Bedeutung dieser Altersgrenzenregelung für die Funktionsfähigkeit des Berufsbeamtentums sowie für die Leistungsfähigkeit der öffentlichen Verwaltung ist der Verzicht des Gesetzgebers auf die Normierung einer Mindestaltersgrenze für die Ernennung zum Beamten auf Lebenszeit nicht zu begrüßen.[380] Die beschriebene Neuregelung kann in niedrigen Laufbahngruppen dazu führen, dass ein Anwärter – bei Erfüllung der sonstigen laufbahnrechtlichen Voraussetzungen – nach Bewährung in der Probezeit zu einem sehr frühen erwerbsbiographischen Zeitpunkt zum Lebenszeitbeamten ernannt wird. Es ist höchst fraglich, ob der Dienstherr die persönliche Eignung des zu Ernennenden in diesen Konstellationen angesichts der vorstehenden Ausführungen mit hinreichender Verlässlichkeit beurteilen kann.

---

378 Vgl. *Kühling/Bertelsmann*, NVwZ 2010, 87, 89.

379 Vgl. *Battis*, NVwZ 2009, 409, 411, wonach der Gesetzgeber mit dem Verzicht auf die Mindestaltersgrenze für die Ernennung zum Beamten auf Lebenszeit nicht die Intention verfolgte, europarechtliche Antidiskriminierungsvorgaben umzusetzen.

380 So auch *Baßlsperger*, PersV 2008, 404, 408.

2. Teil Höchstaltersgrenzen im Beamtenrecht

Das personalwirtschaftliche Lenkungsinstrument der Höchstaltersgrenzenregelung differenziert hinsichtlich der Rechtsfolgen ebenfalls nach dem Lebensalter des Normadressaten. Allerdings statuiert die Höchstaltersgrenze – im Vergleich zur Mindestaltersgrenze – insofern eine besonders einschneidende Differenzierung, als sie für den von ihr betroffenen Bewerber eine Berücksichtigungsmöglichkeit endgültig für die Zukunft ausschließt.[381] Die Gesetzgebung hat sich dieser personalpolitischen Steuerungsmaßnahme sowohl in Beamtengesetzen als auch in Laufbahnverordnungen und Haushaltsordnungen bedient.[382]

Nachstehend werden die verfassungsrechtliche Zulässigkeit sowie die Vereinbarkeit von Höchstaltersgrenzenregelungen mit europarechtlichen Antidiskriminierungsvorgaben exemplarisch an den Höchstaltersgrenzen für die Einstellung von Laufbahnbewerbern in den Vorbereitungsdienst (A.), für die Berufung in das Beamtenverhältnis (B.) sowie für die Zulassung zum Laufbahnaufstieg (C.) exploriert. Soweit die angeführten Altersgrenzenregelungen vergleichbare Intentionen verfolgen, werden die benannten Prüfungen kombiniert.

A. Höchstaltersgrenzen für die Einstellung von Laufbahnbewerbern in den Vorbereitungsdienst

Im Nachstehenden werden zunächst die Grundlagen des Laufbahnrechts dargestellt, um anschließend die Ausgestaltung dieser Altersgrenzenregelung vor der Anpassung der BLV an die Vorgaben des DNeuG sowie die mit ihr verfolgten Intentionen zu erläutern, die Erwägungen des Gesetzgebers bezüglich des Verzichts auf diese Regelung anzuführen und schließlich die Rechtslage in den Laufbahnverordnungen der Länder zu schildern.

381 *Kühling/Bertelsmann*, NVwZ 2010, 87, 89.

382 Vgl. hierzu auch *Bertelsmann*, in Rust/König/Lange/Sieveking, Loccumer Protokolle 79/04, Die Unsetzung der EU-Gleichbehandlungsrichtlinien in Deutschland, S. 81, 95 m.w.N.

I. Das Laufbahnrecht

Das Laufbahnrecht stellt zum einen die rechtliche Grundlage für Personalentscheidungen in der öffentlichen Verwaltung dar und reglementiert andererseits die Voraussetzungen für die beruflichen Entfaltungsmöglichkeiten der einzelnen Beamten innerhalb des öffentlichen Dienstes.[383] Das Personalvolumen moderner Verwaltungseinheiten sowie die daraus resultierende Vielzahl personalwirtschaftlicher Einzelmaßnahmen erfordern die Statuierung einheitlicher, umfassender Regelungen.[384] Sie gewährleisten die notwendige Objektivität und Kontinuität personalpolitischer Entscheidungen und setzen einen einheitlichen Bewertungsmaßstab hinsichtlich der zu fordernden dienstlichen Leistung.[385] Das Laufbahnrecht des Bundes und der Länder ist in den jeweiligen Beamtengesetzen und Laufbahnverordnungen niedergelegt.[386]

Die verfassungsrechtliche Basis des Laufbahnrechts bildet das Laufbahnprinzip als hergebrachter Grundsatz des Berufsbeamtentums.[387] Diesem beamtenverfassungsrechtlichen Strukturprinzip zufolge hat ein Beamter eine spezifische Vorbildung für die Ämter seiner Laufbahn aufzuweisen, die ihn in die Lage versetzt, die diversen dienstlichen Aufgaben, die ihm angesichts seiner Laufbahnbefähigung übertragen werden können, qualifiziert und fachkundig auszuführen.[388] Darüber hinaus eröffnet das Laufbahnprinzip dem Bewerber die Möglichkeit, seine Befähigung durch Prüfungen zu belegen.[389]

---

383 *Peters*, RiA 2008, 97, 99.

384 *Ebert/Bieler*, Das gesamte öffentliche Dienstrecht, Abschn. 240, EL 2/04, Rn. 20a.

385 *Ebert/Bieler*, Das gesamte öffentliche Dienstrecht, Abschn. 240, EL 2/04, Rn. 20a.

386 Erstmals reglementiert wurden laufbahnrechtliche Maßgaben durch die Reichsgrundsätze über Einstellung, Anstellung und Beförderung der Reichs- und Landesbeamten vom 14.10.1936, RGBl. I S. 893. Betrachte ferner *Ebert/Bieler*, Das gesamte öffentliche Dienstrecht, Abschn. 240, EL 2/04, Rn. 20b f.

387 BVerfGE 62, 374, 383; BVerfGE 64, 323, 351; BVerfGE 71, 255, 268; *Battis*, in Sachs, GG, Art. 33, Rn. 73 m.w.N.; *Battis*, BBG, 4. Aufl., § 16, Rn. 3 m.w.N.; *Wichmann*, in Wichmann/Langer, Öffentliches Dienstrecht, 6. Abschn., Rn. 157.

388 *Wichmann*, in Wichmann/Langer, Öffentliches Dienstrecht, 2. Abschn., Rn. 27; *Badura*, in Maunz/Dürig, GG, Art. 33, 58. EL, April 2010, Rn. 69; *Battis*, BBG, 4. Aufl., § 16, Rn. 3.

389 *Maunz*, in Maunz/Dürig, GG, Art. 33, 53. Aufl., Grundwerk, Rn. 67.

II. Altersvorgaben der BLV vor der Neuerung im Anschluss an das DNeuG

Die BLV in der Fassung der Bekanntmachung vom 2.7.2002[390] normierte in § 14 die Voraussetzungen für die Einstellung der Laufbahnbewerber.[391] Nach § 14 Abs. 2 S. 1 BLV 2002 war die Einstellung in den Vorbereitungsdienst nur bis zu einem Höchstalter von 32 Jahren, bei schwerbehinderten Menschen bis zu einem Höchstalter von 40 Jahren zulässig.[392] § 14 Abs. 2 S. 2 BLV 2002 sah eine Sonderregelung für Bewerber vor, deren externe Ausbildung den Vorbereitungsdienst sowie die Laufbahnprüfung ersetzte. Nach Maßgabe der § 14 Abs. 2 S. 3 und 4 BLV 2002 wurde die Höchstaltersgrenze für Bewerber hinausgeschoben, die wegen der Kindererziehung oder der Pflege naher Angehöriger von einer Bewerbung vor Erreichen der Altersgrenze abgesehen hatten. Dabei wurde die Dauer der berücksichtigungsfähigen Zeit nach der Anzahl der Kinder gestaffelt. Für Inhaber sog. Eingliederungs- und Zulassungsscheine[393] war die Höchstaltersgrenze nach § 14 Abs. 2 S. 5 BLV 2002 unbeachtlich.[394]

---

390 Verordnung über die Laufbahnen der Bundesbeamtinnen und Bundesbeamten in der Fassung der Bekanntmachung vom 2.7.2002, BGBl. I S. 2459, 2671 (im Folgenden: BLV 2002).

391 Die Vorschrift galt nicht für die Einstellung sämtlicher Laufbahnbewerber, sondern kam lediglich bei der Einstellung der unmittelbaren Laufbahnbewerber mit Laufbahnausbildung in den Vorbereitungsdienst sowie bei der Einstellung der ihnen gleichgestellten Absolventen eines externen Ausbildungsganges in das Beamtenverhältnis auf Probe zur Anwendung, *Schröder/Lemhöfer/Krafft*, BLV, § 14 – in der Fassung vom 2.7.2002 –, 19. EL, Mai 2003, Rn. 1a.

392 Nach § 44 Abs. 1 Nr. 1 BLV 2002 konnte der Bundespersonalausschuss auf Antrag der obersten Dienstbehörde für einzelne Fälle oder für Gruppen von Fällen Ausnahmen von § 14 Abs. 2 BLV 2002 zulassen.

393 Eingliederungs- und Zulassungsscheine nach dem Gesetz über die Versorgung für die ehemaligen Soldaten der Bundeswehr und ihrer Hinterbliebenen vom 5.3.1987, BGBl. I S. 842.

394 Die Höchstaltersgrenze nach § 14 Abs. 2 BLV 2002 wird exemplarisch analysiert. Auf besondere Höchstaltersgrenzen – etwa für andere Bewerber im Sinne des BLV – wird im Folgenden nicht eingegangen.

III. Intention der Höchstaltersgrenze für die Einstellung von Laufbahnbewerbern

Die normative Konzeption des § 14 Abs. 2 BLV 2002 stimmt in den Grundzügen mit der des § 12 Abs. 3 der Bundeslaufbahnverordnung aus dem Jahr 1970[395] überein.[396] Dieser Altersgrenzenregelung wird die übergeordnete Zielsetzung zugeschrieben, der rechtlichen Ausformung des Beamtenverhältnisses als auf Lebenszeit angelegtes Dienst- und Treueverhältnis Rechnung zu tragen.[397] Dementsprechend intendiert die Höchstaltersgrenze für die Einstellung von Laufbahnbewerbern die Gewährleistung einer angemessenen zeitlichen Relation von Ausbildung, aktiver Diensterbringung und anschließender Versorgung im Ruhestand.[398]

Einer laufbahnrechtlichen Höchstaltersgrenzenregelung, die die Sicherstellung eines angemessenen Verhältnisses von Dienst- und Versorgungszeiten anstrebt, liegen haushaltswirtschaftliche Erwägungen zugrunde.[399] Der Gesetzgeber verfolgt mit der in Rede stehenden Altersgrenze demgemäß die übergeordnete Zielsetzung, das Erdienen der Ruhestandsversorgung des Beamten zu gewährleisten.[400] Die Relation zwischen der Versorgung im Ruhestand sowie der zuvor erbrachten aktiven Dienstleistung muss angemessen bzw. ausgewogen

---

395 Verordnung über die Laufbahnen der Bundesbeamten – Bundeslaufbahnverordnung, vom 27.4.1970, BGBl. I S. 422.

396 Vgl. auch *Schröder/Lemhöfer/Krafft*, BLV, § 14 – in der Fassung vom 2.7.2002 –, 19. EL, Mai 2003, Rn. 1.

397 Zu § 14 Abs. 2 der Verordnung über die Laufbahnen der Bundesbeamten vom 8.3.1990, BGBl. I S. 449, ber. S. 863, zuletzt geändert durch Gesetz vom 24.8.1994, BGBl. I S. 2229, *Püttner*, DVBl. 1997, 259, 259.

398 *Schröder/Lemhöfer/Krafft*, BLV, § 14 – in der Fassung vom 2.7.2002 –, 25. EL, April 2008, Rn. 6. Siehe auch die Antwort des *Bundesministeriums des Inneren* auf eine Anfrage zum Geschäftsbericht vom 4.3.1996, BT-Drs. 13/4036, S. 2.

399 BVerwGE 133, 143, 147 f.; BVerwG, Urteil vom 18.5.2009, 2 C 67/08, Rn. 15 (Juris). Siehe hierzu auch BVerwG, NVwZ 2012, 880, 881; OVG NRW, Beschluss vom 1.10.2012, 6 A 2988/11, Rn. 20 (Juris). VGH Baden-Württemberg, Urteil vom 31.5.2011, 4 S 187/10, Rn. 51, 53 (Juris) führt an, dass auch im Beamtenversorgungssystem Zahlungen in Zeiten ohne Gegenleistung während der aktiven Dienstzeit „erwirtschaftet" werden müssten und dass die Altersgrenze der Finanzierbarkeit der Beamtenversorgung diene. Vgl. zur Höchstaltersgrenze der nordrhein-westfälischen Laufbahnverordnung *Rescher/Tadday*, LVO NRW, B § 6, 15. EL, Juli 2009, S. 102.

400 *Rescher/Tadday*, LVO NRW, B § 6, 15. EL, Juli 2009, S. 102. Die Formulierung „verdienen" verwenden ferner BVerwG, NVwZ 2012, 880, 881; OVG NRW, Beschluss vom 1.10.2012, 6 A 2988/11, Rn. 20 (Juris).

sein.[401] Darüber hinaus intendiert die Höchstaltersgrenze für die Einstellung von Laufbahnbewerbern in den Vorbereitungsdienst die Generierung einer ausgewogenen Altersschichtung in den jeweiligen Beamtenlaufbahnen.[402]

IV. Verzicht auf die Höchstaltersgrenze in der BLV nach den Änderungen infolge des DNeuG

In der BLV in der Fassung vom 12.2.2009[403] wird auf die Normierung einer Altersgrenze für die Zulassung zum Vorbereitungsdienst verzichtet. Die Einstellung in den Vorbereitungsdienst ist gemäß §§ 6 ff. BLV nicht mehr an ein bestimmtes Lebensalter gebunden.

Als Begründung für des Absehen des Gesetzgebers von der Normierung der in Rede stehenden Höchstaltersgrenze wird angeführt, ein Rekurrieren auf das Lebensalter des Anwärters sei insofern nicht mehr sachgerecht, als neue Aspekte – wie beispielsweise besondere Berufsqualifikationen, ein Bedarf an Fachkräften, berufliche Erfahrungen in anderen Bereichen sowie die novellierte Regelaltersgrenze für den Eintritt in den Ruhestand – bei der für die bisherige Altersgrenzenreglung angeführten Kosten-Nutzen-Analyse nicht in hinreichendem Umfang berücksichtigt werden konnten.[404]

V. Höchstaltersgrenzen in den Laufbahnverordnungen der Länder

Die Laufbahnverordnungen zahlreicher Länder weisen ebenfalls Höchstaltersgrenzen[405] für die Einstellung von Laufbahnbewerbern auf. Die konkreten Festsetzungen der Höchstaltersgrenzen variieren jedoch in den landesrechtlichen Regelungen.

---

401 *Rescher/Tadday*, LVO NRW, B § 6, 15. EL, Juli 2009, S. 102. Siehe ebenfalls *Püttner*, DVBl. 1997, 259, 259.

402 BVerwGE 133, 143, 146; BVerwG, Urteil vom 18.5.2009, 2 C 67/08, Rn. 11 (Juris); BVerwG, NVwZ 2012, 880, 883; OVG NRW, Beschluss vom 7.4.2011, 6 A 15/11, Rn. 24 (Juris).

403 Verordnung über die Laufbahnen der Bundesbeamtinnen und Bundesbeamten vom 12.2.2009, BGBl. I S. 284, zuletzt geändert durch Gesetz vom 11.8.2014, BGBl. I S. 1346.

404 Begründung *Bundesministeriums des Inneren* zur BLV, Dokumentation vom 11.2.2009, abrufbar unter www.bmi.bund.de, S. 8 f.

405 Im Folgenden werden aus Gründen der Übersichtlichkeit lediglich die regulären Höchstaltersgrenzen angegeben. Auf etwaige Ausnahmeregelungen wird nicht eingegangen.

Einheitliche Höchstaltersgrenzen von 32 Jahren sehen die Verordnung über die Laufbahnen der Beamten des Landes Brandenburg[406] sowie die Thüringer Verordnung über die Laufbahnen der Beamten[407] vor. Eine Altersgrenze von 40 Jahren normieren die Verordnung über die Laufbahnen der bremischen Beamtinnen und Beamten[408], die Verordnung über die Laufbahnen der hamburgischen Beamtinnen und Beamten[409], die Hessische Laufbahnverordnung[410], die Landesverordnung über die Laufbahnen der Beamtinnen und Beamten in Mecklenburg-Vorpommern[411], die Niedersächsische Laufbahnverordnung[412] sowie die Laufbahnverordnung Rheinland-Pfalz in Verbindung mit dem Landesbeamtengesetz Rheinland-Pfalz[413].

Die Verordnung der Sächsischen Staatsregierung über die Laufbahnen der Beamten und Richter im Freistaat Sachsen sieht für die Einstellung in den Vorbereitungsdienst einer Laufbahn des einfachen Dienstes eine Höchstaltersgrenze von 40 Jahren vor und regelt im Hinblick auf die sonstigen Laufbahngruppen Altersgrenzen von 32 Jahren.[414]

---

406 § 19 Abs. 1 Verordnung über die Laufbahnen der Beamten des Landes Brandenburg vom 16.9.2009, GVBl. II S. 622 (im Folgenden: LVO Brandenburg).

407 §§ 20 Nr. 1, 23 Nr. 1, 29 Nr. 1, 35 Nr. 1 Thüringer Verordnung über die Laufbahnen der Beamten vom 7.12.1995, GVBl. S. 382, zuletzt geändert durch Verordnung vom 25.9.2013, GVBl. S. 307 (im Folgenden: LVO Thüringen).

408 § 17 Abs. 2 Verordnung über die Laufbahnen der bremischen Beamtinnen und Beamten vom 9.3.2010, BremGBl. S. 249 (im Folgenden: LVO Bremen).

409 § 11 Abs. 1 Verordnung über die Laufbahnen der hamburgischen Beamtinnen und Beamten vom 22.12.2009, HmbGVBl. S. 511 (im Folgenden: LVO Hamburg).

410 § 18 Abs. 1 Hessische Laufbahnverordnung vom 17.2.2014, GVBl. S. 57 (im Folgenden: LVO Hessen).

411 § 8 Abs. 2 Landesverordnung über die Laufbahnen der Beamtinnen und Beamten in Mecklenburg-Vorpommern vom 29.9.2010, GVOBl. M-V S. 565, zuletzt geändert durch Verordnung vom 16.6.2014, GVOBl. M-V S. 297 (im Folgenden: LVO Mecklenburg-Vorpommern).

412 § 16 Abs. 1 Niedersächsische Laufbahnverordnung vom 30.9.2009, Nds. GVBl. S. 118, zuletzt geändert durch Verordnung vom 19.5.2010, Nds. GVBl. S. 218 (im Folgenden: LVO Niedersachsen).

413 § 19 Abs. 1 S. 2 Landesbeamtengesetz Rheinland-Pfalz vom 20.10.2010, GVBl. S. 319, zuletzt geändert durch Gesetz vom 8.7.2014, GVBl. S. 107, in Verbindung mit § 8 Laufbahnverordnung Rheinland-Pfalz vom 19.11.2010, GVBl. S. 444, zuletzt geändert durch Gesetz vom 18.6.2013, GVBl. S. 157 (im Folgenden: LVO Rheinland-Pfalz).

414 §§ 14 Abs. 1, 17 Abs. 1, 21 Abs. 1, 26 Abs. 1 Verordnung der Sächsischen Staatsregierung über die Laufbahnen der Beamten und Richter im Freistaat Sachsen in der

Keine Höchstaltersgrenzen für die Einstellung von Laufbahnbewerbern statuieren das Gesetz über die Leistungslaufbahnen und die Fachlaufbahnen der bayerischen Beamten und Beamtinnen[415], die Verordnung über die Laufbahnen der Beamtinnen und Beamten des allgemeinen Verwaltungsdienstes Berlin[416], die Verordnung über die Laufbahnen der Beamten im Lande Nordrhein-Westfalen[417], die Verordnung über die Laufbahnen der Beamtinnen und Beamten im Saarland[418], die Verordnung über die Laufbahnen der Beamtinnen und Beamten im Land Sachsen-Anhalt[419] und die Landesverordnung über die Laufbahnen der Beamtinnen und Beamten in Schleswig-Holstein[420]. Die Verordnung

---

Fassung der Bekanntmachung vom 28.7.2009, SächsGVBl. S. 458 (im Folgenden: LVO Sachsen).

415 Vgl. Art. 26 Abs. 1 Gesetz über die Leistungslaufbahnen und die Fachlaufbahnen der bayerischen Beamten und Beamtinnen vom 5.8.2010, GVBl. S. 410, 571, zuletzt geändert durch Gesetz vom 24.7.2013, GVBl. S. 450 (im Folgenden: LlbG Bayern). In diesem Zusammenhang ist jedoch zu berücksichtigen dass Art. 23 Abs. 1 Bayerisches Beamtengesetz vom 29.7.2008, GVBl. 2008, S. 500, zuletzt geändert durch Gesetz vom 22.7.2014, GVBl. S. 286, eine Höchstaltersgrenze für die Berufung in das Beamtenverhältnis von 45 Jahren regelt.

416 § 5 Verordnung über die Laufbahnen der Beamtinnen und Beamten des allgemeinen Verwaltungsdienstes Berlin vom 5.3.2013, GVBl. S. 41 (im Folgenden: LVO Berlin).

417 Vgl. §§ 19, 22, 24, 28, 35 Verordnung über die Laufbahnen der Beamtinnen und Beamten im Lande Nordrhein-Westfalen vom 28.1.2014, GV. NW. S. 22 (im Folgenden: LVO Nordrhein-Westfalen). Zu beachten ist jedoch die Höchstaltersgrenze von 40 Jahren für die Ernennung zum Beamten auf Probe gemäß § 8 Abs. 1 LVO Nordrhein-Westfalen.

418 Vgl. §§ 13, 15 Abs. 1, 22 Abs. 1, 30 Verordnung über die Laufbahnen der Beamtinnen und Beamten im Saarland vom 27.9.2011, Amtsbl. I S. 312 (im Folgenden: LVO Saarland). In das Beamtenverhältnis auf Probe kann jedoch nur übernommen werden, wer gemäß § 12 Abs. 1 Nr. 1 LVO Saarland das 40 Lebensjahr noch nicht vollendet haben.

419 Vgl. § 13 Verordnung über die Laufbahnen der Beamtinnen und Beamten im Land Sachsen-Anhalt vom 27.1.2010, GVBl. LSA S. 12, zuletzt geändert durch Gesetz vom 8.2.2011, GVBl. LSA S. 68 (im Folgenden: LVO Sachsen-Anhalt). Nach § 5 LVO Sachsen-Anhalt dürfen Bewerber jedoch lediglich als Beamte auf Probe eingestellt werden, wenn sie das 45. Lebensjahr noch nicht überschritten haben.

420 Vgl. § 15 Landesverordnung über die Laufbahnen der Beamtinnen und Beamten in Schleswig-Holstein vom 19.5.2009, GVOBl. Schl.-H. S. 236, zuletzt geändert durch Verordnung vom 23.10.2013, GVOBl. Schl.-H. S. 424 (im Folgenden: LVO Schleswig-Holstein).

der Landesregierung über die Laufbahnen der Beamten und Richter im Lande Baden-Württemberg[421] trat mit Wirkung vom 1.1.2011 außer Kraft. Das Landesbeamtengesetz Baden-Württemberg[422] sieht keine Höchstaltersgrenze für die Einstellung von Laufbahnbewerbern vor.[423]

B. Höchstaltersgrenzen für die Berufung in das Beamtenverhältnis

Die für die rechtliche Ausgestaltung des Beamtenverhältnisses maßgeblichen Höchstaltersgrenzen werden nicht nur durch beamten- oder laufbahnrechtliche Regelungen statuiert, sondern – wie im Folgenden dargelegt wird – auch durch haushaltsrechtliche Vorschriften normiert.

I. Höchstaltersgrenze des § 48 Bundeshaushaltsordnung

Nach § 48 Bundeshaushaltsordnung[424] bedürfen die Einstellung und die Versetzung von Beamten in den Bundesdienst der Einwilligung des Bundesministers der Finanzen, wenn die Bewerber ein vom Bundesministerium der Finanzen allgemein festzusetzendes Lebensalter überschritten haben. Diese Vorschrift gewährt mithin dem Bundesminister der Finanzen einen generellen Bewilligungsvorbehalt hinsichtlich der Übernahme von Beamten in den Bundesdienst, die ein zu benennendes Lebensalter vollendet haben.[425]

Das Bundesministerium der Finanzen hat das Lebensalter des Anwärters, bei dessen Überschreitung eine Einwilligung im vorgenannten Sinne erforderlich

---

421 Verordnung der Landesregierung über die Laufbahnen der Beamten und Richter im Lande Baden-Württemberg in der Fassung vom 28.8.1991, GBl. S. 577, zuletzt geändert durch Gesetz vom 30.11.2010, GBl. S. 989.

422 Landesbeamtengesetz Baden-Württemberg vom 9.11.2010, GBl. S. 793, 794, zuletzt geändert durch Gesetz vom 1.4.2014, GBl. S. 99, 164 (im Folgenden: LBG Baden-Württemberg).

423 Vgl. § 17 LBG Baden-Württemberg.

424 Bundeshaushaltsordnung vom 19.8.1969, BGBl. I S. 1284, zuletzt geändert durch Gesetz vom 15.7.2013, BGBl. I S. 2395 (im Folgenden: BHO).

425 Instruktiv *Dittrich*, in von Kröckritz/Ermisch/Lamm, BHO, § 48, 24. EL, Juli 1999, S. 1.

ist, durch Rundschreiben vom 23.3.1995 auf das 40. Lebensjahr festgesetzt.[426] Aus Gründen der Simplifizierung von Verwaltungsvorgängen hat das Ministerium im Rahmen dieses Rundschreibens die nach § 48 BHO erforderliche Einwilligung jedoch allgemein für Bewerber erteilt, die das 50. Lebensjahr noch nicht vollendet haben, es sei denn, die Anwärter sollen in ein Beamtenverhältnis als Polizeivollzugsbeamte oder in ein Soldatenverhältnis übernommen werden.[427]

In Anbetracht der vorstehenden Ausführungen wird der nachfolgenden Untersuchung die Höchstaltersgrenze von 40 Jahren gemäß des RdSchr. d. BMF zugrundegelegt.[428] Das Ministerium hat in dem RdSchr. d. BMF das Lebensalter, bei dessen Überschreitung eine Einwilligung bei der Übernahme eines Bewerbers in das Bundesbeamtenverhältnis gemäß § 48 BHO grundsätzlich notwendig ist, explizit auf das vollendete 40. Lebensjahr festgesetzt.[429]

II. Intention der Höchstaltersgrenze für die Berufung in das Beamtenverhältnis

Die Höchstaltersgrenze für die Berufung in das Beamtenverhältnis in Kombination mit dem Zustimmungsvorbehalt eröffnet dem Bundesminister der Finanzen die Möglichkeit, vor der Einstellung bzw. der Übernahme von Beamten in den Bundesdienst die damit einhergehenden finanziellen Auswirkungen abschätzen zu können.[430] Auf diese Weise soll die Einstellung bzw. Versetzung von Beamten

---

426 Einstellung und Versetzung von Beamten und Richtern in den Bundesdienst sowie Übernahme von Berufsoldaten und Soldaten auf Zeit in der Bundeswehr; Einwilligung des Bundesministeriums der Finanzen nach § 48 BHO und § 115 S. 1 BHO; Rundschreiben des Bundesministeriums der Finanzen vom 23.3.1995 - II A 2 - H 1224-5/95 - GMBl. 1996, S. 79 f. (im Folgenden: RdSchr. d. BMF).

427 Ferner hat das Ministerium der Übernahme von Bewerbern, die das 50. Lebensjahr bereits vollendet haben, für bestimmte Fallgruppen ebenfalls allgemein zugestimmt, siehe auch *Dittrich*, in von Kröckritz/Ermisch/Lamm, BHO, § 48, 24. EL, Juli 1999, S. 1; *Püttner*, DVBl. 1997, 259, 259.

428 Demgegenüber benennen *Kühling/Bertelsmann*, NVwZ 2010, 87,88, das 50. Lebensjahr als allgemeines Einstellungshöchstalter. Dies überzeugt insofern nicht, als sich das Bundesministerium der Finanzen bewusst für das gestaffelte Verfahren mit einer generellen Höchstaltersgrenze und einer pauschalierten Einwilligung in Konstellationen, in denen der Bewerber das 50. Lebensjahr noch nicht vollendet hat, entschieden hat.

429 RdSchr. d. BMF, unter „I. Grundsatz". Siehe hierzu ebenfalls *Dittrich*, in von Köckritz/Ermisch/Lamm, BHO, § 48, 24. EL, Juli 1999, S. 1; *Bieler/Ebert*, Das gesamte öffentliche Dienstrecht, Abschn. 250, EL 2/04, Rn. 2.

430 *Bieler/Ebert*, Das gesamte öffentliche Dienstrecht, Abschn. 250, EL 2/04, Rn. 2.

vermieden werden, bei denen die zu erwartenden dienstlichen Leistungen sowie die absehbaren Zeiträume bis zum Ausscheiden aus dem aktiven Dienst nicht dem Versorgungsaufwand entsprechen, der mit der Begründung dieser Beamtenverhältnisse verbunden wäre.[431] Diese Vorschrift beansprucht lediglich für Beamte Geltung. Angestellte und Arbeiter sind von ihr nicht erfasst, da diese ihre zuvor erworbenen Ansprüche auf Versorgung regelmäßig beibehalten und neue Ansprüche lediglich zeitanteilig erwerben.[432]

Infolge der vorgeschriebenen Beteiligung des Bundesministers der Finanzen soll jedoch nicht nur die Übernahme eines Anwärters verhindert werden, die in Relation zur voraussichtlichen Dauer des aktiven Dienstes zu hohe Versorgungslasten begründen würde.[433] Zudem soll die in Rede stehende Altersgrenzenregelung die Lösung sog. „Unterbringungsfälle“ zum Nachteil der Bundesverwaltung ausschließen.[434]

Darüber hinaus bezweckt die angeführte Regelung auch die Gewährleistung eines ausgewogenen Altersaufbaus in der Verwaltung des Bundes. Diesen Aspekt benennt das angeführte RdSchr. d. BMF explizit. Das Ministerium weist darauf hin, dass bei Fallkonstellationen, in denen seine Beteiligung nicht vorgeschrieben ist, ebenfalls für eine ausgeglichene Altersstruktur in den Verwaltungseinheiten Sorge zu tragen ist.[435] Nur unter Berücksichtigung dieser Maßgabe könne bei personalwirtschaftlichen Entscheidungen dem Aspekt der ordnungsgemäßen, effizienten und funktionsfähigen öffentlichen Verwaltung unter Beachtung wirtschaftlicher und ökonomischer Grundsätze Rechnung getragen werden.[436]

---

431 *Bieler/Ebert*, Das gesamte öffentliche Dienstrecht, Abschn. 250, EL 2/04, Rn. 2. Siehe ebenfalls *Püttner*, DVBl. 1997, 259, 259.

432 *Dittrich*, in von Köckritz/Ermisch/Lamm, BHO, § 48, 24. EL, Juli 1999, S. 1.

433 *Dittrich*, in von Köckritz/Ermisch/Lamm, BHO, § 48, 24. EL, Juli 1999, S. 1.

434 *Dittrich*, in von Köckritz/Ermisch/Lamm, BHO, § 48, 24. EL, Juli 1999, S. 1.

435 Gliederungspunkt ‚I. Grundsatz‘ des RdSchr. d. BMF.

436 Vgl. Gliederungspunkt ‚I. Grundsatz‘ des RdSchr. d. BMF. Vgl. ebenfalls OVG Rheinland-Pfalz, RiA 2008, 73, 73.

III. Regelungen der Haushaltsordnungen der Länder

Die Haushaltsordnungen der Länder Berlin[437], Hessen[438], Mecklenburg-Vorpommern[439], Nordrhein-Westfalen[440], Rheinland-Pfalz[441] und Saarland[442] enthalten Regelungen zur Einstellung und Versetzung von Beamten in den Landesdienst, die einen der Vorschrift des § 48 BHO entsprechenden Regelungsgehalt aufweisen. Die Verwaltungsvorschriften zur LHO Mecklenburg-Vorpommern[443], zur LHO Rheinland-Pfalz[444] sowie zur LHO Saarland[445] geben eine Höchstaltersgrenze von 45 Jahren vor. Die Verwaltungsvorschrift zur Landeshaushaltsordnung Nordrhein-Westfalen statuiert ebenfalls eine Höchstaltersgrenze von 45 Jahren für Bewerber,

---

437 § 48 Landeshaushaltsordnung Berlin in der Fassung vom 30.1.2009, GVBl. S. 486, zuletzt geändert durch Gesetz vom 4.11.2013, GVBl. S. 578 (im Folgenden: LHO Berlin).

438 § 48 Landeshaushaltsordnung Hessen in der Fassung vom 15.3.1999, GVBl. I S. 248, zuletzt geändert durch Gesetz vom 26.6.2013, GVBl. I S. 447 (im Folgenden: LHO Hessen). Die aktuelle Fassung der Verwaltungsvorschrift zur LHO Hessen, abrufbar unter www.hmdf.hessen.de, enthält jedoch keine Erläuterungen zu § 48 LHO Hessen. Die bisherige Verwaltungsvorschrift zu § 48 LHO Hessen wurde mit dem Erlass des Hessischen Ministeriums der Finanzen vom 21.9.2004, StAnz. S. 3219, aufgehoben.

439 § 48 Landeshaushaltsordnung Mecklenburg-Vorpommern in der Fassung der Bekanntmachung vom 10.4.2000, GVOBl. M-V S. 159, zuletzt geändert durch Gesetz vom 22.6.2012, GVOBl. M-V S. 210 (im Folgenden: LHO Mecklenburg-Vorpommern).

440 § 48 Abs. 1 Landeshaushaltsordnung Nordrhein-Westfalen in der Fassung der Bekanntmachung vom 26.4.1999, GV. NRW S. 158, zuletzt geändert durch Gesetz vom 4.12.2012, GV. NRW S. 636 (im Folgenden: LHO Nordrhein-Westfalen).

441 § 48 Abs. 1 Landeshaushaltsordnung Rheinland-Pfalz vom 20.12.1971, GVBl. 1972, S. 2, zuletzt geändert durch Gesetz vom 3.7.2012, GVBl. S. 199 (im Folgenden LHO Rheinland-Pfalz).

442 § 48 Haushaltsordnung des Saarlandes in der Fassung der Bekanntmachung vom 5.11.1999, Amtsbl. 2000 S. 194, zuletzt geändert durch Gesetz vom 1.12.2011, Amtsbl. I S. 556 (im Folgenden: LHO Saarland).

443 Verwaltungsvorschrift zu § 48 LHO Mecklenburg-Vorpommern vom 22.9.2005, AmtsBl. M-V S. 112, zuletzt geändert durch Verwaltungsvorschrift vom 1.11.2012, AmtsBl. M-V S. 778 (im Folgenden: VV § 48 LHO Mecklenburg-Vorpommern).

444 Verwaltungsvorschrift zu § 48 Abs. 1 LHO Rheinland-Pfalz vom 20.12.2002, MinBl. S. 22 (im Folgenden: VV § 48 LHO Rheinland-Pfalz).

445 Verwaltungsvorschrift zu § 48 LHO Saarland vom 27.9.2001, GMBl. S. 553, zuletzt geändert durch Verwaltungsvorschrift vom 20.9.2007, Amtsbl. S. 1889 (im Folgenden: VV § 48 LHO Saarland).

für die die Regelaltersgrenze von 65 Jahren gilt. Im Übrigen ist das 40. Lebensjahr des Bewerbers maßgebend.[446] Demgegenüber setzt die Ausführungsvorschrift zur Landeshaushaltsordnung Berlin die Höchstaltersgrenze für die Einstellung und Versetzung von Bewerbern in den Landesdienst auf das 50. Lebensjahr fest.[447]

Die haushaltsrechtlichen Gesetze zahlreicher Länder regeln die Höchstaltersgrenzen für die Aufnahme von Bewerbern in den Landesdienst explizit. Die Haushaltsordnung des Freistaates Sachsen gibt als Altersgrenze für die Einstellung und Versetzung in den Landesdienst das 40. Lebensjahr an.[448] Während die Landeshaushaltsordnung Baden-Württemberg eine Höchstaltersgrenze von 42 Jahren normiert,[449] setzen die Haushaltsordnung des Freistaates Bayern[450], die Haushaltsordnung der Freien Hansestadt Bremen[451] und die Landeshaushaltsordnung Schleswig-Holstein[452] die Altersgrenze auf das 45. Lebensjahr fest. Nach der Landeshaushaltsordnung Brandenburg bildet das 47. Lebensjahr die Höchstaltersgrenze für die Einstellung und Versetzung von Beamten in den Landesdienst.[453]

Eine Variante zu den Regelungskonzeptionen der vorstehend erläuterten Landeshaushaltsordnungen weist die Thüringer Landeshaushaltsordnung insofern auf, als sie regelt, dass die Einstellung und Versetzung von Beamten in

446 Verwaltungsvorschrift zu § 48 Abs. 1 LHO Nordrhein-Westfalen, RdErl. des Finanzministeriums vom 30.9.2003, I 1 – 0125-3, zuletzt geändert durch Runderlass vom 24.9.2007, – I C 1 – 0079-0.2 (im Folgenden: VV § 48 LHO Nordrhein-Westfalen).

447 Ausführungsvorschrift zu § 48 LHO Berlin in der Fassung vom 19.4.2011, abrufbar unter www.berlin.de (im Folgenden: VV § 48 LHO Berlin).

448 § 48 Abs. 1 S. 1 Haushaltsordnung des Freistaates Sachsen in der Fassung der Bekanntmachung vom 10.4.2001, SächsGVBl. S. 153, zuletzt geändert durch Gesetz vom 6.5.2014, SächsGVBl. S. 286 (im Folgenden: LHO Sachsen).

449 § 48 Abs. 1 S. 1 Landeshaushaltsordnung für Baden-Württemberg vom 19.10.1971, GBl. S. 428, zuletzt geändert durch Gesetz vom 18.12.2012, GBl. S. 677, 684 (im Folgenden: LHO Baden-Württemberg).

450 Art. 48 Haushaltsordnung des Freistaats Bayern vom 8.12.1971, BayRS S. 630, zuletzt geändert durch Gesetz vom 18.12.2012, GVBl. S. 686 (im Folgenden: LHO Bayern).

451 § 48 Abs. 1 Haushaltsordnung der Freien Hansestadt Bremen vom 25.5.1971, Brem. GBl. S. 143, zuletzt geändert durch Gesetz vom 17.5.2011, Brem.GBl. S. 371 (im Folgenden: LHO Bremen).

452 § 48 Abs. 1 Landeshaushaltsordnung Schleswig-Holstein in der Fassung vom 29.6.1992, GVOBl. S. 381, zuletzt geändert durch Gesetz vom 13.12.2013, GVOBl. S. 494 (im Folgenden: LHO Schleswig-Holstein).

453 § 48 Abs. 1 Landeshaushaltsordnung Brandenburg in der Fassung der Bekanntmachung vom 21.4.1999, GVBl. I, Nr. 07, S. 106, zuletzt geändert durch Gesetz vom 10.7.2014, GVBl. I, Nr. 28.

den Landesdienst die Zustimmung des Ministeriums der Finanzen erfordert, wenn der Bewerber zu diesem Zeitpunkt ein Lebensjahr vollendet hat, welches 20 Jahre vor seinem Eintritt in den Ruhestand liegt.[454]

Keine Altersgrenzenregelungen für die Einstellung bzw. die Versetzung in den Dienst des Landes weisen hingegen die Haushaltsordnung der Freien und Hansestadt Hamburg[455], die Niedersächsische Landeshaushaltsordnung[456] sowie die Landeshaushaltsordnung des Landes Sachsen-Anhalt[457] auf.

C. Höchstaltersgrenzen für die Zulassung zum Laufbahnaufstieg

Das Laufbahnrecht ordnet die Laufbahnen der Beamten nach Laufbahngruppen und Fachrichtungen.[458] Ein Wechsel der Beamtenlaufbahn kann zum einen durch eine Änderung der Laufbahngruppe und zum anderen durch eine Umstellung der Laufbahnrichtung erfolgen.[459] Vor dem Hintergrund des zu untersuchenden Themenbereichs der Altersdiskriminierung ist der Laufbahnaufstieg als Variante des Laufbahnwechsels in Form der Änderung der Laufbahngruppe von Interesse.

I. Der Laufbahnaufstieg

Der Laufbahnaufstieg ist als vertikaler Laufbahnwechsel zu qualifizieren, der an gesetzlich statuierte Anforderungen gebunden ist.[460] Infolge des Laufbahnaufstiegs

---

454 § 48 Abs. 1 Thüringer Landeshaushaltsordnung vom 19.9.2000, GVBl. S. 282, zuletzt geändert durch Gesetz vom 31.1.2013, GVBl. S. 23 f. (im Folgenden: LHO Thüringen).

455 Haushaltsordnung der Freien und Hansestadt Hamburg vom 17.12.2013, HmbGVBl. S. 503 (im Folgenden: LHO Hamburg).

456 Niedersächsische Landeshaushaltsordnung in der Fassung vom 30.4.2001, Nds. GVBl. S. 276, zuletzt geändert durch Gesetz vom 16.12.2013, Nds. GVBl. S. 310 (im Folgenden: LHO Niedersachsen).

457 Landeshaushaltsordnung des Landes Sachsen-Anhalt vom 30.4.1991, GVBl. LSA S. 35, zuletzt geändert durch Gesetz vom 17.2.2012, GVBL. LSA S. 52 (im Folgenden: LHO Sachsen-Anhalt).

458 *Wichmann*, in Wichmann/Langer, Öffentliches Dienstrecht, 6. Abschn., Rn. 170.

459 *Wichmann*, in Wichmann/Langer, Öffentliches Dienstrecht, 6. Abschn., Rn. 170.

460 *Wichmann*, in Wichmann/Langer, Öffentliches Dienstrecht, 6. Abschn., Rn. 173. Nach § 10 Abs. 1 Nr. 4 BBG bedarf es zur Verleihung eines anderen Amtes mit einer anderen Amtsbezeichnung beim Wechsel der Laufbahngruppe auch der Ernennung.

tritt der Beamte von einer niedrigeren in die nächst höhere Laufbahngruppe über, indem er von einer Laufbahn in eine andere Laufbahn derselben Fachrichtung wechselt, ohne jedoch die Zugangsvoraussetzungen für diese höhere Laufbahn aufzuweisen.[461] Der Laufbahnaufstieg ist mithin als Abweichung von dem laufbahnrechtlichen Grundsatz zu werten, wonach sich die berufliche Entfaltung der Beamten innerhalb der beschrittenen Laufbahn vollzieht.[462] Dementsprechend verfolgen die Regelungen über den Laufbahnaufstieg die Intention, eine Ausnahme von dem auf die Vorbildung bezogenen, statischen Laufbahngruppensystem zu eröffnen.[463] Beamten, die ihre dienstlichen Fähigkeiten im Rahmen der bisherigen Ausübung des übertragenen Amtes nachgewiesen haben, soll die Möglichkeit eröffnet werden, höherwertige Ämter auszuüben.[464]

II. Regelungen der BLV vor den Änderungen infolge der Dienstrechtsreform

Vor der Änderung der BLV infolge der Dienstrechtsreform wurde im Laufbahnrecht der Bundesbeamten zwischen dem Ausbildungs- und dem Praxisaufstieg differenziert.[465] Der Ausbildungsaufstieg war in § 33 lit. a) BLV 2002 geregelt. Nach § 33 lit. a) Abs. 1 S. 1 BLV 2002 war eine Voraussetzung für die Zulassung des Beamten zum Ausbildungsaufstieg, dass dieser zu Beginn der Ausbildung das 45. Lebensjahr noch nicht vollendet hatte. Demgegenüber konnte nach § 33 lit. b) Abs. 1 Nr. 1 und 2 BLV 2002 für den Praxisaufstieg lediglich zugelassen werden, wer bereits das 45. Lebensjahr vollendet, jedoch noch nicht das 58. Lebensjahr überschritten hatte.

---

461 *Battis*, BBG, 3. Aufl., § 25, Rn. 2; *Wichmann*, in Wichmann/Langer, Öffentliches Dienstrecht, 6. Abschn., Rn. 173.

462 *Schröder/Lemhöfer/Krafft*, BLV, § 33 – in der Fassung vom 2.7.2002 –, 19. EL, Mai 2003, Rn. 1 f.; *Battis*, BBG, 3. Aufl., § 25, Rn. 2. Umfassend zum Aufstieg nach dem Verfahren vor der Änderung infolge der Dienstrechtsreform, *Günther*, DöD 1990, 11 ff.

463 *Wichmann*, in Wichmann/Langer, Öffentliches Dienstrecht, 6. Abschn., Rn. 171. Siehe ferner *Battis*, BBG, 3. Aufl., § 25, Rn. 2.

464 *Wichmann*, in Wichmann/Langer, Öffentliches Dienstrecht, 6. Abschn., Rn. 171.

465 Nahmen Beamte erfolgreich am Auswahlverfahren zum Laufbahnaufstieg teil, absolvierten sie den Vorbereitungsdienst und schlossen diesen mit der Laufbahnprüfung ab. Demgegenüber wurden die zum Praxisaufstieg zugelassenen Beamten in die Laufbahn eingeführt, indem sie Aufgaben dieser Laufbahn wahrnahmen und die erforderlichen Lehrgänge erfolgreich absolvierten.

III. Die Regelung des § 36 Abs. 2 S. 1 BLV nach der Dienstrechtsreform

Durch die im Anschluss an das Inkrafttreten des DNeuG geänderte BLV wurden die gesetzlichen Voraussetzungen für den Zugang zum Aufstiegsverfahren partiell novelliert. Für die Bundesbeamten besteht infolge der Neuregelung nicht mehr die Möglichkeit, den Praxisaufstieg zu vollziehen.[466] Als Korrelat dieses gesetzgeberischen Verzichts auf das Personalsteuerungsinstrument des Praxisaufstiegs ist die normative Modifizierung der Voraussetzungen für den Ausbildungsaufstieg zu werten, die nunmehr auch lebensälteren Beamten den Zugang zu dieser Form des Aufstiegs eröffnet.[467] § 36 Abs. 2 S. 1 BLV setzt die Höchstaltersgrenze für die Zulassung von Beamtem zum Auswahlverfahren für den Laufbahnaufstieg auf das 58. Lebensjahr fest.

IV. Zielsetzung der Höchstaltersgrenze für die Zulassung zum Laufbahnaufstieg

Die Höchstaltersgrenze für die Zulassung zum Laufbahnaufstieg basiert auf der gesetzgeberischen Erwägung, dass der Aufstiegsbeamte noch während eines signifikanten Zeitabschnitts seines Erwerbslebens in der neuen Laufbahngruppe Dienst leisten können soll.[468] Die Altersgrenze stellt zudem sicher, dass dem Beamten nach erfolgtem Laufbahnaufstieg in zeitlicher Hinsicht noch Beförderungsanreize in der neuen Laufbahn verbleiben.[469]

Ferner trägt diese Altersgrenzenregelung dem öffentlichen Interesse an einer leistungsfähigen Verwaltung insofern Rechnung, als infolge dieser Unterscheidung aufgrund des Alters ein leistungsbezogener Aufstieg in die höhere Laufbahn gewährleistet wird. Andernfalls bestünde bei Laufbahnaufstiegen nach

---

466 Vgl. den Regelungsgehalt des § 35 Abs. 1 BLV. Der Verzicht des Gesetzgebers auf den Praxisaufstieg ist insbesondere auf das aufwändige Verfahren dieser Aufstiegsvariante zurückzuführen, *Bundesministerium des Inneren*, Begründung zur BLV, Dokumentation vom 11.2.2009, abrufbar unter www.bmi.bund.de, S. 24.

467 *Bundesministerium des Inneren*, Begründung zur BLV, Dokumentation vom 11.2.2009, abrufbar unter www.bmi.bund.de, S. 25.

468 *Schröder/Lemhöfer/Krafft*, BLV, § 33a – in der Fassung vom 2.7.2002 –, 25. EL, April 2008, Rn. 3. Diese Intention ist auf die derzeit geltende Fassung der Höchstaltersgrenze für den Laufbahnaufstieg übertragbar.

469 Ausführlich hierzu VG Düsseldorf, Beschluss vom 19.11.2008, 13 L 1652/08, Rn. 35 (Juris). Die Beschwerde gegen diesen Beschluss wies das OVG NRW mit dem Hinweis auf die Vereinbarkeit der Altersgrenze mit höherrangigem Recht zurück, OVG NRW, Beschluss vom 26.11.2008, 6 B 1743/08, Rn. 4 (Juris).

dem vollendeten 58. Lebensjahr die Gefahr, dass das Leistungsprinzip nicht hinreichend berücksichtigt wird und stattdessen möglicherweise die Absicht des Dienstherrn, mit dem Laufbahnaufstieg eine Lebensleistung des Beamten zu honorieren, in den Vordergrund treten kann.[470]

V. Entsprechende Regelungen nach den Laufbahnverordnungen der Länder

Die Laufbahnverordnungen der Länder sehen teilweise ebenfalls Höchstaltersgrenzen für den Laufbahnwechsel vor, wobei die Regelungsstrukturen und die konkreten Festsetzungen der Höchstaltersgrenzen variieren.

Eine einheitliche Höchstaltersgrenze von 58 Jahren für den Wechsel in die nächst höhere Laufbahn normieren die LVO Hamburg[471], die LVO Niedersachsen[472], die LVO Sachsen-Anhalt[473] sowie die LVO Thüringen[474]. Die LVO Brandenburg setzt die Höchstaltersgrenzen für den Aufstieg demgegenüber auf das 55. Lebensjahr fest.[475]

Die LVO Sachsen[476] etabliert zwar lediglich für den Laufbahnaufstieg vom gehobenen in den höheren Dienst eine Höchstaltersgrenze von 58 Lebensjahren. Allerdings nimmt sie darüber hinaus insofern auf das Lebensalter der Beamten Bezug, als sie für den Aufstieg vom einfachen in den mittleren Dienst und für den Aufstieg vom mittleren in den gehobenen Dienst Ausnahmen von den sonstigen Aufstiegsvoraussetzungen für den Fall vorsieht, dass diese das 58. Lebensjahr noch nicht überschritten haben.[477]

---

470 Vgl. zur entsprechenden landesgesetzlichen Altersgrenzenregelung *Rescher/Tadday*, LVO NRW, B § 40, 13. EL, März 2003, S. 441.

471 § 8 Abs. 1 Nr. 3 LVO Hamburg.

472 § 33 Abs. 1 Nr. 3 LVO Niedersachsen für den Regelaufstieg und § 34 Abs. 1 Nr. 3 LVO Niedersachsen bezüglich des Praxisaufstiegs.

473 § 18 Abs. 1 Nr. 4 LVO Sachsen-Anhalt. Im Hinblick auf den Verwendungsaufstieg gilt eine abweichende Altersgrenzenregelung.

474 §§ 27 Abs. 1 Nr. 3, 33 Abs. 1 Nr. 3, 40 Abs. 1 Nr. 3 LVO Thüringen. In Bezug auf den Verwendungsaufstieg normiert die LVO Thüringen eine abweichende Altersgrenze.

475 §§ 26 Abs. 1 Nr. 3, 30 Abs. 1 Nr. 4, 33 Abs. 1 Nr. 4 LVO Brandenburg. Hinsichtlich des Verwendungsaufstiegs sieht die LVO Brandenburg eine andere Altersgrenze vor.

476 § 29 Abs. 1 Nr. 3 LVO Sachsen.

477 §§ 20 Abs. 4 Nr. 3, 24 Abs. 5 Nr. 3 LVO Sachsen.

Hingegen sehen weder die LVO Bayern[478], die LVO Berlin[479], die LVO Bremen[480], die LVO Hessen[481], die LVO Mecklenburg-Vorpommern[482], die LVO Nordrhein-Westfalen[483], die LVO Rheinland-Pfalz[484], die LVO Saarland[485] sowie die LVO Schleswig-Holstein[486] noch das LBG Baden-Württemberg[487] Höchstaltersgrenzen für den Laufbahnaufstieg vor.

D. Beurteilung der Höchstaltersgrenzen am verfassungsrechtlichen Maßstab

Im Folgenden werden sowohl die Höchstaltersgrenze für die Berufung in das Beamtenverhältnis gemäß § 48 BHO in Verbindung mit dem RdSchr. d. BMF und die Höchstaltersgrenze für die Zulassung zum Laufbahnaufstieg nach § 36 Abs. 2 BLV als auch die überkommene Höchstaltersgrenze für die Einstellung von Laufbahnbewerbern in den Vorbereitungsdienst gemäß § 14 Abs. 2 S. 1 BLV 2002 – eingedenk der mit ihnen verbundenen Einschränkungen zulasten der Normadressaten[488] – auf ihre Vereinbarkeit mit verfassungsrechtlichen Vorgaben überprüft. Die verfassungsrechtliche Analyse erstreckt sich auch auf die letztgenannte Altersgrenzenregelung, da diese vom Bundesgesetzgeber nicht wegen festgestellter Unvereinbarkeit mit verfassungs- bzw. europarechtlichen Maßgaben aufgegeben wurde. Angesichts dessen ist nicht auszuschließen, dass der Gesetzgeber auf eine derartige Regelung zurückgreift.

Im Rahmen der verfassungsrechtlichen Überprüfung der Altergrenzenregelungen ist der Leistungsgrundsatz im Kontext des Alimentationsprinzips zu betrachten. Aus diesem Grund werden nachstehend zunächst die Grundzüge

478 Vgl. Art. 9 LlbG Bayern.
479 Vgl. §§ 7, 17, 18, LVO Berlin.
480 Vgl. §§ 25 ff. LVO Bremen.
481 Vgl. §§ 36 ff. LVO Hessen.
482 Vgl. §§ 37 ff. LVO Mecklenburg-Vorpommern.
483 Vgl. §§ 27 ff. LVO Nordrhein-Westfalen.
484 Vgl. § 7 LVO Rheinland-Pfalz.
485 Vgl. §§ 20, 21, 27, 28, 35, 36 LVO Saarland.
486 Vgl. §§ 25 ff. LVO Schleswig-Holstein.
487 Vgl. § 22 LBG Baden-Württemberg.
488 Infolge des § 48 BHO in Verbindung mit dem RdSchr. d. BMF werden Bewerber, die das 40. Lebensjahr bereits vollendet haben, im Vergleich zu anderen Anwärtern insofern benachteiligt, als für ihre Aufnahme bzw. Versetzung in den Bundesdienst zusätzlich zu den übrigen, leistungsbezogenen Kriterien die Zustimmung des Bundesministers der Finanzen erforderlich ist.

der Alimentationspflicht des Dienstherrn erläutert.[489] Die Reihenfolge der weiteren Prüfung orientiert sich an den mit den Altersgrenzenregelungen verfolgten Intentionen.

I. Wesen der Alimentationspflicht des Dienstherrn

Dem Alimentationsprinzip zufolge hat der Beamte ein Anrecht auf einen seinem Amt angemessenen Lebensunterhalt durch den Staat entsprechend der Entwicklung der wirtschaftlichen und finanziellen Verhältnisse sowie des allgemeinen Lebensstandards.[490] Das Alimentationsprinzip ist als hergebrachter Grundsatz des Berufsbeamtentums im Sinne des Art. 33 Abs. 5 GG zu qualifizieren, der vom Gesetzgeber nicht lediglich zu berücksichtigen, sondern zu beachten ist.[491] Dieses zentrale beamtenverfassungsrechtliche Strukturprinzip intendiert die Sicherstellung der finanziellen Unabhängigkeit und Unbeeinflussbarkeit des Beamten im Interesse einer neutralen, gesetzestreuen Staatsverwaltung.[492]

Der Alimentationsgrundsatz erfasst in der Sache sowohl die Besoldung als auch die Versorgung des Beamten sowie seiner Angehörigen.[493] Die Alimentation des Beamten ist indes nicht als synallagmatisches Leistungsentgelt zu werten.[494] Durch die Beamtenbesoldung werden dementsprechend nicht konkrete Dienste des Beamten entlohnt.[495]

---

489 Auf die verschiedenen Aspekte und Facetten dieses zentralen Grundsatzes des Berufsbeamtentums wird in verschiedenen Passagen der Ausarbeitung vertieft eingegangen.

490 BVerfGE 8, 1, 14; BVerfGE 21, 329, 345; BVerfGE 71, 39, 62 f.; BVerfGE 83, 89, 98; BVerfGE 114, 258, 287 f.; *Pieper*, in Schmidt-Bleibtreu/Hofmann/Hopfauf, GG, Art. 33, Rn. 134 ff.; *Pieroth*, in Jarass/Pieroth, GG, Art. 33, Rn. 53; *Pohl*, RiA 1995, 261, 261. Umfassend hierzu *Zeh*, Berufsbeamtentum und Leistungsgesellschaft – leistungsbezogene Besoldung, S. 129 ff.

491 BVerfGE 8, 1, 16 f.; BVerfGE 11, 203, 210; BVerfGE 61, 43, 58; *Pieper*, in Schmidt-Bleibtreu/Hofmann/Hopfauf, GG, Art. 33, Rn. 133. Siehe hierzu ebenfalls *Wichmann*, in Wichmann/Langer, Öffentliches Dienstrecht, 2. Abschn., Rn. 30.

492 *Mehlhorn*, Verwaltungsrundschau 2010, 406, 409; *Wichmann*, in Wichmann/Langer, Öffentliches Dienstrecht, 2. Abschn., Rn. 30; *Bamberger*, ZBR 2008, 361, 362.

493 *Pieroth*, in Jarass/Pieroth, GG, Art. 33, Rn. 53; *Bamberger*, ZBR 2008, 361, 361.

494 *Pieper*, in Schmidt-Bleibtreu/Hofmann/Hopfauf, GG, Art. 33, Rn. 135; *Mehlhorn*, Verwaltungsrundschau 2010, 406, 407. Siehe ebenfalls *Merten*, NVwZ 1999, 809, 811.

495 BVerfGE 21, 329; 344; BVerfGE 71, 39, 63; *Wichmann*, in Wichmann/Langer, Öffentliches Dienstrecht, 2. Abschn., Rn. 30; *Merten*, NVwZ 1999, 809, 811; *Mehlhorn*, Verwaltungsrundschau 2010, 406, 407; *Zeh*, Berufsbeamtentum und Leistungsgesellschaft – leistungsbezogene Besoldung, S. 130 m.w.N.

II. Intention der Gewährleistung eines angemessenen Verhältnisses von Dienstzeit und Versorgungsanspruch

Die Altergrenzenregelungen für die Einstellung von Laufbahnbewerbern in den Vorbereitungsdienst gemäß § 14 Abs. 2 S. 1 BLV 2002 sowie für die Berufung in ein Beamtenverhältnis gemäß § 48 BHO in Verbindung mit dem RdSchr. d. BMF werden vorrangig mit dem Erfordernis der Gewährleistung eines angemessen Verhältnisses von aktiver Dienstzeit und Versorgungsanspruch im Ruhestand begründet. Die Verfassungskonformität dieser Höchstaltersgrenzen wird in Anbetracht dieser Zielsetzung in der Literatur und der Rechtsprechung uneinheitlich bewertet.

1. Meinungsspektrum in Literatur und Rechtsprechung

Im Schrifttum wird vereinzelt die Vereinbarkeit der angeführten Altersgrenzenregelungen mit verfassungsrechtlichen Vorgaben bestritten. Die konkreten Festsetzungen besagter Höchstaltersgrenzen seien pauschal und willkürlich.[496] Angesichts dessen sei die damit verbundene Einschränkung des Leistungsprinzips verfassungswidrig.[497]

Demgegenüber sind nach Auffassung der Rechtsprechung die Höchstaltersgrenzen für die Einstellung von Laufbahnbewerbern in den Vorbereitungsdienst sowie für die Berufung in ein Beamtenverhältnis mit beamtenverfassungsrechtlichen Vorgaben vereinbar. Diese Altersgrenzenregelungen könnten den in Art. 33 Abs. 2 GG verankerten Leistungsgrundsatz verfassungskonform einschränken, da sie im Lebenszeitprinzip als hergebrachtem Grundsatz des Berufsbeamtentums angelegt seien.[498] Der Zweck der Beschränkung des Leistungsprinzips besteht nach

---

496 *Buß/Schulte zu Sodingen*, DVBl. 1998, 1315, 1320 f.

497 *Buß/Schulte zu Sodingen*, DVBl. 1998, 1315, 1321. Die Autoren erkennen an, dass die Versorgung während des Ruhestandes durch Zeiten der aktiven Diensterbringung erdient werden muss, sehen jedoch das Erfordernis, dass dieser notwendige Zeitraum der aktiven Dienstleistung konkret ermittelt und benannt werden müsse. Da ein erforderlicher Mindestzeitraum aktiver Diensterbringung jedoch nicht definiert werden könne, entbehren die Höchstaltersgrenzen dieser Literaturansicht zufolge der sachlichen Rechtfertigung.

498 BVerwG, NVwZ 2005, 457, 458; BVerwGE 133, 143, 145; BVerwG, Urteil vom 18.5.2009, 2 C 67/08, Rn. 9 (Juris); BVerwG, NVwZ-RR 2011, 329, 329; BVerwG, NVwZ 2012, 880, 881; OVG Bremen, Urteil vom 14.12.2011, 2 A 326/10, Rn. 30 (Juris); VGH Baden-Württemberg, Urteil vom 31.5.2011, 4 S 187/10, Rn. 38 (Juris); OVG Rheinland-Pfalz, RiA 2008, 73, 73; OVG Rheinland-Pfalz, Urteil vom 13.4.2011, 2 A 10068/11, Rn. 23 (Juris), das BVerwG wies die Beschwerde gegen die Nichtzulassung

Auffassung der Rechtsprechung darin, eine angemessene Relation von zu erbringender Dienstzeit und Ansprüchen auf Versorgung während des Ruhestands zu gewährleisten.[499]

Das Verhältnis zwischen der infolge des Einsatzes der Höchstaltersgrenze zu erwartenden Beamtendienstzeit einerseits und den dem Dienstherrn durch das Beamtenverhältnis voraussichtlich insgesamt entstehenden finanziellen Aufwendungen andererseits müsse ausgewogen sein.[500] Durch die Höchstaltersgrenzenregelung sowie durch die Regelaltersgrenze für den Ruhestandsübertritt legt der Gesetzgeber fest, welche Lebensdienstzeit angemessen ist, um die aus dem Alimentationsprinzip folgende Altersversorgung zu erdienen.[501] Die Gewährleistung einer ausgeglichenen Relation von aktiver Dienstzeit des Bediensteten zur Versorgungslast sei das Fundament für die Funktionsfähigkeit des Versorgungssystems der Beamten.[502]

2. *Eigene verfassungsrechtliche Bewertung*

Die in Rede stehenden Höchstaltersgrenzen und die damit verbundenen Einschränkungen des Leistungsprinzips sind als Ergebnis einer wertenden Abwägung beamtenverfassungsrechtlicher Grundsätze mit den Vorgaben des Grundgesetzes vereinbar. Das Erfordernis der Gewährleistung eines angemessenen Verhältnisses von aktiver Dienstzeit des Beamten zum Versorgungsanspruch während des Ruhestands beruht dabei jedoch nicht vorrangig auf haushaltspolitischen Erwägungen, denen zufolge sich die finanziellen Aufwendungen infolge der Versorgung des Beamten durch eine möglichst lange vorausgegangene aktive Dienstzeit rentiert haben müssen.[503]

---

der Revision zurück, BVerwG, Beschluss vom 28.3.2012, 2 B 102/11 (Juris); OVG NRW, Beschluss vom 7.4.2011, 6 A 15/11, Rn. 24 (Juris).

499 BVerwGE 133, 143, 147 f.; BVerwG, Urteil vom 18.5.2009, 2 C 67/08, Rn. 15 (Juris); BVerwG, NVwZ 2012, 880, 881. Vgl. zudem OVG Bremen, Urteil vom 14.12.2011, 2 A 326/10, Rn. 30 (Juris); VGH Baden-Württemberg, Urteil vom 31.5.2011, 4 S 187/10, Rn. 38 (Juris); OVG Rheinland-Pfalz, RiA 2008, 73, 74.

500 BVerwG, Urteil vom 31.1.1980 – Buchholz 232, § 15 Nr. 11, S. 7 f.; BVerwG, Urteil vom 18.5.2009, 2 C 67/08, Rn. 15 (Juris). Siehe hierzu ferner *Rescher/Tadday*, Laufbahnrecht des Landes Nordrhein-Westfalen, B § 6, 15. EL, Juli 2009, S. 102.

501 Vgl. BVerwG, NVwZ 2014, 300, 301; BVerwG, NVwZ 2014, 372, 374.

502 OVG NRW, Urteil vom 27.7.2010, 6 A 282/08, Rn. 57 (Juris), in Verbindung mit OVG NRW, RiA 2007, 221, 223.

503 VGH Baden-Württemberg, Urteil vom 31.5.2011, 4 S 187/10, Rn. 38 (Juris); OVG Bremen, Urteil vom 14.12.2011, 2 A 326/10, Rn. 30 (Juris), OVG Rheinland-Pfalz,

Die Notwendigkeit der Sicherstellung einer ausgewogenen Relation von Zeiten aktiver Diensterbringung durch den Beamten und dessen Anspruch auf Versorgung gegenüber dem Dienstherrn findet ihre verfassungsrechtliche Grundlage vielmehr in dem Verhältnis der in dieser Konstellation maßgeblichen hergebrachten Grundsätze des Berufsbeamtentums zueinander. Das im Zusammenhang mit den in Rede stehenden Altersgrenzenregelungen angeführte Versorgungssystem der Beamten wird geprägt durch beamtenverfassungsrechtliche Strukturprinzipien. Eine zentrale Funktion hinsichtlich der Ausgestaltung des Versorgungsrechts der Beamten kommt dem Alimentationsprinzip zu.[504]

a. Angemessenes Verhältnis von aktiver Dienstzeit zum Versorgungsanspruch

Aus dem Wesen des Beamtenverhältnisses als Dienst- und Treueverhältnis folgt unter Berücksichtigung des Alimentationsprinzips, dass der Beamte keine Beiträge für seine Alterssicherung entrichtet, sondern dass seine Versorgung im Ruhestand auf einem öffentlich-rechtlichen Unterhaltsanspruch gegenüber dem Dienstherrn beruht.[505] Sowohl die Besoldung während des aktiven Dienstes als auch die Versorgung im Ruhestand leistet der Dienstherr für die grundsätzliche Bereitschaft des Beamten zur lebenslangen Dienst- und Leistungserbringung.[506]

Urteil vom 13.4.2011, 2 A 10068/11, Rn. 28 ff. (Juris), in Verbindung mit BVerwG, Beschluss vom 28.3.2012, 2 B 102/11 (Juris), legen mit der Konnotation ihrer Ausführungen nahe, dass vorrangig fiskalische Gesichtspunkte eine angemessene Relation von Dienst- und Versorgungszeiten erfordern. Siehe hierzu auch *Rescher/Tadday*, Laufbahnrecht des Landes Nordrhein-Westfalen, B § 6, 15. EL, Juli 2009, S. 102; *Kühling/Bertelsmann*, NVwZ 2010, 87, 90. Wenngleich BVerwG, NVwZ 2012, 880, 881; BVerwG, NVwZ 2014, 300, 300 f.; BVerwG, NVwZ 2014, 372, 374, im Kontext des Beamtenversorgungssystems auf die Gegenseitigkeit von Dienstpflicht und Alimentation hinweisen, vermitteln die Ausführungen des Gerichts in Bezug auf die „erdiente" Altersversorgung im Ergebnis dennoch den nachhaltigen Eindruck, die Altersgrenzenregelung verfolge primär finanzpolitische Zielsetzungen, BVerwG, NVwZ 2012, 880, 881, 884; BVerwG, NVwZ 2014, 300, 300 f.; BVerwG, NVwZ 2014, 372, 374.

504 Vgl. *Wichmann*, in Wichmann/Langer, Öffentliches Dienstrecht, Abschn., Rn. 363.

505 Ausführlich hierzu *Merten*, NVwZ 1999, 809, 814. BVerwG, NVwZ 2012, 880, 881, spricht diesen Aspekt ebenfalls an.

506 So die sog. Alimentationstheorie, siehe hierzu BVerfGE 16, 94, 115 f.; *Ule*, DVBl. 1970, 637. 640; *Lecheler*, AöR 1978, 349, 367; *Pohl*, RiA 1995, 261, 261; *Ziemske*, ZBR 2001, 1, 2 m.w.N.; *Mehlhorn*, Verwaltungsrundschau 2010, 406, 407; *Merten*, NVwZ 1999, 809, 811; *Zeh*, Berufsbeamtentum und Leistungsgesellschaft – leistungsbezogene Besoldung, S. 131; *Badura*, in Maunz/Dürig, GG, Art. 33, 58. EL,

Die staatliche Ruhestandsversorgung ist mithin als Belohnung für die Bereitwilligkeit des Beamten zur grundsätzlich lebenslangen Diensterfüllung gegenüber dem Dienstherrn zu qualifizieren.[507]

Im Rahmen der Umsetzung des Alimentationsprinzips sowie der Konzeption des Beamtenversorgungsrechts ging der Gesetzgeber vom Grundtypus des Lebenszeitbeamten aus.[508] Nach der Struktur dieses Dienst- und Treueverhältnisses sind die Pflicht des Beamten zum lebenslangen Einsatz seiner ganzen Persönlichkeit für den Dienstherrn und dessen Verpflichtung zur Gewährung eines amtsangemessenen Unterhalts gleichwertig und korrelativ ausgewogen.[509] Angesichts dessen wird die Versorgung im Ruhestand nicht für nach Monaten oder Tagen berechnete Leistungen des Beamten gewährt.[510] In dem vorstehend beschriebenen Verständnis der Alimentation als Honorierung für eine lebenslange Dienst- und Leistungsbereitschaft kommt jedoch die Erwartung des Gesetzgebers zum Ausdruck, der Beamte werde zu einem möglichst frühen erwerbsbiographischen Zeitpunkt in den Staatsdienst eintreten und einen wesentlichen Zeitraum seines Berufslebens aktiven Dienst versehen.[511]

April 2010, Rn. 72. Demgegenüber lehnt sich das Verständnis der sog. Lohntheorie an die Konzeption zivilrechtlicher Arbeitsverhältnisse an und wertet die Verpflichtung des Dienstherrn zur Gewährleistung eines angemessenen Lebensunterhalts als Gegenleistung für die Pflicht des Beamten zur Dienstleistung, weiterführend *Zeh*, Berufsbeamtentum und Leistungsgesellschaft – leistungsbezogene Besoldung –, S. 131 f.

507 Eingehend *Merten*, NVwZ 1999, 809, 811. Siehe ebenfalls BVerwG, NVwZ 2012, 880, 882; OVG NRW, Beschluss vom 1.10.2012, 6 A 2988/11, Rn. 20 (Juris).

508 Instruktiv zum Lebenszeitprinzip *Badura*, in Maunz/Dürig, GG, Art. 33, 58. EL, April 2010, Rn. 67; *Wichmann*, in Wichmann/Langer, Öffentliches Dienstrecht, 2. Abschn., Rn. 24.

509 Die paritätische Ausgestaltung der Rechte und Pflichten des Beamten sowie des Dienstherrn beruht auf der auf Gleichwertigkeit ausgerichteten Konzeption des Alimentations- und des Lebenszeitprinzips. Diesem Verständnis widerstreitet die von *Buß/Schulte zu Sodingen*, DVBl. 1998, 1315, 1320, vertretene Ansicht, wonach der Alimentationsanspruch während des Ruhestands durch einen exakt nach Jahren zu berechnenden Zeitraum aktiver Dienstleistung durch den Beamten abgearbeitet werden könne. Derartige Überlegungen liegen dem Dienst- und Treueverhältnis zum Staat nicht zugrunde.

510 *Merten*, NVwZ 1999, 809, 811. Siehe überdies *Mehlhorn*, Verwaltungsrundschau 2010, 406, 407.

511 Dies gilt insbesondere vor dem Hintergrund, dass der Zeitpunkt für den Übergang vom aktiven Dienst in den Ruhestand durch die Regelaltersgrenze vorgegeben ist, vgl. *Merten*, NVwZ 1999, 809, 811. Die existenzsichernde, neutralitäts- und

In Anbetracht dieser konzeptionell bedingten Gegenseitigkeit und Gleichwertigkeit der aus dem Beamtenverhältnis resultierenden Rechte und Pflichten ist es aus strukturprinzipiellen Erwägungen kohärent, dass der Gesetzgeber dieses Alimentationsverständnis sowie seine Erwartungshaltung in Bezug auf den erwerbsbiographischen Zeitpunkt des Diensteintritts des Beamten über die Höchstaltersgrenzenregelung zum Ausdruck bringt.

Im Hinblick auf die konkrete Austarierung des angeführten angemessenen Verhältnisses von aktiver Dienstzeit zum Anspruch des Beamten auf Versorgung im Ruhestand ist dem Gesetzgeber ein Gestaltungsspielraum zu gewähren.[512] Im Rahmen der konkreten Festsetzung der Höchstaltersgrenzen hat er einen möglichst schonenden Ausgleich der insoweit gegenläufigen beamtenverfassungsrechtlichen Strukturprinzipien anzustreben.[513] Die konkreten Festsetzungen der in Rede stehenden Altersgrenzenregelungen geben keine Veranlassung, eine verfassungswidrige Überschreitung dieses Gestaltungsspielraums anzunehmen.

b. Beachtung des Verhältnismäßigkeitsgrundsatzes

Die mit den in Rede stehenden Höchstaltersgrenzen intendierte Einschränkung des Leistungsgrundsatzes durch das Alimentationsprinzip unter Berücksichtigung des Lebenszeitprinzips zum Zwecke der Gewährleistung einer angemessenen Relation der aus dem Beamtenverhältnis folgenden Rechte und Pflichten ist verhältnismäßig. Die Altersgrenzenregelungen sind zur Erreichung des vom Gesetzgeber angestrebten ausgewogenen Verhältnisses von aktiver Dienstzeit und Anspruch auf Versorgung im Ruhestand geeignet. Im Zusammenwirken mit der Regelaltersgrenze für den Eintritt in den Ruhestand gewährleisten sie, dass der Beamte einen bestimmten Zeitraum aktiven Dienst verrichtet. Die untersuchten Höchstaltersgrenzen sind darüber hinaus auch erforderlich zur Realisierung der beschriebenen Gesetzesintention. Ein weniger einschneidendes Mittel zur Verwirklichung der vom Gesetzgeber verfolgten Zielsetzung ist angesichts des Umstands, dass aufgrund der vorstehenden Ausführungen Einzelfallbetrachtungen nicht angezeigt bzw. praktikabel sind, nicht erkennbar.

Schließlich verstoßen die Höchstaltersgrenze für die Einstellung von Laufbahnbewerbern in den Vorbereitungsdienst sowie die Höchstaltergrenze für die

---

loyalitätsbewahrende Funktion des Lebenszeitprinzips entfaltet ihre bestimmungsgemäße Wirkung, wenn sie sich auf einen erheblichen Teil des Erwerbslebens erstreckt.

512 Vgl. hierzu BVerwG, NVwZ 2012, 880, 882, wobei der Gesetzgeber den Leistungsgrundsatz zu berücksichtigen hat.

513 Betrachte hierzu ferner BVerwG, NVwZ-RR 2011, 329, 329.

Berufung in ein Beamtenverhältnis angesichts ihrer konkreten Festsetzungen nicht gegen das Übermaßverbot. Sie ermöglichen in hinreichendem Maße auch Anwärtern mit einer ungewöhnlichen Erwerbsbiographie den Zugang zu einem Beamtenverhältnis.[514]

c. Erfordernis einer normativen Regelung

Die dargestellte Gewichtung gegenläufiger Verfassungsgrundsätze und die daraus resultierende Einschränkung des Leistungsgrundsatzes, die in den Festsetzungen der Altersgrenzen zum Ausdruck kommt, erfordern nach zutreffender, revidierter Rechtsprechung des BVerwG jedoch eine gesetzliche Reglementierung und dürfen nicht lediglich auf der Basis von Verwaltungserlassen erfolgen.[515] Vor diesem Hintergrund begegnet die Normierung von Höchstaltersgrenzen durch Laufbahnverordnungen keinen verfassungsrechtlichen Bedenken und trägt den Anforderungen des Art. 80 Abs. 1 S. 2 GG Rechnung.[516] Die beamtengesetzliche Verordnungsermächtigung statuiert in verfassungsrechtlicher Hinsicht eine hinreichende gesetzliche Basis zur Normierung laufbahnrechtlicher Altersgrenzenregelungen durch den Verordnungsgeber.[517] Die Verordnungsermächtigung befugt zum Erlass von Laufbahnverordnungen nach den Vorgaben laufbahnrechtlicher Prinzipien.[518]

Insofern ist unbeachtlich, dass die gesetzliche Ermächtigung die Reglementierung von Altersgrenzen nicht explizit anführt.[519] Diese beamtengesetzlichen Ermächtigungen erlauben dem Verordnungsgeber den Erlass derjenigen Vorschriften, durch die das Laufbahnwesen der Beamten ausgestaltet und konturiert

---

514 Vgl. BVerwG, NVwZ 2012, 880, 882, in Bezug auf eine laufbahnrechtliche Höchstaltersgrenze, die auf das 40. Lebensjahr festgesetzt ist.

515 BVerwGE 133, 143, 145; BVerwG, Urteil vom 18.5.2009, 2 C 67.08, Rn. 9 (Juris). Siehe ebenfalls OVG Bremen, Urteil vom 14.12.2011, 2 A 326/10, Rn. 31 (Juris); OVG Rheinland-Pfalz, Urteil vom 13.4.2011, 2 A 10068/11, Rn. 23 (Juris), im Kontext zu BVerwG, Beschluss vom 28.3.2012, 2 B 102/11 (Juris); VGH Baden-Württemberg, Urteil vom 31.5.2011, 4 S 187/10, Rn. 39 (Juris).

516 Betrachte hierzu BVerwG, Beschluss vom 26.3.2012, 2 B 26/11, Rn. 7 (Juris). Siehe ebenfalls *Maiwald*, in Schütz/Maiwald, Beamtenrecht des Bundes und der Länder, Teil C, § 7, 66. EL, April 2005, Rn. 83; *Lemhöfer*, in Lemhöfer/Leppek, Das Laufbahnrecht der Bundesbeamten, § 2 BLV 2009, 28. EL, Januar 2010, Rn. 5.

517 BVerwG, NVwZ-RR 1999, 132, 133; BVerwG, NVwZ-RR 2000, 690, 690; BVerwGE 133, 143, 145 f.; BVerwG, Urteil vom 18.5.2009, 2 C 67/08, Rn. 10 (Juris).

518 *Battis*, BBG, 3. Aufl., § 15 Rn. 8.

519 BVerwGE 133, 143, 146; BVerwG, Urteil vom 18.5.2009, 2 C 67/08, Rn. 10 (Juris); BVerwG, NVwZ 2013, 80, 81.

wird.[520] Die Altersgrenzenregelungen sind aufgrund ihres Regelungsgehalts sowie ihrer normativen Auswirkungen als derartige Vorschriften zu qualifizieren.[521] Intention und Umfang der beamtengesetzlich erteilten Ermächtigungen sind auch in Bezug auf die Altersgrenzen für die Einstellung in den Vorbereitungsdienst hinreichend bestimmt.[522]

Bedeutsam ist die Forderung des BVerwG nach einer normativen Regelung jedoch im Hinblick auf die Festsetzung von Altersgrenzen durch Haushaltsordnungen des Bundes bzw. der Länder in Verbindung mit Erlassen bzw. Verwaltungsvorschriften der Bundes- und Landesfinanzminister. Die bisherige Rechtsprechung sah es als verfassungsrechtlich unbedenklich an, dass die Haushaltsordnungen vorsehen, dass Einstellungen und Versetzungen von Beamten in den Bundes- bzw. Landesdienst der Einwilligung des Bundes- bzw. der Landesfinanzministers bedürfen, wenn die Bewerber ein von diesen zu bestimmendes Lebensalter überschritten haben.[523] Die Normierung der Höchstaltersgrenze für die Einstellung in ein Beamtenverhältnis war nach Ansicht der Rechtsprechung keine Regelung, die im Hinblick auf ihre inhaltliche Reichweite als Rechtsnorm im materiellen Sinne zu werten war, mit der Konsequenz, dass diese als Rechtsverordnung hätte ergehen müssen.[524] Die zentralen Entscheidungen sind nach Ansicht der Rechtsprechung durch den Gesetzgeber selbst dahingehend getroffen, dass ein Beamtenverhältnis unter Beachtung der Maßgabe der sparsamen, ökonomischen Haushaltsführung begründet werden müsse und dass demzufolge der betreffende Minister in diesem Sinne entsprechend zu beteiligen sei.[525] Eingedenk dessen wurden die Festsetzungen der konkreten Höchstaltersgrenzen durch Runderlasse bzw. Verwaltungsvorschriften bislang

520 BVerwGE 133, 143, 146, m.w.N.; BVerwG, Urteil vom 18.5.2009, 2 C 67/08, Rn. 10 (Juris); BVerwG, NVwZ 2012, 880, 882; BVerwG, NVwZ 2013, 80, 81.

521 Vgl. BVerwGE 133, 143, 146.

522 Vgl. BVerwGE 133, 143, 146; BVerwG, Urteil vom 18.5.2009, 2 C 67/08, Rn. 10 f. (Juris); BVerwG, NVwZ 2012, 880, 882.

523 Vgl. BVerwG, Entscheidung vom 31.1.1980 – Buchholz 232, § 15 Nr. 11, S. 4 f.; OVG Rheinland-Pfalz, RiA 2008, 73, 73;

524 BVerwG, Entscheidung vom 31.1.1980 – Buchholz 232, § 15 Nr. 11, S. 5. In diesem Zusammenhang bemühte das Gericht einen Vergleich zur Reichshaushaltsordnung aus dem Jahr 1930, die für die Einstellung von Beamten und Beamtenanwärtern generell eine Zustimmung des Finanzministers erforderte. In Anbetracht dessen sei das Erfordernis einer Zustimmung des Ministers lediglich im Falle der Überschreitung eines gewissen Lebensalters als Ermessenseinschränkung zu werten. Siehe hierzu auch *Püttner*, DVBl. 1997, 259, 259.

525 BVerwG, Entscheidung vom 31.1.1980 – Buchholz 232, § 15 Nr. 11, S. 5.

als zulässige generalisierte Ausübung des behördlichen Ermessens oder antizipierte Verwaltungspraxis angesehen.[526]

Vor dem Hintergrund der dargestellten Vorgabe des BVerwG bezüglich des Erfordernisses einer gesetzlichen Regelung ist eine Festsetzung der Altersgrenze durch Verwaltungserlass bzw. Verwaltungsvorschrift nicht zulässig.

III. Intendierte Gewährleistung einer ausgewogenen Altersstruktur

Neben der Sicherstellung eines angemessenen Verhältnisses von Dienst- und Versorgungszeiten intendieren die Höchstaltersgrenzen für die Einstellung von Laufbahnbewerbern in den Vorbereitungsdienst gemäß § 14 Abs. 2 S. 1 BLV 2002 und für die Übernahme in ein Beamtenverhältnis gemäß § 48 BHO in Verbindung mit dem RdSchr. d. BMF zudem die Gewährleistung einer ausgewogenen Altersstruktur in den Laufbahnen. Auf diese Weise soll das für die Aufgabenerfüllung im öffentlichen Dienst notwendige Mindestmaß an Konstanz und Beständigkeit in der Dienstpostenbesetzung sichergestellt werden.[527]

Ein ausgeglichener Altersaufbau in den Laufbahnen gewährleistet einen stetigen Erfahrungs- und Wissenstransfer von älteren an jüngere Beamte und ist dementsprechend aus personalpolitischer Perspektive zu präferieren.[528] Die dargestellten Folgen der Einstellungswellen im öffentlichen Dienst in den 1960er bis 1990er Jahren für das staatliche Personalwesen sowie die Auswirkungen der im Rahmen der Wiedervereinigung neu begründeten Beamtenverhältnisse belegen die Notwendigkeit einer nachhaltigen, ausgewogenen Personalwirtschaft. Auch die prognostizierten Folgewirkungen des demographischen Wandels auf den öffentlichen Dienst verdeutlichen das Erfordernis einer ausgeglichenen Altersstruktur in der öffentlichen Verwaltung.

Diesem anzuerkennenden Interesse des Dienstherrn an einer altersgemischten Personalstruktur kommt jedoch nicht eine derartige verfassungsrechtliche Relevanz zu, dass eine Einschränkung des Leistungsgrundsatzes gerechtfertigt wäre.[529] Die personalpolitische Maßgabe der Gewährleistung einer günstigen

526 BVerwG, Entscheidung vom 31.1.1980 – Buchholz 232, § 15 Nr. 11, S. 5 f. Siehe ferner OVG Rheinland-Pfalz, RiA 2008, 73, 73.

527 BVerwGE 133, 143, 146, 147 f. Vgl. ferner BVerwG, Urteil vom 18.5.2009, 2 C 67.08, Rn. 11, 15 (Juris).

528 Siehe auch BVerwG, NVwZ 2005, 457, 458.

529 BVerwG, NVwZ 2005, 457, 458. Auf diese Rechtsprechung nimmt auch OVG Berlin-Brandenburg, Urteil vom 28.2.2008, 4 B 12.07, Rn. 29 (Juris), Bezug. Im erfolglosen Revisionsverfahren erläutert das BVerwG, dass im Rahmen der Normierung einer Altersgrenze unter anderem auch dem Interesse des Dienstherrn

Altersschichtung in den Laufbahnen ist nicht als beamtenverfassungsrechtliches Strukturprinzip zu qualifizieren.[530]

IV. Bewertung der mit der Höchstaltersgrenze für die Zulassung zum Laufbahnaufstieg intendieren Betonung des Leistungsgedankens

Die mit der Höchstaltersgrenze für die Zulassung zum Laufbahnaufstieg gemäß § 36 Abs. 2 BLV verfolgten Zielsetzungen, für Beamte auch nach dem Laufbahnaufstieg Möglichkeiten zur beruflichen Bewährung zu eröffnen bzw. in zeitlicher Hinsicht noch Leistungsanreize zu generieren sowie leistungswidrige Zulassungen zum Laufbahnaufstieg zu vermeiden, sind aus verfassungsrechtlicher Sicht nicht zu beanstanden. Während die Verhinderung eines leistungswidrigen Laufbahnaufstiegs zum Zwecke der „Honorierung" der beruflichen Lebensleistung zweifellos der Verwirklichung des Leistungsgrundsatzes gemäß Art. 33 Abs. 2 GG dient, sind auch die weiteren Intentionen der in Rede stehenden Höchstaltersgrenze mit diesem beamtenverfassungsrechtlichen Strukturprinzip vereinbar.

Im Rahmen der verfassungsrechtlichen Beurteilung dieser Zielsetzungen der Höchstaltersgrenze für den Zugang zum Laufbahnaufstieg sind die bereits angeführten, verschiedenen Aspekte des Leistungsgrundsatzes zu berücksichtigen. Dieser hergebrachte Grundsatz des Berufsbeamtentums trägt nicht nur dem anzuerkennenden Interesse des Beamten an einer adäquaten beruflichen Entfaltung bzw. Weiterentwicklung Rechnung.[531] Die auf diese Weise generierte Anreizwirkung und Motivation der Beamtenschaft wird als *individuelle Funktion* des Leistungsprinzips bezeichnet.[532] Art. 33 Abs. 2 GG enthält zudem eine objektive Wertentscheidung, in der das Interesse der Allgemeinheit zum Ausdruck kommt, im Sinne einer effizienten öffentlichen Verwaltung

an einer ausgewogenen Altersstruktur Bedeutung beigemessen werden könne, BVerwG, Urteil vom 24.9.2009, 2 C 31/08, Rn. 22 (Juris). In BVerwG, NVwZ 2012, 880, 883, führt das Gericht allerdings erstmals – ohne weitergehende Begründung – an, dass das Interesse des Dienstherrn an der Etablierung einer altersdurchmischten Personalstruktur in den Laufbahnen eine Beschränkung des Art. 33 Abs. 2 GG rechtfertigen könne.

530 BVerwG, NVwZ 2005, 457, 458.

531 BVerwGE 80, 123, 124; BVerwGE 101, 112, 115; BVerwG, NVwZ 2005, 457, 457.

532 *Lecheler*, ZBR 1998, 331, 341. Siehe ebenfalls *Zeh*, Berufsbeamtentum und Leistungsgesellschaft – leistungsbezogene Besoldung –, S. 162.

eine optimale Stellenbesetzung im öffentlichen Dienst sicherzustellen.[533] Die Gewährleistung einer bestmöglichen Vergabe öffentlicher Ämter im Interesse einer leistungsfähigen Staatsverwaltung wird als *kollektive Funktion* des Leistungsprinzips beschrieben.[534]

Wenngleich der Gesetzgeber mit der Höchstaltersgrenze für die Zulassung zum Laufbahnaufstieg dem Beamten auch berufliche Entfaltungsmöglichkeiten nach erfolgtem Aufstieg eröffnet, verfolgt er mit dieser Altersgrenzenregelung jedoch primär die Zielsetzung der optimalen Auswahl der Aufstiegsanwärter zum Zwecke der nachhaltigen, anforderungsgerechten Wahrnehmung der übertragenen Aufgaben im Interesse einer leistungsfähigen und effizienten öffentlichen Verwaltung. Mit der Höchstaltersgrenze für die Zulassung zum Laufbahnaufstieg gemäß § 36 Abs. 2 BLV betont der Gesetzgeber mithin die *kollektive Funktion* des Leistungsgrundsatzes. Angesichts der vorstehenden Ausführungen erfährt das Leistungsprinzip durch die in Rede stehende Altersgrenzenregelung keine Beeinträchtigung.[535]

V. Zwischenergebnis

Sowohl die Höchstaltersgrenze für die Einstellung von Laufbahnbewerbern in den Vorbereitungsdienst als auch die Höchstaltersgrenze für die Zulassung zum Laufbahnaufstieg sind mit verfassungsrechtlichen Vorgaben konform. Demgegenüber widerstreitet die Höchstaltersgrenze für die Berufung in das Beamtenverhältnis dem Grundgesetz. Die Festsetzung der Altersgrenze erfordert eine gesetzliche Regelung.

533 BVerfGE 56, 146, 163; BVerwG, NVwZ 2005, 457, 457; *Jarass*, in Jarass/Pieroth, GG, Art. 33, Rn. 7; *Badura*, in Maunz/Dürig, GG, Art. 33, 55. EL, Mai 2005, Rn. 25; *Pieper*, in Schmidt-Bleibtreu/Hofmann/Hopfauf, GG, Art. 33, Rn. 13.

534 *Lecheler*, ZBR 1998, 331, 341. Betrachte überdies *Zeh*, Berufsbeamtentum und Leistungsgesellschaft – leistungsbezogene Besoldung –, S. 162.

535 So im Ergebnis auch VG Düsseldorf, Beschluss vom 19.11.2008, 13 L 1652/08, Rn. 69 (Juris) zu einer entsprechenden landesgsetzlichen Regelung. Das OVG NRW wies die diesbezügliche Beschwerde zurück, OVG NRW, Beschluss 26.11.2008, 6 B 1743/08 (Juris). Siehe zur nordrhein-westfälischen Regelung *Rescher/Tadday*, LVO NRW, B § 40, 13. EL, März 2003, S. 441.

In diesem Zusammenhang sei hervorgehoben, dass die gesetzgeberische Intention der Gewährleistung einer ausgewogenen Altersstruktur in den Beamtenlaufbahnen die Einschränkung des Leistungsprinzips gemäß Art. 33 Abs. 2 GG nicht zu rechtfertigen vermag.[536]

E. Beurteilung der Altersgrenzenregelungen am Maßstab europarechtlicher Vorgaben zum Verbot der Altersdiskriminierung

Die Frage der Vereinbarkeit der in Rede stehenden Höchstaltersgrenzen mit europarechtlichen Maßgaben zum Verbot der Altersdiskriminierung wird sowohl im Hinblick auf die Legitimität der verfolgten Ziele als auch hinsichtlich der Angemessenheit und Erforderlichkeit der Altersgrenzenregelungen in Rechtsprechung und Literatur kontrovers beantwortet.

I. Geltungsbereich der RL 2000/78/EG

Die analysierten beamtenrechtlichen Höchstaltersgrenzen für die Einstellung von Laufbahnbewerbern in den Vorbereitungsdienst, für die Berufung in das Beamtenverhältnis sowie für die Zulassung zum Laufbahnaufstieg sind nach Art. 3 Abs. 1 lit. a) RL 2000/78/EG in den sachlichen Geltungsbereich der Richtlinie einbezogen.[537] Diese Altersgrenzenregelungen reglementieren Einstellungsbedingungen bzw. Bedingungen für den beruflichen Aufstieg im Sinne des Art. 3 Abs. 1 lit. a) RL 2000/78/EG.

II. Unmittelbare Diskriminierung aufgrund des Alters

Die in Rede stehenden Höchstaltersgrenzen schließen ältere Bewerber, die das festgesetzte Lebensalter überschritten haben, von der Einstellung als Laufbahnbewerber sowie von der Zulassung zum Laufbahnaufstieg aus bzw. statuieren im Hinblick auf die Berufung in das Beamtenverhältnis des Bundes die zusätzliche Voraussetzung der Zustimmung des Bundesministeriums der Finanzen. Dies gilt hinsichtlich der Einstellung und Übernahme in ein Beamtenverhältnis

536 So BVerwG, NVwZ 2005, 457, 458. Eine andere Auffassung vertritt das Gericht jedoch – ohne konkrete Argumentation – in der Entscheidung BVerwG, NVwZ 2012, 880, 883.

537 Vgl. im Hinblick auf die entsprechende Vorschrift des AGG BVerwGE 133, 143, 147; BVerwG, Urteil vom 18.5.2009, 2 C 67/08, Rn. 13 (Juris); BVerwG, NVwZ 2012, 880, 883. Siehe ferner OVG Rheinland-Pfalz, RiA 2008, 73, 74.

selbst dann, wenn die Bewerbung des Anwärters im Falle des Überschreitens der Höchstaltergrenze nicht abgelehnt, sondern dieser als Angestellter im öffentlichen Dienst beschäftigt wird.[538] Die Beschäftigungsbedingungen in einem Angestelltenverhältnis des öffentlichen Dienstes und die Rechtsstellung des Beamten in einem öffentlich-rechtlichen Dienst- und Treueverhältnis differieren insbesondere hinsichtlich des Entgelts bzw. der Besoldung, der Versorgungsleistungen sowie der Beendigungsmöglichkeiten in struktureller Weise.[539]

Vor diesem Hintergrund sind die untersuchten Höchstaltersgrenzen als unmittelbare Diskriminierungen aufgrund des Alters nach Art. 2 Abs. 2 lit. a) RL 2000/78/EG zu qualifizieren, da sich die Rechtsfolgen dieser Regelungen unmittelbar an dem Lebensalter des Normadressaten orientieren.[540]

III. Rechtfertigung der Diskriminierungen aufgrund des Alters infolge der Höchstaltersgrenzen nach Art. 6 Abs. 1 RL 2000/78/EG

Im Folgenden werden die angeführten Altersgrenzenregelungen unter Zugrundelegung der mit ihnen verfolgten Zielsetzungen am Maßstab des Art. 6 Abs. 1 RL 2000/78/EG beurteilt.

1. Legitime Ziele

Bereits hinsichtlich der Einordnung der den Höchstaltersgrenzen zugrundeliegenden Intentionen unter die Tatbestandsvoraussetzungen des Art. 6 Abs. 1 RL 2000/78/EG werden in der Rechtsprechung und der Literatur divergierende Rechtsansichten vertreten.

---

538 Vgl. BVerwGE 133, 143, 147; BVerwG, Urteil vom 18.5.2009, 2 C 67/08, Rn. 13 (Juris); OVG NRW, Urteil vom 27.7.2010, 6 A 282/08, Rn. 57 (Juris), in Verbindung mit OVG NRW, RiA 2007, 221, 222 f.

539 Vgl. BVerwGE 133, 143, 147; BVerwG, Urteil vom 18.5.2009, 2 C 67/08, Rn. 13 (Juris); OVG NRW, Urteil vom 27.7.2010, 6 A 282/08, Rn. 57 (Juris), in Verbindung mit OVG NRW, RiA 2007, 221, 222 f.

540 Vgl. BVerwGE 133, 143, 147; BVerwG, Urteil vom 18.5.2009, 2 C 67/08, Rn. 14 (Juris); BVerwG, NVwZ 2012, 880, 883; OVG NRW, Urteil vom 27.7.2010, 6 A 282/08, Rn. 57 (Juris), in Verbindung mit OVG NRW, RiA 2007, 221, 223; OVG Rheinland-Pfalz, RiA 2008, 73, 74; VGH Baden-Württemberg, Urteil vom 31.5.2011, 4 S 187/10, Rn. 47 (Juris).

a. Angemessene Relation von Dienst- und Versorgungszeit als legitimes Ziel im Sinne des Art. 6 Abs. 1 S. 2 lit. c) RL 2000/78/EG

Die Höchstaltersgrenzen für die Einstellung von Laufbahnbewerbern in den Vorbereitungsdienst gemäß § 14 Abs. 2 S. 1 BLV 2002 sowie für die Einstellung in ein Beamtenverhältnis nach § 48 BHO in Verbindung mit dem RdSchr. d. BMF verfolgen – wie dargestellt – primär die Zielsetzung, ein angemessenes Verhältnis von aktiver Dienstzeit zu den entstehenden Versorgungsansprüchen herzustellen.[541] Vorrangiger Prüfungsmaßstab für Höchstaltersgrenzen, die diese Intention anstreben, ist Art. 6 Abs. 1 S. 2 lit. c) RL 2000/78/EG.

aa. Art. 6 Abs. 1 S. 2 lit. c) RL 2000/78/EG

Art. 6 Abs. 1 S. 2 lit. c) RL 2000/78/EG führt an, dass nach der Richtlinie gerechtfertigte Ungleichbehandlungen aufgrund des Alters insbesondere die Festsetzung eines Höchstalters für die Einstellung aufgrund der spezifischen Ausbildungsanforderungen eines bestimmten Arbeitsplatzes oder aufgrund der Notwendigkeit einer angemessenen Beschäftigungszeit vor dem Eintritt in den Ruhestand erfassen. Art. 6 Abs. 1 S. 2 lit. c) RL 2000/78/EG bezeichnet mithin nicht nur das legitime Ziel im Sinne des Art. 6 Abs. 1 S. 1 RL 2000/78/EG, sondern führt zudem die Höchstaltersgrenze als zulässiges Instrument zur Erreichung dieser Intention an.[542]

Aufgrund der ausschließenden Wirkung für ältere Beschäftigte stellen Höchstaltersgrenzen klassische Konstellationen einer unmittelbaren Diskriminierung dar, gegen die sich die Richtlinie grundsätzlich richtet.[543] Der vereinzelt in der Literatur vertretenen Auffassung, Diskriminierungsverbote auf der Grundlage des Art. 19 Abs. 1 AEUV (ex-Art. 13 Abs. 1 EGV) sollten die Festsetzung von Höchstaltersgrenzen für die Einstellung verhindern bzw. untersagen,[544]

---

541 Siehe hierzu BVerwGE 133, 143, 147 f.; BVerwG, Urteil vom 18.5.2009, 2 C 67/08, Rn. 15 (Juris); BVerwG, NVwZ 2012, 880, 881. Vgl. zu den entsprechenden landesgesetzlichen Regelungen OVG NRW, Urteil vom 27.7.2010, 6 A 282/08, Rn. 57 (Juris), in Verbindung mit OVG NRW, RiA 2007, 221, 223. Siehe ebenfalls OVG Rheinland-Pfalz, RiA 2008, 73, 74; OVG Rheinland-Pfalz, Urteil vom 13.4.2011, 2 A 10068/11, Rn. 28 (Juris), die Beschwerde gegen die Nichtzulassung der Revision wurde vom BVerwG zurückgewiesen, BVerwG, Beschluss vom 28.3.2012, 2 B 102/11 (Juris).

542 Betrachte diesbezüglich auch *Schmidt/Senne*, RdA 2002, 80, 89.

543 *Scholz*, Das Verbot der Altersdiskriminierung bei der Begründung und Beendigung von Arbeitsverhältnissen, S. 92 f.

544 *Meyer*, Das Diskriminierungsverbot des Gemeinschaftsrechts als Grundsatznorm und Gleichheitsrecht, S. 72.

steht somit der eindeutige Wortlaut der Regelung des Art. 6 Abs. 1 S. 2 lit. c) RL 2000/78/EG entgegen.[545]

bb. Verhältnis von Dienst- und Versorgungszeiten der Bewerber

Ob die Gewährleistung einer angemessenen Relation von Dienst- und Versorgungszeiten aufgrund der Regelungsstruktur und der Erfordernisse des beamtenrechtlichen Versorgungssystems ein legitimes Ziel im Sinne der Richtlinie darstellt, wird von der Rechtsprechung und dem Schrifttum abweichend beurteilt.

(1.) Befürwortende Auffassung in der Rechtsprechung

Nach gefestigter Auffassung in der Rechtsprechung liegen die Erhaltung des bewährten Beamtenversorgungssystems und die damit verbundene Sicherstellung eines angemessenen Verhältnisses von aktiver Dienstzeit zum Versorgungsanspruch im Ruhestand im wohlverstandenen Interesse der Allgemeinheit.[546] Das damit verfolgte Ziel der sparsamen, ökonomischen Haushaltspolitik sei legitim im Sinne der Richtlinie.[547]

(2.) Ablehnende Ansicht im Schrifttum

In der Literatur wird hingegen die Auffassung vertreten, Höchstaltersgrenzen könnten nicht mit den Erfordernissen eines Versorgungssystems und der daraus folgenden Gewährleistung eines angemessenen Verhältnisses von Dienst- zur Versorgungszeiten begründet werden.[548] Es sei vielmehr notwendig und geboten,

---

545 Siehe auch *Lingscheid*, Antidiskriminierung im Arbeitsrecht, S. 230.

546 BVerwGE 133, 143, 147 f.; BVerwG, Urteil vom 18.5.2009, 2 C 67/08, Rn. 15 (Juris); BVerwG, NVwZ 2012, 880, 884; OVG Bremen, Urteil vom 14.12.2011, 2 A 326/10, Rn. 36 (Juris); OVG NRW, Urteil vom 27.7.2010, 6 A 282/08, Rn. 57 (Juris), in Verbindung mit OVG NRW, RiA 2007, 221, 223; OVG Rheinland-Pfalz, RiA 2008, 73, 74; VGH Baden-Württemberg, Urteil vom 31.5.2011, 4 S 187/10, Rn. 48 ff. (Juris). Siehe ferner OVG Rheinland-Pfalz, Urteil vom 13.4.2011, 2 A 10068/11, Rn. 32 (Juris), im Zusammenhang mit BVerwG, Beschluss vom 28.3.2012, 2 B 102/11 (Juris), sowie OVG Berlin-Brandenburg, Urteil vom 28.2.2008, 4 B 12.07, Rn. 29 (Juris), im Kontext mit BVerwG, Urteil vom 24.9.2009, 2 C 31/08 (Juris).

547 Vgl. BVerwGE 133, 143, 148; BVerwG, Urteil vom 18.5.2009, 2 C 67/08, Rn. 15 (Juris); BVerwG, Beschluss vom 26.3.2012, 2 B 26/11, Rn. 20 (Juris). Siehe ebenfalls OVG Rheinland-Pfalz, RiA 2008, 73; 74; OVG Rheinland-Pfalz, Urteil vom 13.4.2011, 2 A 10068/11, Rn. 28 ff. (Juris), in Verbindung mit BVerwG, Beschluss vom 28.3.2012, 2 B 102/11 (Juris).

548 Zur entsprechenden Regelung des § 10 S. 3 Nr. 3 AGG *Brors*, in Däubler/Bertzbach, AGG, § 10, Rn. 79; *Bertelsmann*, in Rust/Falke, AGG, § 10, Rn. 188.

das Versorgungssystem bzw. die entsprechenden versorgungsrechtlichen Regelungen an die unionsrechtlichen Vorgaben zum Verbot der Altersdiskriminierung anzupassen.[549] Dieser Ansicht liegt ein Verständnis des Art. 6 Abs. 1 S. 2 lit. c) RL 2000/78/EG zugrunde, wonach eine Altersgrenzenregelung nur dann legitimiert werden kann, wenn sich aufgrund einer bestehenden Laufbahn- oder Ausbildungskonzeption der entsprechende Aufwand lediglich dann „lohnt", wenn der Anwärter vor seinem Eintritt in den Ruhestand noch einen angemessenen Zeitraum in dem angestrebten Amt aktiven Dienst ausübt.[550]

(3.) Stellungnahme

Die dargelegte Literaturansicht vermag nicht zu überzeugen. Die von ihr vertretene Verengung des Anwendungsbereichs des Art. 6 Abs. 1 S. 2 lit. c) RL 2000/78/EG auf das Verhältnis von Ausbildungsphase zur Beschäftigungszeit findet weder eine Begründung im Wortlaut der Vorschrift, noch ergibt sich eine entsprechende Rechtfertigung aus der Richtlinie. Der Wortlaut des Art. 6 Abs. 1 S. 2 lit. c) RL 2000/78/EG erfasst vielmehr auch Sachverhalte, bei denen sich die Notwendigkeit einer angemessenen Beschäftigungszeit vor dem Eintritt des Ruhestands aus nationalen, beamtenverfassungsrechtlichen Strukturprinzipien sowie der Konzeption des Versorgungssystems ergibt. Der Gesetzgeber verfolgt mit den in Rede stehenden Regelungen mithin ein legitimes, d.h. nicht auf unsachlichen Erwägungen zurückzuführendes Ziel aus dem Bereich der Beschäftigungspolitik bzw. des Arbeitsmarktes.

Des Weiteren kann der Forderung der Literaturauffassung, Änderungen der Beamtenversorgung mit dem Ziel vorzunehmen, Ungleichbehandlungen aufgrund des Alters zu vermeiden, ebenfalls nicht gefolgt werden. Die geforderte Änderung des Versorgungssystems bezieht sich auf das in Rede stehende Verhältnis von aktiver Dienstzeit und Versorgungsanspruch im Ruhestand. Wie

549 Vgl. *Brors*, in Däubler/Bertzbach, AGG, § 10, Rn. 79; *Bertelsmann*, in Rust/Falke, AGG, § 10, Rn. 188.

550 *Bertelsmann*, in Rust/König/Lange/Sieveking, Loccumer Protokolle 79/04, Die Umsetzung der EU-Gleichbehandlungsrichtlinien in Deutschland, S. 81, 96. Die Gesetzesbegründung zur entsprechenden Regelung des § 10 S. 3 Nr. 3 AGG führt an, dass auf diese Weise „bei älteren Beschäftigten, deren Rentenalter bereits absehbar ist, einer aufwendigen Einarbeitung am Arbeitsplatz auch eine betriebswirtschaftlich sinnvolle Mindestdauer einer produktiven Arbeitsleistung gegenüberstehen" soll, BT-Drs. 16/1780, S. 36. So im Ergebnis auch *von Hoff*, Das Verbot der Altersdiskriminierung aus Sicht der Rechtsvergleichung und der ökonomischen Analyse des Rechts, S. 50; *Lüderitz*, Altersdiskriminierung durch Altersgrenzen, S. 120.

bereits erläutert, folgt dieses Erfordernis nicht allein haushaltswirtschaftlichen Erwägungen, sondern ergibt sich aus der Gegenseitigkeit und Gleichwertigkeit der Alimentationspflicht des Dienstherrn und der Pflicht des Beamten zur grundsätzlich lebenslangen Diensterbringung.

Das Alimentationsprinzip als hergebrachter Grundsatz des Berufsbeamtentums begründet die Verpflichtung des Dienstherrn, den Beamten und seine Familie auf Lebenszeit in angemessenem Umfang zu alimentieren.[551] Unter Zugrundelegung eines sowohl die Besoldung als auch die Ruhestandsversorgung umfassenden Alimentationsbegriffs, liegt diesem hergebrachten Grundsatz des Berufsbeamtentums unter Berücksichtigung des Lebenszeitprinzips aus beamtenverfassungsrechtlicher Perspektive die Vorstellung zugrunde, der Beamte werde nicht erst zu einem späten erwerbsbiographischen Zeitpunkt das Dienst- und Treueverhältnis zum Staat begründen. Der Verzicht auf ein ausgeglichenes Verhältnis von Alimentationspflicht des Dienstherrn und Dienstleistungspflicht des Beamten beträfe mithin die Konstruktion des Beamtenverfassungsrechts sowie das austarierte Spannungsverhältnis zentraler Strukturprinzipien des Berufsbeamtentums. Im Übrigen würde die Konzeption und Funktionsfähigkeit des auf beamtenverfassungsrechtlichen Vorgaben beruhenden Beamtenversorgungssystems als eigenständiges Alterssicherungssystem in essentiellem Umfang beeinträchtigt.[552]

Eine derart weitgehende Einflussnahme auf die Ausgestaltung des Beamtenrechts eines Mitgliedstaats sowie eine tief greifende Umgestaltung eines bewährten Beamtenversorgungssystems erfordert die Umsetzung der europäischen Antidiskriminierungsvorgaben jedoch nicht. Der Ausgestaltung des sekundärrechtlichen

---

551 BVerfGE 8, 1, 14 f.; BVerfGE 11, 203, 216 f.; BVerfGE 16, 94, 115; BVerfGE 44, 249, 263; BVerfGE 83, 89, 98; BVerfGE 99, 300, 314. Das Alimentationsprinzip gewährt dem Beamten einen Anspruch auf gebührende Besoldung und Versorgung, vgl. *Wichmann*, in Wichmann/Langer, Öffentliches Dienstrecht, 2. Abschn., Rn. 30; *Pieper*, in Schmidt-Bleibtreu/Hofmann/Hopfauf, GG, Art. 33, Rn. 133 ff. Dem Gesetzgeber muss bei der Ausgestaltung der Alimentation ein weiter Ermessensspielraum zugebilligt werden, BVerfGE 3, 58, 160; BVerfGE 8, 1, 22 f.; BVerfGE 11, 203, 215; BVerfGE 76, 256, 295, 310; BVerfGE 81, 363, 365 f. Ausführlich hierzu auch *Wolff*, DÖV 2003, 494 ff.

552 Siehe auch BVerwGE 133, 143, 149 f.; BVerwG, Urteil vom 15.5.2009, 2 C 32/07, Rn. 21 (Juris). Vgl. zur prägenden Bedeutung des Alimentationsprinzips für das Berufsbeamtentum *Mehlhorn*, Verwaltungsrundschau 2010, 406, 408. Zur Bedeutung der angemessenen Relation von aktiver Dienstzeit und Versorgungsanspruch *Koch/Kathke*, ZBR 2010, 181, 181. Zum Verhältnis von Alimentations- und Leistungsgrundsatz *Battis*, NVwZ 1990, 933, 934.

Verbots der ungerechtfertigten Ungleichbehandlung aufgrund des Alters sowie der Entstehungsgeschichte der diesbezüglichen Regelungen der RL 2000/78/EG kann entnommen werden, dass das Altersdiskriminierungsverbot nicht als uneingeschränkt prädominantes Benachteiligungsverbot konzipiert wurde.[553] Das beschriebene Normgebungsverfahren zu Art. 6 Abs. 1 RL 200078/EG sowie die Maßgaben des 25. Erwägungsgrundes der RL 2000/78/EG verdeutlichen vielmehr, dass die unbestimmte Fassung der Rechtfertigungsmöglichkeit hinsichtlich der Ungleichbehandlungen aufgrund des Alters den unterschiedlichen Besonderheiten und spezifischen Erfordernissen in den Mitgliedstaaten Rechnung tragen und eine flexible Ausgestaltung des Altersdiskriminierungsverbots im Rahmen des nationalen Rechts ermöglichen soll.

b. Ausgewogene Altersstruktur als legitimes Ziel im Sinne des Art. 6 Abs. 1 S. 1 RL 2000/78/EG

Mit den Höchstaltersgrenzen für die Einstellung von Laufbahnbewerbern in den Vorbereitungsdienst sowie für die Übernahme in ein Beamtenverhältnis wird zudem das Ziel verfolgt, eine ausgewogene Altersstruktur in den jeweiligen Laufbahnen zu gewährleisten.[554] Ob diese Intention ein legitimes Ziel im Sinne des Art. 6 Abs. 1 S. 1 RL 2000/78/EG darstellt, wird in Rechtsprechung und Literatur ebenfalls uneinheitlich bewertet.

aa. Die Legitimität der Zielsetzung verneinende Ansicht im Schrifttum

Im Schrifttum wird teilweise eine Rechtfertigung der Höchstaltersgrenzen über die Argumentation der Gewährleistung einer ausgewogenen Alters- bzw. Personalstruktur abgelehnt. Dieser Auffassung zufolge stellt die angestrebte ausgeglichene Altersschichtung kein legitimes Ziel im Sinne der Richtlinie dar, da keine hinreichend nachvollziehbaren und festgelegten Kriterien für eine günstige, ausgewogene Altersstruktur angeführt werden können.[555]

---

553 So im Ergebnis auch BVerwGE 133, 143, 149; BVerwG, Urteil vom 15.5.2009, 2 C 32/07, Rn. 21 (Juris).

554 Siehe BVerwGE 133, 143, 146; BVerwG, Urteil vom 18.5.2009, 2 C 67/08, Rn. 20 (Juris); BVerwG, NVwZ 2012, 880, 883. Betrachte in diesem Kontext auch das Rd-Schr. d. BMF.

555 Mit Verweis auf die entsprechende Regelung des AGG *Bertelsmann*, in Rust/Falke, AGG, § 10, Rn. 189 f. Siehe ferner *Kühling/Bertelsmann*, NVwZ 2010, 87, 91; *Brors*, in Däubler/Bertzbach, AGG, § 10, Rn. 75, 109 f.; *Schmidt/Senne*, RdA 2002, 80, 87.

bb. Gegenauffassung in der Rechtsprechung und der Literatur

Nach gegenteiliger Ansicht in der Literatur und der Rechtsprechung stellt jedoch auch die Intention der Gewährleistung einer altersgemischten Personalstruktur ein legitimes Ziel im Sinne des Art. 6 Abs. 1 S. 1 RL 2000/78/EG dar.[556] Ein angemessenes Verhältnis von erfahrenen, älteren Beamten und jüngeren Kollegen sei im öffentlichen Interesse.[557] Eine ausgeglichene Altersstruktur beuge negativen Auswirkungen einer Kohortenbildung vor.[558] Ein unausgewogener Altersaufbau könne demgegenüber zu kohortenspezifischen Ausbildungsdifferenzen, einem Beförderungsstau sowie zur Einbuße von Erfahrungswissen bei einem nahezu gleichzeitigen Übertritt einer Alterskohorte in den Ruhestand führen.[559] Die Rechtsprechung weist allerdings ebenfalls darauf hin, dass dieses Interesse an einer altersdurchmischten Personalstruktur in den Laufbahnen nur dann ein legitimes Ziel im Sinne der Richtlinie darstelle, wenn es auf der Basis einer schlüssigen und evidenten Personalplanung berücksichtigt werden könne.[560]

---

556 BVerwGE 133, 143, 147 f.; BVerwG, Urteil vom 18.5.2009, 2 C 67/08, Rn. 15 (Juris); OVG Bremen, Urteil vom 14.12.2011, 2 A 326/10, Rn. 36 (Juris); OVG NRW, Urteil vom 27.7.2010, 6 A 282/08, Rn. 57 (Juris), in Verbindung mit OVG NRW, RiA 2007, 221, 223; *Bauer*, in FS Adomeit, S. 25, 30; *Over*, Das Verbot der Altersdiskriminierung im Arbeitsrecht nach dem Allgemeinen Gleichbehandlungsgesetz, S. 277; *Hahn*, Auswirkungen der europäischen Regelungen zur Altersdiskriminierung im deutschen Arbeitsrecht, S. 174 f.; *Lüderitz*, Altersdiskriminierung durch Altersgrenzen, S. 109; *Bauer/Göpfert/Krieger*, AGG, § 10, Rn. 5. *von Hoff*, Das Verbot der Altersdiskriminierung aus Sicht der Rechtsvergleichung und der ökonomischen Analyse des Rechts, S. 288 sieht diesbezüglich die Darlegungslast beim Arbeitgeber.

557 Vgl. BVerwGE 133, 143, 147 f. Zudem trage die Höchstaltersgrenze dem Umstand Rechnung, dass das Beamtenverhältnis nach der gesetzlichen Konstruktion einen dauerhaften Charakter aufweise und die Erfüllung der im Interesse der Allgemeinheit liegenden Staatsaufgaben ein gewisses Maß an Kontinuität in personeller Hinsicht erfordere. Mithin werde durch die Höchstaltersgrenzen das legitime Ziel der sparsamen Haushaltsführung verfolgt, BVerwG, Urteil vom 15.5.2009, 2 C 32/07, Rn. 18 (Juris), m.w.N. Vgl. auch EuGH, Rs. C – 144/04 (*Mangold*), Slg. 2005, I-9981, Rn. 61; EuGH, Rs. C – 411/05 (*Palacios de la Villa*), Slg. 2007, I-8531, Rn. 66.

558 *von Hoff*, Das Verbot der Altersdiskriminierung aus Sicht der Rechtsvergleichung und der ökonomischen Analyse des Rechts, S. 287.

559 *von Hoff*, Das Verbot der Altersdiskriminierung aus Sicht der Rechtsvergleichung und der ökonomischen Analyse des Rechts, S. 287. So auch *Hahn*, Auswirkungen der europäischen Regelungen zur Altersdiskriminierung im Arbeitsrecht, S. 175.

560 BVerwGE 133, 143, 150; BVerwG, Urteil vom 18.5.2009, 2 C 67/08, Rn. 20 (Juris). Nicht hinreichend sind deshalb lediglich formelhafte Annahmen.

cc. Eigene Bewertung der Intention vor dem unionsrechtlichen Hintergrund

Entgegen der erstgenannten Literaturmeinung stellt die Gewährleistung einer ausgewogenen Altersstruktur in den Laufbahnen ein legitimes Ziel im Sinne des Art. 6 Abs. 1 S. 1 RL 2000/78/EG dar.

Die verfassungsrechtlich garantierte Organisationsbefugnis der Exekutive erfasst auch die Ausstattung des öffentlichen Dienstes in personeller Hinsicht.[561] Für den Dienstherrn ist die Gewährleistung einer ausgewogenen, gleichmäßigen Altersstruktur in den Laufbahnen aus diversen Gründen von besonderem Interesse.[562] Er kann auf diese Weise die personalwirtschaftlichen Voraussetzungen schaffen, den Wissens- und Erfahrungstransfer von älteren auf jüngere Beamte im Interesse einer leistungsfähigen öffentlichen Verwaltung zu gewährleisten. Darüber hinaus verhindert eine ausgewogene Personalstruktur in Bezug auf das Lebensalter, dass durch den gleichzeitigen Eintritt einer Vielzahl von Beamten in den Ruhestand eine kontinuierliche Aufgabenerfüllung gefährdet wird. Im Übrigen können Aufstiegschancen bzw. Beförderungsmöglichkeiten für jüngere Beamte nur eröffnet werden, wenn höher bewertete Dienstposten in regelmäßigen Abständen zur Neubesetzung zur Verfügung stehen. Diese Gesichtspunkte hat der Dienstherr im wohlverstandenen Allgemeininteresse einer effizienten und leistungsfähigen öffentlichen Verwaltung bei der Ausgestaltung der Personalstruktur zu berücksichtigen.

Darüber hinaus lässt sich die günstige Schichtung der Altersstruktur – entgegen der erstgenannten Ansicht im Schrifttum – hinreichend konkret beschreiben. Eine Altersstruktur ist grundsätzlich dann ausgewogen, wenn eine Prävalenz bestimmter Altersschichten in einer Verwaltungseinheit vermieden wird und ein ausgeglichenes Verhältnis von jungen und erfahrenen Mitarbeitern besteht.[563]

---

561 BVerwG, NVwZ 2005, 457, 458.

562 Dieses Interesse besteht – entgegen der Auffassung von *Kühling/Bertelsmann*, NVwZ 2010, 87, 92, – aus den angeführten Gründen für sämtliche Bereiche der öffentlichen Verwaltung.

563 Untersuchung des *Bundesministeriums des Inneren*, Demographischer Wandel und öffentlicher Dienst, abrufbar unter www.verwaltung-innovativ.de, S. 12 ff. Die Gewährleistung einer ausgewogenen Altersstruktur ist angesichts des beschriebenen demographischen Wandels von besonderer Bedeutung für die Funktionsfähigkeit des öffentlichen Dienstes. Dem Vorschlag von *Koch/Kathke*, ZBR 2010, 181, 181, wonach in einer Laufbahn sämtliche Jahrgänge in gleichem Umfang vertreten sein sollen, ist somit nicht zu folgen.

Eine darüber hinausgehende, konkrete Ausdifferenzierung einer ausgewogenen Altersstruktur durch den Gesetzgeber ist nicht erforderlich.[564]

c. Die Eröffnung dienstlicher Bewährungsmöglichkeiten, die Generierung von Leistungsanreizen sowie die Vermeidung leistungswidriger Zulassungen als legitime Ziele im Sinne des Art. 6 Abs. 1 S. 1 RL 2000/78/EG

Wie erörtert, wird die Höchstaltersgrenze für die Zulassung zum Laufbahnaufstieg mit den Zielen der Eröffnung von Bewährungsmöglichkeiten, der Generierung von Leistungsanreizen sowie der Vermeidung leistungswidriger Laufbahnaufstiege begründet. Dementsprechend eröffnet diese Regelung den Zugang zum Laufbahnaufstieg lediglich bis zu einem Lebensalter, das den Beamten bis zum Eintritt in den Ruhestand in hinreichender Weise Gelegenheit zur dienstlichen Bewährung sowie zur beruflichen Fort- bzw. Weiterentwicklung bietet. Angesichts dessen trägt die Altersgrenze dem Interesse der Allgemeinheit an einer leistungsfähigen Verwaltung Rechnung.[565] Die angeführten Ziele sind als legitim im Sinne des Art. 6 Abs. 1 S. RL 2000/78/EG zu werten.[566]

2. Vereinbarkeit des Instruments der Höchstaltersgrenze mit den Vorgaben des Art. 6 Abs. 1 S. 1 RL 2000/78/EG

Im Folgenden wird überprüft, ob die in Rede stehenden Höchstaltersgrenzen vor dem Hintergrund der mit ihnen verfolgten Intentionen geeignet, angemessen und erforderlich im Sinne der RL 2000/78/EG sind.

a. Intention der Gewährleistung einer angemessenen Relation von Dienst- und Versorgungszeiten

Die Konformität des personalwirtschaftlichen Steuerungsinstruments der Höchstaltersgrenze mit unionsrechtlichen Vorgaben zum Altersdiskriminierungsverbot wird insbesondere kontrovers beurteilt, wenn mit ihr die Gewährleistung

---

564 Siehe hierzu auch VGH Hessen, NVwZ 2010, 140, 142.

565 VG Düsseldorf, Beschluss vom 19.11.2008, 13 L 1652/08, Rn. 35 (Juris). Das OVG NRW wies die Beschwerde gegen diesen Beschluss zurück, OVG NRW, Beschluss vom 26.11.2008, 6 B 1743/08, Rn. 4 (Juris). Siehe ferner *Rescher/Tadday*, Laufbahnrecht des Landes NRW, Kommentar zur Laufbahnverordnung, B § 40, 13. EL, März 2003, Erl. 11a.

566 Siehe hierzu VG Düsseldorf, Beschluss vom 19.11.2008, 13 L 1652/08, Rn. 36 (Juris), sowie OVG NRW, Beschluss vom 26.11.2008, 6 B 1743/08, Rn. 4 (Juris).

eines angemessenen Verhältnisses von Dienst- und Versorgungszeiten intendiert wird.

aa. Geeignetheit und Angemessenheit der Höchstaltersgrenzen
Die Höchstaltersgrenzen für die Einstellung von Laufbahnbewerbern in den Vorbereitungsdienst sowie für die Berufung in ein Beamtenverhältnis eignen sich zur Erreichung der vom Gesetzgeber verfolgten Zielsetzung, eine angemessene Relation von Dienst- und Versorgungszeiten zu gewährleisten.[567] Infolge der Altergrenzenreglungen werden Bewerber lediglich bis zum festgesetzten Lebensalter zum Vorbereitungsdienst zugelassen bzw. in den Bundesdienst eingestellt. Angesichts dessen ist sichergestellt, dass die Beamten über einen hinreichenden Zeitraum bis zum Erreichen der Regelaltersgrenze aktiven Dienst in der öffentlichen Verwaltung ausüben.

Ob die Höchstaltersgrenzen für die Einstellung von Laufbahnbewerbern in den Vorbereitungsdienst gemäß § 14 Abs. 2 S. 1 BLV 2002 sowie für die Berufung in ein Beamtenverhältnis gemäß § 48 BHO in Verbindung mit dem RdSchr. d. BMF auch angemessen sind, wird in Rechtsprechung und Literatur hingegen unterschiedlich beantwortet.

(1.) Die Angemessenheit bestreitende Ansicht im Schrifttum
Ein Teil des Schrifttums verneint die Angemessenheit des Mittels der Höchstaltersgrenze. Die Notwendigkeit der Gewährleistung einer angemessenen Dienstzeit vor dem Eintritt in den Ruhestand rechtfertige einen grundsätzlichen Ausschluss aufgrund der Vollendung eines bestimmten Lebensalters nicht.[568]

Darüber hinaus wird von Seiten der Literatur die niedrige Festsetzung der Höchstaltersgrenze kritisiert.[569] Höchstaltersgrenzen im mittleren Erwerbsalter könnten als Ergebnis einer Gesamtabwägung nicht als angemessen im Sinne der

---

567 Vgl. hierzu OVG NRW, Beschluss vom 1.10.2012, 6 A 2988/11, Rn. 20 (Juris). Siehe ferner OVG Rheinland-Pfalz, Urteil vom 13.4.2011, 2 A 10068/11, Rn. 33 (Juris), das BVerwG hat die Beschwerde gegen die Nichtzulassung der Revision zurückgewiesen, BVerwG, Beschluss vom 28.3.2012, 2 B 102/11 (Juris).

568 Vgl. *Meinel/Heyn/Herms*, AGG, § 10, Rn. 55.

569 *Mahlmann*, in Däubler/Bertzbach, AGG, § 24, Rn. 36; *Schmidt*, in Schiek, AGG, § 10, Rn. 22. Siehe ferner *Schlachter*, in Erfurter Kommentar zum Arbeitsrecht, 10. Aufl., 2010, § 10 AGG, Rn. 2.

Richtlinie bewertet werden.[570] Bei der Beurteilung der angemessenen Relation von Beschäftigungs- und Versorgungszeiten müsste zudem die Interdependenz von Einstiegs- und Ausstiegsalter Berücksichtigung finden.[571]

(2.) Gegenauffassung in der Literatur sowie in der Rechtsprechung

Von Seiten der Gegenauffassung im Schrifttum wird die Angemessenheit des Mittels der Höchstaltersgrenze bejaht.[572] Nach Ansicht der Rechtsprechung stellt die Funktionsfähigkeit des Altersversorgungssystems der Beamten eine derart bedeutsame Zielsetzung dar, dass sich vor diesem Hintergrund die Benachteiligungen infolge der Altersgrenzenregelungen in einem nicht zu beanstandenden bzw. verhältnismäßigen Rahmen halten.[573]

Hinsichtlich der konkreten Festsetzung der Altersgrenzenregelungen führt die Rechtsprechung an, dass die zur Erlangung der Mindestversorgung erforderliche Dienstzeit lediglich einen von mehreren zu beachtenden Gesichtspunkten darstelle, der bei der Bewertung der Ausgewogenheit von Dienstzeit und Versorgungsanspruch im Ruhestand zu beachten sei. In diesem Zusammenhang sei zu berücksichtigen, dass eine ausgewogene Relation zwischen aktiver Dienstzeit und den gesamten Versorgungsaufwendungen herzustellen sei.[574]

Im Übrigen rechtfertige auch die Tatsache, dass die Höhe und Ausgestaltung der Höchstaltersgrenzen in den Ländern unterschiedlich sind, keine andere

---

570 *Lüderitz*, Altersdiskriminierung durch Altersgrenzen, S. 121, 134; *Baßlsperger*, ZBR 2008, 339, 344; *Over*, Das Verbot der Altersdiskriminierung im Arbeitsrecht nach dem Allgemeinen Gleichbehandlungsgesetz, S. 246, der eine Angemessenheit der Höchstaltersgrenze lediglich für Beamte des höheren Dienstes anerkennt. *Kämmerer*, ZBR 2008, 325, 331, vermutet, dass eine Vielzahl von Altersgrenzenregelungen auf eine „Traditionsverhaftung" zurückzuführen ist.

571 *Kämmerer*, ZBR 2008, 325, 331. Er betont, dass die Gesamtbeschäftigungszeit nicht nur durch den Beginn, sondern auch durch die Beendigung bestimmt werde. Die Verflechtung von Einstiegs- und Ausstiegsalter werde zudem dadurch beeinflusst, dass Korrekturen beim Eingangshöchstalter von abstrakten Vorhersagen abhängen.

572 *Hahn*, Auswirkungen der europäischen Regelungen zur Altersdiskriminierung im deutschen Arbeitsrecht, S. 129.

573 Vgl. BVerwGE 133, 143, 150; BVerwG, Urteil vom 18.5.2009, 2 C 67/08, Rn. 19 (Juris); OVG NRW, Beschluss vom 1.10.2012, 6 A 2988/11, Rn. 21 (Juris); VGH Baden-Württemberg, Urteil vom 31.5.2011, 4 S 187/10, Rn. 55 (Juris).

574 Siehe hierzu BVerwGE 133, 143, 150; BVerwG, Urteil vom 18.5.2009, 2 C 67/08, Rn. 19 (Juris).

Beurteilung.[575] Die Bewertung der Angemessenheit sei von zahlreichen Aspekten abhängig, die zudem eine unterschiedliche Priorisierung ermöglichen.[576]

(3.) Eigene Bewertung der Angemessenheit

Sowohl gegen den Einsatz des Rechtsinstruments der Höchstaltersgrenze als auch gegen die konkreten Festsetzungen der dargestellten Altersgrenzenregelungen bestehen im Hinblick auf die Angemessenheit dieser personalwirtschaftlichen Steuerungsmaßnahme im Sinne des Art. 6 Abs. 1 S. 1 RL 2000/78/EG keine rechtlichen Bedenken.

Wie bereits dargelegt, steht dem Gesetzgeber ein weiter Ermessensspielraum hinsichtlich der Wahl der Maßnahmen zur Erreichung der Ziele aus dem Bereich der Arbeits- und Sozialpolitik zu.[577] Der Normgeber darf sich auf grundsätzliche Erfahrungswerte stützen, ohne den Besonderheiten des Einzelfalles eine signifikante Bedeutung beizumessen.[578]

Bei der Beurteilung der Angemessenheit der in Rede stehenden Altersgrenzen sind verschiedene Gesichtspunkte wertend abzuwägen. Einerseits hat der Dienstherr, aufgrund der Tatsache, dass das Beamtenverhältnis ein lebenslanges Dienst- und Treueverhältnis darstellt, ein originäres, öffentliches Interesse an einer möglichst langandauernden aktiven Dienstzeit des Beamten.[579] Diese Zielsetzung ist vorrangig mit einer niedrig angesetzten Höchstaltersgrenze zu verfolgen. Andererseits besteht ein gegenläufiges individuelles Interesse des Anwärters, auch in fortgeschrittenem Lebensalter Zugang zu einem Beamtenverhältnis zu erhalten.[580]

Im Rahmen der europarechtlichen Angemessenheitsprüfung dürfen ferner die prognostizierte Entwicklung des zahlenmäßigen Verhältnisses von Beamten

---

575 Betrachte diesbezüglich OVG NRW, Urteil vom 27.7.2010, 6 A 282/08, Rn. 57 (Juris), mit der das Gericht ausdrücklich auf die Entscheidung OVG NRW, RiA 2007, 221, Bezug nimmt. Das OVG NRW hatte seinerzeit die Tatsache, dass andere Länder abweichende Altersgrenzenregelungen vorsahen bzw. auf die Normierung von Höchstaltersgrenzen verzichteten, für unbeachtlich erklärt, OVG NRW, RiA 2007, 221, 225.

576 OVG NRW, Urteil vom 27.7.2010, 6 A 282/08, Rn. 57 (Juris), in Verbindung mit OVG NRW, RiA 2007, 221, 225. Ebenso *Waltermann*, NZA 2005, 1265, 1267.

577 EuGH, Rs. C-144/04 (*Mangold*), Slg. 2005, I-9981, Rn. 63; EuGH, Rs. C-411/05 (*Palacios de la Villa*), Slg. 2007, I-8531, Rn. 68.

578 *Schlachter*, in GS Blomeyer, S. 355, 357.

579 BVerwGE 133, 143, 150; BVerwG, Urteil vom 18.5.2009, 2 C 67/08, Rn. 18 (Juris).

580 OVG NRW, Urteil vom 27.7.2010, 6 A 282/08, Rn. 57 (Juris), in Verbindung mit OVG NRW, RiA 2007, 221, 224.

im aktiven Dienst zu den Versorgungsempfängern sowie die Auswirkungen dieser Entwicklung auf die Versorgungsausgaben nicht unberücksichtigt bleiben. Ausweislich des Vierten Versorgungsberichts der Bundesregierung wird die Zahl der Versorgungsempfänger aus dem System der Beamtenversorgung des Bundes zwischen 2007 und 2050 von 80.800 um ca. 34 Prozent auf 108.200 deutlich ansteigen.[581] Die zunehmende Zahl der Versorgungsempfänger führt zu steigenden Versorgungsausgaben. Abhängig von den verschiedenen Annahmen künftiger Bezügeanpassungen sind Steigerungen von 171 Prozent bis zu 314 Prozent zu erwarten.[582]

In Anbetracht dessen sind die in Rede stehenden Höchstaltersgrenzen vor dem europarechtlichen Hintergrund nicht zu beanstanden. Angesichts der Gründung der Beamtenversorgung auf beamtenverfassungsrechtlichen Strukturgrundlagen, ihrer Ausgestaltung als eigenständiges Alterssicherungssystem sowie der zu erwartenden Entwicklung der Versorgungsausgaben stellen die Höchstaltersgrenzen angemessene Instrumente zur Gewährleistung eines ausgewogenen Verhältnisses von aktiver Dienstzeit zur anschließenden Versorgungszeit im Ruhestand dar. Sie gewährleisten eine verfassungskonforme Austarierung hergebrachter Grundsätze des Berufsbeamtentums und sichern damit gleichsam die Zukunftsfähigkeit des Beamtenversorgungssystems. Vor diesem Hintergrund halten sich die Einschränkungen des Schutzes vor Altersdiskriminierung infolge der beschriebenen Höchstaltersgrenzen in einem angemessenen Verhältnis.

Ebenfalls nicht zu beanstanden sind die konkreten Festsetzungen der Höchstaltersgrenzen. Diese sind derart bemessen, dass sie auch bei Unterstellung eines ungewöhnlichen Ausbildungsverlaufs bzw. einer außergewöhnlichen Erwerbsbiographie eingehalten werden können.[583]

bb. Erforderlichkeit der Höchstaltersgrenzen

Die Frage der Erforderlichkeit der Höchstaltersgrenzen für die Einstellung von Laufbahnbewerbern in den Vorbereitungsdienst sowie für die Berufung in ein Beamtenverhältnis wird in Rechtsprechung und Literatur gleichfalls uneinheitlich beantwortet.

581 Vierter Versorgungsbericht der Bundesregierung, BT-Drs. 16/12660, S. 72.

582 Vierter Versorgungsbericht der Bundesregierung, BT-Drs. 16/12660, S. 72.

583 Ähnlich BVerwG, NVwZ 2012, 880, 882 ff., zu einer laufbahnrechtlichen Höchstaltersgrenze von 40 Jahren.

(1.) Die Erforderlichkeit ablehnende Ansicht im Schrifttum

In der Literatur wird die Auffassung vertreten, das Mittel der Höchstaltersgrenze sei nicht erforderlich zur Erreichung des Ziels der Gewährleistung eines angemessenen Verhältnisses von aktiver Dienstzeit zur Versorgungslast im Ruhestand. Diese Intention lasse sich mit milderen Mitteln – etwa reduzierten Versorgungsansprüchen – erreichen.[584]

(2.) Auffassung der Rechtsprechung

In der Rechtsprechung wird die Erforderlichkeit der in Rede stehenden Höchstaltersgrenzen hinsichtlich der Erreichung der vom Gesetzgeber verfolgten Zielsetzung bejaht. Im Rahmen des Versorgungssystems der Beamten müsse die Versorgung im Ruhestand während des Zeitraums des aktiven Dienstes „erwirtschaftet" werden.[585] Für die Gewährleistung einer ausgewogenen Relation von aktiver Dienstzeit zu den Versorgungszeiten sei die Normierung einer Höchstaltersgrenze unverzichtbar.[586] Nur auf diesem Wege sei – da das Ende des aktiven Dienstes nicht beliebig hinausgeschoben werden könne – eine Mindestdienstzeit sichergestellt.[587]

Der Gesetzgeber sei nicht verpflichtet, hohen Versorgungslasten statt durch eine Altersgrenze durch eine intensivere Interdependenz der Höhe des Versorgungsanspruchs von der Zeitspanne des aktiven Dienstes entgegen zu wirken.[588]

---

584 *Roloff*, in Rolfs/Giesen/Kreikebohm/Udsching, Beck'scher Online-Kommentar Arbeitsrecht, § 10 AGG, 15. Edition, März 2010, Rn. 17. Vgl. hierzu ebenfalls *Fuchs*, in Bamberger/Roth, Beck'scher Online-Kommentar BGB, § 10, AGG, Edition 15, 2009, Rn. 7.

585 VGH Baden-Württemberg, Urteil vom 31.5.2011, 4 S 187/10, Rn. 53 (Juris); OVG NRW, Beschluss vom 1.10.2012, 6 A 2998/11, Rn. 20 (Juris); OVG Rheinland-Pfalz, Urteil vom 13.4.2011, 2 A 10068/11, Rn. 35 (Juris), das BVerwG wies die Beschwerde gegen die Nichtzulassung der Revision zurück, BVerwG, Beschluss vom 28.3.2012, 2 B 102/11 (Juris).

586 OVG NRW, Beschluss vom 1.10.2012, 6 A 2988/11, Rn. 20 (Juris); OVG Rheinland-Pfalz, Urteil vom 13.4.2011, 2 A 10068/11, Rn. 35 (Juris), die Beschwerde gegen die Nichtzulassung der Revision wies das BVerwG zurück, BVerwG, Beschluss vom 28.3.2012, 2 B 102/11 (Juris).

587 OVG NRW, Beschluss vom 1.10.2012, 6 A 2998/11, Rn. 20 (Juris); OVG Rheinland-Pfalz, RiA 2008, 73, 74; OVG Rheinland-Pfalz, Urteil vom 13.4.2011, 2 A 10068/11, Rn. 35 (Juris), in Verbindung mit BVerwG, Beschluss vom 28.3.2012, 2 B 102/11 (Juris); OVG NRW, Urteil vom 27.7.2010, 6 A 282/08, Rn. 57 (Juris), im Kontext zu OVG NRW, RiA 2007, 221, 223.

588 VGH Baden-Württemberg, Urteil vom 31.5.2011, 4 S 187/10, Rn. 54 (Juris).

Die Annahme, eine Differenzierung aufgrund des Alters sei nicht erforderlich, sofern der Gesetzgeber nicht sämtliche Maßnahmen zu ihrer Verhinderung ergriffen habe, entspreche nicht mit dem Regelungscharakter der RL 2000/78/EG.[589]

(3.) Eigene Position zur Erforderlichkeit der Höchstaltersgrenzen

Die in Rede stehenden Höchstaltersgrenzen sind zur Realisierung des vom Gesetzgeber angestrebten Ziels erforderlich im Sinne des Art. 6 Abs. 1 S. 1 RL 2000/78/EG. Ein milderes Mittel, das sich in gleicher Weise zur Zielerreichung eignet, ist nicht erkennbar.

Die Rechtsauffassung des Schrifttums schränkt den Gestaltungsspielraum des Gesetzgebers zu weitgehend ein und würde in der Umsetzung einen signifikanten Eingriff in das ausdifferenzierte Verhältnis beamtenverfassungsrechtlicher Strukturprinzipien im Zusammenhang mit der Alimentation der Beamten bedeuten sowie eine grundlegende Neukonzeption des Beamtenversorgungssystems erfordern.[590] Wie aus der beschriebenen Entstehungsgeschichte der sekundärrechtlichen Rechtsfertigungsgründe zum Verbot der Altersdiskriminierung ersichtlich ist, kann dieses aus der RL 2000/78/EG folgende Diskriminierungsverbot einen derart einschneidenden Eingriff in das mitgliedstaatliche Beamtenverfassungsrecht sowie in ein nationalstaatliches Alterssicherungssystem nicht rechtfertigen.[591]

Im Übrigen begegnet die von der Literaturauffassung angeführte Argumentation, die Reduzierung der Versorgungsansprüche stelle ein milderes Mittel im Vergleich zu den Höchstaltersgrenzen dar, erheblichen Bedenken. Die intensivere Kopplung der Höhe der Versorgungsbezüge an die Dauer der aktiven Dienstzeit unter gleichzeitigem Verzicht auf eine Altersgrenzenregelung für den Zugang zum Beamtenverhältnis kann nicht als wirksames, in gleicher Weise geeignetes Regulativ dienen, da eine derartige Maßnahme dem Alimentationsgrundsatz zuwider liefe und mithin ebenfalls mit beamtenverfassungsrechtlichen Strukturprinzipien konfligierte. Dies gilt insbesondere vor dem Hintergrund, dass eine konsequente

---

589 BVerwGE 133, 143, 149; VGH Baden-Württemberg, Urteil vom 31.5.2011, 4 S 187/10, Rn. 54 (Juris).

590 In Bezug auf das Konzept der Beamtenversorgung BVerwGE 133, 143, 149 f.; OVG Rheinland-Pfalz, Urteil vom 13.4.2011, 2 A 10068/11, Rn. 35 f. (Juris), das BVerwG hat die Beschwerde gegen die Nichtzulassung der Revision zurückgewiesen, BVerwG, Beschluss vom 28.3.2012, 2 B 102/11 (Juris).

591 Siehe in diesem Kontext *Bauer/von Medem*, NZA 2012, 945, 945 m.w.N., die die „Scheu“ des EuGH anführen, „Grundkonstanten mitgliedstaatlicher Sozialpolitik über Bord zu werfen“.

Umsetzung dieses Ansatzes unter Umständen zu einer Unteralimentation des Beamten führen könnte. Darüber hinaus wird in der Rechtsprechung zutreffend darauf hingewiesen, dass dies im Ergebnis ebenfalls eine – mittelbare – Ungleichbehandlung aufgrund des Lebensalters darstellen würde.[592]

b. Zielsetzung der ausgewogenen Altersstruktur

Die Vereinbarkeit des Instruments der Höchstaltersgrenze, das zum Zwecke der Gewährleistung einer ausgewogenen Altersstruktur in den Laufbahnen eingesetzt wird, mit europarechtlichen Vorgaben zum Verbot der Diskriminierung aufgrund des Alters wird ebenfalls uneinheitlich bewertet.

aa. Geeignetheit und Angemessenheit der Höchstaltersgrenzen

In der Rechtsprechung und der Literatur ist bereits umstritten, ob die Höchstaltersgrenzen für die Einstellung von Laufbahnbewerbern in den Vorbereitungsdienst sowie für die Übernahme in ein Beamtenverhältnis geeignet sind zur Realisierung der Intention der Gewährleistung einer ausgeglichenen Altersschichtung in den Laufbahnen.

(1.) Meinungsspektrum in Rechtsprechung und Schrifttum

Im Schrifttum wird die Ansicht vertreten, die Höchstaltersgrenzen eigneten sich nicht zur Erreichung des angestrebten Ziels der Gewährleistung einer ausgewogenen Altersstruktur in den Laufbahnen.[593] Die gewünschte altersdurchmischte Personalstruktur könne vielmehr nur durch individuelle, gezielte Personalsteuerungsmaßnahmen erreicht werden.[594]

In der Rechtsprechung wird hingegen – ohne eine konkrete Begründung – von der Geeignetheit der in Rede stehenden Höchstaltersgrenzen für die Erreichung des Ziels der Gewährleistung einer ausgewogenen Altersstruktur ausgegangen.[595]

---

592 Vgl. BVerwGE 133, 143, 149.

593 *Over*, Das Verbot der Altersdiskriminierung im Arbeitsrecht nach dem Allgemeinen Gleichbehandlungsgesetz, S. 278; *Lüderitz*, Altersdiskriminierung durch Altersgrenzen, S. 121.

594 Vgl. *Over*, Das Verbot der Altersdiskriminierung im Arbeitsrecht nach dem Allgemeinen Gleichbehandlungsgesetz, S. 278; *von Hoff*, Das Verbot der Altersdiskriminierung aus Sicht der Rechtvergleichung und der ökonomischen Analyse des Rechts, S. 289.

595 BVerwGE 133, 143, 148 f.; BVerwG, Urteil vom 18.5.2009, 2 C 67/08, Rn. 16 ff. (Juris); OVG NRW, Urteil vom 27.7.2010, 6 A 282/08, Rn. 57 (Juris), in Verbindung mit OVG NRW, RiA 2007, 221, 223; OVG Rheinland-Pfalz, RiA 2008, 73, 74.

(2.) Eigene Stellungnahme

Die Höchstaltersgrenzen sind geeignet zur Gewährleistung einer gleichmäßigen Altersschichtung in den Beamtenlaufbahnen. Sie stellen sicher, dass Anwärtern bzw. Beamten nur bis zu einem gewissen Alter der Zugang zu einem öffentlichen Amt eröffnet wird und gewährleisten infolge dessen – bei kontinuierlicher Stellenbesetzung und in Kombination mit der Regelaltersgrenze für das Ausscheiden aus dem aktiven Dienst – eine ausgewogene Altersstruktur in der Beamtenschaft. Angesichts des Personalumfangs im Bereich der öffentlichen Verwaltung und der Anzahl der Personal rekrutierenden Verwaltungseinheiten begegnen die von der Literaturauffassung angeführten, individuellen Personalsteuerungsmaßnahmen erheblichen Bedenken im Hinblick auf ihre Effektivität und Praktikabilität.

(3.) Angemessenheit der Höchstaltersgrenzen

Die Höchstaltersgrenzen für die Einstellung von Laufbahnbewerbern in den Vorbereitungsdienst sowie für die Übernahme in ein Beamtenverhältnis sind vor dem Hintergrund der Bedeutung einer ausgewogenen Alterstruktur in den Laufbahnen für die Funktionsfähigkeit des Berufsbeamtentums als angemessen im Sinne des Art. 6 Abs. 1 S. 1 RL 2000/78/EG zu bewerten. Die mit den Höchstaltersgrenzen verbundenen Einschränkungen der Anwärter bzw. der Beamten sind angesichts der intendierten Gewährleistung einer leistungsfähigen bzw. effizienten öffentlichen Verwaltung akzeptabel.

bb. Erforderlichkeit der Höchstaltersgrenzen

Die Höchstaltersgrenzen für die Einstellung von Laufbahnbewerbern in den Vorbereitungsdienst gemäß § 14 Abs. 2 S. 1 BLV 2002 sowie für die Berufung in das Beamtenverhältnis nach § 48 BHO in Verbindung mit dem RdSchr. d. BMF sind zur Erreichung der Zielsetzung der Gewährleistung einer ausgewogenen Altersstruktur in den Laufbahnen erforderlich. Ein für Bewerber bzw. Beamte weniger einschneidendes personalwirtschaftliches Instrument, das die gleiche Wirkung in Bezug auf sämtliche, Personal rekrutierenden Verwaltungseinheiten zeitigt, ist nicht erkennbar.[596]

---

596 BVerwGE 133, 143, 148 f.; BVerwG, Urteil vom 18.5.2009, 2 C 67/08, Rn. 16 ff. (Juris); OVG Rheinland-Pfalz, Urteil vom 13.4.2011, 2 A 10068/11, Rn. 35 (Juris), in Verbindung mit BVerwG, Beschluss vom 28.3.2012, 2 B 102/11 (Juris); OVG NRW, Urteil vom 27.7.2010, 6 A 282/08, Rn. 57 (Juris), in Verbindung mit OVG NRW, RiA 2007, 221, 223.

c. Zielsetzungen der Eröffnung von Bewährungsmöglichkeiten, der Generierung von Leistungsanreizen und der Vermeidung leistungswidriger Aufstiege

Die Höchstaltersgrenze für die Zulassung zum Laufbahnaufstieg schließt leistungswidrige Zulassungsentscheidungen in unmittelbarer zeitlicher Nähe zum Ruhestandseintritt aus und gewährleistet, dass dem Beamten nach erfolgtem Aufstieg noch eine hinreichend lange aktive Dienstzeit zur Bewährung sowie zur beruflichen Weiterentwicklung verbleibt. Sie ist mithin geeignet zur Realisierung der vom Gesetzgeber angestrebten Ziele.[597] Die dargestellte Festsetzung der Höchstaltersgrenze ist darüber hinaus derart bemessen, dass die damit verbundenen Einschränkungen der Bewerber in Anbetracht des mit der Altersgrenzenregelung verfolgten, übergeordneten Ziels der optimalen Auswahl der Anwärter im Interesse einer motivierten und leistungsfähigen Verwaltung nicht zu beanstanden sind.

Die besagte Altersgrenzenregelung ist zudem auch erforderlich zur Erreichung der angestrebten Ziele. Nur durch diese altersabhängige Zulassungsbeschränkung kann eine leistungsfremde Zulassungsentscheidung vermieden und erzielt werden, dass die Aufstiegsbeamten nach erfolgtem Laufbahnaufstieg über eine ausreichende Restdienstzeit verfügen, um sich in der neuen Laufbahn dienstlich zu bewähren und weiterzuentwickeln.[598]

IV. Zwischenergebnis

Die Höchstaltersgrenzen für die Einstellung von Laufbahnbewerbern in den Vorbereitungsdienst, für die Berufung in das Beamtenverhältnis sowie für die Zulassung zum Laufbahnaufstieg sind mit unionsrechtlichen Vorgaben zum Verbot der Altersdiskriminierung konform.

Die Zielsetzung der Gewährleistung einer ausgewogenen Altersschichtung in den Laufbahnen ist eine legitime Zielsetzung im Sinne des Art. 6 Abs. 1 S. 1 RL 2000/78/EG.

---

597 *Schröder/Lemhöfer/Krafft*, BLV, § 33a – in der Fassung vom 2.7.2002 –, 35. EL, April 2008, Rn. 3.

598 VG Düsseldorf, Beschluss vom 19.11.2008, 13 L 1652/08, Rn. 46 (Juris). Das OVG NRW, Beschluss vom 26.11.2008, 6 B 1743/08, Rn. 4 (Juris), hat die Beschwerde gegen vorstehende Entscheidung mit dem Hinweis auf die Vereinbarkeit der Altersgrenzenregelung mit höherrangigem Recht zurückgewiesen.

F. Fazit

Die Höchstaltersgrenzen für die Einstellung von Laufbahnbewerbern in den Vorbereitungsdienst gemäß § 14 Abs. 2 S. 1 BLV 2002 sowie für die Zulassung zum Laufbahnaufstieg gemäß § 36 Abs. 2 BLV sind sowohl mit verfassungsrechtlichen als auch mit europarechtlichen Vorgaben zum Verbot der Diskriminierung aufgrund des Alters vereinbar. Im Hinblick auf die Höchstaltersgrenze für die Berufung in das Beamtenverhältnis gemäß § 48 BHO in Verbindung mit dem RdSchr. d. BMF ist hingegen festzustellen, dass diese – wenngleich sie mit unionsrechtlichen Maßgaben zum Altersdiskriminierungsverbot konform ist – nicht den Anforderungen des Gesetzesvorbehalts genügt.

Als Ergebnis der vorstehenden Prüfung ist zudem festzuhalten, dass die Zielsetzung der Gewährleistung eines ausgeglichenen Altersaufbaus in den Laufbahnen eine Einschränkung des beamtenverfassungsrechtlichen Leistungsgrundsatzes nicht zu rechtfertigen vermag, jedoch als legitimes Ziel im Sinne des Art. 6 Abs. 1 S. 1 RL 2000/78/EG zu qualifizieren ist.

3. Teil Exkurs: Untersuchung der Höchstaltersgrenze für die Berufung in das Beamtenverhältnis gemäß § 48 BHO in Verbindung mit dem RdSchr. d. BMF vor dem gleichstellungsrechtlichen Hintergrund

Altersorientierte Regelungen entfalten in mehrfacher Hinsicht gleichbehandlungsrechtliche Relevanz. Zum einen bewirken sie – intentionsgemäß – eine Ungleichbehandlung aufgrund des Alters. Zum anderen können sie – abhängig von ihrer konkreten normativen Ausgestaltung – eine gleichstellungsrechtliche[599] Bedeutung aufweisen. Dies gilt insbesondere für die Ausschlusswirkung erzeugenden Höchstaltersgrenzen, wenn ihre Ausformung regelmäßig Angehörige einer Geschlechtergruppe[600] in Bezug auf die Einhaltung der Altersvorgabe benachteiligt. Eine Benachteiligung in diesem Sinne kommt speziell in Konstellationen in Betracht, in denen eine Höchstaltersgrenze Nichterwerbsphasen aus familiären Gründen nicht normativ berücksichtigt.

---

599 Der Begriff der Gleichstellung ist als Synonym für die Verwirklichung der faktischen Gleichberechtigung zugunsten der Frauen in sämtlichen Lebensverhältnissen zu verstehen, vgl. *Francke/Sokol/Gurlit*, Frauenquoten in öffentlicher Ausbildung, S. 25.

600 Der Begriff ‚Geschlecht' bezeichnet die weibliche und männliche Form der Lebewesen, die durch die Unterschiedlichkeit ihrer Geschlechtsorgane und ihrer Aufgabe bei der Fortpflanzung bestimmt werden, *Brockhaus*, Band I. Bei der nachstehenden Untersuchung wird der „klassische" Geschlechtsdiskriminierungsbegriff zugrunde gelegt. Danach wird das Geschlecht auf das Merkmal des Menschen als Geschlechtswesen bezogen, vgl. *Sachs*, in Stern, Das Staatsrecht der Bundesrepublik Deutschland, Bd. IV/2, §, 121 II, S. 1629. Siehe in diesem Kontext auch die kürzlich eingeführte Regelung des § 22 Abs. 3 Personenstandsgesetz vom 19.2.2007, BGBl. I S. 122, zuletzt geändert durch Gesetz vom 7.8.2013, BGBl. I S. 3154. Aus Gründen der Übersichtlichkeit bleiben Aspekte der sexuellen Orientierung sowie der Geschlechtsidentität außer Betracht, vgl. hierzu *Adamietz*, Geschlecht als Erwartung, S. 48, 207.

Derartige altersabhängige Vorschriften sind jeweils gesondert auf ihre Vereinbarkeit mit gleichbehandlungsrechtlichen Vorgaben zu betrachten. Verfassungs- bzw. unionsrechtswidrig sind sie bereits, wenn eine Ungleichbehandlung lediglich aufgrund eines Merkmals nicht gerechtfertigt ist.[601]

Vor diesem Hintergrund wird die Höchstaltersgrenze für die Berufung in das Beamtenverhältnis im Rahmen eines Exkurses exemplarisch auf ihre Vereinbarkeit mit gleichstellungsrechtlichen Vorgaben des Verfassungs- und des Unionsrechts beurteilt.[602] Bezug nehmend auf die Prüfungsergebnisse des vorherigen Kapitels wird in diesem Zusammenhang eruiert, ob im Hinblick auf die in Rede stehende Vorschrift des § 48 BHO über die bereits festgestellte Notwendigkeit einer gesetzlichen Verankerung der konkreten Festsetzung der Höchstaltersgrenze ein weitergehender Regelungsbedarf in gleichstellungsrechtlicher Hinsicht besteht.

A. Analyse der Höchstaltersgrenze für die Berufung in das Beamtenverhältnis aus gleichstellungsrechtlicher Sicht

Die gesetzliche Ausgestaltung der Höchstaltersgrenze für die Berufung in das Beamtenverhältnis gemäß § 48 BHO in Verbindung mit dem RdSchr. d. BMF sowie der entsprechenden landesgesetzlichen Vorschriften werden im Folgenden aus gleichstellungsrechtlicher Perspektive betrachtet.

---

601 Diese Rechtserkenntnis ist in § 4 AGG in Bezug auf die nach diesem Gesetz zu beurteilenden Diskriminierungen normiert. Nach zutreffender Ansicht von *Thüsing*, Münchener Kommentar zum BGB, 6. Aufl., 2012, § 4 AGG, Rn. 1 f., benennt § 4 AGG jedoch eine „gesetzestechnische Selbstverständlichkeit". Dementsprechend kommt der Vorschrift in erster Linie eine klarstellende Funktion zu. Diese Funktion der Regelung betonen auch *Roloff*, in Rolfs/Giesen/Kreikebohm/Udsching, Beck'scher Online-Kommentar Arbeitsrecht, § 4 AGG, 28. Edition, Juni 2013, Rn. 1; *Bufalica*, in Däubler/Hjort/Schubert/Wolmerath, Arbeitsrecht, 2. Aufl., 2010, § 4 AGG, Rn. 1. Erwägungsgrund Nr. 3 der RL 2000/78/EG weist darauf hin, dass Frauen häufig Opfer mehrfacher Diskriminierung sind.

602 Die nachfolgende Analyse ist auf die Überprüfung der Höchstaltersgrenze für die Berufung in das Beamtenverhältnis an gleichstellungsrechtlichen Vorgaben beschränkt.

I. Ausgestaltung des § 48 BHO sowie des Bezug nehmenden RdSchr. d. BMF

Die normative Konzeption des § 48 BHO in Verbindung mit dem RdSchr. d. BMF sieht eine Berücksichtigungsmöglichkeit gleichstellungsrechtlich relevanter Lebenssachverhalte auf die festgesetzte Altersvorgabe nicht vor. Die Regelung etabliert insbesondere keine Ausnahmeregelung von der Höchstaltersgrenze von 40 Jahren im Hinblick auf Zeiträume, in denen Bewerber Kinder erzogen bzw. Angehörige gepflegt haben.

In dieser Hinsicht unterscheidet sich die Grundkonstruktion dieser Altersgrenzenregelung etwa von der Höchstaltersgrenze für die Einstellung von Laufbahnbewerbern in den Vorbereitungsdienst gemäß § 14 Abs. 2 BLV 2002. § 14 Abs. 2 S. 3, 4 BLV 2002 trug Zeiträumen der Kinderbetreuung sowie der Pflege eines Angehörigen insofern Rechnung, als die Höchstaltersgrenze für die Einstellung von Laufbahnbewerbern in den Vorbereitungsdienst um diese Zeiten hinausgeschoben wurde.

II. Entsprechende Regelungen der Länder

Diverse Haushaltsordnungen bzw. betreffende Verwaltungsvorschriften der Länder regeln in Bezug auf die Festsetzung von Höchstaltersgrenzen für die Einstellung und Versetzung von Beamten in den Landesdienst Berücksichtigungsmöglichkeiten für Zeiträume der Erziehung von Kindern bzw. der Betreuung pflegebedürftiger Angehöriger. Nach der LHO Baden-Württemberg erhöht sich die Höchstaltersgrenze von 42 Jahren für Bewerber, die Betreuungs- und Pflegezeiten für Kinder unter 18 Jahren oder pflegebedürftige Angehörige geleistet haben, jeweils um zwei Jahre.[603] Die LHO Sachsen führt an, dass sich die Altersgrenze von 40 Jahren für Bewerber, die Eltern- und Betreuungszeiten geleistet haben, jeweils um ein Jahr und insgesamt höchstens um drei Jahre erhöht.[604]

Nach der LHO Schleswig-Holstein[605] gilt die Einwilligung des Ministeriums für die Übernahme von Personen, die das 45. Lebensjahr vollendet haben, unter anderem dann als erteilt, wenn diese aus einem früheren Beamtenverhältnis beim Land ausgeschieden sind, um die Kindesbetreuung in häuslicher Gemeinschaft fortzusetzen, und vor Vollendung des 55. Lebensjahres erneut in das Beamtenverhältnis berufen werden.

---

603 § 48 Abs. 1 S. 2 LHO Baden-Württemberg.

604 § 48 Abs. 1 S. 2 LHO Sachsen.

605 § 48 Abs. 2 Nr. 3 LHO Schleswig-Holstein.

Die Haushaltsordnungen und entsprechenden Verwaltungs- bzw. Ausführungsvorschriften der übrigen Länder sehen – sofern sie Höchstaltersgrenzen für die Einstellung und Versetzung in den Landesdienst normieren – keine Anrechnungsmöglichkeiten für Kinderbetreuungs- und Pflegezeiten vor.[606]

B. Gleichstellungsrechtliche Vorgaben des Verfassungsrechts

Während das vorkonstitutionelle Recht überwiegend patriarchalisch geprägt[607] und weitgehend auf den männlichen Teil der Gesellschaft ausgerichtet war, normiert das Grundgesetz in Art. 3 Abs. 2 und 3 GG explizit ein Gebot der Gleichberechtigung von Männern und Frauen sowie ein Differenzierungsverbot aufgrund des Geschlechts. Diese Vorschrift ist von essenzieller Bedeutung für das nationale Gleichstellungsrecht und insoweit Ausformung des Menschenwürdeprinzips, als in der Anknüpfung an bestimmte Kriterien eine Herabwürdigung der betroffenen Person zu sehen ist.[608]

Die Verwirklichung des Grundsatzes der Gleichberechtigung der Geschlechter im Beamtenrecht ist maßgeblich auf den signifikanten Einfluss der Rechtsprechung des BVerfG sowie auf gleichstellungsrechtliche Vorgaben des Grundgesetzes zurückzuführen.[609] Aus diesem Grund wird nachstehend zunächst die verfassungsrechtliche Systematik zur Gewährleistung der Gleichstellung von Frauen und Männern expliziert.

---

606 Vgl. Art. 48 LHO Bayern; VV § 48 LHO Berlin; § 48 LHO Brandenburg; § 48 Abs. 1 LHO Bremen; VV § 48 LHO Mecklenburg-Vorpommern; VV § 48 LHO Nordrhein-Westfalen; VV § 48 LHO Rheinland-Pfalz; VV § 48 LHO Saarland; § 48 LHO Thüringen.

607 *Sachs*, in Stern, Das Staatsrecht der Bundesrepublik Deutschland, Bd. IV/2, § 121 II, S. 1655.

608 *Dürig/Scholz*, in Maunz/Dürig, GG, Art. 3 Abs. 2, Grundwerk, Rn. 2. Demgegenüber schützt Art. 3 Abs. 1 GG vorrangig die Verteilungsgerechtigkeit, *Thüsing*, ZfA 2002, 249, 253; *Mehl*, Freistellungszeiten bei flexibler Teilzeitarbeit, S. 78.

609 Vgl. *Sachs*, ZBR 1994, 133, 133, 138, der die Rolle des BVerfG betont. Ungleichbehandlungen aufgrund des Geschlechts gehören zu den „religiös vorgeprägten traditionell patriarchalischen Strukturmerkmalen der Rechts-, Wirtschafts- und Sozialordnung“, *Osterloh*, in Sachs, GG, Art. 3, Rn. 242. Dennoch ist die Forderung nach der Gleichberechtigung der Geschlechter – im Gegensatz etwa zum allgemeinen Gleichheitssatz – nicht auf einen alten ideengeschichtlichen Hintergrund zurückzuführen, *Sachs*, in Stern, Das Staatsrecht der Bundesrepublik Deutschland, Bd. IV/2, § 121 II, S. 1600.

I. Das Diskriminierungsverbot gemäß Art. 3 Abs. 3 S. 1 GG sowie das Gleichberechtigungsgebot gemäß Art. 3 Abs. 2 S. 1 GG

Art. 3 Abs. 3 S. 1 GG verbietet dem Staat, das Geschlecht als Bezugspunkt für rechtliche Bevorzugungen oder Benachteiligungen heranzuziehen.[610] Die Vorschrift normiert ein spezielles Verbot der Diskriminierung und Privilegierung sowie ein entsprechendes Abwehrrecht.[611]

Hinsichtlich der Frage, in welchen Konstellationen die Unterscheidungsverbote aufgrund fehlender Vergleichbarkeit der zu beurteilenden Sachverhalte unanwendbar sind, hat sich in jüngerer Vergangenheit ein Wandel in der Rechtsprechung des BVerfG vollzogen.[612] Das Gericht erachtete zunächst disparate Behandlungen von Frauen und Männern bereits als zulässig, wenn aus dem Geschlecht folgende biologische bzw. funktionale Unterschiede den zu regelnden Lebenssachverhalt derart entscheidend prägten, dass gemeinsame Elemente nicht zu erkennen bzw. von untergeordneter Bedeutung waren.[613]

Diese Rechtsprechung gab das BVerfG jedoch auf und beurteilt geschlechtsbezogene Ungleichbehandlungen nunmehr lediglich in Situationen als gerechtfertigt, in denen diese zur Lösung von Problemen, die ihrer Natur nach entweder nur bei Frauen oder Männern auftreten können, zwingend erforderlich sind.[614]

Die durch Art. 3 Abs. 3 S. 1 GG vermittelte, verfassungsrechtliche Schutzwirkung vor Diskriminierungen aufgrund des Geschlechts wird durch Art. 3 Abs. 2 S. 1 GG komplettiert. Obschon die Vorschrift dem Wortlaut nach lediglich die

---

610 Siehe hierzu BVerfGE 97, 35, 43; BVerfGE 104, 373, 393; BVerfG, NJW 2009, 661, 662. Vgl. auch *Jachmann*, ZBR 1996, 161, 166.

611 *Sodan*, in ders., GG, Art. 3, Rn. 25. Art. 3 Abs. 3 S. 1 GG vermittelt somit ein subjektives Recht, *Jachmann*, ZBR 1996, 161, 166. Vgl. auch *Sachs*, NJW 1989, 553, 555.

612 Vgl. BVerfGE 6, 389, 422 f. Siehe ebenfalls *Sachs*, in Stern, Das Staatsrecht der Bundesrepublik Deutschland, Bd. IV/2, § 121 II 6, S. 1649 f.

613 BVerfGE 3, 225, 242; BVerfGE 5, 9, 12; BVerfGE 6, 389, 422; BVerfGE 10, 59, 74; BVerfGE 15, 337, 343; BVerfGE 37, 217, 249; BVerfGE 43, 213, 225. Ausführlich hierzu *Adamietz*, Geschlecht als Erwartung, S. 207 ff.; *Kannengießer*, in Schmidt-Bleibtreu/Hofmann/Hopfauf, GG, Art. 3, Rn. 55. Betrachte ebenfalls *Sachs*, Grenzen des Diskriminierungsverbots, S. 39.

614 BVerfGE 85, 191, 207; BVerfGE 92, 91, 109. Siehe hierzu auch *Bergmann*, in Hömig, GG, Art. 3, Rn. 12; *Kannengießer*, in Schmidt-Bleibtreu/Hofmann/Hopfauf, GG, Art. 3, Rn. 55; *Osterloh*, in Sachs, GG, Art. 3, Rn. 273; *Dürig/Scholz*, in Maunz/Dürig, GG, Art. 3 Abs. 2, Grundwerk, Rn. 12 ff.

„Gleichheit im Recht" gebietet,[615] spricht das BVerfG dem Gleichberechtigungsgebot nach revidierter Rechtsprechung jedoch einen weitergehenden, über die normative Ebene hinausragenden Gehalt zu.[616] Erkannte das Gericht Art. 3 Abs. 2 S. 1 und Abs. 3 S. 1 GG bis zum Beginn der 1990er Jahre eine synonyme Bedeutung zu,[617] maß es Art. 3 Abs. 2 S. 1 GG in der Entscheidung vom 28.1.1992 erstmals die Intention der tatsächlichen Durchsetzung der Gleichberechtigung zwischen den Geschlechtern bei.[618] Das BVerfG schloss sich damit einer bereits zuvor im Schrifttum vertretenen Ansicht an.[619]

Nach heute vorherrschender Rechtsauffassung in Rechtsprechung und Literatur statuiert Art. 3 Abs. 2 S. 1 GG zudem eine objektive Wertentscheidung des verfassungsgebenden Gesetzgebers[620] und gewährt sowohl Frauen als auch Männern

---

615 *Ossenbühl*, NJW 2012, 417, 417; *Bergmann*, in Hömig, GG, Art. 3, Rn. 11; *Jachmann*, ZBR 1996, 161, 167. Eine darüber hinausgehende Bedeutung misst *Starck*, von Mangoldt/Klein/Starck, GG, Art. 3, Rn. 309 f., Art. 3 Abs. 2 S. 1 GG mit Hinweis auf den individualrechtlichen Charakter der Vorschrift nach wie vor nicht bei. *Dürig/Scholz*, GG, Art. 3 Abs. 2, Grundwerk, Rn. 2, qualifiziert die Vorschrift als kategorisches Differenzierungsverbot. Hierzu auch *Sachs*, Grenzen des Diskriminierungsverbots, S. 47, *ders.*, NJW, 1989, 553, 336.

616 Eingehend hierzu *Ossenbühl*, NJW 2012, 417, 417. Betrachte ferner *Kannengießer*, in Schmidt-Bleibtreu/Hofmann/Hopfauf, GG, Art. 3, Rn. 51.

617 Vgl. BVerfGE 3, 225, 240; BVerfGE 6, 389, 420; BVerfGE 43, 213, 225. Siehe in diesem Kontext *Sachs*, Grenzen des Diskriminierungsverbots, S. 38 f.

618 BVerfGE 85, 191, 206 f. Entsprechende Tendenzen enthalten bereits BVerfGE 57, 335, 345 f., sowie BVerfGE 74, 163, 179. Siehe hierzu auch *Adamietz*, Geschlecht als Erwartung, S. 117; *Kannengießer*, in Schmidt-Bleibtreu/Hofmann/Hopfauf, GG, Art. 3, Rn. 51; *Kischel*, in Epping/Hillgruber, Beck'scher Online-Kommentar, GG, Art. 3, 12. Edition, Oktober 2011, Rn. 162; *Langenfeld*, DVBl. 2010, 1019, 1023; *Mehl*, Freistellungszeiten bei flexibler Teilzeitarbeit, S. 80; *Osterloh*, in Sachs, GG, Art. 3, Rn. 258 ff.; *Schumann*, Faktische Gleichberechtigung, S. 27; *Sodan*, in ders., GG, Art. 3, Rn. 26. Einen Überblick über die divergierenden Rechtsauffassungen im Schrifttum gewähren *Francke/Sokol/Gurlit*, Frauenquoten in öffentlicher Ausbildung, S. 47 ff. Demgegenüber vertreten *Dürig/Scholz*, in Maunz/Dürig, GG, Art. 3 Abs. 2, 32. EL, Oktober 1996, Rn. 59, dass Art. 3 Abs. 2 S. 1 GG einzig auf die Gewährleistung der Rechtsgleichheit von Frauen und Männern ausgerichtet sei. Die Herbeiführung tatsächlicher Gleichheit sei hingegen nicht intendiert.

619 *Benda*, Notwendigkeit und Möglichkeit positiver Aktion zugunsten von Frauen im öffentlichen Dienst, S. 135; *Maidowski*, Umgekehrte Diskriminierung, S. 117 f. *Sacksofsky*, Das Grundrecht auf Gleichberechtigung, S. 312 ff., 322, qualifiziert Art. 3 Abs. 2 S. 1 GG hingegen als gruppenbezogenes Dominierungsverbot.

620 BVerfGE 17, 1, 27; BVerfGE 37, 217, 259 f. Siehe ebenfalls *Kannengießer*, in Schmidt-Bleibtreu/Hofmann/Hopfauf, GG, Art. 3, Rn. 52.

ein gegen staatliches Handeln gerichtetes Grundrecht.[621] Art. 3 Abs. 2 S. 1 GG garantiert Frauen die Gleichstellung auf sämtlichen Rechtsgebieten, verbietet jedoch zugleich ungerechtfertigte Ungleichbehandlungen von Männern.[622]

II. Förderungsgebot und Nachteilsbeseitigungsklausel des Art. 3 Abs. 2 S. 2 GG

Infolge der Grundgesetznovelle vom 27.10.1994[623] wurde Art. 3 Abs. 2 S. 1 GG um einen zweiten Satz ergänzt und die dargestellte Rechtsauffassung des BVerfG in Bezug auf den normativen Gehalt dieser Vorschrift durch den Gesetzgeber bekräftigt.[624] Die Regelung trägt dem Staat explizit auf, die faktische Durchsetzung der Gleichberechtigung von Frauen und Männern zu fördern sowie auf die Beseitigung bestehender Nachteile hinzuwirken.[625] Art. 3 Abs. 2 S. 2 GG

---

621 Vgl. BVerfGE 89, 276; 285; *Bergmann*, in Hömig, GG, Art. 3, Rn. 11; *Kannengießer*, in Schmidt-Bleibtreu/Hofmann/Hopfauf, GG, Art. 3, Rn. 52; *Osterloh*, in Sachs, GG, Art. 3, Rn. 233 f.; *Sachs*, in Stern, Das Staatsrecht der Bundesrepublik Deutschland, Bd. IV/2, §, 121 II, S. 1627. Die Implementierung des Begriffs der Gleichberechtigung in Art. 3 Abs. 2 S. 1 GG intendierte nach *Schiek/Dieball/Horskötter/Seidel/Vieten/Wankel*, Frauengleichstellungsgesetze des Bundes und der Länder, Rn. 20, über die Gleichbehandlung hinaus eine Veränderung der Lebensverhältnisse zugunsten einer wirklichen Gleichstellung der Geschlechter. *Dürig/Scholz*, in Maunz/Dürig, GG, Art. 3 Abs. 2, 32. EL, Oktober 1996, Rn. 60, lehnen hingegen die Annahme eines Grundrechts auf reale Gleichstellung ab.

622 *Bergmann*, in Hömig, GG, Art. 3, Rn. 11 m.w.N.; *Francke/Sokol/Gurlit*, Frauenquoten in öffentlicher Ausbildung, S. 45; *Sodan*, in ders., GG, Art. 3, Rn. 26; *Sachs*, in Stern, Das Staatsrecht der Bundesrepublik Deutschland, Bd. IV/2, §, 121 II, S. 1629.

623 Gesetz zur Änderung des Grundgesetzes vom 27.10.1994, BGBl. I, S. 3146.

624 Vgl. Bericht der Gemeinsamen Verfassungskommission, BT-Drs. 12/6000, S. 49; BVerfGE 104, 373, 393; BVerfGE 109, 64, 89; BVerfGE 113, 1, 15; *Osterloh*, in Sachs, GG, Art. 3, Rn. 231; *Kannengießer*, in Schmidt-Bleibtreu/Hofmann/Hopfauf, GG, Art. 3, Rn. 56; *Bergmann*, in Hömig, GG, Art. 3, Rn. 16 f. Damit wurde gleichsam einer Ansicht im Schrifttum – beispielsweise vertreten von *Starck*, in von Mangoldt/Klein/Starck, GG, Art. 3, Rn. 306 – entgegen getreten, die Art. 3 Abs. 2, 3 GG als inhaltsgleiches Diskriminierungsverbot aufgrund des Geschlechts versteht. *Schweizer*, Der Gleichberechtigungssatz – neue Form, alter Inhalt?, S. 95; *Sacksofsky*, Das Grundrecht auf Gleichberechtigung, S. 402, und *Adamietz*, Geschlecht als Erwartung, S. 117, werten die Neufassung des Art. 3 Abs. 2 GG als deutliche Verstärkung des Aspekts tatsächlicher Gleichberechtigung.

625 Siehe hierzu den Bericht der Gemeinsamen Verfassungskommission, BT-Drs. 12/6000, S. 50; *Kannengießer*, in Schmidt-Bleibtreu/Hofmann/Hopfauf, GG, Art. 3, Rn. 56.

formuliert mithin ein Staatsziel, gewährleistet jedoch keine Zielerreichung und begründet ferner kein einforderbares Grundrecht.[626] Als Staatsziel richtet sich diese Vorschrift an die Gesetzgebung, Verwaltung und Rechtsprechung und intendiert die fortdauernde Beachtung dieses Auftrags.[627] Der im zweiten Halbsatz des Art. 3 Abs. 2 S. 2 GG artikulierte Auftrag zur Beseitigung von Nachteilen zielt schließlich auf den Ausgleich beruflicher Beeinträchtigungen durch Gewährung entsprechender Vorteile.[628]

C. Beurteilung der Höchstaltersgrenze für die Berufung in das Beamtenverhältnis am gleichstellungsrechtlichen Maßstab des Grundgesetzes

Im Schrifttum wird die – generell formulierte – Ansicht vertreten, die unterbliebene Berücksichtigung von Erziehungs- und Pflegezeiten bei der Ausgestaltung einer Höchstaltersgrenze stelle eine mittelbare Ungleichbehandlung von Frauen dar. Im Anschluss an die Erläuterung der Rechtsfigur der mittelbaren Diskriminierung wird diese Rechtsansicht konkretisiert. Darauf folgend wird § 48 BHO in Verbindung mit dem RdSchr. d. BMF im Hinblick auf die Frage bewertet, ob die Höchstaltersgrenze für die Berufung in das Beamtenverhältnis ein Regelungsdefizit in gleichstellungsrechtlicher Hinsicht aufweist.

I. Rechtsfigur der mittelbaren Benachteiligung aufgrund des Geschlechts

Wenngleich die konkrete dogmatische Einordnung des Rechtsinstituts der mittelbaren Diskriminierung aufgrund des Geschlechts im Schrifttum umstritten

---

626 Bericht der Gemeinsamen Verfassungskommission, BT-Drs. 12/6000, S. 50; *Kannengießer*, in Schmidt-Bleibtreu/Hofmann/Hopfauf, GG, Art. 3, Rn. 56; *Ossenbühl*, NJW 2012, 417, 418; *Osterloh*, in Sachs, GG, Art. 3, Rn. 232; *Starck*, in von Mangoldt/Klein/Starck, GG, Art. 3, Rn. 311; *Bergmann*, in Hömig, GG, Art. 3, Rn. 17; *Dürig/Scholz*, in Maunz/Dürig, GG, Art. 3 Abs. 2, 32. EL, Oktober 1996, Rn. 60 f.

627 *Hofmann*, NVwZ 1995, 662, 662. Vgl. ebenfalls *Hesse*, in Benda/Maihofer/Vogel, Handbuch des Verfassungsrechts der Bundesrepublik Deutschland, Rn. 34.

628 Vgl. Bericht der Gemeinsamen Verfassungskommission, BT-Drs. 12/6000, S. 50. Ausführlich zum zweiten Halbsatz des Art. 3 Abs. 2 S. 2 GG ferner *Dürig/Scholz*, in Maunz/Dürig, GG, Art. 3 Abs. 2, 32. EL, Oktober 1996, Rn. 61; *Isensee*, NJW 1993, 2583, 2585; *Jachmann*, ZBR 1996, 161, 167; *Kannengießer*, in Schmidt-Bleibtreu/Hofmann/Hopfauf, GG, Art. 3, Rn. 56; *Lauda*, Geschlechtsbezogene Benachteiligungen und Förderung der Frau, S. 96 ff.; *Osterloh*, in Sachs, GG, Art. 3, Rn. 231. Betrachte ebenfalls *Sacksofsky*, Das Grundrecht auf Gleichberechtigung, S. 399 ff.

ist, erkennen Rechtsprechung und Literatur dennoch an, dass neben unmittelbaren Geschlechterdiskriminierungen auch Ungleichbehandlungen von Frauen oder Männer durch neutral formulierte, jedoch geschlechtstypisch wirkende Regelungen gleichstellungsrechtlich relevant sind.[629]

Das BVerfG wendet – der Judikatur des EuGH folgend[630] – die Rechtsfigur der mittelbaren Diskriminierung aufgrund des Geschlechts ebenfalls an.[631] Nach der Rechtsprechung des Gerichts ist eine verpönte Diskriminierung aufgrund des Geschlechts auch zu bejahen, wenn eine Regelung nicht auf eine verbotene Differenzierung angelegt ist, sondern vorrangig andere Intentionen verfolgt.[632] Eine geschlechtsneutral verbalisierte Vorschrift, die im Ergebnis überwiegend Angehörige eines Geschlechts betrifft, ist dementsprechend als mittelbare Diskriminierung aus Gründen des Geschlechts zu qualifizieren, wenn die mit ihr verbundenen Ungleichbehandlungen auf natürlichen Unterschieden oder gesellschaftlichen Bedingungen beruhen.[633] Derartige mittelbare Diskriminierungen rekurrieren vorrangig auf unterschiedliche Lebenssituationen von Frauen und Männern.[634]

---

629 *Boysen*, in von Münch/Kunig, GG, Art. 3, Rn. 143 ff.; *Sachs*, in Isensee/Kirchhof, Handbuch des Staatsrechts, Bd. VIII, § 182, Rn. 95 ff.; *Sachs*, in Stern, Das Staatsrecht der Bundesrepublik Deutschland, Bd. IV/2, §, 121 II, S. 1646 f.; *Sodan*, in ders., GG, Art. 3, Rn. 23 ordnen die mittelbare Diskriminierung nicht Art. 3 Abs. 3 S. 1 GG zu. *Heun*, in Dreier, GG, Art. 3, Rn. 96, *Kannengießer*, in Schmidt-Bleibtreu/Hofmann/Hopfauf, GG, Art. 3, Rn. 54, und *Osterloh*, in Sachs, GG, Art. 3, Rn. 260, sehen die mittelbare Diskriminierung aufgrund des Geschlechts als von Art. 3 Abs. 2 GG erfasst. Siehe hierzu ebenfalls *Englisch*, in Stern/Becker, Grundrechte-Kommentar, Art. 3, Rn. 92; *Jarass*, in Jarass/Pieroth, GG, Art. 3, Rn. 85 ff.

630 Vgl. den Verweis in BVerfGE 97, 35, 43 f., auf die Rechtsprechung des EuGH zum Rechtsinstitut der mittelbaren Diskriminierung. Vgl. hierzu auch *Kokott*, NJW 1995, 1049, 1054; *Sachs*, in Stern, Das Staatsrecht der Bundesrepublik Deutschland, Bd. IV/2, §, 121 II, S. 1644 m.w.N.; *Koch/Nguyen*, EuR 2010, 364, 370.

631 BVerfGE 97, 35, 43 f. Erläuternd hierzu *Englisch*, in Stern/Becker, Grundrechte-Kommentar, Art. 3, Rn. 93. Kritisch zur Ausdehnung der Art. 3 Abs. 2 S. 1, Abs. 3 S. 1 GG auf Regelungen mit lediglich geschlechtstypischen Auswirkungen *Sachs*, in Isensee/Kirchhof, Handbuch des Staatsrechts, Bd. VIII, § 182, Rn. 95; *Sachs*, in Stern, Das Staatsrecht der Bundesrepublik Deutschland, Bd. IV/2, § 121 II, S. 1644 ff.

632 BVerfGE 85, 191, 206; BVerfGE 114, 357, 364; BVerfG, NJW 2009, 661, 662. Siehe auch *Boysen*, in von Münch/Kunig, GG, Art. 3, Rn. 144.

633 BVerfGE 97, 35, 43; BVerfGE 104, 373, 393; BVerfGE 113, 1, 15; BVerfG, NVwZ, 2008, 987, 988; BVerfG, NJW 2009, 661, 662.

634 *Schmidt*, in Erfurter Kommentar zum Arbeitsrecht, 12. Aufl., 2012, Art. 3 GG, Rn. 86. Während das BVerfG in den Entscheidungen BVerfGE 97, 35, und BVerfGE

Bezug nehmend auf die in Frage stehende Höchstaltersgrenze für die Berufung in das Beamtenverhältnis kommt eine mittelbare Geschlechterdiskriminierung insbesondere in Betracht, wenn eine Regelung hinsichtlich vorteilhafter oder ungünstiger Rechtsfolgen auf Kriterien abstellt, die Angehörige einer Geschlechtergruppe evident leichter oder mühevoller erfüllen können und infolge dessen von Vorzügen oder Nachteilen übermäßig häufiger betroffen sind.[635]

II. Auffassung im Schrifttum zur Frage der mittelbaren Diskriminierung von Frauen durch gesetzliche Höchstaltersgrenzen

Im Schrifttum wird die Ansicht vertreten, niedrig angesetzte Höchstaltersgrenzen stellten verfassungsrechtlich zu beanstandende mittelbare Diskriminierungen von Frauen dar.[636] Konzipiere der Gesetzgeber Höchstaltersgrenzen für den Zugang zu einer beruflichen Tätigkeit derart, dass sie Frauen, die häufiger ihre Berufsausübung zum Zwecke der Erziehung der eigenen Kinder unterbrechen, de facto vom Zugang zur Erwerbstätigkeit oder von gewissen Begünstigungen ausschließen, sei dies als ungerechtfertigte Ungleichbehandlung aufgrund des Geschlechts zu qualifizieren.[637] Wenngleich Mütter in zunehmender Zahl einer Erwerbstätigkeit nachgehen, hat sich nach in der Literatur vertretener Auffassung noch kein fundamentaler Wandel der traditionellen Verteilung familiärer Aufgaben zwischen den Geschlechtern vollzogen.[638] Speziell die Erziehung und Betreuung der Kinder werde nach wie vor überwiegend von Frauen übernommen.[639]

113, 1, Rechtsnormen, die als mittelbare Geschlechterdiskriminierung erkannt werden, als mit dem Grundgesetz unvereinbar beurteilt, erklärt es in BVerfG, NVwZ 2008, 987, eine mittelbar aufgrund des Geschlechts benachteiligende Regelung gar für nichtig. Siehe generell zu den Konsequenzen von verfassungswidrigen Unterscheidungen aufgrund des Geschlechts *Sachs*, in Stern, Das Staatsrecht der Bundesrepublik Deutschland, Bd. IV/2, § 121 II 9, S. 1688 ff.

635 Vgl. *Schmidt*, in Erfurter Kommentar zum Arbeitsrecht, 12. Aufl., 2012, Art. 3 GG, Rn. 76.

636 *Nussberger*, JZ 2002, 524, 531. Vgl. auch *Schiek/Dieball/Horstkötter/Seidel/Vieten/Wankel*, Frauengleichstellungsgesetze des Bundes und der Länder, Kap. A III, Rn. 225, die vertreten, dass vergleichbare Höchstaltersgrenzen gar eine unmittelbare Diskriminierung aufgrund des Geschlechts darstellen.

637 *Nussberger*, JZ 2002, 524, 531; *Schiek/Dieball/Horstkötter/Seidel/Vieten/Wankel*, Frauengleichstellungsgesetze des Bundes und der Länder, Kap. A III, Rn. 225.

638 *Gitter*, NJW 1982, 1567, 1568.

639 Vgl. *Leicht-Scholten*, Das Recht auf Gleichberechtigung im Grundgesetz, S. 188; *Richter*, NVwZ 2005, 636, 641.

In der angeführten Entscheidung des BVerwG, in der sich das Gericht zur Konformität der Höchstaltersgrenze für die Berufung in das Beamtenverhältnis mit grundgesetzlichen Vorgaben äußerte, musste es über die in Rede stehenden, gleichstellungsrechtlichen Aspekt nicht entscheiden.[640]

III. Eigene Bewertung der Altersgrenzenregelung

Die Festsetzung der Höchstaltersgrenze für die Berufung in das Beamtenverhältnis gemäß § 48 BHO in Verbindung mit dem RdSchr. d. BMF auf das 40. Lebensjahr ist als mittelbare Diskriminierung aufgrund des Geschlechts einzuordnen. Die mit der Altersgrenze verbundene Benachteiligung ist weder durch sachliche Gründe noch durch beamtenverfassungsrechtliche Strukturprinzipien legitimiert.[641]

1. Benachteiligung von Frauen in Bezug auf die Einhaltung der Höchstaltersgrenze

Die geschlechtsneutral formulierte Vorschrift des § 48 BHO in Verbindung mit dem RdSchr. d. BMF benachteiligt – wie nachstehend ausgeführt wird – in der sozialen Realität überwiegend Angehörige einer Geschlechtergruppe in Bezug auf den Zugang zu einem Beamtenverhältnis des Bundes. Die Regelung lässt etwaige Diskontinuitäten der Berufsbiographien bzw. eingeschränkte Erwerbsbeteiligungen potenzieller Bewerber infolge der Übernahme der Kindererziehung bzw. der familiären Pflege sowie die daraus folgenden, eingeschränkten beruflichen Entwicklungsmöglichkeiten unberücksichtigt. In Anbetracht dessen betreffen die Auswirkungen dieser Altersgrenzenregelung faktisch im Besonderen Frauen.

Ein erheblicher Nachteil im Sinne einer mittelbaren Diskriminierung ist anzunehmen, wenn der Anteil eines Geschlechts unter den Begünstigten signifikant anders als unter den Benachteiligten ausfällt.[642] Die Annahme eines so verstandenen erheblichen Nachteils kann nicht lediglich auf Vermutungen oder Indizien

640 BVerwG, Urteil vom 31.1.1980 – Buchholz 232, § 15 Nr. 11, zu § 48 BHO in Verbindung mit dem seinerzeit geltenden Runderlass des Bundesministeriums der Finanzen vom 26.8.1970, MinBlFin S. 586.

641 Zur Prüfungsreihenfolge vgl. *Kischel*, in Epping/Hillgruber, Beck'scher Online-Kommentar, GG, Art. 3, 13. Edition, 2012, Rn. 165. Siehe ebenfalls *Sachs*, in Stern, Das Staatsrecht der Bundesrepublik Deutschland, Bd. IV/2, §, 121 II, S. 1645 ff.

642 BAGE 102, 225, 230. Siehe ferner *Jarass*, in Jarass/Pieroth, GG, Art. 3, Rn. 86 f.; *Sachs*, in Stern, Das Staatsrecht der Bundesrepublik Deutschland, Bd. IV/2, § 121 II, S. 1645 m.w.N. Betrachte auch *Sodan*, in ders., GG, Art. 3, Rn. 23.

gestützt werden, sondern erfordert hinreichend konkrete Nachweise.[643] Ein Nachteil in diesem Sinne kann insbesondere auch in der Beschränkung beruflicher Entfaltungsmöglichkeiten zu Lasten eines Geschlechts gesehen werden.[644]

Vor diesem Hintergrund ist der Umstand, dass sich Kindererziehungs- und Pflegephasen sowie die damit verbundenen Einschränkungen der beruflichen Entwicklungsmöglichkeiten auch zu einem späteren biographischen Zeitpunkt als bis zur Vollendung des 40. Lebensjahres ereignen können, der Annahme eines erheblichen Nachteils im Sinne einer mittelbaren Diskriminierung nicht entgegenzuhalten. Der Regelungsstruktur altersorientierter Vorschriften ist immanent, dass sie lediglich bestimmte Lebensabschnitte des Normadressaten erfassen. Wird – wie es die imperative Konnotation der angeführten Definition des erheblichen Nachteils nahelegt – zur Voraussetzung erhoben, dass die geschlechtsneutrale Regelung *stets* und ausnahmslos eine Geschlechtergruppe benachteiligt, könnte ein effektiver Schutz vor mittelbaren Geschlechterdiskriminierungen infolge altersorientierter Regelungen nicht gewährleistet werden.[645]

Der Nachweis der vorwiegenden Betroffenheit einer Geschlechtergruppe im Sinne der dargestellten Definition erfordert ebenfalls einen konkreten Beleg.[646] Eine bezifferbare Grenze, bei deren Erreichen von einer überwiegenden Betroffenheit einer Geschlechtergruppe im Sinne einer mittelbaren Diskriminierung

---

643 *Richter*, NVwZ 2005, 636, 640 f.; *Kischel*, in Epping/Hillgruber, Beck'scher Online-Kommentar, GG, Art. 3, 13. Edition, 2012, Rn. 166.

644 BVerfGE 113, 1, 18 f. Hierzu ebenfalls *Kischel*, in Epping/Hillgruber, Beck'scher Online-Kommentar, GG, Art. 3, 13. Edition, 2012, Rn. 166.

645 Diese Annahme wird von der in der Entscheidung des BVerfG, Beschluss vom 14.4.2010, 1 BvL 8/08, Rn. 65 (Juris), herangezogenen Regelung des Art. 2 Abs. 2 der Richtlinie zur Verwirklichung des Grundsatzes der Gleichbehandlung von Männern und Frauen hinsichtlich des Zugangs zur Beschäftigung, zur Berufsbildung und zum beruflichen Aufstieg sowie in Bezug auf die Arbeitsbedingungen vom 9.2.1976, ABl. Nr. L 39 vom 14.2.1976, S. 40, in der Fassung der Änderung durch die Richtlinie 2002/73/EG des Europäischen Parlaments und des Rates vom 23.9.2002, ABl. Nr. L 269/15, getragen (im Folgenden: RL 76/207/EWG). Gemäß Art. 2 Abs. 2 RL 76/207/EWG ist von einer mittelbaren Diskriminierung auszugehen, wenn dem Anschein nach neutrale Vorschriften, Kriterien oder Verfahren Personen, die einem Geschlecht angehören, in besonderer Weise gegenüber Personen des anderen Geschlechts benachteiligen können, es sei denn, die betreffenden Vorschriften, Kriterien oder Verfahren sind durch ein rechtmäßiges Ziel sachlich gerechtfertigt und die Mittel sind zur Erreichung dieses Ziels angemessen und erforderlich.

646 *Kischel*, in Epping/Hillgruber, Beck'scher Online-Kommentar, GG, Art. 3, 13. Edition, 2012, Rn. 168.

auszugehen ist, wurde weder in der Rechtsprechung noch in der Literatur herausgebildet.[647] Dieses Kriterium soll vielmehr verhindern, dass der beschriebene Unterschied zwischen Frauen und Männern auf einem Zufall beruht.[648]

a. Familiale Aufgabenverteilung bei der Kindererziehung sowie der Betreuung pflegebedürftiger Angehöriger

Grundlage der Benachteiligung von Frauen durch die in Rede stehende Altersgrenzenregelung ist die geschlechtstypische Aufgabenverteilung im Hinblick auf die Kindererziehung sowie die Betreuung unterstützungsbedürftiger Angehöriger. In den vergangenen Jahrzehnten ist der Anteil erwerbstätiger Frauen in Deutschland konstant angestiegen.[649] Die familiären Aufgaben der Kindererziehung sowie der Pflege hilfsbedürftiger Angehöriger werden dennoch nach wie vor überwiegend von Frauen übernommen.[650]

Die familiale Aufgabenverteilung zwischen den Geschlechtern im Hinblick auf die Kindererziehung, in deren Rahmen keine Erwerbstätigkeit ausgeübt

---

647 Vgl. BVerfG, NVwZ 2008, 987, 989. Das Gericht hat in seiner Entscheidung vom 18.6.2008, in der die Voraussetzungen einer mittelbaren Diskriminierung aufgrund des Geschlechts zu untersuchen waren, eine anteilige Betroffenheit von Frauen in Höhe von 75 Prozent für eine überwiegende Benachteiligung des weiblichen Geschlechts für ausreichend erachtet. Siehe ebenfalls *Kischel*, in Epping/Hillgruber, Beck'scher Online-Kommentar, GG, Art. 3, 13. Edition, 2012, Rn. 168; *Mehl*, Freistellungszeiten bei flexibler Teilzeitarbeit, S. 79.

648 *Sievers*, Die mittelbare Diskriminierung im Arbeitsrecht, S. 107.

649 Betrug die Erwerbsquote bei Frauen im erwerbsfähigen Alter im Jahr 1991 noch ca. 61 Prozent, stieg sie bis zum Jahr 2000 auf 63 Prozent und belief sich 2010 auf ca. 71 Prozent, *Statistisches Bundesamt*, Mikrozensus 2010, Bevölkerung und Erwerbstätigkeit, Stand und Entwicklung der Erwerbstätigkeit in Deutschland, S. 125, Erwerbsquoten der Frauen im Alter von 15–65 Jahren, abrufbar unter www.destatis.de. Die Erwerbsquote der Männer in diesem Alter belief sich demgegenüber im Jahr 1991 auf ca. 82 Prozent, sank bis zum Jahr 2000 auf rund 79 Prozent und stieg bis zum Jahr 2010 auf ca. 82 Prozent. Zu berücksichtigen ist in diesem Zusammenhang jedoch, dass der Anstieg der Zahl erwerbstätiger Frauen hauptsächlich auf eine Zunahme der Teilzeitarbeit zurückzuführen ist, *Wengler/Trappe/Schmitt*, Partnerschaftliche Arbeitsteilung und Elternschaft, Bundesinstitut für Bevölkerungsforschung, 2008, abrufbar unter www.bib-demografie.de, S. 13.

650 *Dressel/Cornelißen/Wolf*, in Cornelißen, Gender Datenreport im Auftrag des Bundesministeriums für Familie, Senioren, Frauen und Jugend, abrufbar unter www.bmfsfj.de, S. 280, 280; *Volz/Zulehner*, Männer in Bewegung, Studie im Auftrag des Bundesministeriums für Familie, Senioren, Frauen, und Jugend, 2009, abrufbar unter www.bmfsfj.de, S. 117.

wird, kommt explizit in einer differenzierten Analyse der Geschlechterrelation unter den Empfängern von Leistungen nach § 1 des Gesetzes zum Elterngeld und zur Elternzeit[651] zum Ausdruck.[652] Ausweislich der Evaluationsberichte des Bundesministeriums für Familie, Senioren, Frauen und Jugend wird Elterngeld nach § 1 Abs. 1 BEEG vorwiegend Frauen gewährt.[653] Im Erhebungszeitraum des Jahres 2008 wurde diese Sozialleistung zu einem Anteil von 84 Prozent von Frauen bezogen.[654] Die Quote männlicher Elterngeldbezieher belief sich demgegenüber lediglich auf unter fünf Prozent.[655]

Eine flagrante Verteilung familiärer Aufgaben zu Lasten von Frauen ist ebenfalls bei der Pflege pflegebedürftiger Angehöriger festzustellen.[656] Ausweislich

---

651 Gesetz zum Elterngeld und zur Elternzeit vom 5.12.2006, BGBl. I S. 2748, zuletzt geändert durch Gesetz vom 15.2.2013, BGBl. I 254 (im Folgenden: BEEG). Einen Anspruch auf Gewährung von Elterngeld hat gemäß § 1 Abs. 1 BEEG, wer seinen Wohnsitz oder seinen gewöhnlichen Aufenthalt in Deutschland hat, mit seinem Kind in einem Haushalt lebt, dieses Kind selbst betreut und erzieht und keine oder keine volle Erwerbstätigkeit ausübt.

652 Das BVerfG hatte in seiner Entscheidung vom 5.4.2005 aus dem geringen Anteil von Erziehungsgeldleistungen an Männer gefolgert, dass Frauen überwiegend die Erziehung der eigenen Kinder übernehmen und aus diesem Grund zumindest zeitweise auf die Ausübung einer Berufstätigkeit verzichten, BVerfGE 113, 1, 19. Das zum 1.1.2007 eingeführte Elterngeld nach dem BEEG ersetzte das Erziehungsgeld nach dem Gesetz zum Erziehungsgeld und zur Elternzeit vom 6.12.1985, BGBl. I S. 2154, zuletzt geändert am 27.12.2004, BGBl. I S. 3852.

653 Eine Gegenüberstellung der Geburtszahlen und der Anzahl der Anträge auf Gewährung von Elterngeld ergibt eine Bezugsquote von annähernd 100 Prozent, vgl. Evaluation des Gesetzes zum Elterngeld und zur Elternzeit des *Bundesministeriums für Familie, Senioren, Frauen und Jugend* – Endbericht 2008, abrufbar unter www.bmfsfj.de, S. 10 f. Gegenstand der Untersuchung ist die Gruppe der Eltern, die nach dem 1.1.2007 ein Kind zur Welt gebracht haben und die Elterngeld in Anspruch genommen haben.

654 Evaluation des Gesetzes zum Elterngeld und zur Elternzeit des *Bundesministeriums für Familie, Senioren, Frauen und Jugend* – Endbericht 2008, abrufbar unter www.bmfsfj.de, S. 11.

655 Evaluation des Gesetzes zum Elterngeld und zur Elternzeit des *Bundesministeriums für Familie, Senioren, Frauen und Jugend* – Endbericht 2008, abrufbar unter www.bmfsfj.de, S. 11. Ein Anteil von ca. 12 Prozent der Elterngeldleistungen wurde von beiden Elternteilen bezogen.

656 *Meyer*, Pflegende Angehörige in Deutschland, Eurofamcare, 2006, abrufbar unter www.uke.de, S. 18. So auch *Rothgang*, Unterschiedliche Gestaltungs- und Finanzierungskonzepte der Pflegeversicherung, Hans-Böckler-Stiftung, 2007, abrufbar unter www.boeckler.de, S. 6 m.w.N.

einer Untersuchung des internationalen Forschungsprojekts Eurofamcare werden Pflegebedürftige zu einem Anteil von 73 Prozent von weiblichen Familienangehörigen betreut.[657] Männer pflegen hilfsbedürftige Angehörige indes lediglich zu 27 Prozent.[658]

Es ist nicht erkennbar, dass die gleichstellungsrechtliche Relevanz der geschlechtstypischen Aufteilung familiärer Aufgaben in Bezug auf die in Frage stehende Altersgrenzenregelung durch eine signifikante Verteilung des Geschlechterverhältnisses in der Äquivalenzgruppe[659] relativiert wird.[660] Diese besteht aus dem Adressatenkreis der Höchstaltersgrenze für die Berufung in das Beamtenverhältnis. Die Altersgrenzenregelung adressiert Erwerbsfähige,

---

657 *Meyer*, Pflegende Angehörige in Deutschland, Eurofamcare, 2006, abrufbar unter www.uke.de, S. 18.

658 *Meyer*, Pflegende Angehörige in Deutschland, Eurofamcare, 2006, abrufbar unter www.uke.de, S. 18. So auch die Studie Hilfe- und Pflegebedürftige in Privathaushalten in Deutschland 2002 – Schnellübersicht, *Bundesministerium für Familie, Senioren, Frauen und Jugend*, abrufbar unter www.bmfsfj.de, S. 20. Siehe hierzu auch den Abschlussbericht zur Studie „Wirkungen des Pflege-Weiterentwicklungsgesetzes" des *Bundesministeriums für Gesundheit* aus dem Jahr 2011, abrufbar unter www.bundesgesundheitsministerium.de, S. 27.

659 Zur Notwendigkeit der Ermittlung des Ausmaßes der Betroffenheit durch die Gegenüberstellung mit der Vergleichsgruppe *Englisch*, in Stern/Becker, Grundrechte-Kommentar, Art. 3, Rn. 94, *Sachs*, in Isensee/Kirchhof, Handbuch des Staatsrechts, Band VIII, § 182, Rn. 95 m.w.N.

660 Das Geschlechterverhältnis der Äquivalenzgruppe kann aufgrund des weiten Adressatenkreises des § 7 BBG lediglich über einen Näherungswert eruiert werden. In Ermangelung expliziter statistischer Angaben zum Geschlechterverhältnis des potenziellen Bewerberkreises, der sämtliche Voraussetzungen nach § 7 Abs. 1 BBG erfüllt, werden Erhebungen herangezogen, die das Geschlechterverhältnis unter deutschen Absolventen abbilden, die die für die jeweiligen Laufbahnen geforderte Vorbildung bzw. Befähigung aufweisen. Betrachtet man das Geschlechterverhältnis unter Deutschen, die die für die Berufung in den einfachen, mittleren und gehobenen Dienst geforderten Schulabschlüsse aufweisen, ist ein signifikantes zahlenmäßiges Übergewicht eines Geschlechts nicht festzustellen. Entsprechendes gilt für das Verhältnis von weiblichen und männlichen Hochschulabsolventen, denen aufgrund dieser Vorbildung der Zugang zu einem Beamtenverhältnis des höheren Dienstes eröffnet ist, vgl. Studie des *Bundesministeriums für Familie, Senioren, Frauen und Jugend*, Der Mikrozensus im Schnittpunkt von Geschlecht und Migration, 2009, abrufbar unter www.bmfsfj.de, S. 104, 115.

die die Voraussetzungen für die Berufung in das Beamtenverhältnis gemäß § 7 Abs. 1 BBG erfüllen.[661]

b. Prävalenz familienbedingter Nichterwerbsphasen bei Frauen

Konfligieren Erwerbstätigkeit und familiäre Aufgaben, besteht bei Frauen regelmäßig die Bereitschaft, zugunsten der Kindererziehung bzw. des an sie herangetragenen Pflegebedarfs temporär auf die Ausübung einer Berufstätigkeit zu verzichten. Die beschriebene Aufteilung familiärer Aufgaben zwischen Frauen und Männern im Hinblick auf die Kindererziehung und die Pflege unterstützungsbedürftiger Angehöriger verursacht dementsprechend regelmäßig eine Prävalenz familienbedingter Nichterwerbsphasen[662] in Berufsbiographien von Frauen.

In diesem Kontext ist zu beachten, dass die Kindererziehung regelmäßig kein singuläres Ereignis in den Familien darstellt. Der Erhebung des Bundesministeriums für Familie, Senioren, Frauen und Jugend zufolge weisen Frauen mit Kindern durchschnittlich 2,58 Kinderziehungsphasen auf.[663] Da sich Pflegephasen

---

661 § 7 Abs. 1 Nr. 3 BBG unterscheidet zwischen Laufbahnbewerbern und anderen Bewerbern. Von anderen Bewerbern in diesem Sinne wird eine bestimmte Vorbildung oder eine Ausbildung nicht verlangt. Diese Bewerber müssen innerhalb oder außerhalb des öffentlichen Dienstes die erforderliche Lebens- oder Berufserfahrung erworben haben, vgl. hierzu *Battis*, BBG, 4. Aufl., § 7, Rn. 2.

662 Familienbedingte Nichterwerbsphasen resultieren bei Frauen vorrangig aus der Kindererziehung. Im Westen sind 94 Prozent dieser Erwerbsunterbrechungen auf die Haushaltsführung mit Kindern unter 18 Jahren zurückzuführen, im Osten beläuft sich dieser Anteil auf 88 Prozent, Biografiemuster und Alterseinkommensperspektiven von Frauen, *Bundesministerium für Familie, Senioren, Frauen und Jugend*, 2011, abrufbar unter www.bmfsfj.de, S. 23.

663 Eigene Berechnung auf der Grundlage der Studie Biografiemuster und Alterseinkommensperspektiven von Frauen, *Bundesministerium für Familie, Senioren, Frauen und Jugend*, 2011, abrufbar unter www.bmfsfj.de, S. 26 f. Angesichts der in diese Studie eingeflossenen Erhebungen von 2002 bis 2007 wurde der Berechnung der angeführten Näherungswerte die Bevölkerungszahl aus dem Jahr 2005 zugrunde gelegt, *Statistisches Bundesamt*, Wirtschaft und Statistik 1/2007, Bevölkerungsentwicklung 2005, abrufbar unter www.destatis.de, S. 45, 53. Mütter in den alten Ländern wiesen durchschnittlich 2,6 Kindererziehungsphasen auf, in den durchschnittlichen Biographien der Frauen mit Kindern in den neuen Ländern ereignen sich regelmäßig 2,5 Erziehungsphasen. In diesem Zusammenhang ist zu berücksichtigen, dass längere Zeiträume der Kindererziehung von Zwischenabschnitten der sonstigen Erwerbs- oder Nichterwerbstätigkeiten unterbrochen werden können, die dann wiederum in Erziehungsphasen enden können, Biografiemuster und

im Vergleich zu Kindererziehungszeiten insgesamt deutlich seltener ereignen, weisen Frauen mit hilfsbedürftigen Angehörigen durchschnittlich lediglich 1,1 Zeiträume familiärer Pflege auf.[664]

Diese Nichterwerbsphasen wirken sich – wie im Folgenden erläutert wird – gravierend auf die berufliche Entwicklungsmöglichkeiten von Frauen und ihre Erwerbsverläufe aus. Zudem ereignen sich diese Phasen in einem erheblichen Umfang in Lebensabschnitten der Frauen, die von der in Rede stehenden Altersgrenzenregelung erfasst werden.

Die Prävalenz familienbedingter Nichterwerbsphasen in Erwerbsverläufen von Frauen wird nicht durch eine signifikante Häufung sonstiger Nichterwerbsphasen[665] in männlichen Berufsbiographien kompensiert.[666]

aa. Durch die Übernahme familiärer Aufgaben begründete Nichterwerbsphasen in den regelmäßigen Berufsbiographien von Frauen

Die Wahrnehmung familiärer Aufgaben verläuft gewöhnlich über eine nicht unerhebliche Zeitspanne. Die erste Kindererziehungsphase nimmt durchschnittlich einen Zeitraum von 4,14 Jahren in Anspruch.[667] Die Betreuung pflegebedürftiger

---

Alterseinkommensperspektiven von Frauen, *Bundesministerium für Familie, Senioren, Frauen und Jugend*, 2011, abrufbar unter www.bmfsfj.de, S. 26 f.

664 Biografiemuster und Alterseinkommensperspektiven von Frauen, *Bundesministerium für Familie, Senioren, Frauen und Jugend*, 2011, abrufbar unter www.bmfsfj.de, S. 27 f.

665 Unter den Begriff der sonstigen Nichterwerbsphasen sind beispielsweise die Berufsausbildung, Arbeitslosigkeit, Erwerbsminderung und Ruhestand zu verstehen, vgl. Biografiemuster und Alterseinkommensperspektiven von Frauen, *Bundesministerium für Familie, Senioren, Frauen und Jugend*, 2011, abrufbar unter www.bmfsfj.de, S. 23.

666 Diese sonstigen Nichterwerbsphasen summieren sich bei Männern in den alten Ländern auf 10,2 Jahre und bei denen in den neuen Ländern auf 12,3 Jahre. Frauen weisen demgegenüber in den alten Ländern 10,7 Jahre und in den neuen Ländern 13,1 Jahre Nichterwerbsphasen aus sonstigen Gründen auf, Biografiemuster und Alterseinkommensperspektiven von Frauen, *Bundesministerium für Familie, Senioren, Frauen und Jugend*, 2011, abrufbar unter www.bmfsfj.de, S. 23 f.

667 Eigene Berechnung, Biografiemuster und Alterseinkommensperspektiven von Frauen, *Bundesministerium für Familie, Senioren, Frauen und Jugend*, 2011, abrufbar unter www.bmfsfj.de, S. 36, unter Berücksichtigung von *Statistisches Bundesamt*, Wirtschaft und Statistik 1/2007, Bevölkerungsentwicklung 2005, abrufbar unter www.destatis.de, S. 45, 53. Bei der Betrachtung der regelmäßigen Dauer der ersten Kindererziehungsphase sind signifikante regionale Unterschiede festzustellen. Verläuft die erste Kindererziehungsphase bei Frauen in den alten Ländern

Angehöriger durch ein weibliches Familienmitglied erstreckt sich regelmäßig über einen Zeitabschnitt von 3,39 Jahre.[668]

Vor der Übernahme familiärer Aufgaben gehen Frauen überwiegend einer Berufstätigkeit nach und unterbrechen diese für die Kindererziehung bzw. die Betreuung eines pflegebedürftigen Angehörigen. Zwölf Monate vor Beginn der ersten Kindererziehungsphase war ein Anteil von 84 Prozent der Mütter erwerbstätig.[669] Die Quote der Frauen, die zwölf Monate vor der Übernahme einer familiären Pflegeaufgabe einer Beschäftigung nachgingen, beträgt 55 Prozent.[670]

---

durchschnittlich über einen Zeitraum von 4,7 Jahren, nimmt sie bei Müttern in den neuen Ländern lediglich einen Zeitabschnitt von 1,2 Jahren in Anspruch. In den Erwerbsbiographien von ost- und westdeutschen Frauen kommen unterschiedliche Erwerbsregime zum Ausdruck, die sich bis zur Wiedervereinigung in beiden deutschen Staaten entwickelt haben. In der DDR war die hohe Erwerbsbeteiligung ein gesellschaftspolitisch angestrebtes Ziel, vgl. Biografiemuster und Alterseinkommensperspektiven von Frauen, *Bundesministerium für Familie, Senioren, Frauen und Jugend*, 2011, abrufbar unter www.bmfsfj.de, S. 18; *Dressel/Cornelißen/Wolf*, in Cornelißen, Gender Datenreport im Auftrag des Bundesministeriums für Familie, Senioren, Frauen und Jugend, abrufbar unter www.bmfsfj.de, S. 280, 289.

668 Eigene Berechnung, Biografiemuster und Alterseinkommensperspektiven von Frauen, *Bundesministerium für Familie, Senioren, Frauen und Jugend*, 2011, abrufbar unter www.bmfsfj.de, S. 37, unter Beachtung von *Statistisches Bundesamt*, Wirtschaft und Statistik 1/2007, Bevölkerungsentwicklung 2005, abrufbar unter www.destatis.de, S. 45, 53. Bei Frauen in den alten Ländern nimmt die Pflege unterstützungsbedürftiger Angehöriger regelmäßig einen Zeitraum von 3,5 Jahren in Anspruch, bei Frauen in den neuen Ländern beläuft sich die Pflegephase auf einen Abschnitt von durchschnittlich 2,8 Jahren.

669 Eigene Berechnung, Biografiemuster und Alterseinkommensperspektiven von Frauen, *Bundesministerium für Familie, Senioren, Frauen und Jugend*, 2011, abrufbar unter www.bmfsfj.de, S. 40, unter Berücksichtigung von *Statistisches Bundesamt*, Wirtschaft und Statistik 1/2007, Bevölkerungsentwicklung 2005, abrufbar unter www.destatis.de, S. 45, 53. In den alten Ländern waren 85 Prozent der Mütter 12 Monate vor der ersten Kindererziehungsphase erwerbstätig, in den neuen Ländern ging ein Anteil von 80 Prozent einer Berufstätigkeit nach.

670 Eigene Berechnung, Biografiemuster und Alterseinkommensperspektiven von Frauen, *Bundesministerium für Familie, Senioren, Frauen und Jugend*, 2011, abrufbar unter www.bmfsfj.de, S. 41, vor dem Hintergrund von *Statistisches Bundesamt*, Wirtschaft und Statistik 1/2007, Bevölkerungsentwicklung 2005, abrufbar unter www.destatis.de, S. 45, 53. In den alten Ländern waren 55 Prozent der Frauen zuvor berufstätig, in den neuen Ländern beläuft sich der Anteil auf 54 Prozent.

bb. Regelmäßiger biographischer Zeitpunkt des Beginns der ersten Kindererziehungsphase bzw. der Betreuungsphase

Die vorstehend dargestellten Nichterwerbsphasen aus familiären Gründen ereignen sich in gleichstellungsrechtlich nicht zu vernachlässigbarem Umfang in Lebensphasen von Frauen, die dem Regelungsgehalt der in Rede stehenden Altersgrenze normativ unterfallen.

87 Prozent der Frauen beginnen ihre erste Kindererziehungsphase vor Vollendung des 30. Lebensjahres.[671] 13 Prozent der Mütter haben zum Zeitpunkt ihrer ersten Kindererziehungsphase bereits das 30. Lebensjahr überschritten.[672]

Die weiteren Kindererziehungsphasen ereignen sich ebenfalls regelmäßig in biographischen Zeiträumen der Frauen, die vom Regelungsgehalt der Höchstaltersgrenze erfasst werden. Zu Beginn der zweiten Kindererziehungsphase sind Frauen im Durchschnitt 28,37 Jahre alt und weisen mit Eintritt in die dritte Erziehungsphase regelmäßig ein Alter von 31,53 Jahren auf.[673]

Die Zeitabschnitte, in denen Frauen pflegebedürftige Angehörige betreuen, beginnen demgegenüber gewöhnlich zu einem deutlich späteren Zeitpunkt ihres

---

671 Eigene Berechnung auf der Grundlage von Biografiemuster und Alterseinkommensperspektiven von Frauen, *Bundesministerium für Familie, Senioren, Frauen und Jugend*, 2011, abrufbar unter www.bmfsfj.de, S. 33, sowie *Statistisches Bundesamt*, Wirtschaft und Statistik 1/2007, Bevölkerungsentwicklung 2005, abrufbar unter www.destatis.de, S. 45, 53. In den alten Ländern haben 85 Prozent der Frauen zu Beginn ihrer ersten Erziehungsphase das 30. Lebensjahr noch nicht überschritten, in den neuen Ländern beträgt der Anteil gar 96 Prozent.

672 Eigene Berechnung, basierend auf Biografiemuster und Alterseinkommensperspektiven von Frauen, *Bundesministerium für Familie, Senioren, Frauen und Jugend*, 2011, abrufbar unter www.bmfsfj.de, S. 33, und *Statistisches Bundesamt*, Wirtschaft und Statistik 1/2007, Bevölkerungsentwicklung 2005, abrufbar unter www.destatis.de, S. 45, 53. Der Anteil der Frauen in den alten Ländern, die zu Beginn ihrer ersten Kindererziehungsphase 30 Jahre oder älter waren, beträgt 15 Prozent. Die Quote in den neuen Ländern beläuft sich demgegenüber auf 4 Prozent.

673 Eigene Berechnung, Biografiemuster und Alterseinkommensperspektiven von Frauen, *Bundesministerium für Familie, Senioren, Frauen und Jugend*, 2011, abrufbar unter www.bmfsfj.de, S. 68, unter Berücksichtigung von *Statistisches Bundesamt*, Wirtschaft und Statistik 1/2007, Bevölkerungsentwicklung 2005, abrufbar unter www.destatis.de, S. 45, 53. Die zweite Kindererziehungsphase beginnen Frauen in den alten Ländern regelmäßig mit 28,9 Jahren und in den neuen Ländern mit 25,6 Jahren. Eine dritte Kindererziehungsphase beginnt bei Frauen in den alten Ländern regelmäßig mit 32,2 Jahren und bei Müttern im Osten durchschnittlich mit dem 28. Lebensjahr.

Lebensverlaufs. Zu einem Anteil von 18 Prozent ereignet sich die Pflegephase bei Frauen vor Vollendung des 40. Lebensjahres.[674]

c. Einschränkung beruflicher Entwicklungsmöglichkeiten

Erwerbsverläufe von Frauen zeichnen sich – im Unterschied zu männlichen Berufsbiographien – in der Regel durch eine intensivere Kopplung an familiäre Lebenssituationen aus.[675] Die aus der geschlechtsspezifischen Aufgabenverteilung resultierenden Nichterwerbsphasen sowie die dadurch bedingte Reduzierung des Arbeitsvolumens bestimmen nicht selten gesamte Erwerbsbiographien von Frauen und schränken ihre beruflichen Entfaltungsmöglichkeiten in erheblichem Ausmaß ein.[676]

Ein zentrales Ereignis in Erwerbsverläufen von Frauen stellt die Geburt des ersten Kindes dar. Verlaufen die beruflichen Entwicklungen von Frauen und Männern in den ersten Erwerbsjahren nahezu identisch, bildet die Geburt des ersten Kindes oftmalig einen Wendepunkt in weiblichen Berufsbiographien.[677]

---

674 Eigene Berechnung, Biografiemuster und Alterseinkommensperspektiven von Frauen, *Bundesministerium für Familie, Senioren, Frauen und Jugend*, 2011, abrufbar unter www.bmfsfj.de, S. 35, sowie *Statistisches Bundesamt*, Wirtschaft und Statistik 1/2007, Bevölkerungsentwicklung 2005, abrufbar unter www.destatis.de, S. 45, 53. Zu einem Anteil von 17 Prozent ereignet sich die Pflegephase bei Frauen in den alten Ländern vor Vollendung des 40. Lebensjahres, in den neuen Ländern beläuft sich der Anteil auf 23 Prozent.

675 *Dressel/Cornelißen/Wolf*, in Cornelißen, Gender Datenreport im Auftrag des Bundesministeriums für Familie, Senioren, Frauen und Jugend, abrufbar unter www.bmfsfj.de, S. 280, 291.

676 Biografiemuster und Alterseinkommensperspektiven von Frauen, *Bundesministerium für Familie, Senioren, Frauen und Jugend*, 2011, abrufbar unter www.bmfsfj.de, S. 5, 11 f., 17; *Dressel/Cornelißen/Wolf*, in Cornelißen, Gender Datenreport im Auftrag des Bundesministeriums für Familie, Senioren, Frauen und Jugend, abrufbar unter www.bmfsfj.de, S. 280, 281, 321. Die eingeschränkte Möglichkeit, während dieser Zeiträume einer Erwerbstätigkeit nachzugehen, wirkt sich nachteilig auf die Partizipationsmöglichkeiten von Frauen am Erwerbsleben aus und kann gar zum Verlust der beruflichen Perspektive führen. Eine Benachteiligung von Frauen, deren Erwerbsverläufe durch die Übernahme familiärer Pflichten unterbrochen werden, hat der Gesetzgeber auch im Rahmen des Ersten Erfahrungsberichts der Bundesregierung zum Bundesgleichstellungsgesetz, BT-Drs. 16/3776, S. 68, festgestellt.

677 Biografiemuster und Alterseinkommensperspektiven von Frauen, *Bundesministerium für Familie, Senioren, Frauen und Jugend*, 2011, abrufbar unter www.bmfsfj.de, S. 8. Ebenso *Dressel/Cornelißen/Wolf*, in Cornelißen, Gender Datenreport im Auftrag des Bundesministeriums für Familie, Senioren, Frauen und Jugend, abrufbar unter

Durch die Kindererziehung bedingte Nichterwerbsphasen weisen aufgrund des regelmäßig frühen biographischen Zeitpunkts insoweit eine besondere gleichstellungsrechtliche Relevanz auf, als Frauen zu diesem Zeitpunkt vielfach noch die Berufsausbildung absolvieren bzw. die berufliche Laufbahn erst kürzlich eingeleitet haben.[678]

Erwerbsunterbrechungen zum Zwecke der Pflege eines pflegebedürftigen Angehörigen können nicht minder schwerwiegende berufliche Nachteile für Frauen verursachen, die insbesondere in erheblichen Schwierigkeiten bei der Rückkehr in eine Erwerbstätigkeit sowie in Prozessen der Dequalifizierung während der Nichterwerbsphase begründet sind.[679] Pflegezeiträume erschweren die berufliche Partizipation der Hauptpflegepersonen regelmäßig insofern weitergehender, als die Betreuung eines pflegebedürftigen Angehörigen – im Vergleich zur Erziehung von Kindern – häufig weniger flexibel gestaltet werden kann.[680]

d. Tradiertes Rollenverständnis

Die beschriebene Benachteiligung weiblicher Bewerber durch die Höchstaltersgrenze für die Berufung in das Beamtenverhältnis beruht nicht lediglich auf – gleichstellungsrechtlich irrelevanten[681] – vorfindlichen Einstellungen bzw. unbeeinflussten Entscheidungen der Frauen. In den vorstehend beschriebenen Erkenntnissen manifestiert sich vielmehr eine herkömmliche Rollenverteilung

---

www.bmfsfj.de, S. 280, 288; *Wengler/Trappe/Schmitt*, Partnerschaftliche Arbeitsteilung und Elternschaft, Bundesinstitut für Bevölkerungsforschung, 2008, abrufbar unter www.bib-demografie.de, S. 19.

678 Biografiemuster und Alterseinkommensperspektiven von Frauen, *Bundesministerium für Familie, Senioren, Frauen und Jugend*, 2011, abrufbar unter www.bmfsfj.de, S. 12. In diesem Lebensabschnitt nehmen kontinuierlich erwerbstätige Frauen und Männer entscheidende Weichenstellungen für ihre weitere berufliche Entwicklung vor, *Dressel/Cornelißen/Wolf*, in Cornelißen, Gender Datenreport im Auftrag des Bundesministeriums für Familie, Senioren, Frauen und Jugend, abrufbar unter www.bmfsfj.de, S. 280, 280, 292.

679 *Dressel/Cornelißen/Wolf*, in Cornelißen, Gender Datenreport im Auftrag des Bundesministeriums für Familie, Senioren, Frauen und Jugend, abrufbar unter www.bmfsfj.de, S. 280, 354.

680 *Dressel/Cornelißen/Wolf*, in Cornelißen, Gender Datenreport im Auftrag des Bundesministeriums für Familie, Senioren, Frauen und Jugend, abrufbar unter www.bmfsfj.de, S. 280, 353.

681 Vgl. zu diesem Aspekt BVerfGE 104, 373, 394 f.; *Kischel*, in Epping/Hillgruber, Beck'scher Online-Kommentar, GG, Art. 3, 13. Edition, 2012, Rn. 167.

zwischen den Geschlechtern bezüglich der Übernahme familiärer Aufgaben.[682] Die aus kulturell verwurzelten Rollenbildern folgenden habitualisierten Praxen von Frauen und Männern bereiten ungleiche Voraussetzungen für eine persönliche und berufliche Entfaltung.[683]

Diese Rollenbilder basieren ihrerseits auf gesellschaftlich verankerten Erwartungshaltungen – insbesondere des männlichen Teils der Gesellschaft[684] – gegenüber Frauen in Bezug auf die Erziehung der Kinder sowie der Pflege unterstützungsbedürftiger Angehöriger. Diese Erwartungshaltungen wirken oftmalig auf Entscheidungen der Frauen im Hinblick auf die Wahrnehmung elterlicher Aufgaben bzw. der Übernahme familiärer Pflege maßgeblich ein.[685]

Die Erwartungshaltung gegenüber Frauen in Bezug auf die Betreuung der Kinder unter temporärer Aufgabe der Erwerbstätigkeit folgt aus einer althergebrachten Vorstellung über die Auswirkungen mütterlicher Erwerbstätigkeit auf das Wohl des Kindes. Ein Anteil von 58 Prozent der Frauen und Männer vertraten im Rahmen einer Erhebung im Auftrag des Bundesministeriums für Familie, Senioren, Frauen und Jugend aus dem Jahr 2004 die Auffassung, Kleinkinder litten unter der Berufstätigkeit der Mutter.[686]

---

682 Vgl. *Volz/Zulehner*, Männer in Bewegung, Studie im Auftrag des Bundesministeriums für Familie, Senioren, Frauen, und Jugend, 2009, abrufbar unter www.bmfsfj.de, S. 116 ff.; *Dressel/Cornelißen/Wolf*, in Cornelißen, Gender Datenreport im Auftrag des Bundesministeriums für Familie, Senioren, Frauen und Jugend, abrufbar unter www.bmfsfj.de, S. 280, 315. Zum tradierten Rollenbild ebenfalls *Gitter*, NJW 1982, 1567, 1568; *Kokott*, NJW 1995, 1049, 1049. Kritisch hierzu *Richter*, NVwZ 2005, 636, 641. Betrachte ebenfalls *Sachs*, NJW 1989, 553, 556.

683 *Dressel/Cornelißen/Wolf*, in Cornelißen, Gender Datenreport im Auftrag des Bundesministeriums für Familie, Senioren, Frauen und Jugend, abrufbar unter www.bmfsfj.de, S. 280, 315.

684 *Dressel/Cornelißen/Wolf*, in Cornelißen, Gender Datenreport im Auftrag des Bundesministeriums für Familie, Senioren, Frauen und Jugend, abrufbar unter www.bmfsfj.de, S. 280, 310, 353, 760.

685 *Volz/Zulehner*, Männer in Bewegung, Studie im Auftrag des Bundesministeriums für Familie, Senioren, Frauen, und Jugend, 2009, abrufbar unter www.bmfsfj.de, S. 116 ff. Siehe ebenfalls Biografiemuster und Alterseinkommensperspektiven von Frauen, *Bundesministerium für Familie, Senioren, Frauen und Jugend*, 2011, abrufbar unter www.bmfsfj.de, S. 11.

686 Eigene Berechnung auf der Grundlage der Studie *Dressel/Cornelißen/Wolf*, in Cornelißen, Gender Datenreport im Auftrag des Bundesministeriums für Familie, Senioren, Frauen und Jugend, abrufbar unter www.bmfsfj.de, S. 280, 307, m.w.N., unter Berücksichtigung der Bevölkerungszahl aus dem Jahr 2004, *Statistisches Bundesamt*, Wirtschaft und Statistik 12/2005, Bevölkerungsentwicklung 2004, abrufbar

Eine vergleichbare Erwartung wird an Frauen ferner im Hinblick auf die Übernahme der Pflege eines unterstützungsbedürftigen Angehörigen gerichtet. Ein hoher moralischer Druck und das Gefühl einer persönlichen Verpflichtung tangieren die Entscheidung hinsichtlich der Wahrnehmung dieser familiären Aufgabe.[687]

2. Keine Rechtfertigung der Ungleichbehandlung

Die vorstehend beschriebene Ungleichbehandlung von Frauen und Männern durch die Höchstaltersgrenze für die Berufung in das Beamtenverhältnis ist nicht legitimiert und mithin eine mittelbare Diskriminierung aufgrund des Geschlechts. Die Annahme einer mittelbaren Geschlechterdiskriminierung setzt tatbestandlich voraus, dass die erhebliche Benachteiligung einer Geschlechtergruppe durch die neutral formulierte Regelung nicht gerechtfertigt ist.[688]

Die angeführten Erschwernisse zu Ungunsten von Frauen in Bezug auf den Zugang zu einem Beamtenverhältnis können weder auf sachliche Gründe noch auf verfassungsrechtlich verankerte Rechtsgüter gestützt werden. Angesichts dessen bedarf die in Rechtsprechung und Literatur diskutierte Frage nach dem Rechtfertigungsmaßstab einer mittelbaren Diskriminierung aus Gründen des Geschlechts keiner Entscheidung.

a. Überblick zu divergierenden Auffassungen hinsichtlich des Rechtfertigungsmaßstabs einer mittelbaren Geschlechterdiskriminierung

In der Rechtsprechung des BVerfG sowie im Schrifttum hat sich bislang kein einheitlicher Rechtfertigungsmaßstab bezüglich einer mittelbaren Diskriminierung

---

unter www.destatis.de, S. 1261, 1267. Während Frauen und Männer in den neuen Ländern im Rahmen der Befragung zu einem Anteil von 29 Prozent angaben, dass Kleinkinder unter der Berufstätigkeit der Mutter leiden, äußerten 63 Prozent der Frauen und Männer in den alten Ländern diese Auffassung.

687 *Dressel/Cornelißen/Wolf*, in Cornelißen, Gender Datenreport im Auftrag des Bundesministeriums für Familie, Senioren, Frauen und Jugend, abrufbar unter www.bmfsfj.de, S. 280, 353.

688 *Kischel*, in Epping/Hillgruber, Beck'scher Online-Kommentar, GG, Art. 3, 13. Edition, 2012, Rn. 169. Eine andere Auffassung vertritt *Sachs*, in Stern, Das Staatsrecht der Bundesrepublik Deutschland, Bd. IV/2, §, 121 II, S. 1647.

aufgrund des Geschlechts herauskristallisiert. Die Gegenpole im Rahmen dieses Meinungsspektrums bilden Entscheidungen des BVerfG.[689]

Das Gericht vertritt in der Entscheidung vom 5.4.2005 die Ansicht, die Benachteiligung einer Geschlechtergruppe durch eine geschlechtsneutral artikulierte Regelung könne – ungeachtet weiterer Voraussetzungen – durch hinreichende sachliche Gründe gerechtfertigt werden.[690] Das BVerfG bezieht sich in diesem Kontext explizit auf Vorschriften zur mittelbaren Diskriminierung in Antidiskriminierungsrichtlinien des Unionsrechts.[691]

Aus der beschriebenen Bezugnahme des BVerfG auf unionsrechtliche Vorgaben zur mittelbaren Diskriminierung sowie unter Berücksichtigung der weiteren Ausführungen im Rahmen dieser Entscheidung ist zu folgern, dass das Gericht gesteigerte Anforderungen an die Rechtfertigung einer mittelbaren Geschlechterdiskriminierung stellt. Das BVerfG nimmt über das Merkmal des hinreichenden sachlichen Grundes eine wertende Gewichtung zwischen dem zur Legitimierung der Ungleichbehandlung angeführten Differenzierungsgrund und den damit verbundenen Nachteilen vor dem Hintergrund des verfassungsrechtlich verankerten Auftrags zur Förderung der Gleichstellung von Frauen und Männern vor.[692]

Einen dem ersten Anschein nach differenten Rechtfertigungsmaßstab unterstellt die im Schrifttum überwiegend vertretene Ansicht. Dieser Auffassung zufolge kann eine Benachteiligung eines Geschlechts infolge einer neutral verbalisierten Vorschrift durch objektive Gründe unter Beachtung von Verhältnismäßigkeitserfordernissen gerechtfertigt werden.[693]

---

689 Ein Überblick über die Rechtsprechung des BVerfG bietet *Kischel*, in Epping/Hillgruber, Beck'scher Online-Kommentar, GG, Art. 3, 13. Edition, 2012, Rn. 169.

690 BVerfGE 113, 1, 20. Bestätigt durch die Entscheidung BVerfG, Beschluss vom 14.4.2010, 1 BvL 8/08, Rn. 67 (Juris).

691 Vgl. BVerfGE 113, 1, 20.

692 Vgl. die Argumentation des Gerichts, BVerfGE 113, 1, 20 ff.

693 *Englisch*, in Stern/Becker, Grundrechte-Kommentar, Art. 3, Rn. 155; *Schmidt*, Erfurter Kommentar zum Arbeitsrecht, 12. Aufl., 2012, Art. 3 GG, Rn. 89. Auf diese Ansicht bezieht sich auch *Kischel*, in Epping/Hillgruber, Beck'scher Online-Kommentar, GG, Art. 3, 13. Edition, 2012, Rn. 169. *Heun*, in Dreier, GG, Art. 3, Rn. 96, spricht sich für eine Abwägung bevorzugender und benachteiligender Rechtsfolgen aus. Für einen abgeschwächten Rechtfertigungsmaßstab sprechen sich ebenfalls *Osterloh*, in Sachs, GG, Art. 3, Rn. 256; *Sodan*, in ders., GG, Art. 3, Rn. 23; aus. Kritisch hierzu *Boysen*, in von Münch/Kunig, GG, Art. 3, Rn. 144. Siehe schließlich auch *Jarass*, in Jarass/Pieroth, GG, Art. 3, Rn. 96.

Als Ergebnis einer vergleichenden Betrachtung vorstehender Rechtsansichten ist zu konstatieren, dass sowohl die dargestellte Entscheidung des BVerfG als auch die in der Literatur vertretene Auffassung eine Abwägung der mit der Regelung verfolgten Zielsetzung und dem ausgelösten Nachteil für die betroffene Geschlechtergruppe in Anbetracht der Vorgaben des Art. 3 Abs. 2 und 3 GG vornehmen. Während das BVerfG diese Wertung im Rahmen der Untersuchung des Merkmals des hinreichenden sachlichen Grundes vollzieht, verlagert das Schrifttum diese Gewichtung in die Überprüfung der Berücksichtigung des Verhältnismäßigkeitsgebots.[694]

Von dem erläuterten Rechtfertigungsmaßstab in Bezug auf eine mittelbare Geschlechterdiskriminierung weicht das BVerfG jedoch in der Entscheidung vom 18.6.2008 ab. Das Gericht führt darin aus, dass eine Ungleichbehandlung durch eine geschlechtstypisch wirkende Regelung lediglich durch Rechtsgüter von Verfassungsrang legitimiert werden könne.[695]

b. Keine Rechtfertigung über fiskalische bzw. personalwirtschaftliche Aspekte

Die im Kontext der Höchstaltersgrenze für die Berufung in das Beamtenverhältnis angeführten fiskalischen bzw. personalwirtschaftlichen Erwägungen können die mit dieser Altersgrenzenregelung verbundene Ungleichbehandlung von Frauen nicht rechtfertigen.

Den Rechtfertigungsmaßstab der erstgenannten Entscheidung des BVerfG unterstellt, sind sowohl eine aus fiskalischen Motiven angestrebte Ausgewogenheit von Dienst- und Versorgungszeiten als auch die intendierte Gewährleistung

---

694 Kritisch zur Anwendung von Verhältnismäßigkeitserwägungen im Rahmen des Art. 3 GG äußert sich *Huster/Rux*, in Epping/Hillgruber, Beck'scher Online-Kommentar, GG, Art. 20, 15. Edition, 2012, Rn. 178 m.w.N. Für die Anwendung dieses Grundsatzes auf Gleichheitsgrundrechte spricht sich *Jarass*, in Jarass/Pieroth, GG, Art. 20, Rn. 81 m.w.N., aus. Betrachte ferner *Sachs*, in Stern, Das Staatsrecht der Bundesrepublik Deutschland, Bd. IV/2, § 120 II 8, S. 1567 ff., wonach eine echte Beurteilung einer Zweck-Mittel-Relation zwischen dem verfolgten Zweck und dem eingesetzten Mittel der Einschränkung des Gleichheitssatzes vorzunehmen ist. Siehe zu dieser grundsätzlichen Frage auch *Herzog*, in Maunz/Dürig, GG, Art. 3 Anhang, 32. EL, Oktober 1996, Rn. 6 ff.; *Kischel*, in Epping/Hillgruber, Beck'scher Online-Kommentar, GG, Art. 3, 12. Edition, 2011, Rn. 29; *Osterloh*, in Sachs, GG, Art. 3, Rn. 14 ff.

695 BVerfG, NVwZ 2008, 987, 988 f. Kritisch hierzu *Kischel*, JZ 2008, 1110, 1110 f. Befürwortend *Koch/Nguyen*, EuR 2010, 364, 372. Siehe ebenfalls *Sachs*, JuS 2008, 1014, 1015.

einer altersdurchmischten Personalstruktur in den Laufbahnen nicht als hinreichende sachliche Gründe im vorstehend beschriebenen Sinne zu qualifizieren. Die Bedeutung der angeführten Belange für die Einrichtung des Berufsbeamtentums legitimiert nicht die damit verbundenen, extendierten Auswirkungen dieser Altersgrenzenregelung für – die überwiegend weiblichen – Bewerber, deren Berufsbiographien durch familienbedingte Nichterwerbsphasen geprägt sind.[696] Es ist nicht ersichtlich, dass die normative Berücksichtigung familienbedingter Nichterwerbsphasen im Rahmen der Anwendung der Höchstaltersgrenze die Verwirklichung der Intentionen der Gewährleistung eines angemessenen Verhältnisses von Dienst- und Versorgungszeiten bzw. der Sicherstellung einer ausgeglichen Altersstruktur in den Beamtenlaufbahnen gefährdet. Angesichts dessen hat der Dienstherr den angeführten Aspekten durch eine aufwändigere finanzielle Ausstattung der Verwaltungseinheiten bzw. durch innerorganisatorische Maßnahmen Rechnung zu tragen.

Ein entsprechendes Ergebnis ergibt sich auch bei Anwendung der im Schrifttum vertretenen Rechtsauffassung. Unter Zugrundelegung der in der Literatur entwickelten Rechtfertigungsanforderungen ist festzuhalten, dass die in Rede stehenden fiskalischen und personalwirtschaftlichen Intentionen als objektive, nicht auf verpönten Merkmalen beruhende Gründe zu qualifizieren sind. Die Höchstaltersgrenze für die Berufung in das Beamtenverhältnis ist geeignet, den angestrebten Erfolg zu gewährleisten. Die Altersgrenze bewirkt, dass Bewerber lediglich bis zu einem festgesetzten Lebensalter in das Beamtenverhältnis berufen werden können und gewährleistet – eine regelmäßige Berufsbiographie unterstellt – dementsprechend einen bestimmten Zeitraum aktiver Dienstzeit. Zudem garantiert die Höchstaltersgrenze im Zusammenwirken mit der natürlichen, personellen Fluktuation eine altersdurchmischte Personalstruktur in den Laufbahnen.

Die Altersgrenzenregelung ist ferner auch erforderlich. Angesichts der stringenten Ausschlusswirkung dieses personalwirtschaftlichen Instruments ist ein gleich geeignetes, jedoch weniger beeinträchtigendes Mittel nicht ersichtlich.

Die auf das 40. Lebensjahr festgesetzte Höchstaltersgrenze für die Berufung in das Beamtenverhältnis ist jedoch nicht als zur Erreichung der erstrebten Intentionen angemessenes Mittel zu qualifizieren. Im Rahmen einer geschlechtsspezifischen Bewertung ist zu konstatieren, dass sich diese Altersvoraussetzung

696 In der Entscheidung BVerwG, NVwZ 2012, 880, 882 f., weist das Gericht explizit darauf hin, dass der Gesetzgeber im Rahmen der Altersgrenzenregelung Verzögerungen aus familiären Gründen durch ausnahmsweise Erhöhungen der Altersgrenze normativ Rechnung trägt.

bei – den vornehmlich weiblichen – Bewerbern mit familienbedingten Nichterwerbsphasen als unverhältnismäßige Benachteiligung darstellt. Die signifikante Einschränkung der Partizipations- bzw. Wiedereingliederungsmöglichkeiten in Bezug auf das Beamtenverhältnis nach einer familienbedingten Erwerbsunterbrechung steht außer Verhältnis zur intendierten Ausgewogenheit von Dienst- und Versorgungszeiten bzw. der angestrebten Altersdurchmischung in den Laufbahnen. In diesem Zusammenhang ist zu berücksichtigen, dass es einer derart undifferenzierten Regelung zur Erreichung der verfolgten Zielsetzungen nicht bedarf und mithin als Ergebnis einer Gesamtabwägung die Grenze der Zumutbarkeit überschritten ist. Es ist nicht erkennbar, dass eine gebührende Berücksichtigung von Erziehungs- und Pflegezeiten schwerwiegende fiskalische bzw. personalwirtschaftliche Auswirkungen zeitigen würde.

c. Keine Legitimierung über beamtenverfassungsrechtliche Strukturprinzipien

Hebt man mit dem vom BVerfG in der zuletzt bezeichneten Entscheidung vom 18.6.2008 vertretenen Rechtfertigungsmaßstab auf verfassungsrechtlich verankerte Rechtsgüter ab, ist die mit der Altersgrenzenregelung einhergehende Benachteiligung von Frauen ebenfalls nicht legitimiert.

Im Rahmen der Überprüfung der Vereinbarkeit der Höchstaltersgrenze für die Berufung in das Beamtenverhältnis mit verfassungsrechtlichen Maßgaben zum Altersdiskriminierungsverbot wurde dargelegt, dass in dieser Regelung das Spannungsverhältnis von Alimentations-, Lebenszeit- sowie Leistungsprinzip zum Ausdruck kommt. Bei einer um die gleichstellungsrechtliche Perspektive ergänzten Analyse der in Frage stehenden Vorschrift ist festzuhalten, dass der Gesetzgeber bei der normativen Ausgestaltung der Altersgrenzenregelung mithin nicht nur den bereits angeführten beamtenverfassungsrechtlichen Strukturpinzipien, sondern auch den Maßgaben des Art. 3 Abs. 2 und 3 GG Rechnung zu tragen hat.

Die Vorgaben des Grundgesetzes zur Gleichstellung von Frauen und Männern und die angeführten hergebrachten Grundsätze des Berufsbeamtentums stehen sich gleichrangig gegenüber und sind dementsprechend – dem Prinzip der Einheit der Verfassung[697] folgend – im Rahmen einer wertenden Abwägung zur Konkordanz zu bringen. Die gleichstellungsrechtlichen Vorgaben des Art. 3 Abs. 2 und 3 GG sind nach Ansicht der Rechtsprechung sowie der im Schrifttum

697 Siehe hierzu *Hopfauf*, in Schmidt-Bleibtreu/Hofmann/Hopfauf, GG, Einl., Rn. 99; *Jarass*, in Jarass/Pieroth, GG, Einl., Rn. 10; *Sachs*, in ders., GG, vor Art. 1, Rn. 123.

vertretenen Auffassung insbesondere neben dem beamtenverfassungsrechtlichen Prinzip der Bestenauslese gemäß Art. 33 Abs. 2 GG anwendbar und gestalten dieses inhaltlich aus.[698] Eine Vorrangstellung gleichstellungsrechtlicher Vorgaben folgt darüber hinaus nicht aus der Rechtsqualität des Art. 3 Abs. 2 S. 2 GG als Staatsziel.[699] Staatsziele werden unter Beachtung des Rahmens realisiert, den die Verfassung durch Kompetenzregelungen, Grundrechte und sonstige Bestimmungen zieht.[700]

Vor diesem Hintergrund ist jedoch zu konstatieren, dass der Gesetzgeber im Rahmen der Ausformung der in Rede stehenden Altersgrenzenregelung die für die Kollision von Verfassungsgütern entwickelten Grundsätze der Abwägung in Richtung auf einen verhältnismäßigen Ausgleich einseitig zugunsten der angeführten beamtenverfassungsrechtlichen Strukturprinzipien gewichtet. Der Gesetzgeber hat die hergebrachten Grundsätze des Berufsbeamtentums mithin nicht in einen schonenden Ausgleich zu den gleichstellungsrechtlichen Vorgaben des Grundgesetzes gesetzt.

Eine hinreichende Berücksichtigung gleichstellungsrechtlicher Maßgaben kann nicht bereits in der konkreten Festsetzung der Höchstaltersgrenze für die Berufung in das Beamtenverhältnis auf das 40. Lebensjahr gesehen werden. Angesichts der regelmäßigen Verteilung von Kindererziehungs- und Pflegezeiten über weibliche Lebensverläufe eröffnet eine derart niedrig festgesetzte

---

698 BVerfG, NVwZ 2008, 987, 990; BVerwGE 61, 325, 330; OVG Sachsen-Anhalt, Beschluss vom 6.9.2011, 1 M 118/11, Rn. 14 (Juris); *Battis*, in Sachs, GG, Art. 33, Rn. 20; *Bergmann*, in Hömig, GG, Art. 33, Rn. 4; *Jachmann*, in von Mangoldt/Klein/Starck, GG, Art. 33, Rn. 13; *Jarass*, in Jarass/Pieroth, GG, Art. 33, Rn. 8 m.w.N. Demgemäß können bei gleich geeigneten Anwärtern grundgesetzlich verankerte Förderpflichten des Staates nach Art. 3 Abs. 2 und 3 GG in der Abwägung mit dem Gebot des Art. 33 Abs. 2 GG berücksichtigt werden, *Badura*, in Maunz/Dürig, GG, Art. 33, Rn. 26, 55. EL, Mai 2009, m.w.N. Siehe in diesem Kontext auch *Pieper*, in Schmidt-Bleibtreu/Hofmann/Hopfauf, GG, Art. 33, Rn. 13. Nach *Sachs*, in Stern, Das Staatsrecht der Bundesrepublik Deutschland, Bd. IV/2, § 122 III 7, S. 1842 m.w.N., kann das Ziel der tatsächlichen Durchsetzung der Gleichberechtigung eine Abweichung von der durch Art. 33 Abs. 2 GG vorgegebenen Bestenauslese nicht legitimieren. Einzig *Leisner*, in Sodan, GG, Art. 33, Rn. 7, vertritt die Auffassung, Art. 33 Abs. 2 GG gehe den Art. 3 Abs. 2 und 3 GG grundsätzlich vor.

699 Vgl. hierzu *Bergmann*, in Hömig, GG, Art. 3, Rn. 17.

700 *Starck*, in von Mangoldt/Klein/Starck, GG, Art. 3 Abs. 2, Rn. 312. Siehe ebenfalls *Sachs*, in Stern, Das Staatsrecht der Bundesrepublik Deutschland, Bd. IV/2, § 121 III 1, S. 1694. Betrachte ferner *Osterloh* in Sachs, GG, Art. 3, Rn. 262; *Boysen*, in von Münch/Kunig, GG, Art. 3, Rn. 167 f.

Altersgrenzenregelung, die diese Zeiträume normativ nicht beachtet, insbesondere weiblichen, aber auch männlichen Bewerbern de facto nicht gleichwertige Chancen auf einen Zugang zu einem Beamtenverhältnis.

Zur Gewährleistung eines schonenden Ausgleichs der im Rahmen dieses Regelungssachverhalts widerstreitenden Rechtsgüter wäre eine Ausnahmeregelung zur Höchstaltersgrenze erforderlich, die Phasen berücksichtigt, in denen – weibliche und männliche – Bewerber infolge der Übernahme familiärer Aufgaben Einschränkungen ihrer beruflichen Entwicklungsmöglichkeiten erlitten haben. Eine derartige Berücksichtigung von Erziehungs- und Pflegezeiten würde nicht zur Perpetuierung des beschriebenen herkömmlichen Rollenbildes beitragen, sondern vielmehr einen wichtigen Beitrag zur Gleichstellung der Geschlechter im Arbeitsleben leisten.[701] Eine familienbedingte Nichterwerbsphasen berücksichtigende Ausnahmeregelung würde die angeführten hergebrachten Grundsätze des Berufsbeamtentums im Übrigen nicht in den Kernbereichen einschränken.

IV. Zwischenergebnis

Die Höchstaltersgrenze für die Berufung in das Beamtenverhältnis gemäß § 48 BHO in Verbindung mit dem RdSchr. d. BMF widerstreitet gleichstellungsrechtlichen Vorgaben des Grundgesetzes. Aus verfassungsrechtlicher Perspektive ergibt sich mithin in Bezug auf diese Vorschrift ein Regelungsdefizit sowohl aufgrund der Nichtbeachtung des Gesetzesvorbehalts hinsichtlich der konkreten Festsetzung der Höchstaltersgrenze als auch aus Gründen fehlender Konformität mit den Maßgaben des Art. 3 Abs. 2 und 3 GG.

D. Überprüfung der Höchstaltersgrenze für die Berufung in das Beamtenverhältnis an Maßgaben der Europäischen Union zur Gleichstellung von Frauen und Männern

Die Überprüfung der Höchstaltersgrenze für die Berufung in das Beamtenverhältnis an gleichstellungsrechtlichen Vorschriften des Unionsrechts wird zunächst mit einer Erläuterung entsprechender primär- und sekundärrechtlicher Vorgaben eingeleitet.

701 Siehe hierzu Perspektive Wiedereinstieg, Studie des *Bundesministeriums für Familie, Senioren, Frauen und Jugend*, 2010, abrufbar unter www.bmfsfj.de, S. 9 ff.; Beruflicher Wiedereinstieg nach der Familiengründung, Studie des *Bundesministeriums für Familie, Senioren, Frauen und Jugend*, 2010, abrufbar unter www.bmfsfj.de, S. 9.

I. Gleichstellungsrechtliche Vorgaben im Recht der Europäischen Union

Wie im Folgenden dargelegt wird, durchzieht der Grundsatz der Gleichbehandlung von Frauen und Männern die Kodifikationen des primären Unionsrechts und ist über ein austariertes System sekundärrechtlicher Regelungen zu diversen Bereichen des Erwerbslebens durch die Mitgliedstaaten zu beachten.

1. Maßgaben zur Gleichstellung der Geschlechter im Primärrecht

Während die Rechtsidee der Gleichberechtigung von Frauen und Männern bereits Gegenstand des Vertrages zur Gründung der Europäischen Wirtschaftsgemeinschaft vom 25.3.1957[702] war[703] und durch den Vertrag von Amsterdam zur Änderung des Vertrages über die Europäische Union, der Verträge zur Gründung der Europäischen Gemeinschaft sowie einiger damit zusammenhängender Rechtsakte vom 2.10.1997[704] ihre normative Ausbildung erfahren hat[705], vervollständigt der Vertrag von Lissabon zur Änderung des Vertrags über die Europäische Union und des Vertrags zur Gründung der Europäischen Gemeinschaft vom 13.12.2007[706] den primärrechtlichen Schutz vor ungerechtfertigten Ungleichbehandlungen aufgrund des Geschlechts.[707]

Der Vertrag der Europäischen Union in der Fassung des Vertrags von Lissabon führt den Grundsatz der Gleichheit gemäß Art. 2 als wertendes, die Gesellschaft

---

702 Vertrag zur Gründung der Europäischen Wirtschaftsgemeinschaft vom 25.3.1957, nicht im Amtsblatt veröffentlicht (im Folgenden: EWG-Vertrag).

703 Grundsatz des gleichen Entgelts für Frauen und Männer gemäß Art. 119 EWG-Vertrag.

704 Vertrag von Amsterdam zur Änderung des Vertrages über die Europäische Union, der Verträge zur Gründung der Europäischen Gemeinschaft sowie einiger damit zusammenhängender Rechtsakte, unterzeichnet am 2.10.1997, ABl. Nr. C 340.

705 In diesem Kontext ist insbesondere zu erwähnen, dass der Vertrag von Amsterdam den Grundsatz der Gleichstellung von Frauen und Männern zur Zielvorgabe sowie zum Grundprinzip der Gemeinschaft erhob.

706 Vertrag von Lissabon zur Änderung des Vertrags über die Europäische Union und des Vertrags zur Gründung der Europäischen Gemeinschaft, unterzeichnet in Lissabon am 13.12.2007, ABl. 2007 Nr. C 306.

707 Einen Überblick gewähren die Kurzdarstellung ‚Gleichstellung von Männern und Frauen' des *Europäischen Parlaments*, abrufbar unter www.europarl.europa.eu, sowie die Aufstellung ‚Bedeutende gleichstellungsrelevante Regelungen' des *Ministeriums für Gesundheit, Emanzipation, Pflege und Alter des Landes Nordrhein-Westfalen*, abrufbar unter www.frauennrw.de.

beschreibendes Merkmal auf.[708] Die Europäische Union beachtet diesen Grundsatz darüber hinaus gemäß der Querschnittsklausel des Art. 9 EUV im Rahmen ihres Handelns. Art. 3 Abs. 3 EUV benennt explizit die Förderung der Gleichstellung von Frauen und Männern als Ziel der Union.

Dieses Unionsziel wird unter anderem durch die Charta der Grundrechte der Europäischen Union vom 7.12.2000[709] präzisiert.[710] Art. 6 Abs. 1 EUV erklärt die ChGR zum Bestandteil des Europäischen Primärrechts. Art. 21 Abs. 1 ChGR untersagt unter anderem Diskriminierungen wegen des Geschlechts. Gemäß Art. 23 ChGR ist die Gleichheit von Frauen und Männern in allen Bereichen, einschließlich der Beschäftigung, der Arbeit und des Arbeitsentgelts sicherzustellen. An die Eltern- bzw. Mutterschaft knüpfen ferner Art. 33 und 34 ChGR an.

Das Unionsziel der Förderung der Gleichstellung von Frauen und Männern nach Art. 3 Abs. 3 EUV wird ferner durch Regelungen des AEUV konturiert.[711] Ausweislich des Art. 8 AEUV (ex-Art. 3 Abs. 2 EGV) wirkt die Union bei sämtlichen Tätigkeiten darauf hin, Ungleichheiten zu beseitigen und die Gleichstellung von Männern und Frauen zu fördern.[712] Die Europäische Union internalisiert mit dieser Vorschrift die Konzeption der Geschlechtergleichstellung und erhebt sie zu einem universellen Betätigungsfeld.[713]

Gemäß Art. 10 AEUV zielt die Union bei der Festlegung und Durchführung ihrer Politik sowie ihrer Maßnahmen unter anderem auf die Bekämpfung von Diskriminierungen aufgrund des Geschlechts. Die Vorschrift benennt die Bekämpfung der Geschlechterdiskriminierung als Querschnittsaufgabe der

---

708 Eingehend *Hilf/Schorkopf*, in Grabitz/Hilf/Nettesheim, Das Recht der Europäischen Union, Art. 2 EUV, 41. EL, Juli 2010, Rn. 43.

709 Charta der Grundrechte der Europäischen Union vom 7.12.2000, ABl. Nr. C 303, S. 1.

710 Vgl. *Terhechte*, in Grabitz/Hilf/Nettesheim, Das Recht der Europäischen Union, Art. 3 EUV, 41. EL, Juli 2010, Rn. 52.

711 Siehe hierzu *Terhechte*, in Grabitz/Hilf/Nettesheim, Das Recht der Europäischen Union, Art. 3 EUV, 41. EL, Juli 2010, Rn. 52.

712 Diese Vorschrift richtet sich ausschließlich an die Europäische Union, *Rossi*, in Calliess/Ruffert, EUV/AEUV, 4. Aufl., 2011, Art. 8 AEUV, Rn. 4; *Schorkopf*, in Grabitz/Hilf/Nettesheim, Das Recht der Europäischen Union, Art. 8 AEUV, 41. EL, Juli 2010, Rn. 23.

713 *Schorkopf*, in Grabitz/Hilf/Nettesheim, Das Recht der Europäischen Union, Art. 8 AEUV, 41. EL, Juli 2010, Rn. 11.

Europäischen Union.[714] In Art. 10 AEUV kommt der Anspruch zum Ausdruck, die Politik der Nichtdiskriminierung zur umfassenden politischen Strategie der Union zu erheben.[715]

Die bereits angeführte Kompetenznorm des Art. 19 AEUV (ex-Art. 13 EGV) eröffnet dem Rat die Möglichkeit, geeignete Vorkehrungen auch gegen Diskriminierungen aus Gründen des Geschlechts zu treffen.[716] Gemäß Art. 153 Abs. 1 lit. i) AEUV (ex-Art. 137 EGV) unterstützt die Union die Tätigkeit der Mitgliedstaaten auf dem Gebiet der Chancengleichheit von Frauen und Männern auf dem Arbeitsmarkt sowie bei der Gleichbehandlung am Arbeitsplatz.

Von herausragender Bedeutung für das Gleichstellungsrecht der Europäischen Union ist Art. 157 AEUV (ex-Art. 141 EGV). Die Vorschrift enthält drei selbständige Regelungsgehalte, die als gemeinsame Grundlage das Prinzip der Gleichbehandlung der Geschlechter im Arbeitsrecht aufweisen.[717] Während Art. 157 Abs. 1 AEUV (ex-Art. 141 Abs. 1 EGV) den Grundsatz der Entgeltgleichheit statuiert, bildet Art. 157 Abs. 3 AEUV (ex-Art. 141 Abs. 3 EGV) die zentrale Ermächtigungsgrundlage für Maßnahmen zur Gewährleistung der Umsetzung des Prinzips der Chancengleichheit und Gleichstellung von Männern und Frauen.[718] Schließlich ermöglicht Art. 157 Abs. 4 AEUV (ex-Art. 141 Abs. 4 EGV) explizit die Vornahme positiver Maßnahmen zugunsten Angehöriger eines Geschlechts.

2. *Entwicklung geschlechtsspezifischer Diskriminierungsverbote im Sekundärrecht der Europäischen Union*

Auf der Grundlage der beschriebenen primärrechtlichen Vorgaben hat sich auf der Ebene des europäischen Sekundärrechts seit den 1970er Jahren ein

---

714 *Rossi*, in Calliess/Ruffert, EUV/AEUV, 4. Aufl., 2011, Art. 10 AEUV, Rn. 2; *Schorkopf*, in Grabitz/Hilf/Nettesheim, Das Recht der Europäischen Union, Art. 10 AEUV, 41. EL, Juli 2010, Rn. 6.

715 *Schorkopf*, in Grabitz/Hilf/Nettesheim, Das Recht der Europäischen Union, Art. 10 AEUV, 41. EL, Juli 2010, Rn. 10.

716 Siehe hierzu *Grabenwarter*, in Grabitz/Hilf/Nettesheim, Das Recht der Europäischen Union, Art. 19 AEUV, 42, EL, September 2010, Rn. 6.

717 *Krebber*, in Calliess/Ruffert, EUV/AEUV, 4. Aufl, 2011, Art. 157 AEUV, Rn. 1.

718 *Krebber*, in Calliess/Ruffert, EUV/AEUV, 4. Aufl., 2011, Art. 157 AEUV, Rn. 1. Der gleichstellungsrechtliche Bedeutungsgehalt des Art. 157 Abs. 3 AEUV (ex-Art. 141 Abs. 3 EGV) geht über den des Art. 153 hinaus, *Benecke*, in Grabitz/Hilf/Nettesheim, Das Recht der Europäischen Union, Art. 153 AEUV, 41. EL, März 2011, Rn. 94.

ausdifferenziertes System gleichstellungsrechtlicher Regelungen und Entschließungen des Rates entwickelt, das zahlreiche Bereiche des – diskriminierungsrechtlich besonders relevanten – Erwerbslebens erfasst. Normativer Ausgangspunkt gleichstellungsrechtlicher Vorgaben im Bereich des Sekundärrechts waren Richtlinien zur Gewährleistung der Lohngleichheit unter den Geschlechtern[719] sowie zur Generierung gleicher Partizipationsmöglichkeiten in Bezug auf die Erwerbstätigkeit[720], mit der der unionsrechtliche Gleichbehandlungsgrundsatz auf den Zugang zur Berufstätigkeit, zur Berufsausbildung sowie zur Beförderung und hinsichtlich der Arbeitsbedingungen erweitert wurde[721]. Darüber hinaus wurde durch eine entsprechende Richtlinie die Geschlechterdiskriminierung in gesetzlichen Systemen der sozialen Sicherheit bekämpft.[722]

719 Richtlinie 75/117/EWG des Rates zur Angleichung der Rechtsvorschriften der Mitgliedstaaten über die Anwendung des Grundsatzes des gleichen Entgelts für Männer und Frauen vom 10.2.1975, ABl. Nr. L 045 vom 19.2.1975, S. 0019–0020, übernommen durch ABl. L 001 03.01.94, S. 484 (im Folgenden: RL 75/117/EWG).

720 Richtlinie 76/207/EWG des Rates vom 9.2.1976 zur Verwirklichung des Grundsatzes der Gleichbehandlung von Männern und Frauen hinsichtlich des Zugangs zur Beschäftigung, zur Berufsausbildung und zum beruflichen Aufstieg sowie in Bezug auf die Arbeitsbedingungen, ABl. Nr. L 039 vom 14.2.1976, S. 0040–0042, übernommen durch ABl. L 001 03.01.94, S. 484 (im Folgenden: RL 76/207/EWG). Die RL 76/207/EWG wurde durch die Richtlinie 2002/73/EG des Europäischen Parlaments und des Rates vom 23.9.2002 zur Änderung der Richtlinie 76/207/EWG des Rates zur Verwirklichung des Grundsatzes der Gleichbehandlung von Männern und Frauen hinsichtlich des Zugangs zur Beschäftigung, zur Berufsausbildung und zum beruflichen Aufstieg sowie in Bezug auf die Arbeitsbedingungen, ABl. 2002, Nr. L 269, S. 15 (im Folgenden: RL 2002/73/EG), geändert.

721 Vgl. zur RL 76/207/EWG die Entscheidung des OVG Schleswig, NVwZ-RR 1995, 583, 584.

722 Richtlinie 79/7/EWG des Rates vom 19.12.1978 zur schrittweisen Verwirklichung des Grundsatzes der Gleichbehandlung von Männern und Frauen im Bereich der sozialen Sicherheit, ABl. Nr. L 006 vom 10.1.1979, S. 0024–0025, übernommen durch ABl. L 001 03.01.94, S. 484 (im Folgenden: RL 79/7/EWG). Dieses Ziel verfolgte auch die Richtlinie 86/378/EWG des Rates vom 24.7.1986 zur Verwirklichung des Grundsatzes der Gleichbehandlung von Männern und Frauen bei den betrieblichen Systemen der sozialen Sicherheit, ABl. Nr. L 225 vom 12.8.1986, S. 0040–0042, übernommen durch ABl. L 001 03.01.94, S. 484, geändert durch ABl. L 046 17.02.97, S. 20 (im Folgenden: RL 86/378/EWG).

Weitere sekundärrechtliche Maßgaben knüpfen an die Schwangerschaft bzw. Mutterschaft[723] sowie die Elternrolle[724] an.

Die derzeit wesentliche sekundärrechtliche Grundlage zur Bekämpfung von Geschlechterdiskriminierung im Erwerbsbereich ist die Richtlinie 2006/54/EG des Europäischen Parlaments und des Rates vom 5.7.2006 zur Verwirklichung des Grundsatzes der Chancengleichheit und Gleichbehandlung von Männern und Frauen in Arbeits- und Beschäftigungsfragen[725]. Sie hat diverse Gleichbehandlungsrichtlinien zusammengefasst und aufgehoben.[726] Diese Richtlinie normiert für zentrale Aspekte des Berufslebens umfassende Verbote der Diskriminierung aufgrund des Geschlechts.

II. Bewertung der Konformität der Höchstaltersgrenze für die Berufung in das Beamtenverhältnis mit gleichstellungsrechtlichen Vorgaben des Unionsrechts

Im Folgenden wird die Höchstaltersgrenze für die Berufung in das Beamtenverhältnis auf ihre Vereinbarkeit mit Maßgaben der Europäischen Union zur Gleichbehandlung von Frauen und Männern beurteilt. Sekundärrechtlicher Maßstab für die Überprüfung der Europarechtskonformität des § 48 BHO in Verbindung mit dem RdSchr. d. BMF ist die vorstehend angeführte RL 2006/54/EG.

---

723 Richtlinie 86/613/EWG des Rates vom 11.12.1986 zur Verwirklichung des Grundsatzes der Gleichbehandlung von Männern und Frauen, die eine selbständige Erwerbstätigkeit - auch in der Landwirtschaft - ausüben, sowie über den Mutterschutz, ABl. Nr. L 359 vom 19.12.1986, S. 0056–0058, übernommen durch ABl. L 001 03.01.94, S. 484. Siehe auch Richtlinie 92/85/EWG des Rates vom 19.10.1992 über die Durchführung von Maßnahmen zur Verbesserung der Sicherheit und des Gesundheitsschutzes von schwangeren Arbeitnehmerinnen, Wöchnerinnen und stillenden Arbeitnehmerinnen am Arbeitsplatz, ABl. Nr. L 348 vom 28.11.1992, S. 0001–0008.

724 Richtlinie 96/34/EG des Rates vom 3.6.1996 zu der von UNICE, CEEP und EGB geschlossenen Rahmenvereinbarung über Elternurlaub, ABl. L 145 vom 19.06.1996, S. 0004–0009, CONSLEG - 96L0034 - 16.1.1998 - 11, geändert durch ABl. L 010 16.01.98, S. 24.

725 Richtlinie 2006/54/EG des Europäischen Parlaments und des Rates vom 5.6.2006 zur Verwirklichung des Grundsatzes der Chancengleichheit und Gleichbehandlung von Männern und Frauen in Arbeits- und Beschäftigungsfragen, ABl. L 204 vom 26.7.2006, S. 0023–0036 (im Folgenden: RL 2006/54/EG).

726 Gemäß Art. 34 RL 2006/54/EG wurden die RL 75/117/EWG, RL 76/207/EWG, RL 86/378/EWG und RL 97/89/EWG mit Wirkung zum 15.8.2009 aufgehoben.

1. *Eröffnung des Anwendungsbereichs der RL 2006/54/EG*

Die Höchstaltersgrenze für die Berufung in das Beamtenverhältnis gemäß § 48 BHO in Verbindung mit dem RdSchr. d. BMF wird vom Anwendungsbereich der RL 2006/54/EG erfasst. Die Richtlinie normiert ausweislich des Art. 1 lit. a) RL 2006/54/EG unter anderem Vorgaben zur Verwirklichung des Grundsatzes der Gleichbehandlung in Bezug auf den Zugang zur Beschäftigung. Wenngleich Art. 1 RL 2006/54/EG nicht explizit den öffentlichen Sektor bzw. öffentliche Stellen erwähnt, ist die Richtlinie dennoch – wie bereits die überkommene RL 76/207/EWG[727] – auf öffentlich-rechtliche Dienstverhältnisse anwendbar.[728] Dies ergibt sich aus der Formulierung des Art. 14 Abs. 1 RL 2006/54/EG. Die Regelung statuiert unter anderem ein Diskriminierungsverbot für den öffentlichen Sektor hinsichtlich des Zugangs zur Beschäftigung.

Aus Art. 23 lit. a) RL 2006/54/EG ist darüber hinaus zu schließen, dass die Richtlinie auch gesetzliche Regelungen erfasst. Danach treffen die Mitgliedstaaten alle erforderlichen Maßnahmen um sicherzustellen, dass die Rechts- und Verwaltungsvorschriften, die dem Gleichbehandlungsgrundsatz zuwiderlaufen, aufgehoben werden.

2. *Vereinbarkeit der Höchstaltersgrenze für die Berufung in das Beamtenverhältnis mit Art. 14 Abs. 1 lit. a) RL 2006/54/EG*

Konkreter Prüfungsmaßstab für die in Frage stehende Höchstaltersgrenze für die Berufung in das Beamtenverhältnis ist Art. 14 RL 2006/54/EG. Gemäß Art. 14 Abs. 1 lit. a) RL 2006/54/EG darf es unter anderem im öffentlichen Sektor einschließlich öffentlicher Stellen im Hinblick auf die Bedingungen für den Zugang zur Beschäftigung oder zu abhängiger oder selbständiger Erwerbstätigkeit, unabhängig von Tätigkeitsfeld und beruflicher Position einschließlich des beruflichen Aufstiegs, keinerlei unmittelbare oder mittelbare Diskriminierung aufgrund des Geschlechts geben.

Da sich die Altersgrenzenregelung nicht explizit auf das Geschlecht bezieht, kommt in Bezug auf die mit § 48 BHO in Verbindung mit dem RdSchr. d. BMF verbundenen Benachteiligungen von Frauen einzig eine mittelbare Diskriminierung in Betracht.[729] Die Voraussetzungen des Rechtsinstituts

727 EuGH, Rs. 248/83 (*Kommission/Deutschland*), Slg. 1985, S. 1474, 1480, Rn. 16.

728 *Kämmerer*, ZBR 2008, 325, 325.

729 Angesichts dessen ist im Hinblick auf die Höchstaltersgrenze für die Berufung in das Beamtenverhältnis der Rechtfertigungsgrund des Art. 14 Abs. 2 RL 2006/54/EG nicht in Erwägung zu ziehen. Danach können die Mitgliedstaaten unter anderem

der mittelbaren Diskriminierung aufgrund des Geschlechts werden in Art. 2 Abs. 1 lit. b) RL 2006/54/EG definiert. Danach bezeichnet dieser Begriff eine Situation, in der dem Anschein nach neutrale Vorschriften, Kriterien oder Verfahren Personen des einen Geschlechts in besonderer Weise gegenüber Personen des anderen Geschlechts benachteiligen können, es sei denn, die betreffenden Vorschriften, Kriterien oder Verfahren sind durch ein rechtmäßiges Ziel sachlich gerechtfertigt und die Mittel sind zur Erreichung dieses Ziels angemessen und erforderlich.

Im Schrifttum wird – ohne konkrete Bezugnahme auf § 48 BHO in Verbindung mit dem RdSchr. d. BMF – die Auffassung vertreten, Höchstaltersgrenzen könnten Frauen mittelbar aufgrund des Geschlechts diskriminieren. Diese Rechtsauffassung wird im Folgenden weiter ausgeführt. Anschließend wird § 48 BHO in Verbindung mit dem RdSchr. d. BMF im Rahmen einer eigenen Positionierung an den Voraussetzungen des Art. 14 Abs. 1 lit. a) in Verbindung mit Art. 2 Abs. 1 lit. b) RL 2006/54/EG überprüft.[730]

a. Ansicht des Schrifttums

Nach in der Literatur vertretener Ansicht können Höchstaltersgrenzen für den Zugang zur Berufstätigkeit – wenngleich sie die Voraussetzungen des Art. 6 Abs. 1 S. 2 lit. c) RL 2000/78/EG erfüllen – gleichbehandlungsrechtlich insofern bedeutsam sein, als sie Frauen mittelbar aufgrund des Geschlechts diskriminieren.[731] Die

---

hinsichtlich des Zugangs zur Beschäftigung vorsehen, dass eine Ungleichbehandlung wegen eines geschlechtsbezogenen Merkmals keine Diskriminierung darstellt, wenn das betreffende Merkmal aufgrund der Art einer bestimmten beruflichen Tätigkeit oder den Bedingungen ihrer Ausübung eine wesentliche und entscheidende berufliche Anforderung darstellt, sofern es sich um einen rechtmäßigen Zweck und eine angemessene Anforderung handelt. Aus dem Wortlaut der Vorschrift ist zu folgern, dass dieser Rechtfertigungsgrund lediglich unmittelbare Diskriminierungen erfasst. Zur vergleichbaren Regelung des § 8 AGG *Adomeit/Mohr*, AGG, § 8, Rn. 3; *Roloff*, in Rolfs/Giesen/Kreikebohm/Udsching, Beck'scher Online-Kommentar Arbeitsrecht, § 8 AGG, 24. Edition, Juni 2012, Rn. 1; *Schiek*, in dies., AGG, § 8, Rn. 1; *Schlachter*, Erfurter Kommentar zum Arbeitsrecht, 12. Aufl., 2012, AGG, § 8, Rn. 2; *Thüsing*, in Münchener Kommentar, AGG, 6. Aufl., 2012, § 8, Rn. 1. A.A *Brors*, in Däubler/Bertzbach, AGG, § 8, Rn. 2.

730 Die Reihenfolge der Prüfung orientiert sich am Wortlaut des Art. 14 Abs. 1 lit. a) RL 2006/54/EG in Verbindung mit Art. 2 Abs. 1 lit. b) RL 2006/54/EG.

731 *Schmidt/Senne*, RdA 2002, 80, 89. Siehe ebenfalls *Brors*, in Däubler/Bertzbach, AGG, § 10, Rn. 82; *Lüderitz*, Altersdiskriminierung durch Altersgrenzen, S. 121; *Over*, Das Verbot der Altersdiskriminierung im Arbeitsrecht nach dem Allgemeinen Gleichbehandlungsgesetz, S. 246; *Schiek*, in dies., AGG, § 3, Rn. 36.

Festsetzung einer solchen Höchstaltersgrenze erweise sich als besonderes Hindernis für weibliche Bewerber, die speziell aufgrund von Kindererziehungsphasen zum Zeitpunkt der Bewerbung bzw. Auswahlentscheidung oftmals ein höheres Alter als ihre männlichen Konkurrenten aufweisen.[732] In Anbetracht dessen sei die Höchstaltersgrenze nicht förderlich im Hinblick auf die Wiedereingliederung von Frauen in die Erwerbstätigkeit nach einer familienbedingten Erwerbsunterbrechung.[733] Die damit einhergehende Benachteiligung aus Gründen des Geschlechts bedürfe einer Rechtfertigung.[734]

b. Eigene Bewertung

Die Höchstaltersgrenze für die Berufung in das Beamtenverhältnis ist als mittelbare Diskriminierung aufgrund des Geschlechts nach Art. 14 Abs. 1 lit. a) in Verbindung mit Art. 2 Abs. 1 lit. b) RL 2006/54/EG zu qualifizieren. Die Ausgestaltung der Altersgrenzenregelung lässt den Grundsatz der Gleichberechtigung von Frauen und Männern als zentrales Prinzip des Unionsrechts unberücksichtigt.

aa. Dem Anschein nach neutrale Vorschrift

§ 48 BHO in Verbindung mit dem RdSchr. d. BMF ist eine dem Anschein nach neutrale Vorschrift im Sinne des Art. 2 Abs. 1 lit. b) RL 2006/54/EG. Eine Regelung ist neutral formuliert in diesem Sinne, wenn sie keine direkte Anknüpfung an das verpönte Merkmal enthält.[735] Die in Rede stehende Altersgrenzenregelung differenziert im Hinblick auf die Voraussetzungen für die Berufung in das Beamtenverhältnis nicht nach dem Geschlecht des Bewerbers.

---

732 *Schmidt/Senne*, RdA 2002, 80, 89; *Brors*, in Däubler/Bertzbach, AGG, § 10, Rn. 82; *Lüderitz*, Altersdiskriminierung durch Altersgrenzen, S. 121; *Over*, Das Verbot der Altersdiskriminierung im Arbeitsrecht nach dem Allgemeinen Gleichbehandlungsgesetz, S. 246.

733 *Hahn*, Auswirkungen der europäischen Regelungen zur Altersdiskriminierung im deutschen Arbeitsrecht, S. 129.

734 *Schmidt/Senne*, RdA 2002, 80, 89; *Brors*, in Däubler/Bertzbach, AGG, § 10, Rn. 82; *Lüderitz*, Altersdiskriminierung durch Altersgrenzen, S. 121; *Over*, Das Verbot der Altersdiskriminierung im Arbeitsrecht nach dem Allgemeinen Gleichbehandlungsgesetz, S. 246, die eine variable Ausgestaltung der Altersgrenzenregelung zugunsten weiblicher Bewerber anraten.

735 Vgl. zur entsprechenden Formulierung des § 3 Abs. 2 AGG *Adomeit/Mohr*, AGG, § 3, Rn. 129; *Bauer/Göpfert/Krieger*, AGG, § 3, Rn. 22; *Wörl*, Die Beweislast nach dem Allgemeinen Gleichbehandlungsgesetz, S. 103.

bb. Bedingung für den Zugang zur Beschäftigung

Die Höchstaltersgrenze für die Berufung in das Beamtenverhältnis normiert eine Bedingung für den Zugang zu einem Beamtenverhältnis des Bundes im Sinne des Art. 14 Abs. 1 lit. a) RL 2006/54/EG in Verbindung mit Art. 2 Abs. 1 lit. b) RL 2006/54/EG.

Die Berufung in das Beamtenverhältnis erfordert grundsätzlich, dass der Bewerber zum Zeitpunkt der Auswahlentscheidung das 40. Lebensjahr noch nicht vollendet hat. Für Bewerber, die dieses Alter bereits überschritten haben, ist – zusätzlich zu den übrigen, dem Prinzip der Bestenauslese entsprechenden Auswahlkriterien – die Einwilligung des Bundesministers der Finanzen im Sinne des Rundschreibens vom 23.3.1995 als weitere Zugangsvoraussetzung erforderlich.

cc. Benachteiligung weiblicher Bewerber in besonderer Weise

Die Normierung des Zustimmungserfordernisses des Bundesministers der Finanzen als weitere Zugangsvoraussetzung benachteiligt Bewerber, die das 40. Lebensjahr bereits überschritten haben im Vergleich zu sonstigen Mitbewerbern insofern, als der Zugang zu einem Beamtenverhältnis von weiteren, dem Einfluss des Bewerbers entzogenen Bedingungen abhängt. Die in Rede stehende Höchstaltersgrenze für die Berufung in das Beamtenverhältnis erschwert angesichts dessen vornehmlich Bewerbern den Zugang zu einem Dienst- und Treueverhältnis des Bundes, deren berufliche Entwicklung bis zum festgesetzten Lebensalter von 40 Jahren durch familienbedingte Nichterwerbszeiten in erheblichem Umfang verzögert bzw. unterbrochen wurde. In der gesellschaftlichen Wirklichkeit benachteiligt § 48 BHO in Verbindung mit dem RdSchr. d. BMF mithin insbesondere Frauen in besonderer Weise im Sinne der Richtlinie.

Anzunehmen ist eine Benachteiligung in besonderer Weise im Sinne des Art. 2 Abs. 1 lit. b) RL 2006/54/EG, wenn der Anteil der Personen, die in der benachteiligten Gruppe dieses Kriterium aufweisen, evident größer ist als der Anteil der Personen in der bevorzugten Gruppe.[736] Mit der in Art. 2 Abs. 1 lit. b) RL 2006/54EG gewählten Formulierung, die sich an entsprechende Definitionen der mittelbaren Diskriminierung in anderen unionsrechtlichen Richtlinien zu Vermeidung von Diskriminierungen anlehnt[737], erleichtert der Richtliniengeber

---

736 *Bufalica*, in Däubler/Hjort/Schubert/Wolmerath, Arbeitsrecht, 2. Aufl., 2010, § 3 AGG, Rn. 11, zur entsprechenden Formulierung in § 3 Abs. 2 AGG.

737 Siehe hierzu Art. 2 Abs. 2 lit. b) RL 2000/43/EG und Art. 2 Abs. 2 lit. b) RL 2000/78/EG. Ausweislich der Begründungen zu den Richtlinienentwürfen geht diese Definition der mittelbaren Diskriminierung maßgeblich auf die Rechtsprechung des EuGH in Sachen Arbeitnehmerfreizügigkeit zurück, vgl. KOM (1999) 565, endg.,

den Nachweis einer Benachteiligung in besonderer Weise insoweit, als dieser nicht ausschließlich auf statistischen Daten beruhen muss.[738] Der Nachweis der besonderen Benachteiligung einer Geschlechtergruppe kann dennoch nach wie vor auf statistischer Grundlage geführt werden.[739]

Aufgrund eines altherkömmlichen, jedoch weiterhin gesellschaftlich maßgeblichen Rollenverständnisses erfüllen – wie die vorstehend dargelegten, statistischen Angaben belegen – überwiegend Frauen die familiären Aufgaben der Kindererziehung bzw. Pflege unterstützungsbedürftiger Angehöriger. Die gleichstellungsrechtliche Signifikanz der dargelegten geschlechtsspezifischen Aufteilung familiärer Aufgaben wird durch die Geschlechterrelation in der Vergleichsgruppe nicht eingeschränkt.[740] Aus der beschriebenen familialen Aufgabenverteilung resultiert eine Prävalenz familienbedingter Nichterwerbsphasen in weiblichen Erwerbsverläufen. Diese familienbedingten Nichterwerbszeiträume ereignen sich in rechtserheblichem Umfang in Lebensphasen, die von der Höchstaltersgrenze für die Berufung in das Beamtenverhältnis normativ erfasst werden und wirken sich, wie der EuGH grundsätzlich anerkannt hat,[741] negativ auf die beruflichen Entfaltungsmöglichkeiten der Frauen aus.

S. 9, und KOM (1999), 566 endg., S. 7. Vgl. zur entsprechenden Formulierung in Art. 2 Abs. 2 RL 2002/73/EG *Monen*, Das Verbot der Diskriminierung, S. 100; *Schiek*, in dies., AGG, Art. 3, Rn. 24.

738 In Bezug auf die vergleichbare Definition in Art. 2 Abs. 2 RL 2002/73/EG sowie Art. 3 AGG *Bauer/Göpfert/Krieger*, AGG, § 3, Rn. 27 f.; *Bufalica*, in Däubler/Hjort/Schubert/Wolmerath, Arbeitsrecht, 2. Aufl., 2010, § 3 AGG, Rn. 11; *Schrader/Schubert*, in Däubler/Bertzbach, AGG, § 3, Rn. 40; *Schiek*, in dies., AGG, Art. 3, Rn. 24; *Wörl*, Die Beweislast nach dem Allgemeinen Gleichbehandlungsgesetz, S. 105 f.

739 Dies geht aus den Erwägungsgründen Nr. 15 der angeführten RL 2000/43/EG und RL 2000/78/EG hervor. Die Bedeutung statistischer Nachweise für die Eruierung von Benachteiligungen aufgrund des Geschlechts betont dementsprechend auch der Erwägungsgrund Nummer 37 der RL 2006/54/EG ausdrücklich. Siehe auch *Schrader/Schubert*, in Däubler/Bertbach, AGG, § 3, Rn. 41; *Schiek*, in dies., AGG, Art. 3, Rn. 24; *Wörl*, Die Beweislast nach dem Allgemeinen Gleichbehandlungsgesetz, S. 106, 109.

740 Zur Eruierung der Vergleichsgruppe hinsichtlich einer gesetzlichen Regelung *Adomeit/Mohr*, AGG, § 3, Rn. 132 ff.; *Bauer/Göpfert/Krieger*, AGG, § 3, Rn. 24; *Schiek*, in dies., AGG, § 3, Rn. 38. Zur Vergleichsgruppe, die bei Benachteiligungen im Rahmen von Auswahlentscheidungen zu betrachten sind, *Schleusener*, in Schleusener/Suckow/Voigt, AGG, § 3, Rn. 79; *Thüsing*, Münchener Kommentar zum BGB, AGG, 6. Aufl., § 3, Rn. 34.

741 Vgl. EuGH, Rs. C-109/88 (*Danfoss*), Slg. 1989, 3199, Rn. 20. Siehe hierzu auch *Schiek*, in dies., AGG, § 3, Rn. 44.

Für die Annahme einer mittelbaren Diskriminierung im Sinne der Richtlinie ist angesichts der Konjunktivformulierung in Art. 2 Abs. 1 lit. b) RL 2006/54/EG die konkrete Möglichkeit ausreichend, dass die angeführten Nichterwerbsphasen infolge der überwiegenden Erledigung familiärer Aufgaben durch Frauen zu Benachteiligungen im Hinblick auf die Berufung in das Beamtenverhältnis führen *können*.[742]

dd. Keine Rechtfertigung

Die Benachteiligung von Frauen durch die Höchstaltersgrenze für die Berufung in das Beamtenverhältnis ist nicht gerechtfertigt und mithin eine mittelbare Diskriminierung aufgrund des Geschlechts. Das Fehlen sachlicher Rechtfertigungsgründe stellt ein Tatbestandsmerkmal der mittelbaren Diskriminierung gemäß Art. 14 Abs. 1 lit. a) in Verbindung mit Art. 2 Abs. 1 lit. b) RL 2006/54/EG dar.[743]

(1.) Rechtmäßiges Ziel

Die mit der Höchstaltersgrenze für die Berufung in das Beamtenverhältnis verfolgten Ziele der Gewährleistung einer ausgewogenen Relation von aktiven Dienst- und Versorgungszeiten sowie der Generierung eines altersdurchmischten Personalstruktur in den Laufbahnen sind rechtmäßige Ziele im Sinne des Art. 2 Abs. 1 lit. b) RL 2006/54/EG.

Ein rechtmäßiges Ziel im Sinne des Art. 2 Abs. 1 lit. b) RL 2006/54/EG darf nicht auf ein verpöntes Diskriminierungsmerkmal ausgerichtet sein bzw. sonstigen Vorschriften sowie gleichstellungsrechtlichen Rechtsgrundsätzen zuwiderlaufen.[744] Mit dem zusätzlichen Kriterium der sachlichen Rechtfertigung verlangt

---

742 Zur entsprechenden Formulierung in § 3 Abs. 2 AGG *Adomeit/Mohr*, AGG, § 3, Rn. 143 f.; *Bauer/Göpfert/Krieger*, AGG, § 3, Rn. 26. Siehe hierzu ebenfalls BAG, NZA 2010, 222, 224 f.; *Schlachter*, in Erfurter Kommentar zum Arbeitsrecht, 12. Aufl., 2012, § 3 AGG, Rn. 10.

743 Betrachte zur vergleichbaren Regelung § 3 Abs. 2 AGG *Adomeit/Mohr*, AGG, § 3, Rn. 157; *Bauer/Göpfert/Krieger*, AGG, § 3, Rn. 31; *Meinel/Heyn/Herms*, AGG, § 3, Rn. 23; *Schlachter*, in Erfurter Kommentar zum Arbeitsrecht, 12. Aufl., 2012, § 3 AGG, Rn. 11; *Wörl*, Die Beweislast nach dem Allgemeinen Gleichbehandlungsgesetz, S. 115.

744 Vgl. zu § 3 Abs. 2 AGG *Adomeit/Mohr*, AGG, § 3, Rn. 168; *Bufalica*, in Däubler/Hjort/Schubert/Wolmerath, Arbeitsrecht, 2. Aufl., 2010, § 3 AGG, Rn. 13; *Meinel/Heyn/Herms*, AGG, § 3, Rn. 24; *Schiek*, in dies., GG, § 3, Rn. 47; *Schlachter*, in Erfurter Kommentar zum Arbeitsrecht, 12. Aufl., 2012, § 3 AGG, Rn. 11; *Schleusener*, in Schleusener/Suckow/Voigt, AGG, § 3, Rn. 89. Siehe ebenfalls *Bauer/Göpfert/Krieger*, AGG, § 3, Rn. 33. Ein so verstandenes rechtmäßiges Ziel muss nicht ein legitimes

der Richtliniengeber, dass der nationale Gesetzgeber mit der Regelung ein anerkennenswertes Bedürfnis verfolgt.[745] Dieses Merkmal vermittelt nicht lediglich einen Willkürschutz, vielmehr werden an das Erfordernis der sachlichen Rechtfertigung erhöhte Anforderungen gestellt.[746]

Die Sicherstellung einer leistungsfähigen öffentlichen Verwaltung erfordert die Gewährleistung personalwirtschaftlicher Rahmenbedingungen zur nachhaltigen Wahrnehmung öffentlicher Aufgaben durch ein effizientes Berufsbeamtentum. Das nicht lediglich fiskalischen Erwägungen folgende,[747] sondern den Maßgaben beamtenverfassungsrechtlicher Strukturprinzipien entsprechende Erfordernis der Gewährleistung eines angemessenen Verhältnisses von aktiver Dienstzeit und Versorgungsansprüchen im Ruhestand ist gleichsam von zentraler Bedeutung für das Beamtenversorgungssystem und für ein funktionsfähiges Berufsbeamtentum.

Die angestrebte Ausgewogenheit der Altersstruktur in den Laufbahnen dient in gleicher Weise der Gewährleistung einer funktionierenden öffentlichen Verwaltung. Diese personalpolitische Maßgabe stellt die kontinuierliche Erfüllung staatlicher Aufgaben durch das Berufsbeamtentum sicher.

(2.) Geeignet und angemessen

Wie bereits angeführt wurde, ist die Höchstaltersgrenze für die Berufung in das Beamtenverhältnis geeignet, die verfolgten Ziele zu realisieren. Die normative Stringenz sowie die personalwirtschaftliche Effizienz dieser Regelung gewährleistet die Erreichung der Ausgewogenheit von Dienst- und Versorgungszeiten sowie der Erzielung einer altersdurchmischten Personalstruktur in den Laufbahnen.

Ziel im Sinne des Art. 6 Abs. 1 S. 1 RL 2000/78/EG sein, *Roloff*, in Rolfs/Giesen/Kreikebohm/Udsching, Beck'scher Online-Kommentar Arbeitsrecht, § 3 AGG, 24. Edition, Juni 2012, Rn. 19 m.w.N.

745 Vgl. zum Erfordernis eines unternehmerischen Bedürfnisses EuGH, Rs. C-170/84 (*Bilka*), Slg. 1986, S. 1607, Rn. 36; EuGH, Rs. C-381/99 (*Brunnhofer*), Slg. 2001, I-4961, Rn. 67. Vgl. zur Regelung des § 3 Abs. 2 AGG in Bezug auf die Verfolgung eines unternehmerischen Bedürfnisses *Schiek*, in dies., AGG, § 3, Rn. 49; *Schleusener*, in Schleusener/Suckow/Voigt, AGG, § 3, Rn. 89.

746 *Bufalica*, in Däubler/Hjort/Schubert/Wolmerath, Arbeitsrecht, 2. Aufl., 2010, § 3 AGG, Rn. 14.

747 In diesem Kontext sei darauf hingewiesen, dass rein fiskalische Erwägungen eine mittelbare Diskriminierung einer Geschlechtergruppe nach der Rechtsprechung des EuGH nicht rechtfertigen kann, vgl. EuGH, Rs. C-343/92 (*Roks*), Slg. 1994, I-571, Rn. 35; EuGH, Rs. C-187/00 (*Kutz-Bauer*), Slg. 2003, I-2741, Rn. 59; EuGH, Rs. C-77/02 (*Steinicke*), Slg. 2003, I-9027, Rn. 66 f.

§ 48 BHO in Verbindung mit dem RdSchr. d. BMF ist jedoch nicht angemessen im Sinne des Art. 14 Abs. 1 lit. a) RL 2006/54/EG in Verbindung mit Art. 2 Abs. 1 lit. b) RL 2006/54/EG.[748] Die mit dieser Regelung verbundenen Nachteile zu Lasten von Frauen im Hinblick auf ihre beruflichen Partizipationsmöglichkeiten stehen außer Verhältnis zu den mit dieser Regelung angestrebten Zielsetzungen. Wie dargelegt wurde, wirken sich die mit der Höchstaltersgrenze für die Berufung in das Beamtenverhältnis verbundenen nachteiligen Effekte für diejenigen Bewerber eklatant aus, deren bisherige Erwerbsverläufe von familienbedingten Erwerbsunterbrechungen bestimmt sind. Auf diese Weise kann – im Besonderen weiblichen Bewerbern – der Zugang zu einem Dienst- und Treueverhältnis in einem Ausmaß erschwert werden, das gleichstellungsrechtlichen Vorgaben[749] und speziell dem unionsrechtlich postulierten Ziel der Förderung der Vereinbarkeit von Familie und Beruf[750] zuwiderläuft.

---

748 Im Rahmen der Analyse der Angemessenheit ist zu prüfen, ob das verwendete Instrument und die damit einhergehende Ungleichbehandlung in einer angemessenen Relation zu den verfolgten Ziel steht, vgl. zu § 3 Abs. 2 AGG *Bufalica*, in Däubler/Hjort/Schubert/Wolmerath, Arbeitsrecht, 2. Aufl., 2010, § 3 AGG, Rn. 15; *Meinel/Heyn/Herms*, AGG, § 3, Rn. 26. Ebenfalls *Bauer/Göpfert/Krieger*, AGG, § 3, Rn. 34. Die Bedeutung des Differenzierungsziels muss zur Legitimation der Ungleichbehandlung umso bedeutsamer sein, je wichtiger eine Teilhabe auf dem jeweiligen Gebiet ist, *Schleusener*, in Schleusener/Suckow/Voigt, AGG, § 3, Rn. 92. Siehe hierzu auch *Adomeit/Mohr*, AGG, § 3, Rn. 170.

749 Erwägungsgrund Nummer 2 RL 2006/54/EG weist die Gleichstellung der Geschlechter als grundlegendes Prinzip des primären Unionsrechts sowie der Rechtsprechung des EuGH aus. Die Sicherstellung des gleichen Zugangs zur Beschäftigung ist ausweislich des Erwägungsgrundes Nummer 19 grundlegend für die Anwendung des Grundsatzes der Gleichbehandlung von Frauen und Männern in Arbeits- und Beschäftigungsfragen.

750 Erwägungsgrund Nummer 11 der RL 2006/54/EG gibt den Mitgliedstaaten auf Maßnahmen zu ergreifen, Frauen und Männern die Möglichkeit zu eröffnen, Familie und Beruf in Einklang zu bringen. In Erwägungsgrund Nummer 26 wird explizit auf die Entschließung des Rates und der im Rat vereinigten Minister für Beschäftigung und Sozialpolitik am 29.6.2000 über eine ausgewogene Teilhabe von Frauen und Männern am Berufs- und Familienleben Bezug genommen. Im Rahmen dieser Entschließung wird aus dem Gleichstellungsgrundsatz der Auftrag abgeleitet, Benachteiligungen von Frauen im Hinblick auf den Zugang zur Beschäftigung zu beseitigen, die auf gesellschaftlichen Traditionen hinsichtlich der Übernahme familiärer Aufgaben beruhen, Erwägung Nummer 2 der Entschließung des Rates und der im Rat vereinigten Minister für Beschäftigung und Sozialpolitik vom 29.6.2000, ABl. C 218 vom 31.7.2000, S. 5. Diese Entschließung appelliert an

Angesichts dessen überwiegen die intendierte Garantie eines angemessenen Verhältnisses von Dienst- und Versorgungszeiten sowie die Gewährleistungen einer ausgeglichenen Altersstruktur in den Laufbahnen nicht die mit der Höchstaltersgrenze für die Berufung in das Beamtenverhältnis einhergehenden Einschränkungen der Partizipationsmöglichkeiten von Frauen am Erwerbsleben.

III. Zwischenergebnis

Die Höchstaltersgrenze für die Berufung in das Beamtenverhältnis gemäß § 48 BHO in Verbindung mit dem RdSchr. d. BMF ist als mittelbare Diskriminierung aus Gründen des Geschlechts zu bewerten und verstößt mithin gegen unionsrechtliche Vorgaben zum Verbot der Geschlechterdiskriminierung.

E. Fazit

Die Höchstaltersgrenze für die Berufung in das Beamtenverhältnis ist weder mit verfassungsrechtlichen Vorgaben zur Gleichbehandlung von Frauen und Männern noch mit unionsrechtlichen Vorgaben zum Verbot der Diskriminierung aus Gründen des Geschlechts vereinbar. Mithin besteht in Bezug auf § 48 BHO in Verbindung mit dem RdSchr. d. BMF nicht nur ein Regelungsdefizit hinsichtlich der unterlassenen gesetzlichen Festsetzung der Altersgrenze, sondern auch im Hinblick auf die normative Berücksichtigung familienbedingter Nichterwerbsphasen.

In diesem Zusammenhang sei darauf hingewiesen, dass dem Gesetzgeber bei der konkreten Ausgestaltung der normativen Berücksichtigung von Erziehungs- und Pflegezeiten im Rahmen der Altersgrenzenregelung ein Gestaltungsspielraum zusteht.[751] Um den angeführten beamtenverfassungsrechtlichen

---

öffentliche Arbeitgeber, Bemühungen um eine ausgewogene Teilhabe von Frauen und Männern am Berufs- sowie am Familienleben zu intensivieren, Appellaltion unter Punkt 5. der Entschließung des Rates und der im Rat vereinigten Minister für Beschäftigung und Sozialpolitik vom 29.6.2000, ABl. C 218 vom 31.7.2000, S. 5.

751 Vgl. zu den verschiedenen, zulässigen Ausformungen einer derartigen Regelung BVerwG, Urteil vom 13.7.2000, 2 C 21/99, Rn. 15 ff. (Juris). Zur Gestaltungsfreiheit des Gesetzgebers bei der Umsetzung des Art. 3 Abs. 2 GG vgl. BVerfGE 109, 64, 90.

Strukturprinzipien hinreichend Rechnung zu tragen, wird jedoch zu fordern sein, dass als berücksichtigungsfähige Kindererziehungs- bzw. Pflegezeiten lediglich solche Zeiträume anzuerkennen sind, in denen sich die Bewerber anstelle der Berufsausbildung bzw. der Berufsausübung ganz oder überwiegend dieser familiären Aufgaben gewidmet haben.[752]

752 Vgl. BVerwG, NVwZ-RR, 1999, 132, 133. Ob darüber hinaus die Verzögerung der Bewerbung oder die Verzögerung der Einstellung infolge der Erziehungs- und Pflegezeiten zu fordern ist, ist der Gestaltungsfreiheit des Gesetzgebers überlassen.

4. Teil Regelaltersgrenze für den Übergang vom aktiven Dienst in den Ruhestand

Keine Altersgrenzenregelung wird im juristischen Schrifttum derart kontrovers diskutiert wie die Altersgrenze für den Eintritt des Beamten in den Ruhestand.[753] Diese Regelaltersgrenze entfaltet für die von ihr betroffenen Beamten insofern eine signifikante Wirkung, als sie mit Erreichen dieser Altersgrenze automatisch aus dem aktiven Dienst ausscheiden.[754]

A. Altersgrenze für den Eintritt in den Ruhestand nach den Beamtengesetzen des Bundes und der Länder

Nachstehend wird die normative Ausgestaltung der Regelaltersgrenze in den bundes- und landesrechtlichen Kodifikationen erläutert, der rechtshistorische Entwicklungsverlauf dieser Regelung aufgezeigt und die mit ihr verfolgte Intention dargelegt.

I. Die Regelaltersgrenzen nach § 51 Abs. 1 BBG und § 25 BeamtStG

Nach § 51 Abs. 1 S. 1 BBG treten Bundesbeamte auf Lebenszeit mit dem Ende des Monats in den Ruhestand, in welchem sie die für sie geltende Altersgrenze erreichen. Die Rechtsfolge des Übergangs vom aktiven Dienst in den Ruhestand wird mithin durch das Erreichen der für den jeweiligen Beamten maßgeblichen allgemeinen oder besonderen[755] Altersgrenze ausgelöst.[756] § 51 Abs. 1 S. 2 BBG setzt die Regelaltersgrenze auf das 67. Lebensjahr fest.[757] Diese Regelaltersgrenze wird gemäß der Übergangsvorschrift des § 51 Abs. 2 BBG nach einer schrittweisen

---

753 Vgl. auch *Bayreuther*, NJW 2011, 19, 19; *Baßlsperger*, ZBR 2008, 339, 344 ff.; *Kämmerer*, ZBR 2008, 325, 332.

754 Vgl. hierzu *Schlachter*, in GS Blomeyer, S. 355, 357.

755 Besondere Altersgrenzen kommen insbesondere bei Polizeivollzugsbeamten und Beamten im feuerwehrtechnischen Dienst zur Anwendung. Diese besonderen Altersgrenzen bleiben jedoch bei der weiteren Analyse aus Gründen der Übersichtlichkeit außer Betracht.

756 *Battis*, BBG, 4. Aufl., § 51, Rn. 6.

757 Demgegenüber trat der Lebenszeitbeamte gemäß der überkommenen Regelung des § 41 Abs. 1 S. 1 BBG 1999 mit dem Ende des Monats in den Ruhestand, in dem er das 65. Lebensjahr vollendete.

Anhebung des Ruhestandseintrittsalters jedoch erst im Jahr 2029 maßgebend.[758] Nach § 51 Abs. 2 S. 1 BBG erreichen Beamte auf Lebenszeit, die vor dem 1.1.1947 geboren wurden, die Regelaltersgrenze mit Vollendung des 65. Lebensjahres. In der Übergangsphase wird die Regelaltersgrenze gemäß § 51 Abs. 2 S. 2 BBG jeweils in Abhängigkeit vom Geburtsjahr des betroffenen Beamten bestimmt. Die Stufen der Anhebung betragen zunächst einen Monat pro Jahrgang und werden beginnend mit dem Jahrgang 1959 auf zwei Monate pro Jahrgang angehoben. Für alle Beamten, die nach dem Jahr 1963 geboren wurden, ist die Regelaltersgrenze von 67 Jahren bestimmend. Die Anhebung der Regelaltersgrenze trägt der im Rahmen der Einleitung beschriebenen demographischen Entwicklung Rechnung.[759]

§ 51 Abs. 3 BBG regelt die besondere Altersgrenze für Feuerwehrbeamte der Bundeswehr. § 51 Abs. 4 BBG ordnet schließlich konsequenterweise ein Ernennungsverbot nach Erreichen der Altersgrenze und bei Nichtbeachtung die Entlassung an.

Die Regelaltersgrenze für den Übertritt in den Ruhestand ist ferner im BeamtStG kodifiziert. Gemäß § 25 BeamtStG treten Beamte auf Lebenszeit nach Erreichen der Altersgrenze in den Ruhestand. Die Regelaltersgrenze benennt das BeamtStG nicht, sondern überlässt dies den Beamtengesetzen der Länder.[760] Der Landesgesetzgeber kann somit nicht nur die Altersgrenze konkret festsetzen, sondern ferner regeln, ob bzw. unter welchen Bedingungen der Eintritt in den Ruhestand hinausgeschoben werden kann.[761]

II. Hinausschieben des Eintritts in den Ruhestand

Die bundesbeamtenrechtlichen Voraussetzungen in Bezug auf das Hinausschieben des Eintritts in den Ruhestand waren in jüngster Vergangenheit signifikanten Änderungen unterworfen. Damit reagiert der Bundesgesetzgeber ebenfalls auf die Auswirkungen des eingangs beschriebenen demographischen Wandels auf die Bundesverwaltung.

---

758 Dem Rentenversicherungs-Altersgrenzenanpassungsgesetz vom 30.4.2007, BGBl. I S. 554, entsprechend, erfolgt die wirkungsgleiche Übertragung der Maßnahmen in der gesetzlichen Rentenversicherung – unter Berücksichtigung der Besonderheiten der Systeme – zeitgleich in das Beamtenrecht, *Battis*, BBG, 4. Aufl., § 51, Rn. 3. Siehe ferner *Battis*, NVwZ 2009, 409, 411.

759 *Battis*, BBG, 4. Aufl., § 51, Rn. 3.

760 Die Regelung des § 25 Abs. 1 S. 2 BRRG 1999 setzte im Unterschied dazu die Regelaltersgrenze konkret fest.

761 Siehe hierzu die Begründung zur Regelung des BeamtStG in Bezug auf den Ruhestand wegen des Erreichens der Altersgrenze, BT-Drs. 16/4027, S. 28.

Infolge des Gesetzes zur Familienpflegezeit und zum flexibleren Eintritt in den Ruhestand für Beamtinnen und Beamte des Bundes vom 3.7.2013[762] wurde die bisherige Regelung des § 53 Abs. 1 und 2 BBG ergänzt.[763] Diese Ergänzung ist im Kontext des Kernstücks dieser gesetzgeberischen Maßnahme, der Einführung des Teilzeitmodells der Familienpflegezeit in § 92 lit. a) BBG, zu betrachten.[764] Nach § 53 Abs. 1 S. 1 BBG kann der Eintritt in den Ruhestand auf Antrag des Beamten bis zu drei Jahre hinausgeschoben werden, wenn dies im dienstlichen Interesse liegt und die Arbeitszeit mindestens die Hälfte der regelmäßigen wöchentlichen Arbeitszeit beträgt.[765] Der unbestimmte Rechtsbegriff des dienstlichen Interesses eröffnet dem Dienstherrn im Rahmen dieser Entscheidung einen Beurteilungsspielraum.[766] Das Erfordernis des dienstlichen Interesses hinsichtlich des Hinausschiebens des Eintritts in den Ruhestand dient der Optimierung des Personaleinsatzes sowie des Geschäftsablaufs.[767] Im Hinblick auf die rechtliche Einordnung dieser gesetzlich eröffneten Möglichkeit des Hinausschiebens des Eintritts in den Ruhestand ist zu berücksichtigen, dass die damit einhergehende Begünstigung des Beamten lediglich ein Rechtsreflex des § 53 Abs. 1 S. 1

---

762 Gesetz zur Familienpflegezeit und zum flexibleren Eintritt in den Ruhestand für Beamtinnen und Beamte des Bundes vom 3.7.2013, BGBl. I S. 1978.

763 Art. 1 Nr. 1, 2 Gesetz zur Familienpflegezeit und zum flexibleren Eintritt in den Ruhestand für Beamtinnen und Beamte des Bundes vom 3.7.2013, BGBl. I S. 1978. Dieses Gesetz ist ein Element der Strategie der Bundesregierung zur Bewältigung des demographischen Wandels. Übergeordnete Intention ist die Gewährleistung einer leistungsfähigen Staatsverwaltung infolge der Anpassung von Beschäftigungsstrukturen. Durch die Generierung von flexiblen, familienfreundlichen und gesundheitsfördernden Arbeitsbedingungen soll die Attraktivität des öffentlichen Dienstes gesteigert werden. Im Rahmen dessen soll insbesondere Doppelbelastungen durch Beruf und familiärer Pflege Rechnung getragen werden, Gesetzesentwurf, BT-Drs. 17/12356, S. 1.

764 Infolge dessen wird das durch das Gesetz über die Familienpflegezeit vom 6.12.2011, BGBl. I S. 2564, für privatrechtlich Beschäftigte und Tarifangestellte eröffnete Angebot zur Vereinbarkeit von Beruf und familiärer Pflege auf den Bereich der Bundesbeamten übertragen, Gesetzesentwurf, BT-Drs. 12356, S. 2.

765 Diverse landesgesetzliche Regelungen eröffnen das Hinausschieben der Altersgrenze hingegen unter der Voraussetzung, dass „dienstliche Gründe nicht entgegen stehen".

766 Eingehend hierzu *Battis/Deutelmoser*, RdA 1994, 264, 265 f.

767 Siehe hierzu *Püttner*, DVBl. 1997, 259, 260, m.w.N. Über den jeweiligen Zeitraum der Verlängerung der aktiven Dienstzeit entscheiden die betreffenden Dienststellen im Rahmen ihrer Personalhoheit, betrachte den Gesetzesentwurf zum DNeuG, BT-Drs. 16/7076, S. 114.

BBG darstellt.[768] Ein gesicherter Rechtsanspruch zugunsten des Beamten wird hingegen nicht begründet.[769] Demgegenüber verleiht § 53 Abs. 1 lit. a) S. 1 BBG dem Antragsteller einen Anspruch auf Hinausschieben des Ruhestandseintritts, wenn er vor oder nach dem Eintritt in das Dienstverhältnis beim Bund familienbedingt teilzeitbeschäftigt oder gemäß § 92 BBG beurlaubt gewesen ist oder Familienpflegezeit nach § 92 lit. a) BBG in Anspruch genommen hat, und infolge dessen das Ruhegehalt, das er bei der Versetzung in den Ruhestand aufgrund des Erreichens der Altersgrenze erhalten würde, nicht die Höchstgrenze erreicht.[770] Die mit dieser Regelung angestrebte Erleichterung in Bezug auf das Hinausschieben des Ruhestandseintritts verfolgt das Ziel, die Möglichkeit der Kompensation von Versorgungseinbußen infolge der Inanspruchnahme von Teilzeit- bzw. Beurlaubungszeiträumen aus familiären Gründen zu eröffnen.[771]

Nach § 53 Abs. 2 S. 1 BBG kann der Ruhestandseintritt im Einzelfall mit Zustimmung des Beamten bis zu drei Jahre mit mindestens der Hälfte der regelmäßigen Arbeitszeit hinausgeschoben werden, wenn die Fortführung der Dienstgeschäfte durch einen bestimmten Beamten dies erfordert. Aus dem Wortlaut des § 53 Abs. 1 bis 2 BBG ist kein Konkurrenzverhältnis abzuleiten. Demnach stehen beide gesetzlichen Vorschriften gleichberechtigt nebeneinander und können nacheinander zur Anwendung kommen.[772]

Das Bundesbesoldungs- und -versorgungsanpassungsgesetz 2010/2011 vom 19.11.2010[773] führt über die Absätze 4 bis 6 des § 53 BBG[774] das Arbeitszeitmodell der Flexiblen Altersarbeitszeit, das seit der tarifvertraglichen Einigung vom

---

768 Vgl. zu § 41 Abs. 2 S. 1 BBG 1999 VGH Bayern, NVwZ-RR 1994, 33, 34.

769 Siehe VGH Bayern, NVwZ-RR 1994, 33, 34, zu § 41 Abs. 2 S. 1 BBG 1999.

770 Als weitere Voraussetzungen sieht § 53 Abs. 1 lit. a) S. 1 BBG vor, dass die Arbeitszeit mindestens die Hälfte der regelmäßigen wöchentlichen Arbeitszeit beträgt und dienstliche Belange einem Hinausschieben des Ruhestandseintritts nicht entgegenstehen. § 53 Abs. 1 lit. b) BBG führt einen nicht abschließenden Katalog von Konstellationen auf, in denen dienstliche Belange dem Hinausschieben des Eintritts in den Ruhestand entgegenstehen.

771 Gesetzesentwurf, BT-Drs. 17/12356, S. 11.

772 Vgl. *Poguntke*, DÖV 2011, 561, 567, in Bezug auf eine vergleichbare landesgesetzliche Regelung. Allerdings sind die Obergrenzen der Verlängerungsmaßnahmen zu berücksichtigen.

773 Bundesbesoldungs- und -versorgungsanpassungsgesetz 2010/2011 vom 19.11.2010, BGBl. I S. 1552.

774 Art. 11 Bundesbesoldungs- und -versorgungsanpassungsgesetz 2010/2011 vom 19.11.2010, BGBl. I S. 1552, 1554.

27.2.2010[775] älteren Beschäftigten des öffentlichen Dienstes offeriert wird, in das Bundesbeamtenrecht ein.[776] Demzufolge kann nach § 53 Abs. 4 S. 1, 2 BBG der Ruhestandseintritt des Beamten auf seinen Antrag und bei Vorliegen eines dienstlichen Interesses um höchstens zwei Jahre hinausgeschoben werden, wenn für einen Zeitraum von höchstens zwei Jahren vor Beginn des Monats, in dem die Regelaltersgrenze erreicht wird, und höchstens zwei Jahre danach Teilzeitbeschäftigung mit der Hälfte der regelmäßigen Arbeitszeit bewilligt wird.[777]

In Anbetracht der vorstehenden Ausführungen ist zu bemerken, dass die Bedeutung der Vorschrift des § 53 BBG als Instrument der Personalsteuerung infolge der angeführten Novellierungen in signifikanter Weise gewachsen ist und weitergehende Möglichkeiten der Flexibilisierung des Eintritts in den Ruhestand eröffnet.[778]

III. Landesgesetzliche Regelungen

Die Landesgesetzgeber haben von dem durch § 25 BeamtStG eröffneten Regelungsspielraum in Bezug auf die Ausgestaltung der Regelaltergrenze für den Eintritt in den Ruhestand weitgehend Gebrauch gemacht.

Eine der bundesbeamtenrechtlichen Regelung vergleichbare Regelaltersgrenze weisen das LBG Baden-Württemberg[779], das Bayerische Beamtengesetz[780], das Beamtengesetz für das Land Brandenburg[781], das Bremische Beamtengesetz[782],

---

775 Tarifvertrag zur Regelung flexibler Arbeitszeiten für altere Beschäftigte vom 27.2.2010.

776 Siehe hierzu den Gesetzentwurf, BT-Drs. 17/1878, S. 52. Die Etablierung dieses Arbeitszeitmodells intendiert ebenfalls eine Anpassung der Personalstrukturen in der Bundesverwaltung vor dem Hintergrund der demographischen Entwicklung, Gesetzentwurf, BT-Drs. 17/1878, S. 52.

777 Gemäß § 54 Abs. 4 S. 3 BBG müssen die Zeiträume vor und nach der jeweils geltenden Regelaltersgrenze gleich lang sein.

778 Nach *Püttner*, DVBl. 1997, 259, 260, zur Regelung des § 41 Abs. 2 S. 1 BBG 1999, ist die Flexibilisierung des Eintritts in den Ruhestand zu begrüßen.

779 § 36 Abs. 1 LBG Baden-Württemberg.

780 Art. 62 Bayerisches Beamtengesetz vom 29.7.2008, GVBl. S. 500, zuletzt geändert durch Gesetz vom 22.7.2014, GVBl. S. 286 (im Folgenden: LBG Bayern).

781 § 45 Abs. 1 Beamtengesetz für das Land Brandenburg vom 3.4.2009, GVBl. S. 26, zuletzt geändert durch Gesetz vom 5.12.2013, GVBl. Nr. 37 (im Folgenden: LBG Brandenburg).

782 § 35 Abs. 1 Bremisches Beamtengesetz vom 22.12.2009, Brem.GBL. 2010, S. 17, zuletzt geändert durch Gesetz vom 22.7.2014, Brem.GBL. S. 350 (im Folgenden: LBG Bremen).

das Hamburgische Beamtengesetz[783], das Hessische Beamtengesetz[784], das Beamtengesetz für das Land Mecklenburg-Vorpommern[785], das Niedersächsische Beamtengesetz[786], das Beamtengesetz für das Land Nordrhein-Westfalen[787], das Sächsische Beamtengesetz[788], das Landesbeamtengesetz Schleswig-Holstein[789] sowie das Thüringer Beamtengesetz[790] auf. Diese Gesetze sehen eine Regelaltersgrenze von 67 Jahren vor.

Das Landesbeamtengesetz Berlin[791], das Landesbeamtengesetz Rheinland-Pfalz[792], das Saarländische Beamtengesetz[793] sowie das Beamtengesetz des Landes Sachsen-Anhalt[794] setzen hingegen nach wie vor die Regelaltersgrenze auf das 65. Lebensjahr fest.

---

783 § 35 Abs. 1 Hamburgisches Beamtengesetz vom 15.12.2009, HmbGVBl. S. 405, zuletzt geändert durch Gesetz vom 8.7.2014, HmbGVBl. S. 299, 325 (im Folgenden LBG Hamburg).

784 § 33 Abs. 1 Hessisches Beamtengesetz vom 27.5.2013, GVBl. S. 218, zuletzt geändert durch Gesetz vom 20.11.2013, GVBl. S. 578 (im Folgenden: LBG Hessen).

785 § 35 Abs. 1 Beamtengesetz für das Land Mecklenburg-Vorpommern vom 17.12.2009, GVOBl. M-V S. 687, zuletzt geändert durch Gesetz vom 10.12.2012, GVOBl. M-V S. 537, 542 (im Folgenden LBG Mecklenburg-Vorpommern).

786 § 35 Abs. 1 und 2 Niedersächsisches Beamtengesetz vom 25.3.2009, Nds. GVBl. S. 72, zuletzt geändert durch Gesetz vom 16.12.2013, Nds. GVBl. S. 310 (im Folgenden: LBG Niedersachsen).

787 § 31 Abs. 1 Beamtengesetz für das Land Nordrhein-Westfalen vom 21.4.2009, GV. NRW. S. 224, zuletzt geändert durch Gesetz vom 1.10.2013, GV. NRW. S. 564 (im Folgenden: LBG Nordrhein-Westfalen).

788 § 46 Abs. 1 Sächsisches Beamtengesetz vom 18.12.2013, SächsGVBl. S. 970 (im Folgenden: LBG Sachsen).

789 § 35 Abs. 1 Landesbeamtengesetz Schleswig-Holstein vom 26.3.2009, GVOBl. S. 93, zuletzt geändert durch Gesetz vom 1.6.2014, GVOBl. S. 92, 98 (im Folgenden: LBG Schleswig-Holstein).

790 § 43 Abs. 1 Thüringer Beamtengesetz vom 20.3.2009, GVBl. S. 238, zuletzt geändert durch Gesetz vom 18.7.2014, GVBl. S. 406, 414 (im Folgenden: LBG Thüringen).

791 § 38 Abs. 1 Landesbeamtengesetz Berlin vom 19.3.2009, GVBl. S. 70, zuletzt geändert durch Gesetz vom 9.7.2014, GVBl. S. 285 (im Folgenden: LBG Berlin).

792 § 37 Abs. 1 Landesbeamtengesetz Rheinland-Pfalz vom 20.10.2010, GVBl. S. 319, zuletzt geändert durch Gesetz vom 8.7.2014, GVBl. S. 107 (im Folgenden: LBG Rheinland-Pfalz).

793 § 43 Abs. 1 Saarländisches Beamtengesetz vom 11.3.2009, Amtsbl. S. 514, zuletzt geändert durch Gesetz vom 16.10.2012, Amtsbl. I S. 437 (im Folgenden: LBG Saarland).

794 § 39 Abs. 1 Beamtengesetz des Landes Sachsen-Anhalt vom 15.12.2009, GVBl. LSA S. 648, zuletzt geändert durch Gesetz vom 24.6.2014, GVBl. LSA S. 350, 356 (im Folgenden: LBG Sachsen-Anhalt).

IV. Geschichte und Entwicklung der Regelaltersgrenzen im Beamtenrecht

Regelaltersgrenzen mit der Folge des automatischen Übertritts aus dem Status des aktiven Dienst leistenden Beamten in den des Ruhestandsbeamten weisen im Vergleich zu anderen Regelungsinstrumenten des Beamtenrechts eine jüngere Geschichte auf.[795] Derartige Regelungen waren weder im Allgemeinen Landrecht für die Preußischen Staaten vom 5.2.1794[796] noch im Pensionsreglement vom 30.4.1825[797] normiert. Auch das Reichsbeamtengesetz vom 31.3.1873[798] sah zunächst keine Regelaltersgrenze vor.[799] Diesen Kodifikationen lag vielmehr die Vorstellung eines auf lebenslange Dienstleistung angelegten öffentlich-rechtlichen Dienstverhältnisses zugrunde.[800] Der Beamte konnte seinerzeit einzig bei festgestellter Dienstunfähigkeit in den Ruhestand versetzt werden.[801] Am 18.5.1907 wurde das Reichsbeamtengesetz insofern ergänzt, als auf Antrag des Beamten die Versetzung in den Ruhestand auch ohne Nachweis der Dienstunfähigkeit ab Erreichung einer bestimmten Altersgrenze ermöglicht wurde.[802]

Erst das Preußische Gesetz betreffend die Einführung einer Altersgrenze vom 19.12.1920[803] etablierte eine Regelaltersgrenze.[804] Diese Konzeption übernahm der Reichsgesetzgeber mit der Verordnung zur Herabminderung

795 *Summer*, PersV 2009, 164, 164. Einen Überblick gewähren *Nussberger*, JZ 2002, 524, 528; *Summer*, in Franke/Weiß, GKöD, Bd. I, K § 41, EL 6/06, Rn. 3, zur überkommenen Regelung des § 41 BBG 1999.

796 Vgl. Teil II. Allgemeines Landrecht für die Preußischen Staaten vom 5.2.1794.

797 Pensions-Reglement für die Civil-Staatsdiener vom 30.4.1825, Annalen der Preußischen inneren Staats-Verwaltung 16 (1832), S. 843–854.

798 Gesetz, betreffend die Rechtsverhältnisse der Reichsbeamten vom 31.3.1873, RGBl. I, S. 39 (im Folgenden: RGB).

799 *Günther*, DÖV 2007, 357, 363.

800 *Summer*, ZBR 2007, 368, 368. Dieses Regelungsmodell ist auf eine frühe Kodifikation Bayerns zurückzuführen.

801 Vgl. § 34 Reichsbeamtengesetz in der Fassung der Bekanntmachung vom 31.3.1873, RGBl. I S. 39. Siehe ferner *Summer*, in Franke/Weiß, GKöD, Bd. I, K § 41, EL 6/06, Rn. 3.

802 Vgl. § 34 lit. a) Reichsbeamtengesetz in der Fassung des Änderungsgesetzes vom 18.5.1907, RGBl. S. 245. Betrachte in diesem Kontext auch die Ausführungen des BVerfG, BVerfGE 71, 255, 268 f.

803 Gesetz betreffend die Einführung einer Altersgrenze vom 15.12.1920, Preußische GS, S. 621.

804 Siehe hierzu auch *Summer*, in Franke/Weiß, GKöD, Bd. I, K § 41, EL 6/06, Rn. 3.

der Personalausgaben des Reichs vom 27.10.1923.[805,806] Darin wurde die feste Altersgrenze für das Ausscheiden aus dem aktiven Dienst auf das 65. Lebensjahr festgesetzt.[807] Anlass für die Einführung einer Regelaltersgrenze in das Beamtenrecht waren zum einen finanzwirtschaftliche Erwägungen des Staates. Es bestand ein fiskalisches Bedürfnis, die im Zusammenhang mit der Kriegswirtschaft erhöhte Anzahl der Reichsbeamten zu reduzieren.[808] Zum anderen beruhte die Statuierung einer Altersgrenze für den Übergang in den Ruhestand auf personalwirtschaftlichen Gesichtspunkten. Seinerzeit leisteten die Beamten regelmäßig bis in ein hohes Lebensalter aktiven Dienst. Diese Praxis verhinderte in erheblichem Umfang die erforderliche Einstellung jüngerer Beamter und mithin die Umsetzung des Prinzips der Generationengerechtigkeit. Dies führte im Ergebnis dazu, dass die Beamtenschaft einen signifikant hohen Anteil lebensälterer Beamter aufwies.[809]

Angesichts dessen intendierte die Personalabbauverordnung eine erhebliche Reduzierung der Zahl der Beamtenstellen.[810] Die Anzahl der Reichsbeamten war bis zum Jahr 1923 auf rund 1.700.000 angewachsen.[811] Infolge der Umsetzung der Personalabbauverordnung sank diese Zahl im Zeitraum von 1923 bis 1925 um 200.000 auf rund 1.500.000 Reichsbeamte.[812]

Der Gesetzgeber hat dieses Regelungskonzept der festen, auf das 65. Lebensjahr festgesetzten Altersgrenze in der Folgezeit im Wesentlichen unverändert beibehalten und es sowohl in das Deutsche Beamtengesetz vom 26.1.1937[813] als auch in das Bundesbeamtengesetz vom 14.7.1953[814] übernommen. Erst durch

---

805 Art. 1 Nr. VI der Verordnung zur Herabminderung der Personalausgaben des Reichs vom 27.10.1923, RGBl. I S. 999 (im Folgenden: Personalabbauverordnung).

806 *Summer*, in Franke/Weiß, GKöD, Bd. I, K § 41, EL 6/06, Rn. 3.

807 Art. 1 Abs. 6 Personalabbauverordnung führt § 60 lit. a) in das Reichsbeamtengesetz ein.

808 *Summer*, ZBR 2007, 368, 368. Siehe ebenfalls BVerfGE 71, 255, 269.

809 Vgl. *Nussberger*, JZ 2002, 524, 528, m.w.N.; BVerfGE 71, 255, 269.

810 Betrachte die Stellungnahme zur Frage einer Änderung der Personalabbauverordnung, *Das Bundesarchiv*, Edition „Akten der Reichskanzlei. Weimarer Republik", Die Kabinette Marx I/II, Kabinettssitzung vom 10.12.1923, abrufbar unter www.bundesarchiv.de. Angestrebt wurde eine Reduzierung der Zahl der Beamten um 15 Prozent.

811 *Fattmann*, Bildungsbürger in der Defensive, S. 30.

812 *Fattmann*, Bildungsbürger in der Defensive, S. 33.

813 § 68 Abs. 1 Deutsches Beamtengesetz in der Fassung der Bekanntmachung vom 26.1.1937, RGBl. I S. 39.

814 Bundesbeamtengesetz in der Fassung der Bekanntmachung vom 14.7.1953, BGBl. I S. 551.

die Gesetzesänderungen der Jahre 1989[815] und 1992[816] wurde auf der Ebene des Bundes und anschließend auf der Länderebene die Regelaltersgrenze durch die Möglichkeit der individuellen Dienstzeitverlängerung infolge des Hinausschiebens der Altersgrenze flexibilisiert.[817]

V. Intentionen der Regelaltersgrenze

Der Regelaltergrenze für das Ausscheiden des Beamten aus dem aktiven Dienst beruht auf einem gesetzgeberischen Motivbündel. Vor dem Hintergrund der zuvor beschriebenen personalwirtschaftlichen Situation im öffentlichen Dienst zu Beginn der 1920er Jahre erklärt sich die vorrangige Intention der Regelaltersgrenze, der Überalterung der Beamtenschaft entgegenzuwirken, die seinerzeit die Funktionsfähigkeit des Berufsbeamtentums zu gefährden drohte.[818] Um eine effiziente Wahrnehmung öffentlicher Aufgaben durch eine funktionsfähige Beamtenschaft zu gewährleisten, wird – wie in dem Vorlageverfahren in der Rechtssache *Fuchs* bezüglich der Europarechtskonformität einer landesgesetzlichen Regelaltersgrenze vor dem EuGH herausgestellt wurde – eine ausgewogene Altersstruktur angestrebt.[819]

Ferner wird mit der Etablierung einer Regelaltersgrenze der gesellschaftliche Konsens bzw. das Prinzip der Generationengerechtigkeit insofern berücksichtigt, als durch das Ausscheiden älterer Beamter Einstellungs- bzw. Beförderungsmöglichkeiten für Jüngere generiert werden.[820] Im Übrigen eröffnet die Altersgrenzenregelung dem Dienstherrn die Möglichkeit einer verlässlichen, vorausschauenden

---

815 Art. 7 Nr. 3 des Gesetzes zur Änderung des Beamtenversorgungsgesetzes und sonstiger dienst- und versorgungsrechtlicher Vorschriften vom 18.12.1989, BGBl. I S. 2218.

816 Gesetz über die Anpassung von Dienst- und Versorgungsbezügen in Bund und Ländern 1991 vom 21.2.1992, BGBl. I S. 266.

817 Vgl. *Summer*, in Franke/Weiß, GKöD, Bd. I, K § 41, EL 6/06, Rn. 3.

818 Vgl. BVerfGE 71, 255, 269; *Nussberger*, JZ 2002, 524, 528.

819 Explizit wurde dies im Verfahren zur Rechtssache *Fuchs,* EuGH, Urteil vom 21.7.2011, Rs. C-159/10 (*Fuchs*), Rn. 25 (Juris), betont.

820 Auch dieser Aspekt wurde im Verfahren EuGH, Urteil vom 21.7.2011, Rs. C-159/10 (*Fuchs*), Rn. 25 (Juris), angeführt. Vgl. ebenfalls RGZ 104, 58, 62 f.; BVerfGE 71, 255, 269, m.w.N. Siehe zu § 41 BBG 1999 *Summer*, in Franke/Weiß, GKöD, Bd. I, K § 41, EL 6/06, Rn. 4; *ders.*, PersV 2009, 164, 164; *Nussberger*, JZ 2002, 524, 528; VGH Bayern, NVwZ-RR 1994, 33, 34.

Personalplanung.[821] Das berechenbare Ausscheiden älterer Beamter mit Vollendung eines bestimmten Lebensalters erlaubt dem Dienstherrn eine planbare Personalwirtschaft innerhalb der Laufbahnen.

Zur Verfolgung dieser Zielsetzungen unterstellt der Gesetzgeber durch die Regelaltersgrenze unwiderleglich die Dienstunfähigkeit des Beamten altersabhängig ohne Berücksichtigung der individuellen Leistungsfähigkeit.[822] Er nimmt mit dieser Regelung die regelmäßige Verringerung der Leistungsfähigkeit in einem gewissen Alter an und beruft sich dabei auf Erfahrungswerte.[823]

B. Vereinbarkeit mit verfassungsrechtlichen Vorgaben

Nachstehend wird die Regelaltersgrenze für das Ausscheiden des Beamten aus dem aktiven Dienst gemäß § 51 Abs. 1 BBG unter Berücksichtigung divergierender Ansichten in Rechtsprechung und Literatur an den verfassungsrechtlichen Vorgaben zum Verbot der ungerechtfertigten Ungleichbehandlung aufgrund des Alters bewertet.

I. Überprüfung der Regelaltersgrenze am Maßstab des Art. 33 Abs. 5 GG

Vorrangiger Maßstab der verfassungsrechtlichen Überprüfung der Regelaltergrenze sind die beamtenverfassungsrechtlichen Strukturprinzipien des Art. 33 Abs. 5 GG.[824] In diesem Kontext ist insbesondere zu eruieren, ob dem Lebenszeitprinzip als hergebrachten Grundsatz des Berufsbeamtentums hinreichend Rechnung getragen wurde.

---

821 *Trebeck*, Die verfassungsrechtliche Zulässigkeit von Altersgrenzen unter Berücksichtigung der Wesentlichkeitstheorie, S. 141. Siehe ebenfalls *Summer*, PersV 2009, 164, 165.

822 Zu § 41 BBG 1999 *Summer*, in Franke/Weiß, GKöD, Bd. I, K § 41, EL 6/06, Rn. 4. Vgl. hierzu BVerfGE 71, 255, 268; BVerwG, NVwZ 2007, 1192, 1193. In der mündlichen Verhandlung der Rechtssache *Fuchs* vor dem EuGH hat die deutsche Regierung jedoch erklärt, dass diese Vermutung nicht mehr als Grundlage für diese Altersgrenze anzusehen sei und dass der Gesetzgeber anerkannt habe, dass über das Alter von 65 Jahren hinaus gearbeitet werden könne, EuGH, Urteil 21.7.2011, Rs. C-159/10 (*Fuchs*), Rn. 40 (Juris). Auf diese Ausführung nimmt VG Frankfurt am Main, Urteil vom 20.8.2012, 9 K 4663/11.F, Rn. 66 (Juris), Bezug.

823 RGZ 104, 58, 62. Zusammenfassend *Battis*, BBG, 4. Aufl., § 51, Rn. 2, m.w.N.

824 *Battis*, BBG, 4. Aufl., § 51, Rn. 2 m.w.N.

Die Frage, ob die Regelaltersgrenze für den Eintritt des Beamten in den Ruhestand und die implizierte unwiderlegliche Vermutung der altersbedingten Dienstunfähigkeit mit den beamtenverfassungsrechtlichen Vorgaben des Art. 33 Abs. 5 GG vereinbar sind, wird in Rechtsprechung und Literatur unterschiedlich beantwortet.

1. *Die Vereinbarkeit mit Art. 33 Abs. 5 GG konstatierende Ansicht der Rechtsprechung sowie eines Teils der Literatur*

Nach Ansicht der Rechtsprechung und eines Teils des Schrifttums ist die Regelaltersgrenze mit hergebrachten Grundsätzen des Berufsbeamtentums gemäß Art. 33 Abs. 5 GG vereinbar und berücksichtigt im Besonderen das beamtenverfassungsrechtliche Lebenszeitprinzip in ausreichendem Maße.[825] Danach erfordert dieses verfassungsrechtlich verankerte Prinzip nicht, dass der Beamte bis zu seinem Tode die Aufgaben des ihm verliehenen Amtes im Rahmen des aktiven Dienstes versieht.[826] Die Pflicht zur grundsätzlich lebenslangen Ausübung des Staatsdienstes finde vielmehr ihre Schranke in der Dienstfähigkeit des Beamten.[827]

Dieser Rechtsauffassung zufolge unterstellt der Gesetzgeber bei der Normierung der Regelaltersgrenze in zulässiger Weise generalisierend und pauschalierend durch eine unwiderlegliche Annahme, dass der Beamte – losgelöst von seiner individuellen Leistungsfähigkeit – von einem gewissen Lebensalter an den dienstlichen Leistungsanforderungen nicht mehr entspricht und aus diesem Grund vom aktiven Dienst in den Ruhestand überzutreten habe.[828] Im Rahmen der Normierung einer derartigen Altersgrenzenregelung nutzt der Gesetzgeber dieser Ansicht zufolge den ihm zugestandenen weiten Gestaltungsspielraum

---

825 Vgl. BVerfGE 71, 255, 268; BVerwG, NVwZ 2007, 1192, 1193, bestätigt durch den Nichtannahmebeschluss des BVerfG, NVwZ 2008, 1233, 1233. Einen Überblick gewährt *Battis*, BBG, 4. Aufl., § 51, Rn. 2 m.w.N.

826 BVerfGE 71, 255, 268. Siehe ebenfalls BayVerfGH, Entscheidung vom 27.4.1978, Vf. 8-VII-77, Rn. 21 (Juris).

827 BVerfGE 71, 255, 268. Einer weiteren Ansicht in der Rechtsprechung zufolge, stellt die Regelaltersgrenze für das Ausscheiden des Beamten aus dem aktiven Dienst das Ergebnis einer Abwägung des Gesetzgebers zwischen der Dienstleistungspflicht des Beamten und der Fürsorgepflicht des Dienstherrn dar, VG München, ZBR 2010, 64, 65.

828 BVerfGE 71, 255, 268 f.; BVerwG, NVwZ 2007, 1192, 1193. Zustimmend ebenfalls *Hüttenbrink*, KommJur 2010, 245, 247.

und stützt sich zudem in zulässiger Weise auf empirische Werte.[829] In diesem Kontext weist die Rechtsprechung darauf hin, dass es der Lebenserfahrung entspreche, dass die Gefahr der Reduzierung der Leistungsfähigkeit mit ansteigendem Lebensalter größer werde.[830]

Im Übrigen vermeidet die Regelaltersgrenze nach dieser Rechtsauffassung Dissonanzen über die Leistungs- und Dienstfähigkeit des Beamten im Einzelfall.[831] Sie ermögliche auf diese Weise – auch im wohlverstandenen Interesse des Beamten – einen würdigen und gebührenden Wechsel vom aktiven Dienst in den Ruhestand.[832]

2. *Gegenteilige Auffassung in der beamtenrechtlichen Literatur*

Von Seiten eines weiteren Teils des Schrifttums wird die Verfassungsmäßigkeit der Regelaltersgrenze bezweifelt. Die Generalisierung der unwiderleglichen Vermutung der Dienstunfähigkeit beruhe nicht auf sachlichen Gründen. Der von der Rechtsprechung und der Literatur vertretenen Auffassung liege vielmehr die unzutreffende Annahme zugrunde, dass Alter schlechthin mit Dienst- bzw. Arbeitsunfähigkeit gleichzusetzen sei.[833] Es bestehe jedoch eine beachtliche Divergenz zwischen der tatsächlichen Situation älterer Menschen und den nach wie vor vorherrschenden Ansichten über die Auswirkungen des Alters.[834] Insbesondere durch eine optimierte Gesundheitsversorgung sei die Leistungsfähigkeit der Menschen im Alter von 65 Jahren gestiegen.[835] Darüber

829 BVerfG, NVwZ 2008, 1233, 1233, mit dem Hinweis auf die Entscheidung des BVerfG, Nichtannahmebeschluss vom 25.11.2004, 1 BvR 2459/04, Rn. 19 (Juris). Siehe darüber hinaus ebenfalls BVerwG, NVwZ 2007, 1192, 1194.

830 BVerfGE 9, 338, 346; BVerfGE 64, 72, 82; BVerfG, Nichtannahmebeschluss vom 25.11.2004, 1 BvR 2459/04, Rn. 18 (Juris).

831 Vgl. zu § 41 BBG 1999 *Summer*, in Franke/Weiß, GKöD, Bd. I, K § 41, EL 6/06, Rn. 4; *Finger*, ZBR 1968, 28, 29. Betrachte ferner VGH Bayern, NVwZ-RR 1994, 33, 34.

832 *Summer*, in Franke/Weiß, GKöD, Bd. I, K § 41, EL 6/06, Rn. 4. Zudem weise die feste Regelaltersgrenze auch positive Aspekte im Hinblick auf die Lebensplanung des Beamten sowie die Sicherung seiner Versorgungsansprüche auf, *Nussberger*, JZ 2002, 524, 527. Vgl. auch *Trebeck*, Die verfassungsrechtliche Zulässigkeit von Altergrenzen unter Berücksichtigung der Wesentlichkeitstheorie, S. 134.

833 Vgl. *Simitis*, RdA 1994, 257, 258. Siehe überdies *Püttner*, DVBl. 1997, 259, 259.

834 Vgl. *Simitis*, RdA 1994, 257, 258. So ebenfalls *Rothermund/Temming*, Diskriminierung aufgrund des Alters, Expertise im Auftrag der Antidiskriminierungsstelle des Bundes, abrufbar unter www.antidiskriminierungsstelle.de, S. 15.

835 *Püttner*, DVBl. 1997, 259, 259.

hinaus sei die Regelaltersgrenze auch vor dem Hintergrund der Folgen des bereits eingetretenen demographischen Wandels nicht zu rechtfertigen.[836]

3. *Eigene Bewertung der Konformität der Regelaltersgrenze mit beamtenverfassungsrechtlichen Prinzipien*

Die Regelaltersgrenze für den Eintritt des Beamten in den Ruhestand ist vor dem Hintergrund des Spannungsverhältnisses der verfassungsrechtlich verankerten Verpflichtung zur Gewährleistung bzw. Bewahrung der Institution des Berufsbeamtentums in ihrer Funktionsfähigkeit gemäß Art. 33 Abs. 5 GG[837] sowie des Lebenszeit- und des Fürsorgeprinzips als hergebrachten Grundsätzen des Berufsbeamtentums zu betrachten. Die in Rede stehende Altersgrenzenregelung ist angesichts dessen ein sachgerechtes, verfassungskonformes Instrument zur Generierung der notwendigen Rahmenbedingungen für die bestimmungsgemäße Wahrnehmung grundgesetzlich übertragener Aufgaben durch ein effizientes und funktionsfähiges Berufsbeamtentum.

a. Funktionsfähiges Berufsbeamtentum

Aus der Gesamtbetrachtung der den Art. 33 Abs. 2, 3 und 4 GG immanenten Grundsätze folgt im Kontext mit Art. 33 Abs. 5 GG, dass „das Grundgesetz in Anknüpfung an die deutsche Verwaltungstradition im Berufsbeamtentum eine Institution sieht, die, gegründet auf Sachwissen, fachliche Leistung und loyale Pflichterfüllung, eine stabile Verwaltung sichern und damit einen ausgleichenden Faktor gegenüber den das Staatsleben gestaltenden politischen Kräften darstellen soll".[838,839] Die Pflichtgebundenheit des Berufsbeamtentums gewährleistet eine gesetzes- sowie verfassungstreue Wahrnehmung öffentlicher Aufgaben.[840]

---

836 *Simitis*, RdA 1994, 257, 259.

837 BVerfGE 56, 146; 162. Betrachte ebenfalls *Pieroth*, in Jarass/Pieroth, GG, Art. 33, Rn. 43; *Landau/Steinkühler*, DVBl. 2007, 133, 135; *Badura*, in Maunz/Dürig, GG, Art. 33, 58. EL, 2010, Rn. 50; *Pieper*, in Schmidt-Bleibtreu/Hofmann/Hopfauf, GG, Art. 33, Rn. 79.

838 BVerfGE 7, 155, 162 f.

839 Siehe auch BVerfGE 119, 247, 260 f. Ebenfalls hierzu *Landau/Steinkühler*, DVBl. 2007, 133, 135; *Kenntner*, DVBl. 2007, 1321, 1326; *Bull*, DÖV 2007, 1029, 1031. Siehe ferner *Badura*, in Maunz/Dürig, GG, Art. 33, 58. EL, April 2010, Rn. 51.

840 *Zeh*, Berufsbeamtentum und Leistungsgesellschaft – leistungsbezogene Besoldung –, S. 112 m.w.N. Betrachte ferner *Badura*, in Maunz/Dürig, GG, Art. 33, 55. EL, Mai 2009, Rn. 2. Art. 33 Abs. 4 GG garantiert die Kontinuität hoheitlicher Funktionen des Staates, indem er als Regel die Ausübung durch Beamte vorsieht, BVerfGE 88, 103, 114.

Das Grundgesetz garantiert das Berufsbeamtentum als eine Institution der öffentlich-rechtlich konstituierten Staatsordnung in ihrem Bestand sowie in ihren funktionswesentlichen Elementen.[841] Der Gesetzgeber hat insbesondere durch eine rechtliche und wirtschaftliche Absicherung der Beamten notwendige Rahmenbedingungen geschaffen, die eine effektive Wahrnehmung der vorstehend beschriebenen Aufgaben durch das Berufsbeamtentum gewährleisten.[842]

In Anbetracht dessen ist die Regelaltersgrenze für den Übergang in den Ruhestand den Erfahrungen der beschriebenen Personalentwicklung des 19. und 20. Jahrhunderts geschuldet, in der die rechtliche Konzeption des aktiven Dienstes der Beamten ohne festgesetzten Endzeitpunkt zu einer funktionsgefährdenden Alterszentrierung der Personalstruktur der Beamtenschaft führte. Vor diesem Hintergrund generiert die Regelaltersgrenze die notwendigen personalpolitischen Voraussetzungen für eine kontinuierliche und effektive Wahrnehmung hoheitlicher Aufgaben durch ein funktionierendes Berufsbeamtentum im Interesse einer rechtsstaatlichen, loyalen sowie leistungsfähigen öffentlichen Verwaltung. In Kombination mit weiteren beamtenrechtlichen Maßnahmen gewährleistet die Regelaltersgrenze für das Ausscheiden des Beamten aus dem aktiven Dienst bei beständiger Rekrutierung jüngerer Bediensteter eine ausgewogene Altersschichtung in den Laufbahnen und eröffnet dem Dienstherrn die Möglichkeit zu einer nachhaltigen, bestimmungsgemäßen Personalwirtschaft.

Zur Gewährleistung der erforderlichen, personalpolitischen Rahmenbedingungen hat sich der Gesetzgeber mit der altersabhängigen, unwiderleglichen Vermutung der Dienstunfähigkeit der Beamten – unter Inanspruchnahme des ihm vom Grundgesetz eingeräumten Handlungsspielraums[843] – eines wirkungsvollen Instruments bedient, das auf einer sachgerechten Annahme beruht und hergebrachte, beamtenverfassungsrechtliche Strukturprinzipien hinreichend berücksichtigt.

---

841 *Badura*, in Maunz/Dürig, GG, Art. 33, 58. EL, April 2010, Rn. 50 ff. m.w.N. Der Funktionsvorbehalt des Art. 33 Abs. 4 GG ist im Kontext zu dem Verfassungsauftrag und der institutionellen Garantie des Art. 33 Abs. 5 GG zu betrachten, vgl. auch *Hense*, in Epping/Hillgruber, Beck'scher Online-Kommentar, GG, Art. 33, 12. Edition, 2011, Rn. 26, 32.

842 BVerfGE 7, 155, 163; BVerfGE 8, 1, 16; BVerfGE 11, 203, 216 f.; BVerfGE 21, 329, 345. Siehe auch *Pieroth*, in Jarass/Pieroth, GG, Art. 33, Rn. 43.

843 Vgl. *Landau/Steinkühler*, DVBl. 2007, 133, 133.

b. Der Regelaltersgrenze immanente Generalisierung

Die erläuterte Generalisierung beruht – entgegen der Annahme eines Teils des Schrifttums – nicht auf unsachlichen Erwägungen. Die Aussage der Rechtsprechung, dass sich die Gefahr der Beeinträchtigung der Leistungsfähigkeit mit zunehmendem Alter erhöht, wird durch die neueren Erkenntnisse der Gerontologie nicht widerlegt. Zwar verfügt die gerontologische Forschung – wie eingangs erläutert – mittlerweile über differenzierte Erkenntnisse hinsichtlich der Leistungsfähigkeit älterer Menschen.[844] Die beschriebenen Ergebnisse der jüngeren Untersuchungen rechtfertigen jedoch keine Korrektur der bestehenden Altersgrenzenregelung aufgrund tatsächlicher Erwägungen.[845] Zum einen ist zu konstatieren, dass mit zunehmendem Lebensalter die physiologische und psychologische Variabilität zunimmt.[846] Zum anderen darf nicht verkannt werden, dass das geistige Leistungsvermögen ausweislich aktueller Forschungsergebnisse in einem Verhältnis der Interdependenz zum Lebensalter steht.[847] Erwiesen ist die Abnahme der altersabhängigen sog. fluiden Intelligenz im hohen Erwerbsalter.[848] Ob es zu einer Kompensationen dieses Defizits durch einen Zugewinn der

844 *Lehr*, in Späth/Lehr, Altern als Chance und Herausforderung, Bd. 1, S. 97, 100 ff.

845 Die besagten gerontologischen Erkenntnisse sind jedoch bei der Entscheidung des Dienstherrn über den Antrag des Beamten auf Hinausschieben der Regelaltersgrenze zu berücksichtigen.

846 *Winkels*, Herausforderungen und Chancen für Personalentwicklung und Betriebliche Weiterbildung, S. 67; *P. B. Baltes*, Über die Zukunft des Alterns, Hoffnung mit Trauerflor, in M. Baltes/L. Montada, Produktives Leben im Alter, S. 29, 36. Das räumen auch *Rothermund/Temming*, Diskriminierung aufgrund des Alters, Expertise im Auftrag der Antidiskriminierungsstelle des Bundes, abrufbar unter www.antidiskriminierungsstelle.de, S. 15, ein. Insofern steht diese Erkenntnis der im Verfahren EuGH, Urteil vom 21.7.2011, Rs. C.159/10 (*Fuchs*), Rn. 40 (Juris), getroffenen Aussage, wonach der Gesetzgeber anerkannt habe, dass über das in der Regelaltersgrenze benannte Lebensalter hinaus gearbeitet werden könne, nicht entgegen.

847 Vgl. *Benz*, Personalmanagement in Zeiten des Demographischen Wandels, S. 89. Siehe hierzu auch den Kammerbeschluss des BVerfG vom 25.7.1997, 2 BvR 1088/97, Rn. 11 (Juris) m.w.N. BVerwG, NVwZ 2011, 569, 571, führt aus, dass der Normgeber von der Abnahme der geistigen und körperlichen Leistungsfähigkeit mit fortschreitendem Alter ausgehen konnte. Betrachte ebenfalls *Bayreuther*, NJW 2012, 2758, 2759.

848 *Winkels*, Herausforderungen und Chancen für Personalentwicklung und Betriebliche Weiterbildung, S. 67 f.

sog. kristallinen Intelligenz kommt, ist in entscheidendem Maße abhängig von individuellen Fähigkeiten des Einzelnen, der persönlichen Lebensführung sowie der Art der auszuübenden beruflichen Tätigkeit.[849]

Darüber hinaus ist ferner die konkrete Ausgestaltung der Regelaltersgrenze nicht zu beanstanden. In Bezug auf die Festsetzung der Altersgrenze nutzt der Gesetzgeber seine Befugnis zur Typisierung und erhebt ferner nicht einen atypischen Sachverhalt zum Richtmaß.[850]

c. Vereinbarkeit mit beamtenverfassungsrechtlichen Strukturprinzipien

Einen Verstoß gegen hergebrachte Grundsätze des Berufsbeamtentums ist in der Regelaltersgrenze nicht zu erkennen. Wie bereits dargestellt, soll das Lebenszeitprinzip dem Beamten die persönliche Unabhängigkeit eröffnen, die eine loyale, sachorientierte Ausübung des vom Dienstherrn übertragenen Amts erfordert.[851] Nach dem Übergang vom aktiven Dienst in den Ruhestand steht der Beamte weiterhin in einem Rechts- und Pflichtverhältnis zu seinem Dienstherrn. Einen Anspruch auf grundsätzlich lebenslangen Verbleib im aktiven Dienst verleiht das Lebenszeitprinzip dem Beamten hingegen nicht. [852]

Angesichts der vorstehenden Ausführungen zur generalisierenden Annahme der Dienstunfähigkeit ist die Festsetzung der Regelaltersgrenze vielmehr Ausdruck der Orientierung des Gesetzgebers an den Vorgaben des beamtenverfassungsrechtlichen Fürsorgeprinzips. Der Grundsatz der Fürsorgepflicht verpflichtet den Dienstherrn, für das Wohlergehen des Beamten und seiner Familie Sorge zu tragen.[853] Dementsprechend folgt aus dem Fürsorgeprinzip generell die Verpflichtung des Dienstherrn, das Leben und die Gesundheit des Beamten zu schützen.[854]

---

849 *Benz*, Personalmanagement in Zeiten des Demographischen Wandels, S. 88 f. Siehe auch *Behrend*, in Wahl/Tesch-Römer, Angewandte Gerontologie in Schlüsselbegriffen, Teil II, S. 402 f.; *Winkels*, Herausforderungen und Chancen für Personalentwicklung und Betriebliche Weiterbildung, S. 67 f. Demgegenüber unterstellen *Rothermund/Temming*, Diskriminierung aufgrund des Alters, Expertise im Auftrag der Antidiskriminierungsstelle des Bundes, abrufbar unter www.antidiskriminierungsstelle.de, S. 15, – ohne konkrete Begründung –, dass es stets zu einer Kompensation altersbedingter Leistungsdefizite komme. Dieser Aussage ist in ihrer Allgemeinheit nicht zu folgen.

850 Vgl. BVerfG, NJW 2001, 1779, 1782.

851 *Wichmann*, in Wichmann/Langer, Öffentliches Dienstrecht, 2. Abschn., Rn. 24.

852 So bereits RGZ 104, 58, 61.

853 *Wichmann*, in Wichmann/Langer, Öffentliches Dienstrecht, 8. Abschn., Rn. 236.

854 Siehe *Battis*, BBG, 4. Aufl., § 78, Rn. 2, 10 ff., unter Bezugnahme auf BVerwGE 25, 138, 140 f. Vgl. ferner *Reich*, Kommentar zum Beamtenstatusgesetz, § 45, Rn. 2

Mit der Festsetzung der Regelaltersgrenze trägt der Gesetzgeber der beschriebenen Variabilität des Leistungsvermögens im Alter sowie der Interdependenz von Leistungsvermögen und Lebensalter Rechnung. Er verzichtet damit auf ein verwaltungsaufwendiges Verfahren zur Ermittlung der individuellen Leistungsfähigkeit des Beamten im hohen Erwerbsalter und vermeidet auf diese Weise eine unter Umständen würdelose Untersuchung des Beamten.[855] Darüber hinaus werden im Interesse an einem funktions- und leistungsfähigen Berufsbeamtentum etwaige Konflikte zwischen dem Dienstherrn und dem Beamten sowie Beeinträchtigungen des Geschäftsablaufs in der öffentlichen Verwaltung vermieden.

II. Verfassungsrechtliche Beurteilung der Möglichkeit des Hinausschiebens des Eintritts in den Ruhestand auf Antrag des Beamten

Die vorstehenden Ausführungen hinsichtlich der Verfassungskonformität der Regelaltersgrenze werden durch die gesetzlich vorgesehene Möglichkeit der Flexibilisierung der Altersgrenze nicht relativiert bzw. konterkariert. § 53 BBG trägt der von der Regelaltersgrenze erstrebten Zielsetzung der Generierung notwendiger Voraussetzungen für die bestimmungsgemäße Wahrnehmung grundgesetzlich überantworteter Aufgaben durch ein leistungsfähiges Berufsbeamtentum ebenfalls Rechnung und tangiert mithin die Kohärenz des in Rede stehenden Regelungskontextes nicht. Die Vorschrift hinsichtlich des Hinausschiebens des Ruhestandseintritts verfolgt - wie bereits die Regelaltersgrenze selbst - die übergeordnete Zielsetzung der Gewährleistung personalpolitischer Rahmenbedingungen in Bezug auf die kontinuierliche Wahrnehmung öffentlicher Aufgaben durch eine effiziente Beamtenschaft.[856] Das Hinausschieben des Ruhestandsübertritts muss ebenfalls im Allgemeininteresse liegen.[857] Im Rahmen der Entscheidung des Dienstherrn über den Antrag des Beamten hinsichtlich des Hinausschiebens des Ruhestandseintritts ist ihm ein weiter Ermessensspielraum einzuräumen.[858] In die vorzunehmende Ermessensentscheidung dürfen zulässigerweise neben der gesundheitlichen Eignung des Bediensteten bezüglich

---

m.w.N.; *Hense*, in Epping/Hillgruber, Beck'scher Online-Kommentar, GG, Art. 33, 8. Edition, 2010, Rn. 43.1.

855 Betrachte hierzu *Bauer/von Medem*, NZA 2012, 945, 948.

856 Siehe OVG Schleswig-Holstein, Beschluss vom 23.8.2010, 3 MB 18/10, Rn. 11 f. (Juris).

857 Dies lässt die normative Ausgestaltung des § 53 BBG erkennen. Vgl. auch VGH Bayern, NVwZ-RR 1994, 33, 34. Betrachte ferner *Battis*, BBG, 4. Aufl., § 53, Rn. 2.

858 Siehe VGH Bayern, NVwZ-RR 1994, 33, 33 f.

der weiteren Amtsausübung auch das Interesse an einem optimalen Einsatz des Personals, der personalwirtschaftliche Bedarf der jeweiligen Verwaltungseinheit sowie das Ziel der Generierung einer ausgeglichenen Altersstruktur einfließen.[859]

III. Überprüfung der Anhebung der Altersgrenze sowie der Staffelung der Regelaltersgrenze

Die beschriebene Anhebung der Regelaltersgrenze gemäß § 51 Abs. 2 BBG rechtfertigt gleichfalls keine abweichende Bewertung der Verfassungsmäßigkeit der Altersgrenzenregelung. Bei der konkreten Festsetzung der Regelaltersgrenze ist der Gesetzgeber nicht an ein bestimmtes Lebensalter gebunden.[860] Er kann bei der Ansetzung der Altersgrenze im Übrigen die demographische Entwicklung sowie die gestiegene Lebenserwartung berücksichtigen.[861]

Die gesetzliche Konzeption der Anhebung der Regelaltersgrenze auf das 67. Lebensjahr berücksichtigt zudem den verfassungsrechtlich verankerten Grundsatz des Vertrauensschutzes als Ausfluss des Rechtsstaatsprinzips. Dieser Grundsatz verwehrt es dem Gesetzgeber auch in Bezug auf das Recht der Beamten nicht, auf gegenwärtige, nicht abgeschlossene Rechtsverhältnisse für die Zukunft durch ein Gesetz einzuwirken und infolge dessen Rechtspositionen im Nachhinein zu beeinflussen.[862] Der Gesetzgeber hat in derartigen Fällen die Abwägung zwischen dem Vertrauen des betroffenen Bediensteten auf Fortgeltung der bisherigen Rechtslage und dem Allgemeininteresse, das der Normgeber mit der Rechtsänderung verfolgt, vorzunehmen.[863] Im konkreten Fall tritt das Interesse der Beamten an der Beibehaltung der bisherigen Altersgrenzenregelung angesichts der Notwendigkeit der normativen Berücksichtigung der Auswirkungen der demographischen Entwicklung hinter das öffentliche Interesse an der Heraufsetzung der Regelaltersgrenze zurück.

Darüber hinaus hat der Gesetzgeber mit der abgestuften Übergangsregelung des § 51 Abs. 2 BBG sowie der konkreten Staffelung dem Gesichtspunkt des Vertrauensschutzes in angemessenem Umfang normativ Geltung verschafft. Mit der bereits dargestellten Staffelung der Regelaltersgrenze hat der Normgeber eine

---

859 *Püttner*, DVBl. 1997, 259, 260, m.w.N. Betrachte ferner VGH Bayern, NVwZ-RR 1994, 33, 34.

860 BVerfGE 71, 255, 270.

861 VerfGH Rheinland-Pfalz, DÖV 2007, 117, 118; VG München, ZBR 2010, 64, 66.

862 BVerfGE 67, 1, 14 f.; BVerfGE 71, 255, 272 f.; BVerwG, NVwZ 2007, 1192, 1195. Vgl. *Wichmann*, in Wichmann/Langer, Öffentliches Dienstrecht, 2. Abschn., Rn. 31.

863 BVerwG, NVwZ 2007, 1192, 1194.

Regelung getroffen, die zum einen dem Anstieg der durchschnittlichen Lebenserwartung der Menschen sowie der sinkenden Geburtenzahlen in Deutschland Rechnung trägt, zum anderen aber auch die infolge dessen notwendige Verlängerung der aktiven Dienstzeit auffängt.[864]

IV. Vereinbarkeit der Regelaltersgrenze mit Art. 3 Abs. 1 GG

Die mit § 51 Abs. 1 BBG verbundenen Benachteiligungen der von der Regelaltersgrenze betroffenen Beamten begründen keinen Verstoß gegen den allgemeinen Gleichheitssatz gemäß Art. 3 Abs. 1 GG. Angesichts der mit der Regelaltersgrenze verfolgten Zielsetzung der Statuierung essenzieller personalpolitischer Grundlagen für ein funktions- und leistungsfähiges Berufsbeamtentum im Interesse einer effektiven, nachhaltigen Erfüllung hoheitlicher Aufgaben, sind die Unterschiede zwischen Beamten, die von der Altersgrenzenregelung betroffen sind, und jüngeren Bediensteten von einer derart herausgehobenen Bedeutung, dass sie die ungleiche Behandlung rechtfertigen.[865]

V. Zwischenergebnis

Die Regelaltersgrenze für den Übergang des Beamten in den Ruhestand ist verfassungskonform.

C. Beurteilung der Regelaltersgrenze am Maßstab europarechtlicher Vorgaben zum Verbot der Altersdiskriminierung

Nachstehend wird die Regelaltersgrenze für den Übergang des Beamten vom aktiven Dienst in den Ruhestand gemäß § 51 Abs. 1 BBG an unionsrechtlichen Vorgaben zum Altersdiskriminierungsverbot gemessen.

I. Eröffnung des Geltungsbereichs der Richtlinie

1. Ausschluss durch den Erwägungsgrund Nr. 14 RL 2000/78/EG?

In Rechtsprechung und Literatur wird bereits kontrovers diskutiert, ob die Regelaltersgrenze für den Übertritt des Beamten in den Ruhestand überhaupt an dem rechtlichen Maßstab der RL 2000/78/EG zu bewerten ist.

---

864 *Hüttenbrink*, KommJur 2010, 245, 247, zur vergleichbaren Regelung des § 31 Abs. 2 LBG NRW. Ergänzend hierzu *Battis*, BBG, 4. Aufl., § 51, Rn. 4.

865 Vgl. BVerfGE 71, 255, 271 f.

a. Meinungsbild im Schrifttum und der Rechtsprechung

Zum Teil wird in der Literatur und der Rechtsprechung die Auffassung vertreten, die Regelaltersgrenze sei ausweislich des Wortlauts des Erwägungsgrundes Nr. 14 der RL 2000/78/EG nicht den Vorgaben der Richtlinie unterworfen.[866] Danach berührt die Richtlinie nicht die einzelstaatlichen Bestimmungen über die Festsetzungen der Altersgrenzen für den Eintritt in den Ruhestand.

Nach gegenteiliger Auffassung in der Rechtsprechung und dem Schrifttum soll der Erwägungsgrund Nr. 14 der RL 2000/78/EG lediglich verdeutlichen, dass die Richtlinie nicht die Zuständigkeiten der Mitgliedstaaten tangiert, das Alter für den Eintritt in den Ruhestand zu bestimmen. Dieser Erwägungsgrund besage hingegen nicht, dass diese Altersgrenzenregelung nicht an den Vorgaben der Richtlinie zu überprüfen sei.[867]

b. Bewertung der divergierenden Rechtsansichten zur Einbeziehung der Regelaltersgrenze in den Geltungsbereich der Richtlinie

Die zuletzt dargelegte Rechtsauffassung ist vorzugswürdig. Die von der erstgenannten Literaturansicht vertretene Einschränkung des Geltungsbereichs der Richtlinie findet ihre rechtliche Grundlage weder in primär- noch sekundärrechtlichen Vorschriften der Europäischen Union.

Der Geltungsbereich der RL 2000/78/EG wird durch Art. 3 RL 2000/78/EG definiert. Die konkrete Ausgestaltung dieser Vorschrift – insbesondere die Regelung des Art. 3 Abs. 1 lit. c) RL 2000/78/EG – sowie die Normierung des Rechtfertigungstatbestands des Art. 6 Abs. 1 lit. a) RL 2000/78/EG lassen darauf schließen,

---

866 OVG Rheinland-Pfalz, NJW 2006, 3658, 3659, eine anschließende Verfassungsbeschwerde vor dem VerfGH Rheinland-Pfalz wurde zurückgewiesen, VerfGH Rheinland-Pfalz, DÖV 2007, 117 ff.; OVG NRW, Beschluss vom 30.9.2009, 1 B 1412/09, Rn. 10 (Juris); VG Saarlouis, Gerichtsbescheid vom 27.10.2009, 2 L 1751/09, Rn. 15 (Juris). Siehe ferner *Hüttenbrink*, KommJur 2010, 245, 246 f.; *Nussberger*, JZ 2002, 524, 530.

867 VGH Hessen, NVwZ 2010, 140, 141; VG München, ZBR 2010, 64, 65. Betrachte zudem *Korthaus*, Das neue Antidiskriminierungsrecht, S. 120; *Lingscheid*, Antidiskriminierung im Arbeitsrecht, S. 219 f.; *Schlachter*, in GS Blomeyer, S. 355, 363; *Schmidt/Senne*, RdA 2002, 80; 84; *Zöllner*, FS Blomeyer, S. 517, 529; *Hahn*, Auswirkungen der europäischen Regelungen zur Altersdiskriminierung im deutschen Arbeitsrecht, S. 133; *Lüderitz*, Altersdiskriminierung durch Altersgrenzen, S. 61 ff.; *Over*, Das Verbot der Altersdiskriminierung im Arbeitsrecht nach dem Allgemeinen Gleichbehandlungsgesetz, S. 270 ff.

dass der Richtliniengeber Altersgrenzen für den Eintritt in den Ruhestand in den Geltungsbereich der Richtlinie einbezieht.[868]

Der Geltungsbereich einer Richtlinie kann lediglich durch Richtlinienregelungen, nicht hingegen durch Erwägungsgründe bestimmt bzw. eingegrenzt werden.[869] Gemäß Art. 288 Abs. 3 AEUV (ex-Art. 249 Abs. 3 EGV) erlangt die *Richtlinie* verbindliche Rechtswirkung für die Mitgliedstaaten. Der Regelungsgehalt der RL 2000/78/EG erstreckt sich ausweislich der Formulierung des Richtlinientextes ausschließlich auf die Bestimmungen der Richtlinie.[870]

Die Einbeziehung von altersorientierten Regelungen hinsichtlich des Übergangs vom Erwerbsleben in den Ruhestand in den Geltungsbereich der RL 2000/78/EG ergibt sich im Übrigen aus der Entstehungsgeschichte der Richtlinie. Der Vorschlag der Kommission zur RL 2000/78/EG hebt in den einleitenden Ausführungen zur europäischen Dimension der Antidiskriminierungsproblematik hervor, dass die Bedingungen für den Eintritt in den Ruhestand eine signifikante Bedeutung im Hinblick auf die Bekämpfung ungerechtfertigter Ungleichbehandlungen aufgrund des Lebensalters aufweisen.[871] Zudem sieht bereits der ursprüngliche Richtlinienentwurf vor, dass sich der Geltungsbereich auf Entlassungsbedingungen erstreckt.[872]

Nach Art. 296 Abs. 2 AEUV (ex-Art. 253 Abs. 2 EGV) bedürfen sekundärrechtliche Rechtsakte des Unionsrechts der Begründung. Diese führt die zugrunde liegenden rechtlichen und tatsächlichen Erwägungen in Bezug auf den Erlass der Maßnahme an und dient dem EuGH sowie den Mitgliedstaaten als

868 Zutreffend *Hahn*, Auswirkungen der europäischen Regelungen zur Altersdiskriminierung im deutschen Arbeitsrecht, S. 133; *Lingscheid*, Antidiskriminierung im Arbeitsrecht, S. 219 f.; *Lüderitz*, Altersdiskriminierung durch Altersgrenzen, S. 61, 63; *Over*, Das Verbot der Altersdiskriminierung im Arbeitsrecht nach dem Allgemeinen Gleichbehandlungsgesetz, S. 271; *Schmidt/Senne*, RdA 2002, 80, 84.

869 Sie hierzu auch *Hahn*, Auswirkungen der europäischen Regelungen zur Altersdiskriminierung im deutschen Arbeitsrecht, S. 133; *Lüderitz*, Altersdiskriminierung durch Altersgrenzen, S. 67; *Over*, Das Altersdiskriminierungsverbot im Arbeitsrecht nach dem Allgemeinen Gleichbehandlungsgesetz, S. 271.

870 Gemäß des Wortlauts der RL 2000/78/EG beginnt die so verstandene Richtlinie mit den Vorschriften unter ‚Kapitel I. Allgemeine Bestimmungen'.

871 KOM (1999) 565 endg., S. 3.

872 KOM (1999) 565, endg., S. 11, 21.

Erkenntnisquelle im Rahmen der Rechtskontrolle.[873] Vor diesem Hintergrund qualifiziert ein Teil des Schrifttums den Erwägungsgrund Nr. 14 als Auslegungshilfe in Bezug auf die Vorgaben des Art. 6 RL 2000/78/EG hinsichtlich der unionsrechtlichen Beurteilung von Altersgrenzen für den Eintritt in den Ruhestand.[874] Angesichts der konkreten Aussage des in Rede stehenden Erwägungsgrunds ist jedoch zu konzedieren, dass der eigentliche Gehalt dieser Auslegungshilfe nicht von herausgehobener Bedeutung ist.

Erwähnt sei in diesem Zusammenhang, dass die rechtliche Einordnung des Erwägungsgrundes Nr. 14 auch Gegenstand des bereits erwähnten Verfahrens in der Rechtssache *Palacios de la Villa* vor dem EuGH war. Der zuständige Generalanwalt *Mazák* hatte seinerzeit die Anwendung der RL 2000/78/EG auf Altersgrenzen für den Eintritt in den Ruhestand abgelehnt, da der Anwendungsbereich der Richtlinie insbesondere im Hinblick auf das Verbot der Altersdiskriminierung eng auszulegen sei.[875] Dieser Rechtsauffassung schloss sich der EuGH in diesem Verfahren jedoch nicht an.[876]

2. Art. 3 Abs. 1 lit. c) RL 2000/78/EG

Im Hinblick auf die in Rede stehende Regelaltersgrenze für den Eintritt des Beamten in den Ruhestand gemäß § 51 Abs. 1 S. 1 BBG ist der Geltungsbereich der RL 2000/78/EG eröffnet.[877] Nach Art. 3 Abs. 1 lit. c) RL 2000/78/EG gilt die Richtlinie für alle Personen in öffentlichen und privaten Bereichen, einschließlich öffentlicher Stellen, in Bezug auf die Beschäftigungs- und Arbeitsbedingungen einschließlich der Entlassungsbedingungen und des Arbeitsentgelts. Regelungen

---

873 EuGH, Rs. 158/80 (*Rewe*), Slg. 1981, S. 1805, 1833, Rn. 25. Siehe ebenso *Calliess*, in Calliess/Ruffert, EUV/AEUV, 4. Aufl., 2011, Art. 296 AEUV, Rn. 2, 11 ff.; *Kotzur*, in Geiger/Khan/Kotzur, EUV/AEUV, 5. Aufl., 2010, Art. 296 AEUV, Rn. 2. Betrachte ferner BAG, Urteil vom 25.2.2010, 6 AZR 911/08, Rn. 28 (Juris).

874 *Lüderitz*, Altersdiskriminierung durch Altersgrenzen, S. 69; *Zöllner*, in GS Blomeyer, S. 517, 529 f. Siehe auch *Schmidt/Senne*, RdA 2002, 80, 85. Ablehnend hingegen *Lingscheid*, Antidiskriminierung im Arbeitsrecht, S. 220; *Over*, Das Altersdiskriminierungsverbot im Arbeitsrecht nach dem Allgemeinen Gleichbehandlungsgesetz, S. 272.

875 Schlussantrag des Generalanwalt *Mazák* vom 15.2.2007, Rs. C-411/05, Rn. 51 f., 57, 67.

876 EuGH, Rs. C-411/05 (*Palacios de la Villa*), Slg. 2007, I-8531, Rn. 44, bestätigt in EuGH, Rs. C-388/07 (*Age Concern England*), Slg. 2009, I-0000, Rn. 25.

877 Vgl. EuGH, Urteil vom 21.7.2011, Rs. C-159/10 (*Fuchs*), Rn. 34 (Juris). Vgl. ebenfalls EuGH, Rs. C-250/09 (*Georgiev*), NJW 2011, 42, 43, Rn. 28.

über das Alter für den Eintritt des Beamten in den Ruhestand sind als Entlassungsbedingungen im vorstehenden Sinne zu qualifizieren, die an den Maßgaben des unionsrechtlichen Altersdiskriminierungsverbotes zu messen sind.[878]

II. Unmittelbare Diskriminierung älterer Beamter im Sinne des Art. 2 Abs. 2 lit. a) RL 2000/78/EG

Die Regelaltersgrenze für den Übergang des Beamten in den Ruhestand ist als unmittelbare Diskriminierung aus Gründen des Alters nach Art. 2 Abs. 2 lit. a) RL 2000/78/EG zu werten.[879] Infolge dessen wird der Beamte mit Vollendung eines bestimmten Lebensalters von der weiteren Ausübung des aktiven Dienstes ausgeschlossen und tritt automatisch in den Ruhestand.

III. Rechtfertigung der Diskriminierung gemäß Art. 6 Abs. 1 RL 2000/78/EG

Die bereits erläuterten Erwägungen hinsichtlich der Rechtfertigung der mit der Regelaltersgrenze verbundenen Diskriminierung aufgrund des Alters werden nachstehend an den europarechtlichen Vorgaben der Art. 6 Abs. 1 S. 2 lit. a) und Art. 6 Abs. 1 S. 1 RL 2000/78/EG gemessen.[880]

1. Legitime Zielsetzung der Regelaltersgrenze

Wie bereits dargelegt, verfolgt der Gesetzgeber mit der Regelaltersgrenze die Zielsetzungen, eine funktionsbeeinträchtigende Überalterung des Beamtenschaft zu verhindern, demgemäß eine ausgewogene Altersstruktur in den Laufbahnen zu gewährleisten, die berufliche Eingliederung junger Menschen zu fördern und zugunsten des Dienstherrn Personalplanungssicherheit zu generieren. Er intendiert mit der Altersgrenze hingegen nicht den Schutz vor der abnehmenden beruflichen

878 Vgl. EuGH, Urteil vom 21.7.2011, Rs. C-159/10 (*Fuchs*), Rn. 34 (Juris); EuGH, Rs. C-411/05 (*Palacios de la Villa*), Slg. 2007, I-8531, Rn. 46; VGH Hessen, NVwZ 2010, 140, 141. Mit diesem Urteil hat der VGH Hessen eine Entscheidung des VG Frankfurt a.M., NVwZ-RR 2009, 933 ff., aufgehoben, die in der beamtenrechtlichen Literatur große Beachtung gefunden hat. Vgl. ferner *Schmidt*, in Schiek, AGG, § 10, Rn. 27; *Schmidt/Senne*, RdA 2002, 80, 84; *Kämmerer*, ZBR 2008, 325, 332; *Lüderitz*, Altersdiskriminierung durch Altergrenzen, S. 61.

879 VGH Hessen, NVwZ 2010, 140, 141. Vgl. auch EuGH, Rs. C-411/05 (*Palacios de la Villa*), Slg. 2007, I-8531, Rn. 51; *Schlachter*, in GS Blomeyer, S. 355, 357.

880 Vgl. zum Rechtfertigungsmaßstab *Laskowski*, Rust/Falke, AGG, § 24, Rn. 14.

Leistungsfähigkeit aufgrund des Alters.[881] Die diesbezügliche generalisierende Annahme des Gesetzgebers liegt vielmehr lediglich der Regelaltersgrenze als Mittel zur Erreichung der angestrebten Ziele im Sinne des Art. 6 Abs. 1 S. 1 RL 2000/78/EG zugrunde.

a. Förderung der beruflichen Eingliederung Jüngerer im Sinne des Art. 6 Abs. 1 S. 2 lit. a) RL 2000/78/EG

Im Hinblick auf das Ziel der Regelaltersgrenze, die Einstellungs- bzw. Beförderungsmöglichkeiten jüngerer Menschen zu erhöhen, kommt als Rechtfertigungstatbestand für die damit verbundene Diskriminierung Älterer Art. 6 Abs. 1 S. 2 lit. a) RL 2000/78/EG in Betracht.

aa. Rechtfertigungsgrund des Art. 6 Abs. 1 S. 2 lit. a) RL 2000/78/EG

Art. 6 Abs. 1 S. 2 lit. a) RL 2000/78/EG eröffnet die Möglichkeit der Rechtfertigung von Ungleichbehandlungen aufgrund des Alters infolge der Festlegung besonderer Beschäftigungs- und Arbeitsbedingungen, einschließlich der Bedingungen für die Entlassung, um die Eingliederung Jugendlicher zu fördern. Die Regelaltersgrenze ist aufgrund des durch sie ausgelösten automatischen Übertritts des Beamten vom aktiven Dienst in den Ruhestand als eine besondere Beschäftigungs- und Arbeitsbedingung im Sinne des Art. 6 Abs. 1 S. 2 lit. a) RL 2000/78/EG zu qualifizieren.[882]

bb. Einstellungs- und Beförderungsmöglichkeiten für Jüngere infolge des Ausscheidens älterer Beamter

In Rechtsprechung und Literatur wird kontrovers diskutiert, ob gesetzliche Regelungen, die das Ausscheiden älterer Beschäftigter aus dem aktiven Berufsleben zum Zwecke der Generierung von Beschäftigungsmöglichkeiten für Berufsanfänger vorschreiben, ein legitimes Ziel im Sinne des Art. 6 Abs. 1 S. 2 lit. a) RL 2000/78/EG verfolgen.

---

881 Hierzu *Lüderitz*, Altersdiskriminierung durch Altersgrenzen, S. 108; *Over*, Das Verbot der Altersdiskriminierung im Arbeitsrecht nach dem Allgemeinen Gleichbehandlungsgesetz, S. 281; *von Hoff*, Das Verbot der Altersdiskriminierung aus Sicht der Rechtsvergleichung und der ökonomischen Analyse des Rechts, S. 279.

882 EuGH, Urteil vom 21.7.2011, Rs. C-159/10 (*Fuchs*), Rn. 33 (Juris); *Laskowski*, Rust/Falke, AGG, § 24, Rn. 14.

(1.) Die Legitimität der Intention ablehnende Ansicht eines Teils der Literatur

Die Legitimität dieser Zielsetzung wird von einem Teil der Literatur bestritten, da der nachrückende Bedienstete nicht in die Position des infolge der Altersgrenze ausgeschiedenen Beamten eintrete, der regelmäßig aufgrund seiner dienstlichen Erfahrung einen herausgehobenen Rang in der behördlichen Hierarchie eingenommen habe.[883] Es sei zudem zu berücksichtigen, dass nach dem altersbedingten Ausscheiden des Bediensteten die offene Stelle oftmals nicht automatisch wiederbesetzt werde.[884] Im Übrigen verschleiere die Argumentation, die Regelaltersgrenze sei ein Instrument nachhaltiger Personalpolitik, in Wahrheit die eigentliche Intention, derzufolge Arbeitnehmer, die ein bestimmtes Alter erreicht haben, aus anderweitigen Gründen nicht mehr weiterbeschäftigt werden sollen.[885]

(2.) Gegenauffassung im Schrifttum sowie in der Rechtsprechung

Nach der Gegenauffassung im Schrifttum sowie in der Rechtsprechung ist es unerheblich, ob eine konkrete Einstellung für einen aus Altersgründen ausgeschiedenen Beamten erfolgt.[886] Die Regelaltersgrenze diene unter anderem der beständigen Ernennung von Nachwuchsbeamten sowie dem beruflichen Fortkommen jüngerer Beamter im Interesse der Beschäftigungs- und Arbeitsmarktpolitik als auch der bestmöglichen Aufgabenwahrnehmung der Verwaltung auf der Grundlage einer ausgewogenen Altersstruktur der Beamtenschaft.[887] Zudem

883 *Lingscheid*, Antidiskriminierung im Arbeitsrecht, S. 221; *Körner*, NZA 2008, 497, 503; *Hahn*, Auswirkungen der europäischen Regelungen zur Altersdiskriminierung im deutschen Arbeitsrecht, S. 173 f.

884 *Körner*, NZA 2008, 497, 503; *Schlachter*, in GS Blomeyer, S. 355, 368 ff.; *König* in Rust/König/Lange/Sieveking, Loccumer Protokolle 79/04, Die Umsetzung der EU-Gleichbehandlungsrichtlinien in Deutschland, S. 63, 71.

885 Vgl. *Schmidt/Senne*, RdA 2002, 80, 87; *Körner*, NZA 2008, 497, 503.

886 *Summer*, ZBR 2007, 368, 369; *Baßlsperger*, ZBR 2008, 339, 346; *Brors*, in Däubler/Bertzbach, AGG, § 10, Rn. 94. Vgl. auch *Bauer*, in FS für Adomeit, S. 25, 32. Eingehend hierzu OVG Rheinland-Pfalz, Urteil vom 25.2.2011, 2 A 11201/10, Rn. 31 (Juris), in Verbindung mit BVerwG, NVwZ 2012, 1052, 1052; OVG Rheinland-Pfalz, Urteil vom 13.4.2011, 2 A 11447/10, Rn. 40 (Juris), die Nichtzulassungsbeschwerde blieb erfolglos, BVerwG, Beschluss vom 21.12.2011, 2 B 94/11 (Juris); VG Gelsenkirchen, Urteil vom 19.2.2010, 12 K 1310/08, Rn. 42 (Juris), im Zusammenhang mit OVG NRW, Beschluss vom 21.7.2011, 6 A 808/10 (Juris). Vgl. auch *Sprenger*, Das arbeitsrechtliche Verbot der Altersdiskriminierung nach der Richtlinie 2000/78/EG, S. 237 f.; *Over*, Das Verbot der Altersdiskriminierung im Arbeitsrecht nach dem Allgemeinen Gleichbehandlungsgesetz, S. 274.

887 *Summer*, ZBR 2007, 368, 369.

entstehe durch die regelmäßige Vakanz von Beförderungsstellen ein zusätzlicher Anreiz für nachrückende Bedienstete.[888]

(3.) Stellungnahme

Der letztgenannten Auffassung ist der Vorzug einzuräumen. Die von der erstgenannten Literaturansicht vertretene Position schränkt den erforderlichen personalpolitischen Gestaltungsspielraum des Dienstherrn zur Wahrnehmung öffentlicher Aufgaben zu weitgehend ein. Dem Dienstherrn muss auch in Anbetracht europarechtlicher Antidiskriminierungsvorgaben zur Gewährleistung der Funktionsfähigkeit der Verwaltung die Möglichkeit erhalten bleiben, den Personalumfang im Bedarfsfall – etwa aus verwaltungsorganisatorischen oder haushaltspolitischen Gründen – anzupassen bzw. zu reduzieren.

Dem beschäftigungspolitischen Aspekt der Generationengerechtigkeit ist insofern Rechnung getragen, als durch das altersbedingte Ausscheiden älterer Beamter infolge der Regelaltersgrenze personalwirtschaftlicher Handlungsspielraum für Einstellungen Jüngerer generiert wird. Selbst wenn nach dem altersbedingten Ausscheiden eines Beamten aus dem aktiven Dienst nicht unmittelbar die Einstellung eines Anwärters erfolgt, eröffnet die daraus resultierende Stellenvakanz doch regelmäßig Entwicklungsmöglichkeiten für jüngere Beamte in den jeweiligen Verwaltungseinheiten.

In diesem Kontext sei erwähnt, dass auch nach der Rechtsprechung des EuGH die Intention eines Mitgliedstaats, Einstellungen zu fördern und jüngeren Personen Zugang zur Berufsausübung zu ermöglichen, als ein legitimes Ziel der Sozial- und Beschäftigungspolitik im Sinne des Art. 6 Abs. 1 S. 1 RL 2000/78/EG zu werten ist.[889]

---

888 *Scholz*, Das Verbot der Altersdiskriminierung bei der Begründung und Beendigung von Arbeitsverhältnissen, S. 215; *Lingscheid*, Antidiskriminierung im Arbeitsrecht, S. 239; *Summer*, ZBR 2007, 368, 369; *Baßlsperger*, ZBR 2008, 339, 346; zur vergleichbaren Regelung des § 10 S. 3 Nr. 5 AGG *Brors*, in Däubler/Bertzbach, AGG, § 10, Rn. 94; VG Saarlouis, Gerichtsbescheid vom 27.10.2009, 2 L 1751/09, Rn. 21 (Juris); VG Gelsenkirchen, Urteil vom 19.2.2010, 12 K 1310(08, Rn. 39 (Juris), in Verbindung mit OVG NRW, Beschluss vom 21.7.2011, 6 A 808/10 (Juris).

889 EuGH, Urteil vom 21.7.2011, Rs. C-159/10 (*Fuchs*), Rn. 50 (Juris); EuGH, Rs. C-250/09 (*Georgiev*), NJW 2011, 42, 45, Rn. 45 m.w.N.; EuGH, Rs. C-141/11 (*Hörnfeldt*), NZA 2012, 785, 786, Rn. 29 m.w.N. Unter Bezugnahme auf die Rechtsprechung des EuGH BVerwG, NVwZ 2012, 1052, 1052. Vgl. auch *Bayreuther*, NJW 2011, 19, 20. Einen Überblick über die Rechtsprechung des EuGH zu diesem Themenbereich gewähren *Bauer/von Medem*, NZA 2012, 945, 946.

b. Art. 6 Abs. 1 S. 1 RL 2000/78/EG als Maßstab für die übrigen Zielsetzungen der Regelaltersgrenze

Die Intention, im Interesse der Gewährleistung eines funktionsfähigen und effizienten Berufsbeamtentums einer Alterszentrierung in der Personalstruktur der Beamtenschaft entgegenzuwirken und dementsprechend eine günstige Schichtung des Altersaufbaus in den Laufbahnen anzustreben, ist ebenfalls als legitimes Ziel im Sinne der Richtlinie zu qualifizieren.[890] Eine ausgewogene Altersschichtung in den Laufbahnen gewährleistet regelmäßig einen Wissens- bzw. Erfahrungstransfer von älteren an jüngere Beamte und sichert auf diese Weise eine Qualifikationsstruktur sowie die Leistungsfähigkeit der öffentlichen Verwaltung.

Der in der Literatur vereinzelt vertretenen Auffassung, das Ziel der ausgewogenen Altersschichtung diene allein individuellen Zwecken des Dienstherrn,[891] ist nicht zu folgen. An der intendierten effektiven und kontinuierlichen Wahrnehmung hoheitlicher Aufgaben der öffentlichen Verwaltung durch ein funktionierendes Berufsbeamtentum besteht vielmehr ein signifikantes Interesse der Allgemeinheit.[892]

---

890 Vgl. EuGH, Urteil vom 21.7.2011, Rs. C-159/10 (*Fuchs*), Rn. 50 (Juris). Siehe ebenfalls EuGH, Rs. C-250/09 (*Georgiev*), NJW 2011, 42, 45, Rn. 45 ff.; *Bayreuther*, NJW 2012, 2758, 2761; *Baßlsperger*, ZBR 2008, 339, 345 f.; *Lingscheid*, Antidiskriminierung im Arbeitsrecht, S. 239; *Lüderitz*, Altersdiskriminierung durch Altersgrenzen, S. 109; *Hahn*, Auswirkungen der europäischen Regelungen zur Altersdiskriminierung im deutschen Arbeitsrecht, S. 174; *Over*, Das Verbot der Altersdiskriminierung im Arbeitsrecht nach dem Allgemeinen Gleichbehandlungsgesetz, S. 277 f.; *von Hoff*, Das Verbot der Altersdiskriminierung aus Sicht der Rechtsvergleichung und der ökonomischen Analyse des Rechts, S. 286; OVG Rheinland-Pfalz, Urteil vom 25.2.2011, 2 A 11201/10, Rn. 32 (Juris), in Verbindung mit BVerwG, NVwZ 2012, 1052, 1052; VG Gelsenkirchen, Urteil vom 19.2.2010, 12 K 1310/08, Rn. 37 (Juris), im Zusammenhang mit OVG NRW, Beschluss vom 21.7.2011, 6 A 808/10 (Juris); VG Saarlouis, Gerichtsbescheid vom 27.10.2009, 2 L 1751/09, Rn. 21 (Juris). Konstruiert wirkt angesichts dessen die Argumentation des VG Frankfurt am Main, Urteil vom 20.8.2012, 9 K 4663/11.F, Rn. 89 ff. (Juris), die mit einer – landesgesetzlichen – Regelaltersgrenze verfolgte Zielsetzung der Vermeidung der Überalterung der Beamtenschaft sei kein legitimes Ziel im Sinne des Art. 6 Abs. 1 S. 1 RL 2000/78/EG.

891 *Rombach*, NVwZ 2010, 102, 104, unter Bezugnahme auf die angeführte Entscheidung des VG Frankfurt a.M., NVwZ-RR 2009, 933 ff., die durch den Beschluss des VGH Hessen, NVwZ 2010, 140, aufgehoben wurde.

892 So auch EuGH, Urteil vom 21.7.2011, Rs. C-159/10 (*Fuchs*), Rn. 53 (Juris). Vgl. ebenfalls *Laskowski*, in Rust/Falke, AGG, § 24, Rn. 18 m.w.N.

Ferner ist die Zielsetzung der verlässlichen Personalplanung durch den Dienstherrn eine von Art. 6 Abs. 1 S. 1 RL 2000/78/EG gedeckte, beschäftigungspolitische Intention.[893] Das ungleichmäßige Ausscheiden älterer Beamter aus dem aktiven Dienst löst regelmäßig erhebliche Konsequenzen für die Personalstruktur sowie die Organisation einer Verwaltungseinheit aus. Angesichts dessen ist es im Interesse einer fortwährenden Wahrnehmung der übertragenen staatlichen Aufgaben unerlässlich, auf die personelle Fluktuation mit langfristigen, personalwirtschaftlichen Maßnahmen reagieren zu können.

c. Anhebung der Regelaltersgrenze

Die Legitimität der vorgenannten Zielsetzungen wird durch die stufenweise Anhebung der Regelaltersgrenze nicht relativiert. Die europarechtlichen Vorgaben zum Verbot der Altersdiskriminierung binden den Gesetzgeber bei der konkreten Festsetzung der Regelaltersgrenze nicht an ein bestimmtes Lebensalter.[894] Der Gesetzgeber kann im Rahmen seines Gestaltungsfreiraums die gesetzgeberische Gesamtkonzeption den veränderten demographischen Rahmenbedingungen und der gestiegenen allgemeinen Lebenserwartung der Menschen anpassen.[895]

2. Antidiskriminierungsrechtliche Überprüfung des Instruments der Regelaltersgrenze vor dem Hintergrund der intendierten Ziele

In der Rechtsprechung und der Literatur wird uneinheitlich beurteilt, ob das Instrument der Regelaltersgrenze und die ihr zugrunde liegende unwiderlegliche,

---

893 Ebenso *Lingscheid*, Antidiskriminierung im Arbeitsrecht, S. 239; *Lüderitz*, Altersdiskriminierung durch Altersgrenzen, S. 110; *Over*, Das Verbot der Altersdiskriminierung im Arbeitsrecht nach dem Allgemeinen Gleichbehandlungsgesetz, S. 279; *von Hoff*, Das Verbot der Altersdiskriminierung aus Sicht der Rechtsvergleichung und der ökonomischen Analyse des Rechts, S. 289; VGH Hessen, NVwZ 2010, 140, 142. Siehe auch VG Düsseldorf, Urteil vom 8.3.2010, 13 K 6883/09, Rn. 57 (Juris), in Verbindung mit dem Beschluss des OVG NRW vom 3.2.2012, 1 A 882/10 (Juris); VG München, ZBR 2010, 64, 65; VG Gelsenkirchen, Urteil vom 19.2.2010, 12 K 1310/08, Rn. 37 (Juris), im Zusammenhang mit dem Beschluss des OVG NRW vom 21.7.2011, 6 A 808/10 (Juris). Nach *Schlachter*, in GS Blomeyer, S. 355, 372, ist das Argument der Gewährleistung von Planungssicherheit nur dann ein zulässiges arbeitsmarktpolitisches Ziel, wenn für die Besetzbarkeit der Stellen eine langfristige, gezielte Nachwuchsförderung erforderlich ist. So auch *Hahn*, Auswirkungen der europäischen Regelungen zur Altersdiskriminierung im deutschen Arbeitsrecht, S. 175.

894 VG München, ZBR 2010, 64, 66.

895 VG Gelsenkirchen, Urteil vom 19.2.2010, 12 K 1310/08, Rn. 41 (Juris), im Zusammenhang mit dem Beschluss des OVG NRW vom 21.7.2011, 6 A 808/10 (Juris).

altersabhängige Vermutung der Dienstunfähigkeit des Beamten mit europarechtlichen Vorgaben konform ist. Nachstehend wird die Altersgrenze am Maßstab des Art. 6 Abs. 1 S. 1 RL 2000/78/EG in Bezug auf das Mittel der Ungleichbehandlung im Kontext zu den vom Gesetzgeber angestrebten Zielen bewertet.

a. Geeignetheit der Regelaltersgrenze

Der EuGH sowie das Schrifttum ziehen die Geeignetheit der Regelaltersgrenze gemäß § 51 Abs. 1 S. 1 BBG zur Gewährleistung der Personalplanungssicherheit nicht in Zweifel.[896] Demgegenüber wird in der Literatur jedoch die Geeignetheit dieses Instruments zur Sicherstellung einer ausgewogenen Altersstruktur in den Laufbahnen sowie zur Eingliederung Jüngerer in die Verwaltungseinheiten infrage gestellt.

aa. Die Geeignetheit in Abrede stellende Ansicht im Schrifttum

In der Literatur wird die Auffassung vertreten, die Regelaltersgrenze sei nur eingeschränkt zur Gewährleistung einer ausgewogenen Personalstruktur geeignet. Die Anforderungen an die Austarierung der Altersstruktur ergäben sich aus dem Altersaufbau des vorhandenen Personals und seien deshalb von einer individuellen Betrachtung des jeweiligen Personalbereichs abhängig.[897]

896 EuGH, Urteil vom 21.7.2011, Rs. C-159/20 (*Fuchs*), Rn. 60 (Juris). Vgl. ebenfalls *Lüderitz*, Altersdiskriminierung durch Altersgrenzen, S. 111; *Hahn*, Auswirkungen der europäischen Regelungen zur Altersdiskriminierung im deutschen Arbeitsrecht, S. 175; *von Hoff*, Das Verbot der Altersdiskriminierung aus Sicht der Rechtsvergleichung und der ökonomischen Analyse des Rechts, S. 290; *Over*, Das Verbot der Altersdiskriminierung im Arbeitsrecht nach dem Allgemeinen Gleichbehandlungsgesetz, S. 280; *Sprenger*, Das arbeitsrechtliche Verbot der Altersdiskriminierung nach der RL 2000/78/EG, S. 239.

897 *Lüderitz*, Altersdiskriminierung durch Altersgrenzen, S. 109 f.; *Over*, Das Verbot der Altersdiskriminierung im Arbeitsrecht nach dem Allgemeinen Gleichbehandlungsgesetz, S. 278; *Hahn*, Auswirkungen der europäischen Regelungen zur Altersdiskriminierung im deutschen Arbeitsrecht, S. 175. Vgl. auch *von Hoff*, Das Verbot der Altersdiskriminierung aus Sicht der Rechtsvergleichung und der ökonomischen Analyse des Rechts, S. 289 f. Siehe in diesem Kontext ferner *Bauer/von Medem*, NJW 2012, 945, 946.

Darüber hinaus sei diese gesetzgeberische Maßnahme auch ungeeignet zur Erreichung des Ziels der Eingliederung Jüngerer, da sie keine Ausweitung des Beschäftigungsangebots bewirke.[898]

bb. Stellungnahme

Entgegen der in der Literatur vertretenen Ansicht ist die Regelaltersgrenze geeignet zur Realisierung der vom Gesetzgeber angeführten Ziele. Infolge des altersabhängigen, automatischen Eintritts der Beamten in den Ruhestand gewährleistet die Regelaltersgrenze – in Kombination mit weiteren personalwirtschaftlichen Lenkungsmaßnahmen – in maßgeblicher Weise die angestrebte konsequente Verhinderung der Überalterung der Beamtenschaft zum Zwecke der Bewahrung der Funktionsfähigkeit des Berufsbeamtentums. Angesichts des regelmäßigen Personalumfangs der Verwaltungseinheiten im öffentlichen Dienst ist die von der Literaturansicht vorgeschlagene individuelle Betrachtung der jeweiligen Organisationsbereiche ineffizient und nicht praktikabel.

Die Regelaltersgrenze ist ferner auch zur Generierung personalwirtschaftlicher Handlungsspielräume im öffentlichen Dienst geeignet. Die von der Literatur geforderte Ausweitung des Beschäftigungsangebots ist hingegen keine Maßgabe, die aus der Richtlinie folgt. Angesichts des den Mitgliedstaaten zugestandenen Freiraums bezüglich der Umsetzung des unionsrechtlichen Verbots der Altersdiskriminierung ist eine derartige Einschränkung der personalwirtschaftlichen Handlungsfähigkeit des Dienstherrn nicht gerechtfertigt.[899]

b. Angemessenheit der Regelaltersgrenze

Streitig diskutiert wird in der Rechtsprechung und der Literatur ferner die Frage der Angemessenheit des Instruments der Regelaltersgrenze zur Verfolgung der vom Gesetzgeber angestrebten Zielsetzungen.

---

898 *Hahn*, Auswirkungen der europäischen Regelungen zur Altersdiskriminierung im deutschen Arbeitsrecht, S. 174. Vgl. auch *von Hoff*, Das Verbot der Altersdiskriminierung aus Sicht der Rechtsvergleichung und der ökonomischen Analyse des Rechts, S. 298; *Over*, Das Verbot der Altersdiskriminierung im Arbeitsrecht nach dem Allgemeinen Gleichbehandlungsgesetz, S. 274. Eine andere Auffassung vertreten *Lüderitz*, Altersdiskriminierung durch Altersgrenzen, S. 100, und *Sprenger*, Das arbeitsrechtliche Verbot der Altersdiskriminierung nach der RL 2000/78/EG, S. 238.

899 Der Übertritt in den Ruhestand in einem gesetzlich bestimmten Lebensalter bei einer Berufsgruppe, bei der die Anzahl der Stellen begrenzt ist, kann auch nach Ansicht des EuGH den Zugang jüngerer Berufsangehöriger zur Beschäftigung erhöhen, EuGH, Urteil vom 21.7.2011, Rs.C-159/10 (*Fuchs*), Rn. 58 (Juris), unter Bezugnahme auf EuGH, Rs. C-250/09 (*Georgiev*), NJW 2011, 42, 45, Rn. 52.

aa. Die Angemessenheit negierende Ansicht des Schrifttums

Im Schrifttum wird die Angemessenheit der Regelaltersgrenze in Bezug auf die Gewährleistung von Personalplanungssicherheit mit der Argumentation verneint, die damit verbundene Belastung des Beamten stehe in keinem Verhältnis zur erleichterten Planungssicherheit des Dienstherrn.[900] In diesem Kontext könne für die Angemessenheit der Regelaltersgrenze auch die gesetzlich vorgesehene Möglichkeit des Hinausschiebens des Ruhestandseintritts nicht streiten, da diese die Belange der Betroffenen an der Fortführung der Tätigkeit zu weitgehend einschränke.[901]

Ebenfalls zu verneinen sei die Angemessenheit der in Rede stehenden Altersgrenzenregelung im Hinblick auf die Verwirklichung einer ausgewogenen Personalstruktur. Der Einsatz dieses Steuerungsinstruments sei vielmehr lediglich bei Befürchtungen der Überalterung des Personals angemessen.[902]

bb. Abweichende Auffassung in der Rechtsprechung

In der Rechtsprechung wird hingegen die Angemessenheit der Regelaltersgrenze vertreten. Das Interesse an den mit der Altersgrenzenregelung verfolgten Zielen überwiege die Einschränkungen, die bei den betroffenen Beamten infolge des automatischen, altersabhängigen Übertritts vom aktiven Dienst in den Ruhestand entstünden.[903] Dabei ist nach Ansicht der Rechtsprechung insbesondere zu berücksichtigen, dass dem in den Ruhestand versetzten Beamten insofern keine unangemessenen Nachteile auferlegt werden, als ihm mit dem Eintritt in den Ruhestand ein seiner Dienstzeit entsprechendes Ruhegehalt zusteht.[904]

---

900 Vgl. *Hahn*, Auswirkungen der europäischen Regelungen zur Altersdiskriminierung im deutschen Arbeitsrecht, S. 175 f.; *Lüderitz*, Altersdiskriminierung durch Altersgrenzen, S. 102; *Waltermann*, NZA 2005, 1265, 1270. Siehe auch *Reichold/Hahn/Heinrich*, NZA 2005, 1270, 1276. Betrachte in diesem Kontext ferner *Bertelsmann*, AuR 2007, 369, 373.

901 *Lüderitz*, Altersdiskriminierung durch Altersgrenzen, S. 158; *Laskowski*, in Rust/Falke, AGG, § 24, Rn. 20.

902 *Bayreuther*, DB 2007, 2425, 2425; *O´Cinneide*, EZAR 2008, 13, 21. Vgl. ferner *Nussberger*, JZ 2002, 524, 528; *Schmidt/Senne*, RdA 2002, 80, 87.

903 OVG Rheinland-Pfalz, Urteil vom 25.2.2011, 2 A 11201/10, Rn. 34 ff. (Juris), in Verbindung mit BVerwG, NVwZ 2012, 1052, 1052.

904 VGH Hessen, NVwZ 2010, 140, 143; VG Göttingen, Beschluss vom 1.2.2011, 3 B 1/11, Rn. 8, in Verbindung mit dem Beschluss des OVG Niedersachsen vom 16.3.2011, 5 ME 43/11, Rn. 5 ff. (Juris); VG Saarlouis, Gerichtsbescheid vom 27.10.2009, 2 L 1751/09, Rn. 24 ff. (Juris). Siehe auch EuGH, Rs. C-411/05 (*Palacios de la Villa*), Slg. 2007, I-8531, Rn. 73.

cc. Stellungnahme

Gegen die Angemessenheit des personalwirtschaftlichen Instruments der Regelaltersgrenze im Sinne des Art. 6 Abs. 1 S. 1 RL 2000/78/EG bestehen keine Bedenken. Bei der Bewertung der widerstreitenden Interessen ist zu berücksichtigen, dass der Beamte mit Erreichen der Regelaltersgrenze von seiner Verpflichtung zur Leistung des aktiven Dienstes befreit ist.[905] Darüber hinaus steht dem Beamten aufgrund der Pflicht des Dienstherrn zur Versorgung nach der Maßgabe des statusrechtlichen Amtes ein Alimentationsanspruch für die Zeit nach dem Ausscheiden aus dem aktiven Dienst zu.[906] Angesichts dessen überwiegen die Interessen des Einzelnen, über das nach der Regelaltersgrenze festgelegte Lebensalter hinaus als Beamter im aktiven Dienst tätig zu sein, das Allgemeininteresse an einer verlässlichen Personalplanung im Interesse der Gewährleistung einer funktionsfähigen öffentlichen Verwaltung nicht.

Der von der Literaturansicht für notwendig erachtete Nachweis der drohenden Überalterung findet weder in den europarechtlichen Vorgaben zum Altersdiskriminierungsverbot noch in der Rechtsprechung des EuGH eine Legitimation.[907] In Anbetracht des Personalvolumens der Verwaltungseinheiten im öffentlichen Dienst sowie der Bedeutung der von der Beamtenschaft wahrgenommenen staatlichen Aufgaben kann das Abwarten einer drohenden Überalterung in den Laufbahnen nicht befürwortet werden. Die in diesem Fall erforderlichen, kurzfristigen Gegensteuerungsmaßnahmen würden dem Anspruch an eine kontinuierliche Personalwirtschaft in der öffentlichen Verwaltung regelmäßig nicht gerecht.

In diesem Zusammenhang ist ferner zu berücksichtigen, dass der Gesetzgeber dem Beamten die Möglichkeit des Hinausschiebens des Eintritts in den Ruhestand eröffnet. Entgegen der Auffassung des Schrifttums ist die Voraussetzung des dienstlichen Interesses an der Fortführung des aktiven Dienstes durch den Beamten rechtlich nicht zu beanstanden. Wäre die Verlängerung des aktiven Dienstes allein von der Entscheidung des Beamten abhängig, würde dies die mit der Regelaltersgrenze verfolgte Intention konterkarieren und der angestrebten Gewährleistung einer planbaren, nachhaltigen Personalpolitik im Interesse einer funktionsfähigen Beamtenschaft zuwider laufen.

Schließlich ist in Bezug auf die konkrete Festsetzung der Regelaltersgrenze auf das 67. Lebensjahr zu konstatieren, dass diese hinreichend großzügig bemessen

905 Nach VG Aachen, NJOZ 2010, 506, 506, in Verbindung mit dem Beschluss des OVG NRW vom 30.9.2009, 1 B 1412/09 (Juris), ist deshalb bereits zweifelhaft, ob angesichts dessen eine unmittelbare Diskriminierung anzunehmen ist.

906 Vgl. EuGH, Urteil vom 21.7.2011, Rs.C-159/10 (*Fuchs*), Rn. 66 (Juris).

907 Vgl. EuGH, Rs. C-45/09 (*Rosenbladt*), NZA 2010, 1167, 1170, Rn. 65 ff.

und als Zeitpunkt für den Übertritt vom aktiven Dienst in den Ruhestand nicht zu beanstanden ist.[908]

c. Erforderlichkeit der Regelaltersgrenze

Ein Rechtsinstrument, das auf unsachlichen Erwägungen beruht, kann nicht die Voraussetzungen des Art. 6 Abs. 1 S. 1 RL 2000/78/EG erfüllen und das mildeste Mittel zur Erreichung des angestrebten Ziels darstellen. Vor diesem Hintergrund ist in die Erforderlichkeitsprüfung auch die Analyse der der Regelaltersgrenze zugrundeliegenden generalisierenden Annahme zur Leistungsfähigkeit im Alter einzubeziehen.

Die Frage der Erforderlichkeit der Regelaltersgrenze im Sinne der Richtlinie wird in Rechtsprechung und Literatur kontrovers diskutiert.

aa. Die Erforderlichkeit befürwortende Ansicht der Rechtsprechung und Literatur

Nach Ansicht der Rechtsprechung ist der altersabhängige automatische Ruhestandseintritt infolge der Regelaltersgrenze eine erforderliche Maßnahme im Sinne der Richtlinie.[909] Die Regelaltersgrenze sei unmittelbar auf die Herbeiführung der angestrebten Ziele gerichtet. Diese Maßnahme erhöhe die Leistungsfähigkeit sowie die innere Durchlässigkeit der Beamtenschaft und fördere den beruflichen Zugang für Berufsanfänger. Der Eintritt junger Menschen in das Erwerbsleben erfordere das Ausscheiden älterer Arbeitnehmer.[910] Ein milderes Mittel sei zur Erreichung der angeführten Ziele nicht ersichtlich.[911]

bb. Gegenauffassung in Rechtsprechung und Schrifttum

Intensive Kritik einer vereinzelt vertretenen Ansicht in der Rechtsprechung sowie des Schrifttums begegnet der unwiderleglichen, altersabhängigen Vermutung der Dienstunfähigkeit, die der Regelaltersgrenze zugrunde liegt.[912] Die pauschale Annahme einer mangelnden Dienstfähigkeit unter ausschließlicher Bezugnahme auf ein bestimmtes Lebensalter basiere auf Vorurteilen, ohne empirisch

908 Siehe in diesem Kontext EuGH, Rs. C-141/11 (*Hörnfeldt*), NZA 2012, 785, 787, Rn. 32.

909 OVG Rheinland-Pfalz, Urteil vom 25.2.2011, 2 A 11201/10, Rn. 34 ff. (Juris), in Verbindung mit BVerwG, NVwZ 2012, 1052, 1052.

910 *Bauer*, in FS für Adomeit, S. 25, 31.

911 VGH Hessen, NVwZ 2010, 140, 143.

912 Die unwiderlegliche Vermutung der mangelnden beruflichen Leistungsfähigkeit im Alter wird im Schrifttum zumeist grundsätzlich im Zusammenhang mit der Regelaltersgrenze kritisiert und nicht explizit im Kontext zur Erforderlichkeit des Mittels der Diskriminierung erörtert.

abgesichert zu sein.[913] Die mit der Regelaltersgrenze zum Ausdruck gebrachte altersabhängige, unwiderlegliche Vermutung der Dienstunfähigkeit des Beamten stehe im Gegensatz zu neueren gerontologischen Erkenntnissen bezüglich der Leistungsfähigkeit älterer Menschen.[914] Angesichts dessen sei es angezeigt, eine etwaige Reduzierung der Dienstfähigkeit individuell zu ermitteln.[915] Die individuelle Feststellung der Leistungsfähigkeit stelle zudem im Vergleich zur Regelaltersgrenze einen weniger intensiven Eingriff dar.[916]

Im Übrigen sei die Regelaltersgrenze zur Wahrung der Einstiegs- bzw. Aufstiegschancen Jüngerer angesichts des geringen Anteils der Personen, die ihre Erwerbstätigkeit erst mit der Vollendung des 65. Lebensjahres beenden, nicht erforderlich.[917] Eine Regelung, die den Übertritt vom aktiven Dienst in den Ruhestand flexibel ausgestaltet, stelle nicht nur im Hinblick auf die berufliche Eingliederung Jüngerer das mildere Mittel dar, sondern wäre auch bezüglich der Gewährleistung einer ausgewogenen Altersstruktur erforderlich.[918]

---

913 Vgl. VG Frankfurt am Main, Urteil vom 20.8.2012, 9 K 4663/11, Rn. 55 ff. (Juris). Vgl. auch *Nussberger*, JZ 2002, 524, 532; *Wiedemann/Thüsing*, NZA 2002, 1234, 1239 m.w.N.; *O'Cinneide*, EZAR 2008, 13, 13.

914 *Baßlsperger*, ZBR 2008, 339, 345; *Lüderitz*, Altersdiskriminierung durch Altersgrenzen, S. 108, 157 f.; *von Hoff*, Das Verbot der Altersdiskriminierung aus Sicht der Rechtsvergleichung und der ökonomischen Analyse des Rechts, S. 279; *Over*, Das Verbot der Altersdiskriminierung im Arbeitsrecht nach dem Allgemeinen Gleichbehandlungsgesetz, S. 51 ff., 281 f.

915 *Schmidt*, in Schiek, AGG, § 10, Rn. 28; *Kämmerer*, ZBR 2008, 325, 333; *von Hoff*, Das Verbot der Altersdiskriminierung aus Sicht der Rechtsvergleichung und der ökonomischen Analyse des Rechts, S. 279 m.w.N.

916 *Nussberger*, JZ 2002, 524, 532; *Lingscheid*, Antidiskriminierung im Arbeitsrecht, S. 240.

917 *Bertelsmann*, in Rust/König/Lange/Sieveking, Loccumer Protokolle 79/04, Die Umsetzung der EU-Gleichbehandlungsrichtlinien in Deutschland, S. 81, 99; *Schmidt/Senne*, RdA 2002, 80, 85; *Scholz*, Das Verbot der Altersdiskriminierung bei der Begründung und Beendigung von Arbeitsverhältnissen, S. 215 f.; *Lüderitz*, Altersdiskriminierung durch Altersgrenzen, S. 101. Vgl. ebenfalls *Schlachter*, in GS Blomeyer, S. 355, 371, die diesen Aspekt beim Merkmal der Angemessenheit anführt.

918 *Hahn*, Auswirkungen der europäischen Regelungen zur Altersdiskriminierung im deutschen Arbeitsrecht, S. 174 f.: *Lüderitz*, Altersdiskriminierung durch Altersgrenzen, S. 110. So im Ergebnis auch *von Hoff*, Das Verbot der Altersdiskriminierung aus Sicht der Rechtsvergleichung und der ökonomischen Analyse des Rechts, S. 300. *Over*, Das Verbot der Altersdiskriminierung im Arbeitsrecht nach dem Allgemeinen Gleichbehandlungsgesetz, S. 275 f., präferiert im Hinblick auf die

Darüber hinaus sei die Regelaltersgrenze nicht zur Gewährleistung einer verlässlichen Personalplanung erforderlich. Ein derartiges Erfordernis ergebe sich nur in Bezug auf spezialisierte Beschäftigte und Führungskräfte.[919]

cc. *Stellungnahme zur Erforderlichkeit*

Das Rechtsinstrument der Regelaltersgrenze ist zur Erreichung der angeführten Ziele erforderlich. Durch den automatischen, altersabhängigen Übergang vom aktiven Dienst in den Ruhestand werden die personalpolitischen Voraussetzungen für ein funktionierendes, leistungsfähiges Berufsbeamtentum geschaffen.

Der Regelaltersgrenze kann die Erforderlichkeit im Sinne der Richtlinie insbesondere nicht mit dem Argument abgesprochen werden, die implizierte altersabhängige, unwiderlegliche Vermutung der Dienstunfähigkeit beruhe auf unsachlichen Erwägungen. Die sich auf das Lebensalter beziehende, unwiderlegliche Vermutung der Dienstunfähigkeit wird durch die neueren Erkenntnisse der gerontologischen Forschung nicht widerlegt. Wie erläutert, bedürfen die von der Literatur angeführten Forschungserkenntnisse einer differenzierteren Betrachtung. Mit zunehmendem Lebensalter nimmt die Variabilität hinsichtlich der Leistungsfähigkeit zu.[920] Da die Entwicklung der geistigen Leistungsfähigkeit mit dem Lebensalter korreliert[921] und eine Kompensation der altersabhängigen

---

angestrebte berufliche Eingliederung junger Menschen hingegen einen tätigkeitsbezogenen Einsatz der Regelaltersgrenze.

919 Vgl. auch *Schlachter*, in GS Blomeyer, S. 355, 372; *von Hoff*, Das Verbot der Altersdiskriminierung aus Sicht der Rechtsvergleichung und der ökonomischen Analyse des Rechts, S. 291; *Over*, Das Verbot der Altersdiskriminierung im Arbeitsrecht nach dem Allgemeinen Gleichbehandlungsgesetz, S. 280; *Lüderitz*, Altersdiskriminierung durch Altersgrenzen, S. 111.

920 *Winkels*, Herausforderungen und Chancen für Personalentwicklung und Betriebliche Weiterbildung, S. 67; *P. B. Baltes*, Über die Zukunft des Alterns, Hoffnung mit Trauerflor, in M. Baltes/L. Montada, Produktives Leben im Alter, S. 29, 36. Das gestehen auch *Rothermund/Temming*, Diskriminierung aufgrund des Alters, Expertise im Auftrag der Antidiskriminierungsstelle des Bundes, abrufbar unter www.antidiskriminierungsstelle.de, S. 15, zu. Vor diesem Hintergrund ist auch die Aussage im Verfahren EuGH, Urteil vom 21.7.2011, Rs. C.159/10 (*Fuchs*), Rn. 40 (Juris), zu bewerten, derzufolge der Gesetzgeber anerkannt habe, dass über das in der Regelaltersgrenze benannte Lebensalter hinaus gearbeitet werden könne.

921 Dies räumt auch *von Hoff*, Das Verbot der Altersdiskriminierung aus Sicht der Rechtsvergleichung und der ökonomischen Analyse des Rechts, S. 280, ein. *Over*, Das Verbot der Altersdiskriminierung im Arbeitsrecht nach dem Allgemeinen Gleichbehandlungsgesetz, S. 52, erkennt ebenfalls eine altersbedingte Abnahme der Leistungsfähigkeit an, geht jedoch davon aus, dass diese nicht vor dem 70. Lebensjahr eintritt.

Abnahme der sog. fluiden Intelligenz durch einen Zugewinn der sog. kristallinen Intelligenz nicht zwangsläufig, sondern von vielfältigen Faktoren abhängig ist,[922] basiert die beschriebene Generalisierung durch die unwiderlegliche Vermutung der Dienstunfähigkeit auf sachlichen Annahmen.

Im Vergleich zum Verfahren der individuellen Feststellung der Dienstunfähigkeit stellt die Regelaltersgrenze das sachgerechtere, für den Beamten weniger einschneidende Mittel dar. An einer individuellen Feststellung der Leistungsfähigkeit einschließlich der notwendigen medizinischen Untersuchungen kann zum einen der Beamte in der Regel kein ernsthaftes Interesse haben.[923] Zum anderen würde dieses Verfahren der individuellen Ermittlung der Dienstunfähigkeit einen nicht unerheblichen Verwaltungsaufwand bedeuten, der angesichts der beschriebenen gerontologischen Erkenntnisse zur Leistungsfähigkeit älterer Menschen ungerechtfertigt erscheint.[924]

Auch im Hinblick auf die mit der Regelung verfolgten Intentionen der Gewährleistung einer verlässlichen Personalwirtschaft und der perspektivischen Nachwuchsförderung kann die Erforderlichkeit der Altersgrenze nicht bestritten werden. Auf diese Weise werden regelmäßige personelle Fluktuationen für den Dienstherrn vorhersehbar und er kann auf dieser Erkenntnislage im Interesse der Wahrnehmung öffentlicher Aufgaben seine personalwirtschaftlichen Maßnahmen planen. Vor dem Hintergrund der herausgehobenen Bedeutung einer effizienten Personalsteuerung für die Funktionsfähigkeit der Staatsverwaltung kann auch die Argumentation der Literaturauffassung zur mutmaßlichen Anzahl der Beamten, die mit dem Erreichen des in der Regelaltersgrenze genannten Lebensjahres in den Ruhestand treten bzw. die über dieses vorgegebene Alter hinaus aktiven Dienst versehen wollen, nicht als belastbare Personalorganisationsgrundlage dienen. Darüber hinaus ermöglicht das Anknüpfen an ein festgelegtes Lebensalter für das Erreichen des Ruhestands auch dem Beamten eine nicht zu verkennende Planungssicherheit in Bezug auf seine berufliche Laufbahn im aktiven Dienst, an der er seine Lebensplanung ausrichten kann.[925]

---

922 *Benz*, Personalmanagement in Zeiten des Demographischen Wandels, S. 88 f. Siehe hierzu auch *Behrend*, in Wahl/Tesch-Römer, Angewandte Gerontologie in Schlüsselbegriffen, Teil II, S. 402, 402 f.

923 Vgl. hierzu EuGH, Rs. C-45/09 (*Rosenbladt*), NZA 2010, 1167, 1169, Rn. 43; EuGH, Rs. C-141/11 (*Hörnfeldt*), NZA 2012, 785, 787, Rn. 34; *Bauer/von Medem*, NZA 2012, 945, 948.

924 Eingehend hierzu VGH Hessen, NVwZ 2010, 140, 143.

925 VG München, ZBR 2010, 64, 65. Vgl. auch EuGH, Rs. C-45/09 (*Rosenbladt*), NZA 2010, 1167, 1169, Rn. 43 f.

Die gesetzlich geregelte Möglichkeit, den Ruhestandseintritt hinauszuschieben, relativiert entgegen der Literaturauffassung nicht die Erforderlichkeit der Regelung. Wie bereits erörtert, steht dem Gesetzgeber im Interesse einer effektiven Wahrnehmung öffentlicher Aufgaben bei der konkreten Festsetzung der Regelaltersgrenze eine Einschätzungsprärogative zu. Darüber hinaus ist er befugt, bei der konkreten Ausgestaltung der Maßnahme die demographische Entwicklung sowie die gestiegene Lebenserwartung zu berücksichtigen.[926]

IV. Zwischenergebnis

Die Regelaltersgrenze für den Übergang vom aktiven Dienst in den Ruhestand verstößt nicht gegen europarechtliche Vorgaben zum Verbot der Altersdiskriminierung.

D. Fazit

Die Regelaltersgrenze ist sowohl mit den verfassungsrechtlichen als auch den unionsrechtlichen Maßgaben zum Verbot der Diskriminierung aus Gründen des Alters konform.

---

926 VG München, ZBR 2010, 64, 66. Siehe auch OVG NRW, Beschluss vom 30.9.2009, 1 B 1412/09, Rn. 6 ff. (Juris).

5. Teil Beamtenrechtliche Besoldungs- und Urlaubsstaffelung

Das personalwirtschaftliche Steuerungsinstrument der Staffelungsregelung kann – abhängig von der konkreten Ausgestaltung – ebenfalls altersdiskriminierungsrechtliche Bedeutung erlangen. Der Gesetzgeber setzt dieses Lenkungsinstrument sowohl im Bereich der Besoldung als auch im Urlaubsrecht der Beamten ein. Gleichbehandlungsrechtliche Relevanz weisen insbesondere die zwischenzeitlich überkommenen Besoldungs- und Urlaubsstaffelungen für die Bundesbeamten auf. Das Besoldungs- sowie das Urlaubsrecht sind bislang die einzigen beamtenrechtlichen Teilbereiche, die aus antidiskriminierungsrechtlichen Erwägungen novelliert wurden.

A. Besoldungsstaffelung

Im Folgenden werden eingangs die Grundzüge des Besoldungsrechts sowie die Einflüsse der hergebrachten Grundsätze des Berufsbeamtentums auf diese Rechtsmaterie erläutert. Anschließend wird neben der derzeitigen bundesgesetzlichen Besoldungsstaffelung nach Erfahrungszeiten auch das überkommene System nach Dienstaltersstufen untersucht. Grund für die parallele Analyse dieser Besoldungskonzepte ist der Umstand, dass der Gesetzgeber im Rahmen des Normgebungsverfahrens explizit die Vereinbarkeit des Prinzips der Besoldungsstaffelung nach Erfahrungszeiten mit unionsrechtlichen Maßgaben zum Verbot der Altersdiskriminierung betonte.[927] Diese Formulierung erlaubt die Schlussfolgerung, das bisherige Besoldungssystem nach Dienstaltersstufen habe mit dem Altersdiskriminierungsverbot der Europäischen Union konfligiert.

I. Die Besoldung der Beamten

Der Oberbegriff der Beamtenbesoldung erfasst sämtliche finanziellen Zuwendungen des Dienstherrn an den Beamten, die diesem in Bezug auf das

927 Entwurf des DNeuG, BT-Drs. 16/7076, S. 137. Im Schrifttum wird vor diesem Hintergrund angenommen, dass durch die Novellierung der Besoldungsstaffelung etwaige Konflikte mit dem unionsrechtlichen Altersdiskriminierungsverbot vermieden werden sollen, *Peters*, RiA 2008, 97, 102.

übertragene Amt gewährt werden und die nicht als Auslagenersatz oder reine Fürsorgeleistungen zu qualifizieren sind.[928] Dementsprechend schließt der Rechtsbegriff der Besoldung insbesondere die Dienstbezüge und sonstige Bezüge ein.[929] Wesentlicher Bestandteil der Dienstbezüge ist das Grundgehalt.[930]

Zum Zwecke der Vereinheitlichung des Besoldungsrechts verfolgt der Gesetzgeber das Prinzip, die Höhe der Dienstbezüge des Beamten vorrangig in Abhängigkeit zur Wertigkeit der wahrgenommenen Funktion festzusetzen.[931] Über die Bindung der Besoldung an die Funktion wird infolge der Zuordnung von Ämtern zu festgelegten Besoldungsgruppen eine funktionsgerechte Alimentation der Beamten gewährleistet und eine einheitliche Honorierung gleichwertiger Tätigkeiten bei sämtlichen Dienstherren sichergestellt.[932]

II. Die Besoldungssysteme der gestaffelten Grundgehälter

Im Folgenden werden die bundesgesetzlichen Vorschriften zum überkommenen Besoldungssystem nach Dienstaltersstufen sowie zur derzeitigen Staffelung nach Erfahrungszeiten dargestellt. Anschließend werden die jeweils zugrundeliegenden Gesetzesintentionen erläutert, zudem wird ein genereller Überblick über die Entwicklung gestaffelter Grundgehälter gewährt. Schließlich werden die Grundzüge der Novellierungen im Zuge des Inkrafttretens des DNeuG beleuchtet und die entsprechenden besoldungsgesetzlichen Regelungen der Länder benannt.

1. Die Regelungen des §§ 27 und 28 des BBesG vor den Neuerungen infolge des DNeuG

Die Systematik des BBesG in der am 31.8.2006 geltenden Fassung[933] gab gemäß § 27 Abs. 1 S. 1 BBesG 2006 vor, dass die Höhe des Grundgehalts, soweit die

---

928 *Wichmann*, in Wichmann/Langer, Öffentliches Dienstrecht, 1. Abschn., Rn. 320.

929 *Wichmann*, in Wichmann/Langer, Öffentliches Dienstrecht, 1. Abschn., Rn. 320. Betrachte darüber hinaus *Bamberger*, ZBR 2008, 361, 361.

930 Siehe § 1 Abs. 2 BBesG. Betrachte ebenfalls *Bieler/Ebert*, Das gesamte öffentliche Dienstrecht, Abschn. 350, EL 2/2002, Rn. 9.

931 Vgl. § 18 BBesG. Siehe überdies *Wichmann*, in Wichmann/Langer, Öffentliches Dienstrecht, 1. Abschn., Rn. 330; *Bieler/Ebert*, Das gesamte öffentliche Dienstrecht, Abschn. 350, EL 2/2002, Rn. 9.

932 *Wichmann*, in Wichmann/Langer, Öffentliches Dienstrecht, 1. Abschn., Rn. 330; *Bieler/Ebert*, Das gesamte öffentliche Dienstrecht, Abschn. 350, EL 2/2002, Rn. 9.

933 Bundesbesoldungsgesetz in der Fassung der Bekanntmachung vom 6.8.2002, BGBl. I S. 3020, zuletzt geändert durch Gesetz vom 21.12.2008, BGBl. I. S. 2891 (im Folgenden: BBesG 2006).

Besoldungsgruppe keine festen Gehälter vorsah, nach sog. Dienstaltersstufen bemessen wurde.[934] Nach § 27 Abs. 1 S. 2 BBesG 2006 bestimmte sich das Aufsteigen in den Stufen nach dem Besoldungsdienstalter und der Leistung.[935] Das Grundgehalt stieg § 27 Abs. 2 BBesG 2006 zufolge bis zur fünften Stufe im Abstand von zwei Jahren, bis zur neunten Stufe in Intervallen von drei Jahren und darüber hinaus im Abstand von vier Jahren an.

Gemäß § 27 Abs. 3 S. 1 BBesG 2006 konnte bei dauerhaft herausragenden Leistungen die nächsthöhere Stufe frühestens nach Ablauf der Hälfte des Zeitraums bis zu ihrem Erreichen als Grundgehalt vorweg festgesetzt werden.[936] Wurde hingegen festgestellt, dass die Leistungen des Beamten nicht den mit dem Amt verbundenen durchschnittlichen Anforderungen entsprachen, verblieb der Beamte nach § 27 Abs. 3 S. 3 BBesG 2006 in seiner bisherigen Stufe, bis seine Leistungen ein Aufsteigen in die nächsthöhere Stufe rechtfertigten.

Das Besoldungsdienstalter diente als besoldungstechnisches Hilfsmittel, mit dem bei Besoldungsgruppen mit aufsteigenden Grundgehältern die im Einzelfall maßgeblichen Dienstaltersstufen ermittelt wurden. Es bestimmte – neben der Leistung – den Tag, von dem für das Aufsteigen in den Stufen der Besoldungsgruppe auszugehen war.[937] Nach § 28 Abs. 1 BBesG 2006 begann das Besoldungsdienstalter am Ersten des Monats, in dem der Beamte das 21. Lebensjahr vollendet hatte. Hatte der Beamte an dem Tag, von dem an er Dienstbezüge erhielt, das 21. Lebensjahr noch nicht vollendet, bezog er nach § 27 Abs. 1 S. 3 BBesG 2006 das Anfangsgehalt seiner Besoldungsgruppe. In diesen Konstellationen konnte das Aufsteigen in die zweite Stufe der Besoldungsgruppe erst zum Ersten des Monats erfolgen, in dem der Beamte das 23. Lebensjahr vollendet hatte.[938]

Gemäß § 28 Abs. 2 S. 1 BBesG 2006 wurde der Beginn des Besoldungsdienstalters nach Absatz 1 um Zeiten nach Vollendung des 31. Lebensjahres, in denen

934 Die Besoldungsgruppen der Beamten sind in vier Besoldungsordnungen geregelt. Das Besoldungsrecht sieht ein Aufsteigen der Grundgehälter nur für die Beamten der Besoldungsgruppe A vor.

935 In diesem Zusammenhang sei erwähnt, dass das zusätzliche Kriterium der Leistungserbringung erst durch Art. 3 Nr. 9 des Gesetzes zur Reform des öffentlichen Dienstrechts vom 24.2.1997, BGBl. I S. 322, eingeführt wurde. Zuvor war der Stufenaufstieg einzig vom Zeitablauf abhängig.

936 § 27 Abs. 3 S. 1 BBesG 2006 bezeichnet dies als Leistungsstufe.

937 *Wichmann*, in Wichmann/Langer, Öffentliches Dienstrecht, 1. Abschn., Rn. 332.

938 Vgl. *Wichmann*, in Wichmann/Langer, Öffentliches Dienstrecht, 1. Abschn., Rn. 333.

kein Anspruch bestand, hinausgeschoben, und zwar um ein Viertel der Zeit bis zum vollendeten 35. Lebensjahr und um die Hälfte der weiteren Zeit. Nach § 28 Abs. 2 S. 4 BBesG 2006 standen der Besoldung in diesem Sinne Bezüge aus einer hauptberuflichen Tätigkeit im Dienst eines öffentlichen Dienstherrn, im Dienst öffentlich-rechtlicher Religionsgesellschaften und ihren Verbänden sowie im Dienst eines sonstigen Arbeitgebers, der im öffentlichen Dienst geltende Tarifverträge oder Tarifverträge wesentlich gleichen Inhalts anwandte und an dem die öffentliche Hand durch Zahlung von Beiträgen oder Zuschüssen oder in anderer Weise wesentlich beteiligt war, gleich.

2. Intention der Grundgehaltsstaffelung nach Dienstaltersstufen

Das Ansteigen des Grundgehalts über Dienstaltersstufen innerhalb der Besoldungsgruppen beruhte sowohl auf leistungsbezogenen als auch auf alimentären Erwägungen.[939] Dem System der Dienstaltersstufen lag zum einen die Annahme zugrunde, dass ältere Beamte über eine umfangreichere Berufserfahrung sowie über eine für die Dienstausübung nützliche Lebenserfahrung verfügen und sich unter Umständen ferner durch eine höhere berufliche Qualifikation auszeichnen.[940] Die Etablierung der Dienstaltersstufen sollte gewährleisten, dass Beamte, die infolge einer längeren Dienstzeit eine größere Erfahrung aufwiesen, einen höheren Grundgehaltssatz als dienstjüngere Bedienstete erhielten.[941] Das System der Besoldungsdienstaltersstufen sollte mithin die aufgrund der wachsenden dienstlichen Erfahrungen und berufsspezifischen Kenntnisse steigenden Leistungen honorieren.[942] Zum anderen verfolgte der Besoldungsgesetzgeber mit dieser Besoldungsstaffelung die Intention, den mit zunehmendem Lebensalter ansteigenden Lebensbedürfnissen der Beamten Rechnung zu tragen.[943]

---

939 *Schinkel/Seifert*, in Franke/Weiß, GKöD, Bd. III, K § 27, 14. EL, Oktober 1988, Rn. 6.

940 BVerfG, NVwZ 1985, 333, 333; *Clemens/Millack/Lantermann*, Besoldungsrecht des Bundes und der Länder, § 27, 88. EL, Juni 2010, Rn. 8.

941 *Bieler/Ebert*, Das gesamte öffentliche Dienstrecht, Abschn. 350, EL 2/2004, Rn. 16; *Brockhaus*, in Schütz/Maiwald, Beamtenrecht des Bundes und der Länder, § 94, Teil C, 73. EL, Dezember 2005, Rn. 92.

942 *Bieler/Ebert*, Das gesamte öffentliche Dienstrecht, Abschn. 350, EL 2/2004, Rn. 16; *Brockhaus*, in Schütz/Maiwald, Beamtenrecht des Bundes und der Länder, § 94, Teil C, 73. EL, Dezember 2005, Rn. 92.

943 *Schinkel/Seifert*, in Franke/Weiß, GKöD, Bd. III, K § 27, 14. EL, Oktober 1988, Rn. 6. Vgl. auch BVerfG, NVwZ 1999, 1328, 1328; BVerfG, NVwZ 2005, 677, 678.

Darüber hinaus ist in diesem Zusammenhang zu berücksichtigen, dass nach § 27 Abs. 3 BBesG 2006 das Aufsteigen in den Dienstaltersstufen bei dauerhaft herausragenden Leistungen erheblich beschleunigt werden konnte. Auf diese Weise betonte das Prinzip der Dienstalterstufen die Geltung des verfassungsrechtlich verankerten Leistungsprinzips im Besoldungsrecht.[944]

3. *Entwicklung des Besoldungssystems der gestaffelten Grundgehälter*

Das Beamtenbesoldungssystem der gestaffelten Grundgehälter, in dem für das gleiche Amt jeweils verschiedene, der Höhe nach gestaffelte Grundgehaltssätze vorgesehen sind, hat im deutschen Beamtenrecht eine über 100-jährige Historie und ist auf das Besoldungsgesetz vom 15.7.1909[945] zurückzuführen.[946] In den Besoldungsgesetzen vom 30.4.1920[947] und 16.12.1927[948] waren die Grundgehälter der planmäßigen Beamten - soweit diese keine Festgehälter bezogen - ebenfalls in Dienstaltersstufen geregelt.[949] Wenngleich bereits diese Besoldungsstaffelungen an das Besoldungsdienstalter anknüpften, war seinerzeit jedoch für den Beginn des Besoldungsdienstalters der Tag der Anstellung in einer planmäßigen Stelle maßgeblich.[950]

Das Bundesbesoldungsgesetz vom 27.7.1957[951] und die im Anschluss daran erlassenen Landesbesoldungsgesetze verfolgten das Ziel der Vereinfachung und

---

944 Vgl. *Brockhaus*, in Schütz/Maiwald, Beamtenrecht des Bundes und der Länder, § 94, Teil C, 73. EL, Dezember 2005, Rn. 93, *Bieler/Ebert*, Das gesamte öffentliche Dienstrecht, Abschn. 350, EL 2/2004, Rn. 16.

945 Besoldungsgesetz vom 15.7.1909, RGBl. S. 573.

946 Vgl. *Schinkel/Seifert*, in Franke/Weiß, GKöD, Bd. III, K § 28, 38. EL, Juni 1998, Rn. 2; *Clemens/Millack/Lantermann*, Besoldungsrecht des Bundes und der Länder, § 27, 88. EL, Juni 2010, Rn. 4. Zuvor vollzog sich der Anstieg des Grundgehalts der Beamten in unregelmäßigen Intervallen. Zudem bestand kein Anspruch des Beamten auf Erhöhung des Grundgehalts, sondern dies stand im Ermessen des Dienstherrn.

947 Besoldungsgesetz vom 30.4.1920, RGBl. S. 805.

948 Besoldungsgesetz vom 16.12.1927, RGBl. I S. 349.

949 Vgl. *Clemens/Millack/Lantermann*, Besoldungsrecht des Bundes und der Länder, § 27, 88. EL, Juni 2010, Rn. 5.

950 Vgl. *Clemens/Millack/Lantermann*, Besoldungsrecht des Bundes und der Länder, § 27, 88. EL, Juni 2010, Rn. 5; *Schinkel/Seifert*, in Franke/Weiß, GKöD, Bd. III, K § 28, 38. EL, Juni 1998, Rn. 2.

951 Bundesbesoldungsgesetz vom 27.7.1957, BGBl. I S. 993 (im Folgenden: BBG 1957).

Vereinheitlichung des Verfahrens zur Ermittlung des Umfangs besoldungsrechtlicher Ansprüche der Beamten.[952] Die Festlegung des Besoldungsdienstalters folgte fortan dem sog. mechanisierten Dienst- und Lebensaltersprinzip.[953] Demzufolge wurde der Beginn des Besoldungsdienstalters mit der Vollendung eines bestimmten Lebensalters verbunden. Das Besoldungsdienstalter in den Laufbahnen des einfachen, mittleren und gehobenen Dienstes begann danach grundsätzlich mit dem vollendeten 21. Lebensjahr, für die Beamten des höheren Dienstes bildete das 23. Lebensjahr den Ausgangspunkt.[954] Im Rahmen des Zweiten Gesetzes zur Vereinheitlichung und Neuregelung des Besoldungsrechts im Bund und den Ländern vom 23.5.1975[955] wurde das Bundesbesoldungsgesetz novelliert und die Regelung des Besoldungsdienstalters weitergehend pauschaliert. Infolgedessen begann das Besoldungsdienstalter für alle Laufbahnen einheitlich mit dem Ersten des Monats, an dem der Beamte sein 21. Lebensjahr vollendet hatte.[956]

Die Vorgaben zur Bestimmung des Besoldungsdienstalters wurden infolge des Fünften Gesetzes zur Änderung besoldungsrechtlicher Vorschriften vom 28.5.1990[957] erneut geändert. Unter Berücksichtigung des modifizierten Lebensaltersprinzips wurde das System des Besoldungsdienstalters durch die pauschalierende Anrechnung von Zeiträumen ohne Besoldungsanspruch des Beamten flexibler konzipiert.[958]

---

952 *Clemens/Millack/Lantermann*, Besoldungsrecht des Bundes und der Länder, § 27, 88. EL, Juni 2010, Rn. 6; *Schinkel/Seifert*, in Franke/Weiß, GKöD, Bd. III, K § 28, 38. EL, Juni 1998, Rn. 3.

953 Vgl. *Schinkel/Seifert*, in Franke/Weiß, GKöD, Bd. III, K § 28, 38. EL, Juni 1998, Rn. 3 m.w.N.

954 § 6 Abs. 1 BBesG 1957. Siehe auch *Clemens/Millack/Lantermann*, Besoldungsrecht des Bundes und der Länder, § 27, 88. EL, Juni 2010, Rn. 6.

955 Zweites Gesetz zur Vereinheitlichung und Neuregelung des Besoldungsrechts in Bund und Ländern vom 23.5.1975, BGBl. I S. 1173, das unter Art. 1 eine Neufassung des Bundesbesoldungsgesetzes vorsah, BGBl. I S. 1174 (im Folgenden: BBesG 1975).

956 § 28 Abs. 1 BBesG 1975.

957 Fünftes Gesetz zur Änderung besoldungsrechtlicher Vorschriften vom 28.5.1990, BGBl. I S. 967. Das Gesetz führte zur Vereinfachung und Pauschalierung des Besoldungsdienstalters insbesondere hinsichtlich der anrechenbaren Vorzeiten.

958 *Schinkel/Seifert*, in Franke/Weiß, GKöD, Bd. III, K § 28, EL 2/2003, März 2003, Rn. 5.

4. Besoldungsrechtliche Neuerungen infolge des DNeuG

Das Besoldungssystem der gestaffelten Grundgehälter wurde zuletzt durch das DNeuG reformiert.[959] Nach § 27 Abs. 1 S. 1 BBesG wird das Grundgehalt weiterhin nach Stufen bemessen. Der Aufstieg in eine nächsthöhere Stufe bestimmt sich gemäß § 27 Abs. 1 S. 2 BBesG nunmehr nach Dienstzeiten, in denen der Beamte anforderungsgerechte Leistungen erbracht hat.[960]

Soweit zugunsten des Beamten nicht Erfahrungszeiten nach § 28 Abs. 1 BBesG anerkannt werden, wird gemäß § 27 Abs. 2 S. 1 BBesG mit der ersten Ernennung mit Anspruch auf Dienstbezüge ein Grundgehalt der Stufe 1 festgesetzt. Nach § 27 Abs. 2 S. 2 BBesG erfolgt die Stufenfestsetzung mit Wirkung zum Ersten des Monats, in welchem die Ernennung des Beamten wirksam wird. Gemäß § 27 Abs. 3 S. 1 BBesG steigt das Grundgehalt nach den Erfahrungszeiten von zwei Jahren in der Stufe 1, von jeweils drei Jahren in den Stufen 2 bis 4 sowie von jeweils vier Jahren in den Stufen 5 bis 7. Nicht anforderungsgerechte Leistungen können nach § 27 Abs. 5 S. 1 BBesG zum Verbleib in der bisherigen Grundgehaltsstufe führen.

§ 28 Abs. 1 BBesG nimmt den Begriff der berücksichtigungsfähigen Zeiten aus § 27 Abs. 2 S. 1 BBesG auf. Da für den Einstieg in die Grundgehaltstabelle berufliche Erfahrungszeiten maßgebend sind, hebt dieses Besoldungssystem entscheidend auf das Merkmal der beruflichen Tätigkeit ab.[961] Nach § 28 Abs. 1 S. 1 Nr. 1 BBesG sind Zeiten einer gleichwertigen hauptberuflichen Tätigkeit im Dienst eines öffentlich-rechtlichen Dienstherrn anzuerkennen. Gemäß § 28 Abs. 1 S. 3 BBesG können weitere hauptberufliche Zeiten, die nicht Voraussetzung für den Erwerb der Laufbahnbefähigung sind, ganz oder teilweise anerkannt werden, soweit diese für die Verwendung förderlich sind.[962]

---

959 Die Reform des Besoldungsrecht ist in der beamtenrechtlichen Literatur insofern auf Kritik gestoßen, als die beabsichtigte Stärkung der Mobilität und die angestrebte Attraktivitätssteigerung des öffentlichen Dienstes für Quereinsteiger aus der Privatwirtschaft verfehlt wurden, *Wolff*, ZBR 2009, 73, 75. Siehe auch *Battis*, NVwZ 2009, 409, 412; *Ziekow*, DÖV 2008, 569, 573.

960 § 27 Abs. 1 S. 2 BBesG bezeichnet diese Dienstzeiten als sog. Erfahrungszeiten.

961 *Clemens/Millack/Lantermann*, Besoldungsrecht des Bundes und der Länder, § 28, 88. EL, Juni 2010, Rn. 2.

962 Durch Art. 1 Nr. 6 des Gesetzes zur Unterstützung der Fachkräftegewinnung im Bund und zur Änderung weiterer dienstrechtlicher Vorschriften vom 15.3.2012, BGBl. I S. 462, 463, wurde unter anderem die Regelung des § 28 BBesG erweitert. Nach § 28 Abs. 1 S. 2 BBesG stehen Kinderbetreuungs- und Pflegezeiten von bis zu drei Jahren Erfahrungszeiten gleich.

5. *Intention der Staffelung nach Erfahrungszeiten*

Im Zuge der Überarbeitung des BBesG infolge des DNeuG wurde das System der aufsteigenden Grundgehälter beibehalten. Der Bundesgesetzgeber hat im Rahmen dessen jedoch von dem pauschalierenden System des Besoldungsdienstalters Abstand genommen und der Berechnung des Grundgehalts eine Struktur zugrunde gelegt, in der berufliche Erfahrung und Qualifikationen, die außerhalb des öffentlichen Dienstes erlangt wurden, Berücksichtigung finden können.[963]

Die derzeitige Staffelung der Stufenlaufzeiten trägt – wie auch das überkommene System nach Dienstaltersstufen – dem Umstand Rechnung, dass der Lernprozess und Erfahrungszuwachs in den Anfangsjahren der Diensttätigkeit intensiver verläuft als in den folgenden Dienstjahren, in denen der Beamte auf bereits gewonnene Erfahrungen zurückgreift und diese ausbaut.[964]

6. *Regelungen für die Beamten der Länder*

Die Länder haben – wie bereits dargelegt – durch die Umsetzung der „Föderalismusreform I" unter anderem die Gesetzgebungskompetenz für das Besoldungsrecht der Landesbeamten erhalten. Bis die Länder im beamtrechtlichen Regelungsbereich des Besoldungsrechts eigene Regelungen getroffen haben, gilt gemäß Art. 125a Abs. 1 GG das als Bundesrecht erlassene Recht, das infolge der Änderung des Art. 74 Abs. 1 GG und der Aufhebung des Art. 74a GG nicht mehr erlassen werden könnte, weiterhin fort.

Vor diesem rechtlichen Hintergrund wurden das Landesbesoldungsgesetz Baden-Württemberg[965], das Bayerische Besoldungsgesetz[966], das Besoldungsgesetz

---

963 *Clemens/Millack/Lantermann*, Besoldungsrecht des Bundes und der Länder, § 27, 88. EL, Juni 2010, Rn. 3.

964 Entwurf des DNeuG, BT-Drs. 16/7076, S. 137. Betrachte ferner *Clemens/Millack/Lantermann*, Besoldungsrecht des Bundes und der Länder, § 27, 88. EL, Juni 2010, Rn. 10. Siehe ebenfalls BVerfG, NVwZ 2005, 677, 678.

965 § 31 Landesbesoldungsgesetz Baden-Württemberg vom 9.11.2010, GBL. S. 793, 826, zuletzt geändert durch Gesetz vom 1.4.2014, GBl. S. 99, 164, staffelt das Grundgehalt nach Erfahrungsstufen.

966 Art. 30 Bayerisches Besoldungsgesetz vom 5.8.2010, GVBl. S. 410, zuletzt geändert durch Gesetz vom 23.5.2014, GVBl. S. 190, statuiert Leistungsstufen.

für das Land Brandenburg[967], das Bremische Besoldungsgesetz[968], das Hamburgische Besoldungsgesetz[969], das Hessische Besoldungsgesetz[970], das Besoldungsgesetz für das Land Mecklenburg-Vorpommern[971], das Landesbesoldungsgesetz Rheinland-Pfalz[972], das Sächsische Besoldungsgesetz[973], das Besoldungsgesetz des Landes Sachsen-Anhalt[974], das Gesetz des Landes Schleswig-Holstein über die Besoldung der Beamtinnen und Beamten sowie Richterinnen und Richter[975] sowie das Thüringer Besoldungsgesetz[976] modifiziert und der neuen Konzeption des BBesG nach den Änderungen infolge des DNeuG bezüglich der Staffelung des Grundgehalts angepasst. Die Länder Berlin, Niedersachsen, Nordrhein-Westfalen und Saarland haben von dem ihnen eingeräumten, gesetzgeberischen Gestaltungsspielraum im Bereich des Besoldungsrechts – bislang – noch keinen bzw. lediglich eingeschränkten Gebrauch gemacht.[977]

---

967 § 25 Besoldungsgesetz für das Land Brandenburg vom 20.11.2013, GVBl. I/13, Nr. 32, zuletzt geändert durch Gesetz vom 5.12.2013, GVBl. I/13, Nr. 36.

968 § 15 lit. b) Bremisches Besoldungsgesetz in der Fassung der Bekanntmachung vom 22.4.1999, Brem. GBl. S. 55, 152, 179, zuletzt geändert durch Gesetz vom 22.7.2014, Brem. GBl. S. 350.

969 Nach §§ 27, 28 Hamburgisches Besoldungsgesetz vom 26.1.2010, HmbGVBl. S. 23, zuletzt geändert durch Gesetz vom 8.7.2014, HmbGVBl. S. 269, 282, bemisst sich das Grundgehalt nach Erfahrungszeiten.

970 § 28 Hessisches Besoldungsgesetz vom 27.5.2013, GVBl. S. 218, 256, zuletzt geändert durch Gesetz vom 20.11.2013, GVBl. S. 578.

971 § 21 Besoldungsgesetz für das Land Mecklenburg-Vorpommern in der Fassung der Bekanntmachung vom 5.9.2001, GVOBl. M-V S. 321, zuletzt geändert durch Gesetz vom 4.7.2014, GVOBl. M-V S. 316, 318.

972 Gemäß § 29 Abs. 1 Landesbesoldungsgesetz Rheinland-Pfalz vom 18.6.2013, GVBl. S. 157, zuletzt geändert durch Gesetz vom 8.7.2014, GVBl. S. 107, bestimmt sich das Aufsteigen in den Grundgehaltsstufen nach Erfahrungszeiten.

973 § 27 Sächsisches Besoldungsgesetz vom 18.12.2013, SächsGVBl. S. 970, 1005.

974 § 23 Abs. 1 Besoldungsgesetz des Landes Sachsen-Anhalt vom 8.2.2011, GVBl. LSA S. 68, zuletzt geändert durch Gesetz vom 26.6.2013, GVBl. LSA S. 318.

975 § 28 Abs. 1 Gesetz des Landes Schleswig-Holstein über die Besoldung der Beamtinnen und Beamten sowie Richterinnen und Richter vom 26.1.2012, GVOBl. S. 153, 154, zuletzt geändert durch Gesetz vom 13.12.2013, GVOBl. S. 494.

976 Gemäß § 24 Abs. 1 und 2 Thüringer Besoldungsgesetz vom 24.6.2008, GVBl. S. 134, zuletzt geändert durch Gesetz vom 18.7.2014, GVBl. S. 406, ist die Höhe des Grundgehalts nach Erfahrungsstufen gestaffelt.

977 Vgl. § 1 lit. b Landesbesoldungsgesetz Berlin in der Fassung vom 9.4.1996, GVBl. S. 160, zuletzt geändert durch Gesetz vom 9.7.2014, GVBl. S. 250; § 1 Abs. 2 Niedersächsisches Besoldungsgesetz vom 7.11.2008, Nds. GVBl. S. 334, zuletzt geändert durch Gesetz vom 23.7.2014, Nds. GVBl. S. 215; § 1 Abs. 2 Besoldungsgesetz für das

B. Staffelung des Erholungsurlaubs

Als Reaktion auf die Entscheidung des BAG vom 20.3.2012[978] in Bezug auf die Vereinbarkeit gestaffelter Urlaubsregelungen für die Beschäftigten des öffentlichen Dienstes mit den Vorgaben der RL 2000/78/EG wurden die urlaubsrechtlichen Vorschriften für die Bundesbeamten am 6.12.2012 novelliert.

Im Anschluss an grundlegende Ausführungen zum Urlaubsrecht der Beamten werden die derzeitigen sowie die zuvor maßgeblichen urlaubsrechtlichen Regelungen für die Beamten des Bundes dargelegt, die mit Ihnen verfolgten Zielsetzungen erläutert und die entsprechenden landesgesetzlichen Vorgaben beschrieben.

I. Urlaubsrecht der Beamten

Unter dem Begriff des Urlaubs im beamtenrechtlichen Sinn ist das vom Dienstvorgesetzten genehmigte oder das gesetzlich angeordnete Fernbleiben des Beamten vom Dienst zu verstehen.[979] Im Urlaubsrecht der Beamten sind diverse Arten des Urlaubs zu differenzieren. Neben dem im Folgenden untersuchten Erholungsurlaub nach § 89 BBG und § 44 BeamtStG sieht das Beamtenrecht ferner den Sonderurlaub aus anderen Anlässen im Sinne des § 90 Abs. 1 BBG in Verbindung mit der Sonderurlaubsverordnung[980], den Dauerurlaub gemäß § 92 Abs. 1 BBG bzw. § 95 Abs. 1 BBG, den Schwangerschaftsurlaub gemäß § 79 Abs. 1 Nr. 1 BBG in Verbindung mit der Verordnung über den Mutterschutz der Beamtinnen[981] sowie die Elternzeit nach § 79 Abs. 1 Nr. 2 BBG in Verbindung mit dem BEEG vor.

Land Nordrhein-Westfalen in der Fassung der Bekanntmachung vom 17.2.2005, GV. NRW. S. 154, zuletzt geändert durch Gesetz vom 19.12.2013, GV. NRW. S. 880; § 1 Abs. 2 Saarländisches Besoldungsgesetz in der Fassung der Bekanntmachung vom 10.1.1989, Amtsbl. S. 301, zuletzt geändert durch Gesetz vom 16.7.2014, Amtsbl. S. 326.

978 BAG, NZA 2012, 803.

979 *Battis*, BBG, 4. Aufl., § 89, Rn. 2; *Bauschke*, in Franke/Weiß, GKöD, Bd. I, K § 89, EL 4/1988, Rn. 4.

980 Verordnung über den Sonderurlaub für Bundesbeamtinnen, Bundesbeamte, Richterinnen und Richter des Bundes in der Fassung der Bekanntmachung vom 11.4.2004, BGBl. I S. 2836, zuletzt geändert durch Gesetz vom 5.2.2009, BGBl. I S. 160.

981 Verordnung über den Mutterschutz für Beamtinnen des Bundes und die Elternzeit für Beamtinnen und Beamte des Bundes in der Fassung der Bekanntmachung vom 12.2.2009, BGBl. I S. 320, zuletzt geändert durch Gesetz vom 11.6.2013, BGBl. I S. 1514.

Unter den genannten Urlaubsarten kommt dem Erholungsurlaub die größte praktische Relevanz zu.[982] Gemäß § 89 S. 1 BBG und § 44 BeamtStG steht Beamten jährlich ein Erholungsurlaub unter Fortgewährung der Dienstbezüge zu. Der Anspruch des Bundesbeamten auf Erholungsurlaub wird durch die auf der Grundlage des § 89 S. 2 BBG ergangene Erholungsurlaubsverordnung[983] konkretisiert.

II. Novellierte Regelungen der EUrlV und die ihr zugrunde liegenden Erwägungen

Das Urlaubsrecht der Bundesbeamten wurde durch die Dreizehnte Verordnung zur Änderung der Erholungsurlaubsverordnung vom 6.12.2012[984] novelliert. Gemäß § 5 Abs. 1 EUrlV beträgt der Urlaub für Beamte, deren regelmäßige Arbeitszeit auf fünf Tage in der Kalenderwoche verteilt ist, nunmehr bis zum vollendeten 55. Lebensjahr für jedes Urlaubsjahr 29 Tage und ab Vollendung des 55. Lebensjahres für jedes Urlaubsjahr 30 Tage.

Die Entscheidung des Verordnungsgebers in Bezug auf die Novellierung der EUrlV ist im inhaltlichen Zusammenhang zu der Entscheidung des BAG vom 20.3.2012[985] sowie der am 31.3.2012 vorgenommenen Anpassung vergleichbarer urlaubsrechtlicher Bestimmungen für die Beschäftigten im öffentlichen Dienst[986] zu betrachten. In der benannten Entscheidung des BAG – die im weiteren Verlauf der Prüfung näher erläutert wird – befindet das Gericht, dass eine Urlaubsstaffelung, derzufolge Beschäftigte nach Vollendung des 40. Lebensjahres in einem Kalenderjahr einen Anspruch auf 30 Arbeitstage Urlaub haben, jüngere Beschäftige benachteilige und mithin eine unmittelbare Altersdiskriminierung darstelle.[987] Unter Bezugnahme auf diese Entscheidung wurde im Rahmen der

---

982 *Bieler/Ebert*, Das gesamte öffentliche Dienstrecht, Abschn. 640, 50. EL, Dezember 1994, Rn. 19.

983 Verordnung über den Erholungsurlaub der Beamtinnen, Beamten, Richterinnen und Richter des Bundes in der Fassung der Bekanntmachung vom 11.11.2004, BGBl. I S. 2831, zuletzt geändert durch Verordnung vom 20.8.2013, BGBl. I S. 3286 (im Folgenden: EUrlV).

984 Dreizehnte Verordnung zur Änderung der Erholungsurlaubsverordnung vom 6.12.2012, BGBl. 2012, S. 2568.

985 BAG, NZA 2012, 803.

986 Vgl. das Rundschreiben des *Bundesministeriums des Inneren* vom 3.8.2012 – D 5–220 233–53/7 – zum Abschluss der Redaktionsverhandlungen zur Umsetzung der Tarifeinigung vom 31.3.2012, S. 1, 6 ff., abrufbar unter www.bmi.bund.de.

987 Vgl. Leitsatz der Entscheidung, BAG, NZA 2012, 803, 803.

Tarifverhandlungen für den öffentlichen Dienst am 31.3.2012 eine Regelung vereinbart, die für die Beschäftigten, die das 55. Lebensjahr noch nicht vollendet haben, einen Urlaubsanspruch von 29 Tagen vorsieht und Beschäftigten, die das 55. Lebensjahr überschritten haben, aufgrund des gesteigerten Erholungsbedürfnisses einen Anspruch von 30 Urlaubstagen gewährt.[988]

III. Regelungen der EurlV 2009 vor der Novellierung im Anschluss an die Entscheidung des BAG

Die Dreizehnte Verordnung zur Änderung der Erholungsurlaubsverordnung vom 6.12.2012 führte wesentliche Änderungen in der Erholungsurlaubsverordnung in der Fassung der Bekanntmachung vom 11.11.2004, zuletzt geändert durch Verordnung vom 21.7.2009,[989] herbei. Die Dauer des Erholungsurlaubs der Beamten, deren wöchentliche Arbeitszeit sich auf fünf Tage in der Kalenderwoche erstreckte, ergab sich aus § 5 Abs. 1 EUrlV 2009. Danach richtete sich der Umfang des Urlaubsanspruchs nach dem Lebensalter des Beamten und der Besoldungsgruppe, die der Beamte vor Beendigung des Urlaubs erreicht hat.

Beamten der Besoldungsgruppen A1 bis A14 stand bis zur Vollendung des 30. Lebensjahres ein Urlaubsanspruch von 26 Tagen pro Jahr zu. Bis zur Vollendung des 40. Lebensjahres betrug ihr jährlicher Urlaubsanspruch 29 Tage. Nach dem erreichten 40. Lebensjahr verblieb der Urlaubsanspruch auf 30 Tage pro Jahr.

Für Beamte, die die Besoldungsgruppe A15 erreicht hatten, bestand nach § 5 Abs. 1 EUrlV 2009 zur vorstehend beschriebenen Staffelung insofern eine

988 Vgl. das Rundschreiben des *Bundesministeriums des Inneren* vom 3.8.2012 – D 5–220 233–53/7 – zum Abschluss der Redaktionsverhandlungen zur Umsetzung der Tarifeinigung vom 31.3.2012, S. 5 f., abrufbar unter www.bmi.bund.de. Siehe hierzu ebenfalls die Pressemitteilung des *Bundesministeriums des Inneren* vom 31.3.2012 unter der Überschrift „Einigung bei den Tarifverhandlungen für den öffentlichen Dienst", abrufbar unter www.bmi.bund.de.

989 Verordnung über den Erholungsurlaub der Beamtinnen, Beamten, Richterinnen und Richter des Bundes in der Fassung der Bekanntmachung vom 11.11.2004, BGBl. I S. 2831, zuletzt geändert am 21.7.2009, BGBl. I S. 2104 (im Folgenden: EurlV 2009).

Abweichung, als die jährliche Urlaubsdauer im Zeitraum vom vollendeten 30. Lebensjahr bis zum erreichten 40. Lebensjahr des Beamten 30 Tage betrug.

IV. Intention der Urlaubsstaffelung gemäß § 5 Abs. 1 EUrlV 2009

Der Erholungsurlaub ist immanenter Bestandteil des Beamtenverhältnisses.[990] Mit der Gewährung des Erholungsurlaubs wird zum einen der Zweck verfolgt, die Gesundheit sowie die Arbeitskraft des Beamten zu erhalten bzw. zu revitalisieren und mithin die Regeneration von Belastungen infolge der Dienstausübung sicherzustellen.[991] Zum anderen dient er dazu, die Leistungsfähigkeit des Beamten im Interesse des Dienstherrn zu erhalten.[992]

Bei der Bemessung des Umfangs des Erholungsurlaubs der Beamten wird unterstellt, dass die durch größere Leistungsanforderungen bedingten intensiveren gesundheitlichen Belastungen einen längeren Urlaub begründen.[993] Der Staffelung des Erholungsurlaubs basierend auf der Zugehörigkeit des Beamten zu einer bestimmten Besoldungsgruppe liegt mithin die Annahme zugrunde, dass die Ausübung eines Amtes einer höheren Besoldungsgruppe mit umfangreicherer Verantwortung bzw. weitergehenden Verpflichtungen sowie mit einer intensiveren psychischen Belastung einher geht.[994] Zur Kompensation dieser gesteigerten Beanspruchung und zur Regeneration des erhöhten Aufwands seelisch-körperlicher Kräfte des Beamten sei die Gewährung zusätzlicher Urlaubstage gerechtfertigt.[995]

---

990 *Bauschke*, in Franke/Weiß, GKöD, Bd. I, K § 89, EL 4/1988, Rn. 4.

991 *Wagner*, Beamtenrecht, 3.Teil, § 16, Rn. 251; *Monhemius*, Beamtenrecht, Rn. 415. Siehe auch *Schütz/Maiwald*, Beamtenrecht des Bundes und der Länder, § 44 BeamtStG, 99. EL, März 2009, Rn. 4 m.w.N.

992 *Battis*, BBG, 4. Aufl., § 89, Rn. 5; *Wichmann*, in Wichmann, Langer, Öffentliches Dienstrecht, 8. Abschn., Rn. 240. Siehe ebenfalls *Metzler-Müller*, in Metzler-Müller/Rieger/Seeck/Zentgraf, BeamtStG, § 44, Pkt. 2; *Reich*, Kommentar zum Beamtenstatusgesetz, § 44, Rn. 2.

993 *Battis*, BBG, 4. Aufl., § 89, Rn. 6.

994 *Müller-Uri*, ZBR 2008, 406, 406 f.

995 *Müller-Uri*, ZBR 2008, 406, 406 f.

V. Regelungen der Erholungsurlaubsverordnungen der Länder

Die Verordnung über den Erholungsurlaub der Beamten und Richter in Berlin weist in Bezug auf die Urlaubsdauer eine Regelung auf, die der des § 5 Abs. 1 EUrlV 2009 entspricht und hinsichtlich der Bemessung des Urlaubs sowohl auf das Lebensalter als auch auf die Besoldungsgruppe der Beamten abstellt.[996] Mecklenburg-Vorpommern hat bislang noch keine Rechtsverordnung zur Regelung der Einzelheiten der Gewährung von Erholungsurlaub erlassen. Für die Landesbeamten in Mecklenburg-Vorpommern gilt aus diesem Grund die bundesrechtliche Regelung der EUrlV.[997]

Nach den Erholungsurlaubsverordnungen der Länder Baden-Württemberg, Saarland, Sachsen-Anhalt und Schleswig-Holstein ist die Dauer des jährlichen Urlaubs einzig vom Lebensalter des Beamten abhängig. Danach beträgt die Urlaubsdauer für jedes Urlaubsjahr bis zum vollendeten 30. Lebensjahr 26 Arbeitstage, bis zum erreichten 40. Lebensjahr 29 Arbeitstage und nach dem vollendeten 40. Lebensjahr 30 Arbeitstage.[998]

---

996 § 4 Abs. 1 Verordnung über den Erholungsurlaub der Beamten und Richter – Berlin in der Fassung vom 26.4.1988, GVBl. S. 62, zuletzt geändert durch Verordnung vom 24.5.2011, GVBl. S. 235.

997 § 68 Abs. 1 i.V.m. § 118 LBG Mecklenburg-Vorpommern.

998 § 21 Abs. 1 Verordnung der Landesregierung über die Arbeitszeit, den Urlaub, den Mutterschutz, die Elternzeit, die Pflegezeiten und den Arbeitsschutz der Beamtinnen, Beamten, Richterinnen und Richter – Baden-Württemberg – vom 29.11.2005, GBl. S. 716, zuletzt geändert durch Verordnung vom 26.11.2013, GBl. S. 363; § 5 Abs. 1 Urlaubsverordnung für die saarländischen Beamten und Richter in der Fassung der Bekanntmachung vom 8.12.1970, Amtsbl. S. 978, zuletzt geändert durch Gesetz vom 10.2.2010, Amtsbl. S. 28; § 4 Abs. 1 Verordnung über den Urlaub der Beamten im Land Sachsen-Anhalt in der Fassung der Bekanntmachung vom 22.11.2001, GVBl. LSA S. 464 f., zuletzt geändert durch Verordnung vom 26.11.2012, GVBl. LSA S. 543; § 4 Abs. 1 Landesverordnung über den Erholungsurlaub der Beamtinnen und Beamten und Richterinnen und Richter – Schleswig Holstein – vom 2.8.2001, GVOBl. Schl.-H. S. 141, zuletzt geändert durch Gesetz vom 26.3.2009, GVOBl. Schl.-H. S. 93.

Demgegenüber setzen die Erholungsurlaubsverordnungen der Länder Bayern[999], Brandenburg[1000], Bremen[1001], Hamburg[1002], Hessen[1003], Niedersachsen[1004], Nordrhein-Westfalen[1005], Rheinland-Pfalz[1006], Sachsen[1007] und Thüringen[1008] die regelmäßige Urlaubsdauer – unabhängig vom Alter des Beamten – auf 30 Urlaubstage pro Jahr fest.

---

999 § 3 Abs. 1 Verordnung über den Urlaub der bayerischen Beamten und Richter vom 24.6.1997, GVBl. S. 173, zuletzt geändert durch Verordnung vom 24.6.2014, GVBl. S. 234.

1000 § 2 Abs. 1 Verordnung über Erholungsurlaub und Dienstbefreiung der Beamtinnen, Beamten, Richterinnen und Richter im Land Brandenburg vom 16.9.2009, GVBl. II/09, Nr. 30, zuletzt geändert durch Verordnung vom 30.5.2014, GVBl. II/14, Nr. 32.

1001 § 6 Abs. 1 Verordnung über den Urlaub für bremische Beamte und Richter in der Fassung der Bekanntmachung vom 27.6.1979, Brem.GBl. S. 337, zuletzt geändert durch Verordnung vom 17.9.2013, Brem.GBl. S. 544.

1002 § 6 Verordnung über den Erholungsurlaub der hamburgischen Beamtinnen und Beamten vom 7.12.1999, HmbGVBl. S. 279, zuletzt geändert durch Verordnung vom 8.10.2013, HmbGVBl. S. 436.

1003 § 5 Abs. 1 Urlaubsverordnung für die Beamtinnen und Beamten im Lande Hessen vom 12.12.2006, GVBl. S. 671, zuletzt geändert durch Verordnung vom 17.12.2013, GVBl. S. 686.

1004 § 4 Abs. 1 Niedersächsische Erholungsurlaubsverordnung in der Fassung vom 7.9.2004, Nds. GVBl. S. 317, zuletzt geändert durch Verordnung vom 19.9.2013, Nds. GVBl. S. 238.

1005 § 18 Abs. 2 Verordnung über die Freistellung wegen Mutterschutz für Beamtinnen und Richterinnen, Eltern- und Pflegezeit, Erholungs- und Sonderurlaub der Beamtinnen und Beamten und Richterinnen und Richter im Lande Nordrhein-Westfalen vom 10.1.2012, GV. NRW. S. 2, zuletzt geändert durch Verordnung vom 15.10.2013, GV. NRW. S. 576.

1006 § 8 Abs. 1 Urlaubsverordnung Rheinland-Pfalz in der Fassung vom 17.3.1971, GVBl. S. 125, zuletzt geändert durch Verordnung vom 4.7.2013, GVBl. S. 271.

1007 § 4 Abs. 1 Verordnung der Sächsischen Staatsregierung über den Urlaub, den Mutterschutz und die Elternzeit der Beamten und Richter im Freistaat Sachsen vom 16.12.2013, SächsGVBl. S. 901.

1008 § 5 Abs. 1 Thüringer Verordnung über den Urlaub der Beamten und Richter vom 30.9.1994, GVBl. S. 1095, zuletzt geändert durch Verordnung vom 20.2.2014, GVBl. S. 96.

C. Verfassungsrechtliche Beurteilung der Besoldungs- und Urlaubsstaffelungen

Während die Frage der Vereinbarkeit beamtenrechtlicher Besoldungs- und Urlaubsstaffelungen mit unionsrechtlichen Vorgaben zum Verbot der Altersdiskriminierung in der Rechtsprechung und der Literatur kontrovers beantwortet wird, ist die Verfassungskonformität der in Rede stehenden Regelungen unbestritten.[1009]

Im Rahmen der Überprüfung der Vereinbarkeit von altersorientierten Grundgehaltsstaffelungen mit verfassungsrechtlichen Maßgaben zum Verbot der ungerechtfertigten Ungleichbehandlung aufgrund des Alters wird zunächst das vermeintlich gegen das unionsrechtliche Altersdiskriminierungsverbot verstoßende Besoldungssystem nach Dienstaltersstufen analysiert. Das Ergebnis dieser Untersuchung wird – zum Zwecke des Vergleichs – einer anschließenden verfassungsrechtlichen Bewertung der derzeitigen, ähnlich konzipierten Besoldungsstaffelung nach Erfahrungszeiten zugrunde gelegt.

Die Exploration der beamtenrechtlichen Urlaubsstaffelung am grundgesetzlichen Maßstab ist hingegen auf das beschriebene, überkommene Staffelungssystem der EUrlV 2009 beschränkt. Der Gesetzgeber hat diese Regelung, gestützt auf die bereits angeführte Entscheidung des BAG, für unvereinbar mit dem Verbot der Altersdiskriminierung der Europäischen Union angesehen und die der seinerzeitigen Staffelung zugrunde liegende gesetzgeberische Grundkonstruktion aufgegeben. Im Rahmen der nachfolgenden Prüfung wird deshalb eruiert, ob die dargelegte Novellierung der Urlaubsstaffelung der Bundesbeamten aus verfassungsrechtlicher Sicht erforderlich war.

I. Verfassungsrechtliche Überprüfung der Besoldungsstaffelung

Vor dem Hintergrund der Verwurzelung des Besoldungsrechts in den hergebrachten Grundsätzen des Berufsbeamtentums kommt der konkret auf das Besoldungsrecht bezogenen Analyse der zugrunde liegenden beamtenverfassungsrechtlichen Rahmenbedingungen eine besondere Relevanz für die Einschätzung der Verfassungskonformität der in Rede stehenden Regelungen zu.[1010]

1009 Vgl. hinsichtlich der Besoldungsstaffelung BVerfG, NVwZ 2005, 677, 677. Siehe ferner VG Berlin, EuGH-Vorlage vom 13.11.2012, 7 K 215.12, Rn. 50 (Juris).

1010 In diesem Kontext werden die bisherigen Erläuterungen zum Alimentationsprinzip ergänzt.

1. *Verfassungsrechtliche Vorgaben hinsichtlich der Ausgestaltung des Besoldungsrechts*

Das Besoldungsrecht der Beamten wird geprägt durch beamtenverfassungsrechtliche Strukturprinzipien. Eine herausgehobene Bedeutung für die Ausgestaltung des Besoldungsrechts kommt dem Alimentationsprinzip zu.[1011] Aus ihm leitet sich – als Bestandteil der vielschichtigen Aspekte des Dienst- und Treueverhältnisses zwischen dem Beamten und dem Dienstherrn – das vermögenswerte Recht auf Besoldung ab.[1012] Der Dienstherr hat dem Beamten und seiner Familie in Form von Dienstbezügen einen dem dienstlichen Rang, der Bedeutung des auszuübenden Amtes sowie der Entwicklung der allgemeinen Lebensverhältnisse angemessenen Lebensunterhalt grundsätzlich auf Lebenszeit zu gewähren.[1013] Wie bereits dargelegt wurde, ist die Alimentation als die vom Staat festgesetzte Honorierung des Dienstherrn dafür zu qualifizieren, dass der Beamte unter Einsatz seiner ganzen Persönlichkeit nach Kräften seinen Staatsdienst verrichtet.[1014] Hinsichtlich der konkreten Ausgestaltung der Verpflichtung des Dienstherrn, dem Beamten und seiner Familie einen amtsangemessenen Unterhalt zu gewähren, steht dem Besoldungsgesetzgeber – wie im Folgenden erläutert wird – ein weiter Ermessensspielraum zu.[1015]

Ein weiterer hergebrachter Grundsatz des Berufsbeamtentums erfordert die Regelung nicht nur des statusrechtlichen Rangs des Beamten, sondern auch die Ausgestaltung der Beamtenbesoldung durch ein Gesetz.[1016] Dem Beamten steht mithin Besoldung nur entsprechend der Maßgabe einer gesetzlichen Regelung

---

1011 BVerfG, NVwZ 2012, 357, 358. Siehe auch *Wolff*, ZRP 2003, 305, 305. Eingehend hierzu ferner *Häde*, DÖV 2008, 613, 616 f.; *Günther*, Die Anpassung der Beamtenbesoldung an die allgemeinen wirtschaftlichen und finanziellen Verhältnisse, S. 85 m.w.N.

1012 *Wichmann*, in Wichmann/Langer, Öffentliches Dienstrecht, 1. Abschn., Rn. 319.

1013 BVerfGE 8, 1, 16 f.; BVerfGE 44, 249, 265; BVerfG, NVwZ 1998, 1101, 1102; BVerfG, NVwZ 2001, 1393, 1394. Siehe auch *Pieper*, in Schmidt-Bleibtreu/Hofmann/Hopfauf, GG, Art. 33, Rn. 134.

1014 BVerfGE 21, 329, 344 f. Betrachte ferner *Battis*, BBG, 4. Aufl., § 4, Rn. 16; *Bieler/Ebert*, Das gesamte öffentliche Dienstrecht, Abschn. 300, 23. EL, Juli 1984, Rn. 2. Hierzu ebenfalls *Günther*, Die Anpassung der Beamtenbesoldung an die allgemeinen wirtschaftlichen und finanziellen Verhältnisse, S. 88 ff.

1015 BVerfGE 103, 310, 319 f.; BVerfG, NVwZ 2005, 677, 677; BVerwG, NVwZ-RR 2006, 259, 260.

1016 BVerfGE 8, 28, 35. Betrachte ferner *Bieler/Ebert*, Das gesamte öffentliche Dienstrecht, Abschn. 300, 23. EL, Juli 1984, Rn. 2; *Battis*, BBG, 4. Aufl., § 4, Rn. 18.

zu.[1017] Des Weiteren hat das – bereits erläuterte – Leistungsprinzip einen signifikanten Einfluss auf die normative Ausgestaltung des Besoldungsrechts.[1018]

2. *Gestaltungsspielraum des Gesetzgebers im Besoldungsrecht*

Hinsichtlich der Erfüllung des aus dem Alimentationsprinzip folgenden Anspruchs des Beamten auf angemessene Alimentation steht dem Besoldungsgesetzgeber grundsätzlich eine Prärogative zu.[1019] Er verfügt nicht nur bei der Ausgestaltung der Grundkonzeption des Besoldungsrechts über einen weiten politischen Gestaltungsspielraum.[1020] Auch die Besoldungsstruktur kann der Gesetzgeber in den Grenzen, die das verfassungsrechtlich verankerte Alimentationsprinzip und der allgemeine Gleichheitssatz vorgeben, frei ausgestalten.[1021] Dabei ist der Gestaltungsfreiraum des Gesetzgebers umso größer, je signifikanter er der Durchsetzung des Alimentationsanspruchs zuzuordnen ist, dagegen ist er umso eingeschränkter, je intensiver er diesen Anspruch begrenzt.[1022]

Unter Beachtung dieser Rahmenbedingungen hat sich der Besoldungsgesetzgeber bei der konkreten Ausgestaltung des Besoldungsgefüges sowie der Bemessung des Grundgehalts nicht nur an der Entwicklung der allgemeinen wirtschaftlichen und finanziellen Verhältnisse zu orientieren, sondern muss darüber hinaus verschiedenartigen Interessen Rechnung tragen und übergeordnete, die öffentliche Verwaltung insgesamt betreffende Gesichtspunkte berücksichtigen.[1023] So muss er etwa bei der Erfüllung der Alimentationspflicht die Bedeutung der grundgesetzlich verankerten Einrichtung des Berufsbeamtentums, die Bewahrung der Attraktivität des Beamtenverhältnisses für qualifizierte Kräfte, das Ansehen des Staatsamtes in der Gesellschaft, die für die Amtsausübung geforderte Ausbildung,

1017 Vgl. BVerfGE 8, 28, 35.

1018 Siehe hierzu auch BVerfG, NVwZ 2012, 357, 360.

1019 BVerfGE 107, 218, 237; BVerfGE 114, 258, 288. Vgl. auch *Bamberger*, ZBR 2008, 361, 364; *Wichmann*, in Wichmann/Langer, Öffentliches Dienstrecht, 1. Abschn., Rn. 319.

1020 BVerfGE 8, 1, 22; BVerfGE 26, 141, 158; BVerfGE 56, 87, 95; BVerfGE 61, 43, 57 ff.; BVerfG, NVwZ 2012, 357, 359. Betrachte ferner *Wichmann*, in Wichmann/Langer, Öffentliches Dienstrecht, 1. Abschn., Rn. 319.

1021 Vgl. BVerfGE 44, 249, 263.

1022 BVerfG, NVwZ 2012, 357, 360; *Wolff*, DÖV 2003, 494, 495, m.w.N.; *Bamberger*, ZBR 2008, 361, 364.

1023 BVerfG, NVwZ 1996, 580, 582; BVerfG, NVwZ 2005, 677, 677; BVerfG, NVwZ 2012, 357, 359. Siehe ferner *Pieper*, in Schmidt-Bleibtreu/Hofmann/Hopfauf, GG, Art. 33, Rn. 134.

die mit dem Amt einhergehende Verantwortung sowie die regelmäßige Leistungsanforderung an den Amtsinhaber beachten.[1024] In diesem Kontext bestimmt sich die Amtsangemessenheit der Alimentation auch durch ihre Relation zu den Vergütungen, die auf der Grundlage vergleichbarer Berufsausbildungen für erbrachte Leistungen außerhalb des öffentlichen Dienstes erworben werden.[1025] Schließlich hat der Besoldungsgesetzgeber zu berücksichtigen, dass die dem Amt angemessene Alimentation in einer Wohlstandsgesellschaft nicht nur die Grundbedürfnisse zu befriedigen hat, sondern dem Beamten auch ein Mindestmaß an Lebenskomfort eröffnen soll.[1026]

Es ist nahe liegend, dass der Gesetzgeber den diversen, von ihm grundsätzlich zu beachtenden Erwägungen und Leitlinien nicht vollumfänglich Rechnung tragen kann.[1027] Deshalb ist nach Ansicht des BVerfG jede Besoldungsordnung unzulänglich und weist nicht zu vermeidende Härten für die unmittelbar betroffenen Bediensteten auf.[1028] Derartige Unschärfen und Schwächen müssen nach Auffassung des Gerichts jedoch hingenommen werden, solange sich für die Regelung ein nachvollziehbarer und sachlich vertretbarer Grund vorbringen lässt.[1029] Dies gelte sowohl hinsichtlich der Berücksichtigung des allgemeinen Gleichheitssatzes als auch für die Umsetzung des Alimentationsprinzips als hergebrachtem Grundsatz des Berufsbeamtentums.[1030] Im Ergebnis steht es dem Besoldungsgesetzgeber deshalb frei, aus der Vielzahl der Lebenssachverhalte die Tatbestandsmerkmale auszuwählen, die für die Gleich- oder Ungleichbehandlung maßgebend sein sollen.[1031]

1024 BVerfGE 44, 249, 265 f. Vgl. hierzu auch BVerfGE 114, 258, 293; BVerfG, NVwZ 2012, 357, 359; *Bamberger*, ZBR 2008, 361, 363.

1025 BVerfGE 117, 330, 354, m.w.N.; BVerfG, NVwZ 2012, 357, 359; *Bamberger*, ZBR 2008, 361, 363.

1026 BVerfGE 44, 249, 265 f.; BVerfGE 81, 363, 376; BVerfGE 99, 300, 315. Vgl. auch *Pfistner*, NVwZ 2008, 1195, 1196; *Bergmann*, in Hömig, GG, Art. 33, Rn. 13; *Wolff*, ZRP 2003, 305, 307.

1027 BVerfG, NVwZ 1984, 231, 231.

1028 BVerfGE 26, 141, 159.

1029 BVerfGE 26, 141, 159. Vgl. auch BVerfG, NVwZ 1984, 231, 231.

1030 BVerfGE 26, 141, 159 f. Selbst wenn eine Regelung rechtpolitisch bedenklich bzw. personal- und besoldungspolitisch wenig erfreulich sein sollte, würde sie aus diesem Grunde allein keineswegs den Gleichheitssatz oder einen hergebrachten Grundsatz des Berufsbeamtentums verletzten.

1031 BVerfGE 71, 39, 53; BVerfGE 76, 256, 295, 330.

3. Eigene Bewertung der Besoldungssysteme der gestaffelten Grundgehälter

Aufgrund der unterschiedlichen Regelungsansätze sowie vor dem Hintergrund der mit § 28 Abs. 1 S. 1 BBesG 2006 einzig intendierten Simplifizierung von Verwaltungsvorgängen werden das Besoldungssystem nach Dienstaltersstufen und das Instrument des Besoldungsdienstalters sowie die Besoldungsstaffelung nach Erfahrungszeiten nachstehend separat untersucht.

a. Beurteilung der Besoldungsstaffelung nach Dienstaltersstufen

Im Rahmen der Analyse des Systems nach Dienstaltersstufen wird zunächst die Vereinbarkeit der Staffelung des Grundgehalts nach dem Kriterium des Dienstalters mit verfassungsrechtlichen Vorgaben untersucht. Die Frage der Verfassungskonformität des besoldungstechnischen Instruments des Besoldungsdienstalters gemäß § 28 Abs. 1 BBesG 2006 bleibt einer gesonderten Prüfung vorbehalten.

aa. Das Kriterium der Dienstaltersstufen

Die aus der Besoldungsstaffelung nach Dienstaltersstufen resultierenden altersabhängigen Differenzierungen hinsichtlich der Höhe des Grundgehalts stellen keine ungerechtfertigte Ungleichbehandlung im Sinne des Art. 3 Abs. 1 GG dar. Die beschriebene vorrangige Intention der Besoldungsstaffelung, die mit dem Lebensalter gestiegene Berufs- und für die Dienstausübung nützliche Lebenserfahrung zu honorieren, beruht auf sachgerechten und belegbaren Erwägungen. Das Besoldungsprinzip der Staffelung des Grundgehalts nach Dienstaltersstufen ist zudem mit den beamtenverfassungsrechtlichen Strukturprinzipien konform und trägt dabei insbesondere dem Alimentationsprinzip sowie dem Leistungsgrundsatz in hinreichendem Maße Rechnung.

(1.) Steigerung des Leistungsvermögens infolge der gestiegenen Berufs- und Lebenserfahrung

Die § 27 BBesG 2006 zugrunde liegende, generalisierende Annahme, wonach mit zunehmender Anzahl der Dienstjahre ein Anstieg der Berufs- und Lebenserfahrung einhergehe, ist objektiv und sachgerecht.

Der Berufserfahrung kommt im öffentlichen Dienst eine herausgehobene Bedeutung zu. Die effiziente Dienstausübung erfordert in der Regel ein Verständnis der institutionellen Organisation der öffentlichen Verwaltung, der Grundkonzeption von Behörden bzw. Verwaltungseinheiten, der Abläufe der Planungs- und Entscheidungsprozesse sowie der Systematik öffentlich-rechtlicher Verwaltungsverfahren. Diese Kompetenz erwirbt der Beamte nicht allein durch die in der

Ausbildung vermittelten theoretischen Kenntnisse, sondern in erster Linie durch die Erfahrung, die in den Dienstjahren durch die wiederholte Befassung mit den im Rahmen der Dienstausübung zu behandelnden Sachverhalten erworben wird. Darüber hinaus ist zu berücksichtigen, dass mit zunehmender Dauer der Amtsausübung, durch entsprechende Rückmeldungen der Dienstvorgesetzten sowie durch Reflexion der eigenen Bearbeitungsmethoden eine auf den eigenen Verantwortungsbereich bezogene Optimierung der Arbeitsprozesse eintritt. Die in fortdauernder, praktischer Amtsausübung erworbenen Kenntnisse sowie der infolgedessen eintretende Wissens- und Fähigkeitszuwachs steigern mithin die Leistungsfähigkeit des Beamten.[1032]

Das somit gestiegene Leistungsvermögen erfahrener Beamter sowie die damit verbundenen Vorteile für den Dienstherrn und die öffentliche Verwaltung sind von solcher Art und solchem Gewicht, dass sie die Gewährung der Vergünstigung in Form eines gestiegenen Grundgehalts bzw. die damit einhergehende Ungleichbehandlung im Vergleich zu weniger erfahrenen Beamten im Sinne des Art. 3 Abs. 1 GG rechtfertigen.

Die herausragende Bedeutung der beruflichen Erfahrung der Beschäftigten für den Arbeitgeber kommt auch in einer von der Europäischen Kommission in Auftrag gegebenen Umfrage des Eurobarometers zur Einschätzung der Beschäftigungsfähigkeit von Hochschulabsolventen durch Arbeitgeber zum Ausdruck. Nach dieser europaweiten Erhebung gaben 87 Prozent der befragten Arbeitgeber an, dass Berufserfahrung zu den entscheidenden Qualifikationsmerkmalen der Mitarbeiter gehöre.[1033]

1032 Zutreffend weist VG Wiesbaden, NVwZ 2007, 482, 484; darauf hin, dass die in einem höheren Dienstalter typischerweise zum Ausdruck kommende umfassende Berufserfahrung sich oftmals leistungsfördernd niederschlagen wird. Die dargestellte positive Auswirkung der Berufserfahrung auf die Leistungs*fähigkeit* des Beamten steht nicht im Widerspruch zur Aussage des BVerwG, NVwZ 2013, 80, 82, wonach es keinen Erfahrungssatz des Inhaltes gebe, dass von einem hohen Dienstalter auf einen hohen Leistungs*stand* geschlossen werden könne. Der Leistungs*stand* des Beamten beruht auf diversen Leistungskriterien. Ein der Wahrnehmung des übertragenen Amtes dienlicher Einsatz der gewonnenen Berufserfahrung, die zu einer Steigerung der Leistungs*fähigkeit* führt, stellt lediglich ein Element des in Rede stehenden Leistungs*standes* des Beamten dar.

1033 Eurobarometer-Umfrage, Einschätzung der Beschäftigungsfähigkeit von Hochschulabsolventen durch Arbeitgeber, 2.12.2010, MEMO/10/638, abrufbar unter www.europa.eu, S. 4.

Die Honorierung der somit gestiegenen Leistungsfähigkeit des Beamten durch einen Anstieg des Grundgehalts ist mithin nachvollziehbar und verfassungsrechtlich legitimiert.

(2.) Beachtung des Alimentationsprinzips und des Leistungsgrundsatzes
Bei der Ausgestaltung des Besoldungssystems nach Dienstaltersstufen, dessen Konzeption eine typisierte Biographie des Beamten zugrunde liegt, hatte der Gesetzgeber einen gewichtenden Ausgleich zwischen den verfassungsrechtlichen Strukturprinzipien des Alimentationsprinzips und des Leistungsgrundsatzes vorzunehmen. Die in Rede stehenden besoldungsrechtlichen Regelungen tragen beiden Grundsätzen des Berufsbeamtentums in verhältnismäßiger Weise Rechnung.

Das Leistungsprinzip kommt in dem in Rede stehenden Besoldungssystem in mehrfacher Hinsicht zum Ausdruck. Zum einen werden die Grundgehälter der Beamten in den gesetzlich vorgesehenen Intervallen gemäß § 27 Abs. 1 S. 2, Abs. 3 S. 3 BBesG 2006 lediglich im Falle der anforderungsgerechten Leistungserbringung erhöht.[1034] Zum anderen wird den Beamten durch die konkrete Ausgestaltung der Besoldungsstaffelung – die kurze Intervalle in den ersten Dienstjahren vorsieht – die Aussicht auf einen Anstieg des Grundgehalts gerade in den Jahren eröffnet, in denen die von ihnen zu erbringenden dienstlichen Leistungen und dementsprechend die an sie gestellten Anforderungen sehr hoch sind. Der eigentliche Einstieg in den Beruf im Anschluss an die Verleihung des auszuübenden Amtes stellt eine herausragende berufsbiographische Phase im Leben des Beamten dar.[1035] In diesem Lebensabschnitt hat der Beamte das Ausbildungswissen auf die Situation der spezifischen Dienstausübung im verliehenen Amt anzupassen, sich in arbeitsorganisatorische Abläufe und Verfahrensgänge zu integrieren und sich sukzessiv konkrete dienstliche Fachbereiche zu erschließen. Die Bewältigung des Einstiegs in die Dienstausübung stellt erhebliche berufsphasenspezifische Anforderungen an den Beamten, denen dieser mit großem persönlichen Einsatz sowie der Aufwendung individueller Ressourcen gerecht werden muss.

1034 Darüber hinaus kann gemäß der Leistungsstufe des § 27 Abs. 3 S. 1 BBesG 2006 die nächst höhere Grundgehaltsstufe bei dauerhaft herausragenden Leistungen als Grundgehalt vorweg festgesetzt werden.

1035 Vgl. *Rothgang*, Entwicklungspsychologie, S. 101; *Schenk-Danzinger*, Entwicklungspsychologie, Kap. 5, S. 46, sowie Kap. 12, S. 296 f. Der Beamte vollzieht diesen Berufseinstieg regelmäßig zur Mitte bzw. zum Ende des sog. Frühen Erwachsenenalters. Das sog. Frühe Erwachsenenalter erstreckt sich auf den Zeitrum zwischen dem 18. und 30. Lebensjahr.

Das Besoldungssystem der distinktiv nach dem Dienstalter aufsteigenden Grundgehälter trägt zum anderem dem Alimentationsgedanken insofern Rechnung, als dem mit fortschreitenden Lebens- bzw. Dienstalter wachsenden Lebensbedarf des Beamten entsprochen wird. Diese gesetzgeberische Annahme korreliert mit Erhebungen zu den nach dem Lebensalter differenzierenden Konsumausgaben der Bundesbürger. Im Rahmen dieser Untersuchung wurde festgestellt, dass Haushalte von unter 25-jährigen Haupteinkommensbeziehern mit regelmäßig rund 1.307 Euro pro Monat die niedrigsten Konsumausgaben aufweisen.[1036] Die monatlichen Konsumausgaben steigen mit zunehmendem Lebensalter der Haupteinkommensbezieher an und erreichen bei den Haushalten der 45- bis 55-jährigen Einkommensbezieher mit durchschnittlichen Monatsausgaben von 2.572 Euro den Höchststand.[1037] Diese Ausgaben reduzieren sich dann bei älteren Einkommensbeziehern bis zu einem durchschnittlichen Monatsbetrag von 1.555 Euro bei den 80- jährigen und älteren Beziehern.[1038] Im Übrigen ist nicht zu verkennen, dass ein derart ausgestaltetes Besoldungssystem die Attraktivität des Berufsbeamtentums für Berufsanfänger bzw. Beschäftigte in Berufsbereichen außerhalb der öffentlichen Verwaltung erhöht. Das Interesse qualifizierter Nachwuchskräfte am öffentlichen Dienst ist insbesondere seit der gesellschaftlichen Orientierung zur Wirtschaft seit dem Ende der 1970er Jahre grundsätzlich geschwunden.[1039] Die Aussicht auf einen – bei anforderungsgerechter Leistungserbringung – vorhersehbaren Anstieg des Grundgehalts ist jedoch auch angesichts der aktuellen wirtschaftlichen Entwicklungen ein relevantes Kriterium für die Wahl des Arbeitsplatzes.

bb. Festsetzung des Besoldungsdienstalters

Die durch § 28 Abs. 1 BBesG 2006 normierte Festsetzung eines Regelbesoldungsdienstalters auf den Ersten des Monats, in dem der Beamte sein 21. Lebensjahr vollendet hatte, stellt hingegen eine nicht gerechtfertigte Ungleichbehandlung im Sinne des Art. 3 Abs. 1 GG für die Beamten dar.

1036 *Statistisches Bundesamt*, Wirtschaft und Statistik 12/2005, Einnahmen und Ausgaben privater Haushalte, abrufbar unter www.destatis.de, S. 1316.

1037 *Statistisches Bundesamt*, Wirtschaft und Statistik 12/2005, Einnahmen und Ausgaben privater Haushalte, abrufbar unter www.destatis.de, S. 1316.

1038 *Statistisches Bundesamt*, Wirtschaft und Statistik 12/2005, Einnahmen und Ausgaben privater Haushalte, abrufbar unter www.destatis.de, S. 1316.

1039 *Becker*, Öffentliche Verwaltung, § 44, 2, S. 831.

Der Gesetzesbegründung zum Bundesbesoldungsgesetz in der Fassung vom 27.7.1957 zufolge sollte dieses besoldungstechnische Instrument der Verwaltungsvereinfachung dienen.[1040] Der Gesetzgeber ist zwar nach der Rechtsprechung des BVerfG zur Berücksichtigung praktischer bzw. verfahrensökonomischer Notwendigkeiten der öffentlichen Verwaltung befugt.[1041] Derartige Erwägungen können insbesondere bei der Regelung von Massenerscheinungen gewisse Benachteiligungen rechtfertigen.[1042] Aus diesem Grund ist auch die Verwaltungsökonomie ein den individuellen Belangen des einzelnen Beamten übergreifender Aspekt, dem unter Umständen ein beträchtliches Gewicht zukommen kann und der infolgedessen bestimmte Ungleichheiten hinsichtlich der Besoldung zu rechtfertigen vermag.[1043]

Im Rahmen der Beurteilung der Verfassungsmäßigkeit der beschriebenen Typisierung ist die eingangs beschriebene quantitative Personalentwicklung im Berufsbeamtentum seit Beginn der 1960er Jahre zu berücksichtigen. Wenngleich die Zahl der Beamten und infolgedessen die Anzahl der besoldungsrechtlich zu beurteilenden Sachverhalte seit diesem Zeitpunkt einen erheblichen Anstieg erfahren haben und sich dementsprechend grundsätzlich die Notwendigkeit der Vereinfachung dieses Verwaltungsverfahrens ergibt, bestehen dennoch bei differenzierter Betrachtung dieser Gesamtentwicklung durchgreifende Bedenken gegen die Verfassungskonformität des besoldungstechnischen Hilfsmittels des Regelbesoldungsdienstalters.

Nach gefestigter Auffassung in der Rechtsprechung kann eine pauschalierende bzw. typisierende Behandlung von Sachverhalten nur hingenommen werden, wenn die damit verbundenen Härten nur unter Schwierigkeiten vermeidbar

---

1040 Vgl. zu den Gründen der Pauschalierung der Regelung des Besoldungsdienstalters im Rahmen des Bundesbesoldungsgesetzes vom 27.7.1957, BGBl. I S. 993, die Gesetzesbegründung BT-Drs. 2/1993, S. 39. Siehe hierzu auch das Plenarprotokoll zur 217. Sitzung des Deutschen Bundestages am 28.6.1957, Plenar-Protokoll 02/217, S. 12857, 12902.

1041 BVerfGE 9, 20, 31 f.; BVerfGE 27, 220, 230; BVerfG, NVwZ 1996, 580, 582; BVerfG, Beschluss vom 27.1.1998, 1 BvL 22/93, Rn. 30 (Juris); *Kannengießer*, in Schmidt-Bleibtreu/Hofmann/Hopfauf, GG, Art. 3, Rn. 20; *Bergmann*, in Hömig, GG, Art. 3, Rn. 6.

1042 Vgl. BVerfGE 44, 283, 288; BVerfGE 82, 60, 101. Siehe ebenfalls *Kannengießer*, in Schmidt-Bleibtreu/Hofmann/Hopfauf, GG, Art. 3, Rn. 20; *Osterloh*, in Sachs, GG, Art. 3, Rn. 108 m.w.N.; *Boysen*, in von Münch/Kunig, GG, Art. 3, Rn. 111 f.

1043 BVerfG, NVwZ 1996, 580, 583.

sind, lediglich eine verhältnismäßig geringe Anzahl von Personen betreffen und der Verstoß gegen den Gleichheitssatz eine geringfügige Intensität aufweist.[1044]

Vor diesem Hintergrund ist zunächst festzustellen, dass gemäß § 28 Abs. 1 BBesG 2006 das Besoldungsdienstalter für Beamte, die noch nicht das 31. Lebensjahr vollendet haben, einheitlich auf das 21. Lebensjahr festgesetzt wird. Infolgedessen werden unter Umständen selbst etwaige Zeiträume, die nicht dem Zugewinn an Berufserfahrung dienen, in die Berechnung des Besoldungsdienstalters einbezogen.

In diesem Kontext darf nicht unberücksichtigt bleiben, dass die Besoldungsstaffelung nach Dienstaltersstufen neben der Berufserfahrung auch die der Dienstausübung förderliche Lebenserfahrung honoriert. Das im Verlauf des Lebens erworbene und durch praktische Handlung erarbeitete Wissen, die Kenntnis über Verhaltensweisen sowie der versierte Umgang mit Menschen sind geeignet, dem Beamten die soziale und kollegiale Zusammenarbeit mit anderen Verwaltungsmitarbeitern, die Ausübung von Führungsfunktionen, die Beurteilung komplexer Lebenssachverhalte und mithin die Wahrnehmung des übertragenen Amtes zu erleichtern. Diese der Dienstausübung dienliche Lebenserfahrung kann selbstredend auch außerhalb des öffentlichen Dienstes gewonnen werden.

Zu konstatieren ist jedoch, dass die in Rede stehende Pauschalierung der Festsetzung des Regelbesoldungsdienstalters auf das 21. Lebensjahr die Beamten des einfachen und mittleren Dienstes, die angesichts der regelmäßigen Dauer ihrer Schulausbildung bzw. des kurz bemessenen Zeitraums des Vorbereitungsdienstes oftmals bereits vor Vollendung des 21. Lebensjahres Dienstbezüge erhalten, intensiv betrifft. Die Nachteile, die sich für die betroffenen Beamten infolge der seinerzeitigen Vorschrift zur Festsetzung des Regelbesoldungsdienstalters ergeben, können sich auf Verzögerungen im Hinblick auf den Anstieg des Grundgehalts um bis zu zwei Jahre belaufen. In diesem Kontext sei darauf hingewiesen, dass die Zahl der Beamten des einfachen und mittleren Dienstes auch nach derzeitigem Erhebungsstand eine nicht zu vernachlässigende Größe aufweist.[1045]

In Anbetracht dessen ist eine Regelung, die für einen Großteil der Beamten des einfachen und mittleren Dienstes eine intensive Ungleichbehandlung aufgrund des Alters darstellt, auch aus Gründen der Verwaltungsvereinfachung

---

1044 BVerfGE 100, 59, 90; BVerfGE 103, 310, 319. Betrachte ebenfalls *Kannengießer*, in Schmdit-Bleibtreu/Hofmann/Hopfauf, GG, Art. 3, Rn. 20; *Boysen*, in von Münch/Kunig, GG, Art. 3, Rn. 112 m.w.N.

1045 Exemplarisch angeführt sei der Anteil der Bundesbeamten des einfachen und mittleren Dienstes, der sich im Jahr 2006 auf 52,5 Prozent belief, Unterrichtung zum Vierten Versorgungsbericht der Bundesregierung, BT-Drs. 16/12660, S. 62.

verfassungsrechtlich nicht zu rechtfertigen. Die mit der Pauschalierung des Regelbesoldungsdienstalters verbundenen Benachteiligungen sind derart erheblich, dass demgegenüber das mit der Regelung intendierte Ziel der Simplifizierung von Verwaltungsvorgängen zurücktreten muss.

b. Beurteilung des Systems der Erfahrungszeiten

Das Besoldungssystem der Erfahrungszeiten ist vor dem Hintergrund der vorstehend angeführten verfassungsrechtlichen Rahmenbedingungen für das Besoldungsrecht der Beamten sowie unter Berücksichtigung des Ergebnisses der verfassungsrechtlichen Überprüfung der Besoldungsstaffelung nach Dienstaltersstufen zu bewerten. Unter Zugrundelegung dessen begegnet diese Besoldungsstruktur im Ergebnis keinen verfassungsrechtlichen Bedenken.

Im Rahmen einer Betrachtung der beschriebenen Modernisierung des Besoldungsrechts bezogen auf die Umstellung der Grundgehaltsbemessung vom Besoldungsdienstaltersprinzip auf die Anknüpfung an Erfahrungszeiten ist festzustellen, dass sich infolgedessen keine tief greifenden Änderungen der Grundkonzeption des Besoldungssystems ergeben haben.[1046] Der Gesetzgeber hat auch mit dem Besoldungssystem vor der Novellierung durch das DNeuG den angenommenen Zugewinn an Erfahrung honorieren wollen. Im aktuellen Besoldungssystem hat der Gesetzgeber dies lediglich explizit benannt. Auch in dieser Konzeption ist dem beamtenverfassungsrechtlichen Leistungsprinzip insofern Genüge getan, als die vom Beamten erbrachte Dienstzeit nur unter der Voraussetzung der Erbringung anforderungsgerechter Leistungen als Erfahrungszeit anzurechnen ist.

Der eigentliche Kerngehalt des Systemwechsels besteht in der generellen Bemessung des Grundgehalts nach dem Zeitpunkt der Wirksamkeit der Ernennung sowie in den erweiterten Möglichkeiten der Berücksichtigung beruflicher Erfahrungen. Durch diese individuelle Berechnung der Erfahrungszeiten und den Verzicht auf ein dem Regelbesoldungsdienstalter vergleichbares besoldungstechnisches Regelungsinstrument wird eine ungerechtfertigte Benachteiligung jüngerer Beamter gemäß Art. 3 Abs. 1 GG vermieden.

4. Zwischenergebnis

Die Staffelungen der Grundgehälter der Beamten nach Dienstaltersstufen und Erfahrungszeiten begegnen – isoliert betrachtet – keinen verfassungsrechtlichen Bedenken. Die Festsetzung eines – nach dem Lebensalter des Beamten

---

1046 So auch *Ziekow*, DÖV 2008, 569, 573.

bemessenen – Regelbesoldungsdienstalters ist hingegen vor dem Hintergrund des Art. 3 Abs. 1 GG verfassungsrechtlich unzulässig.

II. Verfassungsrechtliche Beurteilung der Urlaubsstaffelung gemäß § 5 Abs. 1 EUrlV 2009

Vor der Überprüfung der Verfassungskonformität der Staffelung des Erholungsurlaubs nach § 5 Abs. 1 EUrlV 2009 werden zunächst die dem Urlaubsrecht der Beamten zugrunde liegenden verfassungsrechtlichen Strukturprinzipien aufgezeigt, um anschließend die Auffassung des Schrifttums darzustellen.

1. Verfassungsrechtliche Rahmenbedingungen zum Urlaubsrecht der Beamten

Die Ausgestaltung des Urlaubsrechts der Beamten basiert ebenfalls auf beamtenverfassungsrechtlichen Grundstrukturen. Dem Fürsorgeprinzip kommt in diesem Zusammenhang eine zentrale Funktion zu. Der Regelungsgehalt dieses vom Gesetzgeber zu beachtenden hergebrachten Grundsatzes des Berufsbeamtentums[1047], der aufgrund der Konzeption des Beamtenverhältnisses als Dienst- und Treueverhältnis zudem in Art. 33 Abs. 4 GG verfassungsrechtlich verankert ist,[1048] weist zahlreiche Facetten auf und unterliegt einer dynamischen Entwicklung.[1049] Das Fürsorgeprinzip trägt dem Dienstherrn demgemäß nicht nur auf, die Gesundheit des Beamten zu schützen,[1050] sondern verpflichtet ihn ferner, den Bediensteten seiner Eignung und seines Leistungsvermögens gemäß zu fördern

---

1047 BVerfGE 43, 154, 165; *Badura*, in Maunz/Dürig, GG, Art. 33, 58. EL, April 2010, Rn. 70.

1048 Die Fürsorgepflicht ist eine Hauptpflicht des Dienstherrn, *Summer*, PersV 1988, 76, 78.

1049 *Hense*, in Epping/Hillgruber, Beck'scher Online-Kommentar, GG, Art, 33, 11. Edition, Juli 2011, Rn. 43.1. Was der Dienstherr dem Beamten in Ausübung seiner Fürsorgepflicht schuldet, lässt sich mithin nur im Einzelfall konkretisieren, BVerfGE 43, 154, 165 f. Zur einfachgesetzlichen Ausformung der Fürsorgepflicht in § 78 BBG *Battis*, BBG, 4. Aufl., § 78, Rn. 1 ff.

1050 Betrachte *Battis*, BBG, 4. Aufl., § 78, Rn. 2, 10 ff., unter Bezugnahme auf BVerwGE 25, 138, 140 f. Siehe ebenso *Reich*, Kommentar zum Beamtenstatusgesetz, § 45, Rn. 2 m.w.N.; *Hense*, in Epping/Hillgruber, Beck'scher Online-Kommentar, GG, Art. 33, 8. Edition, 2010, Rn. 43.1.

und im Rahmen dienstlicher Entscheidungen dessen anerkennenswerte Belange in angemessenem Umfang zu berücksichtigen.[1051]

2. *Urlaubsstaffelung als Konkretisierung des Fürsorgeprinzips*

Die Gewährung eines Erholungsurlaubs ist Ausfluss der aus der wechselseitigen Treuepflicht folgenden Fürsorgeverpflichtung des Dienstherrn gegenüber dem Beamten.[1052] Dementsprechend ist § 89 Abs. 1 BBG als Präzisierung des Fürsorgeprinzips dahingehend zu verstehen, dem Beamten zum Erhalt bzw. zur Regeneration seiner Gesundheit und Leistungsfähigkeit jährlich einen Erholungsurlaub zuzugestehen.[1053] Dieser dient der nachhaltigen Bewahrung der Arbeitskraft des Beamten in seinem eigenen sowie im Interesse des Dienstherrn.[1054]

Vor dem Hintergrund dieser Zweckbestimmung des Erholungsurlaubs konfligiert die Staffelung der Urlaubsdauer nach dem Lebensalter und der Besoldungsgruppe nach Auffassung der Literatur nicht mit dem Grundgesetz, da die dienstlichen Anforderungen bzw. die gesundheitlichen Beanspruchungen in den einzelnen Besoldungsgruppen differieren.[1055] Unterschiedliche Leistungsbeanspruchungen in den verschiedenen Besoldungsgruppen erfordern vielmehr im behördlichen Interesse eine differenzierte Regelung bezüglich der Urlaubsdauer, um das Ziel des Erholungsurlaubs für sämtliche Beamte in demselben Maße erreichen zu können.[1056] Demgemäß wird mit der Einbeziehung des Leistungskriteriums in die Regelung über die Urlaubsdauer der Fürsorgepflicht des Dienstherrn gegenüber dem Beamten Rechnung getragen.[1057]

1051 BVerfGE 43, 154, 165; BVerfG, RiA 2005, 286, 287; *Badura*, in Maunz/Dürig, GG, Art. 33, 58. EL, April 2010, Rn. 71 m.w.N.; *Leisner*, in Sodan, GG, Art. 33, Rn. 32; *Antoni*, in Hömig, GG, Art. 33, Rn. 13.

1052 *Battis*, BBG, 4. Aufl., § 89, Rn. 5; *Metzler-Müller*, in Metzler-Müller/Rieger/Seeck/Zentgraf, BeamtStG, § 44, Pkt. 1.

1053 *Bauschke*, in Franke/Weiß, GKöD, Bd. I, K § 89, EL 4/1988, Rn. 6. Vgl. auch *Reich*, Kommentar zum Beamtenstatusgesetz, § 45, Rn. 1.

1054 *Battis*, BBG, 4. Aufl., § 89, Rn. 5; *Wichmann*, in Wichmann, Langer, Öffentliches Dienstrecht, 8. Abschn., Rn. 240.

1055 *Bauschke*, in Franke/Weiß, GKöD, Bd. I, K § 89, EL 4/1988, Rn. 10.

1056 *Bauschke*, in Franke/Weiß, GKöD, Bd. I, K § 89, EL 4/1988, Rn. 10.

1057 *Bauschke*, in Franke/Weiß, GKöD, Bd. I, K § 89, EL 4/1988, Rn. 10.

3. *Beurteilung der Verfassungskonformität der Urlaubstaffelungen gemäß § 5 Abs. 1 EUrlV 2009*

Die überkommene Staffelung des Erholungsurlaubs der Bundesbeamten gemäß § 5 Abs. 1 EUrlV 2009 ist mit grundgesetzlichen Vorgaben zum Verbot der ungerechtfertigten Ungleichbehandlung aufgrund des Alters sowie mit beamtenverfassungsrechtlichen Strukturprinzipien vereinbar. Die mit der Urlaubsstaffelung nach dem Lebensalter in Kombination mit der Besoldungsgruppe des Beamten einhergehenden Differenzierungen werden durch hinreichend gewichtige, sachgerechte Erwägungen gerechtfertigt. Darüber hinaus werden diese Ungleichbehandlungen der Beamten aufgrund des Lebensalters durch das beamtenverfassungsrechtliche Fürsorgeprinzip sowie den Leistungsgrundsatz getragen.

a. Die Beamten des höheren Dienstes als Maßstab

Zunächst ist zu konstatieren, dass der Urlaubsstaffelung des § 5 Abs. 1 EUrlV 2009 nicht nach Laufbahngruppen differenziert. Sie normiert die Höhe des Urlaubsanspruchs der Beamten der Besoldungsgruppen A1 bis A14. Diese Regelung entfaltet mithin Wirkung sowohl für Beamte, die unmittelbar nach Erlangung des Schulabschlusses in ein Beamtenverhältnis eintreten, als auch für solche, die vor ihrer Ernennung ein Hochschulstudium absolviert haben. Dennoch kommt insbesondere in Verbindung mit der Sonderregelung für Beamte der Besoldungsgruppe A15, denen ein erweiterter Urlaubsanspruch zugestanden wird, die gesetzgeberische Annahme zum Ausdruck, dass Beamte der höheren Laufbahngruppen – speziell diejenigen des höheren Dienstes – einer höheren Arbeitsbelastung ausgesetzt sind und dementsprechend auch einen höheren Erholungsbedarf aufweisen. Diese These ist angesichts der mit der Ausübung dieser Ämter regelmäßig verbundenen spezifischen dienstlichen Anforderungen, der Aufgabenvielfalt sowie der damit zumeist einhergehenden Personal- und Kostenverantwortung nachvollziehbar und gerechtfertigt.

Vor dem Hintergrund, dass das Urlaubsrecht der Beamten auf dem beamtenverfassungsrechtlichen Fürsorgeprinzip basiert, ist die normative Ausrichtung der Urlaubsstaffelung an der Laufbahngruppe, die die größten Belastungen infolge der Ausübung des Dienstes aufweist, verfassungsrechtlich nicht zu beanstanden.

b. Vom Gesetzgeber unterstelltes Regenerationsbedürfnis der Beamten

Konnte der Gesetzgeber somit in zulässiger Weise eine typisierte Biographie eines Beamten des höheren Dienstes bei der Ausgestaltung der Urlaubsstaffelung zugrunde legen, begegnet auch die Ausformung der Urlaubsstaffelung keinen rechtlichen Bedenken. Die konkrete Ausgestaltung der Staffelung und insbesondere die Anhebung des Urlaubsanspruchs zwischen dem 30. und 40. Lebensjahr tragen sachgerecht und Ziel führend dem erhöhten Regenerationsbedürfnis der Beamten infolge erhöhter Leistungsanforderungen Rechnung. Die der Urlaubsstaffelung zugrunde liegende Annahme, dass in besagten Lebenszeiträumen an den Beamten erhöhte Anforderungen gestellt werden, lässt sich durch Erkenntnisse der Entwicklungs- sowie der Arbeits- und Organisationspsychologie belegen.

Der in Rede stehende Lebensabschnitt des Beamten des höheren Dienstes, das sog. Mittlere Erwachsenenalter, ist regelmäßig der Zeitraum beruflicher Etablierung.[1058] In dieser Phase hat der Beamte zur Erfüllung seiner dienstlichen Pflichten regelmäßig tätigkeitsspezifische Schlüsselqualifikationen zu erwerben sowie seine sozial-kommunikativen Fähigkeiten und allgemein-methodischen Kompetenzen zu erweitern. Darüber hinaus bildet er seine Problemlösefähigkeiten, seine Kooperationseigenschaften, seine Teamfähigkeit und sein Durchsetzungsvermögen weiter aus. Der Beamte erwirbt mit zunehmender Dienstzeit regelmäßig amtsspezifische Bearbeitungsmuster, individuelle Handlungsstrategien und Routinen. Die Bewältigung dieser beruflichen Sozialisation stellt nicht unerhebliche berufsphasenspezifische Anforderungen an die Leistungsfähigkeit, Lernbereitschaft sowie das Entwicklungsvermögen des Beamten.

Vor dem Hintergrund des beschriebenen Zwecks des Erholungsurlaubs ist es gerechtfertigt, den Urlaubsanspruch in den Phasen einer typisierten Berufsbiographie zu erhöhen, in denen die Belastungen infolge der Amtsausübung hoch sind.[1059] Somit sind grundsätzlich sowohl die in Rede stehende Systematik der Ermittlung des Urlaubsanspruchs als auch die konkreten Stufen der Urlaubsstaffelung aus objektiven, belegbaren Gründen gerechtfertigt.

c. Präventive Funktion der Urlaubsstaffelung

Nach der Phase der beruflichen Etablierung erleichtern die Arbeitsroutine sowie die Berufs- und Lebenserfahrung dem Beamten die Amtsausübung. Die

---

1058 Vgl. *Rothgang*, Entwicklungspsychologie, S. 101; *Schenk-Danzinger*, Entwicklungspsychologie, Kap. 5, S. 46; *Nerdinger/Blickle/Schaper*, Arbeits- und Organisationspsycholgie, S. 199 f.

1059 Gegen diese Intention lässt sich nicht einwenden, dass die Leistungsfähigkeit des Menschen in dieser Lebensphase regelmäßig besonders hoch sei und demzufolge die erhöhte dienstliche Beanspruchung leichter kompensiert werden könne. Zu berücksichtigen ist angesichts der vorstehenden Ausführungen vielmehr, dass in diesem Lebensabschnitt einer typisierten Biographie eine Vielzahl von Entwicklungsaufgaben zu bewältigen ist, die für den weiteren Lebensverlauf des Einzelnen von entscheidender Bedeutung sind, vgl. *Rothgang*, Entwicklungspsychologie, S. 101.

Tatsache, dass der Urlaubsanspruch nach der beruflichen Etablierungsphase unverändert hoch bleibt, berücksichtigt die bereits erörterte Erkenntnis, dass in einem gewissen Lebensalter die Leistungsfähigkeit regelmäßig nachlässt.[1060] Die Beibehaltung der Höhe des Urlaubsanspruchs beugt mithin präventiv der altersbedingten Leistungsminderung vor.

Die Erhaltung der Gesundheit und des Leistungsvermögens des Beamten ist ein derart bedeutsames Ziel, dass vor diesem Hintergrund die Ungleichbehandlungen aufgrund des Lebensalters bei der Höhe des Urlaubsanspruchs gerechtfertigt sind. In diesem Zusammenhang ist ferner zu beachten, dass auf diese Weise auch die Leistungsfähigkeit der Beamtenschaft und mithin die Funktionsfähigkeit der öffentlichen Verwaltung nachhaltig gewährleistet werden.

III. Zwischenergebnis

Die untersuchten Besoldungssysteme der gestaffelten Grundgehälter begegnen – isoliert betrachtet und ohne Einbeziehung der Regelung zum Besoldungsdienstalter – keinen verfassungsrechtlichen Bedenken. Demgegenüber widerstreitet das besoldungstechnische Instrument des Besoldungsdienstalters gemäß § 28 Abs. 1 BBesG 2006 dem allgemeinen Gleichheitssatz.

Die vorstehend beschriebene Novellierung des Urlaubsrechts der Bundesbeamten war nicht aus verfassungsrechtlichen Gründen veranlasst. § 5 Abs. 1 EUrlV 2009 ist mit grundgesetzlichen Vorgaben in Bezug auf das Verbot der ungerechtfertigten Ungleichbehandlung aufgrund des Alters konform.

Aufgrund der Ergebnisse der vorstehenden verfassungsrechtlichen Prüfungen ist zudem zu resümieren, dass die normativen Konzeptionen der Besoldungs- und Urlaubsstaffelungen sowie die diesbezüglichen Argumentationen des Gesetzgebers stringent und kohärent sind.

D. Überprüfung der Besoldungs- und Urlaubsstaffelungen am europarechtlichen Maßstab zum Verbot der Altersdiskriminierung

Die Vereinbarkeit der in Rede stehenden Besoldungs- und Urlaubsstaffelungen mit unionsrechtlichen Vorgaben zum Altersdiskriminierungsverbot werden in Rechtsprechung und Literatur kontrovers diskutiert.

1060 Vgl. hierzu die Ausführungen zur verfassungsrechtlichen Zulässigkeit der beamtenrechtlichen Regelaltersgrenze.

I. Unionsrechtliche Analyse der Besoldungsstaffelung

In der jüngeren Vergangenheit ergingen zahlreiche – zum Teil noch nicht rechtskräftige – verwaltungsgerichtliche Entscheidungen zur Vereinbarkeit der §§ 27, 28 BBesG 2006 mit den Vorgaben der RL 2000/78/EG.[1061] Darüber hinaus sieht sich das überkommene Besoldungssystem nach Dienstaltersstufen intensiver Kritik des Schrifttums ausgesetzt.[1062] Zudem befasst sich der EuGH in seiner Entscheidung vom 19.6.2014[1063] mit der Frage der Unionsrechtskonformität der Besoldungssysteme nach Dienstalters- sowie nach Erfahrungsstufen.[1064]

Im Folgenden werden die gestaffelten Besoldungssysteme nach Dienstaltersstufen und Erfahrungszeiten unter Berücksichtigung der Ergebnisse der verfassungsrechtlichen Überprüfung an unionsrechtlichen Vorgaben zum Altersdiskriminierungsverbot überprüft.

1. Eröffnung des Geltungsbereichs der RL 2000/78/EG

Für die zu untersuchenden besoldungsrechtlichen Regelungen ist der Geltungsbereich der RL 2000/78/EG, der sich gemäß Art. 3 Abs. 1 lit. c) RL 2000/78/EG

1061 Siehe etwa VG Halle, RiA 2012, 88, in Verbindung mit OVG Sachsen-Anhalt, Urteil vom 11.12.2012, 1 L 9/12 (Juris); VG Regensburg, Urteil vom 17.10.2012, RO 1 K 12.685 (Juris); VG Frankfurt am Main, Urteil vom 6.1.2012, 9 K 4282/11.F (Juris); VG Frankfurt am Main, Urteil vom 28.1.2013, 9 K 2193/12.F (Juris); VG Frankfurt am Main, Urteil vom 5.3.2013, 9 K 4475/12.F (Juris); VG Lüneburg, Urteil vom 15.2.2012, 1 A 106/10 (Juris); VG Weimar, Urteil vom 15.1.2011, 4 K 1163/10 We (Juris); VG Hannover, Urteil vom 16.11.2012, 13 A 4677/12 (Juris); VG Düsseldorf, Urteil vom 19.4.2013, 13 K 5357/12 (Juris). Siehe in diesem Kontext auch *Korn*, ZBR 2013, 155, 156 f.

1062 Die angeführten Auffassungen in der Literatur werden in den nachfolgenden Prüfungen explizit dargestellt.

1063 EuGH, Rs. C-501/12 – C-506/12, C-540/12, C-541/12, (*Specht u.a./Land Berlin*), NZA 2014, 831.

1064 Das VG Berlin hat am 23.10.2012 und 13.11.2012 zahlreiche verwaltungsgerichtliche Verfahren zu dieser Thematik ausgesetzt und gemäß Art. 267 AEUV dem EuGH Fragen zur Klärung vorgelegt, vgl. VG Berlin, EuGH-Vorlage vom 23.10.2012, 7 K 343.12 (Juris); VG Berlin, EuGH-Vorlage vom 13.11.2012, 7 K 215.12 (Juris). Der EuGH hat diese Fragen in der verbundenen Rechtssache EuGH, Rs. C-501/12 – C-506/12, C-540/12, C-541/12, (*Specht u.a./Land Berlin*), NZA 2014, 831, beantwortet. Die Entscheidung VG Berlin, EuGH-Vorlage vom 13.11.2012, 7 K 215.12 (Juris), wird in die folgende Prüfung ebenfalls einbezogen.

auf Beschäftigungs- und Arbeitsbedingungen einschließlich des Arbeitsentgelts erstreckt, eröffnet. Vor dem Hintergrund, dass die Richtlinie nicht zwischen Arbeitnehmern und Beamten differenziert, wird die Beamtenbesoldung vom Begriff des Arbeitsentgelts in diesem Sinne erfasst und demzufolge sind die in Rede stehenden besoldungsrechtlichen Vorschriften an den Vorgaben der RL 2000/78/EG zu messen.[1065]

2. *Diskriminierung durch die Besoldungssysteme der gestaffelten Grundgehälter sowie durch das Besoldungsdienstalter?*

Vor dem Hintergrund der Erkenntnisse der verfassungsrechtlichen Prüfung werden im Folgenden die Grundgehaltstaffelungen nach Dienstaltersstufen und Erfahrungszeiten im Zusammenhang geprüft, während das besoldungstechnische Instrument des Besoldungsdienstalters gesondert analysiert wird.[1066]

a. Gleichbehandlungsrechtliche Einordnung der Besoldungsstaffelungen

Wenngleich sich die in Rede stehenden Besoldungssysteme bzw. die konkrete Bemessung des Grundgehalts nicht unmittelbar an ein bestimmtes Lebensalter der Beamten orientieren, werden die Besoldungsstaffelungen dennoch über eine gesetzliche Konzeption vollzogen, die sich an der Dauer der Dienstausübung und mithin indirekt an die Altersentwicklung des Normadressaten anlehnt. Vor diesem Hintergrund kommt sowohl hinsichtlich des Besoldungssystems nach Dienstaltersstufen als auch in Bezug auf das Besoldungsgefüge nach Erfahrungszeiten eine

1065 Vgl. BVerwG, NJW 2011, 1466, 1467; OVG Sachsen-Anhalt, Urteil vom 11.12.2012, 1 L 9/12, Rn. 139 (Juris); OVG Sachsen, Urteil vom 23.4.2013, 2 A 150/12, Rn. 19 (Juris). VG Berlin, EuGH-Vorlage vom 13.11.2012, 7 K 215/12, Rn. 54, 58 ff. (Juris), vertritt diese Ansicht ebenfalls. Der EuGH bestätigt diese Rechtsauffassung, EuGH, Rs. C-501/12 – C-506/12, C-540/12, C-541/12, (*Specht u.a./Land Berlin*), NZA 2014, 831, 831 f., Rn. 30 ff., 37.

1066 So ebenfalls *Maaß*, RiA 2012, 55, 58, der sich dezidiert mit der Entscheidung des VG Halle, RiA 2012, 88, 89, befasst. Das Gericht beurteilt die §§ 27, 28 BBesG 2006 im Zusammenwirken. Eine getrennte Analyse präferiert *Maaß*, LKV 2013, 249, 250, auch im Rahmen der Bewertung der Entscheidung des OVG Sachsen-Anhalt, Urteil vom 11.12.2012, 1 L /9/12 (Juris). OVG Sachsen, Urteil vom 23.4.2013, 2 A 150/12, Rn. 21 ff. (Juris), sowie VG Berlin, EuGH-Vorlage vom 13.11.2012, 7 K 215.12, Rn. 44 (Juris), nehmen hingegen an, dass die beiden Vorschriften untrennbar aufeinander bezogen sind.

Qualifizierung als mittelbare Diskriminierungen im Sinne des Art. 2 Abs. 2 lit. b) RL 2000/78/EG in Betracht.[1067]

Der in der Literatur vertretenen Auffassung, beschäftigungs- bzw. dienstzeitabhängige Regelungen bedeuteten insofern keine Benachteiligung Jüngerer, als diese davon ausgehen könnten, diese Vergünstigungen mit zunehmenden Alter ebenfalls zu erhalten,[1068] kann nicht gefolgt werden.[1069] Die wirksame Umsetzung des unionsrechtlichen Verbots der Altersdiskriminierung erfordert – gerade aufgrund der beschriebenen Besonderheiten des Diskriminierungsmerkmals Alter – eine situative Bewertung altersabhängiger Differenzierungen. Nur auf diese Weise kann der von der Richtlinie ebenfalls intendierte Schutz Jüngerer vor Diskriminierungen aufgrund des Alters Geltung erlangen.

b. Rechtliche Einordnung des Besoldungsdienstalters

Im Hinblick auf die gleichbehandlungsrechtliche Einordnung des Instruments des Besoldungsdienstalters ist hingegen zu konstatieren, dass die Regelung des § 28 Abs. 1 BBesG 2006 eine unmittelbare Diskriminierung im Sinne des Art. 2 Abs. 2 lit. a) RL 2000/78/EG darstellt. Dieses rechnerische Instrument des Besoldungsrechts knüpft unmittelbar an ein bestimmtes Lebensalter an und lässt Zeiten unberücksichtigt, in denen dem Beamten sein Amt vor Erreichen des 21. Lebensjahres verliehen wurde.[1070]

3. *Bewertung der altersbedingten Ungleichbehandlungen durch die Besoldungsstaffelungen und das Besoldungsdienstalter an den Voraussetzungen des Art. 2 Abs. 2 lit. b i) sowie des Art. 6 Abs. 1 S. 2 lit. b) RL 2000/78/EG*

Zunächst werden die aus den Besoldungsstaffelungen nach Dienstaltersstufen und Erfahrungszeiten folgenden Differenzierungen aufgrund des Lebensalters am europarechtlichen Maßstab überprüft.

1067 So auch *Kämmerer*, ZBR 2008, 325, 335. Eine andere Auffassung vertritt *Maaß*, RiA 2012, 55, 57 f., zu der Entscheidung des VG Halle, RiA 2012, 88; *ders.* LKV 2013, 249, 250.

1068 *Waltermann*, NZA 2005, 1265, 1269.

1069 So im Ergebnis auch *von Hoff*, Das Verbot der Altersdiskriminierung aus Sicht der Rechtsvergleichung und der ökonomischen Analyse des Rechts, S. 330 f.

1070 Vgl. auch *Maaß*, RiA 2012, 55, 58, unter Bezugnahme auf VG Halle, RiA 2012, 88, 89 ff. Siehe hierzu ferner VG Berlin, EuGH-Vorlage vom 13.11.2012, 7 K 215.12, Rn. 63 ff. (Juris).

a. Mittelbare Altersdiskriminierung durch das Besoldungsgefüge der gestaffelten Grundgehälter?

Gemäß Art. 2 Abs. 2 lit. b i) RL 2000/78/EG liegt eine mittelbare Altersdiskriminierung – ohne dass es auf ein Eingreifen eines Rechtfertigungsgrundes ankäme – nicht vor, wenn die differenzierende Vorschrift durch ein rechtmäßiges Ziel sachlich legitimiert sowie das Mittel zur Erreichung dieses Ziels angemessen und erforderlich ist.

aa. Intendierte, rechtmäßige Ziele der Besoldungsstaffelungen

Die Frage, ob die Intentionen der Besoldungsstaffelungen, die mit zunehmendem Lebensalter gewachsene Berufs- und Lebenserfahrung zu honorieren bzw. dem mit dem Alter gestiegenen finanziellen Bedarf Rechnung zu tragen, anzuerkennende Ziele im Sinne des Unionsrechts darstellen, wird in Rechtsprechung und Schrifttum uneinheitlich beantwortet.[1071] In diesem Zusammenhang wird teilweise auf die Rechtsprechung des EuGH zur generellen Geeignetheit des Instruments des Dienstalters hinsichtlich der Honorierung von Berufserfahrung sowie zur Unionsrechtskonformität der nach dem Lebensalter gestaffelten Grundvergütung für die Angestellten des öffentlichen Dienstes Bezug genommen. In seiner Entscheidung vom 19.6.2014 urteilt der EuGH konkret über die Vereinbarkeit der überkommenen sowie der derzeitigen Besoldungsstaffelung[1072] mit dem unionsrechtlichen Altersdiskriminierungsverbot.

Angesichts dessen werden im Folgenden zunächst die angeführten Entscheidungen des EuGH zum Dienstalter sowie zur Vergütungsstaffelung für die Angestellten des öffentlichen Dienstes erläutert. Anschließend werden die

---

1071 Im Rahmen der nachfolgenden Analyse werden auch Rechtsauffassungen der Rechtsprechung bzw. der Literatur angeführt, die im Zusammenhang mit Überprüfungen der Besoldungsstaffelungen am Maßstab des Art. 6 Abs. 1 S. 1 RL 2000/78/EG geäußert wurden. Im Interesse einer eingehenden Untersuchung sowie vor dem Hintergrund der Intention des Verbots der mittelbaren Diskriminierung, die Umgehung von Benachteiligungsverboten zu verhindern, sollen diese Argumentationen auch in die Exploration der Systeme der gestaffelten Grundgehälter an den Vorgaben des Art. 2 Abs. 2 lit. b) i) RL 2000/78/EG einbezogen werden, soweit diese übertragbar sind. Siehe in diesem Kontext *Schrader/Schubert*, in Däubler/Bertzbach, AGG, § 3, Rn. 53 ff.

1072 Im Hinblick auf die Relevanz des BBesG 2006 bzw. des BBesG im Rahmen des Verfahrens siehe die bereits angeführte Vorschrift § 1 lit. b) Landesbesoldungsgesetz Berlin in der Fassung vom 9.4.1996, GVBl. S. 160, unter anderem geändert durch das Gesetz zur Besoldungsneuregelung für das Land Berlin vom 29.6.2011, GVBl. S. 306, zuletzt geändert durch Gesetz vom 9.7.2014, GVBl. S. 250.

divergierenden Ansichten in Rechtsprechung und Literatur zu dieser Thematik dargestellt, ferner wird zur Entscheidung des EuGH vom 19.6.2014 zum überholten sowie zum aktuellen Besoldungssystem ausgeführt. Abschließend wird zur Frage, ob die in Rede stehenden Besoldungsstaffelungen legitime unionsrechtliche Ziele verfolgen, Stellung genommen.

(1.) Rechtsprechung des EuGH zum Kriterium des Dienstalters sowie zur Vergütungsstaffelung

Der EuGH hat am 17.10.1989 – außerhalb des Gesamtkontextes der Altersdiskriminierung – entschieden, der Rückgriff auf das Kriterium des Dienstalters könne ein geeignetes entgeltpolitisches Instrument zur Honorierung gewonnener Berufserfahrung sein. Das Dienstalter geht nach Ansicht des Gerichts regelmäßig mit der Berufserfahrung einher und befähigt den Arbeitnehmer im Allgemeinen, seine Arbeit besser zu verrichten.[1073] Dies unterstellt, bedürfe die Ungleichheit im Bereich des Entgelts auf Grund der Anwendung des Kriteriums der *Anciennität*[1074] grundsätzlich keiner besonderen Rechtfertigung.[1075]

Am 8.9.2011 befasste sich der EuGH mit der Vereinbarkeit der nach Lebensalterstufen gestaffelten Grundvergütung gemäß des Bundesangestelltentarifvertrags vom 23.2.1961[1076] für die Angestellten des öffentlichen Dienstes mit den Maßgaben des unionsrechtlichen Altersdiskriminierungsverbots.[1077] Das Gericht entschied, dass die nach Lebensaltersstufen bemessene Grundvergütung gemäß § 27 BAT in Verbindung mit dem durch diesen Vertrag geschaffenenen

1073 EuGH, Rs. 109/88 (*Danfoss*), Slg. 1989, 3199, 3228, Rn. 24.

1074 Der Begriff „Anciennität“ stammt aus dem Französischen (ancienneté: Altersstufe) und bezeichnet das Dienstalterskriterium.

1075 EuGH, Rs. 109/88 (*Danfoss*), Slg. 1989, 3199, 3228, Rn. 24. In der Entscheidung *Nimz* hat der EuGH hingegen abweichend argumentiert und ausgeführt, mit dem Dienstalter wachse *auch* die dienstliche Erfahrung, die den Arbeitnehmer *grundsätzlich* zu einer besseren Erfüllung seiner Aufgaben befähige, vgl. EuGH, Rs. C-184/89 (*Nimz*), Slg. 1991, I-297 ff., Rn. 14. Die Erwägungen aus der *Danfoss*-Entscheidung hat der EuGH jedoch in der Rechtssache *Cadman* aufgegriffen und im Folgenden beibehalten, vgl. EuGH, Rs. C-17/05 (*Cadman*), Slg. 2006, S. I-9583, Rn. 34 f. Bestätigt in EuGH, Rs. C-88/08 (*Hütter*), Slg. 2009, I-5325, Rn. 47.

1076 Bundesangestelltentarifvertrag vom 23.2.1961, abrufbar unter www.bmi.bund.de, (im Folgenden: BAT).

1077 EuGH, Rs. C-297/10, C-298/10 (*Hennings/Mai*), EuZW 2011, 883. Sie hierzu auch *Lenders*, RiA 2012, 49, 49 f., der sich auf die Entscheidung VG Halle, RiA 2012, 88, bezieht.

Vergütungssystem zu einer unmittelbaren Altersdiskriminierung gemäß Art. 2 Abs. 1 und 2 lit. a) RL 2000/78/EG führe.[1078]

Der EuGH betont im Rahmen dieser Entscheidung erneut, dass die Honorierung eines Zuwachses an Berufserfahrung eine legitime entgeltpolitische Zielsetzung darstelle und der Rückgriff auf das Kriterium des Dienstalters zur Realisierung dieser Intention angemessen sei.[1079] Das Gericht erkennt jedoch, dass die Festsetzung der Stufe der Grundvergütung anhand des Lebensalters des Angestellten bei der Einstellung in den öffentlichen Dienst über das hinausgehe, was zur Realisierung der verfolgten Intention angemessen und erforderlich sei.[1080] Der Einsatz eines Instruments, das ebenfalls auf dem Dienstalter oder der Berufserfahrung beruhe, jedoch nicht auf das Lebensalter abstelle, sei unter Berücksichtigung der RL 2000/78/EG zur Verwirklichung des beschriebenen Ziels geeigneter.[1081]

Im Hinblick auf die mit der gestaffelten Grundvergütung ebenfalls intendierte Berücksichtigung eines höheren finanziellen Bedarfs älterer Angestellter erklärt der EuGH, es sei nicht hinreichend belegt, dass zwischen dem Alter der Angestellten und deren finanziellem Bedarf ein unmittelbarer Zusammenhang bestehe.[1082] So könnten auch jüngere Angestellte erhebliche familiäre Lasten zu tragen haben.[1083]

(2.) Die Legitimität der Ziele befürwortende Ansicht der Rechtsprechung und eines Teils der Literatur

Sowohl in der verwaltungsgerichtlichen Rechtsprechung als auch im überwiegenden Teil des Schrifttums wird die Staffelung des Grundgehalts zum Zwecke der Honorierung des Leistungszuwachses infolge gestiegener Berufserfahrung als mit europarechtlichen Antidiskriminierungsvorgaben vereinbar angesehen. Die Honorierung der Berufserfahrung verfolge ein legitimes Ziel der Entgeltpolitik im Sinne der Richtlinie.[1084] Die Entscheidung des EuGH vom 8.9.2011 sei nicht

---

1078 EuGH, Rs. C-297/10, C-298/10 (*Hennings/Mai*), EuZW 2011, 883, 885, Rn. 59.

1079 EuGH, Rs. C-297/10, C-298/10 (*Hennings/Mai*), EuZW 2011, 883, 886, Rn. 72 ff. unter Bezugnahme auf die bisherige Rechtsprechung des Gerichts.

1080 EuGH, Rs. C-297/10, C-298/10 (*Hennings/Mai*), EuZW 2011, 883, 886, Rn. 77.

1081 EuGH, Rs. C-297/10, C-298/10 (*Hennings/Mai*), EuZW 2011, 883, 886, Rn. 77.

1082 EuGH, Rs. C-297/10, C-298/10 (*Hennings/Mai*), EuZW 2011, 883, 886, Rn. 70.

1083 EuGH, Rs. C-297/10, C-298/10 (*Hennings/Mai*), EuZW 2011, 883, 886, Rn. 70.

1084 Vgl. VG Berlin, Urteil vom 24.6.2010, 5 K 17.09, Rn. 17 (Juris). OVG Sachsen-Anhalt, Urteil vom 11.12.2012, 1 L 9/12, Rn. 190 (Juris), vertritt die Ansicht, die Besoldungsstaffelung nach Erfahrungszeiten honoriere in zulässiger Weise den

unmittelbar auf beamtenrechtliche Besoldungsstaffelungen zu übertragen.[1085] In diesem Zusammenhang sei insbesondere zu beachten, dass der Stufenaufstieg an die Leistung des Beamten gekoppelt und mithin kein Automatismus sei.[1086]

Darüber hinaus sei auch die Belohnung eines Zugewinns an einer für die Dienstausübung förderlichen Lebenserfahrung legitim, die der Beamte in Zeiträumen vor der Berufung in das Beamtenverhältnis erworben habe.[1087]

(3.) Gegenauffassung in der Rechtsprechung und dem Schrifttum

Nach der Gegenauffassung in der Literatur verfolgen die beamtenrechtlichen Besoldungsstaffelungen kein legitimes Ziel im Sinne der Richtlinie.[1088] De facto werde lediglich ein Zuwachs an Lebenserfahrung belohnt.[1089] Diese Zielsetzung könne eine Ungleichbehandlung aufgrund des Alters jedoch nicht rechtfertigen.[1090] Ein weiterer Teil der Literatur gibt in diesem Kontext zu bedenken, dass es Erwerbstätigkeiten gebe, bei denen ein Gewinn an beruflicher Erfahrung nicht mit einem Qualifikationsanstieg einhergehe.[1091] Insofern sei eine uneingeschränkte

---

Anstieg der Berufserfahrung und sei deshalb mit den Vorgaben der RL 2000/78/EG vereinbar. Die §§ 27, 28 BBesG 2006, die das Gericht im Kontext beurteilt, erachtet es hingegen nicht als unionsrechtskonform. VG Berlin, EuGH-Vorlage vom 13.11.2012, 7 K 215.12, Rn. 71 (Juris), gewährt einen Überblick über – teilweise noch nicht rechtskräftige – verwaltungsgerichtliche Entscheidungen. Siehe ebenfalls *Over*, Das Verbot der Altersdiskriminierung im Arbeitsrecht nach dem Allgemeinen Gleichbehandlungsgesetz, S. 233; *Schmidt/Senne*, RdA 2002, 80, 88; *Waltermann*, NZA 2005, 1265, 1269; *Rieble/Zedler*, ZfA 2006, 273, 283 ff.; *Lingemann/Gotham*, NZA 2007, 663, 666.

1085 *Lenders*, RiA 2012, 49, 54. Siehe ferner *Maaß*, LKV 2013, 249, 250.

1086 *Lenders*, RiA 2012, 49, 52. Siehe ebenfalls VG Berlin, Urteil vom 24.6.2010, 5 K 17.09, Rn. 17 (Juris).

1087 VG Berlin, Urteil vom 24.6.2010, 5 K 17.09, Rn. 17 (Juris).

1088 Vgl. zur Vereinbarkeit mit dem AGG *Bertelsmann*, in Rust/Falke, AGG, § 10, Rn. 156. *Reithmann*, ZBR 2008, 365, 374, äußert sich ebenfalls grundsätzlich kritisch zur Europarechtskonformität des Besoldungssystems gemäß §§ 27, 28 BBesG 2006.

1089 Vgl. *Lingscheid*, Antidiskriminierung im Arbeitsrecht, S. 237. Die Ausführungen zur BAT-Staffelung sind insoweit übertragbar.

1090 Vgl. *Lingscheid*, Antidiskriminierung im Arbeitsrecht, S. 237. Differenzierter hierzu *König*, in Rust/König/Lange/Sieveking, Loccumer Protokolle 79, 04, Die Umsetzung der EU-Gleichbehandlungsrichtlinien in Deutschland, S. 63, 68 f.

1091 Vgl. *Schmidt/Senne*, RdA 2002, 80, 88; *Linsenmaier*, RdA 2003, Sonderbeilage zu Heft 5, S. 22, 29; *von Hoff*, Das Verbot der Altersdiskriminierung aus Sicht der Rechtsvergleichung und der ökonomischen Analyse des Rechts, S. 336; *Thüsing*, Arbeitsrechtlicher Diskriminierungsschutz, Rn. 423.

Honorierung der Berufserfahrung ohne eine Berücksichtigung des Einzelfalls keine rechtmäßige Zielsetzung.[1092]

In der Rechtsprechung wird unter Bezugnahme auf die vorstehend beschriebene Rechtsauffassung des EuGH vertreten, dass die Berücksichtigung eines mit dem Lebensalter gestiegenen finanziellen Bedarfs kein legitimes Ziel im Sinne der RL 2000/78/EG darstelle.[1093]

(4.) Entscheidung des EuGH zu Besoldungsstaffelungen

In der Entscheidung vom 19.6.2014 befasst sich der EuGH unter anderem mit der Frage, ob das Besoldungssystem nach Dienstaltersstufen mit den Maßgaben der RL 2000/78/EG in Bezug auf das Verbot der Altersdiskriminierung vereinbar ist.[1094] Das Gericht, das die Vorschriften der §§ 27, 28 BBesG 2006 im Zusammenhang beurteilt, erkennt in der Besoldungsstaffelung nach Dienstaltersstufen eine unmittelbare Altersdiskriminierung gemäß Art. 2 Abs. 2 lit. a) RL 2000/78/EG.[1095] Diese unmittelbare Diskriminierung aufgrund des Lebensalters ist nach Ansicht des Gerichts nicht gemäß Art. 6 Abs. 1 RL 2000/78/EG gerechtfertigt.[1096]

Das Gericht betont, dass die Honorierung erworbener Berufserfahrung ein legitimes unionsrechtliches Ziel darstellt.[1097] Zudem sei der Rückgriff auf das Kriterium des Dienstalters zur Realisierung dieser Intention angemessen.[1098] In inhaltlicher Anlehnung an seine Entscheidung vom 8.9.2011 erkennt der EuGH jedoch, dass die erstmalige Einstufung der Beamten in eine Grundgehaltsstufe anhand des Lebensalters über das hinausgeht, was zur Erreichung der erstrebten

1092 *Schmidt*, in Schiek, AGG, § 10, Rn. 8.

1093 OVG Sachsen, Urteil vom 23.4.2013, 2 A 150/12, Rn. 35 (Juris); VG Berlin, EuGH-Vorlage vom 13.11.2012, 7 K 215.12, Rn. 70 (Juris). Siehe hierzu auch *Over*, Das Verbot der Altersdiskriminierung im Arbeitsrecht nach dem Allgemeinen Gleichbehandlungsgesetz, S. 233. Differenzierter *Korn*, ZBR 2013, 155, 157.

1094 EuGH, Rs. C-501/12 – C-506/12, C-540/12, C-541/12, (*Specht u.a./Land Berlin*), NZA 2014, 831. Das Land Berlin hat von der zum 1.9.2006 mit Inkrafttreten der „Föderalismusreform I" eingeräumten Gesetzgebungszuständigkeit für die Besoldung der Landesbeamten keinen Gebrauch gemacht.

1095 EuGH, Rs. C-501/12 – C-506/12, C-540/12, C-541/12, (*Specht u.a./Land Berlin*), NZA 2014, 831, 832, Rn. 43.

1096 EuGH, Rs. C-501/12 – C-506/12, C-540/12, C-541/12, (*Specht u.a./Land Berlin*), NZA 2014, 831, 833, Rn. 52.

1097 EuGH, Rs. C-501/12 – C-506/12, C-540/12, C-541/12, (*Specht u.a./Land Berlin*), NZA 2014, 831, 833, Rn. 48.

1098 EuGH, Rs. C-501/12 – C-506/12, C-540/12, C-541/12, (*Specht u.a./Land Berlin*), NZA 2014, 831, 833, Rn. 50.

Zielsetzung erforderlich ist.[1099] Demgegenüber erachtet das Gericht das derzeitige Besoldungssystem nach Erfahrungsstufen gemäß §§ 27, 28 BBesG als mit unionsrechtlichen Vorgaben zum Altersdiskriminierungsverbot vereinbar, da es auf das besoldungstechnische Instrument des Besoldungsdienstalters verzichtet.[1100]

(5.) Stellungnahme

Die von den Besoldungssystemen der gestaffelten Grundgehälter intendierte Honorierung des Anstiegs des Leistungsvermögens infolge zunehmender Berufs- und Lebenserfahrung ist ein rechtmäßiges entgeltpolitisches Ziel im Sinne der Art. 2 Abs. 2 lit. b i) RL 2000/78/EG. Wie bereits dargelegt, erleichtert eine gewachsene Berufs- und Lebenserfahrung dem Beamten die Wahrnehmung des übertragenen Amtes. In gleichem Maße steigt die Qualität seiner Dienstausübung.

Darüber hinaus schränkt die von der Literatur vertretene Ansicht den normativen Gestaltungsspielraum des Gesetzgebers bei der Ausformung seiner Entgeltpolitik – und der Konzeption des Besoldungssystems der Beamten in concreto – zu weitgehend ein. Der Gestaltungsspielraum, der dem nationalen Gesetzgeber hinsichtlich der Festsetzung legitimer Ziele im Sinne der RL 2000/78/EG eingeräumt und vom EuGH betont wird,[1101] rechtfertigt die Normierung einer Besoldungsstaffelung zur Honorierung der Steigerung des Leistungsvermögens infolge der gestiegenen Berufs- und Lebenserfahrung. Im Übrigen ist der von den in Rede stehenden Besoldungssystemen vorgesehene Anstieg des Grundgehalts auch vor dem Hintergrund der anzustrebenden entgeltpolitischen Leistungsgerechtigkeit rechtmäßig. Wie bereits erläutert wurde, tragen die Grundgehaltsstaffelungen dem Umstand Rechnung, dass die Beamten insbesondere in den ersten Jahren ihrer Dienstzeit besonderen Anforderungen ausgesetzt sind.

Der Gesichtspunkt, dass in Ausnahmefällen der Anstieg der Berufserfahrung keine Qualitätssteigerung bedeutet, relativiert die Rechtmäßigkeit der Zielsetzung nicht. Hinreichend ist insofern, dass die Intention der Besoldungsstaffelung auf zutreffenden sachgerechten Annahmen beruht und die überwiegende Zahl der von der Regelung betroffenen Lebenssachverhalte zutreffend erfasst.

1099 EuGH, Rs. C-501/12 – C-506/12, C-540/12, C-541/12, (*Specht u.a./Land Berlin*), NZA 2014, 831, 833, Rn. 51.

1100 EuGH, Rs. C-501/12 – C-506/12, C-540/12, C-541/12, (*Specht u.a./Land Berlin*), NZA 2014, 831, 833, Rn. 55.

1101 Siehe hierzu EuGH, Rs. C-411/05 (*Palacios de la Villa*), Slg. 2007, I-8531, Rn. 68. Zu dem Gestaltungsspielraum des Gesetzgebers *Waltermann*, NZA 2005, 1265, 1268.

Die von der Literatur vertretene Ansicht verkennt die Typisierungsbefugnis und Einschätzungsprärogative des Gesetzgebers.

Ferner ist die mit den Besoldungsstaffelungen ebenfalls verfolgte Zielsetzung, den Beamten in Lebensphasen, in denen der persönliche, finanzielle Bedarf wächst, einen Anstieg des Grundgehalts bei anforderungsgerechter Leistungserbringung in Aussicht zu stellen, entgegen der Auffassung des EuGH und eines Teils der Rechtsprechung als rechtmäßige, sozialpolitische Intention zu werten. Wie ausgeführt wurde, ist ein Zusammenhang zwischen dem Anstieg des Lebensalters eines Erwerbstätigen und der Erhöhung seines finanziellen Bedarfs belegbar. Der Umstand, dass die in Frage stehenden Besoldungssysteme dem mit fortschreitendem Lebens- und Dienstalter wachsenden Lebensbedarf der Beamten Rechnung tragen, ist zudem Ausdruck der Prägung des Besoldungsrechts durch das beamtenverfassungsrechtliche Strukturprinzip des Alimentationsgrundsatzes.

bb. Vereinbarkeit des Instruments der Besoldungsstaffelung mit unionsrechtlichen Antidiskriminierungsmaßgaben

Im Folgenden wird geprüft, ob das Instrument der Besoldungsstaffelung den Anforderungen des Art. 2 Abs. 2 lit. b) i) RL 2000/78/EG an das Mittel zur Erreichung des rechtmäßigen Ziels genügt.

(1.) Geeignetheit der Besoldungsstaffelung

Die Frage der Geeignetheit der Besoldungsstaffelung zur Verfolgung der Gesetzesintention der Honorierung der gewachsenen Berufserfahrung wird in Rechtsprechung und Literatur differenziert beantwortet.

(a.) Die Geeignetheit ablehnende Ansicht in der Literatur

In der Literatur wird die Auffassung vertreten, die Besoldungsstaffelung nach den § 27 BBesG 2006 sei nicht mit den Vorgaben der RL 2000/78/EG vereinbar, da sie sich nicht zur Honorierung der gewonnenen Berufserfahrung eigne.[1102] Zum einen sei es nicht zwangsläufig, dass mit zunehmendem Dienstalter ein Zuwachs an Berufserfahrung einhergehe.[1103] Zum anderen sei kritikwürdig, dass

1102 Generell zur Belohnung beruflicher Erfahrungen *Schmidt*, in Schiek, AGG, § 10, Rn. 8 m.w.N.

1103 Unter Bezugnahme auf die EuGH-Rechtsprechung wertet *Schmidt*, in Schiek, AGG, § 10, Rn. 8 m.w.N., die Prämisse, wonach Dienstalter und Berufserfahrung gleichzusetzen seien, als fragwürdig.

das Dienstaltersprinzip Berufszeiten bei Arbeitgebern außerhalb des öffentlichen Dienstes oder als Freiberufler unberücksichtigt lasse.[1104]

(b.) Gegenauffassung in der Rechtsprechung

In der verwaltungsgerichtlichen Rechtsprechung wird hingegen die Geeignetheit der Grundgehaltsstaffelung nach Dienstaltersstufen zur Erreichung der vom Gesetzgeber angestrebten Zielsetzung angenommen. Unter Hinweis auf die Rechtsprechung des EuGH und ohne eine weitergehende inhaltliche Begründung wird die besondere Bedeutung des entgeltpolitischen Instruments der Staffelung zum Zwecke der Belohnung der Berufs- und Lebenserfahrung hervorgehoben.[1105]

(c.) Eigene Stellungnahme

Das besoldungsrechtliche Instrument der Grundgehaltsstaffelung ist ein geeignetes Mittel zur Erreichung der vom Gesetzgeber angestrebten Intention der Honorierung der Qualifikationssteigerung infolge der gewachsenen Berufserfahrung. Auch insofern schränkt die angeführte Literaturauffassung den normativen Regelungs- und Gestaltungsspielraum des nationalen Gesetzgebers weitgehender ein, als dies nach den Vorgaben der Richtlinie und der erörterten Rechtsprechung des EuGH gefordert wäre.

Die Geeignetheit der in Rede stehenden Besoldungssysteme der gestaffelten Grundgehälter folgt aus dem Umstand, dass die Staffelungsregelungen keinen Automatismus hinsichtlich des Anstiegs der Grundgehälter statuieren, sondern vielmehr als Regulativ das Erfordernis der anforderungsgerechten Leistungserbringung normieren. In Anbetracht dessen kann der Gesetzgeber nach den vorstehenden Ausführungen auch in zulässiger Weise unterstellen, dass bei anforderungsgerechter Amtsausübung die gewünschte, qualifikationssteigernde Berufserfahrung erworben wird.

Die von der Literatur angeführte Kritik, das Besoldungssystem nach Dienstaltersstufen berücksichtige – im Gegensatz zum Besoldungsgefüge nach Erfahrungszeiten – Beschäftigungszeiten außerhalb des öffentlichen Dienstes nicht, ist unbegründet. Durch diese Regelungen hat der Besoldungsgesetzgeber seinen normativen Gestaltungsspielraum hinsichtlich der Wahl der Maßnahmen zur Erreichung seines legitimen Ziels nicht überschritten. Dem Gesetzgeber

1104 *Kämmerer*, ZBR 2008, 325, 336 f. Vgl. auch *Rieble/Zedler*, ZfA 2006, 273, 285; *Reithmann*, ZBR 2008, 365, 374; *Bertelsmann*, in Rust/Falke, AGG, § 10, Rn. 151 ff.

1105 VG Berlin, Urteil vom 24.6.2010, 5 K 17.09, Rn. 17 (Juris). Siehe in diesem Kontext jedoch auch VG Berlin, EuGH-Vorlage vom 13.11.2012, 7 K 215.12, Rn. 73 (Juris).

muss im Rahmen sachgerechter und nachvollziehbarer Erwägungen ein Gestaltungsfreiraum im Hinblick auf die von ihm zu honorierende Berufserfahrung zugestanden werden.

Die Entscheidung, lediglich Beschäftigungszeiträume im öffentlichen Dienst zu berücksichtigen, ist vor diesem Hintergrund nachvollziehbar. Die Erfahrungen, die der Beamte im Rahmen einer vorherigen Tätigkeit in einem Beamtenverhältnis bzw. einem Angestelltenverhältnis im öffentlichen Dienst erworben hat, sind für den Dienstherrn in besonderem Maße dienlich und zweckmäßig. Von den Kenntnissen über die grundsätzliche Organisation von Verwaltungseinheiten sowie den Ablauf von Verwaltungsverfahren, die der Beamte regelmäßig in Ausübung einer vorherigen Tätigkeit im öffentlichen Dienst erwirbt, profitiert er auch nach der Übertragung eines Amtes in besonderem Maße. Es ist mithin auch vor dem Hintergrund der Maßgaben der RL 2000/78/EG nicht zu beanstanden, dass der Besoldungsgesetzgeber die von ihm zu honorierende berufliche Erfahrung auf solche im Bereich des öffentlichen Dienstes beschränkt.[1106]

Im Übrigen begegnet es keinen Bedenken, dass die Grundgehaltsstaffelung sich zur Honorierung der mit fortgeschrittenem Lebensalter hinzugewonnenen Lebenserfahrung eignet. Diese Erfahrung steigt mit zunehmender Lebensdauer an. Der Umstand, dass der Stufenaufstieg an das Kriterium der anforderungsgerechten Leistungserbringung gebunden ist, ist aufgrund der vorstehenden Ausführungen zum Aspekt der Belohnung hinzugewonnener Berufserfahrung hinnehmbar.

Schließlich sind die Besoldungsstaffelungen und insbesondere die konkreten Grundgehaltsstufen – wie bereits aufgezeigt wurde – zudem geeignet, den mit ansteigendem Lebensalter des Beamten erhöhten finanziellen Bedarf zu decken.

(2.) Angemessenheit der Besoldungsstaffelung

Die Einschränkungen jüngerer Beamter im Vergleich zu älteren infolge des Einsatzes der beschriebenen Besoldungsstaffelungen stehen nicht außer Verhältnis zu den mit diesen Regelungen verfolgten Intentionen. Die Zielsetzungen des

1106 Mit der Anrechnung von Berufszeiten außerhalb des öffentlichen Dienstes durch das Besoldungssystem nach Erfahrungszeiten verfolgt der Besoldungsgesetzgeber eine bewusste Öffnung des Beamtenrechts für qualifizierte Beschäftigte aus Tätigkeitsbereichen außerhalb der öffentlichen Verwaltung zum Zwecke der Steigerung der Attraktivität des Beamtenverhältnisses. Aus dieser gesetzgeberischen Entscheidung folgt jedoch nicht im Umkehrschluss eine generelle Verpflichtung des Besoldungsgesetzgebers, jegliche beruflichen Erfahrungen im Rahmen des Besoldungsrechts zu honorieren.

personalwirtschaftlichen Instruments der Besoldungsstaffelung, die mit zunehmender Dienstzeit des Beamten gestiegene Berufs- und Lebenserfahrung zu honorieren sowie dem mit dem Alter wachsenden finanziellen Bedarf Rechnung zu tragen, rechtfertigen die Ungleichbehandlungen im Verhältnis zu jüngeren Beamten. In diesem Zusammenhang ist ferner zu beachten, dass das Besoldungssystem der gestaffelten Grundgehälter die Attraktivität des Beamtenverhältnisses für qualifizierte Nachwuchskräfte bzw. Arbeitssuchende erhöht.

cc. Erforderlichkeit der Staffelungen

Ein milderes Mittel zur Realisierung der in Rede stehenden gesetzgeberischen Zielsetzungen ist nicht erkennbar. Die individuelle Beurteilung bzw. Honorierung des Zugewinns an Berufserfahrung durch den Dienstherrn würde in der überwiegenden Zahl der Sachverhalte nicht zu signifikant abweichenden Ergebnissen führen. Zu honorierende dienstliche Erfahrungen erwirbt der Beamte durch fortgesetzte, langandauernde und anforderungsgerechte Wahrnehmung des ihm übertragenen Amtes. Darüber hinaus ist zu konstatieren, dass die untersuchten Besoldungssysteme dem Dienstherrn die Möglichkeit der Berücksichtigung der Besonderheiten des Einzelfalles eröffnen.

b. Beurteilung der Festsetzung eines Besoldungsdienstalters nach § 28 Abs. 1 BBesG 2006

Die Festsetzung des Besoldungsdienstalters auf den Ersten des Monats, an dem der Beamte sein 21. Lebensjahr vollendet hat, stellt, wie bereits festgestellt wurde, eine unmittelbare Diskriminierung im Sinne des Art. 2 Abs. 2 lit. a) RL 2000/78/EG dar. Gemäß Art. 6 Abs. 1 S. 2 lit. b) RL 2000/78/EG rechtfertigt unter anderem die Festlegung von Mindestanforderungen an das Alter für bestimmte mit der Beschäftigung verbundene Vorteile eine unmittelbare Diskriminierung im Sinne des Art. 2 Abs. 2 lit. a) RL 2000/78/EG.

aa. Legitime Zielsetzung des Besoldungsdienstalters

Die Zielsetzung des Besoldungsdienstalters nach § 28 Abs. 1 BBesG 2006, das Verfahren zur Bestimmung einer Berechnungsgrundlage für die Ermittlung des Besoldungsdienstalters der Beamten durch eine nach dem Lebensalter bemessene Untergrenze zu erleichtern, ist legitim im Sinne des Art. 6 Abs. 1 S. 1 RL 2000/78/EG. Der Besoldungsgesetzgeber verfolgt mit dieser Regelung eine beschäftigungspolitische Intention.[1107] Die Regelung des § 28 Abs. 1 BBesG 2006 vereinfacht die

---

1107 In diesem Zusammenhang sei bemerkt, dass die Kommission der Europäischen Union die Notwendigkeit eines für das gesamte Personal einheitlichen Systems für

Verfahrensabläufe im Personalbereich der öffentlichen Verwaltung. Der damit verbundene Effizienz- und Ressourcengewinn in den betreffenden Verwaltungsbereichen liegt auch im Allgemeininteresse an einer funktionierenden öffentlichen Verwaltung.[1108]

bb. Überprüfung des Instruments des Besoldungsdienstalters an den Vorgaben der RL 2000/78/EG

(1.) Geeignetheit des Instruments

Die Regelung des § 28 Abs. 1 BBesG 2006 eignet sich zur Simplifizierung der Verwaltungsvorgänge in den Personalbereichen der öffentlichen Verwaltung. Infolge der Festsetzung des Besoldungsdienstalters auf den Ersten des Monats, in dem der Beamte das 21. Lebensjahr vollendet, wird eine individuelle Berechnung entbehrlich.

(2.) Angemessenheit des Besoldungsdienstalters

Das besoldungsrechtliche Instrument des Regelbesoldungsdienstalters ist jedoch nicht angemessen im Sinne des Art. 6 Abs. 1 S. 1 RL 2000/78/EG.[1109] Die beschriebene Vereinfachung der Verwaltungsverfahren des Besoldungsrechts zeitigt einseitig belastende Folgen für die Beamten des einfachen und mittleren Dienstes. Dabei können die Nachteile für die Beamten dieser Laufbahngruppen mit einer eventuellen Nichtberücksichtigung von zwei Dienstjahren erheblich

---

die Anrechnung von Vordienstzeiten als legitimes Ziel im Sinne des Art. 6 Abs. 1 S. 1 RL 2000/78/EG angesehen hat, vgl. EuGH, Rs. C-88/08 (*Hütter*), Slg. 2009, I-5325, Rn. 29. Nach *Maaß*, RiA 2012, 55, 59, sowie LKV 2013, 249, 252, honoriert des System des Besoldungsdienstalters die zunehmende Berufserfahrung und verfolgt mithin ein legitimes Ziel.

1108 Die Tatsache, dass bei Anwendung des § 28 Abs. 1 BBesG 2006 in bestimmten Konstellationen nicht unerhebliche Dienstzeiträume der Beamten des einfachen und mittleren Dienstes bei der Ermittlung des Besoldungsdienstalters unberücksichtigt bleiben, zeitigt zudem auch Einspareffekte. Dies wurde vom Besoldungsgesetzgeber jedoch offenkundig nicht intendiert.

1109 So im Ergebnis unter Berufung auf die Entscheidung des EuGH vom 8.9.2011 ebenfalls VG Berlin, EuGH-Vorlage vom 13.11.2012, 7 K 215.12, Rn. 74 (Juris), wobei das Gericht nicht explizit zwischen den Regelungen des §§ 27 und 28 BBesG 2006 unterscheidet. Wie dargelegt, geht auch der EuGH als Ergebnis einer Gesamtbetrachtung der §§ 27, 28 BBesG 2006 von der Unionsrechtswidrigkeit dieses Besoldungssystems aus, EuGH, Rs. C-501/12 – C-506/12, C-540/12, C-541/12, (*Specht u.a./Land Berlin*), NZA 2014, 831, 833, Rn. 51.

sein. Diese für die Betroffenen einschneidenden Nachteile stehen zur Bedeutung der mit der Regelung intendierten Verwaltungsvereinfachung in keinem angemessenen Verhältnis.[1110]

cc. Zwischenergebnis

Die Grundgehaltsstaffelungen sind im Ergebnis nicht als mittelbare Diskriminierung aufgrund des Alters nach Art. 2 Abs. 2 lit. b) RL 2000/78/EG zu qualifizieren. Demgegenüber ist die Regelung des § 28 Abs. 1 BBesG 2006 nicht mit den Vorgaben der RL 2000/78/EG konform. Sie stellt eine unmittelbare Diskriminierung aufgrund des Alters dar.

II. Beurteilung der Europarechtskonformität der Urlaubsstaffelung

Bereits vor der Verkündung der Entscheidung des BAG vom 20.3.2012 vertrat das Schrifttum die Auffassung, die beamtenrechtliche Urlaubsstaffelung sei mit den Vorschriften der RL 2000/78/EG nicht konform. Diese Rechtsansicht muss sich nach der Entscheidung des Gerichts sowie der daran anschließenden Korrektur der EUrlV 2009 bestätigt sehen. Nachstehend wird analysiert, ob § 5 Abs. 1 EUrlV 2009 tatsächlich gegen die Maßgaben der RL 2000/78/EG verstößt.

1. Eröffnung des Geltungsbereichs der Richtlinie

Der Geltungsbereich der Richtlinie ist im Hinblick auf die beamtenrechtliche Staffelung des Erholungsurlaubs gemäß § 5 Abs. 1 EUrlV 2009 eröffnet. Der Anspruch des Beamten auf Erholungsurlaub ist als Beschäftigungs- bzw. Arbeitsbedingung im Sinne des Art. 3 Abs. 1 lit. c) RL 2000/78/EG zu werten.

2. Unmittelbare Diskriminierung jüngerer Beamter, Art. 2 Abs. 2 lit. a) RL 2000/78/EG

§ 5 Abs. 1 EUrlV 2009 benachteiligt jüngere Beamte im Vergleich zu älteren unmittelbar aufgrund des Alters im Sinne des Art. 2 Abs. 2 lit. a) RL 2000/78/EG,

---

1110 Eine andere Auffassung vertritt *Maaß*, RiA 2012, 55, 59, sowie LKV 2013, 249, 252, der insgesamt die Unionsrechtskonformität des Instruments des Besoldungsdienstalters vertritt. In der Entscheidung vom 19.6.2014 äußert der EuGH in Bezug auf besoldungsrechtliche Überleitungsvorschriften die Ansicht, administrative Schwierigkeiten könnten die Nichtbeachtung von Diskriminierungsverboten grundsätzlich nicht rechtfertigen, um anschließend doch verwaltungspraktische Erwägungen über technische bzw. wirtschaftliche Argumente zuzulassen, EuGH, Rs. C-501/12 – C-506/12, C-540/12, C-541/12, (*Specht u.a./ Land Berlin*), NZA 2014, 831, 835, Rn. 77 ff. m.w.N.

da sie die Höhe des Urlaubsanspruchs nach dem Lebensalter in Verbindung mit der Besoldungsgruppe staffelt.[1111]

3. *Rechtfertigung der unmittelbaren Diskriminierung gemäß Art. 6 Abs. 1 S. 1 RL 2000/78/EG*

Die Kontroverse hinsichtlich der Unionsrechtskonformität gestaffelter Urlaubsregelungen bezieht sich im Wesentlichen auf die Frage der Legitimität der mit derartigen Gesetzeskonzeptionen verfolgten Zielsetzungen.

a. Legitimes Ziel

Der Kerngehalt der Entscheidung des BAG vom 20.3.2012 richtet sich auf den mit dieser Staffelung verfolgten Regelungszweck. Demgemäß werden die signifikanten Aussagen der Entscheidung nachfolgend beschrieben, um diese sowie die im Schrifttum geäußerten Bedenken hinsichtlich der Europarechtskonformität des § 5 Abs. 1 EUrlV 2009 zu bewerten.

aa. Entscheidung des BAG vom 20.3.2012

In der Entscheidung vom 20.3.2012 befasst sich das BAG mit der Frage der Konformität der Regelung des § 26 Abs. 1 S. 2 des Tarifvertrags für den öffentlichen Dienst vom 13.9.2005 in der Fassung des Änderungsvertrags Nr. 2 vom 31.3.2008[1112] mit den Vorgaben des AGG. Gemäß dieser Vorschrift wurde Beschäftigten, deren wöchentliche Arbeitszeit sich auf fünf Tage in der Kalenderwoche verteilte, bis zum vollendeten 30. Lebensjahr ein Urlaubsanspruch von 26 Arbeitstagen, bis zum vollendeten 40. Lebensjahr ein Anspruch von 29 Arbeitstagen und nach dem vollendeten 40. Lebensjahr ein Urlaubsanspruch von 30 Arbeitstagen gewährt.

Das Gericht erkannte in dieser Urlaubsstaffelung einen Verstoß gegen das Verbot der Altersdiskriminierung gemäß §§ 1, 3 Abs. 1 AGG, der nicht gemäß § 10 AGG legitimiert ist.[1113] Ausweislich der Ausführungen des BAG trägt die in Streit stehende Urlaubsstaffelung angesichts ihrer Ausgestaltung nicht dem gesteigerten Erholungsbedürfnis älterer Beschäftigter sowie deren

1111 Vgl. *Brors*, in Däubler/Bertzbach, AGG, § 10, Rn. 49.

1112 Tarifvertrag für den öffentlichen Dienst vom 13.9.2005 in der Fassung des Änderungsvertrags Nr. 2 vom 31.3.2008, abrufbar unter www.bmi.bund.de, (im Folgenden: TVöD a.F.).

1113 BAG, NZA 2012, 803, 804.

Gesundheitsschutz Rechnung.[1114] § 26 Abs. 1 S. 2 TVöD a.F. könne bereits deshalb nicht den Schutz älterer Angestellten intendieren, da Arbeitnehmer nicht schon ab Vollendung des 31. Lebensjahres als ältere Beschäftigte im Sinne des § 10 S. 1 Nr. 3 AGG einzustufen seien.[1115] Darüber hinaus verfolge die Regelung nicht das Ziel des Gesundheitsschutzes der Beschäftigten, da die Konstruktion der Urlaubsstaffelung den Arbeitnehmern bereits mit dem vollendeten 30. Lebensjahr einen erweiterten Urlaubsanspruch gewähre. Nach Ansicht des Gerichts fehlen Anhaltspunkte, die die Annahme eines gesteigerten Erholungsbedürfnisses bereits in diesem Alter rechtfertigten.[1116] In diesem Kontext sei ferner zu berücksichtigen, dass der Urlaubsanspruch nach dem vollendeten 40. Lebensjahr nicht weiter erhöht werde.[1117]

Der Tarifgeschichte zufolge solle die Urlaubsstaffelung nach Ansicht des Gerichts vielmehr als Quasi-Gegenleistung für die Arbeitsleistung dienen. Dementsprechend werde der erweiterte Urlaubsanspruch gemäß § 26 Abs. 1 S. 2 TVöD a.F. „verdient".[1118]

bb. Ansicht im Schrifttum

Auch die im Schrifttum vertretene Auffassung steht Urlaubsstaffelungen, die der des § 5 Abs. 1 EUrlV 2009 entsprechen, kritisch gegenüber. Derartige Staffelungen basierten nicht auf einem legitimen Ziel.[1119] Dem Verordnungsgeber stehe bei der Festsetzung des Urlaubsumfangs aufgrund der europarechtlichen Vorgaben kein Dispositionsfreiraum zur Verfügung.[1120] Durch die niedrig angesetzte Staffelung werde insbesondere nicht gesundheitlichen Belastungen vorgebeugt.[1121]

1114 BAG, NZA 2012, 803, 805.

1115 BAG, NZA 2012, 803, 805, m.w.N.

1116 BAG, NZA 2012, 803, 805.

1117 BAG, NZA 2012, 803, 805 f.

1118 BAG, NZA 2012, 803, 806.

1119 Siehe hierzu *Baßlsperger*, ZBR 2008, 339, 347; *Lüderitz*, Altersdiskriminierung durch Altersgrenzen, S. 156.

1120 *Baßlsperger*, ZBR 2008, 339, 347.

1121 *Baßlsperger*, ZBR 2008, 339, 347; *Lüderitz*, Altersdiskriminierung durch Altersgrenzen, S. 156; *Meinel/Heyn/Herms*, AGG, § 10, Rn. 42b. Siehe ebenfalls *Tempelmann/Stenslik*, DStR 2011, 1183, 1186. Zu vergleichbaren Regelungen für die Angestellten des öffentlichen Dienstes *Lingscheid*, Altersdiskriminierung im Arbeitsrecht, S. 212. Sie bezweifelt insbesondere die Schutzbedürftigkeit jüngerer Angestellter, die eine Erhöhung des Urlaubsanspruchs zu rechtfertigen vermag.

cc. Bewertung der Intention der beamtenrechtlichen Urlaubsstaffelungen gemäß § 5 Abs. 1 EUrlV 2009

Die Literaturauffassung verkennt die konkrete Intention der beamtenrechtlichen Urlaubsstaffelung gemäß § 5 Abs. 1 EUrlV 2009. Die mit der in Rede stehenden Urlaubsstaffelung verfolgten Zielsetzungen beruhen auf objektiven und sachgerechten Erwägungen.

Im Gegensatz zu der vom BAG zu beurteilenden Urlaubsstaffelung gemäß § 26 Abs. 1 S. 2 TVöD a.F. verfolgt die beamtenrechtliche Urlaubsstaffelung ein legitimes Ziel im Sinne des Art. 6 Abs. 1 S. 1 RL 2000/78/EG. Die Staffelung trägt nicht, wie das Gericht in Bezug auf die tarifvertragliche Urlaubsstaffelung unterstellt, einem gesteigerten, altersbedingten Erholungsbedürfnis Rechnung. Sie beruht vielmehr auf arbeitspsychologischen Annahmen und dient der Berücksichtigung eines in der Regel gesteigerten Regenerationsbedarfs des Beamten aufgrund erhöhter dienstlicher Beanspruchung. Dieser erhöhte Bedarf resultiert aus angewachsenen Leistungsanforderungen in konkret definierten Phasen einer typisierten Berufsbiographie. Die normative Anknüpfung an das Lebensalter des Beamten verfolgt in diesem Kontext lediglich das Ziel, die bereits benannten Lebensabschnitte erhöhter dienstlicher Anforderungen an den Beamten im Rahmen des typisierten Erwerbsverlaufs zu bestimmen.

Die Zielsetzung der personalwirtschaftlichen Maßnahme der Urlaubsstaffelung, die Leistungsfähigkeit des Beamten in Zeiten besonders hoher Anforderungen aufgrund des ausgeübten Amtes zu erhalten, ist mithin eine legitime sozial- und beschäftigungspolitische Intention im Sinne des Art. 6 Abs. 1 S. 1 RL 2000/78/EG. Auf diese Weise wird zum einen dem Interesse des Beamten an der langfristigen Bewahrung seiner Gesundheit Rechnung getragen, da er in den von der Urlaubsstaffelung erfassten Phasen der typisierten Biographie regelmäßig erhöhten dienstlichen Leistungsanforderungen ausgesetzt ist. Zum anderen hat der Dienstherr ein anzuerkennendes Eigeninteresse am Erhalt des Leistungsvermögens seiner Beamten zum Zwecke der Wahrnehmung seiner Aufgaben im Interesse der Gewährleistung einer leistungsfähigen und effizienten öffentlichen Verwaltung.

Ferner ist der Umstand, dass der Urlaubsanspruch nach Vollendung der Etablierung des Beamten in seinem Amt nicht abgesenkt wird ebenfalls auf ein legitimes Ziel zurückzuführen. Auf diese Weise wird die – bereits erörterte – altersbedingte Leistungsminderung berücksichtigt. Der Gesetzgeber bewahrt somit nachhaltig die Gesundheit und Leistungsfähigkeit der Beamten.[1122]

1122 Siehe in diesem Zusammenhang *Waltermann*, NZA 2005, 1265, 1269; *dens.*, ZfA 2006, 305, 322; *Rieble/Zedler*, ZfA 2006, 273, 297.

b. Unionsrechtskonformität des Einsatzes des Instruments der Urlaubsstaffelung gemäß § 5 Abs. 1 EUrlV 2009

aa. Geeignetheit und Angemessenheit der Urlaubsstaffelung

Die Urlaubsstaffelung eignet sich zur Erreichung des Ziels, Gesundheitsbeeinträchtigungen und Leistungsminderungen der Beamten in den Phasen erhöhter Anforderungen durch das auszuübende Amt zu verhindern. Die automatische Erhöhung des Urlaubsanspruchs in diesen Phasen kompensiert die körperlichen und geistigen Anstrengungen infolge erhöhter Leistungsbeanspruchung.

Die mit der Urlaubsstaffelung verbundenen Benachteiligungen jüngerer Beamter sind angesichts der Signifikanz der mit § 5 Abs. 1 EUrlV 2009 intendierten Zielsetzung angemessen. Dem Erhalt der Gesundheit und der Leistungsfähigkeit der Beamten sowie die Gewährleistung einer leistungsfähigen Verwaltung kommt im Hinblick auf die Bedeutung der Wahrnehmung öffentlicher Aufgaben eine herausgehobene Relevanz zu. In Anbetracht dessen sind die aus der in Rede stehenden Urlaubsstaffelung für jüngere Beamte folgenden Benachteiligungen vertret- und hinnehmbar.

bb. Erforderlichkeit der Urlaubsstaffelung

Die beamtenrechtliche Urlaubsstaffelung ist auch erforderlich im Sinne des Art. 6 Abs. 1 S. 1 RL 2000/78/EG, da ein milderes Mittel zur Realisierung der mit Staffelung verfolgten Zielsetzungen nicht erkennbar ist. Eine Regelung, die dem individuellen Erholungsbedürfnis der Beamten durch eine flexible Anpassung des Urlaubsanspruchs Rechnung tragen würde, stellt kein weniger einschneidendes Mittel in diesem Sinne dar. Derartige Regelungen würden voraussichtlich von einem Großteil der Beamten aufgrund der Notwendigkeit der Artikulation der erhöhten Erholungsbedürftigkeit nicht in Anspruch genommen und im Übrigen dem Dienstherrn die mittelfristige Personalplanung sowie den Personaleinsatz erheblich erschweren.[1123]

Ferner kann eine Absenkung der im Zeitraum beruflicher Etablierung an den Beamten gestellten Leistungsanforderungen nicht als realistischer Weg betrachtet werden. Ein Ausgleich dieser erhöhten Belastung des Beamten durch Erhöhung des Urlaubsumfangs ist deshalb folgerichtig.

1123 Es ist davon auszugehen, dass Beamte regelmäßig ein erhöhtes Regenerationsbedürfnis gegenüber dem Dienstherrn verschweigen werden, da sie direkte oder indirekte Nachteile für ihre weitere berufliche Entwicklung fürchten. Auf diese Weise würde die Intention des Urlaubsrechts der Beamten, die Gesundheit und Leistungsfähigkeit der Bediensteten zu bewahren, verfehlt.

Vor dem Hintergrund der beschriebenen Intentionen der Urlaubsstaffelung bestehen ferner keine Bedenken gegen die Erforderlichkeit in Bezug auf die konkreten Altersfestsetzungen der Staffelung. Diese sehen eine Erhöhung des Urlaubsanspruchs lediglich in den Phasen der typisierten Beamtenbiographie vor, in denen die Leistungsanforderungen regelmäßig ihren Höhepunkt erreichen.[1124]

c. Zwischenergebnis

Die Urlaubsstaffelung gemäß § 5 Abs. 1 EUrlV 2009 ist mit europarechtlichen Antidiskriminierungsvorgaben vereinbar. Die mit der Urlaubsstaffelung des § 5 Abs. 1 EUrlV 2009 verbundene Ungleichbehandlung ist gemäß Art. 6 Abs. 1 S. 1 RL 2000/78/EG gerechtfertigt.

E. Fazit

Sowohl der aktuellen als auch der seinerzeitigen – isoliert bewerteten – Besoldungsstaffelung sowie der Staffelung des Erholungsurlaubs der Beamten liegt ein schlüssiges, stringentes und sachlich gerechtfertigtes Grundkonzept des Gesetzgebers zugrunde. Dieses Konzept ist sowohl mit dem Verfassungsrecht als auch den unionsrechtlichen Antidiskriminierungsvorgaben in Bezug auf das Alter vereinbar. Zu bemerken ist jedoch, dass das rechnerische Instrument des Besoldungsdienstalters sowohl verfassungsrechtlichen als auch europarechtlichen Bedenken begegnet. Angesichts dessen ist der Verzicht des Gesetzgebers auf dieses besoldungsrechtliche Instrument zu befürworten.

Die Novellierung der EUrlV 2009 war nicht aufgrund verfassungs- oder unionsrechtlicher Vorgaben zum Verbot der Altersdiskriminierung geboten.

1124 *Sprenger*, Das arbeitsrechtliche Verbot der Altersdiskriminierung nach der Richtlinie 2000/78/EG, S. 226, verneint hingegen im Hinblick auf die vergleichbare Urlaubsstaffelung für die Angestellten des öffentlichen Dienstes die Erforderlichkeit einer gestaffelten Regelung, die eine Erhöhung des Urlaubsanspruchs mit Vollendung des 30. bzw. 40. Lebensjahres vorsieht.

6. Teil Untersuchung der Altersgrenzen für die Beförderung

Im inhaltlichen Kontext zu der Regelaltergrenze für den Übergang des Beamten vom aktiven Dienst in den Ruhestand steht das sog. Altersbeförderungsverbot. Dieses Steuerungsinstrument des Beamtenrechts orientiert sich ebenfalls am Lebensalter des Beamten und ist dementsprechend an den unionsrechtlichen Antidiskriminierungsvorgaben der RL 2000/78/EG zu messen.

A. Die Beförderung im Beamtenrecht

Die Beförderung ist ein zentrales Instrument der effizienten Personalsteuerung im öffentlichen Dienst und bedeutsamer Aspekt des Laufbahnprinzips.[1125] Die Aussicht auf eine berufliche Fortentwicklung und persönliche Selbstverwirklichung durch eine Beförderung begründet eine signifikante Motivation für Beamte.[1126] Dementsprechend gebietet die Fürsorgepflicht des Dienstherrn gegenüber dem Beamten eine verantwortungsvolle Beförderungsentscheidung.[1127]

Durch die Beförderung wird dem Beamten ein anderes Amt der Laufbahngruppe mit einem höheren Endgrundgehalt und einer anderen Amtsbezeichnung verliehen.[1128] Der Beförderungsbegriff erfasst das Amt im statusrechtlichen Sinn.[1129] Die Beförderung erfolgt bei einem Wechsel der Amtsbezeichnung durch Ernennung.[1130] Zulässig ist die Beförderung nach dem Beamtenrecht, sofern allgemeine Beförderungsvoraussetzungen vorliegen und Beförderungsverbote nicht entgegenstehen.[1131] Beförderungsverbote können sich insbesondere aus

---

1125 *Battis*, BBG, 4. Aufl., § 22, Rn. 4.

1126 *Battis*, BBG, 4. Aufl., § 22, Rn. 4.

1127 *Battis*, BBG, 4. Aufl., § 22, Rn. 4.

1128 *Scheerbarth/Höffken/Bautschke/Schmidt*, Beamtenrecht, Kap. § 12 IV, S. 290; *Becker*, Öffentliche Verwaltung, § 44, 2, S. 825; *Monhemius*, Beamtenrecht, Kap. F. IV., Rn. 122. Als Endgrundgehalt ist das Gehalt zu verstehen, das der Beamte mit einer bestimmten Besoldungsgruppe in seiner höchsten Dienststufe bezieht, *Kienzler*, Beamtenrecht, Kap. 10, Rn. 103.

1129 *Kienzler*, Beamtenrecht, Kap. 10, Rn. 103.

1130 *Scheerbarth/Höffken/Bautschke/Schmidt*, Beamtenrecht, Kap. § 12 IV, S. 290; *Battis*, BBG, 4. Aufl., § 22, Rn. 2.

1131 *Scheerbarth/Höffken/Bauschke/Schmidt*, Beamtenrecht, Kap. § 12 IV, 3c), S. 300. *Kienzer*, Beamtenrecht, Kap. 10, Rn. 106.

beamten- und laufbahnrechtlichen Beschränkungen ergeben.[1132] Beförderungsverbote intendieren die Gewährleistung einer einheitlichen Beförderungspraxis in den diversen Bereichen der öffentlichen Verwaltung.[1133]

B. Bundes- und landesgesetzliche Regelungen

Im Rahmen dieses Abschnitts werden zunächst die rechtlichen Vorgaben zum Verbot der Altersbeförderung auf bundes- und landesgesetzlicher Ebene aufgezeigt, die in diesem Zusammenhang zu berücksichtigenden beamtenversorgungsrechtlichen Vorschriften erläutert, um schließlich die Intention des in Rede stehenden personalwirtschaftlichen Instruments darzulegen.

I. Entwicklung auf bundesgesetzlicher Ebene

Die bundesgesetzlichen Vorgaben in Bezug auf die Beförderung von Bundesbeamten waren jüngst signifikanten Veränderungen unterworfen.

1. Altersbeförderungsverbot der BLV vor den Änderungen durch die Siebte Verordnung zur Änderung der BLV

Die Bundeslaufbahnverordnung in der bis zum 8.7.2002 geltenden Fassung[1134] enthielt eine altersorientierte Regelung hinsichtlich der Beförderung der Bundesbeamten. Während § 12 Abs. 1 S. 1 BLV 2000 die generellen Beförderungsvoraussetzungen benannte, statuierte § 12 Abs. 4 BLV 2000 Beförderungsverbote. Nach § 12 Abs. 4 Nr. 3 BLV 2000 war eine Beförderung innerhalb von zwei Jahren vor Vollendung des für die Altersgrenze maßgebenden Lebensjahres nicht zulässig.

Dieses laufbahnrechtliche Altersbeförderungsverbot weist eine 50-jährige Vergangenheit im Beamtenrecht auf. Bereits die BLV in der Fassung der Bekanntmachung vom 31.7.1956 sah ein entsprechendes Beförderungsverbot für die Beamten des Bundes vor.[1135]

1132 *Scheerbarth/Höffken/Bauschke/Schmidt*, Beamtenrecht, Kap. § 12 IV, 3c), S. 300. Darüber hinaus können sich Beförderungsbeschränkungen auch aus disziplinarrechtlichen sowie haushaltsrechtlichen Verboten ergeben.

1133 *Kienzler*, Beamtenrecht, Kap. 10, Rn. 106.

1134 Verordnung über die Laufbahnen der Bundesbeamten in der Fassung vom 8.3.1990, BGBl. I S. 449, zuletzt geändert durch Gesetz vom 30.11.2000, BGBl. I S. 1638 (im Folgenden: BLV 2000).

1135 Nach § 9 Abs. 3 Nr. 3 der Verordnung über die Laufbahnen der Bundesbeamten in der Fassung der Bekanntmachung vom 31.7.1956, BGBl. I S. 712, war eine Beförderung innerhalb von drei Jahren vor Erreichen der Altersgrenze nicht zulässig.

2. *Verzicht des Verordnungsgebers auf das Altersbeförderungsverbot und die aktuelle Rechtslage im Bund*

Die Konzeption laufbahnrechtlicher Beförderungsvoraussetzungen wurde durch die Siebte Verordnung zur Änderung der Bundeslaufbahnverordnung vom 2.7.2002[1136] neu gestaltet.[1137] In diesem Zuge wurde auf das Alterbeförderungsverbot gemäß § 12 Abs. 4 Nr. 3 BLV 2000 verzichtet.[1138] Ein entsprechendes Beförderungsverbot aufgrund des Alters formulierte auch die seinerzeitige Fassung des BBG nicht.[1139]

Nach den derzeitigen laufbahnrechtlichen Beförderungsvorgaben des § 32 BLV kann ein Beamter befördert werden, wenn er nach Eignung, Befähigung und fachlicher Leistung ausgewählt worden ist, im Fall der Übertragung einer höherwertigen Funktion die Eignung in einer Erprobungszeit nachgewiesen wurde und kein Beförderungsverbot vorliegt. Die Beförderungsverbote werden in § 22 Abs. 4 BBG statuiert. Danach ist eine Beförderung unzulässig vor Ablauf eines Jahres seit der Einstellung in das Beamtenverhältnis auf Probe, seit der Einstellung in das Beamtenverhältnis auf Lebenszeit oder seit der letzten Beförderung, es sei denn, das bisherige Amt musste nicht regelmäßig durchlaufen werden.

II. Altersbeförderungsverbote in landesgesetzlichen Regelungen

Die laufbahnrechtlichen und beamtenrechtlichen Beförderungsregelungen der Länder vermitteln im Hinblick auf das an der Regelaltersgrenze orientierte Beförderungsverbot ein uneinheitliches Bild.

Ein laufbahnrechtliches Altersbeförderungsverbot sieht lediglich die LVO Nordrhein-Westfalen[1140] vor. Nach der LVO Thüringen soll eine Beförderung nicht innerhalb von zwei Jahren vor Erreichen der Altersgrenze ausgesprochen werden.[1141] Die LVO Hessen, die LVO Saarland sowie die LVO Sachsen-Anhalt

---

1136 Siebte Verordnung zur Änderung der Bundeslaufbahnverordnung vom 2.7.2002, BGBl. I S. 2447.

1137 Ausführlich hierzu *Lemhöfer/Leppek*, Das Laufbahnrecht der Bundesbeamten, BLV, § 12, 25. EL, April 2008, Rn. 1.

1138 Art. 1 Nr. 15 Siebte Verordnung zur Änderung der Bundeslaufbahnverordnung vom 2.7.2002, BGBl. I S. 2447.

1139 Vgl. §§ 23 f. BBG in der Fassung der Bekanntmachung 31.3.1999, BGBl. I S. 675, zuletzt geändert durch Gesetz vom 21.6.2002, BGBl. I S. 2138.

1140 § 11 Abs. 2 LVO Nordrhein-Westfalen.

1141 § 11 Abs. 2 LVO Thüringen.

enthalten keine Vorgaben in Bezug auf die Beförderung der Landesbeamten. Die Laufbahnverordnungen der übrigen Länder weisen demgegenüber normative Vorgaben zu den Beförderungen der Landesbeamten auf, verzichten jedoch auf eine dem Altersbeförderungsverbot vergleichbare Regelung.[1142]

Eine dem § 12 Abs. 4 Nr. 3 BLV 2000 entsprechende, beamtenrechtliche Sollvorschrift statuiert das LBG Thüringen.[1143] Kein an der Regelaltersgrenze ausgerichtetes Beförderungsverbot aus Gründen des Alters normieren das LBG Baden-Württemberg[1144], das LBG Brandenburg[1145], das LBG Bremen[1146], das LBG Hamburg[1147], das LBG Hessen[1148], das LBG Mecklenburg-Vorpommern[1149], das LBG Niedersachsen[1150], das LBG Nordrhein-Westfalen[1151], das LBG Rheinland-Pfalz[1152], das LBG Saarland[1153], das LBG Sachsen[1154], das LBG Sachsen-Anhalt[1155] und das LBG Schleswig-Holstein[1156]. Das LBG Bayern sowie das LBG Berlin verzichten auf gesetzliche Vorgaben zur Beförderung der Beamten.

III. Beamtenversorgungsrechtliches Korrelat zum Altersbeförderungsverbot

Begründet wurde der Verzicht auf das laufbahnrechtliche Altersbeförderungsverbot im Rahmen der Siebten Verordnung zur Änderung der BLV mit der

1142 Vgl. Art. 17 LlBG Bayern; § 26 LVO Berlin; § 10 LVO Brandenburg; § 9 LVO Bremen; § 6 LVO Hamburg; § 31 LVO Mecklenburg-Vorpommern; § 12 LVO Niedersachsen; § 26 LVO Rheinland-Pfalz; § 7 LVO Sachsen; § 10 f. LVO Schleswig-Holstein.

1143 § 26 Abs. 2 LBG Thüringen.

1144 Vgl. § 20 LBG Baden-Württemberg.

1145 Vgl. § 20 LBG Brandenburg.

1146 Vgl. § 20 LBG Bremen.

1147 Vgl. § 20 LBG Hamburg.

1148 Vgl. § 27 LBG Hessen.

1149 Vgl. § 20 LBG Mecklenburg-Vorpommern.

1150 Vgl. § 20 LBG Niedersachsen.

1151 Vgl. § 20 LBG Nordrhein-Westfalen.

1152 Vgl. § 21 LBG Rheinland-Pfalz.

1153 Vgl. § 11 LBG Saarland.

1154 Vgl. § 27 LBG Sachsen.

1155 Vgl. § 22 LBG Sachsen-Anhalt.

1156 Vgl. § 20 LBG Schleswig-Holstein.

vorausgegangenen Korrektur beamtenversorgungsrechtlicher Ruhegehaltsregelungen.[1157] Nach der seinerzeitigen Vorschrift des § 5 Abs. 3 S. 1 BeamtVG[1158] waren ruhegehaltsfähig lediglich Bezüge des Beamten aus einem Amt, das nicht der Eingangsgruppe seiner Laufbahn oder das keiner Laufbahn angehörte, die er vor dem Eintritt in den Ruhestand mindestens drei Jahre erhielt.

Das BVerfG erklärte diese versorgungsrechtliche Vorschrift mit Urteil vom 20.3.2007 als mit Art. 33 Abs. 5 GG unvereinbar, da die durch diese Regelung vorgenommene Verlängerung der Wartefrist von zwei auf drei Jahre den aus dem Alimentationsprinzip folgenden Grundsatz der amtsgemäßen Versorgung nicht lediglich modifiziert, sondern vielmehr in unzulässiger Weise fundamental verändert habe.[1159]

§ 5 Abs. 3 S. 1 BeamtVG wurde durch das DNeuG den Maßgaben der angeführten Entscheidung des BVerfG angepasst und demzufolge die beamtenversorgungsrechtliche Wartefrist von drei auf zwei Jahre reduziert.[1160]

IV. Intention des Altersbeförderungsverbots

Das Altersbeförderungsverbot gemäß § 12 Abs. 4 Nr. 3 BLV 2000 basiert auf der Erwägung des Verordnungsgebers, der Beamte werde die mit der Übertragung des höheren Amtes verbundenen dienstlichen Pflichten und Aufgaben über einen längeren Zeitraum wahrnehmen.[1161] Signifikante Weiterentwicklungen der dienstlichen Befähigung und Eignung für höherwertige Aufgaben sowie ein entsprechender Leistungszuwachs seien demzufolge kurz vor Erreichung der Altersgrenze regelmäßig nicht zu erwarten.[1162]

1157 *Lemhöfer/Leppek*, Das Laufbahnrecht der Bundesbeamten, § 12, 24. EL, September 2007, Rn. 5e.

1158 Gesetz über die Versorgung der Beamten und Richter in Bund und Ländern in der Fassung der Bekanntmachung vom 16.3.1999, BGBl. I S. 322, zuletzt geändert durch Gesetz vom 9.7.2001, BGBl. I S. 1510. Die Vorschrift des § 5 Abs. 3 S. 1 BeamtVG wurde im Rahmen des Gesetzes zur Umsetzung des Versorgungsberichts vom 29.6.1998, BGBl. I S. 1666, 3128, geändert.

1159 BVerfG, NVwZ 2007, 679, 681, mit einem *obiter dictum* der Richterin am BVerfG *Osterloh* und des Richters am BVerfG *Gerhardt*. Ausführlich hierzu *Leisner-Egensperger*, ZBR 2008, 9, 10; *Lemhöfer/Leppek*, Das Laufbahnrecht der Bundesbeamten, § 12, 24. EL, September 2007, Rn. 5e.

1160 Art. 4, Nr. 5 b), aa) DNeuG.

1161 Vgl. BVerwGE 31, 345, 354; OVG Rheinland-Pfalz, ZBR 1981, 378, 378; VGH Hessen, NVwZ 2003, 240, 241, m.w.N.

1162 Vgl. *Lemhöfer/Leppek*, Das Laufbahnrecht der Bundesbeamten, § 12, 25. EL, April 2008, Rn. 5c.

Durch das Altersbeförderungsverbot erfährt der dem Dienstherrn im Rahmen seiner personellen Organisationsgewalt zukommende Freiraum bei personalwirtschaftlichen Auswahlentscheidungen eine normative Einschränkung im Sinne einer auf sachlichen Erwägungen beruhenden Vorauslese.[1163] Auf diese Weise vermeidet der Verordnungsgeber Auswahlentscheidungen, die auf altersbezogenen und mithin leistungsfremden Erwägungen beruhen.[1164]

C. Verfassungsrechtliche Bewertung des Altersbeförderungsverbots

Der hergebrachte Grundsatz des Leistungsprinzips bildet auch für dieses Steuerungsinstrument des Personalwesens die beamtenverfassungsrechtliche Bewertungsgrundlage.

I. Beachtung des Leistungsprinzips bei der Beförderung

Nach aktueller Ansicht der beamtenrechtlichen Literatur sowie ständiger Rechtsprechung hat sich die Entscheidung über die Besetzung eines Beförderungspostens ebenfalls an den Maßgaben des Leistungsgrundsatzes gemäß Art. 33 Abs. 2 GG zu orientieren.[1165] Art. 33 Abs. 2 GG ist der Maßstab für sämtliche personalwirtschaftliche Entscheidungen im Rahmen eines bestehenden Beamtenverhältnisses. Angesichts dessen ist die mit der Beförderung verbundene Verleihung eines anderen, höherwertigen Amtes als Zugang zu einem Amt im Sinne des Art. 33 Abs. 2 GG zu verstehen.[1166] Beförderungen sind dementsprechend nach Eignung, Befähigung und fachlicher Leistung ohne Rücksicht auf Geschlecht, Abstammung, Rasse oder ethnische Herkunft, Behinderung, Religion oder

---

1163 VGH Hessen, NVwZ 2003, 240, 241; VGH Baden-Württemberg, VBlBW 2003, 286, 286.

1164 VGH Hessen, NVwZ 2003, 240, 241.

1165 BVerfGE 61, 43, 57; BVerfG, NVwZ 2007, 679, 680; *Badura*, in Maunz/Dürig, GG, Art. 33, 55. EL, Mai 2009, Rn. 25; *Kienzler*, Beamtenrecht, Kap. 10, Rn. 104; *Monhemius*, Beamtenrecht, Kap. F. VI., Rn. 128; *Lemhöfer/Leppek*, Das Laufbahnrecht der Bundesbeamten, § 12, 25. EL, April 2008, Rn. 5c. Vgl. schließlich *Zeh*, Berufsbeamtentum und Leistungsgesellschaft – leistungsbezogene Besoldung –, S. 159 ff.

1166 *Zeh*, Berufsbeamtentum und Leistungsgesellschaft – leistungsbezogene Besoldung –, S. 160 m.w.N.; *Scheerbarth/Höffken/Bauschke/Schmidt*, Beamtenrecht, Kap. § 12 IV, S. 292 f.

Weltanschauung, politische Anschauungen, Herkunft, Beziehungen oder sexuelle Identität vorzunehmen.[1167]

Einen Rechtsanspruch auf Beförderung hat der Beamte grundsätzlich nicht.[1168] Ein solcher Beförderungsanspruch ergibt sich insbesondere nicht aus dem Leistungsgrundsatz[1169] oder der Fürsorgepflicht[1170] des Dienstherrn gegenüber dem Beamten.[1171] Dem Dienstherrn steht vielmehr bei der Entscheidung, ob eine Beförderungsstelle besetzt wird sowie hinsichtlich der konkreten Besetzung des höherwertigen Postens, ein Ermessen zu.[1172] Dieses Ermessen dient der Gewährleistung der optimalen Besetzung des Beförderungspostens im Interesse einer leistungsfähigen, effektiven Staatsverwaltung.[1173]

II. Vereinbarkeit des Altersbeförderungsverbots mit beamtenverfassungsrechtlichen Strukturprinzipien

Die Frage der Verfassungskonformität des Beförderungsverbots aufgrund des Lebensalters wird in Rechtsprechung und Schrifttum nicht einheitlich beantwortet.

1. Meinungsbild im Schrifttum und der Rechtsprechung

Im Schrifttum wird die Verfassungskonformität des Altersbeförderungsverbots vertreten. Beförderungen in unmittelbarer zeitlicher Nähe zur Erreichung der Regelaltersgrenze entsprächen – angesichts des in dieser erwerbsbiographischen

---

1167 Vgl. § 22 Abs. 1 S. 1 i.V.m. § 9 BBG sowie § 32 Nr. 1 BLV.

1168 *Scheerbarth/Höffken/Bauschke/Schmidt*, Beamtenrecht, Kap. § 12 IV, S. 294.

1169 *Monhemius*, Beamtenrecht, Kap. F. VI., Rn. 126.

1170 BVerwGE 15, 3, 7 f.; BVerwGE 19, 19, 22. Eingehend hierzu *Scheerbarth/Höffken/Bauschke/Schmidt*, Beamtenrecht, Kap. § 12 IV, S. 296.

1171 *Scheerbarth/Höffken/Bauschke/Schmidt*, Beamtenrecht, Kap. § 12 IV, S. 295. Siehe ebenfalls *Kienzler*, Beamtenrecht, Kap. 10, Rn. 105; *Wichmann*, in Wichmann/Langer, Öffentliches Dienstrecht, 5. Abschn., Rn. 145 m.w.N.

1172 Vgl. *Scheerbarth/Höffken/Bauschke/Schmidt*, Beamtenrecht, Kap. § 12 IV, S. 297; *Kienzler*, Beamtenrecht, Kap. 10, Rn. 105. Dementsprechend besteht ein Anspruch des Beamten auf Beförderung – mit Ausnahme einer Zusicherung – lediglich in Fällen der Ermessensreduzierung auf Null. Vgl. hierzu *Scheerbarth/Höffken/Bauschke/Schmidt*, Beamtenrecht, § 12 IV, S. 294 f.

1173 *Kienzler*, Beamtenrecht, Kap. 10, Rn. 105.

Phase nicht mehr zu erwartenden Leistungsanstiegs – in der Regel nicht mehr dem Leistungsprinzip.[1174]

In der verwaltungsgerichtlichen Rechtsprechung hat sich demgegenüber bislang noch keine einheitliche Rechtsauffassung in Bezug auf die Vereinbarkeit von – landesgesetzlichen – Altersbeförderungsverboten mit beamtenverfassungsrechtlichen Strukturprinzipien herausgebildet. Ein Teil der Rechtsprechung erhebt Zweifel an der Vereinbarkeit dieser Beschränkung des Wettbewerbs mit dem Leistungsprinzip gemäß Art. 33 Abs. 2 GG.[1175] Die gegenteilige Rechtsansicht in der Rechtsprechung sieht hingegen in derartigen Altersgrenzenregelungen den hergebrachten Grundsatz des Leistungsprinzips verwirklicht.[1176] Die Erwartungshaltung des Gesetzgebers, der Beamte werde nach erfolgter Beförderung noch einen längeren Zeitraum das übertragene Amt ausüben, sei Ausdruck des Leistungsgrundsatzes.[1177] Das mit dieser Altersgrenzenregelung erstrebte Ziel sei nicht bereits durch beamtenversorgungsrechtliche Regelungen realisiert.[1178]

In diesem Zusammenhang sei auf die Argumentation des BVerfG im Rahmen der Rechtsprechung zu der bereits dargestellten beamtenversorgungsrechtlichen Wartefrist hingewiesen. Das Gericht erkennt, dass bei Beförderungen in „Reichweite" zur Regelaltersgrenze die Möglichkeit missbräuchlicher Gefälligkeitsbeförderungen nahe liege.[1179] Zudem eröffne die nur noch kurze verbleibende Dienstzeit bis zum Übergang in den Ruhestand dem Beamten regelmäßig nicht mehr die Möglichkeit, eine dem neuen Amt angemessene Leistung zu erbringen.[1180] Bei derartigen Beförderungen könne in Anbetracht des nahenden Ruhestandseintritts nicht der Leistungsgedanke, sondern eine „Gefälligkeit" gegenüber dem zu Befördernden den Ausschlag gegeben haben.[1181] In diesem Kontext sei zu berücksichtigen, dass die Leistungen des Beamten in seinem neuen dienstlichen Tätigkeitsbereich auch durch die Notwendigkeit einer gewissen

---

1174 *Lemhöfer/Leppek*, Das Laufbahnrecht der Bundesbeamten, § 12, 25. EL, April 2008, Rn. 5c.

1175 OVG Thüringen, Beschluss vom 30.5.2012, 2 EO 890/11, Rn. 43 (Juris); VGH Baden-Württemberg, NVwZ-RR 2011, 909, 909. Wenngleich diese Rechtsfrage nicht streitentscheidend ist, lässt das Gericht doch ernstliche Zweifel an der Verfassungskonformität des Altersbeförderungsverbots durchklingen.

1176 VGH Hessen, NVwZ-RR 2011, 651, 653.

1177 VGH Hessen, NVwZ-RR 2011, 651, 653.

1178 VGH Hessen, NVwZ-RR 2011, 651, 653.

1179 BVerfGE 61, 43, 61; BVerfG, NVwZ 2007, 679, 680.

1180 BVerfGE 61, 43, 61; BVerfG, NVwZ 2007, 679, 680. Vgl. hierzu auch *Lemhöfer/Leppek*, Das Laufbahnrecht der Bundesbeamten, § 12, 24. EL, September 2007, Rn. 5e.

1181 BVerwGE 8, 230, 233; BVerfGE 61, 43, 61. So auch BVerfG, NVwZ 2007, 679, 680.

Einarbeitungszeit beeinflusst würden.[1182] Ein neues Amt erfordere vom Beamten oftmals die Anwendung anderer dienstlicher Kenntnisse und Fertigkeiten, weshalb eine Phase der Einarbeitung, während derer er das Amt de facto noch nicht vollumfänglich ausübe, notwendig sei.[1183] Dies gelte insbesondere in Konstellationen, in denen der Beförderte bis zum Ruhestandseintritt lediglich noch wenige Monate Dienst zu leisten habe, könne aber auch dann Geltung beanspruchen, wenn die verbleibende Dienstzeit noch etwas mehr als ein Jahr betrage.[1184]

2. Eigene Bewertung

Das Verbot der Altersbeförderung gemäß § 12 Abs. 4 Nr. 3 BLV 2000 verstößt nicht gegen verfassungsrechtliche Vorgaben. Dieses Beförderungsverbot steht insbesondere mit dem beamtenverfassungsrechtlichen Leistungsgrundsatz in Einklang.

Verfassungsrechtlicher Prüfungsmaßstab für das Altersbeförderungsverbot ist das Leistungsprinzip gemäß Art. 33 Abs. 2 GG.[1185] Im Rahmen der Beurteilung der Vereinbarkeit des Altersbeförderungsverbots mit dem Leistungsgrundsatz sind die *individuelle* und die *kollektive Funktion* dieses verfassungsrechtlich verankerten Strukturprinzips zu berücksichtigen. In der vom Altersbeförderungsverbot erfassten Konstellation, in der ein Beamter in zeitlicher Nähe zum Erreichen der Regelaltersgrenze ein Beförderungsamt anstrebt, können diese verschiedenen Funktionen des Leistungsgrundsatzes konfligieren. Im Rahmen einer Wertung hat der Gesetzgeber zu entscheiden, welcher Funktion des Leistungsgrundsatzes der Vorrang zu gewähren ist. Vor diesem Hintergrund ist § 12 Abs. 4 Nr. 3 BLV 2000 verfassungsrechtlich nicht zu beanstanden, da der Vorschrift eine sachgerechte Gewichtung der divergierenden Funktionen des Leistungsgrundsatzes zugrunde liegt.

Mit der Beförderung eines Beamten trifft der Dienstherr eine prognostische, personalwirtschaftliche Entscheidung.[1186] Im Interesse einer kontinuierlichen und effizienten Wahrnehmung der Aufgaben der öffentlichen Verwaltung hat der Dienstherr bei der Personalauswahl bzw. beim Personaleinsatz[1187] eine mittel- bis langfristige Perspektive hinsichtlich der Besetzung höherwertiger

1182 BVerfGE 61, 43, 62.

1183 BVerfG, NVwZ 2007, 679, 681.

1184 BVerfGE 61, 43, 61.

1185 Vgl. *Leisner*, in Sodan, GG, Art. 33, Rn. 7.

1186 Vgl. *Badura*, in Maunz/Dürig, GG, Art. 33, 55. EL, Mai 2009, Rn. 30.

1187 Ausführlich hierzu *Becker*, Öffentliche Verwaltung, § 45, 1, S. 836.

Dienstposten zu verfolgen. Ein Beamter, der bereits in zwei Jahren in den Ruhestand tritt, kann diese mittel- bzw. langfristige Perspektive sowie die anzustrebende personelle Kontinuität hinsichtlich der Besetzung höherwertiger Dienstposten nicht eröffnen.[1188]

Das Erfordernis einer hinreichend langen, verbleibenden aktiven Dienstzeit ergibt sich bereits aus dem Umstand, dass sich der Beamte regelmäßig erst in das von ihm zu übernehmende Amt einarbeiten und sich fach- und aufgabenspezifische Kenntnisse aneignen muss. Darüber hinaus ist eine personelle Kontinuität zudem unerlässlich für einen funktionierenden Informationsaustausch und eine effiziente Kommunikation innerhalb einer Verwaltungseinheit. Ferner wird der anzustrebende Wissens- und Erfahrungstransfer durch eine nur kurzzeitige Übertragung eines Amtes an einen in Kürze aus dem aktiven Dienst ausscheidenden Beamten erschwert. Die Notwendigkeit eines vorausschauenden, langfristig angelegten Personaleinsatzes folgt schließlich auch aus dem Umstand, dass sich zahlreiche Entscheidungs- und Planungsprozesse in der öffentlichen Verwaltung über nicht unerhebliche Zeiträume erstrecken. So werden regelmäßig bereits für mittelfristige Planungsvorgänge Zeiträume von bis zu fünf Jahren veranschlagt.[1189]

Vor diesem Hintergrund ist es gerechtfertigt, im Rahmen von Beförderungsentscheidungen, die Beamte in unmittelbarer zeitlicher Nähe zum Erreichen der Regelaltersgrenze betreffen, der *kollektiven Funktion* des Leistungsgrundsatzes den Vorrang zu gewähren. In diesem Sinne trifft § 12 Abs. 4 Nr. 3 BLV 2000 eine generalisierende Aussage im Hinblick auf den Zeitraum vor Erreichen der Altersgrenze, in dem bei der Beförderung eines Beamten die zuvor beschriebenen Funktionen des Leistungsprinzips regelmäßig nicht mehr in Einklang zu bringen sind.

Durch die beamtenversorgungsrechtliche Regelung des § 5 Abs. 3 S. 1 BeamtVG wird das seinerzeitige laufbahnrechtliche Altersbeförderungsverbot nicht obsolet. Diese Regelung befreit den Dienstherrn lediglich von der Verpflichtung zur erhöhten Versorgungsleistung im Ruhstand infolge einer Beförderung in zeitlicher Nähe zur Altersgrenze. Diese Regelung verhindert jedoch nicht Beförderungen, die dem vorstehend beschriebenen Verständnis des Leistungsgrundsatzes widersprechen.[1190]

1188 Dies gilt erst recht für Beamte, deren aktive Dienstzeit vor Eintritt in den Ruhestand noch kürzer bemessen ist.

1189 *Becker*, Öffentliche Verwaltung, § 29, 2 S. 485.

1190 Vgl. im Hinblick auf den „Beförderungserfolg“ *Leisner-Egensperger*, ZBR 2008, 9, 11, wonach der Leistungsgrundsatz die Anerkennung ordnungsgemäßer Beförderungen auch im Besoldungsrecht verlange.

Darüber hinaus verhindert das Altersbeförderungsverbot die Vornahme missbräuchlicher Beförderungen von Beamten in unmittelbarer zeitlicher Nähe zum Ruhestandseintritt durch den Dienstherrn. Demgegenüber kommt in dem in Rede stehenden Beförderungsverbot nicht die Ansicht des Gesetzgebers zum Ausdruck, Beamte verfügten in den zwei Jahren vor Erreichung der Regelaltersgrenze regelmäßig nicht mehr über die für die Verleihung eines höherwertigen Dienstpostens erforderliche Leistungsfähigkeit.

III. Zwischenergebnis

Das Altersbeförderungsverbot gemäß § 12 Abs. 4 Nr. 3 BLV 2000 ist mit den Vorgaben des Art. 33 Abs. 2 GG vereinbar. Wenngleich der Verordnungsgeber auf die Normierung dieses Beförderungsverbots verzichtet hat, sind die Maßgaben dieses überkommenen Verbots nach wie vor bei Beförderungsentscheidungen durch den Dienstherrn zu berücksichtigen.[1191]

D. Europarechtliche Analyse

In Bezug auf die Frage der Vereinbarkeit des Altersbeförderungsverbots gemäß § 12 Abs. 4 Nr. 3 BLV 2000 mit unionsrechtlichen Vorgaben zum Verbot der Altersdiskriminierung existieren in Rechtsprechung und Literatur ebenfalls kontroverse Ansichten.

I. Eröffnung des Geltungsbereichs der RL 2000/78/EG

Für das in Rede stehende Altersbeförderungsverbot ist der Geltungsbereich der Richtlinie gemäß Art. 3 Abs. 1 lit. a) RL 2000/78/EG eröffnet. Danach erstreckt sich dieser auch auf die Bedingungen des beruflichen Aufstiegs. Der Begriff des beruflichen Aufstiegs im Sinne der Richtlinie beschreibt die Übertragung einer höherwertigen Erwerbstätigkeit.[1192] Die Einbeziehung des beruflichen Aufstiegs in den Geltungsbereich der Richtlinie gewährleistet, dass dieser einzig von beruflichen Befähigungen und Qualifikationen sowie weiteren, für die jeweilige Stelle maßgeblichen, objektiven Kriterien abhängt.[1193]

1191 So auch *Lemhöfer/Leppek*, Das Laufbahnrecht der Bundesbeamten, § 12, 25. EL, April 2008, Rn. 5d.

1192 Zur vergleichbaren Regelung des § 2 Abs. 1 Nr. 1 AGG, *Däubler*, in Däubler/Bertzbach, AGG, § 2, Rn. 30a m.w.N. Siehe auch *Lüderitz*, in Altersdiskriminierung durch Altersgrenzen, S. 58.

1193 Kommissionsbegründung KOM (1999) 565 endg., S. 11.

II. Altersbeförderungsverbot als unmittelbare Diskriminierung aufgrund des Alters

Das Altersbeförderungsverbot gemäß § 12 Abs. 4 Nr. 3 BLV 2000 benachteiligt Beamte, die in einem Zeitraum von bis zu zwei Jahren in den Ruhestand treten, im Vergleich zu jüngeren bei der Beförderungsentscheidung. Zwar knüpft das Beförderungsverbot nicht direkt an ein konkret benanntes Lebensalter an. Durch die normative Bezugnahme auf die Regelaltersgrenze werden Beamte dennoch insofern unmittelbar aufgrund des Alters benachteiligt, als sie von einem ermittelbaren Lebensalter an automatisch von der Beförderung in ein höherwertiges Amt ausgeschlossen werden. Mithin ist das Altersbeförderungsverbot als unmittelbare Altersdiskriminierung gemäß Art. 2 Abs. 1 lit. a) RL 2000/78/EG zu qualifizieren.[1194]

III. Rechtfertigung der unmittelbaren Altersdiskriminierung gemäß Art. 6 Abs. 1 RL 2000/78/EG

In Rechtsprechung und Literatur ist umstritten, ob die unmittelbare Altersdiskriminierung durch das Altersbeförderungsverbot im Sinne der Richtlinie gerechtfertigt ist.

1. Legitimes Ziel des Altersbeförderungsverbots

In der Rechtsprechung und dem Schrifttum wird bereits die Frage kontrovers beantwortet, ob mit dem Altersbeförderungsverbot gemäß § 12 Abs. 4 Nr. 3 BLV 2000 ein legitimes Ziel im Sinne des Art. 6 Abs. 1 S. 1 RL 2000/78/EG verfolgt wird.

a. Eine legitime Zielsetzung bejahende Auffassung der Rechtsprechung

Ein Teil der Rechtsprechung vertritt die Ansicht, das Ziel des Altersbeförderungsverbots, Beförderungen zu vermeiden, die in Ansehung des nahenden Eintritts des Ruhestands nicht aufgrund der Leistungen des Anwärters erfolgen, sei legitim im Sinne der Richtlinie.[1195] Im Altersbeförderungsverbot komme die schützenswerte Erwartung des Gesetzgebers hinsichtlich einer kontinuierlichen Wahrnehmung der übertragenen Aufgaben im Interesse des Dienstherrn und

---

1194 VGH Hessen, NVwZ-RR 2011, 651, 652. Vgl. ferner *Lüderitz*, Altersdiskriminierung durch Altersgrenzen, S. 58.

1195 VGH Hessen, NVwZ-RR 2011, 651, 652 f.

der Allgemeinheit zum Ausdruck.[1196] Dies sei eine legitime Zielsetzung im Sinne des Art. 6 Abs. 1 S. 1 RL 2000/78/EG.[1197]

b. Gegenauffassung in der Rechtsprechung und im Schrifttum

Die vorgenannte Auffassung wird in der Literatur nicht geteilt. Das Altersbeförderungsverbot könne lediglich mit dem Erfordernis einer angemessenen Dienstzeit vor dem Eintritt des Ruhestands im Sinne des Art. 6 Abs. 1 S. 2 lit. c) RL 2000/78/EG gerechtfertigt werden.[1198] Diese normative Voraussetzung erfülle § 12 Abs. 4 Nr. 3 BLV 2000 jedoch nicht. Ein Teil der Rechtsprechung bezweifelt ebenfalls – jedoch ohne konkrete Begründung – die Vereinbarkeit des Altersbeförderungsverbots mit den Maßgaben der RL 2000/78/EG.[1199]

c. Eigener Standpunkt

Übergeordnete Intention des Altersbeförderungsverbots ist die optimale Besetzung der Beförderungsstellen im Interesse der Gewährleistung einer beständigen, nachhaltigen Wahrnehmung öffentlicher Aufgaben durch einen mittel- bis langfristig orientierten Personaleinsatz. Diese Zielsetzung des Beförderungsverbots ist legitim im Sinne des Art. 6 Abs. 1 S. 1 RL 2000/78/EG. Ein vorausschauendes, strategisches Personalwesen ist für eine funktionierende und effiziente öffentliche Verwaltung von herausgehobener Bedeutung.[1200] Die Staatsverwaltung muss sich im Rahmen eines dynamischen Prozesses den vielfältigen Veränderungen in der Wirtschaft und der Gesellschaft anpassen.[1201] In Anbetracht der Vielzahl von Herausforderungen, die derzeit an den öffentlichen Sektor gestellt werden – zu denen unter anderem der eingangs beschriebene demographische Wandel zählt –, ist eine effektive, leistungsfähige Wahrnehmung öffentlicher Aufgaben dringender denn je geboten.[1202] Angesichts dessen müssen durch langfristige Planungen personalwirtschaftliche Rahmenbedingungen für

---

1196 VGH Hessen, NVwZ-RR 2011, 651, 653.

1197 VGH Hessen, NVwZ-RR 2011, 651, 653.

1198 Vgl. *Lüderitz*, Altersdiskriminierung durch Altersgrenzen, S. 140.

1199 OVG Thüringen, Beschluss vom 30.5.2012, 2 EO 890/11, Rn. 43 (Juris).

1200 Vgl. *Bundesministerium des Inneren*, Zukunftsorientierte Verwaltung durch Innovation, 2006, abrufbar unter www.verwaltung-innovativ.de, S. 13.

1201 Rede von *Timmer*, Die Bundesregierung: Perspektiven und Strategien der Verwaltungsmodernisierung, Bundesministerium des Inneren, zur Eröffnung des „Public Sector Gipfels“ am 23.6.2009, abrufbar unter www.verwaltung-innovativ.de.

1202 Vgl. *Timmer*, Die Bundesregierung: Perspektiven und Strategien der Verwaltungsmodernisierung, Bundesministerium des Inneren, abrufbar unter www.verwaltung-innovativ.de.

eine nachhaltige und verlässliche Erfüllung staatlicher Aufgaben gewährleistet werden.[1203]

2. *Vereinbarkeit des Instruments des Altersbeförderungsverbots mit den Vorgaben der RL 2000/78/EG*

Des Weiteren ist gemäß Art. 6 Abs. 1 S. 1 RL 2000/78/EG zu prüfen, ob das eingesetzte Mittel des Altersbeförderungsverbots zur Erreichung des erstrebten Ziels geeignet, angemessen und erforderlich ist.

a. Geeignetheit des Beförderungsverbots gemäß § 12 Abs. 4 Nr. 3 BLV 2000

Das Verbot der Altersbeförderung gemäß § 12 Abs. 4 Nr. 3 BLV 2000 ist geeignet zur Erreichung des intendierten Ziels. Das Beförderungsverbot schliesst Beamte, die in einem Zeitraum von zwei Jahren die Regelaltergrenze erreichen, automatisch von einem Beförderungsverfahren aus. Auf diese Weise wird gewährleistet, dass nur dem Beamten ein höherwertiges Amt verliehen wird, bei dem die gerechtfertigte Erwartung besteht, er werde diese Aufgabe über einen längeren Zeitraum wahrnehmen.

b. Angemessenheit des Altersbeförderungsverbots

In Rechtsprechung und Literatur bestehen unterschiedliche Rechtsauffassungen zu der Frage, ob das Altersbeförderungsverbot zur Erreichung des angestrebten Ziels angemessen ist.

aa. Die Angemessenheit verneinende Ansicht in der Literatur

In der Literatur wird vertreten, das Interesse des Dienstherrn und der Allgemeinheit an einer optimalen Besetzung höherwertiger Ämter für die Zukunft könne lediglich in eng begrenzten Ausnahmefällen die mit dem Altersbeförderungsverbot verbundenen Ungleichbehandlungen aufgrund des Lebensalters rechtfertigen.[1204] Mit dieser Argumentation wendet sich das Schrifttum gegen die Angemessenheit eines generellen Altersbeförderungsverbots im Sinne des § 12 Abs. 4 Nr. 3 BLV 2000.

bb. Gegenauffassung in der Rechtsprechung

In der Rechtsprechung wird die gegenteilige Rechtsansicht vertreten. Angesichts der regelmäßigen Gesamtdienstzeit des Beamten, deren Rahmen durch die

---

1203 Vgl. *Robert Bosch Stiftung*, Demographieorientierte Personalpolitik in der öffentlichen Verwaltung, 2009, abrufbar unter www.bosch-stiftung.de, S. 53.

1204 Vgl. *Baßlsperger*, ZBR 2008, 339, 350.

Höchstaltersgrenze für den Einstieg in den Vorbereitungsdienst bzw. durch die Altersgrenze für die Übernahme in ein Beamtenverhältnis sowie die Regelaltersgrenze für den Eintritt in den Ruhestand gesetzt wird, ist das auf zwei Jahre vor dem Ausscheiden aus dem aktiven Dienst begrenzte Altersbeförderungsverbot nach Ansicht der Rechtsprechung vertret- und hinnehmbar.[1205]

cc. Eigene Stellungnahme

Die konkrete Ausgestaltung des Altersbeförderungsverbots ist angemessen im Sinne des Art. 6 Abs. 1 S. 1 RL 2000/78/EG. Die mit dem Altersbeförderungsverbot verfolgte Intention ist für die effiziente Aufgabenwahrnehmung durch eine funktionsfähige Staatsverwaltung derart bedeutsam, dass die berechtigten Interessen der betroffenen Beamten, bei denen der Eintritt in den Ruhestand bevorsteht, zurücktreten müssen. Die Umsetzung dieser für die öffentliche Verwaltung wesentlichen Zielsetzung erfordert eine stringente normative Reglementierung, die von Ausnahmeregelungen absieht. Zudem sind keine Konstellationen ersichtlich, in denen das öffentliche Interesse an einer kontinuierlichen Aufgabenwahrnehmung der öffentlichen Verwaltung durch eine vorausschauende, strategische Personalwirtschaft hinter einem anderen überwiegenden Allgemeininteresse bzw. einem berechtigten Individualinteresse zurücktritt. Es ist vielmehr davon auszugehen, dass im Wege einer verwaltungsinternen bzw. externen Stellenausschreibung stets eine den Anforderungen der *kollektiven Funktion* des Leistungsgrundsatzes entsprechende Postenbesetzung gewährleistet werden kann.

3. Erforderlichkeit

Im Schrifttum wird die Erforderlichkeit des Instruments des Altersbeförderungsverbots zur Erreichung des gesetzgeberischen Ziels mit dem Hinweis auf § 5 Abs. 3 S. 1 BeamtVG verneint.[1206] Diese Rechtsauffassung schreibt dem Beförderungsverbot die vorrangige Zielsetzung zu, erhöhte Ruhestandsansprüche zu vermeiden.[1207] Da diese Funktion jedoch bereits durch die angeführte beamtenversorgungsrechtliche Regelung erfüllt werde, bedürfe es eines laufbahnrechtlichen Altersbeförderungsverbots nicht.[1208]

Dieser Rechtsansicht ist jedoch nicht zu folgen. Das Altersbeförderungsverbot ist erforderlich im Sinne des Art. 6 Abs. 1 S. 1 RL 2000/78/EG. Ohne

1205 VGH Hessen, NVwZ-RR 2011, 651, 653.
1206 *Baßlsperger*, ZBR 2008, 339, 349 f.
1207 *Baßlsperger*, ZBR 2008, 339, 349 f.
1208 *Baßlsperger*, ZBR 2008, 339, 349 f.

das in Rede stehende Beförderungsverbot ist eine vorausschauende, strategische Personalplanung zum Zwecke der Gewährleistung einer kontinuierlichen Aufgabenwahrnehmung in der Verwaltung in den von § 12 Abs. 4 Nr. 3 BLV 2000 erfassten Sachverhalten nur mit erheblichem Verwaltungsaufwand zu realisieren. So hat der Dienstherr die beschriebenen Erwägungen auch nach dem Verzicht des Verordnungsgebers auf das Altersbeförderungsverbot zu berücksichtigen, kann diese jedoch nicht auf eine gesetzliche Grundlage stützen und sieht sich dementsprechend Konflikten in der Beförderungspraxis ausgesetzt.

Entgegen der von der Literatur vertretenen Ansicht ist das Altersbeförderungsverbot auch vor dem Hintergrund der beamtenversorgungsrechtlichen Regelung des § 5 Abs. 3 S. 1 BeamtVG erforderlich. Diese Regelung vermeidet lediglich eine erhöhte Versorgungslast für den Dienstherrn durch Beförderungen, die in Ansehung des Ruhestandseintritts vorgenommen wurden.

IV. Zwischenergebnis

Die Antidiskriminierungsvorgaben der RL 2000/78/EG stehen einer Regelung, nach der die Beförderung eines Beamten in einem Zeitraum von zwei Jahren vor seinem Eintritt in den Ruhestand nicht zulässig ist, nicht entgegen.

E. Fazit

Das Altersbeförderungsverbot verstößt weder gegen grundgesetzliche noch gegen unionsrechtliche Vorgaben zum Verbot der Diskriminierung aufgrund des Alters.

7. Teil Analyse der Altersgrenze für die Gewährung der Altersteilzeit im Beamtenrecht

Gleichbehandlungsrechtliche Relevanz weisen ferner die beamtenrechtlichen Teilzeitverhältnisse auf. Bedeutsam im Hinblick auf das Verbot der Altersdiskriminierung ist das personalpolitische Instrument der Altersgrenze für die Gewährung der Altersteilzeit. Im Vergleich zu den zuvor analysierten, das Personalwesen der öffentlichen Verwaltung betreffenden Steuerungsinstrumenten stellt die Altersteilzeit insofern eine Besonderheit dar, als sie Beamten im hohen Erwerbsalter einen Vorzug offeriert.

Wenngleich die beamtenrechtliche Altersteilzeit eine vergleichsweise kurze Tradition aufweist, war sie bislang dennoch bereits tief greifenden Änderungen sowie kontroversen Diskussionen unterworfen. Angesichts der Tatsache, dass dieses personalwirtschaftliche Instrument seinen Ursprung im Arbeitsrecht hat, wird die Analyse der Altersgrenze für die Gewährung der beamtenrechtlichen Altersteilzeit mit einem Überblick über die vorausgegangene Entwicklung der arbeitsrechtlichen Altersteilzeit eingeleitet.[1209] Anschließend wird die Etablierung der Altersteilzeit in das Beamtenrecht erläutert.

A. Arbeitsrechtliche Ursprünge sowie die Entwicklung des Altersteilzeitrechts im Beamtenrecht

I. Arbeitsrechtliche Vorgaben

Die Ursprünge des arbeitsrechtlichen Altersteilzeitrechts in Deutschland reichen bis in die 1980er-Jahre zurück. Seinerzeit wurde aufgrund struktureller Veränderungen der Wirtschaft sowie der allgemeinen Arbeitsprozesse in großem Umfang Personal zulasten älterer Beschäftigter abgebaut.[1210] Auf diese Entwicklung reagierte der Gesetzgeber mit dem Artikelgesetz zur Erleichterung des Übergangs

1209 Eine Gegenüberstellung der arbeitsrechtlichen und der beamtenrechtlichen Altersteilzeit ist ferner für die Einordnung der im Folgenden dargestellten Rechtsauffassungen zur Europarechtskonformität der Altersgrenze für den Zugang zur beamtenrechtlichen Altersteilzeit erforderlich.

1210 *Rittweger*, in Rittweger/Petri/Schweikert, Altersteilzeit, Einl., Rn. 8.

vom Arbeitsleben in den Ruhestand vom 13.4.1984[1211], dessen zentraler Kerngehalt das Gesetz zur Förderung von Vorruhestandsleistungen[1212] war. Darüber hinaus stellte dieses Gesetz gleichsam den normativen Ausgangspunkt des Altersteilzeitrechts in Deutschland dar. Das Vorruhestandsgesetz sollte die Frühverrentung älterer Beschäftigter unter der Voraussetzung begünstigen, dass der infolge dessen vakante Arbeitsplatz wiederbesetzt wird.[1213] Zudem sollten geburtenstarken Jahrgängen der Zugang zur Beschäftigung durch ein Überwechseln älterer Beschäftigter in eine staatlich subventionierte Sonderphase vor der Rente eröffnet werden.[1214]

Auf der Grundlage des Gesetzes zur Anpassung des Rechts der Arbeitsförderung und der gesetzlichen Rentenversicherung an die Einführung von Vorruhestandsleistungen vom 13.4.1984[1215] wurde eine novellierte sog. „59er-Regelung" etabliert. In Entsprechung des so geänderten Gesetzes über die Leistungen und Aufgaben zur Beschäftigungssicherung und zur Förderung des Wirtschaftswachstums[1216] hatte der Arbeitgeber, der einen älteren Beschäftigten mit einer Betriebszugehörigkeit von mindestens 10 Jahren freisetzte, der seinerzeitigen Bundesanstalt für Arbeit das dem Arbeitnehmer für die Zeit nach der Vollendung des 59. Lebensjahres geleistete Arbeitslosengeld sowie die diesbezüglich zu entrichtenden Beiträge zur gesetzlichen Kranken- und Rentenversicherung längstens für den Zeitraum eines Jahres zu erstatten.[1217] Diese gesetzgeberische

---

1211 Gesetz zur Erleichterung des Übergangs vom Arbeitsleben in den Ruhestand vom 13.4.1984, BGBl. I S. 601.

1212 Gesetz zur Förderung von Vorruhestandsleistungen vom 13.4.1984, BGBl. I S. 601 (im Folgenden: Vorruhestandsgesetz).

1213 *Rittweger*, in Rittweger/Petri/Schweikert, Altersteilzeit, Einl., Rn. 8.

1214 *Rittweger*, in Rittweger/Petri/Schweikert, Altersteilzeit, Einl., Rn. 8. Auf der Grundlage des § 2 Abs. 1 Nr. 1 Vorruhestandsgesetz konnten tarifvertragliche Vereinbarungen über einen vorgezogenen Übergang in den Ruhestand getroffen werden. §§ 1, 2 Abs. 1 Nr. 5, 3 Vorruhestandsgesetz normierten eine Wiederbesetzungspflicht sowie die Förderungsleistungen der seinerzeitigen Bundesanstalt für Arbeit.

1215 Gesetz zur Anpassung des Rechts der Arbeitsförderung und der gesetzlichen Rentenversicherung an die Einführung von Vorruhestandsleistungen vom 13.4.1984, BGBl. I S. 610.

1216 Gesetz über die Leistungen und Aufgaben zur Beschäftigungssicherung und zur Förderung des Wirtschaftswachstums vom 25.6.1969, BGBl. I S. 582, zuletzt geändert durch Gesetz vom 13.4.1984, BGBl. I S. 610 (im Folgenden: AFG).

1217 § 128 Abs. 1 AFG. Siehe hierzu auch *Institut für Arbeitsmarkt- und Berufsforschung*, Neue 59er-Regelung, abrufbar unter www.doku.iab.de.

Maßnahme konnte die intendierten arbeitsmarktpolitischen Effekte mangels entsprechender Inanspruchnahme nicht zeitigen.[1218]

Am 20.12.1988 wurde das Gesetz zur Änderung des Arbeitsförderungsgesetzes und zur Förderung eines gleitenden Übergangs älterer Arbeitnehmer in den Ruhestand[1219] erlassen. Kerngehalt dieses Artikelgesetzes war das Gesetz zur Förderung eines gleitenden Übergangs älterer Arbeitnehmer in den Ruhestand[1220]. Dieses AltTZG 1988 sollte ebenfalls in erster Linie der Entlastung des Arbeitsmarktes dienen, da die Nachfrage nach der Frühverrentung zum Nachteil der Sozialversicherung – gewissermaßen ein „Vorruhestand ohne Wiederbesetzung" – anstieg.[1221] In Ermangelung einer entsprechenden Nachfrage durch Arbeitgeber bzw. Arbeitnehmer entfaltete auch diese Maßnahme des Gesetzgebers nicht die angestrebte Wirkung.[1222]

Als Gegenmaßnahme auf eine noch ausgeweitete Praxis der Frühverrentung in deutschen Betrieben und Unternehmen wurde mit dem Artikelgesetz zur Förderung eines gleitenden Übergangs in den Ruhestand vom 23.7.1996[1223] und dem infolgedessen novellierten Altersteilzeitgesetz[1224] ein weiterer Entwicklungsschritt im Recht der Altersteilzeit vollzogen.[1225] Erforderlich war diese gesetzgeberische Maßnahme insofern, als der ungebrochene Trend zu einem vorzeitigen Ausscheiden aus dem Arbeitsverhältnis die Renten- und

1218 *Rittweger*, in Rittweger/Petri/Schweikert, Altersteilzeit, Einl. Rn. 8.

1219 Gesetz zur Änderung des Arbeitsförderungsgesetzes und zur Förderung eines gleitenden Übergangs älterer Arbeitnehmer in den Ruhestand vom 20.12.1988, BGBl. I S. 2343.

1220 Gesetz zur Förderung eines gleitenden Übergangs älterer Arbeitnehmer in den Ruhestand vom 20.12.1988, BGBl. I S. 2343, 2348 (im Folgenden: AltTZG 1988).

1221 *Rittweger*, in Rittweger/Petri/Schweikert, Altersteilzeit, Einl., Rn. 9 f.

1222 *Lindecke/Voss-Dahm/Lehndorff*, Hans-Böckler-Stiftung, Arbeitspapier 142, Altersteilzeit, S. 16, unter Bezugnahme auf *Barkholdt*, Rentenzugang und Altersteilzeit, in dies., Prekärer Übergang in den Ruhestand, S. 149, 151. So wurden lediglich in 498 Fällen Leistungen von der Bundesanstalt für Arbeit erbracht.

1223 Gesetz zur Förderung eines gleitenden Übergangs in den Ruhestand vom 23.7.1996, BGBl. I S. 1078.

1224 Altersteilzeitgesetz vom 23.7.1996, BGBl. I S. 1078 (im Folgenden: AltTZG 1996), als Art. 1 Gesetz zur Förderung eines gleitenden Übergangs in den Ruhestand vom 23.7.1996, BGBl. I. S. 1078.

1225 BT-Drs. 13/4336, S. 1, 14, zum Entwurf des Gesetzes zur Förderung eines gleitenden Übergangs in den Ruhestand; *Reinfeld*, in Moll, Arbeitsrecht, § 71 Altersteilzeit, Rn. 1; *Rittweger*, in Rittweger/Petri/Schweikert, Altersteilzeit, Einl., Rn. 1.

Arbeitslosenversicherung mit erheblichen Kosten belastete.[1226] Mit dem AltTZG 1996 wurde eine sozialverträgliche Alternative zur beschriebenen Frühverrentungspraxis durch die Möglichkeit eines gleitenden Übergangs in den Ruhestand geschaffen.[1227]

Das AltTZG 1996 erhob die Einstellung eines bei der Bundesanstalt für Arbeit arbeitslos gemeldeten Arbeitnehmers zur Anspruchsvoraussetzung.[1228] Auf diese Weise wurde mit dem gleitenden Übergang in den Ruhestand insofern eine Beschäftigungsbrücke zwischen alten und jüngeren Erwerbsfähigen errichtet, als der infolge der Inanspruchnahme der Altersteilzeit vakante Arbeitsplatz mit einem arbeitslosen oder ansonsten von der Arbeitslosigkeit bedrohten Arbeitnehmer besetzt werden sollte.[1229] Darüber hinaus wurde durch besagtes Gesetz zur Förderung des gleitenden Übergangs in den Ruhestand die Altersgrenze für die Altersrente nach der Arbeitslosigkeit phasenweise angehoben und der Anwendungsbereich auf solche Fallgestaltungen erweitert, in denen eine Altersteilzeitregelung umgesetzt wurde.[1230]

Das Gesetz zur sozialrechtlichen Absicherung flexibler Arbeitszeitregelungen vom 6.4.1998[1231] novellierte das AltTZG 1996.[1232] Diese Gesetzesänderung sah eine Erweiterung der Höchstdauer der Altersteilzeit in der Form des sog. Blockmodells vor.[1233] Zu einer erneuten Änderung der Voraussetzungen für die

---

1226 *Zwanziger*, RdA 2005, 226, 226.

1227 BT-Drs. 13/4336, S. 1, 14, zum Entwurf des Gesetzes zur Förderung eines gleitenden Übergangs in den Ruhestand. Betrachte ferner *Rittweger*, in Rittweger/Petri/Schweikert, Altersteilzeit, Vor § 1, Rn. 1.

1228 § 3 Abs. 1 Nr. 2 AltTZG 1996.

1229 *Klammer*, Altersteilzeit zwischen betrieblicher und staatlicher Sozialpolitik, Sozialer Fortschritt 2/2003, S. 39, 39. Siehe auch *Lindecke/Voss-Dahm/Lehndorff*, Hans-Böckler-Stiftung, Arbeitspapier 142, Altersteilzeit, abrufbar unter www.boeckler.de, S. 16 f.

1230 Art. 2, Nr. 4, 5 und 17 Gesetz zur Förderung eines gleitenden Übergangs in den Ruhestand vom 23.7.1996, BGBl. I S. 1078, 1081. Mit dieser Maßnahme des Gesetzgebers sollte der beschriebenen Tendenz zur Vereinbarung einer Frühverrentung zwischen Arbeitnehmer und Arbeitgeber entgegengewirkt werden, *Zwanziger*, RdA 2005, 226, 227.

1231 Gesetz zur sozialrechtlichen Absicherung flexibler Arbeitszeitregelungen vom 6.4.1998, BGBl. I S. 688.

1232 Art. 7 Gesetz zur sozialrechtlichen Absicherung flexibler Arbeitszeitregelungen vom 6.4.1998, BGBl. I S. 688. Siehe auch *Reinfeld*, in Moll, Arbeitsrecht, § 71 Altersteilzeit, Rn. 1.

1233 Art. 7 Nr. 2 Gesetz zur sozialrechtlichen Absicherung flexibler Arbeitszeitregelungen vom 6.4.1998, BGBl. I S. 688. Siehe hierzu auch *Rittweger*, in Rittweger/Petri/

Vereinbarung der arbeitsrechtlichen Altersteilzeit führte das Dritte Gesetz für moderne Dienstleistungen am Arbeitsmarkt vom 23.12.2003[1234]. Die mit dieser Maßnahme verfolgte gesetzgeberische Absicht war darauf gerichtet, die Regelungen hinsichtlich der vorgezogenen Altersrente aus Gründen der Arbeitslosigkeit unattraktiver zu gestalten und zugleich eine sozialadäquate Alternative für Maßnahmen der Personalanpassung in Bezug auf das Ausscheiden älterer Beschäftigter zu offerieren.[1235]

II. Regelungssystem des derzeitigen Altersteilzeitgesetzes

Wie aus der vorstehenden Darstellung hervorgeht, verfolgt die arbeitsrechtliche Altersteilzeit die sozialpolitische Intention, der beschriebenen Frühverrentungspraxis entgegenzuwirken.[1236] Das Altersteilzeitgesetz in der derzeitigen Fassung[1237] ist dementsprechend als sozialrechtliches Leistungsgesetz zugunsten der Arbeitgeber konzipiert, das die Voraussetzungen für die Gewährung von Zuschüssen durch die Bundesagentur für Arbeit bei der Inanspruchnahme der Altersteilzeit normiert.[1238] Das Altersteilzeitgesetz basiert auf der Grundkonstruktion, dass einem Arbeitnehmer mit der Vollendung eines bestimmten Lebensjahres die Möglichkeit eröffnet wird, seine Arbeitszeit um die Hälfte der regulären Arbeitszeit zu reduzieren. Dieses personalwirtschaftliche Instrument sieht des Weiteren vor, dass der Arbeitnehmer nicht lediglich die Hälfte des bisherigen Arbeitsentgelts erhält, sondern vielmehr 70 Prozent des bisherigen Netto-Arbeitslohns bezieht.[1239]

Schweikert, Altersteilzeit, vor § 1 Rn. 21. Eine weitere Attraktivitätssteigerung der Altersteilzeit bewirkten die Gesetze zur Fortentwicklung der Altersteilzeit vom 20.12.1999, BGBl. I S. 2494, und vom 27.6.2000, BGBl. I S. 910. Fortan wurde auch teilzeitbeschäftigten Arbeitnehmern der Zugang zur Altersteilzeit gewährt, Art. 1 Nr. 1 f. Gesetz zur Fortentwicklung der Altersteilzeit vom 20.12.1999, BGBl. I S. 2494; *Reinfeld*, in Moll, Arbeitsrecht, § 71 Altersteilzeit, Rn. 1.

1234 Art. 95 des Dritten Gesetzes für moderne Dienstleistungen am Arbeitsmarkt vom 23.12.2003, BGBl. I S. 2848.

1235 *Reinfeld*, in Moll, Arbeitsrecht, § 71 Altersteilzeit, Rn. 3.

1236 *Rittweger*, in Rittweger/Petri/Schweikert, Altersteilzeit, Vor § 1, Rn. 4.

1237 Altersteilzeitgesetz vom 23.7.1996, BGBl. I S. 1078, zuletzt geändert durch Gesetz vom 23.6.2014, BGBl. I S. 787 (im Folgenden: AltTZG 2014).

1238 *Zwanziger*, RdA 2005, 226, 227; *Rittweger*, in Rittweger/Petri/Schweikert, Altersteilzeit, Vor § 1, Rn. 4.

1239 Ausführlich hierzu *Rittweger*, in Rittweger/Petri/Schweikert, Altersteilzeit, Vor § 1, Rn. 2.

Gemäß § 2 Abs. 1 Nr. 1 AltTZG 2014 zählen Arbeitnehmer, die das 55. Lebensjahr vollendet haben, zum berechtigten Personenkreis. Zur Begründung eines arbeitsrechtlichen Altersteilzeitverhältnisses ist nach § 2 Abs. 1 Nr. 2 AltTZG 2014 erforderlich, dass der versicherungspflichtig beschäftigte Arbeitnehmer mit dem Arbeitgeber eine Vereinbarung über die Reduzierung der Arbeitszeit auf die Hälfte der bisherigen wöchentlichen Arbeitszeit trifft, die sich auf den Zeitraum bis zur Entstehung eines Rechtsanspruchs auf eine Rente erstrecken muss.[1240] Einen gesetzlich formulierten Rechtsanspruch auf Abschluss eines Altersteilzeitvertrages sieht das Arbeitsrecht nicht vor.[1241] Erforderlich ist ferner gemäß § 2 Abs. 1 Nr. 3 AltTZG 2014, dass der Arbeitnehmer in den letzten fünf Jahren vor Beginn der Altersteilzeitarbeit mindestens 1.080 Kalendertage in einem versicherungspflichtigen Beschäftigungsverhältnis tätig war.[1242]

Nach Maßgabe des § 2 Abs. 2 und 3 AltTZG 2014 kann unter den dort beschriebenen Voraussetzungen auch eine unterschiedliche Verteilung der wöchentlichen Arbeitszeit vertraglich vorgesehen werden. Zwischen Arbeitgeber und Arbeitnehmer kann mithin auch ein Altersteilzeitverhältnis in Form eines Blockmodells vereinbart werden, in dem die Altersteilzeitarbeit in eine Beschäftigungs- und eine Freistellungsphase aufgeteilt wird.[1243]

Der Arbeitgeber hat das – im Vergleich zur ursprünglichen, arbeitsvertraglichen Vereinbarung – um die Hälfte reduzierte Arbeitsentgelt während der Gesamtdauer der Altersteilzeit an den Arbeitnehmer zu entrichten. Dies gilt gemäß § 2 Abs. 2 S. 1 Nr. 2 AltTZG 2014 auch bei der Vereinbarung des Blockmodells. Nach § 3 Abs. 1 Nr. 1 lit. a) AltTZG 2014 hat der Arbeitgeber das Arbeitsentgelt um

---

1240 Der Gesetzgeber unterstellt mit dieser Regelung folglich, der Arbeitnehmer werde mit Ablauf der Vereinbarung in Rente gehen, *Gussone*, in Gussone/Voelzke, Altersteilzeitrecht, § 2 AltTZG, Rn. 11.

1241 Hierzu *Reinfeld*, in Moll, Arbeitsrecht, § 71 Altersteilzeit, Rn. 8.

1242 Die Anforderung des § 2 Abs. 1 Nr. 3 AltTZG 2014 geht zurück auf Art. 1 Nr. 1 lit. a) bb) des Gesetzes zur Fortentwicklung der Altersteilzeit vom 20.12.1999, BGBl. I S. 2494. In der vorangegangenen Fassung des Altersteilzeitgesetzes war als Voraussetzung normiert, dass die Arbeitszeit während dieses Zeitraums der regelmäßigen tariflichen Wochenarbeitszeit entsprach oder diese nur geringfügig überschritt. Dies wurde nach Ansicht im Schrifttum als Verstoß gegen verfassungsrechtliche Vorgaben sowie den Maßgaben der Richtlinien 97/81/EG und 76/207/EWG gewertet, die Teilzeitbeschäftigte bzw. Frauen vor ungerechtfertigter Diskriminierung schützen, vgl. *Zwanziger*, RdA 2005, 226, 228 m.w.N. Siehe zu einer vergleichbaren beamtenrechtlichen Vorschrift EuGH, Rs. C-77/02 (*Steinicke*), Slg. 2003, I-9027, Rn. 65.

1243 Siehe hierzu *Zwanziger*, RdA 2005, 226, 229.

mindestens 20 Prozent des Regelarbeitsentgelts auf 70 Prozent aufzustocken.[1244] Darüber hinaus hat er nach § 3 Abs. 1 Nr. 1 lit. b) AltTZG 2014 die Beiträge zur gesetzlichen Rentenversicherung mindestens um einen Betrag aufzustocken, der auf 80 Prozent des Regelarbeitsentgelts entfällt.[1245] Der Aufstockungsbetrag gemäß § 3 Abs. 1 Nr. 1 lit. a) sowie die Beträge nach § 3 Abs. 1 Nr. 1 lit. b) AltTZG 2014 werden dem Arbeitgeber gemäß § 4 Abs. 1 AltTZG 2014 von der Bundesagentur für Arbeit erstattet, wenn er aufgrund des Übergangs eines Arbeitnehmers in die Altersteilzeit einen Auszubildenden oder einen arbeitslos gemeldeten Arbeitnehmer beschäftigt.[1246]

III. Etablierung der Altersteilzeit im Beamtenrecht

Beeinflusst von der vorstehend beschriebenen Entwicklung im Arbeitsrecht, hielt das Altersteilzeitrecht – nach vorheriger Umsetzung in das Recht der Angestellten und Arbeiter des öffentlichen Dienstes durch den Tarifvertrag zur Regelung der Altersteilzeitarbeit vom 5.5.1998[1247] – schließlich auch in das Recht der Beamten Einzug. Hinsichtlich der Grundkonzeption der beamtenrechtlichen Altersteilzeit orientierte sich der Gesetzgeber an den arbeitsrechtlichen Vorgaben.[1248] Mit dem Gesetz über die Anpassung von Dienst- und Versorgungsbezügen in Bund und Ländern 1998 vom 6.8.1998[1249] wurde das seinerzeitige BBG geändert und das Modell der Altersteilzeit für die Bundesbeamten in § 72 lit. b) geregelt.[1250]

1244 Unter dem Begriff des Regelarbeitsentgelts ist das im jeweiligen Lohnabrechnungszeitraum für die Altersteilzeit zu entrichtende sozialversicherungspflichtige Arbeitsentgelt zu verstehen, soweit es die Beitragsbemessungsgrenze des Dritten Buchs Sozialgesetzbuch nicht überschreitet, *Bundesagentur für Arbeit*, Merkblatt 14, Gleitender Übergang in den Ruhestand, abrufbar unter www.arbeitsagentur.de, S. 13.

1245 Ausführlich hierzu *Reinfeld*, in Moll, Arbeitsrecht, § 71 Altersteilzeit, Rn. 27 ff.

1246 Eingehend *Reinfeld*, in Moll, Arbeitsrecht, § 71 Altersteilzeit, Rn. 4.

1247 Tarifvertrag zur Regelung der Altersteilzeitarbeit vom 5.5.1998, GMBl. S. 638.

1248 *Battis*, BBG, 3. Aufl., § 72 lit. b) BBG, Rn. 3. Betrachte ferner *Bauschke*, in Franke/Weiß, GKöD, Bd. I., K § 72b, EL 8/1999, Rn. 22; *Adolf/Durner*, Flexible Arbeitszeitgestaltung im Beamtenrecht, S. 45; *Loschelder*, ZBR 2000, 89, 90; *Baßlsperger*, ZBR 2001, 417, 418.

1249 Gesetz über die Anpassung von Dienst- und Versorgungsbezügen in Bund und Ländern 1998 vom 6.8.1998, BGBl. I S. 2026 (im Folgenden: BBVAnpG 1998).

1250 Der folgenden Analyse liegt die – im Vergleich zur Fassung des BBG aus dem Jahr 1998 leicht modifizierte – Regelung für die Gewährung von Altersteilzeit an die Bundesbeamten nach dem BBG 1999 zugrunde. Die Voraussetzungen für die Gewährung der Altersteilzeit waren ebenfalls in § 72 lit. b) geregelt.

Nach § 72 lit. b) Abs. 1 S. 1 BBG 1999 konnte Beamten mit Dienstbezügen auf Antrag, der sich auf den Zeitraum bis zum Beginn des Ruhestands erstrecken musste, Teilzeitbeschäftigung als Altersteilzeit mit der Hälfte der bisherigen Arbeitszeit, höchstens der Hälfte der in den letzten zwei Jahren durchschnittlich zu leistenden Arbeitszeit, gewährt werden. Voraussetzung war, dass die Beamten das 55. Lebensjahr vollendet hatten, in den letzten fünf Jahren vor Beginn der Altersteilzeit drei Jahre mindestens teilzeitbeschäftigt waren, die Altersteilzeit vor dem 1.1.2010 begonnen wurde und dringende dienstliche Belange nicht entgegen standen. Beamten, die das 60. Lebensjahr vollendet hatten, verlieh § 72 lit. b) Abs. 2 BBG 1999 nach Maßgabe des Abs. 1 einen Anspruch auf Beiwilligung der Altersteilzeit. Die konkrete Festsetzung der Altersgrenze für die Gewährung der Altersteilzeit beruhte auf der beschäftigungspolitischen Erfahrung des Gesetzgebers und stellte das Ergebnis einer größtmöglichen Austarierung des maximal eingeräumten Gesamtausgleichszeitraums von 10 Jahren bis zur Erreichung der gesetzlichen Regelaltersgrenze von 65 Lebensjahren dar.[1251]

Auch die im Beamtenrecht etablierte Altersteilzeit sah gemäß § 72 lit. b) Abs. 1 S. 2 BBG 1999 die Variante des Blockmodells[1252] vor. Bei dieser Form der Altersteilzeit tritt der Beamte zunächst mit seiner Vollzeitdienstleistung in Vorleistung, um im zweiten Abschnitt vollumfänglich vom aktiven Dienst freigestellt zu werden.[1253]

Während des Zeitraums der Altersteilzeit war es dem Beamten nicht erlaubt, in erhöhtem Maße einer Nebentätigkeit nachzugehen. Gemäß § 72 lit. b) Abs. 3 BBG 1999 in Verbindung mit § 72 lit. a) Abs. 2 BBG 1999 beanspruchte auch das für vollzeitbeschäftigte Beamte zulässige Höchstmaß an Nebentätigkeiten für altersteilzeitbeschäftigte Beamte Geltung.

Das Angebot der Altersteilzeit stieß bereits kurz nach der gesetzlichen Implementierung auf große Nachfrage bei den Bundesbeamten. Im Jahr 2000 hatten 15 Prozent der antragsberechtigten Beamten von dem Angebot der Altersteilzeit Gebrauch gemacht.[1254] Im Vergleich zum Jahr 2001 war im Jahr 2002 ein Anstieg

---

1251 *Bauschke*, in Franke/Weiß, GKöD, Bd. I, K § 72b, EL 8/1999, Rn. 29.

1252 Definiert wurde der Begriff des Blockmodells in § 3 lit. b) Abs. 1 S. 3 Verordnung über die Arbeitszeit der Beamtinnen und Beamten des Bundes vom 24.9.1974, BGBl. I S. 2356, in der Neufassung vom 3.8.1999, BGBl. I S. 1745.

1253 *Adolf/Durner*, Flexible Arbeitszeitgestaltung im Beamtenrecht, S. 46 f.

1254 Pressemitteilung des *Statistischen Bundesamtes* vom 20.3.2001, abrufbar unter www.presseportal.de.

der Zahl der Bundesbeamten in Altersteilzeit um 26 Prozent zu verzeichnen.[1255] Dabei wird von den Bundesbeamten weit überwiegend die Altersteilzeitvariante des Blockmodells gewählt.[1256]

B. Aktuelle bundes- und landesrechtliche Vorschriften zur Altersteilzeit der Beamten

Nachstehend werden zunächst die derzeitigen rechtlichen Grundlagen für die Gewährung der Altersteilzeit zugunsten der Bundesbeamten dargestellt, Änderungen im Vergleich zur vorherigen Rechtslage aufgezeigt und die beamtenrechtlichen Maßgaben zur Altersteilzeit in den Kontext der beschriebenen arbeitsrechtlichen Vorgaben gesetzt. Auf diese Weise wird die vom Gesetzgeber mit der beamtenrechtlichen Altersteilzeit verfolgte Intention konturiert. Im Anschluss daran werden die differenzierten gesetzlichen Vorgaben für die Landesbeamten beschrieben.

I. Regelung des § 93 BBG

Als Konsequenz aus den absehbaren Auswirkungen des demographischen Wandels auf die Personalsituation im Berufsbeamtentum sowie den finanziellen bzw. fiskalischen Folgen der Einführung der Altersteilzeit in das Beamtenrecht wurden die normativen Vorgaben hinsichtlich der Gewährung der Altersteilzeit zugunsten der Bundesbeamten durch das DNeuG novelliert.[1257] Eine herausgehobene Bedeutung kam dabei dem Aspekt der Kostenbelastung des Haushalts infolge der Altersteilzeit zu.[1258] Während ein Großteil der Kosten der arbeitsrechtlichen Altersteilzeit nicht auf den jeweiligen Arbeitgeber, sondern auf die Bundesagentur für Arbeit entfällt, sind die finanziellen Belastungen infolge der beamtenrechtlichen Altersteilzeit vollumfänglich vom Dienstherrn zu tragen.[1259]

1255 Pressemitteilung des *Statistischen Bundesamtes* vom 27.6.2003, abrufbar unter www.presseportal.de.

1256 Unterrichtung über den Dritten Versorgungsbericht der Bundesregierung, BT-Drs. 15/5821, S. 285. Ausweislich dieses Berichts wählten rund 95 Prozent der Beamten das Blockmodell.

1257 Zu den Erwägungen des Bundesgesetzgebers hinsichtlich der Änderung des BBG infolge des DNeuG vgl. BT-Drs. 16/7076, S. 122. Hierzu auch *Battis*, BBG, 4. Aufl., § 93, Rn. 1.

1258 BT-Drs. 16/7076, S. 122.

1259 *Battis*, BBG, 4. Aufl., § 93, Rn. 3.

Die Voraussetzungen für die Gewährung der Altersteilzeit zugunsten der Beamten des Bundes statuiert § 93 BBG.[1260] Im Vergleich zur überkommenen Regelung des § 72 lit. b) Abs. 1 S. 1 BBG 1999 setzt die Neuregelung des § 93 Abs. 1 Nr. 1 lit. a) BBG die reguläre Altersgrenze für die Gewährung der Altersteilzeit auf das 60. Lebensjahr fest. Gemäß § 93 Abs. 1 Nr. 1 lit. b) und c) BBG kann Altersteilzeit ferner Beamten bewilligt werden, die das 55. Lebensjahr vollendet haben und schwerbehindert oder in besonders festgelegten Stellenabbaubereichen tätig sind.

Weitere Voraussetzungen für die Gewährung der Altersteilzeit sind gemäß § 93 Abs. 1 Nr. 2 bis 4 BBG, dass die Beamten in den letzten fünf Jahren vor Beginn der Altersteilzeit drei Jahre mindestens teilzeitbeschäftigt waren, die Altersteilzeit vor dem 1.1.2010 begonnen wurde und dringende dienstliche Belange dem nicht entgegenstanden. Dringende dienstliche Belange im Sinne der Vorschrift sind dann anzunehmen, wenn infolge der Gewährung der Altersteilzeit folgenschwere Beeinträchtigungen der Funktionsfähigkeit der konkreten Verwaltungseinheit zu befürchten sind.[1261] Der ordnungsgemäße Geschäftsgang der Verwaltung muss auch ohne den Altersteilzeit beantragenden Beamten sichergestellt sein.[1262]

Bei Vorliegen der Voraussetzungen des § 93 Abs. 1 BBG ist dem Dienstherrn ein Ermessen hinsichtlich der Bewilligung der Altersteilzeit eröffnet.[1263] Im Unterschied zur vorherigen Regelung des § 72 lit. b) BBG 1999 gewähren die durch das DNeuG geänderten beamtengesetzlichen Vorgaben den Bundesbeamten keinen Anspruch auf Gewährung der Altersteilzeit.[1264]

§ 93 Abs. 2 BBG hat die Voraussetzungen für die Bewilligung der Altersteilzeit nach dem Blockmodell[1265] erheblich erhöht. Gemäß § 93 Abs. 2 Nr. 1 BBG kann Altersteilzeit in der Form des Blockmodells im Sinne des § 9 AZV

1260 Die Bewilligung des Antrags durch den Dienstherrn ist als mitwirkungsbedürftiger Verwaltungsakt zu qualifizieren, vgl. zur Teilzeit generell *Baßlsperger*, ZBR 2001, 417, 424.

1261 *Battis*, BBG, 4. Aufl., § 93, Rn. 7.

1262 Zur Regelung des § 72 lit. b) BBG 1999 *Baßlsperger*, ZBR 2001, 417, 427.

1263 VG Weimar, Urteil vom 18.2.2003, 4 K 650/02.We, Rn. 26 ff. (Juris); *Battis*, BBG, 4. Aufl., § 93, Rn. 9.

1264 Siehe hierzu auch *Battis*, BBG, 4. Aufl., § 93, Rn. 1.

1265 Der Begriff des Blockmodells wird nunmehr definiert in § 2 Nr. 10 Verordnung über die Arbeitszeit der Beamtinnen und Beamten des Bundes vom 23.2.2006, BGBl. I S. 427, zuletzt geändert durch Verordnung vom 20.8.2013, BGBl. I S. 3286 (im Folgenden: AZV).

lediglich Beamten bewilligt werden, die das 60. Lebensjahr vollendet haben und bei vorheriger Teilzeitbeschäftigung die Freistellungszeiten in der Weise zusammengefasst werden, dass zuvor mit mindestens der Hälfte der regelmäßigen Arbeitszeit Dienst geleistet wird.[1266] Ferner kann nach § 93 Abs. 2 Nr. 2 BBG Beamten, die das 55. Lebensjahr vollendet haben und in festgelegten Stellenabbaubereichen beschäftigt sind, Altersteilzeit in der Variante des Blockmodells bewilligt werden.

Nach § 6 Abs. 1 BBesG werden die Dienstbezüge im Rahmen eines Teilzeitverhältnisses im gleichen Verhältnis zur Arbeitszeit gekürzt. Gemäß § 6 Abs. 2 BBesG in Verbindung mit § 2 Abs. 1 S. 1 der Verordnung über die Gewährung eines Zuschlags bei Altersteilzeit[1267] erreicht der Beamte im Rahmen der Altersteilzeit eine Nettobesoldung von 83 Prozent der bisherigen Nettobezüge. Damit wird den Beamten ein nichtruhegehaltsfähiger Altersteilzeitzuschlag gewährt.[1268]

Auch nach den derzeitigen gesetzlichen Vorgaben zur Altersteilzeit ist der Beamte nicht befugt, im Vergleich zur Vollzeitbeschäftigung in weitergehendem Umfang einer Nebentätigkeit nachzugehen. Gemäß § 93 Abs. 7 BBG in Verbindung mit § 91 Abs. 2 BBG hat sich der Beamte zu verpflichten, während der Altersteilzeit nur in dem Maße berufliche Verpflichtungen zu begründen, wie sie den in Vollzeit tätigen Beamten als Nebentätigkeit erlaubt sind.[1269]

Gemäß § 6 Abs. 1 S. 3 BeamtVG sind Zeiten einer Altersteilzeit zu neun Zehnteln der Arbeitszeit ruhegehaltfähig, die der Bemessung der ermäßigten Arbeitszeit während der Altersteilzeit zugrunde gelegt worden ist. Mithin wird der Beamte in der Altersteilzeit beamtenversorgungsrechtlich so gestellt, als würde er im Umfang von 90 Prozent der regelmäßigen Arbeitszeit Dienst leisten.[1270]

Mit dem Bundesbesoldungs- und -versorgungsanpassungsgesetz 2010/2011 vom 19.11.2010[1271] wurde die bisherige Regelung des § 93 BBG um zwei Absätze

1266 In Fallkonstellationen des § 92 Abs. 1 BBG, des § 92 lit. a) BBG oder bei Teilzeitbeschäftigung während der Elternzeit muss mindestens im Umfang der bisherigen Teilzeitbeschäftigung Dienst geleistet werden.

1267 Verordnung über die Gewährung eines Zuschlags bei Altersteilzeit in der Fassung der Bekanntmachung vom 23.8.2001, BGBl. I S. 2239, zuletzt geändert durch Gesetz vom 5.2.2009, BGBl. I S. 160.

1268 *von Redecker/Rieger*, ZBR 2000, 82, 83; *Marburger*, Die Versorgung der Beamten und anderweitig Beschäftigten im öffentlichen Dienst, Rn. 116 f.

1269 Siehe hierzu auch *Battis*, BBG, 4. Aufl., § 93, Rn. 8.

1270 Vgl. zur überkommenen Regelung der beamtenrechtlichen Altersteilzeit *Bauschke*, in Franke/Weiß, GKöD, Bd. I, K § 72b, EL 8/1999, Rn. 47.

1271 Bundesbesoldungs- und –versorgungsanpassungsgesetz 2010/2011, BGBl. 2010 I S. 1552.

ergänzt. Mit dem neu eingefügten § 93 Abs. 3 S. 1 BBG wurde – zeitlich befristet bis zum 31.12.2016 – ein neues beamtenrechtliches Altersteilzeitmodell etabliert.[1272] Danach kann Beamten, die einen Besoldungsanspruch haben, auf Antrag Teilzeitbeschäftigung als Altersteilzeit mit der Hälfte der bisherigen Arbeitszeit, höchstens der Hälfte der in den letzten zwei Jahren vor Beginn der Altersteilzeit durchschnittlich zu leistenden Arbeitszeit gewährt werden, wenn sie bei Beginn der Altersteilzeit das 60. Lebensjahr vollendet haben, in den vorherigen fünf Jahren drei Jahre mindestens teilzeitbeschäftigt waren, die Altersteilzeit vor dem 1.1.2017 beginnt, die Beamten in einem festgelegten Restrukturierungs- bzw. Stellenabbaubereich beschäftigt sind und dienstliche Belange nicht entgegenstehen.[1273] Nach dem ebenfalls neu eingefügten § 93 Abs. 4 S. 1 BBG kann Beamten außerhalb von Restrukturierungs- und Stellenabbaubereichen unter den vorstehend beschriebenen Voraussetzungen des § 93 Abs. 3 S. 1 Nr. 1 bis 3 BBG Altersteilzeit im Rahmen einer Quote von 2,5 Prozent der Beamten der obersten Dienstbehörde einschließlich ihrer Geschäftsbereiche bewilligt werden.

II. Intention der beamtenrechtlichen Altersteilzeitregelungen

Im Rahmen der Gesetzesbegründung wurden für die Implementierung der Altersteilzeit in das BBG Gesichtspunkte benannt, die seinerzeit auch für den Erlass des Altersteilgesetzes angeführt wurden. Demgemäß intendiert der Gesetzgeber mit der beamtenrechtlichen Altersteilzeit die Förderung des gleitenden Übergangs des Beamten in den Ruhestand.[1274]

Nicht unerwähnt bleiben soll jedoch, dass ein Teil des Schrifttums der beamtenrechtlichen Altersteilzeit eine weitergehende Funktion beimisst.[1275] So verfolge die Einführung der Altersteilzeit ferner die Zielsetzung, Neueinstelllungen – auch zu Zeiten einer angespannten Finanzlage der öffentlichen Haushalte – zu

---

1272 Vgl. hierzu BT-Drs. 17/1878, S. 48.

1273 Beamten, die das Altersteilzeitmodell gemäß § 93 Abs. 3 S. 1 BBG in Anspruch nehmen, steht ein im Vergleich zu dem bis zum 31.12.2009 offerierten Modell geringerer Aufstockungsbetrag zu, vgl. BT-Drs. 17/1878, S. 48. Nach § 6 Abs. 3 S. 1 BBesG wird in den Fällen des § 93 Abs. 3 und 4 BBG zusätzlich zur Besoldung nach § 6 Abs. 1 BBesG ein nicht ruhegehaltfähiger Zuschlag in Höhe von 20 Prozent der Dienstbezüge gewährt, die entsprechend der während der Altersteilzeit ermäßigten Arbeitszeit zustehen.

1274 Gesetzesbegründung zu § 72 lit. b) BBG 98, BT-Drs. 13/10722, S. 8; BR-Drs. 367/98, S. 10.

1275 Vertiefend wird auf diese Thematik im Rahmen der verfassungsrechtlichen und europarechtlichen Überprüfung der Altersgrenze eingegangen.

ermöglichen und somit Berufsanfängern bzw. jungen Beschäftigten den Zugang zum öffentlichen Dienst zu eröffnen.[1276] Dieses personalwirtschaftliche Instrument versetze den Dienstherrn in die Lage, einen eigenen Beitrag zur Verbesserung der Arbeitsmarkt- und Ausbildungsplatzsituation zu leisten.[1277] Stellen, die bislang durch ältere Beamte besetzt seien, sollten vorzeitig für Jüngere freigesetzt werden.[1278] In diesem Kontext ist nach dieser Ansicht in der Literatur zudem zu beachten, dass der Gesetzgeber von der Aufnahme einer Wiederbesetzungspflicht der frei gewordenen Stellen abgesehen habe.[1279] Dieses personalwirtschaftliche Instrument eröffne dem Dienstherrn infolge dessen die Möglichkeit, die postulierte Zielsetzung der Gewährleistung einer „schlanken Staatsverwaltung" zu realisieren.[1280]

Diese Interpretation der Funktion der beamtenrechtlichen Altersteilzeit wird von der gegenteiligen Ansicht der Literatur kritisiert. Zum einen wird die Ausgestaltung der beamtenrechtlichen Altersteilzeit als Widerspruch zu den – unter anderem in den Regelungen zu den Versorgungsabschlägen, zur Anhebung der Antragsaltersgrenze sowie der Erhöhung der Regelaltersgrenze zum Ausdruck kommenden – Anstrengungen des Gesetzgebers gewertet, das vorzeitige Ausscheiden aus dem aktiven Dienst zu erschweren.[1281] Zum anderen wird kritisch auf die durch die Gewährung der Altersteilzeit verursachten Kosten hingewiesen.[1282]

1276 *Baßlsperger*, ZBR 2001, 417, 419; *Bieler/Ebert*, Das gesamte öffentliche Dienstrecht, Kap. 260, EL 2/2004, Rn. 8.

1277 *Wichmann*, in Wichmann/Langer, Öffentliches Dienstrecht, 8. Abschn. Rn. 246; *Marburger*, Die Versorgung der Beamten und anderweitig Beschäftigten im öffentlichen Dienst, Rn. 102.

1278 *Bauschke*, in Franke/Weiß, GKöD, Bd. I, K § 72b, EL 8/1999, Rn. 7; *Baßlsperger*, ZBR 2001, 417, 419.

1279 Vgl. *Wichmann*, in Wichmann/Langer, Öffentliches Dienstrecht, 8. Abschn. Rn. 246.

1280 *Bauschke*, in Franke/Weiß, GKöD, Bd. I, K § 72b, EL 8/1999, Rn. 2; *Bieler/Ebert*, Das gesamte öffentliche Dienstrecht, Kap. 260, EL 2/2004, Rn. 8. Im Übrigen könne mit der Altersteilzeit der Übergang älterer Beamter aus dem aktiven Dienst in den altersbedingten Ruhestand sozialadäquat gestaltet und der etwaige Eintritt des Ruhestands wegen Dienstunfähigkeit vermieden werden, *Bauschke*, in Franke/Weiß, GKöD, Bd. I, K § 72b, EL 8/1999, Rn. 1, 7; *Baßlsperger*, ZBR 2001, 417, 419.

1281 *Battis*, BBG, 4. Aufl., § 93, Rn. 3. Vgl. auch *Franke*, FS Fürst, S. 101, 113.

1282 *Battis*, BBG, 4. Aufl., § 93, Rn. 3. In diesem Zusammenhang wird auf die Höhe der Nettodienstbezüge der Beamten im Vergleich zu den Entgelten für die Angestellten und Arbeiter des öffentlichen Dienstes verwiesen, *von Redecker/Rieger*, ZBR 2000, 82, 84. Die Kritik hinsichtlich der entstehenden Kosten wird von einer weiteren Ansicht in der Literatur zurückgewiesen. Eine solche Betrachtungsweise

III. Regelungen der Altersteilzeit in den Ländern

Das BeamtStG etabliert – wie bereits zuvor das BRRG – keine Maßgaben hinsichtlich der Normierung der Bewilligungsvorgaben für die Altersteilzeit zugunsten der Landesbeamten.[1283] Dementsprechend vermittelt der nachstehende Überblick zu den Regelungen der Altersteilzeit in den Landesbeamtengesetzen ein uneinheitliches Bild.

Eine der Vorschrift des § 93 Abs. 1 BBG vergleichbare Regelung zur Gewährung von Altersteilzeit weisen das LBG Bayern[1284], das LBG Berlin[1285], das LBG Bremen[1286] sowie das LBG Niedersachsen[1287] auf. Allerdings setzen das LBG Bayern, das LBG Bremen und das LBG Niedersachsen den Umfang der Altersteilzeitbeschäftigung auf 60 Prozent fest.[1288] Das LBG Berlin erhebt hingegen die Gewährleistung der Finanzierung des erforderlichen, zusätzlichen Personalbedarfs zur Anspruchsvoraussetzung.[1289]

Eine Mindestaltersgrenze von 55 Lebensjahren als Zugangsvoraussetzungen für die Altersteilzeit setzen die LBG Baden-Württemberg[1290], Brandenburg[1291], Hessen[1292], Mecklenburg-Vorpommern[1293], Nordrhein-Westfalen[1294],

---

des Kosten-Nutzen-Aspekts ließe unberücksichtigt, dass Beamte durchschnittlich im Alter von 58 Jahren und mithin deutlich vor Erreichen der Regelaltersgrenze aus dem aktiven Dienst ausscheiden. Die Altersteilzeit könne aufgrund der ihr zugrunde liegenden Rahmenbedingungen dieser Kosten erzeugenden Entwicklung zu frühzeitigen Pensionierungen entgegenwirken und die daraus resultierenden gesamtwirtschaftlichen Folgekosten abfedern, *Adolf/Durner*, Flexible Arbeitszeitgestaltung im Beamtenrecht, S. 51.

1283 *Battis*, BBG, 4. Aufl., § 93, Rn. 4.
1284 Art. 91 Abs. 1 LBG Bayern.
1285 § 111 Abs. 1 Nr. 1 LBG Berlin.
1286 § 63 Abs. 1 Nr. 1 LBG Bremen.
1287 § 63 Abs. 1 S. 1 LBG Niedersachsen.
1288 Art. 91 Abs. 1 LBG Bayern; § 63 Abs. 1 LBG Bremen; § 63 LBG Niedersachsen.
1289 § 111 Abs. 1 Nr. 5 LBG Berlin.
1290 § 70 Abs. 1 Nr. 1 LBG Baden-Württemberg.
1291 § 133 Abs. 1 Nr. 1 LBG Brandenburg.
1292 § 118 Abs. 1 Nr. 1 LBG Hessen.
1293 § 65 Abs. 1 Nr. 1 LBG Mecklenburg-Vorpommern.
1294 § 65 Abs. 1 Nr. 1 LBG Nordrhein-Westfalen.

Rheinland-Pfalz[1295], Schleswig-Holstein[1296] sowie Thüringen[1297] fest. Dabei normieren die LBG Baden-Württemberg[1298] und Schleswig-Holstein[1299] einen Umfang der Teilzeitbeschäftigung von 60 Prozent der bisherigen Arbeitszeit.

Unter den landesbeamtengesetzlichen Regelungen zur Altersteilzeit stellt das LBG Sachsen-Anhalt insofern eine Besonderheit dar, als es eine Altersgrenze von 50 Jahren normiert und Landesbeamten, die das 60. Lebensjahr vollendet haben, unter den dort genannten Voraussetzungen einen Anspruch auf Zugang zur Altersteilzeit gewährt.[1300] Das LBG Hamburg, das LBG Saarland sowie das LBG Sachsen sehen keine Vorgaben zur Altersteilzeit vor.

C. Normativer Gegenstand der Überprüfung der beamtenrechtlichen Altersteilzeit am verfassungs- und europarechtlichen Maßstab

Infolge der beschriebenen Einschränkung der Bewilligungsvoraussetzungen für die Altersteilzeit in der Form des Blockmodells durch § 93 Abs. 2 BBG ist der Anwendungsbereich dieser Altersteilzeitvariante – und dementsprechend auch ihre praktische Relevanz – intentionsgemäß erheblich reduziert. Im Rahmen der Bewertung der Verfassungs- und Unionsrechtskonformität der Mindestaltersgrenze für den Zugang zur beamtenrechtlichen Altersteilzeit sowie in der entsprechenden Diskussion in der Rechtsprechung und der Literatur ist das Verhältnis der Varianten des Teilzeit- und des Blockmodells – wie noch dargelegt wird – jedoch von entscheidender Bedeutung.

Aus diesem Grund werden die nachstehenden Analysen hinsichtlich der Vereinbarkeit der Altersvorgaben für die Gewährung der beamtenrechtlichen Altersteilzeit mit verfassungsrechtlichen Vorgaben sowie unionsrechtlichen Antidiskriminierungsmaßgaben am Maßstab der überkommenen Regelung des § 72 lit. b) BBG 1999 vorgenommen. Die in dieser Regelung normierte, uneingeschränkte Wahlfreiheit der Altersteilzeit beantragenden Beamten zwischen den Varianten des Teilzeit- und des Blockmodells entspricht dem dargestellten arbeitsrechtlichen Leitbild. Darüber hinaus wurde besagtes, uneingeschränktes

1295 § 75 lit. a) Abs. 1 Nr. 1 LBG Rheinland-Pfalz. Allerdings richtet sich diese Vorschrift lediglich an Lehrkräfte und Beamte in einem festgelegten Stellenabbaubereich.

1296 § 63 Abs. 1 LBG Schleswig-Holstein.

1297 § 75 Abs. 1 Nr. 1 LBG Thüringen.

1298 § 70 Abs. 1 LBG Baden-Württemberg.

1299 § 63 Abs. 1 S. 1 LBG Schleswig-Holstein.

1300 § 66 Abs. 1 Nr. 1 und Abs. 2 LBG Sachsen-Anhalt.

Verhältnis von Teilzeit- und Blockmodell in der Regelung des § 72 lit. b) BBG 1999 nicht wegen erkannter Verfassungs- bzw. Unionsrechtswidrigkeit aufgegeben. Dementsprechend ist es denkbar, dass der Bundesgesetzgeber auf die ursprüngliche Regelung der Altersteilzeit im Beamtenrecht zurückgreift.

D. Verfassungsrechtliche Überprüfung

Begleitet wurde die Einführung der Altersteilzeit in das Beamtenrecht von Kritik seitens des Schrifttums hinsichtlich der Vereinbarkeit mit beamtenverfassungsrechtlichen Vorgaben.[1301] Im Nachstehenden werden zunächst die von der beamtenrechtlichen Altersteilzeit tangierten Strukturprinzipien dargestellt, um anschließend die Vereinbarkeit des § 72 lit. b) BBG 1999 mit den hergebrachten Grundsätzen des Berufsbeamtentums gemäß Art. 33 Abs. 5 GG sowie mit dem Allgemeinen Gleichheitssatz nach Art. 3 Abs. 1 GG unter dem Blickwinkel der Ungleichbehandlung aufgrund des Alters zu überprüfen.

I. Durch die Altersteilzeit tangierte verfassungsrechtliche Vorgaben

Das Leitbild des Berufsbeamtentums sowie die wesentlichen beamtenverfassungsrechtlichen Strukturinhalte werden durch die Vollzeitbeschäftigung geprägt.[1302] Angesichts dessen tangiert die gesetzliche Implementierung der beamtenrechtlichen Altersteilzeit die Regelungsbereiche diverser beamtenverfassungsrechtlicher Strukturprinzipien. Wie im Folgenden dargelegt wird, ist die Vereinbarkeit der Altersteilzeit mit den Regelungsbereichen der hergebrachten Grundsätze der prinzipiell auf Lebenszeit ausgerichteten Berufung in ein Beamtenverhältnis, der Hauptberuflichkeit, der vollen Hingabe sowie der angemessenen Alimentation durch den Dienstherrn zu prüfen.[1303]

Dem Grundsatz der Hauptberuflichkeit kommt im Rahmen dieser Prüfung insofern eine besondere Bedeutung zu, als dieser im inhaltlichen Kontext zum Alimentationsprinzip zu betrachten ist. Das Berufsbeamtentum basiert auf dem Grundgedanken der intensiven Bindung des Beamten an den Staat und die Verfassung.[1304] Wenngleich die Konzeption der Rechte bzw. Pflichten

---

1301 *von Redecker/Rieger*, ZBR 2000, 82, 85; *Bieler/Ebert*, Das gesamte öffentliche Dienstrecht, Kap. 260, EL 2/2006, Rn. 8. Zur Teilzeitbeschäftigung generell *Gola*, DöD 1996, 97, 98.

1302 BVerfGE 55, 207, 240; BVerfGE 71, 39, 59 f.; BVerwG, ZBR 2000, 209, 210.

1303 Vgl. *Bauschke*, in Franke/Weiß, GKöD, Bd. I, K § 72b, EL 8/1999, Rn. 22; *Baßlsperger*, ZBR 2001, 417, 420; *Franke*, in FS Fürst, S. 101, 103.

1304 *Szalai*, LKV 2009, 55, 57.

von Staat und Beamten kein vertraglich-synallagmatisches Rechtsverhältnis darstellt, sondern durch den Gesetzgeber ausgeformt wird, besteht dennoch diesbezüglich ein Gegenseitigkeitsverhältnis.[1305] Diese Gegenseitigkeit kommt auch im Verhältnis des Grundsatzes der Hauptberuflichkeit zum Alimentationsprinzip zum Ausdruck. Die hauptberufliche Beschäftigung des Beamten und die hiermit korrespondierende Alimentationspflicht des Dienstherrn stellen wesentliche beamtenverfassungsrechtliche Strukturprinzipien dar.[1306] Der Beamte verpflichtet sich mit dem Eintritt in das Beamtenverhältnis zu vollumfänglichem, persönlichen Einsatz sowie zur Gewährung seiner gesamten Arbeitskraft.[1307] Infolge dieser Hingabepflicht und der korrelierenden Alimentationsverpflichtung des Dienstherrn verliert der Beamte mit seinem Eintritt in dieses öffentlich-rechtliche Dienst- und Treueverhältnis die Freiheit, einer anderen beruflichen Tätigkeit nachzugehen.[1308]

Intention des typusbestimmenden Merkmals der Hauptberuflichkeit ist die Gewährleistung der gemeinwohlorientierten und unabhängigen Aufgabenwahrnehmung durch den Beamten.[1309] Etwaige Interessenkonflikte, die aus Nebenbeschäftigungen resultieren könnten, werden durch die Beachtung dieses Grundsatzes vermieden.[1310] Stellte der Beamte sein Fachwissen bzw. seine Arbeitskraft auch einem Privaten gegen eine Vergütung zur Verfügung, bestünde die Gefahr, dass er zum „Diener zweier Herren" würde.[1311]

II. Vereinbarkeit der Altersteilzeit mit beamtenverfassungsrechtlichen Vorgaben

Die beamtenverfassungsrechtliche Einordnung der Altersteilzeit gemäß § 72 lit. b) BBG 1999 ist im Kontext zur Frage nach der grundsätzlichen Vereinbarkeit von Teilzeitmodellen mit den Strukturprinzipien des Berufsbeamtentums zu

---

1305 *Szalai*, LKV 2009, 55, 57.

1306 BVerfGE 55, 207, 240; BVerfGE 71, 39, 59 f.; BVerfGE 119, 247, 263.

1307 BVerfGE 21, 329, 345; BVerfGE 119, 247, 263 f. Darüber hinaus verpflichtet das Prinzip der vollen Hingabe den Beamten zur Dienstleistung auch über die regulären Arbeitszeiten hinaus sowie zur Dienst- und Treueverpflichtung außerhalb des Dienstes, *Hense*, in Epping/Hillgruber, Beck'scher Online-Kommentar, GG, Art. 33, 8. Edition, Oktober 2010, Rn. 41.2.

1308 BVerfGE 119, 247, 264. Ausführlich hierzu *Summer/Rometsch*, ZBR 1981, 1, 4 ff.

1309 *Hense*, in Epping/Hillgruber, Beck'scher Online-Kommentar, GG, Art. 33, 8. Edition, Oktober 2010, Rn. 41.1. Siehe ebenfalls BVerfGE 119, 247, 263 f.

1310 *Wichmann*, in Wichmann/Langer, Öffentliches Dienstrecht, 2. Abschn., Rn. 25.

1311 BVerfGE 119, 247, 264 f.

betrachten.[1312] Im Schrifttum wurde die Frage der Konformität der diversen Teilzeitverhältnisse mit den hergebrachten Grundsätzen des Berufsbeamtentums in der Vergangenheit kontrovers diskutiert.[1313] Aus diesem Grund fließen in die nachstehende Untersuchung auch Aspekte ein, die in besagter Diskussion angeführt wurden und auf die beamtenrechtliche Altersteilzeit übertragbar sind.

1. In der Literatur erhobene Bedenken gegen das Modell der Altersteilzeit

Ein Teil des Schrifttums vertrat im Rahmen der Einführung der Altersteilzeit in das Beamtenrecht die Ansicht, dieses Teilzeitmodell stehe im Widerspruch zu den hergebrachten Grundsätzen des Berufsbeamtentums.[1314] Die Altersteilzeit in der Form des Blockmodells verstoße gegen das beamtenverfassungsrechtliche Lebenszeitprinzip, da die Freistellungsphase einem vorgezogenen Ruhestand gleichkomme.[1315] Ferner schränke die Altersteilzeitvariante des Teilzeitmodells das Strukturprinzip der vollen Hingabe des Beamten verfassungswidrig auf das Maß der tatsächlich vom Beamten zu erbringenden Dienstleistung ein.[1316] Im Übrigen widerstreite die Altersteilzeit infolge der Reduzierung der Beamtenbezüge dem beamtenverfassungsrechtlichen Alimentationsprinzip.[1317] Das Einverständnis des Beamten hinsichtlich der Reduzierung der Besoldung sei insofern

1312 Siehe hierzu auch *Battis/Grigoleit*, ZBR 1997, 237, 244; *Battis*, BBG, 4. Aufl., § 91, Rn. 7.

1313 Einen Überblick über diese Diskussion vermitteln *Baßlsperger*, ZBR 2001, 417, *Bürger*, NVwZ 1999, 820; *von Mutius/Röh*, ZBR 1990, 365.

1314 *Ganser-Hillgruber*, ZBR 2000, 115, 121; *Bauschke*, in Franke/Weiß, GKöD, Bd. I, K § 72b, EL 8/1999, Rn. 22, 54, ebenso *Bieler/Ebert*, Das gesamte öffentliche Dienstrecht, Kap. 260, EL 2/2006, Rn. 8. Diese Skepsis hinsichtlich der Vereinbarkeit der Altersteilzeitmodells – insbesondere in der Form des Blockmodells – mit den beamtenverfassungsrechtlichen Maßgaben war ein Grund für die zögerliche Einführung in das Beamtenrecht.

1315 *Bauschke*, in Franke/Weiß, GKöD, Bd. I, K § 72b, EL 8/1999, Rn. 55. Die Altersteilzeit in der Form des Blockmodells sei insofern beamtenrechtlich unikal, als sich der Beamte – im Rahmen der Freistellungsphase – den Status betreffend noch im aktiven Dienst befinde, wenngleich er keine Dienstleistung mehr erbringe.

1316 *Bauschke*, in Franke/Weiß, GKöD, Bd. I, K § 72b, EL 8/1999, Rn. 57.

1317 *Bauschke*, in Franke/Weiß, GKöD, Bd. I, K § 72b, EL 8/1999, Rn. 58. Während der Beamte in der sog. aktiven Phase vollumfänglich seinen Dienst verrichtet, erhält er lediglich reduzierte Bezüge und wird mithin nicht dem Amt angemessen alimentiert. In der sog. Freistellungsphase erhält der Beamte eine – reduzierte – Besoldung, obgleich er keinen Dienst erbringt.

unbeachtlich, als auch dieses die Verhinderung einer Unteralimentation nicht gewährleisten könne.[1318]

Darüber hinaus misst die Literaturansicht der beamtenrechtlichen Altersteilzeit – wie auch der arbeitsrechtlichen Altersteilzeit – eine arbeitsmarktpolitische Intention bei, bestreitet jedoch, dass die Gesetzeskonzeption insoweit Ziel führend sei. Das Ausscheiden älterer Beamter sei allein nicht geeignet, den Zugang jüngerer Menschen zum Arbeitsmarkt zu erleichtern.[1319] Zudem könne das Instrument der Altersteilzeit – insbesondere in Anbetracht eines im Beamtenrecht fehlenden Junktims hinsichtlich der Einstellung jüngerer Beamter – vorwiegend zum Zweck der Personaleinsparung eingesetzt werden.[1320] Im Übrigen sei die Inanspruchnahme dieses personalwirtschaftlichen Instruments angesichts des beschriebenen demographischen Wandels nicht angezeigt und setze sich in Widerspruch zu beamtengesetzlichen Maßnahmen zur Verlängerung der aktiven Dienstzeit der Beamten.[1321]

2. Gegenansicht in der Rechtsprechung und der Literatur

Eine Auffassung im Schrifttum[1322] sowie die Rechtsprechung vertreten die Ansicht, dass der Altersteilzeit beamtenverfassungsrechtliche Bedenken nicht entgegenstehen. Beamtenrechtliche Teilzeitverhältnisse seien nicht per se als verfassungswidrig zu qualifizieren.[1323] Maßgeblich für die Vereinbarkeit der Altersteilzeit mit den Strukturprinzipien des Berufsbeamtentums sei das Erfordernis eines freiwilligen Antrags des Beamten.[1324] So verlange insbesondere die

1318 *Schlacke*, NordÖR 2002, 345, 349 m.w.N.

1319 *Bauschke*, in Franke/Weiß, GKöD, Bd. I, K § 72b, EL 8/1999, Rn. 4.

1320 *Bauschke*, in Franke/Weiß, GKöD, Bd. I, K § 72b, EL 8/1999, Rn. 34; *Loschelder*, ZBR 2000, 89, 90.

1321 *Bauschke*, in Franke/Weiß, GKöD, Bd. I, K § 72b, EL 8/1999, Rn. 1.

1322 *Franke*, FS Fürst, S. 101, 113.

1323 BVerfGE 44, 249, 262 f. Betrachte ferner BVerfGE 71, 39, 61; BVerwGE 82, 196, 202 f. Siehe hierzu auch *Battis*, BBG, 3. Aufl., § 72 lit. a), Rn. 8; *Pieper*, in Schmidt-Bleibtreu/Hofmann/Hopfauf, GG, Art. 33, Rn. 120; *Franke*, in FS Fürst, S. 101, 104. Zu den Besonderheiten der sog. Einstellungsteilzeit BVerwGE 82, 196, 202 f.; BVerwG, ZBR 2000, 209, 210. Im Übrigen trage die Altersteilzeit dem Umstand Rechnung, dass von einem gewissen Lebensalter an die Leistungsfähigkeit und Belastung des Beamten nachlasse. Somit entspreche die Altersteilzeit auch einem aus dem Fürsorgegesichtpunkt zu beachtenden Interesse, *Battis/Grigoleit*, ZBR 1997, 237, 244.

1324 Vgl. zur sog. Einstellungsteilzeit BVerwGE 82, 196, 199, 203; BVerwG, ZBR 2000, 209, 210. Auch *Summer*, ZBR 2000, 211, 211, Kommentar zur Entscheidung des

der Altersteilzeit immanente Einschränkung des Alimentationsprinzips eine eigenverantwortliche Entscheidung des Beamten.[1325] Nur in den Grenzen dieses autonomen Entschlusses des Beamten sowie den Anforderungen eines gesellschaftlichen Wandels könne ein Verfassungsprinzip fortgeschrieben werden.[1326] Der Aspekt der Freiwilligkeit sei insofern von maßgeblicher Bedeutung.[1327] Auf der Grundlage dieses freiwilligen Entschlusses übertrage der Dienstherr mit der Gewährung eines Teilzeitverhältnisses die Verpflichtung zur Alimentation für einen bestimmten Zeitraum auf den Beamten selbst.[1328]

Aufgrund der vorstehenden Erwägungen begegne ferner die Beschränkung des Umfangs zulässiger Nebentätigkeit auf das Maß für vollzeitbeschäftigte

---

BVerwG, ZBR 2000, 209, betont das Erfordernis einer eigenverantwortlichen Entscheidung des Beamten. Der Beamte hat in dieser Konstellation die Wahl der regelmäßigen vollen Beschäftigungszeit und der vollständigen Besoldung sowie der die Ausnahme darstellenden befristeten Kürzung der Dienstzeit und der Bezüge, vgl. BVerwGE 82, 196, 199.

1325 *Loschelder*, ZBR 2000, 89, 91. Aufgrund seiner freiwilligen Entscheidung verzichtet der Beamte auf einen Teil seiner regelmäßigen Besoldung, wodurch diese in den betroffenen Bereichen arbeitsabhängig werde. Eine gegen den Willen des Beamten verkürzte angeordnete Altersteilzeit würde den Beamten bei längerer Dauer möglicherweise zur Aufnahme eines Zweitberufs veranlassen, BVerwG, ZBR 2000, 209, 210; BVerwGE 82, 196, 199 f. Das Antragserfordernis betont die Freiwilligkeit der Entscheidung des Beamten für das Modell der Altersteilzeit, *Bauschke*, in Franke/Weiß, GKöD, Bd. I, K § 72b, EL 8/1999, Rn. 25; *Baßlsperger*, ZBR 2001, 417, 420.

1326 *Summer*, ZBR 2000, 211, 211, Kommentar zur Entscheidung des BVerwG, ZBR 2000, 209. Die Entwicklung des Beamtenrechts wurde stets von diversen gesellschaftspolitischen Strömungen verschiedener Epochen, zeitbedingten politischen Bedürfnissen und unterschiedlichen Interessenlagen beeinflusst, *Baßlsperger*, ZBR 2001, 417, 417; *Franke*, in FS Fürst, S. 101, 101. Derzeit würden an den öffentlichen Dienst – ebenso wie an die Privatwirtschaft – erhöhte Anforderungen an die Flexibilität, Einsatzbereitschaft und Mobilität der Beschäftigten gestellt. Diesen Entwicklungen müsse sich der öffentliche Dienst öffnen, sofern er im Wettbewerb um qualifizierte Bewerber mit einer spezifischen Lebensplanung nicht unterlegen sein wolle, *Battis*, BBG, 3. Aufl., § 72 lit. a), Rn. 12. Dabei schließt die in Art. 33 Abs. 5 GG verankerte, konservierende Tendenz des Beamtenverfassungsrechts eine an den veränderten gesellschaftlichen Entwicklungen orientierte Fortentwicklung des Beamtenrechts nicht aus, *Franke*, in FS Fürst, S. 101, 101.

1327 *Summer*, ZBR 2000, 211, 211, Kommentar zur Entscheidung des BVerwG, ZBR 2000, 209.

1328 Zur Teilzeitbeschäftigung *Baßlsperger*, ZBR 2001, 417, 421. Betrachte ferner BVerfGE 37, 167, 178 f.; BVerwGE 104, 230, 234; sowie *Franke*, in FS Fürst, S. 101, 105.

Beamte keinen beamtenverfassungsrechtlichen Bedenken.[1329] Auch insofern basiere die verfassungsrechtliche Unbedenklichkeit der Altersteilzeit auf dem Umstand, dass sich der Beamte durch seine freiwillige Entscheidung hinsichtlich der Beantragung der Altersteilzeit auch mit den daraus folgenden Maßgaben hinsichtlich des Umfangs zulässiger Nebentätigkeit einverstanden erklärt habe.[1330]

Eine weitere Literaturansicht betrachtet die Altersteilzeit hingegen als Ausdruck einer sozialstaatlichen Arbeitsmarktpolitik, die mit den beamtenverfassungsrechtlichen Strukturprinzipien vereinbar sei. Der Gesetzgeber habe im Interesse der Wahrung des gesamtwirtschaftlichen Gleichgewichts mit der beamtenrechtlichen Altersteilzeit eine Maßnahme zur Generierung von Einstellungsmöglichkeiten im öffentlichen Dienst sowie zur Bekämpfung der Arbeitslosigkeit ergriffen.[1331] Auf der Grundlage der Vorgaben des Sozialstaatsprinzips nach Art. 20 Abs. 1 GG und des verfassungsrechtlich verankerten Prinzips zur Wahrung des gesamtwirtschaftlichen Gleichgewichts nach Art. 109 Abs. 2 GG sei der Gesetzgeber gehalten gewesen, der in den Jahren vor der Einführung des Altersteilzeitmodells in erheblichem Umfang angestiegenen Arbeitslosigkeit durch wirksame Maßnahmen zu begegnen.[1332] In diesem Kontext sei dem Sozialstaatsgebot im Zweifel ein höherer Rang als den in Art. 33 Abs. 4 und 5 GG verankerten beamtenverfassungsrechtlichen Strukturprinzipien einzuräumen.[1333]

1329 *Loschelder*, ZBR 2000, 89, 91. Ein vollständiger Ausschluss jedweder Nebentätigkeit wäre hingegen als Eingriff in das Nebentätigkeitsrecht des Beamten zu qualifizieren, der auch durch die Freiwilligkeit der Entscheidung für die Altersteilzeit nicht gerechtfertigt wäre. Ein solcher Eingriff wäre lediglich bei einer Beeinträchtigung dienstlicher Interessen gerechtfertigt.

1330 Vgl. BVerwGE 82, 196, 200. Darüber hinaus würde eine Ausweitung der Berechtigung des Beamten, einer Nebentätigkeit nachzugehen, insofern einen Systembruch darstellen, als der Grundsatz der Hauptberuflichkeit ad absurdum geführt würde, *Baßlsperger*, ZBR 2001, 417, 422 f. Vgl. auch *Franke*, FS Fürst, S. 101, 110 zur voraussetzungslosen Antragsteilzeit.

1331 *von Redecker/Rieger*, ZBR 2000, 82, 83.

1332 *von Redecker/Rieger*, ZBR 2000, 82, 83. Zu Teilzeitbeamtenverhältnissen *von Mutius/Röh*, ZBR 1990, 365, 377 f., 382.

1333 Zur Teilzeitbeschäftigung *Schlacke*, NordÖR 2002, 345, 349. In diesem Zusammenhang sei zudem zu berücksichtigen, dass die Altersteilzeit zur Verjüngung des Personals und damit auch zur Bekämpfung der Jugendarbeitslosigkeit beitrage. Ferner eigne sich das personalpolitische Modell der Altersteilzeit zum effizienten Personaleinsatz sowie zur Steigerung der Arbeitsqualität, *von Redecker/Rieger*, ZBR 2000, 82, 83. So im Ergebnis auch *Battis/Grigoleit*, ZBR 1997, 237, 244.

3. *Eigene Stellungnahme*

Die normative Ausgestaltung der beamtenrechtlichen Altersteilzeit begegnet keinen beamtenverfassungsrechtlichen Bedenken. Die Alterteilzeitvarianten des Teilzeit- und des Blockmodells eröffnen dem Beamten Möglichkeiten der Quasi-Flexibilisierung des Übergangs in die Lebensphase nach dem aktiven Dienst. Sie sind Ausdruck des Fürsorgegedankens gegenüber dem Beamten und rechtfertigen die Einschränkung der tangierten beamtenverfassungsrechtlichen Strukturprinzipien im Wege der praktischen Konkordanz. Vor diesem Hintergrund ist die seinerzeitige Einführung der Altersteilzeit als sachgerechte Fortentwicklung des Beamtenrechts im Sinne des Art. 33 Abs. 5 GG unter Wahrung der Wesensgehalte hergebrachter Grundsätze des Berufsbeamtentums zu werten.

a. Altersteilzeit als strukturwahrende Fortentwicklung des Beamtenrechts im Sinne des Art. 33 Abs. 5 GG

Der letztgenannten Rechtsauffassung ist insofern zu folgen, als die Etablierung der Altersteilzeit als Fortentwicklung des Beamtenrechts zu qualifizieren ist. Gemäß Art. 33 Abs. 5 GG ist das Recht des öffentlichen Dienstes unter Berücksichtigung der hergebrachten Grundsätze des Berufsbeamtentums zu regeln und weiterzuentwickeln. Diese Öffnungsklausel gewährt dem Gesetzgeber die Möglichkeit der Anpassung und Fortentwicklung des Beamtenrechts als Teil des öffentlichen Dienstrechts, die durch politische und gesellschaftliche Änderungen geboten ist.[1334] Bereits vor Aufnahme des Fortentwicklungsauftrags in Art. 33 Abs. 5 GG durch das Gesetz zur Änderung des Grundgesetzes vom 28.8.2006[1335] entsprach es der Rechtsprechung des BVerfG, dass beamtenverfassungsrechtliche Strukturprinzipien einer Weiterentwicklung des Beamtenrechts nicht im Wege stehen.[1336]

Die Entwicklungsoffenheit des Beamtenverfassungsrechts ermächtigt den Gesetzgeber, die Konzeption und Ausformung des Beamtenrechts den jeweiligen Entwicklungen der Staatlichkeit anzugleichen.[1337] Die notwendige Fortentwicklung des Beamtenrechts darf jedoch nicht zu einer schleichenden Entwertung

---

1334 *Battis*, in Sachs, GG, Art. 33, Rn. 68; *Auerbach/Pietsch*, Beamtenstatusgesetz, Einführung, Pkt. 2.1.2, S. 15; *Szalai*, LKV 2009, 55, 57.

1335 Gesetz zur Änderung des Grundgesetzes vom 28.8.2006, BGBl. I S. 2034.

1336 BVerfGE 119, 247, 261 f., 272 f. Siehe ferner BVerfGE 117, 330, 348 f.; BVerfGE 97, 350, 376. Ebenfalls hierzu BVerfGE 67, 1, 14; BVerfGE 43, 154, 168.

1337 BVerfGE 119, 247, 262. Betrachte ferner BVerfGE 70, 69, 79; BVerfGE 62, 374, 382 f.; BVerfGE 3, 58, 137.

beamtenverfassungsrechtlicher Grundsätze führen.[1338] Die hergebrachten Grundsätze stehen insbesondere nicht zur Disposition des Beamten.[1339] Wenngleich die Änderung des regulären Beamtenverhältnisses unzweifelhaft das Einverständnis des Beamten erfordert,[1340] ist für eine verfassungskonforme Fortentwicklung des Beamtenrechts – entgegen der letztgenannten Rechtsauffassung – jedoch nicht allein maßgebend, dass für diese ein Bedürfnis aufgrund eines gesellschaftlichen Wandels besteht und ein Zustimmungsvorbehalt des Beamten berücksichtigt wird. Die verfassungsrechtlich geforderte Fortentwicklung des Beamtenrechts hat sich vielmehr an den Maßgaben des Grundgesetzes und insbesondere an den Kerngehalten beamtenverfassungsrechtlicher Strukturprinzipien zu orientieren.[1341] Aus diesem Grund muss die in Rede stehende beamtenrechtliche Fortentwicklung von einer verfassungsrechtlich anerkannten Motivation getragen werden.

b. Verfassungsrechtlich anerkannte Motivation hinsichtlich der Einführung der Altersteilzeit in das Beamtenrecht

Die vorstehenden Ausführungen zu den Entwicklungen der Altersteilzeit im Arbeitsrecht sowie deren Etablierung im Beamtenrecht verdeutlichen, dass mit der Einrichtung dieses Teilzeitmodells in besagten Rechtsgebieten unterschiedliche Zielsetzungen verfolgt wurden. Die beschriebene Entwicklung im Arbeitsrecht zeigt auf, dass mit der Einführung der Altersteilzeit in erster Linie der seinerzeit verbreiteten Frühverrentungspraxis mit den aus ihr resultierenden finanziellen Auswirkungen auf die Renten- und Arbeitslosenversicherung entgegengewirkt werden sollte. Dementsprechend lagen der Einführung des Instruments des gleitenden Übergangs in die Pensionierung arbeitsmarktpolitische Erwägungen zugrunde.[1342]

1338 *Szalai*, LKV 2009, 55, 57.

1339 Zur voraussetzungslosen Antragsteilzeit *Battis*, BBG, 4. Aufl., § 91, Rn. 12. Nicht ausreichend ist in diesem Zusammenhang deshalb die Berufung auf einen Anspruch auf freie Entfaltung der Persönlichkeit bzw. auf einen Selbstverwirklichungsanspruch.

1340 So auch *Becker*, RiA 1991, 178, 183 f.; *Battis/Grigoleit*, ZBR 1997, 237, 248; *Bürger*, NVwZ 1999, 820, 823; *Kutscha*, ZBR 2001, 156, 160; *Tilp*, ZBR 2001, 161, 164.

1341 Zur voraussetzungslosen Antragsteilzeit *Battis*, BBG, 4. Aufl., § 91, Rn. 13; *Bürger*, NVwZ 1999, 820, 821 m.w.N.

1342 Siehe hierzu auch *Stitzel*, Der gleitende Übergang in den Ruhestand – eine Pensionierungsform der Zukunft?, Mitteilungen aus der Arbeitsmarkt- und Berufsforschung 1985, abrufbar unter www.iab.de, S. 116, 117.

Eine derartige Vorgeschichte und Intention weist die beamtenrechtliche Altersteilzeit hingegen nicht auf.[1343] Die Einführung der Altersteilzeit in das Recht der Beamten ist vielmehr als Reaktion des Gesetzgebers auf das gesellschaftlich verbreitete Bedürfnis nach einer Flexibilisierung der Vorgaben hinsichtlich des Übergangs in den Ruhestand zu bewerten.[1344] Diesem offenkundigen Bedürfnis einer Gruppe von Beschäftigten im hohen Erwerbsalter, das insbesondere in der dargestellten Nachfrage nach der arbeitsrechtlichen Altersteilzeit zum Ausdruck kam, hat der Gesetzgeber in Ausübung seiner Fürsorgeverpflichtung sowie unter Berücksichtigung anerkennenswerter Belange des Beamten Rechnung getragen.

In Anbetracht dessen stellen die Varianten der beamtenrechtlichen Altersteilzeit aus nachstehenden Gründen sachgerechte und effiziente personalwirtschaftliche Instrumente des Dienstherrn dar, mit denen er in Ausübung seiner Fürsorgepflicht das gesellschaftlich verbreitete Bedürfnis nach einem frühzeitigen Übergang vom Erwerbs- in das Privatleben berücksichtigen kann.

aa. Altersteilzeit in der Form des Teilzeitmodells

Mit der Altersteilzeit in der Form des Teilzeitmodells verfolgt der Gesetzgeber die Zielsetzung, dem Beamten einen fließenden, verträglichen Übergang vom aktiven Dienst in den Ruhestand zu ermöglichen. Durch dieses personalwirtschaftliche Instrument wird der Umfang der aktiven Dienstzeit reduziert und infolge dessen der Übergang vom aktiven Dienst in den Ruhestand faktisch flexibilisiert. Auf diese Weise wird der Beamte frühzeitig auf die Situation nach dem Ausscheiden aus dem aktiven Dienst vorbereitet.

Die somit gewährleistete schonende Überleitung vom aktiven Dienst in den Ruhestand bewahrt den Beamten vor etwaigen gesundheitlichen Folgen einer abrupten, unvorbereiteten Beendigung des aktiven Dienstes. Zwar kann der Ruhestand nicht grundsätzlich als präkeres Ereignis im Leben eines Menschen

---

1343 Die Altersteilzeit wird bisweilen im Kontext zu den Bemühungen des Gesetzgebers zur Eindämmung von Frühpensionierungen angeführt, vgl. Unterrichtung über den Dritten Versorgungsbericht der Bundesregierung, BT-Drs. 15/5821, S. 273 ff. Dennoch kann die Altersteilzeit nicht zu den staatlichen Instrumentarien zur Vermeidung von Frühpensionierungen gezählt werden, vgl. hierzu Rundschreiben des *Bundesministeriums des Inneren*, vom 3.12.2003, D I 1 – M – 223 100-1/3a –, abrufbar unter www.verwaltungvorschriften-im-internet.de.

1344 Zur Nachfrage hinsichtlich der arbeitsrechtlichen Altersteilzeit *Hanau/Rolfs*, Hans-Böckler-Stiftung, Arbeitspapier 79, Insolvenzschutz von Wertguthaben, abrufbar unter www.boeckler.de, S. 15.

bewertet werden.[1345] Dennoch ist zu berücksichtigen, dass in erwerbswirtschaftlichen Systemen der Arbeitsplatz einen zentralen Ort für die Partizipation am gesellschaftlichen und sozialen Leben bildet.[1346] Der Eintritt des Ruhestands erfordert infolge dessen regelmäßig die Einstellung auf neue Lebensumstände sowie die Übernahme einer neuen gesellschaftlichen Rolle.[1347] Ungünstige materielle oder gesundheitliche Rahmenbedingungen, eine problembehaftete private oder familiäre Situation, ein fehlendes soziales Netz bzw. unzureichende Fertigkeiten hinsichtlich der Bewältigung ungewohnter Umstände können Anpassungsfriktionen erzeugen und den Einstieg in diesen Lebensabschnitt erschweren.[1348] Aus diesem Grund leitet der Ruhestandseintritt bisweilen eine negative Entwicklung ein, die nach kurzer Zeit zu schwerwiegenden, gesundheitlichen Beeinträchtigungen führen kann.[1349] Ob diese neue Lebenssituation vom Beamten als sinnerfüllt, kritisch oder gar bedrohlich wahrgenommen wird, entscheidet mitunter die frühzeitige Befassung und Auseinandersetzung mit dem bevorstehenden Ruhestandseintritt.[1350]

Vor dem Hintergrund der vorstehenden Ausführungen ist ein selbstgewählter, gleitender Übertritt in den Ruhestand aus psychologischer Sicht als günstig zu bezeichnen.[1351] Die Altersteilzeit in der Form des Teilzeitmodells ist ein sachgerechtes und geeignetes Instrument, den Beamten auf die neue Lebenssituation infolge des Ruhestands vorzubereiten.[1352]

Angesichts der bereits beschriebenen Variabilität der Leistungsfähigkeit im sog. hohen Erwerbsalter bietet das Teilzeitmodell dem Beamten zudem die Möglichkeit, den Umfang des aktiven Dienstes in der letzten Phase der Erwerbsbiographie dem persönlichen Leistungsvermögen anzupassen. Einer gesundheitsschädlichen Überbelastung kann auf diese Weise vorgebeugt werden.

1345 *Martin/Kliegel*, Psychologische Grundlagen der Gerontologie, S. 106.

1346 *Jasper*, Gerontologie, S. 213.

1347 *Jasper*, Gerontologie, S. 215. Im Rahmen der Nacherwerbslebensphase muss eine neue Balance gefunden werden, da die bisherigen Bezüge zum Arbeitsplatz, der eigentlichen Arbeit und den Kollegen nicht mehr fortbestehen, *Heinz*, Arbeit, Beruf und Lebenslauf, S. 183.

1348 *Martin/Kliegel*, Psychologische Grundlagen der Gerontologie, S. 106.

1349 *Jasper*, Gerontologie, S. 215. Vgl. auch *Heinz*, Arbeit, Beruf und Lebenslauf, S. 181.

1350 *Jasper*, Gerontologie, S. 215.

1351 *Martin/Kliegel*, Psychologische Grundlagen der Gerontologie, S. 106.

1352 Mitteilung des *Bundesvereinigung Prävention und Gesundheitsförderung e.V.* vom 7.1.2010, abrufbar unter www.bvpraevention.de; *Lindecke/Voss-Dahm/Lehndorf*, Hans-Böckler-Stiftung, Arbeitspapier 142, Altersteilzeit, abrufbar unter www.boeckler.de, S. 13.

bb. Altersteilzeit in der Variante des Blockmodells

In die verfassungsrechtliche Beurteilung der Altersteilzeitvariante des Blockmodells sind die gesellschaftlichen Rahmenbedingungen zum Zeitpunkt vor ihrer Einführung in das Beamtenrecht einzubeziehen. Seinerzeit bestand im Bezug auf das Vorbild für die Regelung des § 72 lit. b) BBG 1999, der arbeitsrechtlichen Altersteilzeit, eine erhebliche Nachfrage nach der Variante des Blockmodells. Getragen war diese Resonanz auf dieses Angebot von einem Bedürfnis bei einem nicht zu vernachlässigendem Teil der Beschäftigten im hohen Erwerbsalter nach Zeitgewinn bzw. Zeitwohlstand.[1353]

Seit den 1970er Jahren war in Teilen der Gesellschaft ein Bewusstsein gewachsen, dass Zeitwohlstand als Ausdruck der Selbstverwirklichung die Lebensqualität steigert.[1354] Seit den 1980er Jahren wurden die Probleme der Bewahrung von „Eigenzeit" vor externen Zeitzwängen vermehrt wissenschaftlich analysiert.[1355] Diese Untersuchungen belegten, dass das Verhältnis von Freizeit zur Arbeitszeit von entscheidender Bedeutung für die wahrgenommene Lebensqualität ist.[1356] Dementsprechend wurde in der modernen Gesellschaft der Zeitwohlstand zu einem zentralen gesellschaftlichen Wohlstandsziel.[1357] Daraus resultiert der Wunsch, unter teilweisem Verzicht auf das Arbeitsentgelt frühzeitig aus dem Erwerbsleben ausscheiden zu können.[1358]

1353 *Altun*, Sozialverträgliche und familiengerechte Arbeitszeitgestaltung, S. 16; *Groß/Munz*, Arbeitszeit 2000 in Nordrhein-Westfalen, Institut zur Erforschung sozialer Chancen im Auftrag des Ministeriums für Arbeit und Soziales, Qualifikation und Technologie des Landes Nordrhein-Westfalen, S. 44 f.

1354 *Garhammer*, Arbeitszeit und Zeitwohlstand im internationalen Vergleich, Wirtschafts- und Sozialwissenschaftliches Institut der Hans-Böckler-Stiftung, WSI Mitteilungen, 2001, abrufbar unter www.boeckler.de, S. 231, 231.

1355 *Lüdtke*, Universitäten als Zeitregime: Zur Erklärung der Ungleichheit des Zeitwohlstands von Studenten, in Kecskes/Wagner/Wolf, Angewandte Soziologie, S. 329, 330.

1356 Innovationsprozesse und –potenziale von Zeitpolitik im Spannungsfeld von Qualität von Dienstleistungen und Wertschöpfungsprozessen im Dienstleistungssektor, Studie der *Wert.Arbeit Gesellschaft für Arbeit, Chancengleichheit und Innovation*, S. 3 ff. Zeitdruck und Überforderung prägen oftmals das Lebensgefühl großer Teile der Gesellschaft und insbesondere der Menschen, die aktiv am Erwerbsleben beteiligt sind.

1357 *Lüdtke*, Universitäten als Zeitregime: Zur Erklärung der Ungleichheit des Zeitwohlstands von Studenten, in Kecskes/Wagner/Wolf, Angewandte Soziologie, S. 329, 333.

1358 *Groß/Munz*, Arbeitszeit 2000 in Nordrhein-Westfalen, Institut zur Erforschung sozialer Chancen im Auftrag des Ministeriums für Arbeit und Soziales, Qualifikation und Technologie des Landes Nordrhein-Westfalen, S. 45, stellen heraus, dass in Bezug auf das Interesse der Beschäftigten an Zeit- bzw. Zeitwohlstandsgewinn eine

Der Gesetzgeber hat sich offenkundig von der dargestellten Entwicklung im Arbeitsrecht leiten lassen und in Kenntnis der Nachfrage nach dieser arbeitsrechtlichen Altersteilzeitvariante sowie der zugrunde liegenden Motivation der Beschäftigten das Blockmodell in das Beamtenrecht eingeführt, obgleich sich für dessen Implementierung keine vergleichbare arbeitsmarktpolitische Notwendigkeit anführen ließ. Angesichts dessen ist zu folgern, dass der Gesetzgeber mit der beamtenrechtlichen Altersteilzeitvariante des Blockmodells den Beamten ein Angebot zur Quasi-Flexibilisierung des Ruhestandsübertritts unterbreiten wollte.

Diese gesetzgeberische Maßnahme hat die angestrebte Wirkung nicht verfehlt. Wie bereits dargelegt wurde, besteht eine außerordentlich große Nachfrage nach dieser Variante der Altersteilzeit. Zudem belegt eine Erhebung, dass auch bei den Altersteilzeit beantragenden Beamten Motive vorherrschen, die bereits zu besagter Nachfrage nach dem arbeitsrechtlichen Pendant geführt haben. Danach dominieren bei den Altersteilzeitbeamten die auf Zeitwohlstand und Zeitgewinn gerichteten Gründe deutlich.[1359]

In diesem Zusammenhang sei erwähnt, dass der Beamte auch mit der Beantragung der Altersteilzeitvariante des Blockmodells auf eine aus der Variabilität der Leistungsfähigkeit im Alter folgenden frühzeitigen Reduzierung des persönlichen Leistungsvermögens reagieren kann.

c. Wahrung der Kerngehalte der tangierten beamtenverfassungsrechtlichen Strukturprinzipien

Die beamtenrechtliche Altersteilzeit ist das verfassungsrechtlich nicht zu beanstandende Ergebnis einer wertenden Gewichtung des vom Gesetzgeber zu beachtenden Fürsorgeprinzips sowie der angeführten Strukturprinzipien der vollen Hingabe, der Hauptberuflichkeit und der amtsangemessenen Alimentation.[1360] Die vom Gesetzgeber im Rahmen der Etablierung der Altersteilzeit im

---

Relevanzverschiebung im Verhältnis von immateriellen zu materiellen Gütern feststellbar ist. Nach *Preis*, NZA 2008, 922, 922, führten Frühverrentungsprogramme zu einer fatalen Anspruchsmentalität, frühzeitig bei soliden Bezügen in den aktiven Ruhestand zu wechseln.

1359 *Groß/Munz*, Arbeitszeit 2000 in Nordrhein-Westfalen, Institut zur Erforschung sozialer Chancen im Auftrag des Ministeriums für Arbeit und Soziales, Qualifikation und Technologie des Landes Nordrhein-Westfalen, S. 32.

1360 Wie im Folgenden aufgezeigt wird, ist das Lebenszeitprinzip durch die beamtenrechtliche Altersteilzeit nicht berührt.

Beamtenrecht vorzunehmende Abwägung schränkt die angeführten beamtenverfassungsrechtlichen Strukturprinzipien nicht derart weitgehend ein, dass in unzulässiger Weise in die Kernbereiche dieser Grundsätze eingegriffen würde. Der von der erstgenannten Literaturansicht vertretene Verstoß gegen wesentliche Regelungsgehalte der hergebrachten Grundsätze des Berufsbeamtentums ist nicht zu erkennen.

Wenngleich die durch die Altersteilzeit tangierten hergebrachten Grundsätze des Berufsbeamtentums in besonderem Maße von dem Leitbild des vollzeitbeschäftigten Beamten geprägt werden, bleiben deren Kerngehalte auch im Rahmen des Altersteilzeitverhältnisses gewahrt. Die in Rede stehenden hergebrachten Grundsätze der vollen Hingabe, der Hauptberuflichkeit sowie das Alimentationsprinzip verfolgen die übergeordnete Intention, die unabhängige, neutrale und loyale Amtsausübung des Beamten zu gewährleisten.[1361] Diese Zielsetzung wird durch die Bewilligung der Altersteilzeit aus nachstehenden Gründen nicht gefährdet.

Vorrangiger Beweggrund der Altersteilzeit beantragenden Beamten ist – wie bereits dargestellt wurde – in der Regel der Wunsch nach mehr Freizeit und nach dem frühzeitigen Rückzug in das Privatleben. Angesichts dieser Motivation steht nicht zu besorgen, dass der Beamte etwaige nebenberufliche Verpflichtungen eingehen werde, die einen Interessenkonflikt zu seiner Dienstpflicht hervorrufen könnten.[1362] Aus diesem Grund stellt die beamtenrechtliche Altersteilzeit eine verfassungsrechtlich nicht zu beanstandende Einschränkung des Leitbilds der Vollzeitbeschäftigung sowie des Hauptberuflichkeitsgrundsatzes dar.[1363] Die Beschränkung der Nebenbetätigungsmöglichkeiten auf das

---

1361 Einen Überblick gewährt *Wichmann*, in Wichmann/Langer, Öffentliches Dienstrecht, 2. Abschn., Rn. 24, 25, 30. Siehe ferner BVerfGE 114, 258, 288; BVerfGE 7, 155, 162.

1362 In diesem Kontext ist zu berücksichtigen, dass das Prinzip der vollen Hingabe, das im Zusammenhang zum Grundsatz der Hauptberuflichkeit zu betrachten ist, realiter bereits zahlreichen Einschränkungen unterworfen ist.

1363 Richter am BVerfG *Gerhardt* sieht in seinem *obiter dictum* zur Entscheidung des BVerfG zur antragslosen Teilzeitbeschäftigung, BVerfGE 119, 247, in der Einstellungsteilzeit keinen Verstoß gegen den Grundsatz der Hauptberuflichkeit, da dieser auf die gesamte Dienstzeit des Beamten abstellt, BVerfGE 119, 247, 280. *Bull*, DVBl. 2000, 1773, 1774; *von Mutius/Röh*, ZBR 1990, 365, 374; *Schlacke*, NordÖR 2002, 345, 348, geben zu bedenken, dass die Pflicht zur vollen Hingabe an den Beruf nicht quantitativ, sondern einzig qualitativ zu verstehen sei. Demgegenüber tangiert nach BVerwG, ZBR 2000, 209, 210, die Teilzeitbeschäftigung den Grundsatz der Pflicht zur vollen Hingabe.

zulässige Maß vollzeitbeschäftigter Beamter fungiert insoweit als zusätzliche Absicherung.

Die beamtenrechtliche Altersteilzeit steht ferner nicht im Widerspruch zum Alimentationsprinzip. Die Reduzierung der Arbeitszeit lässt den Alimentationscharakter der Besoldung unberührt.[1364] Im Rahmen der vorzunehmenden Prüfung, ob die reduzierte Besoldung während der Altersteilzeit noch als zulässige, amtsangemessene Alimentation gewertet werden kann, ist der in der zu beurteilenden Lebensphase des Beamten regelmäßig anzunehmende Lebensstandard heranzuziehen. Wie bereits dargestellt, erreichen die monatlichen Konsumausgaben bei den Haushalten der 45- bis 55-jährigen Einkommensbezieher den Höchststand und reduzieren sich mit zunehmendem Alter. Angesichts der Konstruktion der beamtenrechtlichen Altersteilzeit, die dem Beamten 83 Prozent der bisherigen Bezüge gewährt, und vor dem Hintergrund der vorstehenden Ausführungen ist zu konstatieren, dass die gesetzliche Ausgestaltung dieses Teilzeitmodells auf sachgerechten Erwägungen beruht und regelmäßig nicht zu einer Unteralimentierung des Beamten führt. Zudem ist ein Unterschreiten des regelmäßigen Alimentationsumfangs im Rahmen der Teilzeitbeschäftigung insofern unbedenklich, als angesichts des Erfordernisses der Antragstellung auf Seiten des Beamten eine finanzielle Konstellation angenommen werden kann, die ihm den Verzicht auf einen Teil seiner Dienstbezüge ermöglicht und keine unrechtmäßige Einflussnahme auf seine Dienstausübung durch Dritte befürchten lässt.[1365] Mithin stellt das Erfordernis der Antragstellung durch den Beamten ein funktionswahrendes Kriterium im Hinblick auf die Verwirklichung des Alimentationsgrundsatzes dar.[1366]

Nicht zu folgen ist in diesem Kontext jedoch der letztgenannten Auffassung[1367], die eine partielle Übertragbarkeit der Alimentationspflicht des Dienstherrn auf den Beamten anerkennt. Eine derartige Annahme würde die

1364 Zum Teilzeitbeamtenverhältnis BVerfG, NVwZ 2008, 987, 990; BVerfGE 71, 39, 63. Vgl. ebenfalls BVerwGE 122, 65, 70.

1365 Zur Teilzeitbeschäftigung aus familiären Gründen BVerwG, Urteil vom 30.10.2008, 2 C 48/07, Rn. 9 (Juris).

1366 Ist der Beamte der Ansicht, einen Teil seiner Besoldung entbehren zu können, wird er sich wohl kaum in einer finanziellen Situation befinden, die ihn für Einflussnahmen Dritter bzw. Privater in besonderer Weise empfänglich macht, BVerfGE 119, 247, 271, zur antragslosen Teilzeitbeschäftigung.

1367 Siehe hierzu *Baßlsperger*, ZBR 2001, 417, 421.

intendierte Gewährleistung der Unabhängigkeit des Beamten gefährden und den Kerngehalt des Alimentationsgrundsatzes verkennen.[1368]

Schließlich ist durch die Etablierung der Altersteilzeit im Beamtenrecht kein Verstoß gegen das Lebenszeitprinzip erkennbar. Der Beamte, dem dieses Teilzeitmodell gewährt wird, ist nach wie vor durch das Dienst- und Treueverhältnis an den Dienstherrn gebunden.[1369] Der von der erstgenannten Literaturauffassung[1370] angeführte Vergleich zu einem vorgezogenen Ruhestand ist insofern nicht überzeugend, als das Beamtenverhältnis auch über das Ende der aktiven Dienstzeit in den Ruhestand reicht.

d. Keine Rechtfertigung durch das Sozialstaatsprinzip

Der von der letztgenannten Literaturansicht vertretenen Rechtfertigung der mit der Altersteilzeit verbundenen Einschränkung hergebrachter Grundsätze des Berufsbeamtentums durch das Sozialstaatsprinzip gemäß Art. 20 Abs. 1 GG kann nicht gefolgt werden. Dieser Rechtsauffassung ist entgegenzuhalten, dass die Konzeption der beamtenrechtlichen Altersteilzeit nicht den Anforderungen genügt, eine Einschränkung beamtenverfassungsrechtlicher Grundsätze durch das Sozialstaatsprinzip zu rechtfertigen.

Das Sozialstaatsprinzip verpflichtet den Staat zu einer engagierten Sozial-, Wirtschafts- und Gesellschaftspolitik, in deren Rahmen Vollbeschäftigung anzustreben und Arbeitslosigkeit abzubauen ist.[1371] Das Sozialstaatsprinzip gemäß Art. 20 Abs. 1 GG geht jedoch den hergebrachten Grundsätzen des Berufsbeamtentums nicht generell vor.[1372]

Im Falle eines Spannungsverhältnisses von beamtenverfassungsrechtlichen Strukturprinzipien und dem Sozialstaatsprinzip hat der Gesetzgeber vielmehr eine wertende Abwägung vorzunehmen.[1373] Eine sozialstaatliche Rechtfertigung von Einschränkungen beamtenverfassungsrechtlicher Grundsätze infolge einer

---

1368 Vgl. BVerfGE 55, 207, 239; BVerfGE 119, 247, 269.

1369 Vgl. zur Teilzeitbeschäftigung *von Mutius/Röh*, ZBR 1990, 365, 374.

1370 Betrachte *Bauschke*, in Franke/Weiß, GKöD, Bd. I, K § 72 b, EL 8/1999, Rn. 55.

1371 *von Mutius/Röh*, ZBR 1990, 365, 377.

1372 Eine Außerachtlassung der hergebrachten Grundsätze zum Zwecke der Verwirklichung des Sozialstaatsprinzips wäre verfassungsrechtlich nicht gerechtfertigt, BVerfGE 119, 247, 266. Vgl. auch *Lecheler*, ZBR 1980, 1, 6; *Schwandt*, ZBR 1977, 81, 84.

1373 *von Mutius/Röh*, ZBR 1990, 365, 378. In diesem Zusammenhang sei erwähnt, dass nach der Rechtsprechung des BVerfG die Verwirklichung des Sozialstaatsprinzips zum Zwecke der Steuerung der Arbeitslosigkeit einen Eingriff in die Substanz des Berufsbeamtentums nicht legitimieren kann, BVerfGE 119, 247, 266.

arbeitmarkpolitisch motivierten Teilzeitbeschäftigung kommt jedoch nur in Betracht, wenn die arbeitsmarktpolitische Wirksamkeit und Effektivität nicht in Zweifel steht.[1374]

Entgegen der letztgenannten Rechtsansicht bekämpft die beamtenrechtliche Altersteilzeit bei tatsachenbasierter Betrachtung die Arbeitslosigkeit nicht derart wirksam, dass eine Einschränkung beamtenverfassungsrechtlicher Strukturprinzipien gerechtfertigt werden könnte. Die beamtenrechtliche Altersteilzeit kann angesichts der normativen Konstruktion, der Auswirkungen auf die Haushaltslage des Dienstherrn sowie des demographischen Wandels eine signifikante arbeitsmartpolitische Wirkung nicht entfalten, ohne einen die Funktionsfähigkeit der öffentlichen Verwaltung verursachenden Personalengpass bzw. unverhältnismäßige Kosten zu verursachen. Zwar ist das frühzeitige Ausscheiden älterer Beamter geeignet, dem Dienstherrn personalwirtschaftliche Handlungsspielräume bzw. Möglichkeiten zur Einstellung von Arbeitssuchenden zu eröffnen. Aus nachstehenden Gründen können diese personalwirtschaftlichen Spielräume den erforderlichen, arbeitsmarktpolitischen Effekt jedoch nicht zeitigen.

Die Wiederbesetzung einer durch die Altersteilzeit vakanten Stelle hat erhebliche Belastungen des Personalkostenbudgets zur Folge und führt im Ergebnis einen Verteuerungseffekt herbei. Ausweislich der Unterrichtung über den Dritten Versorgungsbericht der Bundesregierung aus dem Jahr 2005 ist lediglich bei einer Nachbesetzungsquote von 28 Prozent gewährleistet, dass dem Haushalt keine Mehrausgaben entstehen.[1375] In den Jahren 2005 und 2006 hatte das Bundesministerium des Inneren per Rundschreiben die Bewilligungspraxis in der Bundesverwaltung hinsichtlich der Gewährung der Altersteilzeit in der Form des Blockmodells aufgrund der hohen Nachfrage sowie der damit verbundenen finanziellen bzw. personalwirtschaftlichen Auswirkungen eingeschränkt.[1376] In besagtem Rundschreiben aus dem Jahr 2005 wird ebenfalls darauf hingewiesen,

---

1374 Zur arbeitsmarktpolitischen Teilzeitbeschäftigung *Battis*, BBG, 4. Aufl., § 91, Rn. 10. Die Berücksichtigung dieses Kriteriums ist angesichts einer dauerhaft schwierigen Arbeitsmarktlage restriktiv zu überprüfen, da ansonsten eine Aushöhlung beamtenverfassungsrechtlicher Strukturprinzipen droht, *Tilp*, ZBR 2001, 161, 164, zur unfreiwilligen Teilzeitbeschäftigung. Zum Verhältnis des Sozialstaatsprinzips zum Alimentationsprinzip *Schwandt*, ZBR 1977, 81, 84.

1375 Unterrichtung über den Dritten Versorgungsbericht der Bundesregierung, BT-Drs. 15/5821, S. 287.

1376 Vgl. Rundschreiben des *Bundesministeriums des Inneren* vom 30.3.2005, D I 1–210 172/20, und 28.2.2006, D I 1–210 172/20, abrufbar unter www.bmi.bund.de.

dass die Finanzneutralität nur gewahrt sei, wenn lediglich jede dritte bis vierte durch Altersteilzeit vakante Stelle über eine Ersatzplanstelle nachbesetzt werde.[1377] Zudem wird angeführt, dass dies zwangsläufig zu einer vorübergehenden Verringerung des Personalbestandes führe.[1378] Das Rundschreiben des Bundesministeriums des Inneren aus dem Jahr 2006 konkretisiert die personalwirtschaftlichen Folgen des Einsatzes der Altersteilzeit dahingehend, dass insbesondere die mit dem Blockmodell verbundenen starken vorzeitigen Personalabgänge zunehmend personalwirtschaftliche Probleme im Hinblick auf den demografischen Wandel verursachten.[1379] Dementsprechend sei die Bewilligung der Altersteilzeit im Blockmodell auf festgelegte und festzulegende Personalabbaubereiche zu begrenzen.[1380]

Die vorstehend beschriebene Tatsache führt unter anderem dazu, dass – im Vergleich zur Gesamtzahl der Bundesbeamten – lediglich ein geringer Anteil der Beamten in einem Altersteilzeitverhältnis zum Dienstherrn steht.[1381] In der Gesamtbetrachtung der erläuterten Aspekte kann der beamtenrechtlichen Altersteilzeit mithin nicht die von der letztgenannten Rechtsauffassung vertretene arbeitsmarktpolitische Wirkung zugesprochen werden.

Zu widersprechen ist in diesem Zusammenhang jedoch der von der erstgenannten Literaturauffassung geäußerten Kritik, infolge des Fehlens einer Wiederbesetzungsverpflichtung könne die Altersteilzeit zum Zwecke der Personaleinsparung eingesetzt werden. Die Aufnahme einer der arbeitsrechtlichen Regelung vergleichbaren Wiederbesetzungspflicht in das BBG ist vor dem Hintergrund des Art. 109 Abs. 2 GG nicht erforderlich. Die verfassungsrechtlichen Vorgaben der Sozialstaatlichkeit gemäß Art. 20 Abs. 1 GG sowie der staatlichen Verantwortung für das gesamtwirtschaftliche Gleichgewicht nach

---

1377 Rundschreiben des *Bundesministeriums des Inneren* vom 30.3.2005, D I 1–210 172/20.

1378 Rundschreiben des *Bundesministeriums des Inneren* vom 30.3.2005, D I 1–210 172/20.

1379 Rundschreiben des *Bundesministeriums des Inneren* vom 28.2.2006, D I 1–210 172/20.

1380 Rundschreiben des *Bundesministeriums des Inneren* vom 28.2.2006, D I 1–210 172/20.

1381 Vgl. *Bundesministerium des Inneren*, Der öffentliche Dienst des Bundes, Daten zur Personalstruktur 2011, abrufbar unter www.bmi.bund.de, S. 30. Danach waren lediglich knapp 4 Prozent der 129.556 Bundesbeamten und Richter im Jahr 2010 altersteilzeitbeschäftigt.

Art. 109 Abs. 2 GG verpflichten den Staat ohnehin, für einen hohen Beschäftigungsstand Sorge zu tragen.[1382]

III. Vereinbarkeit mit Art. 3 Abs. 1 GG

Im Rahmen der Prüfung der Vereinbarkeit der beamtenrechtlichen Altersteilzeit mit dem allgemeinen Gleichheitssatz gemäß Art. 3 Abs. 1 GG sind zwei Aspekte zu beachten. Zum einen geht mit der Mindestaltersgrenze für die Gewährung von Altersteilzeit gemäß § 72 lit. b) Abs. 1 Nr. 1 BBG 1999 eine Ungleichbehandlung aufgrund des Lebensalters einher. Beamte können nur dann in den Genuss dieses Angebots kommen, wenn sie das 55. Lebensjahr vollendet haben. Zum anderen wird im Schrifttum vereinzelt ein Gleichheitsverstoß in der Konstruktion der Altersteilzeit gesehen, die Altersteilzeitbeamte im Vergleich zu Beamten in anderen Teilzeitverhältnissen begünstigt.

1. Einen Gleichheitsverstoß annehmende Ansicht in der Literatur

In der Literatur wird vereinzelt die Auffassung vertreten, durch den im Rahmen der beamtenrechtlichen Altersteilzeit gewährten Zuschlag zur hälftigen Besoldung würden Altersteilzeitbeamten im Vergleich zu Beamten, denen ein anderes Teilzeitverhältnis gewährt wurde, gleichheitswidrig bevorzugt.[1383]

2. Eigene Position

Die beamtenrechtliche Altersteilzeit gemäß § 72 lit. b) BBG 1999 ist mit dem allgemeinen Gleichheitssatz gemäß Art. 3 Abs. 1 GG vereinbar. Für die mit der Gewährung von Altersteilzeit einhergehenden Ungleichbehandlungen aufgrund des Lebensalters können ebenso sachgerechte Gründe angeführt werden, wie für die – im Vergleich zu anderen Teilzeitverhältnissen unterschiedliche – Konstruktion der Altersteilzeit.

Da die beamtenrechtliche Altersteilzeit die übergeordnete Zielsetzung verfolgt, den Übergang vom aktiven Dienst in den Ruhestand auf der Grundlage einer eigenverantwortlichen Entscheidung des Beamten quasi flexibel zu gestalten, ist es erforderlich, dieses Angebot lediglich Beamten zu offerieren, die sich in Ansehung des nahenden Ruhestandseintritts befinden. Vor diesem Hintergrund ist die konkrete Festsetzung der Altersgrenze für die Gewährung von Altersteilzeit auf das 55. Lebensjahr in § 72 lit. b) Abs. 1 Nr. 1 BBG 1999 nicht zu beanstanden.

1382 *Papier*, RdA 2000, 1, 3.

1383 *Bauschke*, in Franke/Weiß, GKöD, Bd. I, K § 72b, EL 8/1999, Rn. 59.

Ferner ist in der Ausgestaltung der Altersteilzeit kein Gleichheitsverstoß im Vergleich zu den Konstruktionen anderer Teilzeitverhältnisse zu erkennen. Der von der Literaturauffassung angeführte Hinweis auf abweichende Konditionen anderer beamtenrechtlicher Teilzeitverhältnisse vermag nicht zu überzeugen. Der voraussetzungslosen Antragsteilzeit gemäß § 72 lit. a) Abs. 1 BBG 1999[1384] sowie der familienbedingten Teilzeit nach § 72 lit. a) Abs. 4 S. 1 Nr. 1 BBG 1999[1385] liegen von der in Rede stehenden Altersteilzeit differente gesetzgeberische Intentionen zugrunde.[1386] Bei der Ausgestaltung beamtenrechtlicher Teilzeitmodelle kommt dem Gesetzgeber – im Rahmen der durch die beamtenverfassungsrechtlichen Strukturprinzipien gezogenen Grenzen – ein weiter Gestaltungsspielraum zu.[1387] Eine unzulässige Überschreitung dieses Gestaltungsspielraums ist nicht erkennbar.

So ist insbesondere nicht zu beanstanden, dass der Gesetzgeber bei der Konstruktion der Altersteilzeit – im Interesse des Beamten – einen Anreiz für die Beantragung dieser Form der Altersteilzeit gesetzt hat.[1388] Die Intention des Gesetzgebers, Beamte sollen von einer Entscheidung für einen gleitenden Übergang in den Ruhestand nicht von finanziellen Erwägungen abgehalten werden, ist verfassungsrechtlich nicht zu beanstanden.

IV. Zwischenergebnis

Die Altersgrenze für den Zugang zur Altersteilzeit der Beamten gemäß § 72 lit. b) Abs. 1 Nr. 1 BBG 1999 ist mit beamtenverfassungsrechtlichen Vorgaben vereinbar und stellt keinen Verstoß gegen den allgemeinen Gleichheitssatz dar.

E. Vereinbarkeit der Altersgrenze für die beamtenrechtliche Altersteilzeit mit europarechtlichen Antidiskriminierungsvorgaben

Nachstehend wird die beamtenrechtliche Altersteilzeit gemäß § 72 lit. b) BBG 1999 auf ihre Vereinbarkeit mit den unionsrechtlichen Vorgaben der RL 2000/78/EG zum Verbot der Altersdiskriminierung untersucht.

1384 Vgl. auch § 91 BBG.

1385 Siehe ferner § 92 BBG.

1386 Eingehend hierzu *Battis*, BBG, 3. Aufl., § 72 lit. a), Rn. 8 ff.; *Bürger*, NVwZ 1999, 820, 821 ff.

1387 *Bürger*, NVwZ 1999, 820, 821.

1388 Vgl. in diesem Zusammenhang BVerwG, Buchholz 240 § 6 BBesG Nr. 21, S. 2.

I. Geltungsbereich der Richtlinie

Für die Altersgrenze hinsichtlich der Gewährung der Altersteilzeit nach § 72 lit. b) Abs. 1 Nr. 1 BBG 1999 ist der Geltungsbereich der Richtlinie gemäß Art. 3 Abs. 1 lit. c) RL 2000/78/EG eröffnet. Erfasst sind von dieser Regelung sämtliche Bedingungen und Leistungen, die mit der Beschäftigung als Arbeitnehmer oder arbeitnehmerähnlichen Person verbunden sind.[1389] Mit Gewährung der Altersteilzeit wird das auf Vollzeitbeschäftigung ausgerichtete Beamtenverhältnis in ein Teilzeitbeschäftigungsverhältnis umgewandelt. Infolgedessen erfährt auch die Rechte- und Pflichtenstellung des Beamten im Verhältnis zum Dienstherrn eine Veränderung.

II. Unmittelbare Diskriminierung gemäß Art. 2 Abs. 2 lit. a) RL 2000/78/EG

Die Altersgrenze für den Zugang zur Altersteilzeit gemäß § 72 lit. b) Abs. 1 Nr. 1 BBG 1999 ist als unmittelbare Diskriminierung aufgrund des Alters im Sinne des Art. 2 Abs. 2 lit. a) RL 2000/78/EG zu qualifizieren.[1390] Diese Regelung eröffnet lediglich Beamten, die das 55. Lebensjahr vollendet haben, den Zugang zur beamtenrechtlichen Alterteilzeit, über deren Gewährung der Dienstherr in Ausübung pflichtgemäßen Ermessens entscheidet. Diese Regelung knüpft damit unmittelbar an das Lebensalter des Beamten an und benachteiligt Beamte, die das 55. Lebensjahr noch nicht erreicht haben.

III. Rechtfertigung dieser Ungleichbehandlung

Im Schrifttum wird die Frage der Konformität der Altersgrenzenregelung für den Zugang zur beamtenrechtlichen Altersteilzeit mit den unionsrechtlichen Vorgaben zum Verbot der Altersdiskriminierung kontrovers diskutiert.[1391] Erörtert wird sowohl eine Legitimierung der mit der in Rede stehenden Mindestaltersgrenze verbundenen unmittelbaren Altersdiskriminierung über Art. 7 Abs. 1 RL 2000/78/EG als auch über Art. 6 Abs. 1 RL 2000/78/EG.

1389 *Schmidt/Senne*, RdA 2002, 80, 82; *Lüderitz*, Altersdiskriminierung durch Altersgrenzen, S. 60.

1390 Zur Beurteilung der arbeitsrechtlichen Altersteilzeit nach dem AGG, *Brors*, in Däubler/Bertzbach, AGG, § 10, Rn. 52.

1391 In der Literatur wird insbesondere die Vereinbarkeit der arbeitsrechtlichen Altersteilzeit mit Antidiskriminierungsvorgaben problematisiert. Diese Argumente sollen in die Überprüfung der beamtenrechtlichen Altersteilzeit an den Maßgaben der RL 2000/78/EG einbezogen werden, soweit sie auf diese übertragbar sind.

1. *Beamtenrechtliche Altersteilzeit als positive Maßnahme im Sinne des Art. 7 Abs. 1 RL 2000/78/EG*

Gemäß Art. 7 Abs. 1 RL 2000/78/EG hindert der Gleichbehandlungsgrundsatz die Mitgliedstaaten nicht daran, zur Gewährleistung völliger Gleichstellung im Berufsleben spezifische Maßnahmen beizubehalten oder einzuführen, mit denen Benachteiligungen wegen eines in Art. 1 RL 2000/78/EG genannten Diskriminierungsgrunds verhindert oder ausgeglichen werden. Art. 7 Abs. 1 RL 2000/78/EG ist als selbständiger Rechtfertigungsgrund für ausgleichende Maßnahmen zu werten.[1392] Entlehnt ist die Regelung des Art. 7 Abs. 1 RL 2000/78/EG der vergleichbaren Vorschrift des Art. 2 Abs. 4 RL 76/207/EWG.[1393]

a. Anwendungsbereich des Art. 7 Abs. 1 RL 2000/78/EG im Kontext des Altersdiskriminierungsverbots

Im Schrifttum wird bereits bezweifelt, dass den positiven Maßnahmen im Sinne des Art. 7 Abs. 1 RL 2000/78/EG im Kontext des Verbots der Altersdiskriminierung ein Anwendungsbereich verbleibt.

aa. Ablehnende Auffassung im Schrifttum

Nach einer in der Literatur vertretenen Auffassung sei der Anwendungsbereich des Art. 7 Abs. 1 RL 2000/78/EG im Hinblick auf den Ausgleich von Ungleichbehandlungen aufgrund des Lebensalters durch den Rechtfertigungstatbestand des Art. 6 RL 2000/78/EG abgedeckt.[1394] Art. 6 Abs. 1 S. 2 lit. a) RL 2000/78/EG erfasse sämtliche Sachverhalte, die als positive Maßnahmen im Sinne des Art. 7

1392 *Sprenger*, Das arbeitsrechtliche Verbot der Altersdiskriminierung nach der Richtlinie 2000/78/EG, S. 123. Zur konkreten rechtlichen Einordnung positiver Maßnahmen *Hinrichs* in Däubler/Bertzbach, AGG, § 5, Rn. 5; *Bauschke*, Allgemeines Gleichbehandlungsgesetz im öffentlichen Dienst, § 5, Rn. 1; *Bauer/Göpfert/Krieger*, AGG, § 5, Rn. 1, 4; *Meinel/Heyn/Herms*, AGG, § 5, Rn. 1.

1393 *Scholz*, Das Verbot der Altersdiskriminierung bei der Begründung und Beendigung von Arbeitsverhältnissen, S. 97; *Hinrichs* in Däubler/Bertzbach, AGG, § 5, Rn. 6 f.; *Schmidt/Senne*, RdA 2002, 80, 84 f. Siehe ebenfalls *Lüderitz*, Altersdiskriminierung durch Altersgrenzen, S. 123.

1394 *Linsenmaier*, RdA 2003, Sonderbeilage zu Heft 5, S. 22, 27; *Kuras*, RdA 2003, Sonderbeilage Heft 5, S. 11, 15. Vgl. hierzu auch *Lüderitz*, Altersdiskriminierung durch Altersgrenzen, S. 124 m.w.N.

Abs. 1 RL 2000/78/EG in Bezug auf das Altersdiskriminierungsverbot legitimiert werden könnten.[1395]

bb. Stellungnahme

Die vorstehend erläuterte Rechtsauffassung findet in der Konzeption der RL 2000/78/EG keine Bestätigung. Art. 7 Abs. 1 RL 2000/78/EG kann nicht entnommen werden, dass diesem Rechtsinstitut im Hinblick auf die Diskriminierung aufgrund des Lebensalters kein Anwendungsbereich zukommt. Vielmehr ist anzuerkennen, dass die Kommission mit dieser Regelung nicht nur die Eingliederung von Jugendlichen in das Erwerbsleben intendiert, sondern auch einen schrittweises Überwechseln vom Berufsleben in den Ruhestand unterstützen will.[1396]

b. Voraussetzung der positiven Maßnahme gemäß Art. 7 Abs. 1 RL 2000/78/EG

Im Gegensatz zu den Rechtfertigungsvorschriften der Art. 4 Abs. 1 und 6 Abs. 1 RL 2000/78/EG verfolgt Art. 7 Abs. 1 RL 2000/78/EG nicht die Zielsetzung, rechtliche Anforderungen für die Zulässigkeit zukünftiger Ungleichbehandlungen zu normieren.[1397] Anlässlich bereits bestehender Ungleichbehandlungen wirkt sie vielmehr auf die Gleichstellung einer diskriminierten mit einer nicht diskriminierten Gruppe durch spezifische Maßnahmen hin.[1398] Art. 7 Abs. 1 RL 2000/78/EG liegt die Vorstellung zugrunde, dass Gleichbehandlung allein nicht genügt, wenn diese nicht zu einer tatsächlichen Gleichstellung führt.[1399] Dementsprechend ist es Mitgliedstaaten unter den genannten Voraussetzungen erlaubt, notwendige legislative bzw. administrative Maßnahmen zu ergreifen, um – ausgerichtet an einem von der Richtlinie angeführten Diskriminierungsmerkmal – Ungleichbehandlungen entgegen zu wirken oder diese zu kompensieren.[1400] Diese Ungleichbehandlungen werden nicht als von der Richtlinie verpönte Diskriminierungen, sondern

---

1395 *Polloczek*, Altersdiskriminierung im Licht des Europarechts, S. 101 m.w.N.; *Hahn*, Auswirkungen der europäischen Regelungen zur Altersdiskriminierung im deutschen Arbeitsrecht, S. 139.

1396 KOM (1999) 565 endg., S. 13.

1397 *Sprenger*, Das arbeitsrechtliche Verbot der Altersdiskriminierung nach der Richtlinie 2000/78/EG, S. 122 m.w.N.

1398 *Sprenger*, Das arbeitsrechtliche Verbot der Altersdiskriminierung nach der Richtlinie 2000/78/EG, S. 122 m.w.N.

1399 KOM (1999) 565 endg., S. 12. Siehe ferner *Lüderitz*, Altersdiskriminierung durch Altersgrenzen, S. 123.

1400 KOM (1999) 565 endg., S. 12 f.

als positive Maßnahmen gewertet.[1401] Auf diese Weise sollen die Benachteiligten auf die Ebene der bevorzugten Mehrheit gehoben werden.[1402]

Im Folgenden wird die Mindestaltersgrenze gemäß § 72 lit. b) Abs. 1 Nr. 1 BBG 1999 für die Gewährung von Altersteilzeit am Maßstab der drei Voraussetzungen einer positiven Maßnahme im Sinne des Art. 7 Abs. 1 RL 2000/78/EG überprüft.

aa. Maßnahme eines Mitgliedstaates

§ 72 lit. b) Abs. 1 Nr. 1 BBG 1999 ist als Maßnahme im Sinne des Art. 7 Abs. 1 RL 2000/78/EG zu bewerten. Eine positive Maßnahme im Sinne des Art. 7 Abs. 1 RL 2000/78/EG kann lediglich eine solche eines Mitgliedstaates sein.[1403] Einzig der Gesetzgeber ist befugt zu bestimmen, welche Maßnahmen durch das Gebot der tatsächlichen Gleichstellung im Sinne des Art. 7 Abs. 1 RL 2000/78/EG legitimiert werden können.[1404] Der Begriff der Maßnahme erfasst sämtliche Handlungen, die auf die Vermeidung bzw. Beseitigung von Benachteiligungen aufgrund eines verpönten Differenzierungsmerkmals gerichtet sind.[1405]

bb. Benachteiligung einer eingrenzbaren Gruppe

Die Gruppe der älteren Beschäftigten zählt zu dem Personenkreis, dessen Gleichstellung in zulässiger Weise durch eine positive Maßnahme im Sinne des Art. 7 Abs. 1 RL 2000/78/EG angestrebt werden kann. Im Arbeitsleben sind ältere Menschen oftmals Benachteiligungen ausgesetzt.[1406] Diese Auffassung brachte der Gesetzgeber auch im Rahmen des Gesetzgebungsverfahrens zum Umsetzungsgesetz bzw. zum AGG zum Ausdruck.[1407]

1401 Nach KOM (1999) 565 endg., S. 12, soll der Begriff „positive Maßnahme" eng ausgelegt werden.

1402 *Korthaus*, Das neue Antidiskriminierungsrecht, S. 105 m.w.N.

1403 A.A. *Bauer/Göpfert/Krieger*, AGG, § 5, Rn. 7, zur entsprechenden Regelung des § 5 AGG.

1404 *Scholz*, Das Verbot der Altersdiskriminierung bei der Begründung und Beendigung von Arbeitsverhältnissen, S. 95; *Lüderitz*, Altersdiskriminierung durch Altersgrenzen, S. 123 f.

1405 Zur Vorschrift des § 5 AGG *Bauer/Göpfert/Krieger*, AGG, § 5, Rn. 6; *Meinel/Heyn/Herms*, AGG, § 5, Rn. 7.

1406 *Rothermund/Temming*, Diskriminierungen aufgrund des Alters, Expertise im Auftrag der Antidiskriminierungsstelle des Bundes, abrufbar unter www.antidiskriminierungsstelle.de, S. 3.

1407 BT-Drs. 16/1780, S. 36.

Auch in der deutschen Bevölkerung ist eine entsprechende Wahrnehmung hinsichtlich des Ausmaßes der Verbreitung von Altersdiskriminierungen vorhanden. Im Rahmen einer europaweiten Erhebung zum Thema Diskriminierung gaben 57 Prozent der deutschen Befragten an, dass Arbeitgeber Bewerbungen von Arbeitssuchenden mit identischen Qualifikationen primär aufgrund des Lebensalters ablehnen würden.[1408]

Die positive Maßnahme zielt auf die Verhinderung bzw. den Ausgleich von Ungleichbehandlungen, die eine Person bzw. eine eingrenzbare Gruppe von Personen erfahren hat bzw. erfährt.[1409] Benachteiligungen in diesem Sinne sind sämtliche Umstände, die zur Folge haben, dass Personen aufgrund eines verpönten Differenzierungsmerkmals im Arbeitsleben geringere Erfolgschancen als andere Personen haben.[1410] Im Hinblick auf das Diskriminierungsmerkmal Alter ergibt sich aufgrund der beschriebenen Besonderheiten dieses Kriteriums regelmäßig die Notwendigkeit, zum Ausgleich faktischer Benachteiligungen die Differenzierung zwischen jungen und älteren Normadressaten über eine Altersgrenze vorzunehmen.[1411] Im Hinblick auf den Ausgleich von Benachteiligungen aufgrund des Lebensalters muss eine zulässige positive Maßnahme gemäß Art. 7 Abs. 1 RL 2000/78/EG unmittelbar an das Alter anknüpfen.[1412] Die Benachteiligung andere Beschäftigter wird dabei hingenommen.[1413]

Der Umstand, dass – wie das bisherige Ergebnis der Ausarbeitung gezeigt hat – ältere Beamten durch die analysierten altersorientierten Vorschriften des

1408 Eurobarometer Spezial 317, Diskriminierung in der EU im Jahr 2009, Bericht, Tabelle auf Seite 15 des Anhangs, abrufbar unter www.ec.europa.eu.

1409 Zu § 5 AGG *Bauer/Göpfert/Krieger*, AGG, § 5, Rn. 6; *Meinel/Heyn/Herms*, AGG, § 5, Rn. 6.

1410 Zur Regelung des § 5 AGG *Hinrichs*, in Däubler/Bertzbach, AGG, § 5, Rn. 20.

1411 *Sprenger*, Das arbeitsrechtliche Verbot der Altersdiskriminierung nach der Richtlinie 2000/78/EG, S. 132; *Scholz*, Das Verbot der Altersdiskriminierung bei der Begründung und Beendigung von Arbeitsverhältnissen, S. 96. Nur in Ausnahmefällen wird eine unscharfe Differenzierung zwischen jüngeren und älteren Personen Ziel führend sein.

1412 *Sprenger*, Das arbeitsrechtliche Verbot der Altersdiskriminierung nach der Richtlinie 2000/78/EG, S. 132.

1413 *Scholz*, Das Verbot der Altersdiskriminierung bei der Begründung und Beendigung von Arbeitsverhältnissen, S. 96. Zur entsprechenden Vorschrift des § 5 AGG, *Bauschke*, Allgemeines Gleichbehandlungsgesetz im öffentlichen Dienst, § 5, Rn. 4; *Bauer/Göpfert/Krieger*, AGG, § 5, Rn. 6. *Wiedemann/Thüsing*, NZA 2002, 1234, 1240, differenzieren positive Maßnahmen danach, ob mit ihnen Benachteiligungen für andere Beschäftigte verbunden sind.

Beamtenrechts nicht in unionsrechtswidriger Weise aus Gründen des Alters diskriminiert werden, ist im Kontext der Ermittlung einer benachteiligten Personengruppe nicht von Relevanz. Die Definition bzw. Konkretisierung der benachteiligten Personengruppe ist nicht auf den Bereich des öffentlichen Dienstes einzuengen. Der Bezugsrahmen für die Ermittlung einer benachteiligten Gruppe ist nicht auf den jeweiligen Arbeitgeber beschränkt, sondern kann auch gesamtgesellschaftliche Umstände einbeziehen.[1414]

cc. Intention der positiven Maßnahme im Sinne des Art. 7 Abs. 1 RL 2000/78/EG

Die positive Maßnahme im Sinne des Art. 7 Abs. 1 RL 2000/78/EG muss eine vollständige Gleichstellung im Erwerbsleben intendieren.[1415] Mithin bestimmt sich anhand der mit der Maßnahme verfolgten Zielsetzung, ob diese als verpönte Diskriminierung oder positive Maßnahme im Sinne der Richtlinie zu bewerten ist.[1416] Erforderlich ist dabei nicht, dass der Gesetzgeber die Ausgleichsmaßnahme als solche benennt, jedoch muss ihr objektiver Regelungsgehalt erkennbar den Ausgleich altersabhängiger Benachteiligungen anstreben.[1417] Schließlich muss die Bevorzugung im Vergleich zur Vermeidung bzw. zur Kompensation von Benachteiligungen verhältnismäßig sein.[1418]

Ob die Altersgrenze für den Zugang zur Altersteilzeit diese Zielsetzung verfolgt, wird in der Lehre unterschiedlich bewertet. Im Hinblick auf die Beurteilung der beamtenrechtlichen Altersteilzeit am Maßstab des Art. 7 Abs. 1 RL 2000/78/EG wird – wie nachstehend ausgeführt wird – zwischen den Altersteilzeitvarianten des Teilzeit- und des Blockmodells differenziert. Gegenstand dieser Diskussion im Schrifttum ist in der Regel die arbeitsrechtliche Altersteilzeit. Die nachstehend angeführten Argumente beanspruchen jedoch auch für die Altersteilzeit im Recht der Beamten Geltung.

1414 Zur Regelung des § 5 AGG *Hinrichs*, in Däubler/Bertzbach, AGG, § 5, Rn. 23a; *Bauer/Göpfert/Krieger*, AGG, § 5, Rn. 9.

1415 *Scholz*, Das Verbot der Altersdiskriminierung bei der Begründung und Beendigung von Arbeitsverhältnissen, S. 97. Zur entsprechenden Regelung des § 5 AGG *Hinrichs*, in Däubler/Bertzbach, AGG, § 5, Rn. 19 m.w.N.

1416 *Scholz*, Das Verbot der Altersdiskriminierung bei der Begründung und Beendigung von Arbeitsverhältnissen, S. 97.

1417 *Sprenger*, Das arbeitsrechtliche Verbot der Altersdiskriminierung nach der Richtlinie 2000/78/EG, S. 123.

1418 *Lüderitz*, Altersdiskriminierung durch Altersgrenzen, S. 124. Zur vergleichbaren Vorschrift des § 5 AGG *Bauschke*, Allgemeines Gleichbehandlungsgesetz im öffentlichen Dienst, § 5, Rn. 4, 6; *Hinrichs*, in Däubler/Bertzbach, AGG, § 5, Rn. 25 ff.; *Bauer/Göpfert/Krieger*, AGG, § 5, Rn. 12 ff.; *Meinel/Heyn/Herms*, AGG, § 5, Rn. 8 ff.

(1.) Befürwortende Ansicht im Schrifttum
Im Schrifttum wird zum Teil die Ansicht vertreten, die Altersteilzeitvariante des Teilzeitmodells, die älteren Beschäftigten einen gleitenden Übergang in den Ruhestand ermöglicht, intendiere die faktische Gleichstellung älterer und jüngerer Beschäftigter und erfülle mithin die Voraussetzungen des Art. 7 Abs. 1 RL 2000/78/EG.[1419] Die praktisch relevantere Altersteilzeitform des Blockmodells konterkariere nicht die als positive Maßnahme zu qualifizierende Variante des Teilzeitmodells.[1420]

(2.) Ablehnende Auffassung in der Literatur
Nach der gegenteiligen Rechtsauffassung im Schrifttum verfolgt die Altersgrenze für die Gewährung der Altersteilzeit nicht den Ausgleich faktischer Benachteiligungen älterer Beschäftigter im Vergleich zu jüngeren.[1421] Als positive Maßnahme im Sinne des Art. 7 Abs. 1 RL 2000/78/EG könne lediglich eine Regelung qualifiziert werden, die dem möglichst langen Verbleib älterer Menschen in einem Beschäftigungsverhältnis diene.[1422] Diese Voraussetzung erfülle eine Vorschrift, die einen gleitenden Übergang in den Ruhestand gewährleiste, hingegen nicht.[1423]

(3.) Eigene Stellungnahme
Beide Varianten der beamtenrechtlichen Altersteilzeit sind nicht als positive Maßnahmen im Sinne des Art. 7 Abs. 1 RL 2000/78/EG zu bewerten. Die Kommission der Europäischen Union erkennt in ihrer Begründung zur RL 2000/78/EG zwar den schrittweisen Übergang in den Ruhestand als positive Maßnahme im Sinne des Art. 7 Abs. 1 RL 2000/78/EG an.[1424] Eine derartige Maßnahme kann

1419 *Baßlsperger*, ZBR 2008, 339, 347, der zugleich eine Rechtfertigung über Art. 6 Abs. 1 S. 2 lit. a) RL 2000/78/EG annimmt. Zur Bewertung der arbeitsrechtlichen Altersteilzeit am Maßstab des AGG *Meinel/Heyn/Herms*, AGG, § 10, Rn. 36. Vgl. auch *Bauer/Göpfert/Krieger*, AGG, § 5, Rn. 7.

1420 So *Thüsing*, Arbeitsrechtlicher Diskriminierungsschutz, Rn. 461, der die Altersteilzeit im Ergebnis jedoch am Maßstab des Art. 6 Abs. 1 RL 2000/78/EG beurteilt.

1421 *Lüderitz*, Altersdiskriminierung durch Altersgrenzen, S. 125; *Lingscheid*, Antidiskriminierung im Arbeitsrecht, S. 253; *Wiedemann/Thüsing*, NZA 2002, 1234, 1241; *Thüsing*, Arbeitsrechtlicher Diskriminierungsschutz, Rn. 461.

1422 Zur arbeitsrechtlichen Altersteilzeit, bewertet am Maßstab des § 5 AGG *Hinrichs*, in Däubler/Bertzbach, AGG, § 5, Rn. 56.

1423 *Hinrichs*, in Däubler/Bertzbach, AGG, § 5, Rn. 56, zur arbeitsrechtlichen Altersteilzeit.

1424 KOM (1999) 565 endg., S. 13.

jedoch vor dem Hintergrund des Altersdiskriminierungsverbots nur dann die normativen Voraussetzungen des Art. 7 Abs. 1 RL 2000/78/EG erfüllen, wenn durch sie – zumindest auch – eine Kompensation von Benachteiligungen aufgrund des Lebensalters verfolgt wird. Wenngleich sich das Angebot der Altersteilzeit nur an Beamte richtet, die das 55. Lebensjahr vollendet haben, sind weder das Teilzeit- noch das Blockmodell darauf ausgerichtet, den von der Richtlinie geforderten Ausgleich für Benachteiligungen zulasten älterer Menschen zu gewährleisten. Wie bereits dargelegt wurde, verfolgen beide Altersteilzeitvarianten vielmehr die Zielsetzung der Quasi-Flexibilisierung des Ruhestandsübertritts.

c. Zwischenergebnis

Die beamtenrechtlichen Altersteilzeitvarianten sind nicht als positive Maßnahmen im Sinne des Art. 7 Abs. 1 RL 2000/78/EG einzuordnen.

2. Rechtfertigung der mit der beamtenrechtlichen Altersteilzeit verbundenen unmittelbaren Diskriminierung aufgrund des Alters durch Art. 6 Abs. 1 RL 2000/78/EG

Wie bereits dargelegt, ist beiden Varianten der beamtenrechtlichen Altersteilzeit die Zielsetzung gemein, den Übergang vom aktiven Dienst in den Ruhestand zugunsten des Beamten quasi flexibel auszugestalten. Darüber hinaus kommt der Altersteilzeit im Teilzeitmodell die bedeutsame Funktion zu, diesen Übergang für den Beamten schonend und gesundheitsverträglich zu vollziehen.

a. Legitime Ziele der Altersteilzeitvarianten

Angesichts der vorstehend beschriebenen Intentionen der Altersteilzeit wird nachstehend die Vereinbarkeit der Mindestaltersgrenze gemäß § 72 lit. b) Abs. 1 Nr. 1 BBG 1999 mit den europarechtlichen Antidiskriminierungsvorgaben im Rahmen einer kombinierten Prüfung am Maßstab der Art. 6 Abs. 1 S. 2 lit. a) sowie Art. 6 Abs. 1 S. 1 RL 2000/78/EG analysiert.

aa. Rechtfertigung der unmittelbaren Diskriminierung aufgrund des Alters durch die Mindestaltersgrenze gemäß Art. 6 Abs. 1 S. 1 RL 2000/78/EG

Die beamtenrechtliche Altersteilzeit, deren Zugang durch die Mindestaltergrenze gemäß § 72 lit. b) Abs. 1 Nr. 1 BBG 1999 eingeschränkt wird, verfolgt legitime Ziele im Sinne des Art. 6 Abs. 1 S. 1 RL 2000/78/EG. Der Gesetzgeber unterbreitet den Beamten mit der Altersteilzeit in den Varianten des Teilzeit- sowie des Blockmodells ein Angebot zu einem in zeitlicher Hinsicht quasi flexiblen Übergang in den Ruhestand.

Dieses Angebot berücksichtigt schutzwürdige Interessen eines Teils der Erwerbsbevölkerung, indem es einem in der Gesellschaft verbreiteten Bedürfnis nach Zeitwohlstand Rechnung trägt. Ein Teil der Beschäftigten strebt ein Ausscheiden aus dem Erwerbsleben vor Erreichen der Regelaltersgrenze an.[1425] Die Motive der Beamten, das Angebot des Gesetzgebers im Hinblick auf einen quasi flexiblen bzw. faktisch frühzeitigen Übergang vom aktiven Dienst in den Ruhestand anzunehmen, sind vielfältig. In der Regel streben die Altersteilzeit beantragenden Beamten einen frühzeitigen Rückzug in das Privatleben an. Der mit dem frühzeitigen Ausstieg aus dem Berufsleben gewonnene Zeitwohlstand ermöglicht die Selbstverwirklichung sowie Persönlichkeitsentfaltung nach eigenen Vorstellungen und steigert dadurch die Lebensqualität.[1426] Mit der Altersteilzeit in der Form des Blockmodells gewährt der Gesetzgeber dem Beamten im Rahmen der gesetzlichen Anforderungen gewissermaßen die Entscheidungsfreiheit im Hinblick auf den Zeitpunkt, bis zu dem er aktiven Dienst verrichten muss. Die Altersteilzeitalternative des Teilzeitmodells eröffnet dem Beamten hingegen die Möglichkeit, sich durch eine Reduzierung der Arbeitszeit in Ansehung der Regelaltersgrenze allmählich aus dem aktiven Dienst zurückzuziehen.

Bei der Betrachtung der Motive für die Beantragung der Altersteilzeit dürfen ferner die bereits angeführten Erkenntnisse der Gerontologie nicht unberücksichtigt bleiben. Aus der mit ansteigendem Lebensalter zunehmenden physiologischen und psychologischen Variabilität der Leistungsfähigkeit des Menschen folgt, dass das geistige und körperliche Leistungsvermögen bisweilen auch frühzeitig abnehmen kann.[1427] Das mit der Altersteilzeit unterbreitete Angebot des Gesetzgebers trägt mithin auch den berechtigten Belangen der Beamten Rechnung, deren berufliche Leistungsfähigkeit bereits vor Erreichen der Regelaltersgrenze für den Eintritt in den Ruhestand erschöpft ist.

1425 Ausweislich eines Vortrags aus dem Jahr 2005 wollen 35 Prozent der Erwerbstätigen mit höchstens 55 Jahren sowie 37 Prozent zwischen dem 56. und 60. Lebensjahr in den Ruhestand wechseln, *Neumann*, in Altersdiskriminierung – Alterspotenziale – Wie sieht der Alltag aus?, Dokumentation der Veranstaltung am 12.12.2005 des Kuratoriums Deutsche Arbeitshilfe e.V., 2005, abrufbar unter www.lsv-nrw.de, S. 51, 51 m.w.N.

1426 *Garhammer*, Arbeitszeit und Zeitwohlstand im internationalen Vergleich, Wirtschafts- und Sozialwissenschaftliches Institut der Hans-Böckler-Stiftung, WSI Mitteilungen 2001, abrufbar unter www.boeckler.de, S. 231, 231.

1427 Vgl. *P. B. Baltes*, Über die Zukunft des Alterns, Hoffnung mit Trauerflor, in M. Baltes/L. Montada, Produktives Leben im Alter, S. 29, 36.

Die mit der beamtenrechtlichen Altersteilzeit verfolgte gesetzgeberische Intention ist eine legitime Zielsetzung im Sinne des Art. 6 Abs. 1 S. 1 RL 2000/78/EG und überdies unionsrechtlich anerkannt.[1428] Die Quasi-Flexibilisierung und -Variabilisierung des Übergangs vom aktiven Dienst in den Ruhstand dient – wie vorstehend erläutert – schützenswerten Belangen älterer Beamter und folgt einem veränderten Erwerbsverhalten eines Teils der Bevölkerung. Der Rat der Europäischen Union hat diese Aspekte bereits Ende der 1970er Jahre anerkannt. In einer Entschließung vom 18.12.1979 über die Anpassung der Arbeitszeit sprach sich der Rat für flexible Regelungen für das Ausscheiden aus dem Erwerbsleben aus.[1429] Diese Forderung betonte der Rat in einer Empfehlung vom 10.12.1980 erneut und erkannte an, dass die Gründe für diese flexiblen Regelungen hinsichtlich des Übergangs in den Ruhestand auch auf den Bedürfnissen und Wünschen der Betreffenden beruhen könnten.[1430] Die Gewährleistung eines flexiblen Übergangs in den Ruhestand ist mithin ein sozialpolitisches Ziels.[1431]

bb. Rechtfertigung der mit der Mindestaltersgrenze für den Zugang zur beamtenrechtlichen Altersteilzeit in der Form des Teilzeitmodells verbundenen, unmittelbaren Diskriminierung gemäß Art. 6 Abs. 1 S. 2 lit. a) RL 2000/78/EG

Die Vorschrift des Art. 6 Abs. 1 S. 2 lit. a) RL 2000/78/EG erfasst Altergrenzenregelungen in sämtlichen Abschnitten der Erwerbsbeschäftigung.[1432] Dieser Vorschrift zufolge können gerechtfertigte Ungleichbehandlungen aufgrund des Alters unter anderem auch die Festlegung besonderer Beschäftigungs- und

---

1428 Die Altersteilzeit steht nicht im Widerspruch zu den mit der RL 2000/78/EG verfolgten Maßgaben. Zwar betont der Erwägungsgrund Nr. 8, dass der Unterstützung älterer Arbeitnehmer mit dem Ziel der Erhöhung ihres Anteils an der Erwerbsbevölkerung besondere Aufmerksamkeit gebührt. Allerdings besteht offenkundig bei einem Teil der Erwerbsbevölkerung der Wunsch, frühzeitig aus dem Erwerbsleben auszuscheiden.

1429 Entschließung des Rats vom 18.12.1979 über die Anpassung der Arbeitzeit, ABl. 1980, C 2, S. 2.

1430 Empfehlung des Rates vom 10.12.1982 zu den Grundsätzen für ein gemeinsames Vorgehen betreffend die Altersgrenze, 82/857/EWG, ABl. 1982, L 357/27.

1431 Siehe hierzu die Empfehlung des Rates vom 10.12.1982 zu den Grundsätzen für ein gemeinsames Vorgehen betreffend die Altersgrenze, 82/857/EWG, ABl. 1982, L 357/27, die jedoch explizit eine flexible Rentenaltersgrenze fordert. Ebenso die Entschließung des Rats vom 30.6.1993 über flexible Regelungen für das Ausscheiden aus dem Erwerbsleben, 93/C 188/01, ABl. 1993 Nr. C 188/1.

1432 *Lüderitz*, Altersdiskriminierung durch Altersgrenzen, S. 91.

Arbeitsbedingungen einschließen, um den Schutz älterer Arbeitnehmer sicherzustellen. Die unionsrechtliche Intention dieser Vorschrift besteht unter anderem in der Betonung des gesellschaftlichen Interesses an der Partizipation älterer Beschäftigter am Erwerbsleben.[1433]

Ob die Altersgrenze für den Zugang zur Altersteilzeit jedoch die von Art. 6 Abs. 1 S. 2 lit. a) RL 2000/78/EG geforderte Zielsetzung verfolgt, ist im Schrifttum umstritten. Auch im Rahmen dieser Diskussion sind die angeführten, auf die arbeitsrechtliche Altersteilzeit bezogenen Argumente auf die beamtenrechtliche Altersteilzeit übertragbar.

(1.) Befürwortende Ansicht im Schrifttum

Im Schrifttum wird die Auffassung vertreten, die Altersgrenze für den Zugang zur Altersteilzeit sei nach Art. 6 Abs. 1 S. 2 lit. a) RL 2000/78/EG aufgrund der Gewährleistung eines gleitenden Übergangs vom Erwerbsleben in den Ruhestand gerechtfertigt. Die Mindestaltersgrenze intendiere den von der Vorschrift angestrebten Schutz älterer Beschäftigter und verfolge mithin eine legitime Zielsetzung.[1434]

(2.) Ablehnende Rechtsauffassung

Der überwiegende Teil des Schrifttums vertritt die Auffassung, die Altersgrenze für die Gewährung der Altersteilzeit sei keine gerechtfertigte Altersdiskriminierung im Sinne des Art. 6 Abs. 1 S. 2 lit. a) RL 2000/78/EG.[1435] Zwar diene die angestrebte schonende Überleitung vom Berufsleben in den Ruhestand als besondere Arbeitsbedingung im Sinne des Art. 6 Abs. 1 S. 2 lit. a) RL 2000/78/EG dem Schutz älterer Beschäftigter, da hierdurch eine abrupte Beendigung der aktiven Erwerbsphase vermieden werde.[1436] Allerdings konterkariere der

---

1433 *Scholz*, Das Verbot der Altersdiskriminierung bei der Begründung und Beendigung von Arbeitsverhältnissen, S. 91.

1434 *Baßlsperger*, ZBR 2008, 339, 347. So zur Beurteilung der arbeitsrechtlichen Altersteilzeit am Maßstab der entsprechenden Regelung des § 10 Nr. 1 AGG auch *Bauer/Göpfert/Krieger*, AGG, § 10, Rn. 26. Im Ergebnis wohl auch *Thüsing*, Arbeitsrechtlicher Diskriminierungsschutz, Rn. 461.

1435 Zur Beurteilung der arbeitsrechtlichen Altersteilzeit am Maßstab des § 10 Nr. 1 AGG *Schmidt*, in Schiek, AGG, § 10, Rn. 14.

1436 Im Hinblick auf die arbeitsrechtliche Altersteilzeit *Hahn*, Auswirkungen der europäischen Regelungen zur Altersdiskriminierung im deutschen Arbeitsrecht, S. 180; *Over*, Das Verbot der Altersdiskriminierung im Arbeitsrecht nach dem Allgemeinen Gleichbehandlungsgesetz, S. 299; *Bertelsmann*, in Rust/König/Lange/Sieveking, Loccumer Protokolle, 79/04, Die Umsetzung der EU-Gleichbehandlungsrichtlinien in Deutschland, 81, 89 f.

Gesetzgeber diese Intention mit der normativen Konstruktion der Altersteilzeit, die neben dem Teilzeit- auch das Blockmodell vorsehe.[1437] Aufgrund der größeren praktischen Relevanz komme dem Blockmodell der Altersteilzeit ein bestimmender Charakter zu.[1438] Aus diesem Grund sei die mit der Altersgrenze für die Altersteilzeit verbundene unmittelbare Diskriminierung im Ergebnis als Verstoß gegen das Verbot der Altersdiskriminierung zu werten.[1439]

(3.) Eigene Stellungnahme

Die letztgenannte Auffassung in der Literatur verkennt offenkundig die übergeordneten Intentionen der Altersteilzeitvarianten und ihr Verhältnis zueinander. Die Varianten der beamtenrechtlichen Altersteilzeit unterbreiten dem Beamten verschiedene, eigenständige Angebote der Quasi-Flexibilisierung des Übertritts in den Ruhestand. Das Teilzeitmodell intendiert darüber hinaus die Gewährleistung eines gleitenden, gesundheitsschonenden Ausstiegs des Beamten aus dem aktiven Dienst. Die Gewährleistung eines allmählichen Übergangs in den Ruhestand bezeichnet auch der Rat der Europäischen Union als von den Mitgliedstaaten anzustrebendes, sozialpolitisches Ziel. Bereits im Jahr 1982 hat der Rat der Europäischen Union[1440] den Mitgliedstaaten empfohlen, den Beschäftigten ein

1437 Zur arbeitsrechtlichen Altersteilzeit *Hahn*, Auswirkungen der europäischen Regelungen zur Altersdiskriminierung im deutschen Arbeitsrecht, S. 180; *Lingscheid*, Altersdiskriminierung im Arbeitsrecht, S. 251; *Over*, Das Verbot der Altersdiskriminierung im Arbeitsrecht nach dem Allgemeinen Gleichbehandlungsgesetz, S. 300; *Sprenger*, Das arbeitsrechtliche Verbot der Altersdiskriminierung nach der Richtlinie 2000/78/EG, S. 258, 260; *Bertelsmann*, in Rust/König/Lange/Sieveking, Loccumer Protokolle, 79/04, Die Umsetzung der EU-Gleichbehandlungsrichtlinien in Deutschland, 81, 89 f. Zur Beurteilung am Maßstab des § 10 Nr. 1 AGG *Meinel/Heyn/Herms*, AGG, § 10, Rn. 36. So im Ergebnis wohl auch *Lüderitz*, Altersdiskriminierung durch Altersgrenzen, S. 94.

1438 *Lingscheid*, Altersdiskriminierung im Arbeitsrecht, S. 252.

1439 *Hahn*, Auswirkungen der europäischen Regelungen zur Altersdiskriminierung im deutschen Arbeitsrecht, S. 180; *Bertelsmann*, in Rust/König/Lange/Sieveking, Loccumer Protokolle, 79/04, Die Umsetzung der EU-Gleichbehandlungsrichtlinien in Deutschland, 81, 89 f. *Lingscheid*, Altersdiskriminierung im Arbeitsrecht, S. 253, mit dem Hinweis darauf, dass der Konflikt mit dem Altersdiskriminierungsverbot durch einen normativen Verzicht auf die Regelung zum sog. Blockmodell vermieden werden könnte.

1440 Seinerzeit noch der Rat der Europäischen Gemeinschaft.

schrittweises Ausscheiden aus dem Erwerbsleben gesetzlich zu ermöglichen.[1441] Im Rahmen einer Entschließung erklärte der Rat im Jahr 1993, dass die Förderung des allmählichen Übergangs vom Erwerbsleben in den Ruhestand wünschenswert sei.[1442] Diese gesundheitsfördernde Wirkung des gleitenden Wechsels vom Erwerbsleben in den Ruhestand war der Kommission – wenn auch im Kontext zu positiven Maßnahmen im Sinne des Art. 7 Abs. 1 RL 2000/78/EG – bereits beim Erlass der Richtlinie bewusst.[1443]

Da der Gesetzgeber mit den gesetzlich eröffneten Varianten der Altersteilzeit jeweils gleichwertige, unabhängig von einander zu betrachtende Intentionen verfolgt, erfordern diese auch eine differenzierte Beurteilung am Maßstab des Altersdiskriminierungsverbots.

b. Überprüfung des Instruments der Altersgrenze an den Vorgaben des Art. 6 Abs. 1 S. 1 RL 2000/78/EG

Anschließend wird untersucht, ob das Instrument der Altersgrenze für die Gewährung der Altersteilzeit die Anforderungen des Art. 6 Abs. 1 S. 1 RL 2000/78/EG an das Mittel zur Erreichung des legitimen Ziels erfüllt.

aa. Geeignetheit und Angemessenheit der Altersgrenze

Die Mindestaltersgrenze für den Zugang zur Altersteilzeit nach § 72 lit. b) Abs. 1 Nr. 1 BBG 1999 ist geeignet, die vom Gesetzgeber verfolgten Zielsetzungen zu realisieren.[1444] Dieses Rechtsinstrument eröffnet intentionsgemäß lediglich Beamten den Zugang zur Altersteilzeit, bei denen der Ruhestandseintritt in absehbarer Zeit bevorsteht. Dem Gesetzgeber steht im Hinblick auf die Verwirklichung des Ziels der Altersteilzeitvarianten, den Ruhestandsübertritt quasi zu flexibilisieren bzw. Beamte auf den nahenden Ruhstand vorzubereiten, ein Gestaltungsspielraum zu. Die Festsetzung der Regelaltersgrenze auf das 55. Lebensjahr ist angesichts dessen

---

1441 Empfehlung des Rates vom 10.12.1982 zu den Grundsätzen für ein gemeinsames Vorgehen betreffend die Altersgrenze, 82/857/EWG, ABl. 1982, L 357/27.

1442 Entschließung des Rats vom 30.6.1993 über flexible Regelungen für das Ausscheiden aus dem Erwerbsleben, 93/C 188/01, ABl. Nr. C 188/1.

1443 Vgl. KOM (1999) 565 endg., S. 13.

1444 Vgl. *Baßlsperger*, ZBR 2008, 339, 347. Siehe zur arbeitsrechtlichen Altersteilzeit *Thüsing*, Arbeitsrechtlicher Diskriminierungsschutz, Rn. 461, und unter Zugrundelegung des § 10 AGG *Bauer/Göpfert/Krieger*, AGG, § 10, Rn. 26.

nicht zu beanstanden, da sich Beamte in diesem Lebensalter bereits in zeitlicher Nähe zum Ruhestandseintritt befinden.

Die in Rede stehende Altersgrenzenregelung ist zur Erreichung der vom Gesetzgeber angestrebten Ziele auch angemessen. Das Interesse der jüngeren Beamten, ebenfalls die Vorzüge der Altersteilzeit in Anspruch nehmen zu können, überwiegt nicht das erläuterte, sozialpolitische Interesse des Gesetzgebers, das dieser mit der Quasi-Flexibilisierung des Ruhestandsübertritts verfolgt.

bb. Erforderlichkeit der Altersgrenze

Die Mindestaltersgrenze gemäß § 72 lit. b) Abs. 1 Nr. 1 BBG 1999 ist zur Erreichung der gesetzlich verfolgten Ziele schließlich auch erforderlich. Dieses Teilzeitmodell kann die vom Gesetzgeber angestrebten Intentionen nur dann erreichen, wenn es lediglich Beamten angeboten wird, deren Ruhestand naht.

Die in Rede stehende Altersgrenze für den Zugang zur Altersteilzeit ist auch das mildeste Mittel zur Realisierung der vom Gesetzgeber angestrebten Ziele. Ein anderes Rechtsinstrument, das den Zugang zur Altersteilzeit im Sinne der Gesetzesintentionen reguliert und für die Beamten weniger einschneidende Wirkungen zeitigt, ist nicht erkennbar.

3. Zwischenergebnis

Die Mindestaltersgrenze für den Zugang zur beamtenrechtlichen Altersteilzeit stellt keinen Verstoß gegen das unionsrechtliche Verbot der Altersdiskriminierung dar. Vor dem Hintergrund der mit den Altersteilzeitvarianten intendierten Quasi-Flexibilisierung des Übergangs vom aktiven Dienst in den Ruhestand ist die Mindestaltersgrenze nach § 72 lit. b) Abs. 1 Nr. 1 BBG 1999 gemäß Art. 6 Abs. 1 S. 1 RL 2000/78/EG gerechtfertigt. Bei Zugrundelegung der mit der Altersteilzeit in der Form des Teilzeitmodells überdies verfolgten Gewährleistung eines gleitenden, gesundheitsschonenden Übergangs in den Ruhestand folgt die Rechtfertigung der unmittelbaren Altersdiskriminierung ferner aus Art. 6 Abs. 1 S. 2 lit. a) RL 2000/78/EG.

Wenngleich § 93 BBG den Bundesbeamten im Vergleich zur untersuchten Regelung des § 72 lit. b) BBG 1999 ein eingeschränktes Altersteilzeitangebot unterbreitet, ist angesichts der vorstehenden Analyse sowie der Ausführungen zu § 53 BBG dennoch zu konstatieren, dass die beschriebene unionsrechtliche Forderung in Bezug auf die normative Ausgestaltung der mitgliedstaatlichen Vorgaben zum Wechsel vom Erwerbsleben in den Ruhestand im Bundesbeamtenrecht umgesetzt wurde und den Beamten diverse Instrumente zur quasi flexiblen Ausgestaltung des Eintritts in den Ruhestand zur Auswahl stehen.

F. Fazit

Die Mindestaltersgrenze für den Zugang zur Altersteilzeit der Beamten gemäß § 72 lit. b) Abs. 1 Nr. 1 BBG 1999 ist sowohl mit verfassungsrechtlichen Vorgaben als auch europarechtlichen Maßgaben zum Verbot der Altersdiskriminierung vereinbar. Einer Wiederaufnahme dieser Regelung in das BBG stehen mithin keine rechtlichen Bedenken entgegen.

Schlussbetrachtung

Im Ergebnis ist zu resümieren, dass die untersuchten altersabhängigen Vorschriften des Beamtenrechts weit überwiegend mit den Vorgaben der Europäischen Union zum Verbot der Diskriminierung aufgrund des Lebensalters konform sind. Darüber hinaus ist zu konstatieren, dass die Überprüfungen der altersdifferenzierenden Regelungen am verfassungs- und unionsrechtlichen Maßstab – bezogen auf das Verbot ungerechtfertigter Ungleichbehandlungen aufgrund des Alters – nicht zu abweichenden Ergebnissen führen.

Nachstehend werden die einzelnen Prüfungsergebnisse zusammenfassend dargestellt.

(I.)

Die überkommene Mindestaltersgrenze für die Ernennung zum Bundesbeamten auf Lebenszeit gemäß § 9 Abs. 1 Nr. 2 BBG 1999 ist als Resultat einer wertenden Gewichtung des Leistungsgrundsatzes und des Lebenszeitprinzips als hergebrachte Grundsätze des Berufsbeamtentums mit grundgesetzlichen Vorgaben vereinbar. Der Gesetzgeber hat in verfassungskonformer, verhältnismäßiger Weise dem aus dem Lebenszeitprinzip folgenden Interesse an einer verlässlichen Beurteilung der persönlichen Eignung des Bewerbers für ein lebenszeitiges, öffentlich-rechtliches Dienst- und Treueverhältnis zum Staat den Vorzug vor einer nach dem Leistungsgrundsatz gebotenen, frühzeitigeren Ernennung eingeräumt. Die dieser Altersgrenzenregelung immanente typisierte Annahme hinsichtlich der Persönlichkeitsentwicklung des Anwärters basiert auf sachlichen Erwägungen.

Die Mindestaltersgrenze für die Ernennung zum Beamten auf Lebenszeit ist ferner mit den Vorgaben der RL 2000/78/EG zum Verbot der Altersgrenze konform. Obgleich die Altersgrenzenregelung gemäß § 9 Abs. 1 Nr. 2 BBG 1999 eine unmittelbare Diskriminierung aus Gründen des Alters gemäß Art. 2 Abs. 2 lit. a) RL 2000/78/EG darstellt, ist diese Ungleichbehandlung nach Art. 6 Abs. 1 S. 2 lit. b) RL 2000/78/EG gerechtfertigt. Mit der Altersgrenze verfolgt der Gesetzgeber die übergeordnete Intention der Gewährleistung einer kontinuierlichen, loyalen und neutralen Wahrnehmung hoheitlicher Aufgaben durch ein funktionsfähiges Berufsbeamtentum. Die Mindestaltersgrenze für die Ernennung zum Lebenszeitbeamten ist ein zur Realisierung dieses Ziels geeignetes, angemessenes und erforderliches Mittel.

(II.)
Eine Höchstaltersgrenze entfaltet im Vergleich zu der vorstehend erläuterten Mindestaltersgrenze insofern signifikantere Auswirkungen, als sie eine Berücksichtigung des Anwärters für die Zukunft ausschließt.

(1.)
Die mit der Höchstaltersgrenze für Einstellung von Laufbahnbewerbern in den Vorbereitungsdienst nach § 14 Abs. 2 S. 1 BLV 2002 sowie der Höchstaltersgrenze für die Berufung in das Beamtenverhältnis gemäß § 48 BHO in Verbindung mit dem RdSchr. d. BMF intendierte Sicherstellung einer angemessenen Relation von aktiver Dienst- und Versorgungszeit im Ruhestand findet ihre verfassungsrechtliche Basis im Verhältnis hergebrachter Grundsätze des Berufsbeamtentums zueinander. Im Rahmen des auf Lebenszeit ausgerichteten Dienst- und Treueverhältnisses zum Staat sind die Pflicht des Beamten zur grundsätzlichen lebenszeitigen Diensterbringung und die Verpflichtung des Dienstherrn zur amtsangemessenen Alimentation gleichwertig und korrelativ ausgewogen. In diesem Verständnis der Alimentationspflicht kommt die Erwartung des Gesetzgebers zum Ausdruck, der Beamte werde zu einem frühen erwerbsbiographischen Zeitpunkt in den aktiven Dienst treten. Die Einschränkung des Leistungsgrundsatzes durch das Alimentationsprinzip unter Berücksichtigung des Lebenszeitprinzips ist verhältnismäßig, erfordert jedoch eine normative Regelung. Das Erfordernis der gesetzlichen Reglementierung erfüllt die Höchstaltersgrenze für die Berufung in das Beamtenverhältnis gemäß § 48 BHO in Verbindung mit dem RdSchr. d. BMF nicht. Die mit den in Rede stehenden Altersgrenzenregelungen überdies erstrebte Zielsetzung der Gewährleistung einer ausgewogenen Altersstruktur in den Laufbahnen kann eine Einschränkung des Leistungsgrundsatzes nicht rechtfertigen.

Die Höchstaltersgrenzen für die Einstellung von Laufbahnbewerbern in den Vorbereitungsdienst sowie für die Berufung in das Beamtenverhältnis verstoßen nicht gegen Maßgaben der Europäischen Union hinsichtlich des Verbots der Diskriminierung aufgrund des Alters. Die von beiden Altersgrenzenregelungen intendierte Gewährleistung eines angemessenen Verhältnisses von Dienst- und Versorgungszeiten ist ein legitimes Ziel im Sinne des Art. 6 Abs. 1 S. 2 lit. c) RL 2000/78/EG. Darüber hinaus ist die zudem angestrebte Sicherung einer ausgewogenen Altersschichtung in den Laufbahnen eine legitime Zielsetzung im Sinne des Art. 6 Abs. 1 S. 1 RL 2000/78/EG. Die in Rede stehenden Altersgrenzen sind zur Erreichung dieser Ziele geeignete, angemessene und erforderliche Instrumente.

(2.)
Die Höchstaltersgrenze für die Zulassung zum Laufbahnaufstieg nach § 36 Abs. 2 BLV verfolgt die Zielsetzung, dass der Beamte nach erfolgtem Aufstieg noch einen

hinreichend langen Zeitraum aktiven Dienst im übertragenen Amt versehen soll. Zudem sollen ihm noch weitere Leistungsanreize verbleiben. Vorrangige Intention des Gesetzgebers ist jedoch die bestmögliche Bewerberauswahl im Interesse einer funktionsfähigen Staatsverwaltung und mithin die Vermeidung einer leistungswidrigen Zulassung zum Laufbahnaufstieg. Angesichts dessen ist die in Rede stehende Altersgrenze Ausdruck der kollektiven Funktion des beamtenverfassungsrechtlichen Leistungsgrundsatzes, die dem öffentlichen Interesse an einer leistungsfähigen und engagierten öffentlichen Verwaltung Rechnung trägt.

Diese Intentionen stellen zudem legitime Ziele im Sinne des Art. 6 Abs. 1 S. 1 RL 2000/78/EG zur Rechtfertigung der mit der Altersgrenze verbundenen unmittelbaren Ungleichbehandlungen aufgrund des Alters dar. Die Höchstaltersgrenze für die Zulassung zum Laufbahnaufstieg setzt diese Zielsetzungen in richtlinienkonformer Weise um.

(III.)

Im Rahmen eines Exkurses wurde die gleichstellungsrechtliche Relevanz altersorientierter Regelungen des Beamtenrechts exemplarisch an der Höchstaltersgrenze für die Berufung in das Beamtenverhältnis gemäß § 48 BHO in Verbindung mit dem RdSchr. des BMF untersucht. Der Gesetzgeber verzichtete im Rahmen der Ausgestaltung dieser Regelung auf die Etablierung von Berücksichtigungsmöglichkeiten von Kindererziehungszeiten sowie von Zeiträumen der Pflege hilfsbedürftiger Angehöriger. Angesichts dessen ist diese Altersgrenzenregelung nicht mit den grundgesetzlichen Maßgaben zur Gleichbehandlung von Frauen und Männern gemäß Art. 3 Abs. 2 und 3 GG vereinbar. Die geschlechtsneutral formulierte Regelung des § 48 BHO in Verbindung mit dem RdSchr. des BMF benachteiligt in der gesellschaftlichen Wirklichkeit überwiegend Frauen im Hinblick auf den Zugang zu einem Beamtenverhältnis. Diese Ungleichbehandlung ist weder durch sachliche Erwägungen noch durch verfassungsrechtlich verankerte Rechtsgüter begründet und mithin als mittelbare Diskriminierung aufgrund des Geschlechts zu werten.

Die Höchstaltersgrenze für die Berufung in das Beamtenverhältnis ist ferner bei Zugrundelegung des unionsrechtlichen Maßstabes als mittelbare Geschlechterdiskriminierung gemäß Art. 14 Abs. 1 lit. a) in Verbindung mit Art. 2 Abs. 1 lit. b) RL 2006/54/EG zu qualifizieren. Die durch diese Vorschrift statuierten Bedingungen für den Zugang zu einem Beamtenverhältnis benachteiligen ungerechtfertigt weibliche Bewerber in besonderer Weise im Sinne des Art. 14 Abs. 1 lit. a) RL 2006/54/EG. Obschon die Altersgrenze mit der Gewährleistung einer ausgewogenen Relation von aktiven Dienst- und Versorgungszeiten sowie der Generierung einer ausgewogenen Altersstruktur in den Laufbahnen rechtmäßige Ziele im Sinne des Art. 2 Abs. 1 lit. b) RL 2006/54/EG verfolgt, ist die Höchstaltersgrenze aufgrund ihrer eklatanten Auswirkungen insbesondere auf weibliche Bewerber keine angemessenes Mittel zur Erreichung dieser Ziele.

(IV.)

Die Regelaltersgrenze für den Übergang des Beamten vom aktiven Dienst in den Ruhestand gemäß § 51 Abs. 1 BBG statuiert wesentliche personalpolitische Voraussetzungen für eine kontinuierliche, bestimmungsgemäße Wahrnehmung hoheitlicher Aufgaben durch ein funktionsfähiges Berufsbeamtentum. Die der Regelung immanente unwiderlegliche, altersabhängige Vermutung der Dienstunfähigkeit der Beamten beruht auf sachgerechten Erwägungen. Zudem ist die Altersgrenze mit beamtenverfassungsrechtlichen Strukturprinzipien konform und verstößt überdies nicht gegen den allgemeinen Gleichheitssatz des Art. 3 Abs. 1 GG.

Die Regelaltersgrenze gemäß § 51 Abs. 1 BBG ist ferner mit den Maßgaben der RL 2000/78/EG vereinbar. Der mit der Regelung verbundene Nachteil zulasten älterer Beamter, der als unmittelbare Altersdiskriminierung nach Art. 2 Abs. 2 lit. a) RL 2000/78/EG zu qualifizieren ist, ist gemäß Art. 6 Abs. 1 RL 2000/78/EG gerechtfertigt. Die mit der Regelaltersgrenze angestrebte Verhinderung der Überalterung der Beamtenschaft sowie die Gewährleistung einer ausgeglichenen Altersstruktur in den Laufbahnen sind ebenso legitime Ziele im Sinne des Art. 6 Abs. 1 S. 1 RL 2000/78/EG wie die Generierung einer Personalplanungssicherheit zugunsten des Dienstherrn. Die mit der Regelaltersgrenze ebenfalls intendierte berufliche Eingliederung Jugendlicher ist zudem mit den Vorgaben des Art. 6 Abs. 1 S. 2 lit. a) RL 2000/78/EG konform. Die Altersgrenzenregelung setzt die angeführten Zielsetzungen in geeigneter, angemessener und erforderlicher Weise im Sinne der Richtlinie um.

(V.)

In Bezug auf die Besoldungs- und Urlaubsstaffelungen der Beamten entwickelte sich in jüngerer Vergangenheit eine intensive Kontroverse in Rechtsprechung und Literatur hinsichtlich der Konformität dieser altersorientierten Instrumente mit gleichbehandlungsrechtlichen Maßgaben.

(1.)

Im Rahmen einer differenzierenden, verfassungsrechtlichen Analyse ist zu konstatieren, dass die isoliert betrachtete Besoldungsstaffelung nach Dienstaltersstufen ein mit Art. 3 Abs. 1 GG sowie den hergebrachten Grundsätzen des Berufsbeamtentums konformes Mittel zur Honorierung von Berufs- und nützlicher Lebenserfahrung zu werten ist. Die Staffelung trägt dem Leistungsprinzip Rechnung, da ihre konkrete Ausgestaltung die gestiegenen Leistungsanforderungen an den Beamten berücksichtigt. Zudem ist sie insofern Ausdruck des Alimentationsprinzips, als sie dem wachsenden Lebensbedarf des Beamten entspricht. Vor diesem Hintergrund begegnet ferner das derzeitige Besoldungssystem nach Erfahrungsstufen keinen grundgesetzlichen Bedenken.

Demgegenüber verstößt das der Verwaltungspraktikabilität dienende besoldungstechnische Instrument des Regelbesoldungsdienstalters gemäß § 28 BBesG 2006 dem allgemeinen Gleichheitssatz nach Art. 3 Abs. 1 GG, da es die Beamten des einfachen und mittleren Dienstes intensiv benachteiligt und mithin nicht die von der Rechtsprechung entwickelten Voraussetzungen an eine ausnahmsweise gerechtfertigte Ungleichbehandlung aus Gründen der Verwaltungsvereinfachung erfüllt.

Als Resultat einer europarechtlichen Exploration ist festzustellen, dass die Staffelungsvorschriften nicht als mittelbare Diskriminierungen aufgrund des Alters gemäß Art. 2 Abs. 2 lit. b) i) RL 2000/78/EG zu qualifizieren sind. Wenngleich sie indirekt auf die Altersentwicklung des Beamten Bezug nehmen, sind die damit verbundenen Ungleichbehandlungen aufgrund der legitimen Honorierung eines Zuwachses an Berufs- und dienlicher Lebenserfahrung gerechtfertigt. Ferner ist auch die Zielsetzung, den mit wachsendem Lebensalter der Beamten ansteigenden finanziellen Bedarf im Rahmen der Besoldung zu berücksichtigen, eine legitime Intention im Sinne des Art. 2 Abs. 2 lit. b) i) RL 2000/78/EG. Die Besoldungsstaffelung ist überdies ein mit den Maßgaben des Art. 2 Abs. 2 lit. b) i) RL 2000/78/EG vereinbares Mittel zur Erreichung dieser Ziele.

Das besoldungstechnische Instrument des Regelbesoldungsdienstalters gemäß § 28 Abs. 1 BBesG 2006 stellt hingegen eine unmittelbare Diskriminierung aufgrund des Alters gemäß Art. 2 Abs. 2 lit. a) RL 2000/78/EG dar, die nicht gemäß Art. 6 Abs. 1 S. 2 lit. b) RL 2000/78/EG legitimiert ist. Wenngleich die mit dieser Regelung intendierte Simplifizierung von Verwaltungsvorgängen ein legitimes Ziel darstellt, ist dieses Instrument aufgrund der immanenten erheblichen Belastung einer Vielzahl von Beamten nicht angemessen.

(2.)

Die überkommene Urlaubsstaffelung nach § 5 EUrlV 2009 ist Ausdruck des beamtenverfassungsrechtlichen Fürsorgeprinzips. Orientiert an einer typisierten Biographie eines Beamten des höheren Dienstes, statuiert diese Urlaubsstaffelung eine Erweiterung des Urlaubsanspruchs in Phasen regelmäßig erhöhter dienstlicher Anforderungen und erfüllt mithin die dem Erholungsanspruch zukommende Funktion der Regeneration des Leistungsvermögens des Beamten.

Die mit dieser Staffelung verbundene unmittelbare Diskriminierung aufgrund des Lebensalters ist zudem vor dem Hintergrund des europarechtlichen Altersdiskriminierungsverbots gemäß Art. 6 Abs. 1 S. 1 RL 2000/78/EG gerechtfertigt.

Das Ziel, dem Beamten einen erweiterten Urlaubsanspruch in Phasen erhöhter dienstlicher Beanspruchung zu gewähren, dient der langfristigen Bewahrung der Gesundheit und der Leistungsfähigkeit des Beamten in seinem eigenen Interesse sowie in dem des Dienstherrn. Die Urlaubsstaffelung ist zur Erreichung dieses Ziels geeignet, angemessen und erforderlich im Sinne des Art. 6 Abs. 1 S. 1 RL 2000/78/EG.

(VI.)

Das seinerzeitige laufbahnrechtliche Altersbeförderungsverbot gemäß § 12 Abs. 4 Nr. 3 BLV 2000 ist als Ausfluss des beamtenverfassungsrechtlichen Leistungsgrundsatzes mit grundgesetzlichen Vorgaben vereinbar. Der Gesetzgeber betont mit dem Verbot der Altersbeförderung die kollektive Funktion des Leistungsprinzips, derzufolge die optimale Besetzung öffentlicher Ämter anzustreben ist und eröffnet dem Dienstherrn die Möglichkeit einer perspektivischen, strategischen Personalplanung zum Zwecke der kontinuierlichen, effektiven Wahrnehmung öffentlicher Aufgaben.

Angesichts dieser Zielsetzung ist die mit dem Altersbeförderungsverbot verbundene Ungleichbehandlung aufgrund des Lebensalters ferner nach dem unionsrechtlichen Maßstab gerechtfertigt. Die Gewährleistung der beständigen Wahrnehmung staatlicher Aufgaben durch einen vorausschauenden Personaleinsatz ist als legitime Zielsetzung im Sinne des Art. 6 Abs. 1 S. 1 RL 2000/78/EG zu qualifizieren. Das Altersbeförderungsverbot ist zudem ein richtlinienkonformes Instrument zur Realisierung dieses Ziels.

(VII.)

Der überkommenen Altersgrenze für die Gewährung der beamtenrechtlichen Altersteilzeit gemäß § 72 lit. b) Abs. 1 Nr. 1 BBG 1999 begegnen keine verfassungsrechtlichen Bedenken. Die Varianten der beamtenrechtlichen Altersteilzeit ermöglichen dem Beamten, den Übergang vom aktiven Dienst in den Ruhestand quasi zu flexibilisieren und sind mithin als Fortentwicklung des Beamtenrechts im Sinne des Art. 33 Abs. 5 GG anzusehen. Diese Weiterentwicklung des Beamtenrechts ist mit den hergebrachten Grundsätzen des Berufsbeamtentums vereinbar, da sie Ausdruck des Fürsorgeprinzips ist und die Prinzipien der vollen Hingabe, der Hauptberuflichkeit und der amtsangemessenen Alimentation nicht in ihren Kernbereichen tangiert. Zudem sind die mit der Altersgrenze gemäß § 72 lit. b) Abs. 1 Nr. 1 BBG 1999 verbundenen Ungleichbehandlungen aufgrund des Alters nicht als Verstoß gegen Art. 3 Abs. 1 GG zu werten.

Die mit dieser Vorschrift einhergehenden Ungleichbehandlungen aufgrund des Lebensalters sind überdies gemäß Art. 6 Abs. 1 RL 2000/78/EG gerechtfertigt. Die beamtenrechtliche Altersteilzeit ermöglicht den Beamten die Quasi-Flexibilisierung des Ruhestandsübertritts und ist somit ein legitimes, sozialpolitisches Ziel im Sinne des Art. 6 Abs. 1 S. 1 RL 2000/78/EG. Die durch die Altersteilzeitvariante des Teilzeitmodells zudem angestrebte Gewährleistung eines schonenden Übergangs vom aktiven Dienst in den Ruhestand erfüllt zudem die Voraussetzungen des Art. 6 Abs. 1 S. 2 lit. a) RL 2000/78/EG. Die Altersgrenze für die Gewährung der beamtenrechtlichen Altersteilzeit gemäß § 72 lit. b) Abs. 1 Nr. 1 BBG 1999 ist ein unionsrechtskonformes Mittel zur Realisierung der angeführten Zielsetzungen.

Die vorstehend erläuterten altersorientierten Regelungen, die den beamtenverfassungsrechtlichen Strukturprinzipien entsprechend ausgestaltet sind, überschreiten den normativen Gestaltungsspielraum, den der Richtliniengeber den Mitgliedstaaten über die Vorschrift des Art. 2 Abs. 2 lit. b) RL 2000/78/EG sowie den Rechtfertigungstatbestand des Art. 6 Abs. 1 RL 2000/78/EG in Bezug auf die Umsetzung des Verbots der Altersdiskriminierung eröffnet hat, nicht. Diese Vorgaben der Richtlinie ermöglichen es dem nationalen Gesetzgeber, altersdifferenzierende Regelungen zum Zwecke der Gewährleistung eines funktionsfähigen Berufsbeamtentums im Interesse einer loyalen, rechtsstaatlichen Staatsverwaltung vorzusehen.

In diesem Zusammenhang sei herausgestellt, dass die konkrete normative Umsetzung des Leistungsgrundsatzes als beamtenverfassungsrechtliches Strukturprinzip einen effektiven Schutz vor Altersdiskriminierung hinsichtlich des Zugangs zu einem Beamtenverhältnis vermittelt.[1445] Unter Bezugnahme auf die Ergebnisse der Analysen der Altersgrenzen für die Zulassung zum Laufbahnaufstieg sowie für die Beförderung ist jedoch ebenfalls zu bemerken, dass die Berücksichtigung des Leistungsprinzips darüber hinaus in bestimmten Konstellationen Ungleichbehandlungen aufgrund des Lebensalters zu rechtfertigen vermag.

Angesichts der vorstehenden Ausführungen besteht kein Reformbedarf des Beamtenrechts aus gleichbehandlungsrechtlichen Gründen.

1445 Siehe hierzu auch *Thüsing*, in Münchener Kommentar BGB, AGG, 5. Aufl., § 1, Rn. 14; *ders.*, Arbeitsrechtlicher Diskriminierungsschutz, Rn. 155; *Kämmerer*, ZBR 2008, 325, 338.

Literaturverzeichnis[1446]

***Adamietz*, Laura**, Geschlecht als Erwartung – Das Geschlechtsdiskriminierungsverbot als Recht gegen Diskriminierung wegen der sexuellen Orientierung und der Geschlechtsidentität, 2011; **zitiert**: *Adamietz*, Geschlecht als Erwartung, S.

***Adolf*, Hartmut / *Durner*, Heinz**, Flexible Arbeitszeitgestaltung im Beamtenrecht – Altersteilzeit und Arbeitszeit, 1999; **zitiert**: *Adolf/Durner*, Flexible Arbeitszeitgestaltung im Beamtenrecht, S.

***Adomeit*, Klaus / *Mohr*, Jochen**, Allgemeines Gleichbehandlungsgesetz – Kommentar zum AGG und zu anderen Diskriminierungsverboten, 2. Auflage, 2011; **zitiert**: *Adomeit/Mohr*, AGG, §, Rn.

***Alber*, Siegbert**, Das europäische Recht und seine Auswirkungen auf den öffentlichen Dienst, ZBR 2002, 225–244; **zitiert**: *Alber*, ZBR 2002, 225, S.

***Altun*, Ufuk**, Sozialverträgliche und familiengerechte Arbeitszeitgestaltung – Herausforderungen an die Tarifparteien, 2008; **zitiert**: *Altun*, Sozialverträgliche und familiengerechte Arbeitszeitgestaltung, S.

***Annuß*, Georg**, Das Verbot der Altersdiskriminierung als unmittelbar geltendes Recht, BB 2006, 325–326; **zitiert**: *Annuß*, BB 2006, 325, S.

***Auerbach*, Bettina**, Das Beamtenstatusgesetz in der Praxis, ZBR 2009, 217–222; **zitiert**: *Auerbach*, ZBR 2009, 217, S.

***Auerbach*, Bettina / *Pietsch*, Alexandra**, Beamtenstatusgesetz – Kurzkommentar für die Praxis, 2008; **zitiert**: *Auerbach/Pietsch*, Kommentar zum Beamtenstatusgesetz, §, S.

***Baltes*, Margret / *Montada*, Leo** (Hrsg.), Produktives Leben im Alter, 1996; **zitiert**: *Bearbeiter*, in M. Baltes/L. Montada, Produktives Leben im Alter, S.

***Baltes*, Paul B.**, Entwicklungspsychologie der Lebensspanne: Theoretische Leitsätze, Psychologische Rundschau 1990, 1–24; **zitiert**: *Baltes*, Psychologische Rundschau 1990, 1, S.

***Bamberger*, Christian**, Amtsangemessene Alimentation – Herausforderungen an den Rechtsbegriff im Verlauf der Jahre 2003 bis 2008, ZBR 2008, 361–365; **zitiert**: *Bamberger*, ZBR 2008, 361, S.

1446 Die – aus Gründen der schnellen Auffind- und Handhabbarkeit in den jeweiligen Fußnoten der Arbeit angeführten – Internetquellen wurden zuletzt im November 2013 abgerufen.

***Bamberger,* Heinz Georg / *Roth,* Herbert** (Hrsg.), Beck'scher Online-Kommentar BGB; **zitiert**: *Bearbeiter*, in Bamberger/Roth, Beck'scher Online-Kommentar BGB, §, Edition, Rn.

***Barkholdt,* Corinna** (Hrsg.), Prekärer Übergang in den Ruhestand – Handlungsbedarf aus arbeitsmarktpolitischer, rentenrechtlicher und betrieblicher Perspektive, 2001; **zitiert**: *Bearbeiter*, in Barkholdt, Prekärer Übergang in den Ruhestand, S.

***Barsan,* Carmen Eugenia**, Die zivilrechtlichen Aspekte des Diskriminierungsverbots – Mit speziellem Blick auf das deutsche und das rumänische Recht, 2007; **zitiert**: *Barsan*, Die zivilrechtlichen Aspekte des Diskriminierungsverbots, S.

***Basedow,* Jürgen**, Der Grundsatz der Nichtdiskriminierung im europäischen Privatrecht, ZEuP 2008, 230–251; **zitiert**: *Basedow*, ZEuP 2008, 230, S.

***Baßlsperger,* Maximilian**, Beurlaubung und Teilzeitbeschäftigung im Beamtenrecht, ZBR 2001, 417–428; **zitiert**: *Baßlsperger*, ZBR 2001, 417, S.

***Baßlsperger,* Maximilian**, Altersdiskriminierung durch Beamtenrecht – Rechtsprobleme und Lösungsansätze nach Inkrafttreten des Beamtenstatusgesetzes, ZBR 2008, 339–350; **zitiert**: *Baßlsperger*, ZBR 2008, 339, S.

***Baßlsperger,* Maximilian**, Das neue Beamtenstatusgesetz, PersV 2008, 404–414; **zitiert**: *Baßlsperger*, PersV 2008, 404, S.

***Battis,* Ulrich**, Die Neuregelung der Beamtenversorgung, NVwZ 1990, 933–936; **zitiert**: *Battis*, NVwZ 1990, 933, S.

***Battis,* Ulrich**, Bundesbeamtengesetz – Kommentar, 3. Auflage, 2004; **zitiert**: *Battis*, BBG, 3. Aufl., §, Rn.

***Battis,* Ulrich**, Bundesbeamtengesetz – Kommentar, 4. Auflage, 2009; **zitiert**: *Battis*, BBG, 4. Aufl., §, Rn.

***Battis,* Ulrich**, Das Dienstrechtsneuordnungsgesetz, NVwZ 2009, 409–412; **zitiert**: *Battis*, NVwZ 2009, 409, S.

***Battis,* Ulrich / *Deutelmoser,* Anna**, Qualifizierung der Altersgrenze, insbesondere im Beamtenrecht, RdA 1994, 264–268; **zitiert**: *Battis/Deutelmoser*, RdA 1994, 264, S.

***Battis,* Ulrich / *Grigoleit,* Klaus Joachim**, Zur Öffnungsklausel des § 44a BRRG, Bedeutung – Zulässigkeit – Rechtsfolgen, ZBR 1997, 237–249; **zitiert**: *Battis/Grigoleit*, ZBR 1997, 237, S.

***Battis,* Ulrich / *Grigoleit,* Klaus Joachim**, Die Statusgesetzgebung des Bundes – Dienstrechtliche Gesetzgebungskompetenz und Gesetzgebungspflicht des Bundes nach der Föderalismusreform, ZBR 2008, 1–9; **zitiert**: *Battis/ Grigoleit*, ZBR 2008, 1, S.

***Bauer*, Jobst-Hubertus**, Europäische Antidiskriminierungsrichtlinien und ihr Einfluss auf das deutsche Arbeitsrecht, NJW 2001, 2672–2677; **zitiert**: *Bauer*, NJW 2001, 2672, S.

***Bauer*, Jobst-Hubertus**, Ein Stück aus dem Tollhaus: Altersbefristung und der EuGH, NZA 2005, 800–803; **zitiert**: *Bauer*, NZA 2005, 800, S.

***Bauer*, Jobst-Hubertus / *Arnold*, Christian**, Auf „*Junk*" folgt „*Mangold*" – Europarecht verdrängt deutsches Arbeitsrecht, NZA 2006, 6–12; **zitiert**: *Bauer/ Arnold*, NZA 2006, 6, S.

***Bauer*, Jobst-Hubertus / *Göpfert*, Burkhard / *Krieger*, Steffen**, Allgemeines Gleichbehandlungsgesetz, Kommentar, 3. Auflage, 2011; **zitiert**: *Bauer/Göpfert/Krieger*, AGG, §, Rn.

***Bauer*, Jobst-Hubertus / *von Medem*, Andreas**, Altersgrenzen zur Beendigung von Arbeitsverhältnissen – Was geht, was geht nicht?, NZA 2012, 945–953; **zitiert**: *Bauer/von Medem*, NZA 2012, 945, S.

***Bauschke*, Hans-Joachim**, Allgemeines Gleichbehandlungsgesetz im öffentlichen Dienst, 2007; **zitiert**: *Bauschke*, Allgemeines Gleichbehandlungsgesetz im öffentlichen Dienst, §, Rn.

***Bayreuther*, Frank**, Altersgrenzen nach der *Palacios*-Entscheidung – Zugleich Besprechung von EuGH vom 16.10.2007 – Rs. C-411/05, DB 2007, 2425–2427; **zitiert**: *Bayreuther*, DB 2007, 2425, S.

***Bayreuther*, Frank**, Altersgrenzen, Altersgruppenbildung und der Ausschluss rentennaher Arbeitnehmer aus Sozialplänen – Konsequenzen der Urteile des EuGH in Sachen *Rosenbladt*, *Andersen*, *Georgiev* und *Kleist*, NJW 2011, 19–23; **zitiert**: *Bayreuther*, NJW 2011, 19, S.

***Bayreuther*, Frank**, Altersgrenzen, Kündigungsschutz nach Erreichen der Altersgrenze und die Befristung von „Altersrentnern", NJW 2012, 2758–2762; **zitiert**: *Bayreuther*, NJW 2012, 2758, S.

***Becker*, Bernd**, Öffentliche Verwaltung – Lehrbuch für Wissenschaft und Praxis, 1989; **zitiert**: *Becker*, Öffentliche Verwaltung, §, S.

***Becker*, Hans Joachim**, Aus der neueren Rechtsprechung des Bundesver-waltungsgerichts zum öffentlichen Dienstrecht – Entwicklung und Schwerpunkte, ZBR 1982, 258–273; **zitiert**: *Becker*, ZBR 1982, 258, S.

***Becker*, Hans Joachim**, Aktuelle Entwicklungen und Probleme im Beamtenrecht, RiA 1991, 178–186; **zitiert**: *Becker*, RiA 1991, 178, S.

***Benda,* Ernst**, Notwendigkeit und Möglichkeit positiver Aktion zugunsten von Frauen im öffentlichen Dienst, 1986; **zitiert**: *Benda*, Notwendigkeit und Möglichkeit positiver Aktion zugunsten von Frauen im öffentlichen Dienst, S.

***Benda,* Ernst / *Maihofer,* Werner / *Vogel,* Hans-Jochen** (Hrsg.), Handbuch des Verfassungsrechts der Bundesrepublik Deutschland, 2. Auflage, 1994; **zitiert**: *Bearbeiter*, in Benda/Maihofer/Vogel, Handbuch des Verfassungsrechts der Bundesrepublik Deutschland, Rn.

***Benz,* Maike**, Personalmanagement in Zeiten des Demographischen Wandels – Zukünftige Herausforderungen für groß- und mittelständische Unternehmen mit Fokus auf die Zielgruppe der älteren Arbeitnehmer, 2010; **zitiert**: *Benz*, Personalmanagement in Zeiten des Demographischen Wandels, S.

***Berger-Delhey,* Ulf**, Alle Tiere sind gleich, aber einige Tiere sind gleicher als andere, ZTR 2001, 162–163; **zitiert**: *Berger-Dehley*, ZTR 2001, 162, S.

Berlin-Institut für Bevölkerung und Entwicklung, Deutschland 2020, Die demografische Zukunft der Nation, 2005; **zitiert**: *Berlin-Institut für Bevölkerung und Entwicklung*, Deutschland 2020, Die demografische Zukunft der Nation, 2005, abrufbar unter www.berlin-institut.org, S.

***Bertelsmann,* Klaus**, Kündigungen nach Altersgruppen und das AGG, AuR 2007, 369–373; **zitiert**: *Bertelsmann*, AuR 2007, 369, S.

Bertelsmann Stiftung, Bevölkerungsprognose mit Daten und Fakten für rund 3.200 Kommunen – Mitteilung vom 26.10.2011; **zitiert**: Mitteilung der *Bertelsmann Stiftung* vom 26.10.2011 zur Bevölkerungsprognose, abrufbar unter www.bertelsmann-stiftung.de.

Bibliographisches Institut & F.A. Brockhaus AG (Hrsg.), Brockhaus – Die Enzyklopädie in 30 Bänden, 21. Auflage, 2006; **zitiert**: *Brockhaus*, 21. Aufl., Band, „Stichwort".

Bibliographisches Institut & F.A. Brockhaus AG (Hrsg.), Duden – Das Fremdwörterbuch, 9. Auflage, 2009; **zitiert**: *Duden*, Das Fremdwörterbuch, 9. Aufl., „Stichwort".

Bibliographisches Institut & F.A. Brockhaus AG (Hrsg.), Duden – Das Synonymwörterbuch, 5. Auflage, 2010; **zitiert**: *Duden*, Das Synonymwörterbuch, 5. Aufl., „Stichwort".

Bibliographisches Institut & F.A. Brockhaus AG (Hrsg.), Duden – Deutsches Universalwörterbuch, 6. Auflage, 2007; **zitiert**: *Duden*, Deutsches Universalwörterbuch, 6. Aufl., „Stichwort".

***Bieler,* Frank / *Ebert,* Kurt**, Das gesamte öffentliche Dienstrecht für Beamte, Angestellte und Arbeiter bei Bund, Ländern und Kommunen, Loseblattwerk,

2. Auflage, 1972; **zitiert**: *Bieler/Ebert*, Das gesamte öffentliche Dienstrecht, Kap., EL, Rn.

***Bleckmann*, Albert**, Die Rechtsquellen des europäischen Gemeinschaftsrechts, NVwZ 1993, 824–828; **zitiert**: *Bleckmann*, NVwZ 1993, 824, S.

***Bochmann*, Günter**, Theorie und Praxis des Leistungsgrundsatzes nach den Dienstrechtsreformen, ZBR 2004, 405–421; **zitiert**: *Bochmann*, ZBR 2004, 405, S.

***Bochmann*, Günter**, Die verfassungsrechtlichen Grundlagen der Reföderalisierung des öffentlichen Dienstrechts und der Entwurf eines Gesetzes zur Regelung des Statusrechts der Beamtinnen und Beamten in den Ländern (Beamtenstatusgesetz – BeamtStG), ZBR 2007, 1–22; **zitiert**: *Bochmann*, ZBR 2007, 1, S.

***Brandtstädter*, Jochen / *Lindenberger*, Ulmann**, Entwicklungspsychologie der Lebensspanne, 2007; **zitiert**: *Brandtstädter/Lindenberger*, Entwicklungspsychologie der Lebensspanne, Kap., S.

***Brors*, Christiane**, Wann ist eine Altersdiskriminierung nach der Rechtsprechung des EuGH gerechtfertigt?, RdA 2012, 346–353; **zitiert**: *Brors*, RdA 2012, 346, S.

***Bürger*, Michael**, Teilzeitbeschäftigung von Beamten und ihre verfassungsrechtliche Zulässigkeit, NVwZ 1999, 820–824; **zitiert**: *Bürger*, NVwZ 1999, 820, S.

***Bull*, Hans Peter**, Anmerkung zur Entscheidung des BVerwG, Urteil vom 2.3.2000 – 2 C 1.99, DVBl. 2000, 1773–1775; **zitiert**: *Bull*, DVBl. 2000, 1773, S.

***Bull*, Hans Peter**, Beamte – die vernachlässigten Hüter des Gemeinwohls? – Dienstrechtsdiskussion zwischen Standespolitik und Staatstheorie, DÖV 2007, 1029–1038; **zitiert**: *Bull*, DÖV 2007, 1029, S.

Bundesagentur für Arbeit, Gleitender Übergang in den Ruhestand, Merkblatt 14; **zitiert**: *Bundesagentur für Arbeit*, Merkblatt 14, Gleitender Übergang in den Ruhestand, abrufbar unter www.arbeitsagentur.de.

Das Bundesarchiv, Akten der Reichskanzlei. Weimarer Republik, Die Kabinette Marx I/II, Kabinettssitzung vom 10.12.1923; **zitiert**: *Das Bundesarchiv*, Edition „Akten der Reichskanzlei. Weimarer Republik", Die Kabinette Marx I/II, Kabinettssitzung vom 10.12.1923, abrufbar unter www.bundesarchiv.de.

Bundesministerium des Inneren, Rundschreiben vom 3.12.2003, D I 1 – M – 223 100-1/3a; **zitiert**: Rundschreiben des *Bundesministeriums des Inneren*, vom 3.12.2003, D I 1 – M – 223 100-1/3a, abrufbar unter www.verwaltungvorschriften-im-internet.de.

Bundesministerium des Inneren, Rundschreiben vom 30.3.2005 und 28.2.2006, D I 1–210 172/20 sowie D I 1–210 172/20; **zitiert**: Rundschreiben des *Bundesministeriums des Inneren* vom 30.3.2005, D I 1–210 172/20, und 28.2.2006, D I 1–210 172/20, abrufbar unter www.bmi.bund.de.

Bundesministerium des Inneren, Zukunftsorientierte Verwaltung durch Innovation, 2006; **zitiert**: *Bundesministerium des Inneren,* Zukunftsorientierte Verwaltung durch Innovation, 2006, abrufbar unter www.verwaltung-innovativ.de, S.

Bundesministerium des Inneren, Demographischer Wandel und öffentlicher Dienst, 2007; **zitiert**: *Bundesministerium des Inneren,* Demographischer Wandel und öffentlicher Dienst, abrufbar unter www.verwaltung-innovativ.de, S.

Bundesministerium des Inneren, Begründung zur Bundeslaufbahnverordnung, Dokumentation vom 11.2.2009; **zitiert**: *Bundesministerium des Inneren,* Begründung zur BLV, Dokumentation vom 11.2.2009, abrufbar unter www.bmi.bund.de, S.

Bundesministerium des Inneren, Der öffentliche Dienst des Bundes, Daten zur Personalstruktur 2011, 2011; **zitiert**: *Bundesministerium des Inneren,* Der öffentliche Dienst des Bundes, Daten zur Personalstruktur 2011, abrufbar unter www.bmi.bund.de, S.

Bundesministerium des Inneren, Einigung bei den Tarifverhandlungen für den öffentlichen Dienst – Pressemitteilung vom 31.3.2012; **zitiert**: Pressemitteilung des *Bundesministeriums des Inneren* vom 31.3.2012, „Einigung bei den Tarifverhandlungen für den öffentlichen Dienst“, abrufbar unter www.bmi.bund.de.

Bundesministerium des Inneren, Rundschreiben vom 3.8.2012 zum Abschluss der Redaktionsverhandlungen zur Umsetzung der Tarifeinigung vom 31.3.2012, – D 5–220 233–53/7; **zitiert**: Rundschreiben des *Bundesministeriums des Inneren* vom 3.8.2012 – D 5–220 233–53/7 – zum Abschluss der Redaktionsverhandlungen zur Umsetzung der Tarifeinigung vom 31.3.2012, abrufbar unter www.bmi.bund.de.

Bundesministerium für Familie, Senioren, Frauen und Jugend, Hilfe- und Pflegebedürftige in Privathaushalten in Deutschland 2002 – Schnellübersicht, Infratest Sozialforschung, 2003; **zitiert**: Studie Hilfe- und Pflegebedürftige in Privathaushalten in Deutschland 2002 – Schnellübersicht, *Bundesministerium für Familie, Senioren, Frauen und Jugend,* abrufbar unter www.bmfsfj.de, S.

Bundesministerium für Familie, Senioren, Frauen und Jugend, Evaluation des Gesetzes zum Elterngeld und zur Elternzeit – Endbericht 2008, 2008; **zitiert**:

Evaluation des Gesetzes zum Elterngeld und zur Elternzeit des *Bundesministeriums für Familie, Senioren, Frauen und Jugend* – Endbericht 2008, abrufbar unter www.bmfsfj.de, S.

Bundesministerium für Familie, Senioren, Frauen und Jugend, Der Mikrozensus im Schnittpunkt von Geschlecht und Migration, 2009; **zitiert**: *Bundesministerium für Familie, Senioren, Frauen und Jugend*, Der Mikrozensus im Schnittpunkt von Geschlecht und Migration, 2009, abrufbar unter www.bmfsfj.de, S.

Bundesministerium für Familie, Senioren, Frauen und Jugend, Beruflicher Wiedereinstieg nach der Familiengründung – Bedürfnisse, Erfahrungen, Barrieren, 2010; **zitiert**: Beruflicher Wiedereinstieg nach der Familiengründung, Studie des *Bundesministeriums für Familie, Senioren, Frauen und Jugend*, 2010, abrufbar unter www.bmfsfj.de, S.

Bundesministerium für Familie, Senioren, Frauen und Jugend, Perspektive Wiedereinstieg, Ziele, Motive und Erfahrungen von Frauen vor, während und nach dem beruflichen Wiedereinstieg, 2010; **zitiert**: Perspektive Wiedereinstieg, Studie des *Bundesministeriums für Familie, Senioren, Frauen und Jugend*, 2010, abrufbar unter www.bmfsfj.de, S.

Bundesministerium für Familie, Senioren, Frauen und Jugend, Biografiemuster und Alterseinkommensperspektiven von Frauen, TNS Infratest Sozialforschung, 2011; **zitiert**: Biografiemuster und Alterseinkommensperspektiven von Frauen, *Bundesministerium für Familie, Senioren, Frauen und Jugend*, 2011, abrufbar unter www.bmfsfj.de, S.

Bundesministerium für Gesundheit, Abschlussbericht zur Studie „Wirkungen des Pflege-Weiterentwicklungsgesetzes", TNS Infratest Sozialforschung, 2011; **zitiert**: Abschlussbericht zur Studie „Wirkungen des Pflege-Weiterentwicklungs-gesetzes" des *Bundesministeriums für Gesundheit* aus dem Jahr 2011, abrufbar unter www.bundesgesundheitsministerium.de, S.

Bundesvereinigung Prävention und Gesundheitsförderung e.V., Altersteilzeit ist gesünder als ein abrupter Übergang vom Erwerbsleben in die Rente, 7.1.2010; **zitiert**: Mitteilung des *Bundesvereinigung Prävention und Gesundheitsförderung e.V.* vom 7.1.2010, abrufbar unter www.bvpraevention.de

***Buß*, Thomas / *Schulte zu Sodingen*, Beate**, Laufbahn oder Rennbahn: Wie alt darf ein junger Beamter sein?, DVBl. 1998, 1315–1321; **zitiert**: *Buß/Schulte zu Sodingen*, DVBl. 1998, 1315, S.

***Calliess*, Christian / *Ruffert*, Matthias** (Hrsg.), EUV/AEUV – Das Verfassungsrecht der Europäischen Union mit Europäischer Grundrechtecharta, 4. Auflage, 2011; **zitiert**: *Bearbeiter*, in Calliess/Ruffert, EUV/AEUV, 4. Aufl., Art., Rn.

O'Cinneide, **Colm**, Altersbedingte Diskriminierung und Zwangsversetzung in den Ruhestand, EZAR 2008, 13–22; **zitiert**: *O'Cinneide*, EZAR 2008, 13, S.

Clemens, **Horst** / *Millack*, **Clemens** / *Lantermann*, **Heinrich** / *Engelking*, **Helmut** / *Henkel*, **Karl-Heinz**, Besoldungsrecht des Bundes und der Länder, Kommentar – Loseblattwerk, 2009; **zitiert**: *Clemens/Millack/Lantermann*, Besoldungsrecht des Bundes und der Länder, §, EL, Rn.

Collisi, **Birgitt**, Modernisierungserfolge sichern: Schwerpunkte und Perspektiven des Personalmanagements in den Kommunen, DöD 2006, 271–277; **zitiert**: *Collisi*, DöD 2006, 271, S.

Cornelißen, **Waltraud**, Gender Datenreport im Auftrag des Bundesministeriums für Familie, Senioren, Frauen und Jugend, 2. Fassung, 2005; **zitiert**: *Bearbeiter*, in Cornelißen, Gender Datenreport im Auftrag des Bundesministeriums für Familie, Senioren, Frauen und Jugend, abrufbar unter www.bmfsfj.de, S.

Däubler, **Wolfgang** / *Bertzbach*, **Martin** (Hrsg.), Allgemeines Gleichbehandlungsgesetz – Handkommentar, 2. Auflage, 2008; **zitiert**: *Bearbeiter*, in Däubler/Bertzbach, AGG, §, Rn.

Däubler, **Wolfgang** / *Hjort*, **Jens Peter** / *Schubert*, **Michael** / *Wolmerath*, **Martin** (Hrsg.), Arbeitsrecht, Individualarbeitsrecht mit kollektivrechtlichen Bezügen – Handkommentar, 2. Auflage, 2010; **zitiert**: *Bearbeiter*, in Däubler/Hjort/Schubert/Wolme-rath, Arbeitsrecht, 2. Aufl., 2010, § AGG, Rn.

Degenhart, **Christoph**, Die Neuordnung der Gesetzgebungskompetenzen durch die Föderalismusreform, NVwZ 2006, 1209–1216; **zitiert**: *Degenhart*, NVwZ 2006, 1209, S.

Deutscher Beamtenbund, Demografischer Wandel: Öffentlicher Dienst braucht gezielte Nachwuchsgewinnung, DöD 2006, 236, 236; **zitiert**: *Deutscher Beamtenbund*, DöD 2006, 236, 236.

Deutscher Bundestag, Demographischer Wandel – Herausforderungen unserer älter werdenden Gesellschaft an den Einzelnen und die Politik, BT-Drs. 14/8800, Schlussbericht der Enquête-Kommission; **zitiert**: Schlussbericht der *Enquête-Kommission des Deutschen Bundestages*, Demographischer Wandel – Herausforderungen unserer älter werdenden Gesellschaft an den Einzelnen und die Politik, BT-Drs. 14/8800, S.

Dreier, **Horst** (Hrsg.), Grundgesetz – Kommentar, Band I – Art. 1–19, 1996; **zitiert**: *Bearbeiter*, in Dreier, GG, Art., Rn.

Dreier, **Horst** (Hrsg.), Grundgesetz – Kommentar, Band II – Art. 20–82, 2. Auflage, 2006; **zitiert**: *Bearbeiter*, in Dreier, GG, Art., Rn.

***Drescher,* Alfred**, Dienstrechtsreform in Bund und Ländern – Auswirkungen auf Status, Besoldung, Versorgung und Wettbewerbsfähigkeit, RiA 2007, 261–266; **zitiert**: *Drescher*, RiA 2007, 261, S.

***Dorf,* Yvonne**, Führungspositionen auf Zeit, DÖV 2009, 14–21; **zitiert**: *Dorf*, DÖV 2009, 14, S.

***Düwell,* Franz Josef / *Stückemann,* Wolfgang / *Wagner,* Volker** (Hrsg.), Festschrift für Wolfgang Leinemann zum 70. Geburtstag – Bewegtes Arbeitsrecht, 2006; **zitiert**: *Bearbeiter*, in FS Leinemann, S.

***Eckstein,* Christoph**, Der Grundsatz der Bestenauslese nach Art. 33 Abs. 2 GG in der neuesten verfassungs- und verwaltungsgerichtlichen Rechtsprechung, ZBR 2009, 86–89; **zitiert**: *Eckstein*, ZBR 2009, 86, S.

***Epping,* Volker / *Hillgruber,* Christian** (Hrsg.), Beck'scher Online-Kommentar Grundgesetz; **zitiert**: *Bearbeiter*, in Epping/Hillgruber, GG, Beck'scher Online-Kommentar, Art., Edition., Rn.

Europäische Kommission, Überblick über die gesetzlichen Antidiskriminierungsbestimmungen der Mitgliedstaaten, 2000; **zitiert**: *Europäische Kommission*, Überblick über die gesetzlichen Antidiskriminierungsbestimmungen der Mitgliedstaaten, S.

Europäische Kommission, Diskriminierung in der Europäischen Union, 2008, Eurobarometer 296; **zitiert**: Eurobarometer 296, Diskriminierung in der Europäischen Union, 2008, abrufbar unter www.ec.europa.eu, S.

Europäische Kommission, Diskriminierung in der EU im Jahr 2009, Eurobarometer Spezial 317; **zitiert**: Eurobarometer Spezial 317, Diskriminierung in der EU im Jahr 2009, Bericht, abrufbar unter www.ec.europa.eu, S.

Europäische Kommission, Einschätzung der Beschäftigungsfähigkeit von Hochschulabsolventen durch Arbeitgeber, Eurobarometer-Umfrage vom 2.12.2010, MEMO/10/638; **zitiert**: Eurobarometer-Umfrage, Einschätzung der Beschäftigungsfähigkeit von Hochschulabsolventen durch Arbeitgeber, 2.12.2010, MEMO/10/638, abrufbar unter www.ec.europa.eu, S.

Europäisches Parlament, Gleichstellung von Männern und Frauen, Darstellung des Informationsbüros für Deutschland, 2010; **zitiert**: ‚Gleichstellung von Männern und Frauen' des *Europäischen Parlaments*, abrufbar unter www.europarl.europa.eu

***Di Fabio,* Udo**, Nationales Arbeitsrecht im Spannungsfeld von Grundgesetz und Grundrechtecharta, RdA 2012, 262–266; **zitiert**: *Di Fabio*, RdA 2012, 262, S.

***Fattmann*, Rainer**, Bildungsbürger in der Defensive – Die akademische Beamtenschaft und der „Reichsbund der höheren Beamten" in der Weimarer Republik, 2001; **zitiert**: *Fattmann*, Bildungsbürger in der Defensive, S.

***Finger*, Hans-Joachim**, Zur Lebensaltersgrenze für den Eintritt in den Ruhestand, ZBR 1968, 28–32; **zitiert**: *Finger*, ZBR 1968, 28, S.

***Francke*, Robert / *Sokol*, Bettina / *Gurlit*, Elke**, Frauenquoten in öffentlicher Ausbildung – Zur Verfassungsmäßigkeit von geschlechterbezogenen Quotenregelungen in öffentlichen Berufsausbildungen, 1. Auflage, 1991; **zitiert**: *Francke/Sokol/Gurlit*, Frauenquoten in öffentlicher Ausbildung, S.

***Franke*, Ingeborg / *Summer*, Rudolf / *Weiß*, Hans-Dietrich** (Hrsg.), Festschrift für Walther Fürst – Öffentliches Dienstrecht im Wandel, 2002; **zitiert**: *Bearbeiter*, in FS Fürst, S.

***Franke*, Ingeborg / *Weiß*, Hans-Dietrich**, Gesamtkommentar Öffentliches Dienstrecht, Band I – Beamtenrecht des Bundes und der Länder, Richterrecht und Wehrrecht, Loseblattwerk; **zitiert**: *Bearbeiter*, in Franke/Weiß, GKöD, Bd. I, K §, EL, Rn.

***Franke*, Ingeborg / *Weiß*, Hans-Dietrich**, Gesamtkommentar Öffentliches Dienstrecht, Band III – Besoldungsrecht des Bundes und der Länder, Loseblattwerk; **zitiert**: *Bearbeiter*, in Franke/Weiß, GKöD, Bd. III, K §, EL, Rn.

***Gaitanides*, Charlotte / *Kadelbach*, Stefan / *Iglesias*, Gil Carlos Rodriguez** (Hrsg.), Festschrift für Manfred Zuleeg zum 70. Geburtstag – Europa und seine Verfassung, 2005; **zitiert**: *Bearbeiter*, in FS Zuleeg, S.

***Ganser-Hillgruber*, Karin**, Teildienstfähigkeit, Reaktivierung und Altersteilzeit von Beamten – Chance oder Risiko für das Berufsbeamtentum?, ZBR 2000, 115–121; **zitiert**: *Ganser-Hillgruber*, ZBR 2000, 115, S.

***Garhammer*, Manfred**, Arbeitszeit und Zeitwohlstand im internationalen Vergleich – Hans-Böckler-Stiftung, WSI Mitteilungen 2001; **zitiert**: *Garhammer*, Arbeitszeit und Zeitwohlstand im internationalen Vergleich, Wirtschafts- und Sozialwissenschaftliches Institut der Hans-Böckler-Stiftung, WSI Mitteilungen, 2001, abrufbar unter www.boeckler.de, S.

***Gas*, Tonio**, Die unmittelbare Anwendbarkeit von Richtlinien zu Lasten Privater im Urteil „*Mangold*", EuZW 2005, 737–738; **zitiert**: *Gas*, EuZW 2005, 737, S.

***Geiger*, Rudolf / *Khan*, Daniel-Erasmus / *Kotzur*, Markus**, EUV/AEUV, Vertrag über die Europäische Union und Vertrag über die Arbeitsweise der Europäischen Union, 5. Auflage, 2010; **zitiert**: *Bearbeiter*, in Geiger/Khan/Kotzur, EUV/AEUV, 5. Aufl., 2010, Art. EUV/AEUV, Rn.

***Gertich*, Thurid Ilka**, Rasse und Alter als Diskriminierungsgrund – Europarecht und seine Umsetzung im deutschen Arbeitsrecht, 2007; **zitiert**: *Gertich*, Rasse und Alter als Diskriminierungsgrund, S.

***Gitter*, Wolfgang**, Gleichberechtigung der Frau: Aufgaben und Schwierigkeiten – Eine Erörterung von Überlegungen über ein „Antidiskriminierungsgesetz", NJW 1982, 1567–1571; **zitiert**: *Gitter*, NJW 1982, 1567, S.

***Gola*, Peter**, Teilzeitarbeit im öffentlichen Dienst – Grundlagen und aktuelle Rechtsfragen, DöD 1996, 97–103; **zitiert**: *Gola*, DöD 1996, 97, S.

***Gooren*, Paul**, Anmerkung zur Entscheidung des EuGH, Urteil vom 26.2.2013 – C-617/10 (*Fransson*), NVwZ 2013, 564–565; **zitiert**: *Gooren*, NVwZ 2013, 564, S.

***Grabitz*, Eberhardt / *Hilf*, Meinhard / *Nettesheim*, Martin** (Hrsg.), Das Recht der Europäischen Union, Loseblattwerk; **zitiert**: *Bearbeiter*, in Grabitz/Hilf/Nettesheim, Das Recht der Europäischen Union, Art., EL, Rn.

***von der Groeben*, Hans / *Schwarze*, Jürgen** (Hrsg.), Kommentar zum Vertrag über die Europäische Union und zur Gründung der Europäischen Gemeinschaft, 6. Auflage, 2003; **zitiert**: *Bearbeiter*, in von der Groeben/Schwarze, EU-/EG-Vertrag, 6. Aufl., Art., Rn.

***Groß*, Hermann / *Munz*, Eva**, Arbeitszeit 2000 in Nordrhein-Westfalen, Institut zur Erforschung sozialer Chancen im Auftrag des Ministeriums für Arbeit und Soziales, Qualifikation und Technologie des Landes Nordrhein-Westfalen, 2000; **zitiert**: *Groß/Munz*, Arbeitszeit 2000 in Nordrhein-Westfalen, Institut zur Erforschung sozialer Chancen im Auftrag des Ministeriums für Arbeit und Soziales, Qualifikation und Technologie des Landes Nordrhein-Westfalen, S.

***Grunewald*, Beate / *Lösch*, Bettina**, Das neue Laufbahnrecht des Bundes, RiA 2008, 201–209; **zitiert**: *Grunewald/Lösch*, RiA 2008, 201, S.

***Günther*, Hellmuth**, Aufstieg, DöD 1990, 11–26; **zitiert**: *Günther*, DöD 1990, 11, S.

***Günther*, Hellmuth**, Zum Reichsbeamtengesetz, DÖV 2007, 357–367; **zitiert**: *Günther*, DÖV 2007, 357, S.

***Günther*, Norbert**, Die Anpassung der Beamtenbesoldung an die allgemeinen wirtschaftlichen und finanziellen Verhältnisse, 1987; **zitiert**: *Günther*, Die Anpassung der Beamtenbesoldung an die allgemeinen wirtschaftlichen und finanziellen Verhältnisse, S.

***Gussone*, Max / *Voelzke*, Thomas**, Altersteilzeitrecht, 2000; **zitiert**: *Bearbeiter*, in Gussone/Voelzke, Altersteilzeitrecht, §, Rn.

***Gutmann,* Rolf**, Beamtenrecht und Altersdiskriminierung, VBlBW 2006, 339–339; **zitiert**: *Gutmann*, VBlBW 2006, 339, 339.

***Häde,* Ulrich**, Zum verfassungsrechtlichen Anspruch auf Erhöhung öffentlich-rechtlicher Geldleistungen, DÖV 2008, 613–621; **zitiert**: *Häde*, DÖV 2008, 613, S.

***Hahn,* Oliver**, Auswirkungen der europäischen Regelungen zur Altersdiskriminierung im deutschen Arbeitsrecht – Mit rechtsvergleichenden Hinweisen zum U.S.-amerikanischen Recht, 2006; **zitiert**: *Hahn*, Auswirkungen der europäischen Regelungen zur Altersdiskriminierung im deutschen Arbeitsrecht, S.

***Hanau,* Peter / *Rolfs,* Christian**, Insolvenzschutz von Wertguthaben, Hans-Böckler-Stiftung, Arbeitspapier 70; **zitiert**: *Hanau/Rolfs*, Hans-Böckler-Stiftung, Arbeitspapier 79, Insolvenzschutz von Wertguthaben, abrufbar unter www.boeckler.de, S.

***Hanau,* Peter / *Thau,* Jens T. / *Westermann,* Harm P.** (Hrsg.), Festschrift für Klaus Adomeit – Gegen den Strich, 2008; **zitiert**: *Bearbeiter*, in FS für Adomeit, S.

***Haratsch,* Andreas / *Koenig,* Christian / *Pechstein,* Matthias**, Europarecht, 6. Auflage, 2009; **zitiert**: *Haratsch/Koenig/Pechstein*, Europarecht, Rn.

***Heinz,* Walter R.**, Arbeit, Beruf und Lebenslauf, Eine Einführung in die berufliche Sozialisation, 1995; **zitiert**: *Heinz*, Arbeit, Beruf und Lebenslauf, S.

***Hillgruber,* Christian**, Die Entwicklung des deutschen Beamtenrechts unter der Einwirkung des europäischen Gemeinschaftsrechts, ZBR 1997, 1–8; **zitiert**: *Hillgruber*, ZBR 1997, 1. S.

***Höfling,* Wolfram / *Stockter,* Ulrich**, Die gesundheitliche Eignung als Zugangskriterium für ein öffentliches Amt, ZBR 2008, 17–24; **zitiert**: *Höfling/Stockter*, ZBR 2008, 17, S.

***Hömig,* Dieter** (Hrsg.) / ***Seifert,* Karl-Heinz**, Grundgesetz für die Bundesrepublik Deutschland, 9. Auflage, 2010; **zitiert**: *Bearbeiter*, in Hömig, GG, Art., Rn.

***von Hoff,* Konrad**, Das Verbot der Altersdiskriminierung aus Sicht der Rechtsvergleichung und der ökonomischen Analyse des Rechts, 2009; **zitiert**: *von Hoff*, Das Verbot der Altersdiskriminierung aus Sicht der Rechtsvergleichung und der ökonomischen Analyse des Rechts, S.

***Hoffmann,* Christof**, Beamtenstatusgesetz im Lichte der Föderalismusreform, NJW-Editorial Heft 16/2008; **zitiert**: *Hoffmann*, NJW-Editorial 16/2008

***Hoffmann,* Jan Martin / *Kollmar,* Frederike**, Anmerkung zur Entscheidung des EuGH, Urteil vom 26.02.2013 – C-617/10 (*Fransson*), DVBl. 2013, 717–719; **zitiert**: *Hoffmann/Kollmar*, DVBl. 2013, 717, S.

***Hofmann*, Hans**, Bevorzugung von Frauen bei Stellenbesetzungen?, NVwZ 1995, 662–663; **zitiert**: *Hofmann*, NVwZ 1995, 662, S.

***Hofmann*, Hans**, Föderalismusreform im Verfassungsstaat, DÖV 2008, 833–844; **zitiert**: *Hofmann*, DÖV 2008, 833, S.

***Hüttenbrink*, Jost**, Erreichen und Hinausschieben der Altersgrenze nach §§ 31, 32 LBG NW – Einführung und Übersicht über die neuen beamtenrechtlichen Altersgrenzenregelungen des LBG NW vom 27.4.2009, KommJur 2010, 245–250; **zitiert**: *Hüttenbrink*, KommJur, 2010, 245, S.

Institut für Arbeitsmarkt- und Berufsforschung, Neue 59er-Regelung, Chronik der Arbeitsmarktpolitik; **zitiert**: *Institut für Arbeitsmarkt- und Berufsforschung*, Neue 59er-Regelung, abrufbar unter www.doku.iab.de.

***Ipsen*, Jörn**, Staatsrecht Band 2 – Grundrechte, 12. Auflage, 2009; **zitiert**: *Ipsen*, Staatsrecht II, Rn.

***Isensee*, Josef**, Mit blauem Auge davongekommen – das Grundgesetz, NJW 1993, 2583–2587; **zitiert**: *Isensee*, NJW 1993, 2583, S.

***Isensee*, Josef / *Kirchhof*, Paul** (Hrsg.), Handbuch des Staatsrechts der Bundesrepublik Deutschland, Band VIII Grundrechte: Wirtschaft, Verfahren, Gleichheit, 2010; **zitiert**: *Bearbeiter*, in Isensee/Kirchhof, Handbuch des Staatsrechts, Band VIII, §, Rn.

***Jachmann*, Monika**, Die Quotenregelung im öffentlichen Dienst – Chancengleichheit, fürsorgliche Diskriminierung oder ungerechtfertigte Bevorzugung der Frau im Beruf?, ZBR 1996, 161–174; **zitiert**: *Jachmann*, ZBR 1996, 161, S.

***Jarass*, Hans D.**, Die EU-Grundrechte, 2005; **zitiert**: *Jarass*, EU-Grundrechte, §, Rn.

***Jarass*, Hans D.**, Die Bindung der Mitgliedstaaten an die EU-Grundrechte, NVwZ 2012, 457–461; **zitiert**: *Jarass*, NVwZ 2012, 457, S.

***Jarass*, Hans D. / *Pieroth*, Bodo**, Grundgesetz für die Bundesrepublik Deutschland, 12. Auflage, 2012; **zitiert**: *Bearbeiter*, in Jarass/Pieroth, GG, Art., Rn.

***Jasper*, Bettina M.**, Gerontologie, 2002; **zitiert**: *Jasper*, Gerontologie, S.

***Junker*, Abbo**, Der EuGH zum Arbeitsrecht: Betriebsübergang, Gleichbehandlung und Bestandsschutz, EuZW 2006, 524–528; **zitiert**: *Junker*, EuZW 2006, 524, S.

***Junker*, Abbo**, Auswirkungen der neueren EuGH-Rechtsprechung auf das deutsche Arbeitsrecht, NZA 2011, 950–958; **zitiert**: *Junker*, NZA 2011, 950, S.

***Kämmerer*, Jörn**, Deutsches Beamtenrecht und Verbot der Altersdiskriminierung: Zwischen Irrelevanz und Ignoranz, ZBR 2008, 325–339; **zitiert**: *Kämmerer*, ZBR 2008, 325, S.

***Kecskes*, Robert / *Wagner*, Michael / *Wolf*, Christof** (Hrsg.), Angewandte Soziologie, 1. Auflage, 2004; **zitiert**: *Bearbeiter*, in Kecskes/Wagner/Wolf, Angewandte Soziologie, S.

***Kenntner*, Markus**, Sinn und Zweck der Garantie des hergebrachten Berufsbeamtentums, DVBl. 2007, 1321–1328; **zitiert**: *Kenntner*, DVBl. 2007, 1321, S.

***Kewenig*, Wilhelm**, Der Grundsatz der Nichtdiskriminierung im Völkerrecht der internationalen Handelsbeziehungen, Band 1 – Der Begriff der Diskriminierung, 1972; **zitiert**: *Kewenig*, Der Grundsatz der Nichtdiskriminierung im Völkerrecht der internationalen Handelsbeziehungen, S.

***Kienzler*, Herbert**, Beamtenrecht, 1. Auflage, 2002; **zitiert**: *Kienzler*, Beamtenrecht, Kap., Rn.

***Kimmel*, Adolf / *Kimmel*, Christiane**, Verfassungen der EU-Mitgliedstaaten, 6. Auflage, 2005; **zitiert**: *Kimmel/Kimmel*, Verfassungen der EU-Mitgliedstaaten, S.

***Kischel*, Uwe**, Anmerkung zu BVerfG, 2 BvL 6/07 vom 18.6.2008 (mittelbare Diskriminierung von Frauen), JZ 2008, 1110–1112; **zitiert**: *Kischel*, JZ 2008, 1110, S.

***Klammer*, Ute**, Altersteilzeit zwischen betrieblicher und staatlicher Sozialpolitik, Sozialer Fortschritt 2/2003, S. 39–47; **zitiert**: *Klammer*, Altersteilzeit zwischen betrieblicher und staatlicher Sozialpolitik, Sozialer Fortschritt 2/2003, S. 39, S.

***Kluge*, Friedrich**, Etymologisches Wörterbuch der deutschen Sprache, 23. Auflage, 1995; **zitiert**: *Kluge*, Etymologisches Wörterbuch der deutschen Sprache, „Stichwort".

***Kluth*, Winfried**, Föderalismusreformgesetz – Einführung und Kommentierung, 1. Auflage, 2007; **zitiert**: *Kluth*, Föderalismusreformgesetz, Art., Rn.

***Koch*, Katharina / *Nguyen*, Alexander**, Schutz vor mittelbarer Diskriminierung – Gleiches Recht für alle? Das Verbot der mittelbaren Diskriminierung in der höchstrichterlichen Rechtsprechung, EuR 2010, 364–378; **zitiert**: *Koch/Nguyen*, EuR 2010, 364, S.

***Koch*, Susanne / *Kathke*, Leonhard**, Altersdiskriminierung? Zwei Beispiele zur sachgerechten Auslegung des AGG, ZBR 2010, 181–183; **zitiert**: *Koch/Kathke*, ZBR 2010, 181, S.

***von Köckritz*, Sieghardt / *Ermisch*, Günter / *Lamm*, Christel**, Bundeshaushaltsordnung – Kommentar, Loseblattwerk, 1979; **zitiert**: *Bearbeiter*, in von Köckritz/Ermisch/Lamm, BHO, §, EL, S.

***Koenigs*, Folkmar**, Unbegrenzte Prüfungsbefugnis des EuGH? Zugleich Anmerkung zu EuGH vom 22.11.2005, DB 2006, 49–50; **zitiert**: *Koenigs*, DB 2006, 49, S.

***Körner*, Marita**, Europäisches Verbot der Altersdiskriminierung in Beschäftigung und Beruf, NZA 2005, 1395–1398; **zitiert**: *Körner*, NZA 2005, 1395, S.

***Körner*, Marita**, Diskriminierung von älteren Arbeitnehmern – Abhilfe durch das AGG?, NZA 2008, 497–504; **zitiert**: *Körner*, NZA 2008, 497, S.

***Kohte*, Wolfhard / *Dörner*, Hans-Jürgen / *Anzinger*, Rudolf** (Hrsg.), Festschrift für Hellmut Wissmann zum 65. Geburtstag – Arbeitsrecht im sozialen Dialog, 2005; **zitiert**: *Bearbeiter*, in FS Wissmann, S.

***Kokott*, Juliane**, Zur Gleichstellung von Mann und Frau – Deutsches Verfassungsrecht und europäisches Gemeinschaftsrecht, NJW 1995, 1049–1057; **zitiert**: *Kokott*, NJW 1995, 1049, S.

***Korn*, Juhani M.V.**, Das Beamtenrecht im Fokus des Unionsrechts – Eine Einführung anhand ausgewählter unionsrechtlicher Problemstellungen im Beamtenrecht, ZBR 2013, 155–162; **zitiert**: *Korn*, ZBR 2013, 155, S.

***Korthaus*, Hannah**, Das neue Antidiskriminierungsrecht – Die Richtlinien 2000/43/EG und 2000/78/EG und die Auswirkungen auf das deutsche Arbeitsrecht, 2006; **zitiert**: *Korthaus*, Das neue Antidiskriminierungsrecht, S.

***Kühling*, Jürgen / *Bertelsmann*, Klaus**, Höchstaltersgrenzen bei der Einstellung von Beamten, NVwZ 2010, 87–94; **zitiert**: *Kühling/Bertelsmann*, NVwZ 2010, 87, S.

***Kuras*, Gerhard**, Verbot der Diskriminierung wegen des Alters, Sonderbeilage zu RdA 2003, S. 11–21; **zitiert**: *Kuras*, Sonderbeilage zu RdA 2003, S. 11, S.

Kuratorium Deutsche Arbeitshilfe e.V., Altersdiskriminierung – Alterspotenziale – Wie sieht der Alltag aus?, Dokumentation der Veranstaltung am 12.12.2005, 2006; **zitiert**: *Bearbeiter*, in Altersdiskriminierung – Alterspotenziale – Wie sieht der Alltag aus?, Dokumentation der Veranstaltung am 12.12.2005 des Kuratoriums Deutsche Arbeitshilfe, 2005, abrufbar unter www.lsv-nrw.de, S.

***Kutscha*, Martin**, Die Einstellungsteilzeit – Rechtslage und Praxis, ZBR 2001, 156–161; **zitiert**: *Kutscha*, ZBR 2001, 156, S.

***Landau*, Herbert / *Steinkühler*, Martin**, Zur Zukunft des Berufsbeamtentums in Deutschland, DVBl. 2007, 133–143; **zitiert**: *Landau/Steinkühler*, DVBl. 2007, 133, S.

***Langenfeld*, Christine**, Geschlecht – Kein Thema mehr für das Recht?, DVBl. 2010, 1019–1028; **zitiert**: *Langenfeld*, DVBl. 2010, 1019, S.

Lauda, **Winfried**, Geschlechtsbezogene Benachteiligungen und Förderung der Frau – im Arbeits- und Sozialrecht, 1996; **zitiert**: *Lauda*, Geschlechtsbezogene Benachteiligungen und Förderung der Frau, S.

Lecheler, **Helmut**, Die „hergebrachten Grundsätze des Berufsbeamtentums" in der Rechtsprechung des Bundesverfassungsgerichts und des Bundesverwaltungsgerichts, AöR 1978, 349–383; **zitiert**: *Lecheler*, AöR 1978, 349, S.

Lecheler, **Helmut**, Öffentlicher Dienst und Arbeitsmarkt, ZBR 1980, 1–8; **zitiert**: *Lecheler*, ZBR 1980, 1, S.

Lecheler, **Helmut**, Leitungsfunktionen auf Zeit – Eine verfassungswidrige Institution, ZBR 1998, 331–345; **zitiert**: *Lecheler*, ZBR 1998, 331, S.

Lecheler, **Helmut**, Der Beitrag der allgemeinen Rechtsgrundsätze zur Europäischen Integration – Rückblick und Ausblick, ZEuS 2003, 337–352; **zitiert**: *Lecheler*, ZEuS 2003, 337, S.

Lehner, **Roman**, Diskriminierungen im allgemeinen Privatrecht als Grundrechtsproblem, JuS 2013, 410–415; **zitiert**: *Lehner*, JuS 2013, 410, S.

Lehr, **Ursula**, Psychologie des Alterns, 10. Auflage, 2003; **zitiert**: *Lehr*, Psychologie des Alterns, S.

Leibholz, **Gerhard** / *Rinck*, **Hans-Justus** / *Hesselberger*, **Dieter**, Grundgesetz für die Bundesrepublik Deutschland, Rechtsprechung des Bundesverfassungsgerichts, 1975; **zitiert**: *Leibholz/Rink/Hesselberger*, GG, Art. 33, EL, Rn.

Leicht-Scholten, **Carmen**, Das Recht auf Gleichberechtigung im Grundgesetz – Die Entscheidungen des Bundesverfassungsgerichts von 1949 bis heute, 2000; **zitiert**: *Leicht-Scholten*, Das Recht auf Gleichberechtigung im Grundgesetz, S.

Leisner-Egensperger, **Anna**, Verfassungsgarantie des Beförderungserfolgs – Die Wartefristenentscheidung des Bundesverfassungsgerichts – 2 BvL 11/04: Betonung des Leistungsprinzips (Art. 33 Abs. 2 GG), ZBR 2008, 9–17; **zitiert**: *Leisner-Egensperger*, ZBR 2008, 9, S.

Lemhöfer, **Bernt**, Nach der Föderalismusreform: Das kommende Be-amtenstatusgesetz für Länder- und Gemeindebeamte, RiA 2007, 49–52; **zitiert**: *Lemhöfer*, RiA 2007, 49, S.

Lemhöfer, **Bernt** / *Leppek*, **Sabine**, Das Laufbahnrecht der Bundesbeamten – Kommentar zur Bundeslaufbahnverordnung, Loseblattwerk; **zitiert**: *Bearbeiter*, in Lemhöfer/Leppek, Das Laufbahnrecht der Bundesbeamten, §, EL, Rn.

Lenders, **Dirk**, Abhängigkeit vom Besoldungsdienstalter als unzulässige Altersdiskriminierung junger Beamtinnen und Beamter?, RiA 2012, 49–54; **zitiert**: *Lenders*, RiA 2012, 49, S.

***Lenz*, Carl Otto / *Borchardt*, Klaus-Dieter** (Hrsg.), EU- und EG-Vertrag – Kommentar zu dem Vertrag über die Europäische Union und zu dem Vertrag zur Gründung der Europäischen Gemeinschaft, 4. Auflage, 2006; **zitiert**: *Bearbeiter*, in Lenz/Borchardt, EU-/EG-Vertrag, 4. Aufl., Art., Rn.

***Lindecke*, Christiane / *Voss-Dahm*, Dorothea / *Lehndorff*, Steffen**, Altersteilzeit, Hans-Böckler-Stiftung, Arbeitspapier 142, 2007; **zitiert**: *Lindecke/Voss-Dahm/Lehndorff*, Hans-Böckler-Stiftung, Arbeitspapier 142, Altersteilzeit, abrufbar unter www.boeckler.de, S.

***Lindner*, Josef Franz**, Grundrechtssicherung durch das Berufsbeamtentum, ZBR 2006, 1–13; **zitiert**: *Lindner*, ZBR 2006, 1, S.

***Lingemann*, Stefan / *Gotham*, Meike**, AGG – Benachteiligungen wegen des Alters in kollektivrechtlichen Regelungen, NZA 2007, 663–670; **zitiert**: *Lingemann/Gotham*, NZA 2007, 663, S.

***Lingscheid*, Anja**, Altersdiskriminierung im Arbeitsrecht – Neue Entwicklungen im Gemeinschaftsrecht auf Grund der Richtlinien 2000/43/EG und 2000/78/EG und ihre Einfügung in das deutsche Gleichbehandlungsrecht, 2004; **zitiert**: *Lingscheid*, Altersdiskriminierung im Arbeitsrecht, S.

***Linsenmaier*, Wolfgang**, Das Verbot der Diskriminierung wegen des Alters, RdA 2003, Sonderbeilage zu Heft 5, S. 22–33; **zitiert**: *Linsenmaier*, RdA 2003, Sonderbeilage zu Heft 5, S. 22, S.

***Löwisch*, Manfred**, Kollektivverträge und Allgemeines Gleichbehandlungsgesetz, DB 2006, 1729–1732; **zitiert**: *Löwisch*, DB 2006, 1729, S.

***Lorse*, Jürgen**, Reföderalisierung des Dienstrechts in Deutschland: Gesamtstaatliche Verantwortung oder Rückkehr zur Kleinstaaterei im deutschen Beamtenrecht?, DÖV 2010, 829–837; **zitiert**: *Lorse*, DÖV 2010, 829, S.

***Loschelder*, Friedrich**, Gestaltungsspielräume der Länder bei der Regelung der Altersteilzeit für Landesbeamte – Anmerkungen zu v. Redecker/Rieger: Altersteilzeit für Landesbeamte – Zur statusrechtlichen Bindungswirkung des § 6 Abs. 2 BBesG (ZBR 2000, S. 82), ZBR 2000, 89–92; **zitiert**: *Loschelder*, ZBR 2000, 89, S.

***Lüderitz*, Martin**, Altersdiskriminierung durch Altersgrenzen – Auswirkungen der Antidiskriminierungsrichtlinie 2000/78/EG auf das deutsche Arbeitsrecht, 2005; **zitiert**: *Lüderitz*, Altersdiskriminierung durch Altersgrenzen, S.

***Maaß*, Jürgen**, Verstößt das Besoldungsdienstalter gegen das Altersdiskriminierungsverbot? Rezension der Urteile VG Halle v. 28. September 2011–5 A 349/09 u.a., RiA 2012, 55–62; **zitiert**: *Maaß*, RiA 2012, 55, S.

***Maaß*, Jürgen**, Altersdiskriminierung durch das Besoldungsdienstalter?, LKV 2013, 249–255; **zitiert**: *Maaß*, LKV 2013, 249, S.

***Mahlmann*, Matthias**, Stellungnahme Deutscher Bundestag, Ausschuss für Familie, Senioren, Frauen und Jugend zum Entwurf eines Gesetzes zur Umsetzung europäischer Antidiskriminierungsrichtlinien, A.-Drs. 15(12)440-F; **zitiert**: *Mahlmann*, Stellungnahme für die Anhörung im Ausschuss für Familie, Senioren, Frauen und Jugend des Deutschen Bundestages, A.-Drs. 15(12)440-F, S.

***Mahlmann*, Matthias**, Gleichbehandlungsschutz im öffentlichen Dienstrecht – ein Überblick, ZBR 2007, 325–331; **zitiert**: *Mahlmann*, ZBR 2007, 325, S.

***Maidowski*, Ulrich**, Umgekehrte Diskriminierung – Quotenregelungen zur Frauenförderung im öffentlichen Dienst und in den politischen Parteien, 1989; **zitiert**: *Maidowski*, Umgekehrte Diskriminierung, S.

***von Mangoldt*, Hermann / *Klein*, Friedrich / *Starck*, Christian** (Hrsg.), Kommentar zum Grundgesetz, Band 1: Präambel, Artikel 1 bis 19, 6. Auflage, 2010; **zitiert**: *Bearbeiter*, in von Mangoldt/Klein/Starck, GG, Art., Rn.

***Marburger*, Horst**, Die Versorgung der Beamten und anderweitig Beschäftigten im öffentlichen Dienst - Pension - Rente - Zusatzleistungen, 3. Auflage, 2011; **zitiert**: *Marburger*, Die Versorgung der Beamten und anderweitig Beschäftigten im öffentlichen Dienst, Rn.

***Martin*, Mike / *Kliegel*, Matthias**, Psychologische Grundlagen der Gerontologie, 3. Auflage, 2010; **zitiert**: *Martin/Kliegel*, Psychologische Grundlagen der Gerontologie, S.

***Maunz*, Theodor / *Dürig*, Günter**, Grundgesetz, Loseblatt-Kommentar; **zitiert**: *Bearbeiter*, in Maunz/Dürig, GG, Art., EL, Rn.

***Mehl*, Ilonka**, Freistellungszeiten bei flexibler Teilzeitarbeit, 2004; **zitiert**: *Mehl*, Freistellungszeiten bei flexibler Teilzeitarbeit, S.

***Mehlhorn*, Lutz**, Zum Alimentationsprinzip als hergebrachter Grundsatz des Berufsbeamtentums, Verwaltungsrundschau 2010, 406–411; **zitiert**: *Mehlhorn*, Verwaltungsrundschau 2010, 406, S.

***Meinel*, Gernod / *Heyn*, Judith / *Herms*, Sascha**, Allgemeines Gleichbehandlungsgesetz, Arbeitsrechtlicher Kommentar, 2. Auflage, 2010; **zitiert**: *Meinel/Heyn/Herms*, AGG, §, Rn.

***Meixner*, Hanns-Eberhard**, Von der Leistungskontrolle zum Leistungsstreß im öffentlichen Dienst?, DöD 1981, 73–78; **zitiert**: *Meixner*, DöD 1981, 73, S.

***Merten*, Detlef**, Aktuelle Probleme des Beamtenversorgungsrechts, NVwZ 1999, 809–816; **zitiert**: *Merten*, NVwZ 1999, 809, S.

***Metzeler-Müller*, Karin / *Rieger*, Reinhard / *Seeck*, Erich / *Zentgraf*, Renate** (Hrsg.), Beamtenstatusgesetz Kommentar, 2010; **zitiert**: *Bearbeiter*, in Metzler-Müller/Rieger/Seeck/Zentgraf, BeamtStG, §, Pkt.

***Meyer*, Marta**, Pflegende Angehörige in Deutschland – Überblick über den derzeitigen Stand und zukünftige Entwicklungen, EU-Projekt EUROFAMCARE, 2006; **zitiert**: *Meyer*, Pflegende Angehörige in Deutschland, Eurofamcare, 2006, abrufbar unter www.uke.de, S.

***Meyer*, Michael**, Das Diskriminierungsverbot des Gemeinschaftsrechts als Grundsatznorm und Gleichheitsrecht, 2002; **zitiert**: *Meyer*, Das Diskriminierungsverbot des Gemeinschaftsrechts als Grundsatznorm und Gleichheitsrecht, S.

Ministerium für Gesundheit, Emanzipation, Pflege und Alter des Landes Nordrhein- Westfalen, Bedeutende gleichstellungsrelevante Regelungen, 2009; **zitiert**: Aufstellung ‚Bedeutende gleichstellungsrelevante Regelungen' des *Ministeriums für Gesundheit, Emanzipation, Pflege und Alter des Landes Nordrhein-Westfalen*, abrufbar unter www.frauennrw.de.

***Mohn*, Ulrich**, Demographiesensible Personalentwicklung in Kommunen, Deutscher Städte- und Gemeindebund, 2008; **zitiert**: *Mohn*, Demographiesensible Personalentwicklung in Kommunen, Deutscher Städte- und Gemeindebund, 2008, abrufbar unter www.dstgb.de, S.

***Mohr*, Jochen**, Schutz vor Diskriminierungen im Europäischen Arbeitsrecht – Die Rahmenrichtlinie 2000/78/EG vom 27. November 2000 – Religion, Weltanschauung, Behinderung, Alter oder sexuelle Ausrichtung, 2003; **zitiert**: *Mohr*, Schutz vor Diskriminierungen im Europäischen Arbeitsrecht, S.

***Moll*, Wilhelm** (Hrsg.), Münchener Anwaltshandbuch Arbeitsrecht, 2. Auflage, 2009; **zitiert**: *Bearbeiter*, in Moll, Arbeitsrecht, §, Rn.

***Monen*, Kathrin**, Das Verbot der Diskriminierung – Eine Untersuchung aufgrund der Rasse, des Geschlechts und der sexuellen Identität im deutschen und U.S.-amerikanischen Privatrecht, 2008; **zitiert**: *Monen*, Das Verbot der Diskriminierung, S.

***Monhemius*, Jürgen**, Beamtenrecht – Eine Darstellung der beim Bund und in den Bundesländern geltenden Regelungen, 1995; **zitiert**: *Monhemius*, Beamtenrecht, Kap., Rn.

***Müller-Glöge*, Rudi / *Preis*, Ulrich / *Schmidt*, Ingrid** (Hrsg.), Erfurter Kommentar zum Arbeitsrecht, 10. Auflage, 2010; **zitiert**: *Bearbeiter*, Erfurter Kommentar zum Arbeitsrecht, 10. Aufl., 2010, Art./§, Rn.

***Müller-Glöge*, Rudi / *Preis*, Ulrich / *Schmidt*, Ingrid** (Hrsg.), Erfurter Kommentar zum Arbeitsrecht, 12. Auflage, 2012; **zitiert**: *Bearbeiter*, Erfurter Kommentar zum Arbeitsrecht, 12. Aufl., 2012, Art./§, Rn.

***Müller-Uri*, Andreas**, Die stundenweise Urlaubsberechnung nach der Erholungsurlaubsverordnung für Bundesbeamte als mittelbare Benachteiligung, ZBR 2008, 406–411; **zitiert**: *Müller-Uri*, ZBR 2008, 406, S.

***von Münch*, Ingo / *Kunig*, Philip** (Hrsg.), Grundgesetz Kommentar, Band 1: Präambel bis Art. 69, 6. Auflage, 2012; **zitiert**: *Bearbeiter*, in von Münch/Kunig, GG, Art., Rn.

***von Mutius*, Albert / *Röh*, Bernd**, Obligatorische Teilzeitbeschäftigung im Beamtenrecht, ZBR 1990, 365–385; **zitiert**: *von Mutius/Röh*, ZBR 1990, 365, S.

***Nerdinger*, Friedemann / *Blickle*, Gerhard / *Schaper*, Niclas**, Arbeits- und Organisationspsychologie, 2008; **zitiert**: *Nerdinger/Blickle/Schaper*, Arbeits- und Organisationspsychologie, S.

***Nussberger*, Angelika**, Altersgrenzen als Problem des Verfassungsrechts, JZ 2002, 524–532; **zitiert**: *Nussberger*, JZ 2002, 524, S.

***Oerter*, Rolf / *Montada*, Leo** (Hrsg.), Entwicklungspsychologie, 6. Auflage, 2008; **zitiert**: *Oerter/Montanda*, Entwicklungspsychologie, Kap., S.

Organisation for Economic Cooperation and Development, Regierung und Verwaltung auf einen Blick 2009 – Deutsche Zusammenfassung, 2009; **zitiert**: *OECD*, Regierung und Verwaltung auf einen Blick 2009, Deutsche Zusammenfassung, abrufbar unter www.oecd.org, S.

***Ossenbühl*, Fritz**, Frauenquoten für Leitungsorgane von Privatunternehmen, NJW 2012, 417–422; **zitiert**: *Ossenbühl*, NJW 2012, 417, S.

***Over*, Henrik**, Das Verbot der Altersdiskriminierung im Arbeitsrecht nach dem Allgemeinen Gleichbehandlungsgesetz, 2009; **zitiert**: *Over*, Das Verbot der Altersdiskriminierung im Arbeitsrecht nach dem Allgemeinen Gleichbehandlungsgesetz, S.

***Panzer*, Nicolai**, Die aktuelle Rechtsprechung des Bundesverfassungsgerichts zum öffentlichen Dienstrecht zwischen Bewahrung und Fortentwicklung, DÖV 2008, 707–715; **zitiert**: *Panzer*, DÖV 2008, 707, S.

***Papier*, Hans-Jürgen**, Arbeitsmarkt und Verfassung, RdA 2000, 1–7; **zitiert**: *Papier*, RdA 2000, 1, S.

***Papier*, Hans-Jürgen**, „Die Union ist kein Staat und soll es auch nicht werden" Interview mit der Frankfurter Allgemeinen Zeitung vom 24.7.2007; **zitiert**: *Papier*, in seinem Interview in der FAZ.NET vom 24.7.2007, abrufbar unter www.faz.net.de.

***Pechstein*, Matthias**, Das Laufbahnrecht in der Gesetzgebungskompetenz der Länder, ZBR 2008, 73–77; **zitiert**: *Pechstein*, ZBR 2008, 73, S.

***Pechstein*, Matthias**, Stellungnahme zum Entwurf des Dienstrechtsneuordnungsgesetzes (DNeuG) für den Innenausschuss des Deutschen Bundestages, BT-Drs. 16 (4) 375 C; **zitiert**: *Pechstein*, Stellungnahme für den Innenausschuss, BT-Drs. 16 (4) 375 C, S.

***Peters*, Cornelia**, Das Dienstrecht des Bundes nach der Föderalismusreform – Der Entwurf des Dienstrechtsneuordnungsgesetzes, RiA 2008, 97–109; **zitiert**: *Peters*, RiA 2008, 97, S.

***Pfistner*, Sebastian**, Benachteiligung von Eltern bei der bestehenden Beamtenbesoldung, NVwZ 2008, 1195–1199; **zitiert**: *Pfistner*, NVwZ 2008, 1195, S.

***Plötscher*, Stefan**, Der Begriff der Diskriminierung im Europäischen Gemeinschaftsrecht – Zugleich ein Beitrag zur einheitlichen Dogmatik der Grundfreiheiten des EG-Vertrages, 2003; **zitiert**: *Plötscher*, Der Begriff der Diskriminierung im Europäischen Gemeinschaftsrecht, S.

***Poguntke*, David**, Das Hinausschieben der Altersgrenze auf Initiative des Beamten – Die Verlängerung des Beamtenverhältnisses auf Antrag des Beamten in Nordrhein-Westfalen, Baden-Württemberg, Niedersachsen, Schleswig-Holstein, Hamburg und Bremen, DÖV 2011, 561–568; **zitiert**: *Poguntke*, DÖV 2011, 561, S.

***Pohl*, Klaus**, Alimentation und Leistungsprinzip in der künftigen Beamtenbesoldung, RiA 1995, 261–263; **zitiert**: *Pohl*, RiA 1995, 261, S.

***Polloczek*, Tobias**, Altersdiskriminierung im Licht des Europarechts, 2008; **zitiert**: *Polloczek*, Altersdiskriminierung im Licht des Europarechts, S.

***Preis*, Ulrich**, Verbot der Altersdiskriminierung als Gemeinschaftsgrundrecht – Der Fall „*Mangold*" und die Folgen, NZA 2006, 401- 410; **zitiert**: *Preis*, NZA 2006, 401, S.

***Preis*, Ulrich**, Ein modernisiertes Arbeits- und Sozialrecht für eine alternde Gesellschaft, NZA 2008, 922–926; **zitiert**: *Preis*, NZA 2008, 922, S.

***Püttner*, Günter**, Altersgrenzen im Beamtenrecht, DVBl. 1997, 259–262; **zitiert**: *Püttner*, DVBl. 1997, 259, S.

***von Redecker*, Niels / *Rieger*, Reinhard**, Altersteilzeit für Landesbeamte – Zur statusrechtlichen Bindungswirkung des § 6 Abs. 2 BBesG, ZBR 2000, 82–89; **zitiert**: *von Redecker/Rieger*, ZBR 2000, 82, S.

***Reich*, Andreas**, Beamtenstatusgesetz – Kommentar, 2009; **zitiert**: *Reich*, Kommentar zum Beamtenstatusgesetz, §, Rn.

***Reich,* Norbert**, Zur Frage der Gemeinschaftswidrigkeit der sachgrundlosen Befristungsmöglichkeit bei Arbeitnehmern ab 52 Jahren, EuZW 2006, 20–22; **zitiert**: *Reich*, EuZW 2006, 20, S.

***Reich,* Norbert**, „*Mangold*" und kein Ende – oder doch? Kurzbesprechung zu den Schlussanträgen des Generalanwalts *Jàn MazàK* vom 15.2.2007 in der Rechtssache C-411/05 – *Felix Palacios de la Villa/Cortefiel Servicios SA,* EuZW 2007, 198–199; **zitiert**: *Reich*, EuZW 2007, 198, S.

***Reichold,* Hermann / *Hahn,* Oliver / *Heinrich,* Martin**, Neuer Anlauf zur Umsetzung der Antidiskriminierungs-Richtlinien: Plädoyer für ein Artikelgesetz, NZA 2005, 1270–1276; **zitiert**: *Reichold/Hahn/Heinrich*, NZA 2005, 1270, S.

***Reithmann,* Ulrich**, Diskriminierung im Deutschen Dienstrecht? Anmerkungen zum Vertragsverletzungsverfahren gegenüber Deutschland wegen unzureichender Umsetzung der Richtlinie 78/2000/EG im deutschen öffentlichen Dienstrecht, ZBR 2008, 365–374; **zitiert**: *Reithmann*, ZBR 2008, 365, S.

***Repasi,* Renè**, Die Reichweite des allgemeinen Gleichbehandlungsgrundsatzes bei der Richtlinienumsetzung, EuZW 2009, 756–757; **zitiert**: *Repasi*, EuZW 2009, 756, S.

***Rescher,* Ronald / *Tadday,* Heinz**, Laufbahnrecht des Landes Nordrhein-Westfalen, Kommentar zur Laufbahnordnung (LVO NRW) nebst laufbahnrechtlichen Vorschriften für einzelne Beamtengruppen, Loseblattwerk, 1999; **zitiert**: *Rescher/Tadday*, LVO NRW, B §, EL, S.

***Richardi,* Reinhard / *Reichold,* Hermann** (Hrsg.), Gedenkschrift für Wolfgang Blomeyer – Altersgrenzen und Alterssicherung im Arbeitsrecht, 2003; **zitiert**: *Bearbeiter,* in GS Blomeyer, S.

***Richter,* Thomas**, Das Geschlecht als Kriterium im deutschen Recht, NVwZ 2005, 636–641; **zitiert**: *Richter*, NVwZ 2005, 636, S.

***Richter,* Tobias / *Bouchouaf,* Ssoufian**, Das Verbot der Altersdiskriminierung als allgemeiner Grundsatz des Gemeinschaftsrechts – der Beginn eines umfassenden europäischen Antidiskriminierungsrechts?, NVwZ 2006, 538–541; **zitiert**: *Richter/Bouchouaf,* NVwZ 2006, 538, S.

***Rieble,* Volker / *Zedler,* Marc Alexander**, Altersdiskriminierung in Tarifverträgen, ZfA 2006, 273–303; **zitiert**: *Rieble/Zedler*, ZfA 2006, 273, S.

***Riesenhuber,* Karl**, Das Allgemeine Gleichbehandlungsgesetz – Grundsatz- und Praxisfragen, 2007; **zitiert**: *Bearbeiter,* in Riesenhuber, Das Allgemeine Gleichbehandlungsgesetz – Grundsatz- und Praxisfragen, S.

***Riesenhuber,* Karl / *Franck,* Jens-Uwe**, Verbot der Geschlechtsdiskriminierung im Europäischen Vertragsrecht, JZ 2004, 529–538; **zitiert**: *Riesenhuber/Franck*, JZ 2004, 529, S.

***Rittweger,* Stephan / *Petri,* Ulrich / *Schweikert,* Franz-Josef**, Altersteilzeit – Kommentar, 2. Auflage, 2002; **zitiert**: *Bearbeiter*, in Rittweger/Petri/Schweikert, Altersteilzeit, §, Rn.

Robert Bosch Stiftung, Demographieorientierte Personalpolitik in der öffentlichen Verwaltung, 2009; **zitiert**: *Robert Bosch Stiftung*, Demographieorientierte Personalpolitik in der öffentlichen Verwaltung, 2009, abrufbar unter www.bosch-stiftung.de, S.

***von Roetteken,* Torsten**, Altersgrenzen im öffentlichen Dienst nach dem Urteil des EuGH vom 16.10.2007 (*Palacios de la Villa*), ZTR 2008, 350–356; **zitiert**: *v. Roetteken*, ZTR 2008, 350, S.

***Rolfs,* Christian / *Giesen,* Richard / *Kreikebohm,* Ralf / *Udsching,* Peter** (Hrsg.), Beck'scher Online-Kommentar Arbeitsrecht; **zitiert**: *Bearbeiter*, in Rolfs/Giesen/Kreikebohm/Udsching, Beck'scher Online-Kommentar Arbeitsrecht, § AGG, Edition, Rn.

***Rombach,* Annett**, „Age Concern Germany“: Zur gemeinschaftsrechtlichen (Un-) Zulässigkeit von Altershöchstgrenzen im öffentlichen Dienst, NVwZ 2010, 102–104; **zitiert**: *Rombach*, NVwZ 2010, 102, S.

Rostocker Zentrum zur Erforschung des Demografischen Wandels, Deutschland im Demografischen Wandel, 2007; **zitiert**: *Rostocker Zentrums zur Erforschung des Demografischen Wandels,* Deutschland im Demografischen Wandel, 2007, abrufbar unter www.zdwa.de, S.

***Rothermund,* Klaus / *Temming,* Felipe**, Diskriminierung aufgrund des Alters – Expertise im Auftrag der Antidiskriminierungsstelle des Bundes, 2010; **zitiert**: *Rothermund/Temming*, Diskriminierung aufgrund des Alters, Expertise im Auftrag der Antidiskriminierungsstelle des Bundes, abrufbar unter www.antidiskriminierungsstelle.de, S.

***Rothgang,* Georg-Wilhelm**, Entwicklungspsychologie, 2. Auflage, 2009; **zitiert**: *Rothgang*, Entwicklungspsychologie, S.

***Rothgang,* Heinz**, Unterschiedliche Gestaltungs- und Finanzierungskonzepte der Pflegeversicherung, Studie der Hans-Böckler-Stiftung, 2007; **zitiert**: *Rothgang*, Unterschiedliche Gestaltungs- und Finanzierungskonzepte der Pflegeversicherung, Hans-Böckler-Stiftung, 2007, abrufbar unter www.boeckler.de, S.

***Rudolf,* Beate / *Mahlmann,* Matthias** (Hrsg.), Gleichbehandlungsrecht, 1. Auflage, 2007; **zitiert**: *Bearbeiter*, Rudolf/Mahlmann, Gleichbehandlungsrecht, Kap., Rn.

***Rüthers*, Bernd**, Der geltende Kündigungsschutz – Beschäftigungsbremse oder Scheinproblem?, NJW 2006, 1640–1642; **zitiert**: *Rüthers*, NJW 2006, 1640, S.

***Rust*, Ursula / *Falke*, Josef** (Hrsg.), Allgemeines Gleichbehandlungsgesetz mit weiterführenden Vorschriften, Kommentar, 2007; **zitiert**: *Bearbeiter*, in Rust/Falke, AGG, §, Rn.

***Rust*, Ursula / *König*, Doris / *Lange*, Joachim / *Sieveking*, Klaus**, Die Umsetzung der EU-Gleichbehandlungsrichtlinien in Deutschland, Loccumer Protokolle 79/04, 2005; **zitiert**: *Bearbeiter*, in Rust/König/Lange/Sieveking, Loccumer Protokolle, 79/04, Die Umsetzung der EU-Gleichbehandlungsrichtlinien in Deutschland, S.

***Sachs*, Michael**, Grenzen des Diskriminierungsverbots, Eine Untersuchung zur Reichweite des Unterscheidungsverbots nach Artikel 3 Abs. 2 und 3 Grundgesetz, 1987; **zitiert**: *Sachs*, Grenzen des Diskriminierungsverbots, S.

***Sachs*, Michael**, Gleichberechtigung und Frauenquoten, NJW 1989, 553–558; **zitiert**: *Sachs*, NJW 1989, 553, S.

***Sachs*, Michael**, Zur Bedeutung der grundgesetzlichen Gleichheitssätze für das Recht des öffentlichen Dienstes, ZBR 1994, 133–143; **zitiert**: *Sachs*, ZBR 1994, 133, S.

***Sachs*, Michael**, Anmerkung zur Entscheidung des BVerfG, Beschluss vom 18.6.2008, – 2 BvL 6/07, JuS 2008, 1014–1015; **zitiert**: *Sachs*, JuS 2008, 1014, S.

***Sachs*, Michael** (Hrsg.), Grundgesetz Kommentar, 6. Auflage, 2011; **zitiert**: *Bearbeiter*, in Sachs, GG, Art., Rn.

***Sacksofsky*, Ute**, Das Grundrecht auf Gleichberechtigung – Eine rechtsdogmatische Untersuchung zu Artikel 3 Absatz 2 des Grundgesetzes, 2. Auflage, 1996; **zitiert**: *Sacksofsky*, Das Grundrecht auf Gleichberechtigung, S.

***Säcker*, Franz Jürgen / *Rixecker*, Roland / *Schwab*, Dieter**, Münchener Kommentar zum Bürgerlichen Gesetzbuch, Band 1 Allgemeiner Teil §§ 1–240, ProstG, AGG, 5. Auflage, 2007; **zitiert**: *Bearbeiter*, in Münchener Kommentar BGB, 5. Aufl., §, Rn.

***Säcker*, Franz Jürgen / *Rixecker*, Roland / *Schwab*, Dieter**, Münchener Kommentar zum Bürgerlichen Gesetzbuch, Band 1 Allgemeiner Teil §§ 1–240, ProstG, AGG, 6. Auflage, 2012; **zitiert**: *Bearbeiter*, in Münchener Kommentar BGB, 6. Aufl., §, Rn.

***Schaub*, Günter** (Hrsg.), Arbeitsrechts-Handbuch, 14. Auflage, 2011; **zitiert**: *Bearbeiter*, in Schaub, Arbeitsrechts-Handbuch, §, Rn.

***Scheerbarth,* Hans Walter / *Höffken,* Heinz / *Bauschke,* Hans-Joachim / *Schmidt,* Lutz**, Beamtenrecht, 6. Auflage, 1992; **zitiert**: *Scheerbarth/Höffken/Bauschke/Schmidt*, Beamtenrecht, §, S.

***Schenk-Danzinger,* Lotte**, Entwicklungspsychologie, 2. Auflage, 2006; **zitiert**: *Schenk-Danzinger*, Entwicklungspsychologie, Kap., S.

***Scherr,* Albert**, Diskriminierung, systemtheoretisch betrachtet, 2006; **zitiert**: *Scherr*, Diskriminierung, systemtheoretisch betrachtet, abrufbar unter www.sozialarbeit.ch/dokument, S.

***Schiek,* Dagmar**, Differenzierte Gerechtigkeit – Diskriminierungsschutz und Vertragsrecht, 1. Auflage, 2000; **zitiert**, *Schiek*, Differenzierte Gerechtigkeit, S.

***Schiek,* Dagmar**, Grundsätzliche Bedeutung der gemeinschaftsrechtlichen Diskriminierungsverbote nach der Entscheidung *Mangold,* AuR 2006, 145–150; **zitiert**: *Schiek*, AuR 2006, 145, S.

***Schiek,* Dagmar**, Europäisches Arbeitsrecht, 3. Auflage, 2007; **zitiert**, *Schiek*, Europäisches Arbeitsrecht, Teil, S.

***Schiek,* Dagmar**, Allgemeines Gleichbehandlungsgesetz (AGG), Ein Kommentar aus europarechtlicher Perspektive, 2007; **zitiert**: *Bearbeiter*, in Schiek, AGG, §, Rn.

***Schiek,* Dagmar / *Dieball,* Heike / *Horstkötter,* Inge / *Seidel,* Lore / *Vieten,* Ulrike M. / *Wankel,* Sibylle**, Frauengleichstellungsgesetze des Bundes und der Länder – Kommentar für die Praxis zum Bundesgleichstellungsgesetz und den Gleichstellungsgesetzen, Gleichberechtigungsgesetzen und Frauenfördergesetzen der Länder, 2. Auflage, 2002; **zitiert**: *Schiek/Dieball/Horstkötter/Seidel/Vieten/Wandel*, Frauengleichstellungsgesetze des Bundes und der Länder, Kap., Rn.

***Schlacke,* Sabine**, Teilzeitbeschäftigung gegen den Willen des Beamten, NordÖR 2002, 345–351; **zitiert**: *Schlacke*, NordÖR 2002, 345, S.

***Schleusener,* Aino / *Suckow,* Jens / *Voigt,* Burkhard** (Hrsg.), Kommentar zum Allgemeinen Gleichbehandlungsgesetz, 3. Auflage, 2011; **zitiert**: *Bearbeiter*, in Schleusener/Suckow/Voigt, AGG, §, Rn.

***Schmidt,* Marlene / *Senne,* Daniela**, Das gemeinschaftsrechtliche Verbot der Altersdiskriminierung und seine Bedeutung für das deutsche Arbeitsrecht, RdA 2002, 80–89; **zitiert**: *Schmidt/Senne*, RdA 2002, 80, S.

***Schmidt,* Robert F. / *Thews,* Gerhard** (Hrsg.), Physiologie des Menschen, 25. Auflage, 1993, **zitiert**: *Bearbeiter*, in Schmidt/Thews, Physiologie des Menschen, S.

***Schmidt-Bleibtreu*, Bruno / *Hofmann*, Hans / *Hopfauf*, Axel** (Hrsg.), Kommentar zum Grundgesetz, 12. Auflage, 2011; **zitiert**: *Bearbeiter*, in Schmidt-Bleibtreu/Hofmann/Hopfauf, GG, Art., Rn.

***Schöbener*, Burkhard**, Verwaltungsgerichtlicher Rechtsschutz in beamtenrechtlichen Konkurrenzsituationen – unter besonderer Berücksichtigung der Konkurrenz um sog. Beförderungsämter, BayVBl. 2001, 321–331; **zitiert**: *Schöbener*, BayVBl. 2001, 321, S.

***Schöbener*, Burkhard**, Verfassungsrechtliche Maßgaben des Zugangs zum Anwaltsnotariat gem. Art. 12 Abs. 1 i.V.m. Art. 33 Abs. 2 GG – Zur angemessenen Gewichtung fachspezifischer Leistungen im Auswahlverfahren, NWVBl. 2005, 41–53; **zitiert**: *Schöbener*, NWVBl. 2005, 41, S.

***Schöbener*, Burkhard / *Stork*, Florian**, Anti-Diskriminierungsregeln der Europäischen Union im Zivilrecht – zur Bedeutung der Vertragsfreiheit und des Rechts auf Privatleben, ZEuS 2004, 43–82; **zitiert**: *Schöbener/Stork*, ZEuS 2004, 43, S.

***Scholz*, Matthias W.**, Das Verbot der Altersdiskriminierung bei der Begründung und Beendigung von Arbeitsverhältnissen, 2006; **zitiert**: *Scholz*, Das Verbot der Altersdiskriminierung bei der Begründung und Beendigung von Arbeitsverhältnissen, S.

***Schröder*, Heinz / *Lemhöfer*, Bernt / *Krafft*, Ralf**, Das Laufbahnrecht der Bundesbeamten – Kommentar zur Bundeslaufbahnverordnung, Loseblattwerk; **zitiert**: *Schröder/Lemhöfer/Krafft*, BLV, §, EL, Rn.

***Schütz*, Erwin / *Maiwald*, Joachim** (Hrsg.), Beamtenrecht des Bundes und der Länder, Kommentar – Loseblattwerk, 5. Auflage, 1973; **zitiert**: *Bearbeiter*, in Schütz/Maiwald, Beamtenrecht des Bundes und der Länder, §, EL, Rn.

***Schumann*, Jutta**, Faktische Gleichberechtigung – Die Grundgesetzerweiterung des Art. 3 Abs. 2 S. 2, 1997; **zitiert**: *Schumann*, Faktische Gleichberechtigung, S.

***Schwandt*, Eberhard Ulrich**, Beurteilung der Möglichkeiten einer Ausweitung der Teilzeitbeschäftigung für Beamte, ZBR 1977, 81–86; **zitiert**: *Schwandt*, ZBR 1977, 81, S.

***Schweizer*, Kerstin**, Der Gleichberechtigungssatz – neue Form, alter Inhalt? Untersuchung zu Gehalt und Bedeutung des neugefaßten Art. 3 Abs. 2 GG unter Einbeziehung Europäischen Gemeinschaftsrechts, 1998; **zitiert**: *Schweizer*, Der Gleichberechtigungssatz – neue Form, alter Inhalt?, S.

***Sievers*, Jochen**, Die mittelbare Diskriminierung im Arbeitsrecht, 1997; **zitiert**: *Sievers*, Die mittelbare Diskriminierung im Arbeitsrecht, S.

***Simitis*, Spiros**, Die Altersgrenzen – ein spät entdecktes Problem, RdA 1994, 257–263; **zitiert**: *Simitis*, RdA 1994, 257, S.

***Sodan*, Helge**, Grundgesetz – Beck´scher Kompakt Kommentar, 2. Auflage, 2011; **zitiert**: *Bearbeiter*, in Sodan, GG, Art., Rn.

***Späth*, Lothar / *Lehr*, Ursula** (Hrsg.), Altern als Chance und Herausforderung, Band 1: Aktives Altern, 1990; **zitiert**: *Bearbeiter*, in Späth/Lehr, Altern als Chance und Herausforderung, Bd. 1, S.

***Sprenger*, Markus**, Das arbeitsrechtliche Verbot der Altersdiskriminierung nach der Richtlinie 2000/78/EG, 2006; **zitiert**: *Sprenger*, Das arbeitsrechtliche Verbot der Altersdiskriminierung nach der Richtlinie 2000/78/EG, S.

***Sprenger*, Markus**, Aktuelle Tendenzen des EuGH im Diskriminierungsrecht – Rechtsprechung oder Rechtsfortbildung? Zugleich Besprechung zu EuGH, Urteil vom 10.7.2008, Rs. C-54/07, „*Feryn*", BB 2008, 2405–2409; **zitiert**: *Sprenger*, BB 2008, 2405, S.

Statistische Ämter des Bundes und der Länder, Demografischer Wandel in Deutschland, Bevölkerungs- und Haushaltsentwicklung im Bund und in den Ländern, Ausgabe 2007; **zitiert**: *Statistische Ämter des Bundes und der Länder*, Demografischer Wandel in Deutschland, Bevölkerungs- und Haushaltsentwicklung im Bund und in den Ländern, 2007, abrufbar unter www.destatis.de, S.

Statistisches Bundesamt, Altersteilzeit im öffentlichen Dienst immer gefragter, Pressemitteilung vom 20.3.2001; **zitiert**: Pressemitteilung des *Statistischen Bundesamtes* vom 20.3.2001, abrufbar unter www.presseportal.de.

Statistisches Bundesamt, Altersteilzeit im öffentlichen Dienst weiter gefragt, Pressemitteilung vom 27.6.2003; **zitiert**: Pressemitteilung des *Statistischen Bundes-amtes* vom 27.6.2003, abrufbar unter www.presseportal.de.

Statistisches Bundesamt, Wirtschaft und Statistik 12/2005, Bevölkerungsentwicklung 2004, 2006; **zitiert**: *Statistisches Bundesamt*, Wirtschaft und Statistik 12/2005, Bevölkerungsentwicklung 2004, abrufbar unter www.destatis.de, S.

Statistisches Bundesamt, Finanzen und Steuern, Fachserie 14/Reihe 6 – Personal des öffentlichen Dienstes 2005, 2007; **zitiert**: *Statistisches Bundesamt*, Finanzen und Steuern, Fachserie 14/Reihe 6, abrufbar unter www.destatis.de, S.

Statistisches Bundesamt, Bevölkerung Deutschlands bis 2050 – Presseexemplar, 11. koordinierte Bevölkerungsvorausberechnung, 2006; **zitiert**: *Statistisches Bundesamt*, Bevölkerung Deutschlands bis 2050, 2006, abrufbar unter www.destatis.de, S. (Presseexemplar).

Statistisches Bundesamt, Wirtschaft und Statistik 1/2007, Bevölkerungsentwicklung 2005, 2007; **zitiert**: *Statistisches Bundesamt*, Wirtschaft und Statistik 1/2007, Bevölkerungsentwicklung 2005, abrufbar unter www.destatis.de, S.

Statistisches Bundesamt, Mikrozensus 2010, Bevölkerung und Erwerbstätigkeit – Stand und Entwicklung der Erwerbstätigkeit in Deutschland, 2011; **zitiert**: *Statistisches Bundesamt*, Mikrozensus 2010, Bevölkerung und Erwerbstätigkeit, Stand und Entwicklung der Erwerbstätigkeit in Deutschland, abrufbar unter www.destatis.de, S.

***Staudinger*, Ursula**, Dynamisches Personalmanagement als eine Antwort auf den demographischen Wandel, 2012; **zitiert**: *Staudinger*, Dynamisches Personalmanagement als eine Antwort auf den demographischen Wandel, abrufbar unter www.demographie-netzwerk.de S.

***Stern*, Klaus**, Das Staatsrecht der Bundesrepublik Deutschland – Band I – Grundbegriffe und Grundlagen des Staatsrechts, Strukturprinzipien der Verfassung, 2. Auflage, 1984; **zitiert**: *Stern*, Das Staatsrecht der Bundesrepublik Deutschland, Bd. I, §, S.

***Stern*, Klaus**, Das Staatsrecht der Bundesrepublik Deutschland – Band IV/2 – Die einzelnen Grundrechte, 2011; **zitiert**: *Bearbeiter*, in Stern, Das Staatsrecht der Bundesrepublik Deutschland, Bd. IV/2, §, S.

***Stern*, Klaus / *Becker*, Florian** (Hrsg.), Grundrechte-Kommentar, 2010; **zitiert**: *Bearbeiter*, in Stern/Becker, Grundrechte-Kommentar, Art., Rn.

***Stitzel*, Michael**, Der gleitende Übergang in den Ruhestand – eine Pensionierungsform der Zukunft?, Mitteilungen aus der Arbeitsmarkt- und Berufsforschung, 1985; **zitiert**: *Stitzel*, Der gleitende Übergang in den Ruhestand – eine Pensionierungsform der Zukunft?, Mitteilungen aus der Arbeitsmarkt- und Berufsforschung 1985, abrufbar unter www.iab.de, S.

***Stork*, Florian**, Das Anti-Diskriminierungsrecht der Europäischen Union und seine Umsetzung in das deutsche Zivilrecht – Beiträge zum nationalen und internationalen öffentlichen Recht, herausgegeben von Burkhard Schöbener, 2006; **zitiert**: *Stork*, Das Anti-Diskriminierungsrecht der Europäischen Union und seine Umsetzung in das deutsche Zivilrecht, S.

***Streinz*, Rudolf**, Europarecht, 9. Auflage, 2012; **zitiert**: *Streinz*, Europarecht, §, Rn.

***Streinz*, Rudolf / *Herrmann*, Christoph**, Der Fall *Mangold* – eine „kopernikanische Wende im Europarecht"?, RdA 2007, 165–168; **zitiert**: *Streinz/Herrmann*, RdA 2007, 165, S.

***Strupp*, Karl / *Schlochauer*, Hans-Jürgen**, Wörterbuch des Völkerrechts – Erster Band, 1960; **zitiert**: *Strupp/Schlochauer*, Wörterbuch des Völkerrechts, „Stichwort"

***Summer*, Rudolf**, Gedanken zum beamtenrechtlichen Fürsorgeprinzip, PersV 1988, 76–89; **zitiert**: *Summer*, PersV 1988, 76, S.

***Summer*, Rudolf**, Die hergebrachten Grundsätze des Berufsbeamtentums – ein Torso, ZBR 1992, 1–6; **zitiert**: *Summer*, ZBR 1992, 1, S.

***Summer*, Rudolf**, Kommentar zur Entscheidung BVerwG, Urteil vom 2.3.2000 – 2 C 1.99 (ZBR 2000, 209), ZBR 2000, 211, 211; **zitiert**: *Summer*, ZBR 2000, 211, 211.

***Summer*, Rudolf**, Organisationsfreiheit – ein schrankenloses Dienstherrenrecht?, PersV 2003, 14–18; **zitiert**: *Summer*, PersV 2003, 14, S.

***Summer*, Rudolf**, Anmerkung zur Entscheidung des EuGH, Urteil vom 16.10.2007, Rs. C 411/05 (*Palacios de la Villa*), ZBR 2007, 34–35; **zitiert**: *Summer*, ZBR 2007, 34, S.

***Summer*, Rudolf**, Die Altersgrenze für den Eintritt in den Ruhestand – Probleme durch Europarecht, ZBR 2007, 368–371; **zitiert**: *Summer*, ZBR 2007, 368, S.

***Summer*, Rudolf**, Die Altersgrenze für den Wechsel aus dem aktiven Beamtenverhältnis in den Ruhestand und die individuellen Abweichungen, PersV 2009, 164–168; **zitiert**: *Summer*, PersV 2009, 164, S.

***Summer*, Rudolf / *Rometsch*, Gerd**, Alimentationsprinzip gestern und heute, ZBR 1981, 1–20; **zitiert**: *Summer/Rometsch*, ZBR 1981, 1, S.

***Szalai*, Stephan**, Teilzeit schützt vor Versetzung? Beamtenrechtliche Probleme der Versetzung von Personalüberhangkräften, LKV 2009, 55–61; **zitiert**: *Szalai*, LKV 2009, 55, S.

***Temming*, Felipe**, Der Fall *Palacios*: Kehrtwende im Recht der Altersdiskriminierung?, NZA 2007, 1193–1200; **zitiert**: *Temming*, NZA 2007, 1193, S.

***Temming*, Felipe**, Altersdiskriminierung im Arbeitsleben – Eine rechtsmethodische Analyse, 2008; **zitiert**: *Temming*, Altersdiskriminierung im Arbeitsleben, S.

***Tempelmann*, Achim / *Stenslik*, Bastian-Peter**, Altersgrenzenregelungen im Arbeitsrecht, DStR 2011, 577–581; **zitiert**: *Tempelmann/Stenslik*, DStR 2011, 577, S.

***Tempelmann*, Achim / *Stenslik*, Bastian-Peter**, Staffelung von Arbeitgeberleistungen nach dem Lebensalter, DStR 2011, 1183–1186; **zitiert**: *Tempelmann/Stenslik*, DStR 2011, 1183, S.

***Thüsing*, Gregor**, Der Fortschritt des Diskriminierungsschutzes im Europäischen Arbeitsrecht – Anmerkungen zu den Richtlinien 2000/43/EG und 2000/78/EG, ZfA 2001, 397–418; **zitiert**: *Thüsing*, ZfA 2001, 397, S.

Thüsing, **Gregor**, Das Verbot der Diskriminierung wegen Teilzeit und Befristung nach § 4 TzBfG – Aktuelles und Grundsätzliches zu einer Rechtsfigur sui generis, ZfA 2002, 249–273; **zitiert**: *Thüsing*, ZfA 2002, 249, S.

Thüsing, **Gregor**, Arbeitsrechtlicher Diskriminierungsschutz, 2007; **zitiert**: *Thüsing*, Arbeitsrechtlicher Diskriminierungsschutz, S.

Thüsing, **Gregor**, Europarechtlicher Gleichbehandlungsgrundsatz als Bindung des Gesetzgebers? Kritische Gedanken zu EuGH v. 22.11.2005 – Rs C-144/04, ZIP 2005, 2149–2151; **zitiert**: *Thüsing*, ZIP 2005, 2149, S.

Thüsing, **Gregor**, Blick in das europäische und ausländische Arbeitsrecht, RdA 2008, 51–56; **zitiert**: *Thüsing*, RdA 2008, 51, S.

Thym, **Daniel**, Die Reichweite der EU-Grundrechte-Charta – Zu viel Grundrechtsschutz?, NVwZ 2013, 889–896; **zitiert**: *Thym*, NVwZ 2013, 889, S.

Tilp, **Helmut**, Einstellungsteilzeit – Ende oder Wende? (Zum Urteil des Bundesverwaltungsgerichts vom 2. März 2000), ZBR 2001, 161–165; **zitiert**: *Tilp*, ZBR 2001, 161, S.

Timmer, **Reinhard**, „Perspektiven und Strategien der Verwaltungsmodernisierung" – Rede zur Eröffnung des „Public Sector Gipfels" am 23.6.2009, Bundesministerium des Inneren; **zitiert**: *Timmer*, Die Bundesregierung: Perspektiven und Strategien der Verwaltungsmodernisierung, Bundesministerium des Inneren, zur Eröffnung des „Public Sector Gipfels" am 23.6.2009, abrufbar unter www.verwaltung-innovativ.de.

Trebeck, **Joachim**, Die verfassungsrechtliche Zulässigkeit von Altergrenzen – unter besonderer Berücksichtigung der Wesentlichkeitstheorie, 2008; **zitiert**: *Trebeck*, Die verfassungsrechtliche Zulässigkeit von Altersgrenzen unter Berücksichtigung der Wesentlichkeitstheorie, S.

Triebel, **Matthias**, Bekämpfung von Diskriminierungen nach Artikel 13 EG, ZESAR 2005, 211–216; **zitiert**: *Triebel*, ZESAR, 2005, 211, S.

Ule, **Carl Hermann**, Entwicklungstendenzen im öffentlichen Dienst, DVBl. 1970, 637–644; **zitiert**: *Ule*, DVBl. 1970, 637, S.

Volz, **Rainer** / *Zulehner*, **Paul M.**, Männer in Bewegung – Zehn Jahre Männerentwicklung in Deutschland, Studie im Auftrag des Bundesministeriums für Familie, Senioren, Frauen und Jugend, 1. Auflage, 2009; **zitiert**: *Volz/Zulehner*, Männer in Bewegung, Studie im Auftrag des Bundesministeriums für Familie, Senioren, Frauen, und Jugend, 2009, abrufbar unter www.bmfsfj.de, S.

Waas, **Bernd**, Europarechtliche Schranken für die Befristung von Arbeitsverträgen mit älteren Arbeitnehmern? § 14 III TzBfG aus Sicht des Generalanwalts, EuZW 2005, 583–587; **zitiert**: *Waas*, EuZW 2005, 583, S.

***Waas*, Bernd**, Zur Bewertung von Altersgrenzen nach europäischem Recht, EuZW 2007, 359–362; **zitiert**: *Waas*, EuZW 2007, 359, S.

***Wagner*, Frijof**, Beamtenrecht, 9. Auflage, 2006; **zitiert**: *Wagner*, Beamtenrecht, Teil, §, Rn.

***Wagner*, Fritjof / *Leppek*, Sabine**, Beamtenrecht, 11. Auflage, 2011; **zitiert**: *Wagner/Leppek*, Beamtenrecht, Rn.

***Wahl*, Hans-Werner / *Tesch-Römer*, Clemens** (Hrsg.), Angewandte Gerontologie in Schlüsselbegriffen, 2000; **zitiert**: *Bearbeiter*, in Wahl/Tesch-Römer, Angewandte Gerontologie in Schlüsselbegriffen, Teil, S.

***Walsleben*, Kirstin / *Klein*, Hermann**, Verwaltungspersonal im demografischen Wandel, Der Städtetag 2/2011, 24–27; **zitiert**: *Walsleben/Klein*, Der Städtetag 2/2011, 24, S.

***Waltermann*, Raimund**, Verbot der Altersdiskriminierung – Richtlinie und Umsetzung, NZA 2005, 1265–1270; **zitiert**: *Waltermann*, NZA 2005, 1265, S.

***Waltermann*, Raimund**, Altersdiskriminierung, ZfA 2006, 305–326; **zitiert**: *Waltermann*, ZfA 2006, 305, S.

***Waltermann*, Raimund**, Altersdiskriminierung und Europäisches Gemeinschaftsrecht – zu den Schlussanträgen in der Sache *Palacios de la Villa*, ZESAR 2007, 361–365; **zitiert**: *Waltermann*, ZESAR 2007, 361, S.

***Wank*, Rolf**, Diskriminierung in Europa – Die Umsetzung der europäischen Antidiskriminierungsrichtlinien aus deutscher Sicht, NZA Sonderbeilage zu Heft 22/2004, S. 16–26; **zitiert**: *Wank*, NZA Sonderbeilage zu Heft 22/2004, S. 16, S.

***Warbeck*, Anke**, Die hergebrachten Grundsätze des Berufsbeamtentums im Wandel der Zeiten und ihre Bedeutung, RiA 1990, 292–303; **zitiert**: *Warbeck*, RiA 1990, 292, S.

***Weber*, Claus**, Das Verbot altersbedingter Diskriminierung nach der Richtlinie 2000/78/EG – eine neue arbeitsrechtliche Dimension, AuR 2002, 401–405; **zitiert**: *Weber*, AuR 2002, 401, S.

***Weimar*, Stefanie / *Schwarting*, Gunnar**, Leistungsorientierte Bezahlung vor dem Hintergrund einer demografieorientierten Personalentwicklung im öffentlichen Dienst, ZTR 2009, 110–115; **zitiert**: *Weimar/Schwarting*, ZTR 2009, 110, S.

***Wendeling-Schröder*, Ulrike**, Der Prüfungsmaßstab bei Altersdiskriminierungen, NZA 2007, 1399–1405; **zitiert**: *Wendeling-Schröder*, NZA 2007, 1399, S.

***Wengler*, Annelene / *Trappe*, Heike / *Schmitt*, Christian**, Partnerschaftliche Arbeitsteilung und Elternschaft – Analysen zur Aufteilung von Hausarbeit und Elternaufgaben auf Basis des Generations and Gender Survey – Bundesinstitut für Bevölkerungsforschung, 2008; **zitiert**: *Wengler/Trappe/Schmitt*, Partnerschaftliche Arbeitsteilung und Elternschaft, Bundesinstitut für Bevölkerungsforschung, 2008, abrufbar unter www.bib-demografie.de, S.

Wert.Arbeit Gesellschaft für Arbeit, Chancengleichheit und Innovation, Innovationsprozesse und -potenziale von Zeitpolitik im Spannungsfeld von Qualität von Dienstleistungen und Wertschöpfungsprozessen im Dienstleistungssektor, 2010; **zitiert**: Innovationsprozesse und –potenziale von Zeitpolitik im Spannungsfeld von Qualität von Dienstleistungen und Wertschöpfungsprozessen im Dienstleistungssektor, Studie der *Wert.Arbeit Gesellschaft für Arbeit, Chancengleichheit und Innovation*, S.

***Wichmann*, Manfred / *Langer*, Karl-Ulrich**, Öffentliches Dienstrecht, Das Beamten- und Arbeitsrecht für den öffentlichen Dienst, 6. Auflage, 2007; **zitiert**: *Bearbeiter*, in Wichmann/Langer, Öffentliches Dienstrecht, Abschn., S.

***Wiedemann*, Herbert / *Thüsing*, Gregor**, Der Schutz älterer Arbeitnehmer und die Umsetzung der Richtlinie 2000/78/EG, NZA 2002, 1234–1242; **zitiert**: *Wiedemann/Thüsing*, NZA 2002, 1234, S.

***Winkels*, Rico S.**, Demografischer Wandel: Herausforderungen und Chancen für Personalentwicklung und Betriebliche Weiterbildung, 2006; **zitiert**: *Winkels,* Herausforderungen und Chancen für Personalentwicklung und Betriebliche Weiterbildung, S.

***Winter*, Regine**, Deutliche Worte des EuGH im Grundrechtsbereich, NZA 2013, 473–478; **zitiert**: *Winter*, NZA 2013, 473, S.

***Wörl*, Christian**, Die Beweislast nach dem Allgemeinen Gleichbehandlungsgesetz – Eine Untersuchung des § 22 AGG, 2009; **zitiert**: *Wörl*, Die Beweislast nach dem Allgemeinen Gleichbehandlungsgesetz, S.

***Wolff*, Heinrich Amadeus**, Der Kerngehalt des Alimentationsgrundsatzes als absolute Grenze für den Besoldungsgesetzgeber, ZRP 2003, 305–308; **zitiert**: *Wolff*, ZRP 2003, 305, S.

***Wolff*, Heinrich Amadeus**, Die Gestaltungsfreiheit des Gesetzgebers im Besoldungsrecht, DÖV 2003, 494–499; **zitiert**: *Wolff*, DÖV 2003, 494, S.

***Wolff*, Heinrich Amadeus**, Die Reformpolitik der kleinen Schritte – Zum Erlass des Gesetzes zur Neuordnung und Modernisierung des Bundesdienstrechts (Dienstrechtsneuordnungsgesetz, DNeuG), ZBR 2009, 73–79; **zitiert**: *Wolff*, ZBR 2009, 73, S.

***Wolff*, Heinrich Amadeus**, Die Unionalisierung des Beamtenrechts, ZBR 2014, 1–8; **zitiert**: Wolff, ZBR 2014, 1, S.

***Zeh*, Sandra**, Berufsbeamtentum und Leistungsgesellschaft – leistungsbezogene Besoldung, 2010; **zitiert**: *Zeh*, Berufsbeamtentum und Leistungsgesellschaft – leistungsbezogene Besoldung –, S.

***Ziekow*, Jan**, Die Fortentwicklung des Dienstrechts der Beamten, DÖV 2008, 569–576; **zitiert**: *Ziekow*, DÖV 2008, 569, S.

***Ziemske*, Burkhardt**, Alimentation und Arbeitszeit, ZBR 2001, 1–6; **zitiert**: *Ziemske*, ZBR 2001, 1, S.

***Zwanziger*, Bertram**, Struktur, Probleme und Entwicklung des Altersteilzeitrechts – ein Überblick, RdA 2005, 226–241; **zitiert**: *Zwanziger*, RdA 2005, 226, S.

Beiträge zum nationalen und internationalen öffentlichen Recht

Herausgegeben von Burkhard Schöbener

Band 1 Solveig Haß: Die Urteile des Europäischen Gerichtshofs für Menschenrechte. Charakter, Bindungswirkung und Durchsetzung. 2006.

Band 2 Angela Werner: Die Grundrechtsbindung der Bundeswehr bei Auslandseinsätzen. 2006.

Band 3 Florian Stork: Das Anti-Diskriminierungsrecht der Europäischen Union und seine Umsetzung in das deutsche Zivilrecht. 2006.

Band 4 Regine Gerards: Die Europäische Menschenrechtskonvention im Konstitutionalisierungsprozess einer gemeineuropäischen Grundrechtsordnung. 2007.

Band 5 Christian Baudewin: Der Schutz der öffentlichen Ordnung im Versammlungsrecht. 2007.

Band 6 André Scheidtmann: Wirtschafts- und berufsständische Kammern im europäischen Gemeinschaftsrecht. 2007.

Band 7 Marnie Silny: Die binnenmarktbezogene Rechtsangleichungskompetenz des Art. 95 EG. Reichweite und Grenzen der Harmonisierungskompetenz sowie ihre Stellung in der gemeinschaftsrechtlichen Kompetenzverfassung. 2007.

Band 8 Thomas Mösinger: Auswahlkriterien der Standplatzvergabe unter rechtlicher und ökonomischer Analyse. Staatliche Verteilungsentscheidungen als Gegenstand der ökonomischen Analyse des Rechts. 2007.

Band 9 Henning Schwier: Der Schutz der „Unternehmerischen Freiheit“ nach Artikel 16 der Charta der Grundrechte der Europäischen Union. Eine Darstellung der tatsächlichen Reichweite und Intensität der grundrechtlichen Gewährleistung aus rechtsvergleichender Perspektive. 2008.

Band 10 Jens-Peter Eickhoff: Das Funktionsrecht des Europäischen Parlaments. 2008.

Band 11 Burkhard Schöbener (Hrsg.): Junge Rechtswissenschaft: Völker- und Europarecht. Bemerkenswerte Seminararbeiten aus dem Schwerpunktstudium. 2009.

Band 12 Maximilian Robert Jahn: Die Handelshemmnis-Verordnung (Verordnung EG Nr. 3286/94). 2009.

Band 13 Stefan Haeder: Die Neuordnung des Zugangs zum Anwaltsnotariat in Deutschland. 2009.

Band 14 Ursula Hoppe: Die Kunstfreiheit als EU-Grundrecht. 2011.

Band 15 Kathrin F. Baltes: Die demokratische Legitimation und die Unabhängigkeit des EuGH und des EuG. 2011.

Band 16 Sonja Bocek: Die völkerrechtlichen Wirkungen einseitiger Erklärungen der UN-Generalversammlung. 2011.

Band 17 Nadja Gaus: Materiell-rechtliche Gewährleistungen und verfahrensrechtliche Durchsetzbarkeit völkerrechtlich garantierter Menschenrechte. Zur rechtlichen Stellung des Einzelnen im Völkerrecht. 2011.

Band 18 Robin Falk Lengelsen: Aktuelle Probleme der Staatenimmunität im Verfahren vor den Zivil- und Verwaltungsgerichten. Unter besonderer Berücksichtigung des „UN-Übereinkommens über die Immunität des Staaten und ihres Vermögens von der Gerichtsbarkeit“. 2011.

Band 19 Maike Friedrich: WTO und Klimaschutz. Konflikte und Synergien zwischen nationalen Klimaschutzmaßnahmen und dem WTO-Recht. 2012.

Band 20 Michael Rafii: Institutionalisierte Kooperationsformen zwischen staatlichen und nichtstaatlichen Akteuren im internationalen Bereich. Internationale Public-Private Partnerships und ihre rechtlichen Herausforderungen für das Völkerrecht und das deutsche Verfassungsrecht. 2013.

Band 21 Anna Müller: Die *Zugehörigkeit zu einer bestimmten sozialen Gruppe* als zentrales Verfolgungsmotiv des Flüchtlingsbegriffs im Lichte des rechtsnormativen Mehrebenensystems. 2014.

Band 22 Ralf Reuter: Die Auswirkungen des unionsrechtlichen Altersdiskriminierungsverbots auf das deutsche Beamtenrecht. 2015.

www.peterlang.com

www.ingramcontent.com/pod-product-compliance
Ingram Content Group UK Ltd.
Pitfield, Milton Keynes, MK11 3LW, UK
UKHW021830290926
8980IPUK00004B/365